出版说明

为更好地服务于业界，尽可能地满足各方面对收听率数据的需要，作为我国视听率调查行业的领跑者，CSM媒介研究自2005年起，每年编写出版一部《中国广播收听年鉴》。《中国广播收听年鉴（2017）》是CSM媒介研究编写出版的第十三部广播收听年鉴。

《中国广播收听年鉴（2017）》主要包括以下四部分内容：第一部分：综述。主要从收听环境、听众特征、听众收听行为、频率竞争格局、节目竞争格局以及广播广告投放与竞争格局等方面对2016年中国广播收听市场进行全景式描述与分析。第二部分：专题研究。本部分除了对2016年新闻综合、交通、音乐、文艺、都市生活几个主要频率的收听状况进行分析之外，还包括2016年广播广告市场洞察、2016里约奥运会收听回顾、戏曲类节目的视听特征及受众价值、私家车广播听众媒介接触行为分析、从广播APP入手看广播与互联网的融合、分众化背景下广播频率品牌建设、广播发展路径思考等内容。第三部分：收听数据。这部分是CSM媒介研究2016年进行收听率调查各城市网及各省网的收听统计数据，主要内容涉及人均收听时间、全天收听走势、听众构成和频率竞争状况等。第四部分：附录。主要包括CSM媒介研究各城市收听率调查网和各省网的基本情况。

《中国广播收听年鉴（2017）》的出版具有非常重要的现实意义，它为广大媒介从业人员既可提供有关2016年中国广播收听市场的全面分析，又可提供2016年全国36个重点城市及3个省翔实的收听数据，它是媒介从业人员必备的一本工具书。

编者
2017年10月

2017

中国广播收听

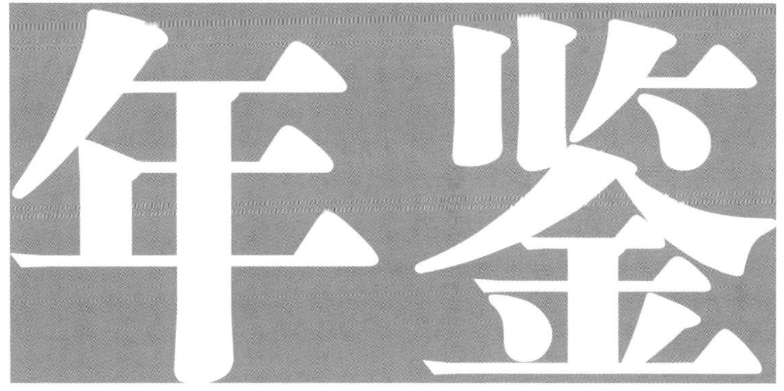

CHINA RADIO RATING YEARBOOK

徐立军 主编

中国传媒大学出版社
·北京·

《中国广播收听年鉴（2017）》
编写委员会

主　　编　徐立军

副 主 编　郑维东　肖建兵　肖海峰

编写人员　（排名不分先后）

梁　帆　解永利　杨金姝　周欣欣　吴　东　王　平

龙长缨　肖　珊　张天莉　王建平　胡旻琦　卢文钊

秦　政　何庆全　马　超　王　钦　李忠毅　蔡　啸

张　嫣　陈　明　韦　唯　包凌君　彭辰豪　潘　琪

陈　吉　王洁馨　施泽昊　陈　熙　刘蔚娜　莫笑凡

李蓓蕾

目录
CONTENTS

第一部分　综　述

第二部分　专　题

第三部分 数 据

第四部分　附　录

第一部分

Part One

综 述 Overview

综 述

2016年是我国“十三五”规划的开局之年，是我国实现全面小康社会和为实现第一个百年奋斗目标奠定坚实基础的第一年，也是我国广播影视业全面实施深化改革的关键之年。在党中央、国务院和中宣部的正确领导下，我国广播业认真贯彻落实中央部署和总局要求，坚持正确方向，锐意进取，扎实工作，各项工作保持健康、快速发展的良好态势，各方面都取得了显著成绩，迈上了新台阶，实现了“十三五”规划的开门红。

2016年，我国广播业始终坚定不移地同以习近平同志为核心的党中央保持高度一致，全面贯彻落实党的十八大，十八届三中、四中、五中、六中全会精神和习近平总书记系列重要讲话精神，牢固树立政治意识、大局意识、核心意识、看齐意识，高举中国特色社会主义伟大旗帜，围绕中心、服务大局，政治坚定、立场鲜明，锐意进取，开拓创新，各方面工作都取得了重要进展和显著成效。我国广播业始终坚持以人民为中心的工作导向，大力宣传阐释习近平总书记治国理政的新理念、新思想、新战略，聚焦中国梦、“四个全面”战略布局、供给侧结构性改革、社会主义核心价值观、中华民族优秀传统文化等主题，唱响了时代主旋律，广受社会各界好评；坚持面向基层，服务群众，坚持为民惠民，加快重点工程建设，城乡公共服务水平得到提质升级；坚持品质至上，大力推进节目创新、创优，深入实施精品工程，加强精品创作生产，广播节目质量得到进一步提高，广播内容产业再上一个新台阶，丰富了人民精神文化生活。2016年，我国广播业始终坚持科技引领，坚持改革创新，紧跟世界科技发展趋势，努力推进数字化、网络化和新媒体、新业态的发展，媒体融合、科技创新力度加大，实现了媒体建设战略的升级；广播事业体制改革进一步深化，取得了新的成效，实现了新的发展。2016年，我国广播业狠抓意识形态阵地管理，确保意识形态和文化安全，安全播出保障能力进一步提高，公共服务技术支撑体系进一步完善，传播秩序进一步规范，科技创新与应用步伐进一步加快，科技管理进一步加强。2016年我国广播业更加注重统筹国内、国际发展，完善布局，走出去取得新进展，国际传播能力进一步提升。

本部分将从收听环境、听众特征、听众收听行为、频率竞争格局、节目竞争格局、广播广告投放及竞争状况等方面对2016年我国广播收听市场进行全方位分析。

一、收听环境

1. 全国共有广播电台169座，广播电视台2269座

根据《中国广播电视年鉴（2017）》的最新统计，截止到2016年底，全国共有广播电台169座、广播电视台2,269座。国家级广播电台有中央人民广播电台和中国国际广播电台，每个省、自治区或直辖市，每个地级或以上城市都至少有1座广播电台或广播电视台。全国现有中、短波广播发射台862座。全国广播在国内的人口综合覆盖率达到98.37%。2016年全年公共广播节目播出时间为14,565,057.58小时，其中，播出新闻资讯类节目2,934,009.60小时、专题服务类节目3,258,408.23小时、综艺益智类节目3,882,453.20小时、广播剧类节目831,976.83小时、广告类节目1,218,477.53小时、其他类节目2,439,732.18小时。2016年全年，全国广电系统制作广播节目7,820,295.82小时，其中，新闻资讯类节目1,437,302.27小时、专题服务类节目2,096,407.18小时、综艺类节目2,103,560.75小时、广播剧类节目172,558.12小时、广告类节目761,747.02小时、其他类节目1,228,720.48小时。

2. 在全国36个重点城市中，音乐类、新闻类和交通类频率数量最多

根据CSM媒介研究掌握的2016年全国36个重点城市可接收的广播频率数量分布资料，在不包括境外频率的468个广播频率中，音乐类（80个）、交通类（65个）和新闻类（64个）频率的数量最多（表1.1.1）。“跨领域”频率的现象比较普遍，在名称定

表1.1.1 2016年36个重点城市各类频率的数量分布

序号	频率类别	频率数量（个）	涉及其他类别的频率数量（个）
1	综合	51	14
2	音乐	80	20
3	新闻	64	18
4	交通	65	16
5	经济	46	5
6	文艺	42	6
7	娱乐	27	7
8	城市	25	10
9	生活	27	9
10	资讯	23	9
11	体育	7	2
12	外语	5	0
13	健康	3	1
14	教育	11	2
15	旅游	14	6
16	农村	17	1
17	其他	16	0
不重复合计		468	66

数据来源：CSM媒介研究

位于“音乐”的80个频率中，有20个频率同时在名称中涉及了其他领域；在名称定位于“新闻”的64个频率中，有18个频率同时在名称中涉及了其他领域；在名称定位于“交通”的65个频率中，有16个频率同时在名称中涉及了其他领域；在名称定位于“综合”的51个频率中，也有14个频率同时在名称中涉及了其他领域；在名称定位于“城市”25个频率中，涉及了其他领域的频率也高达10个。在各类频率中，以“音乐、交通”进行双重定位的频率数量最多，达到了7个，以“新闻、资讯”进行双重定位的频率有4个，以“音乐、资讯”进行双重定位的频率有3个，以“音乐、城市”“音乐、旅游”“经济、交通”和“旅游、交通”进行双重定位的频率也都各有2个。城市中专门给有车族人群开办的频率发展态势良好，在36个调查城市中有17个针对有车族广播的休闲娱乐频率。与2015年情形类似，目标受众的细化仍然是广播频率发展的重要特征之一。

3. 全国拥有正在使用收听设备的家庭比例达到38.0%

根据CSM媒介研究全国网2016年基础调查数据，在全国范围内，有38.0%的家庭拥有正在使用的收听设备，比2015年略微下降0.5个百分点；收听设备的百户拥有量为47台，比2015年减少了4台。2016年，在全国城域拥有正在使用收听设备的家庭比例为43.6%，比上年下降了1.8个百分点，在乡域这个比例为34.0%，比上年稍微上升了0.4个百分点。在收听设备的百户拥有量方面，2016年城域为54台，比2015年减少了7台；乡域为42台，比2015年减少了2台。在拥有收听设备的家庭中，绝大多数家庭只拥有1台收听设备，拥有2台及以上收听设备的家庭比例还是比较小，全国只有6.5%，且与2015年相比，下降了2.1个百分点（表1.1.2）。

表1.1.2　2010～2016年全国正在使用收听设备的拥有状况

年份	区域	1台（%）	2台（%）	3台及以上（%）	无收听设备（%）	百户拥有量（台）
2010	全国	22.6	4.2	1.9	71.3	38
	城域	30.2	7.3	3.1	59.4	56
	乡域	18.3	2.4	1.2	78.1	27
2011	全国	25.0	4.2	1.6	69.2	39
	城域	32.7	6.6	2.8	57.9	56
	乡域	19.8	2.6	0.9	76.7	28
2012	全国	26.8	4.5	1.9	66.8	43
	城域	33.5	7.0	3.5	56.0	60
	乡域	22.1	2.8	0.8	74.2	31
2013	全国	28.3	5.8	3.3	62.7	51
	城域	33.9	7.6	4.3	54.2	64
	乡域	24.3	4.5	2.6	68.6	42
2014	全国	28.4	5.2	2.3	64.1	47
	城域	33.0	7.1	3.0	56.9	58
	乡域	25.2	3.8	1.8	69.2	39

续表

年份	区域	1台（%）	2台（%）	3台及以上（%）	无收听设备（%）	百户拥有量（台）
2015	全国	29.9	5.9	2.7	61.5	51
	城域	34.6	7.5	3.3	54.6	61
	乡域	26.5	4.8	2.3	66.4	44
2016	全国	31.5	4.8	1.7	62.0	47
	城域	35.8	5.8	2.0	56.4	54
	乡域	28.5	4.0	1.5	66.0	42

数据来源：CSM媒介研究

根据CSM媒介研究全国网2016年基础调查数据，在全国七大行政区中，华北、西北、东北、华东和西南的收听设备拥有率较高，均达到34%以上，每百户均拥有收听设备也在48台及以上。其中华北地区收听设备拥有率最高，达到53.7%，平均每百户收听设备拥有量也最高，达到76台；西北地区收听设备拥有率也达到了47.9%，平均每百户收听设备拥有量为73台。华南和华中地区是七大行政区中收听设备拥有率较低的地区，其中华南地区收听设备拥有率为30.1%，华中地区仅为28.4%，每百户均拥有收听设备华南为37台，华中地区仅为35台（表1.1.3）。

表1.1.3　2016年全国各大行政区正在使用收听设备的拥有状况

大行政区	1台（%）	2台（%）	3台及以上（%）	无收听设备（%）	百户拥有量（台）
东北	31.0	5.8	2.8	60.4	52
华北	38.6	10.1	5.0	46.3	76
华东	33.0	4.9	1.6	60.5	48
华南	24.6	4.2	1.3	69.9	37
华中	24.1	3.0	1.3	71.6	35
西北	31.6	10.3	6.0	52.1	73
西南	23.4	6.6	3.9	66.0	50

数据来源：CSM媒介研究

4. 全国广播听众中使用车载广播作为最经常收听途径的比例高达51.0%

根据CSM媒介研究全国网2016年基础调查数据，在全国范围内，广播听众中使用车载广播作为最经常收听途径的比例高达51.0%，收音机的比例为26.1%，手机内置收音机或者手机APP的比例为13.4%。在城市广播听众中，58.4%的听众最经常使用车载广播收听，24.7%的听众最经常使用收音机收听，12.3%的听众最经常使用手机内置收音机或者手机APP收听。在农村广播听众中，使用车载广播作为最经常收听途径的比例为42.1%，远低于城市听众；使用收音机的比例为27.9%，略高于城市听众比例；使用手机内置收音机或者手机APP的比例为14.8%，也比城市听众比例略高（表1.1.4）。

表1.1.4　2016年全国及分城乡广播听众最经常使用的收听设备或途径（%）

收听设备或途径	全国	城市	农村
车载广播	51.0	58.4	42.1
收音机	26.1	24.7	27.9
手机内置收音机	9.2	7.8	10.9
手机APP	4.2	4.5	3.9
音响	0.9	0.5	1.4
收录机/随身听	0.7	0.7	0.8
有线（数字）电视	0.7	0.3	1.2
MP3/MP4	0.3	0.3	0.4
平板电脑/PC	0.3	0.3	0.3
其他	6.6	2.5	11.1

数据来源：CSM媒介研究

从各大行政区来看，根据CSM媒介研究全国网2016年基础调查数据，在全国七大行政区中，广播听众中使用车载广播作为最经常收听途径的比例最高的是华东地区，高达59.7%；其次为华北（53.4%）和华中（50.2%）；比例最低的是西北地区，仅为27.1%。与此相对应，在全国七大行政区中，广播听众中使用收音机作为最经常收听途径比例最高的是西北地区，高达51.9%；其次为东北（34.4%）和华北（29.6%）；比例最低的是西南地区，仅为11.7%。另外，在华南地区，有21.7%的广播听众最经常使用手机内置收音机或者手机APP收听广播；而在西南地区，此比例仅为9.4%（表1.1.5）。

表1.1.5　2016年全国各大行政区广播听众最经常使用的收听设备或途径（%）

收听设备或途径	东北	华北	华东	华南	华中	西北	西南
车载广播	43.3	53.4	59.7	49.0	50.2	27.1	48.5
收音机	34.4	29.6	22.1	22.1	18.7	51.9	11.7
手机内置收音机	11.3	8.4	7.8	13.2	12.5	10.2	8.3
手机APP	5.1	4.1	3.3	8.5	7.2	1.9	1.1
音响	0.4	2.5	0.2	0.8	0.9	3.2	0.0
收录机/随身听	1.3	0.5	0.5	0.9	0.8	0.5	0.6
有线（数字）电视	0.7	0.7	0.2	1.1	1.1	0.3	1.5
MP3/MP4	0.7	0.1	0.5	1.1	0.0	0.1	0.1
平板电脑/PC	0.3	0.2	0.3	1.2	0.1	0.1	0.3
其他	2.6	0.6	5.5	2.3	8.6	4.6	27.8

数据来源：CSM媒介研究

二、听众特征

1. 全国10岁及以上听众规模达531,059,000人

根据《中国广播电视年鉴（2017)》的数据，截至2016年底，全国广播人口覆盖率达到98.37%。但是，在广播实际收听方面，由于部分家庭不购置收听设备，或者一些家庭的收听设备已经闲置，所以实际的广播听众规模要明显小于广播覆盖的人口规模。我们所说的广播听众是指拥有正在使用的广播收听设备或家庭成员中有人在近3个月内收听过广播的家庭中10岁及以上人口。

根据CSM媒介研究2016年全国网基础调查数据，2016年全国广播听众规模为531,059,000人，占全国10岁及以上人口总数的43.8%；其中城域的广播听众规模为240,345,000人，占全国城市10岁及以上人口的50.7%；乡域的广播听众规模为290,714,000人，占全国农村10岁及以上人口的39.4%。与2015年相比，2016年全国和城域广播听众规模占人口总数的比例均有不同程度下滑，乡域该比例则略有提升。2015年，全国广播听众规模占全国10岁及以上人口总数的44.4%，这一比例在城域为52.6%，在乡域为39.2%。

2. 广播听众中男性占比略高于女性，与全国人口结构基本一致

根据CSM媒介研究2016年全国网基础调查数据，在全国广播听众中，男性比例略高于女性，男性占51.3%，女性占48.7%，这个构成与全国10岁及以上人口的性别构成基本一致。城域广播听众中男性占51.4%、女性占48.6%，男性所占比例略高于女性，并且与全国城域10岁及以上人口性别构成也基本一致；在乡域听众中，男性占51.3%、女性占48.7%，与全国乡域10岁及以上人口性别构成基本一致（图1.2.1、图1.2.2)。

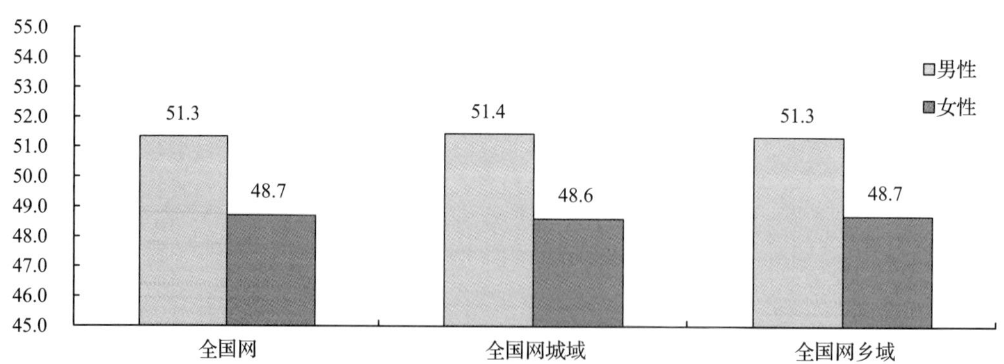

数据来源：CSM媒介研究

图1.2.1 2016年全国广播听众性别构成（%）

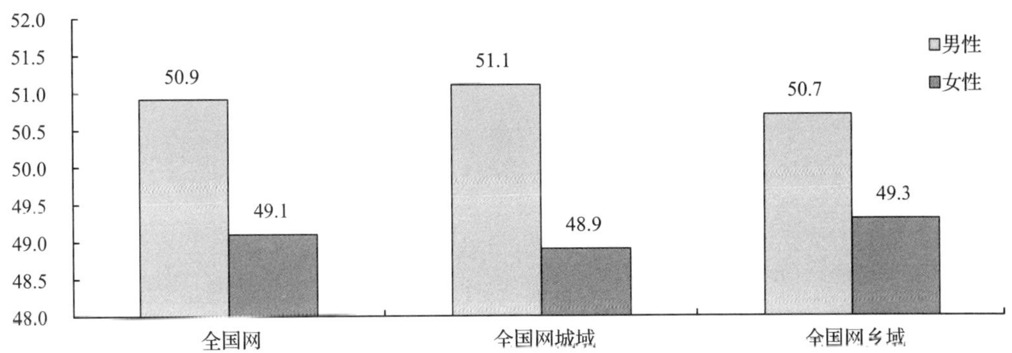

数据来源：CSM 媒介研究

图 1.2.2　2016 年全国 10 岁及以上人口性别构成（%）

3. 15～44 岁听众所占比例相对较高，城乡听众年龄构成存在差异

根据 2016 年 CSM 媒介研究全国网基础调查数据，35～44 岁、25～34 岁和 15～24 岁年龄段听众是广播听众中所占比例相对较大的群体，其中 35～44 岁听众群体在全国、城域和乡域中所占比例均超过 20%；25～34 岁听众群体在城域所占比例也超过了 20%，在全国和乡域所占比例分别为 19.9% 和 18.9%，接近 20%；15～24 岁听众群体在全国、城域和乡域所占比例分别为 19.3%、19.9% 和 18.9%，也接近 20%，并且与各自的人口比例基本一致。从城乡各年龄段广播听众所占比例的比较来看，乡域广播听众中 10～14岁、45 岁及以上群体所占比例高于城域，而城域广播听众中 15～44 岁群体所占比例则超过了乡域，反映出城乡听众在年龄结构上存在差异（图 1.2.3、图 1.2.4）。

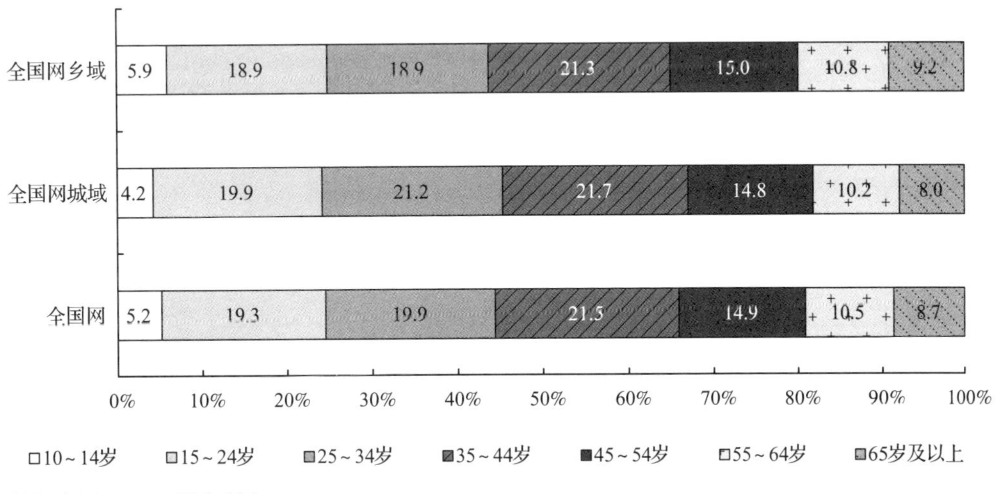

数据来源：CSM 媒介研究

图 1.2.3　2016 年全国广播听众年龄构成（%）

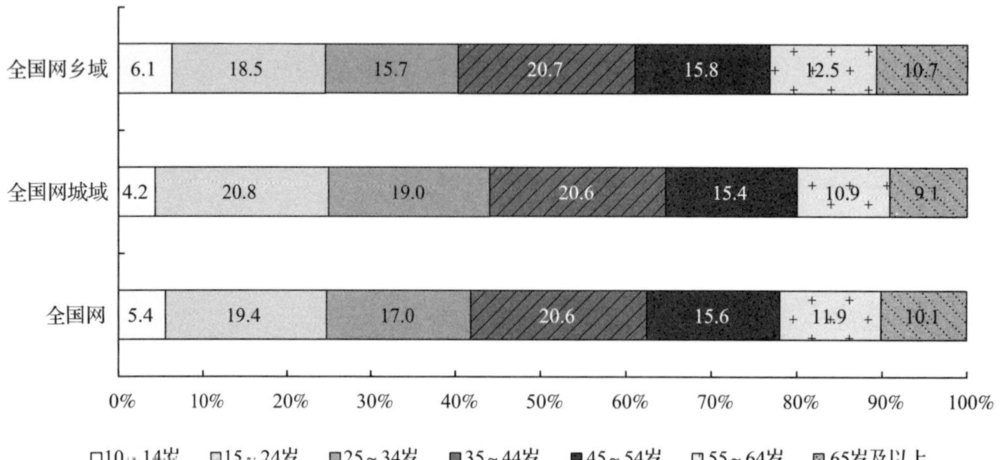

数据来源：CSM 媒介研究

图 1.2.4　2016 年全国 10 岁及以上人口年龄构成（%）

4. 听众受教育程度城乡差异明显，初中学历人群占比最高

2016 年 CSM 媒介研究全国网基础调查数据显示，广播听众受教育程度的城乡差异明显，这与全国城乡人口受教育程度差异较大的特点相吻合（图 1.2.5、图 1.2.6）。在城域听众中，具有高中/技术学校、大学及以上文化程度的听众比例均为 27.2%，远高于乡域听众中的 20.7% 和 9.8%。而未受过正规教育、小学文化程度听众的比例在城域分别为 2.5% 和 12.8%，远低于乡域的 6.2% 和 22.6%。无论是在全国网还是在全国网城域和全国网乡域，具有初中文化程度的听众均是占比最高的一类听众，分别为 36.0%、30.3% 和 40.7%。

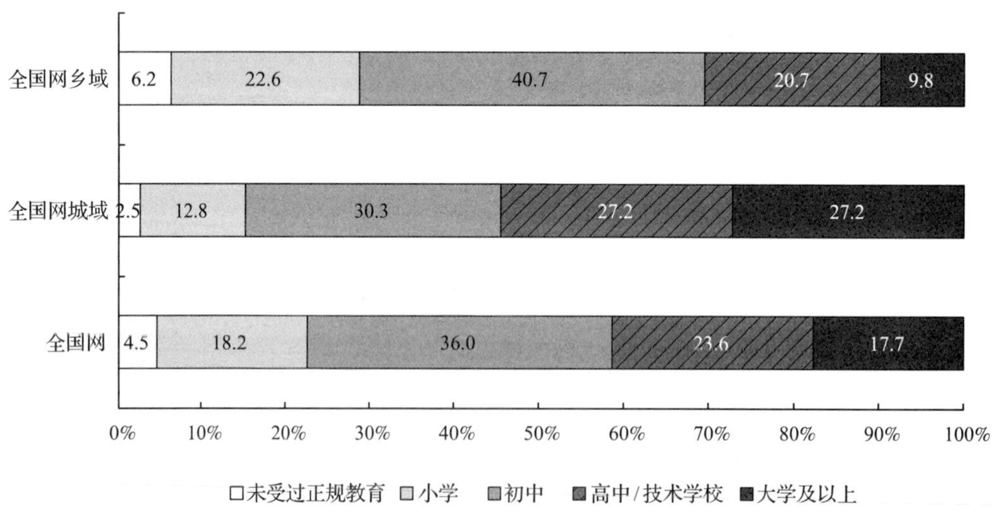

数据来源：CSM 媒介研究

图 1.2.5　2016 年全国广播听众受教育程度构成（%）

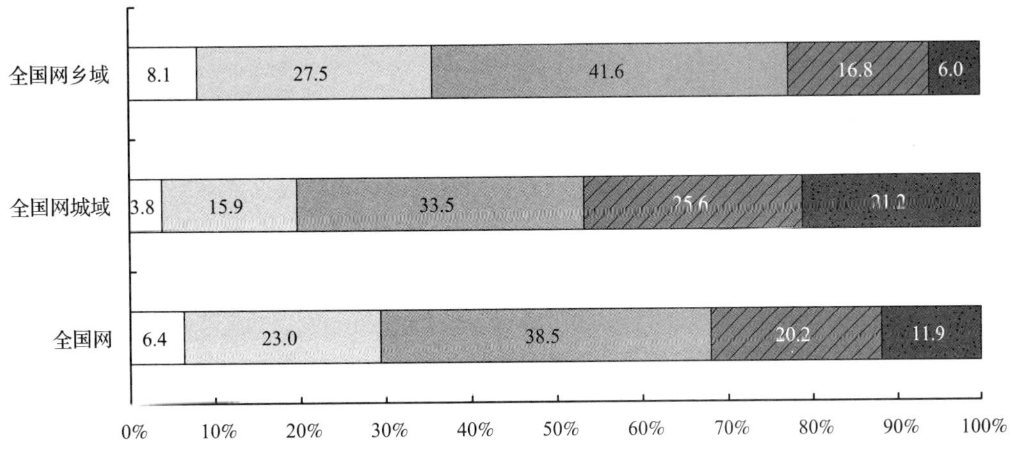

数据来源：CSM 媒介研究

图 1.2.6　2016 年全国 10 岁及以上人口受教育程度构成（%）

5. 城乡听众职业构成差异较大，无业和其他职业人群分别在城域和乡域听众中占比最高

2016 年 CSM 媒介研究全国网基础调查数据显示，城乡听众职业构成的差异较大，这主要是由城乡居民职业构成的差异所决定的。在城域听众中，初级公务员/雇员群体占比最大，达到了 22.2%，包含退休人员在内的无业人群所占比例也达到了 20.0%；在乡域听众中，以农、林、牧、渔为主的其他职业类别听众所占比例最大，达 31.1%，排在第二位的是个体/私营企业人员，所占比例为 18.9%（图 1.2.7、图 1.2.8）。

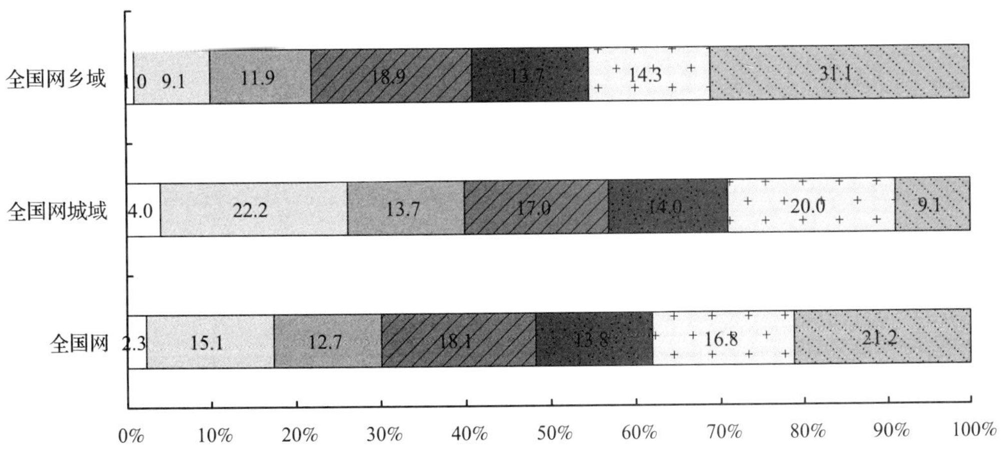

数据来源：CSM 媒介研究

图 1.2.7　2016 年全国广播听众职业构成（%）

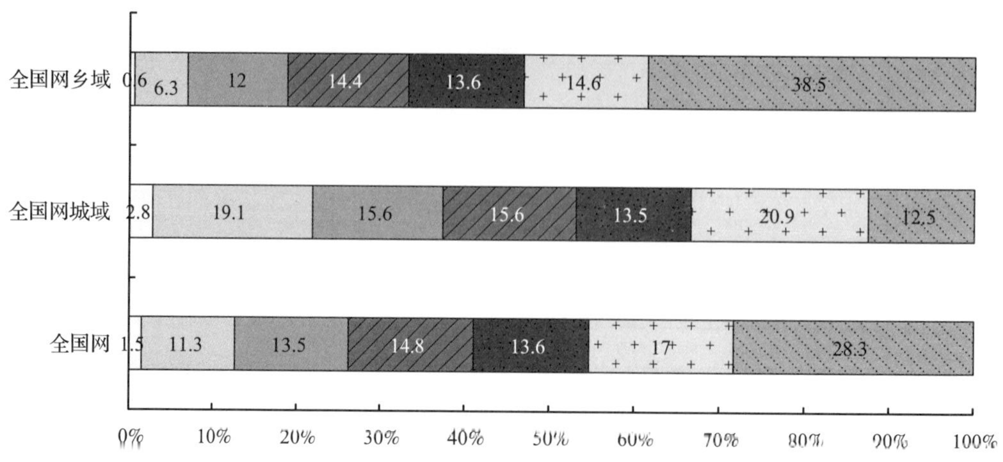

数据来源：CSM媒介研究

图 1.2.8　2016 年全国 10 岁及以上人口职业构成（%）

6. 个人月收入 2001 元及以上听众占比较 2015 年有明显提升，这一趋势在乡域表现得更为明显

2016 年 CSM 媒介研究全国网基础调查数据显示，广播听众的收入构成城乡差异比较明显，这与我国目前城乡经济发展不平衡、城乡居民收入水平差异较大具有直接关系（图 1.2.9、图 1.2.10）。从全国广播听众的收入构成来看，个人月收入 2001 元及以上中高收入听众占比 51.1%，高于这一收入群体的人口构成比例（42.5%）；从城域情况来看，个人月收入 2001 元及以上中高收入听众的比例为 62.9%，高于这一收入群体的人口构成比例（57.9%）；从乡域情况来看，个人月收入 2001 元及以上中高收入听众的比例为 41.3%，也高于这一收入群体的人口构成比例（32.5%）。

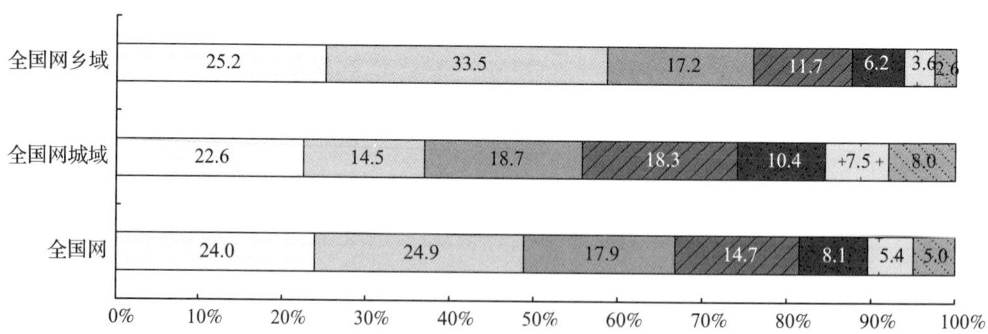

数据来源：CSM媒介研究

图 1.2.9　2016 年全国广播听众的个人月收入构成（%）

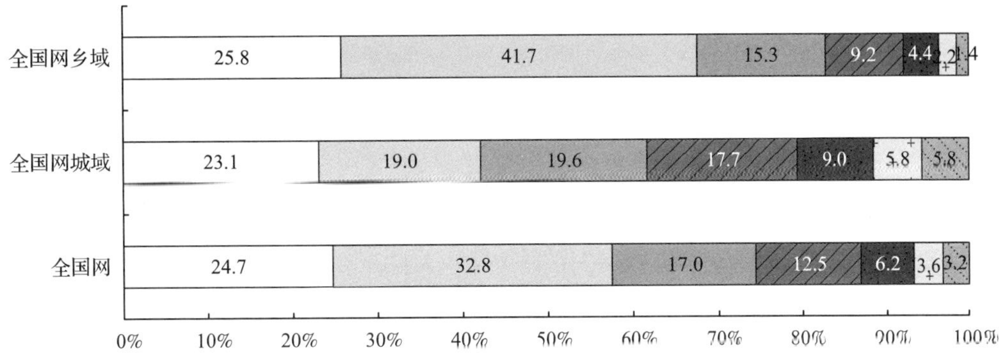

数据来源：CSM 媒介研究

图 1.2.10　2016 年全国 10 岁及以上人口的个人月收入构成（%）

对比 2015 年，2016 年从城域的情况来看，个人月收入 2001 元及以上中高收入听众群体的比例由 2015 年的 60.1% 上升为 2016 年的 62.9%，上涨幅度为 3.2%；从乡域的情况看，个人月收入 2001 元及以上中高收入听众的比例由 2015 年的 39.6% 提高到了 2016 年的 41.3%，上涨幅度为 4.3%。2016 年无论是在城域还是在乡域听众中，个人月收入 2001 元以上群体所占比例较 2015 年均有不同程度的上涨，反映出城乡听众的整体收入水平均有不同程度的提高，这一趋势在乡域表现得更为明显。

三、听众收听行为

（一）收听地点①

1.“私家车”以过半比例仍为听众最经常收听广播地点选择比例最高的场所

2016 年，“私家车”仍然是听众最经常收听广播地点选择比例最高的场所，选择比例高达 54.9%，超过了一半（图 1.3.1）；“家中”位居第二位，选择比例为 34.7%，仍是听众最经常收听广播的场所之一。最经常在“公共汽车/轨道交通”上收听广播的比例也达到了 3.6%，然后依次为“出租车”“工作/学习场所”“班车”“其他”和“骑自行车/步行”。近几年听众最经常收听广播地点选择比例最高场所的变迁，充分说明了随着社会经济的不断发展和人民生活水平的日益提高，私家车数量不断增加，加之受众对媒介的接收途径和接收方式日新月异地变化，传统的收听模式正在逐步被打破，新的模式正在日渐形成。

① 对听众收听地点及听众最喜欢收听节目的分析主要基于 2016 年 CSM 媒介研究全年进行收听率调查（包括连续调查和四波调查）的 36 个城市的基础研究数据，这 36 个城市分别为：北京、长春、长沙、成都、重庆、大连、佛山、福州、广州、邯郸、杭州、哈尔滨、合肥、昆明、济南、南昌、南京、南宁、宁波、青岛、清远、泉州、上海、汕头、沈阳、深圳、石家庄、苏州、太原、天津、乌鲁木齐、武汉、无锡、西安、厦门和郑州。

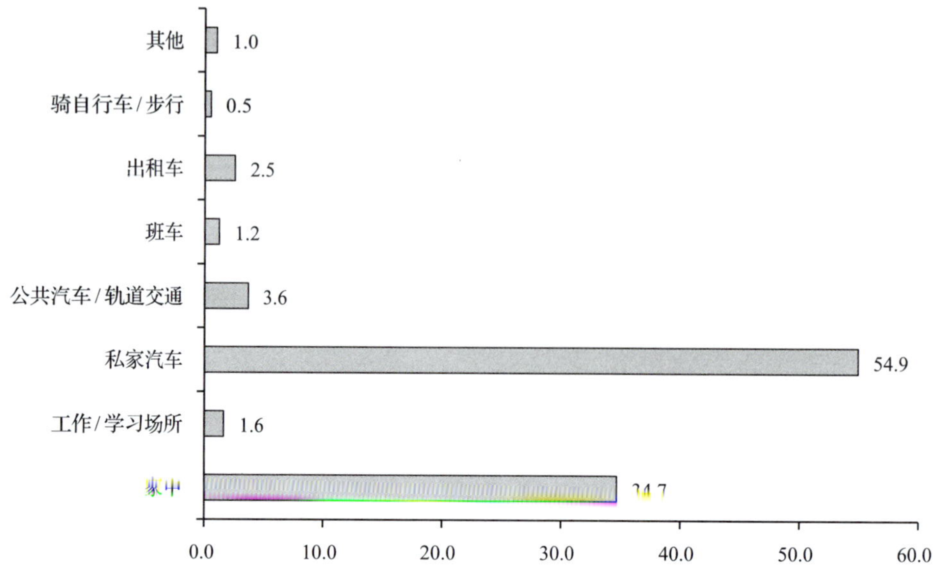

数据来源：CSM 媒介研究

图 1.3.1　2016 年 36 城市 15 岁及以上听众最经常收听广播地点的选择比例（%）

2. 24 个城市"私家车"反超"家中"成为广播收听首选地点，其他城市"家中"仍是最经常收听场所

随着社会经济的发展和国民生活水平的提高，私家车日益普及，人们的生活习惯和出行方式发生了翻天覆地的变化；同时受新媒体的冲击，受众对广播的接收方式和接收地点也发生了较大变化。2016 年不同城市听众最经常收听广播地点的选择延续了 2015 年的"风格"，表现出来的最大特点就是多数城市"私家车"反超"家中"成为听众收听广播的首选地点，并将这一趋势进一步扩大，具体包括深圳、北京、宁波、泉州、重庆、苏州、长沙、佛山、厦门、杭州、成都、南昌、福州、无锡、昆明、郑州、太原、石家庄、南宁、合肥、乌鲁木齐、青岛、济南和长春 24 个城市，较 2015 年又增加了 3 个城市。最经常选择"私家车"为收听广播场所比例最高的城市是深圳，达到了 86.0%；其次是北京，该比例也高达 81.5%；排名第三的是宁波，该比例为 79.0%；紧随其后的是苏州、泉州、重庆、成都、佛山、南昌、福州、无锡、杭州、厦门、昆明、长沙、太原、乌鲁木齐、石家庄、郑州和青岛 16 个城市，最经常选择在"私家车"上收听广播的比例均在 50% 以上。

但在其他城市，听众仍把"家中"作为最经常收听广播的地点，具体到各城市，听众选择的比例存在较大差异（表 1.3.1）。汕头有超过 80% 的听众把"家中"选为最经常收听广播的地点，广州、沈阳、哈尔滨和邯郸 4 个城市的听众选择最经常在"家中"听广播的比例在 50% ~60% 之间，天津、上海、清远、南京、大连、武汉、西安和济南 8 个城市最经常选择在"家中"收听广播的听众比例在 40% ~50% 之间；乌鲁木齐、青岛、石家庄和太原等 23 个城市，40% 以下的听众选择"家中"为最经常收听广播的地点。

表 1.3.1　2016 年 36 城市 15 岁及以上听众最经常收听广播地点的选择比例（%）

城市	家中	工作/学习场所	私家车	公共汽车/轨道交通	班车	出租车	骑自行车/步行	其他
北京	14.9	0.0	81.5	0.6	0.6	1.8	0.0	0.6
长春	31.8	1.3	35.7	14.7	3.1	12.6	0.2	0.7
长沙	15.5	2.3	63.1	4.0	1.8	12.3	0.2	0.8
成都	25.8	0.0	70.3	1.2	0.0	1.6	0.0	1.2
重庆	16.2	0.8	71.4	0.7	1.5	3.2	0.9	5.2
大连	46.8	2.1	45.4	1.5	2.5	0.8	0.0	0.8
佛山	22.3	2.3	69.4	4.1	1.2	0.0	0.2	0.6
福州	27.5	0.5	67.6	0.5	1.0	1.0	0.5	1.5
广州	59.1	3.5	22.0	6.4	2.7	0.0	2.0	4.2
邯郸	55.4	6.9	25.8	1.7	2.2	2.2	1.7	4.0
杭州	20.3	1.3	65.9	6.9	1.0	1.5	0.5	2.4
哈尔滨	55.7	1.2	23.3	16.1	1.2	1.6	0.0	0.8
合肥	31.2	1.8	49.3	0.0	2.1	13.8	1.5	0.3
昆明	29.3	1.9	64.0	0.7	1.3	1.0	0.2	1.6
济南	44.2	2.9	48.5	1.4	1.2	0.3	1.1	0.3
南昌	26.0	1.7	67.6	0.0	1.1	1.5	0.8	1.4
南京	46.9	3.5	44.0	1.1	0.3	1.9	1.4	1.0
南宁	29.3	4.8	48.3	0.4	2.6	8.4	1.9	4.2
宁波	15.0	0.5	79.0	1.9	1.2	1.4	0.5	0.5
青岛	37.4	1.5	53.8	1.5	2.8	0.4	0.0	2.5
清远	47.2	1.9	42.3	4.3	2.4	1.2	0.6	0.0
泉州	13.4	2.7	74.2	0.9	2.8	5.8	0.0	0.2
上海	47.4	1.2	45.9	3.2	0.6	0.0	1.2	0.6
汕头	81.2	9.4	7.9	0.0	1.5	0.0	0.0	0.0
沈阳	57.6	1.3	29.2	0.9	2.5	7.2	0.7	0.7
深圳	9.5	0.5	86.0	3.0	0.8	0.2	0.0	0.0
石家庄	36.5	2.7	55.9	0.5	2.3	0.7	1.1	0.2
苏州	22.4	0.4	77.2	0.0	0.0	0.0	0.0	0.0
太原	36.3	2.7	56.7	0.7	0.8	1.9	0.3	0.7
天津	49.7	0.4	45.7	3.0	0.4	0.7	0.0	0.0
乌鲁木齐	38.8	1.3	56.1	0.9	1.9	0.3	0.0	0.8
武汉	46.7	3.7	44.8	1.6	0.0	1.6	1.1	0.5
无锡	29.3	0.3	67.6	0.0	0.9	0.9	0.0	0.9
西安	45.6	1.9	41.5	1.5	1.2	7.2	0.0	1.1
厦门	18.0	0.6	65.1	6.5	1.5	7.9	0.0	0.5
郑州	27.4	1.9	54.1	9.7	1.3	2.2	1.0	2.3

数据来源：CSM 媒介研究

2016年，听众最经常选择在“公共汽车/轨道交通”上收听广播比例最高的城市是哈尔滨，为16.1%；长春该比例也达到了14.7%；位列第三的是郑州，该比例为9.7%；其余城市该比例均在7%以下。其中杭州、厦门、广州、清远、佛山和长沙6个城市听众最经常选择在“公共汽车/轨道交通”上收听广播的比例在4%~7%之间，处于中间水平；上海、天津、深圳、宁波、邯郸、武汉、大连、西安、青岛、济南、成都、南京、沈阳、乌鲁木齐、泉州、太原、昆明、重庆、北京、石家庄、福州和南宁22个城市听众最经常选择在“公共汽车/轨道交通”上收听广播比例较低，不足4%；合肥、南昌、无锡、汕头和苏州5个城市该比例为0，这可能与当地的道路交通状况以及听众习惯的出行方式有关。

出租车已经成为一个城市的标志物之一，也是广播媒体重点开拓的市场之一。由于各地出租车在起步价和人们乘坐习惯上等存在差异，选择在“出租车”上最经常收听广播的听众比例差异也较大。2016年，合肥最经常选择“出租车”为收听广播地点的听众比例最高，达13.8%；然后依次为长春和长沙2个城市，该比例在10%~15%之间；南宁、厦门、西安和沈阳等27个城市的听众最经常选择在“出租车”上收听广播的比例不高，均在9%以下，其中广州、佛山、上海、汕头和苏州5个城市最低，为0，没有听众把“出租车”作为最经常选择收听广播的场所。

最经常在“其他”地点收听广播的听众选择比例相对以上地点较低，但也存在个别城市选择比例较高的地点。例如，长春有3.1%的听众把“班车”作为最经常选择收听广播的场所；汕头有9.4%的听众把“工作/学习场所”作为最经常选择收听广播的场所，邯郸该比例达到了6.9%，南宁该比例也占到了4.8%，这充分体现出广播的伴随性特征，听众可以边听广播边工作。

3. 分目标听众群体最经常收听广播地点的选择与其自身角色定位相关

分目标听众来看，最经常收听广播地点的选择与其性别、年龄、受教育水平及职业定位相关（表1.3.2）。相比女性，男性听众相对更多地选择在“私家车”“班车”和“工作/学习场所”收听广播，这与他们日常的出行方式和生活习惯有关；而女性听众最经常选择收听广播的场所则相对更多地集中在“家中”“公共汽车/轨道交通”和“出租车”等地点。

各个年龄群体最经常收听广播地点的选择也存在明显差异。25岁及以上听众，年龄越大，选择最经常在“家中”收听广播的比例越高，选择最经常在“私家车”“公共汽车/轨道交通”和“出租车”上收听广播的比例越低。随着年龄的增长和身体状况的下降，尤其是对于老年人而言，他们乘坐公共汽车/轨道交通、出租车的困难和不便也日益增多，导致他们选择在这些地点收听广播的比例也逐渐降低。25~34岁和35~44岁这两部分听众是社会的中流砥柱，有更多的机会驾驶和乘坐私家车，因此这两个群体是选择最经常在“私家车”上收听广播比例最高的，所占比例分别高达72.5%和71.8%。15~24岁的青少年群体受经济状况和生活习惯的影响，选择最经常在“公共汽车/轨道交通”上收听广播的比例是各年龄组中最高的，选择比例为7.5%。

表 1.3.2 2016 年 36 城市不同目标听众最经常收听广播地点的选择比例（%）

目标听众	家中	工作/学习场所	私家车	公共汽车/轨道交通	班车	出租车	骑自行车/步行	其他
男	30.9	2.0	57.7	3.3	1.9	2.3	0.7	1.2
女	39.3	1.2	51.3	3.9	0.5	2.6	0.3	0.8
15～24 岁	30.4	1.8	53.2	7.5	1.0	4.8	0.5	0.7
25～34 岁	16.0	1.2	72.5	4.1	1.3	3.5	0.8	0.5
35～44 岁	19.5	1.6	71.8	2.3	1.9	1.9	0.4	0.6
45～54 岁	39.1	2.5	51.7	2.5	1.3	1.2	0.5	1.2
55 岁及以上	78.8	1.4	14.3	1.5	0.5	0.4	0.5	2.5
未受过正规教育	66.6	6.0	15.7	0.5	0.0	3.7	0.0	7.5
小学	68.8	2.6	24.2	1.3	0.7	0.8	0.1	1.4
初中	48.8	2.8	40.3	2.7	1.5	1.8	0.3	1.7
高中/技术学校	38.7	1.8	49.5	3.9	1.4	2.9	0.5	1.3
大学及以上	20.8	0.7	69.5	4.1	1.1	2.7	0.7	0.4
干部/管理人员	12.2	0.6	79.1	3.4	1.1	2.2	0.5	0.8
初级公务员/雇员	21.4	1.3	68.2	3.6	1.6	2.7	0.8	0.4
个体/私营企业人员	19.3	2.2	71.5	2.5	0.8	2.8	0.2	0.8
工人	32.0	4.4	49.0	4.8	4.1	3.9	0.7	1.2
学生	35.4	3.0	49.1	8.9	0.1	2.5	0.6	0.4
无业（包括退休）	67.9	0.1	26.2	2.0	0.0	1.4	0.3	2.2
其他	60.5	3.4	30.0	0.2	0.0	1.3	0.7	4.0

数据来源：CSM 媒介研究

受教育程度对听众的工作和生活状况具有重要影响，也会影响到其最经常收听广播地点的选择。2016 年，沿袭以往的一贯特点，随着受教育程度的提高，听众选择在“家中”收听广播的比例逐渐降低，受教育程度低者，包括小学学历和未受过正规教育的听众，其选择最经常在“家中”听广播的比例最高，分别为 68.8% 和 66.6%。选择“私家车”“公共汽车/轨道交通”和“出租车”等各类交通工具为最经常收听广播地点的比例则与“家中”相反，基本上呈现出学历越高、比例越高的态势，其中大学及以上学历听众群体最经常选择在“私家车”“公共汽车/轨道交通”和“出租车”上收听广播的比例分别达到了 69.5%、4.1% 和 2.7%，尤以在“私家车”上的比例为最高，这与该类人群属于社会中坚力量、有更大概率驾驶和乘坐私家车有关。同时我们可以发现，选择在“骑自行车/步行”时收听广播的比例也基本呈现出学历越高、比例越高的趋势。

听众对最经常收听地点的选择与其职业也有较强的关联性。低职业层级和赋闲在家的无业听众最经常选择在“家中”收听广播的比例较高，社会地位较高或者收入水平较高的从业者最经常选择在“私家车”上收听广播的比例相对更高。无业人员和其他职业人群选择最经常在“家中”收听广播的比例较大，分别为 67.9% 和 60.5%，学生和工人的该比例也分别达到了 35.4% 和 32%；干部/管理人员、个体/私营企业人员和初级公务员/雇员选择最经常在“私家车”上听广播的比例分别达到了 79.1%、71.5% 和

68.2%，远高于其他职业类别人群。

各目标听众最经常收听广播地点的选择特点可以为广播媒体进行对象化编排和节目定位，同时也可以为定向投放广告提供重要的参考依据。

（二）人均收听时间

1. 2016 年全国 36 城市人均收听时间较 2015 年有所下滑，城市间差异显著

在全国 36 个城市[①]中，2016 年人均每日收听广播的时间为 69.0 分钟，较 2015 年的 71.0 分钟减少了 2 分钟。2016 年各城市之间的人均日收听分钟数差距较大，乌鲁木齐、哈尔滨、沈阳、天津、西安、太原、大连、石家庄、长春、汕头、南京、青岛、济南、佛山、北京和上海 16 个城市人均日收听分钟数均高于 36 城市的平均水平，乌鲁木齐最高，达 115.6 分钟；其次是哈尔滨，110.0 分钟，沈阳、天津和西安也都超过了 90 分钟。相反，南宁、长沙、泉州、福州和宁波等 12 个城市人均收听时间偏低，平均每人每天的收听量不足 50 分钟，特别是重庆，人均每日收听时间仅为 31.3 分钟，不足排名第一的乌鲁木齐的 1/3（表 1.3.3）。

表 1.3.3　2016 年各城市听众人均每日收听广播时间（分钟，四波调查数据）

城市	人均收听时间	城市	人均收听时间
乌鲁木齐	115.6	成都	63.0
哈尔滨	110.0	无锡	62.6
沈阳	98.6	昆明	58.9
天津	97.5	邯郸	57.0
西安	93.2	合肥	56.2
太原	85.5	郑州	50.6
大连	81.1	南宁	49.4
石家庄	80.9	长沙	49.4
长春	77.8	泉州	49.0
汕头	75.9	福州	47.0
南京	75.4	宁波	43.7
青岛	74.0	广州	43.5
济南	73.7	清远	42.5
佛山	73.5	武汉	42.2
北京	72.9	深圳	41.5
上海	71.7	厦门	36.3
苏州	64.6	南昌	31.6
杭州	64.3	重庆	31.3
36 城市平均		69.0	

数据来源：CSM 媒介研究

① 本年鉴在有关收听状况的分析中，主要采用 2016 年全年 CSM 媒介研究进行收听率调查的 36 个城市（包括四波调查城市和连续调查城市）的收听调查数据，这 36 个城市分别为：北京、长春、长沙、成都、重庆、大连、佛山、福州、广州、邯郸、杭州、哈尔滨、合肥、昆明、济南、南昌、南京、南宁、宁波、青岛、清远、泉州、上海、汕头、沈阳、深圳、石家庄、苏州、太原、天津、乌鲁木齐、武汉、无锡、西安、厦门和郑州。

2. 春季人均收听时间略长，哈尔滨和乌鲁木齐两城季节性收听表现突出

CSM媒介研究实施的四波收听率调查分别在3月、5月至6月、8月至9月和11月实施，基本能够代表春、夏、秋、冬四季。对2016年36城市在各个调查波次的收听情况（其中，连续调查城市取各个调查波次时期的数据）进行分析发现，2016年全国36城市整体春季（第一波）人均每日收听量略优于其他季节，春季人均每天收听时间较其他3个季节多出近1分钟（表1.3.4）。

具体到每个城市，季节差异不尽相同。哈尔滨春季的人均收听时长在36个调查城市中排名首位，高达114.3分钟。哈尔滨位于我国的最北方，是我国纬度最高、气温最低的大都市，冬长夏短，11月～次年3月为寒冷的冬天，因此听众在家的时间较长，人均收听量在各季节中也最高。地处西北的乌鲁木齐第二波、第三波和第四波的人均收听时长在36个城市中均排名居首，尤以第四波为最高。该城市的收听很有特色：由于地处西北，深处大陆腹地，夏季白天时间长，人们的户外活动多，旅游业发达，相对而言车载收听表现得就比较明显，因此第二波和第三波整体收听水平相对较高。与哈尔滨的气候特征类似，乌鲁木齐的冬天也较为漫长且寒冷，因此该地区受众冬天对广播的收听时长在各季节中也最高。可见，气候条件和生活习惯在一定程度上会影响听众的季节性收听行为（表1.3.4）。

表1.3.4　2016年各城市听众在四波调查期间人均每日收听广播时间（分钟）

城市	第一波（2016/2/28～3/19）	第二波（2016/5/22～6/11）	第三波（2016/8/21～9/10）	第四波（2016/11/6～11/26）
北京	75.6	70.9	73.5	71.7
长春	72.1	70.9	81.3	86.7
长沙	48.4	51.2	47.2	50.8
成都	65.8	63.8	58.6	64.0
重庆	30.0	31.0	30.1	34.1
大连	83.0	77.4	82.0	82.0
佛山	70.8	68.1	77.1	77.9
福州	46.1	46.9	47.1	47.8
广州	44.5	43.7	43.2	42.8
邯郸	56.0	57.8	56.8	57.3
杭州	70.3	68.1	59.2	59.6
哈尔滨	114.3	106.9	107.0	111.7
合肥	59.4	58.5	56.1	50.7
昆明	62.1	62.5	55.0	55.8
济南	80.4	73.7	72.4	68.3
南昌	29.4	34.3	30.9	31.9
南京	72.9	76.2	77.2	75.4
南宁	48.1	48.7	50.7	50.1
宁波	43.8	43.5	43.6	43.7

续表

城市	第一波（2016/2/28～3/19）	第二波（2016/5/22～6/11）	第三波（2016/8/21～9/10）	第四波（2016/11/6 ～11/26）
青岛	75.4	72.6	74.1	73.9
清远	40.1	45.3	46.2	38.6
泉州	48.0	48.5	47.7	51.9
上海	71.1	70.0	75.9	69.8
汕头	72.7	76.1	73.5	81.2
沈阳	103.0	97.4	98.4	95.8
深圳	41.0	42.9	39.9	42.0
石家庄	81.7	81.7	76.8	83.3
苏州	58.0	67.9	67.8	64.6
太原	78.8	84.2	86.1	92.9
天津	99.7	98.0	94.3	[illegible]
乌鲁木齐	111.7	113.4	111.9	125.6
武汉	45.6	42.5	42.1	38.6
无锡	61.0	62.2	62.1	65.1
西安	94.3	94.6	93.9	90.0
厦门	38.7	37.2	35.6	33.6
郑州	48.9	50.4	55.1	47.8
36 城市	69.5	68.6	68.8	68.9

数据来源：CSM 媒介研究

3. 各目标听众收听表现各异，男性、老年、中等学历和中低收入听众人均收听时间较长

2016 年各目标听众群体的人均收听时长各异。男性听众人均每天收听时长为 70.7 分钟，较女性听众人均收听时长多近 4 分钟。各年龄段听众呈现出年龄越大、人均收听量越大的正相关关系，10～14 岁的少年儿童人均每日收听时间仅为 23.1 分钟，不足 55 岁及以上群体人均日收听时长的 1/4。传统广播受众的老龄化现象凸显。

从受教育程度来看，初中学历人群人均每日收听广播时间最长，达到 76.1 分钟；高中学历听众次之，人均每天收听广播时间为 72.4 分钟。在各类职业群体中，无业者人均日收听广播时间最长，为 101.6 分钟；然后依次是个体/私营企业人员、其他人员、工人、干部/管理人员和初级公务员/雇员，平均每人每天收听广播时间均超过 1 小时；学生群体对广播的收听时长最短，仅为 30.7 分钟。

从不同收入水平来看，个人月收入 1～2000 元听众人均日收听时间最长，为 87.7 分钟；其次是个人月收入 2001～3000 元的听众，人均日收听时长也超过了 80 分钟，为 85.3 分钟；个人月收入 3001～4000 元听众人均收听时长超过了 70 分钟，位居中游；个人月收入 4001 元及以上群体的人均日收听量较少，均低于 70 分钟（表 1.3.5）。

表 1.3.5　2016 年 36 城市不同目标听众人均每日收听广播时间（分钟）

目标听众	人均收听时间	目标听众	人均收听时间
男	70.7	干部/管理人员	63.8
女	67.1	初级公务员/雇员	60.3
10～14 岁	23.1	个体/私营企业人员	71.5
15～24 岁	38.4	工人	69.9
25～34 岁	58.3	学生	30.7
35～44 岁	67.8	无业（包括退休）	101.6
45～54 岁	81.9	其他	71.2
55～64 岁	106.4	没有收入	39.1
65 岁及以上	120.4	1～2000 元	87.7
未受过正规教育	63.1	2001～3000 元	85.3
小学	66.4	3001～4000 元	74.8
初中	76.1	4001～5000 元	69.4
高中/中专/职高/技校	72.4	5001～6000 元	66.4
大学及以上	59.7	6001 元及以上	60.0

数据来源：CSM 媒介研究

（三）全天收听走势

1. 全天收听峰值出现在早间，高峰时段收听率工作日明显高于周末

与电视观众全天收视走势不同，广播全天的最高收听峰值出现在早间，早晚高峰时段工作日收听水平明显高于周末。2016 年全国 36 个城市，工作日早间 7:00～9:00 时段正值上班高峰，开机率高，收听率基本均超过 12%，其中在 7:15～7:30 时段收听率最高，达 14.11%。上午 9:00 之后，收听率开始逐步走低，在 13:30～14:00 时段收听率跌至不足 3%。傍晚 17:15～18:30 是下班晚高峰时段，收听率回升至 8% 以上，随后下跌。虽然在 20:00～21:00 时段出现小幅回升，形成了一个收听小高峰，但峰值远不及早晚高峰（图 1.3.2）。

周末与工作日的收听率在高峰时段有显著差别。工作日在早间 6:00～9:00 和下午 17:00～19:00 的收听高峰时段，收听率明显高于周末同时段，其中在 7:15 左右，两者之间的收听率相差达到近 4 个百分点。而周末则在上午 9:00～12:00 和下午 13:15～16:30时段收听率高于工作日。收听数据一定程度上反映了听众的生活、工作作息规律：工作日早上通常会在洗漱、吃饭和上班途中收听广播，白天工作，而周末起床和出行时间推后，再加上可能出去游玩，因此在上、下午部分时段的收听水平高于工作日同时段。

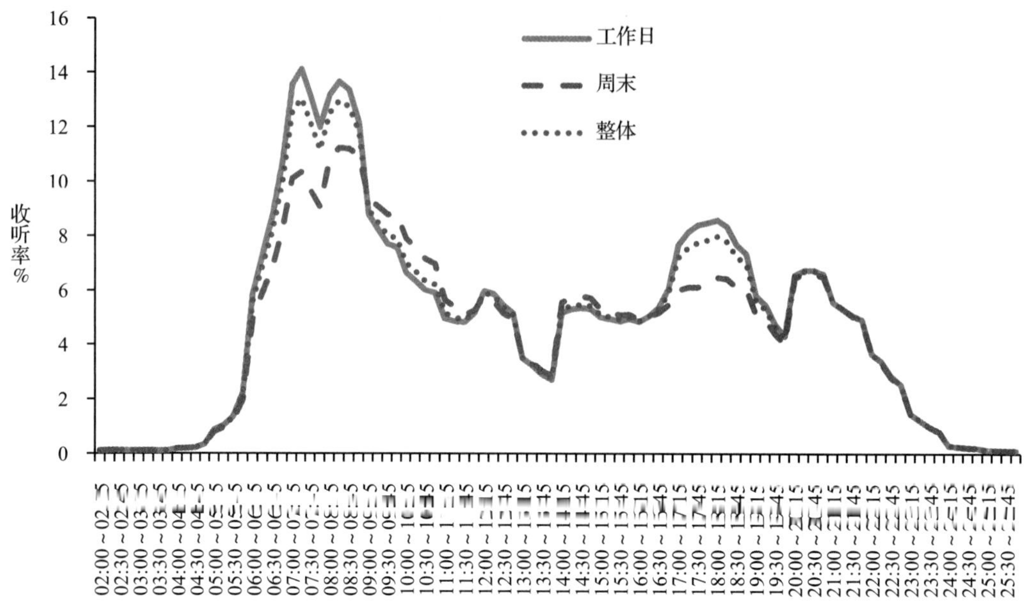

数据来源：CSM 媒介研究

图 1.3.2 2016 年 36 城市全天收听率走势

2. 四季全天收听走势基本一致，不同季节收听水平略有差异

2016 年，全国 36 个城市听众在四波调查中的全天收听率走势大体趋同，均显示出早间的收听最高峰和傍晚及晚间的两个收听次高峰。相对而言，第一波春季调查期间在 9:30～18:30 时段的收听率更占优势，高于其他三波调查时期同时段的收听率（图 1.3.3）。

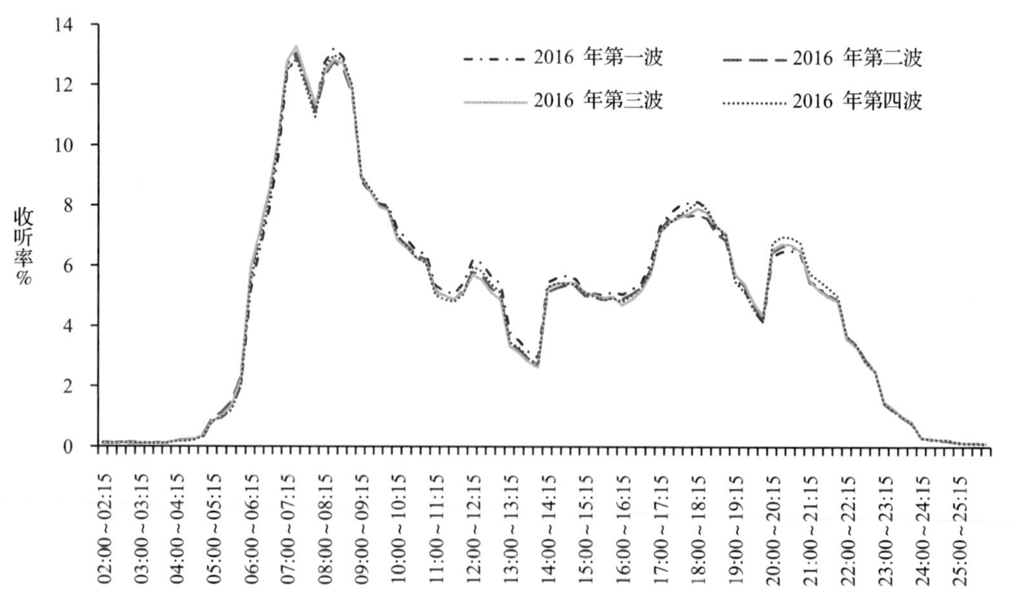

数据来源：CSM 媒介研究

图 1.3.3 2016 年 36 城市四波调查全天收听率走势

3. 北京、上海全天收听走势趋同，且与全国平均水平类似，广州收听高峰别具一格

北京地区听众的全天收听走势与全国36个城市的平均收听率走势基本一致。工作日早间8:15～8:30时段创下了全天收听的最高峰，峰值达17.91%，远远高于周末同时段的收听水平。听众在傍晚18:00左右形成全天收听次高峰，峰值为10.91%。伴随着听众夜生活的展开，受众对广播的收听也出现了一定的延伸，在晚间20:00～21:00时段还形成了一个收听小高峰（图1.3.4）。

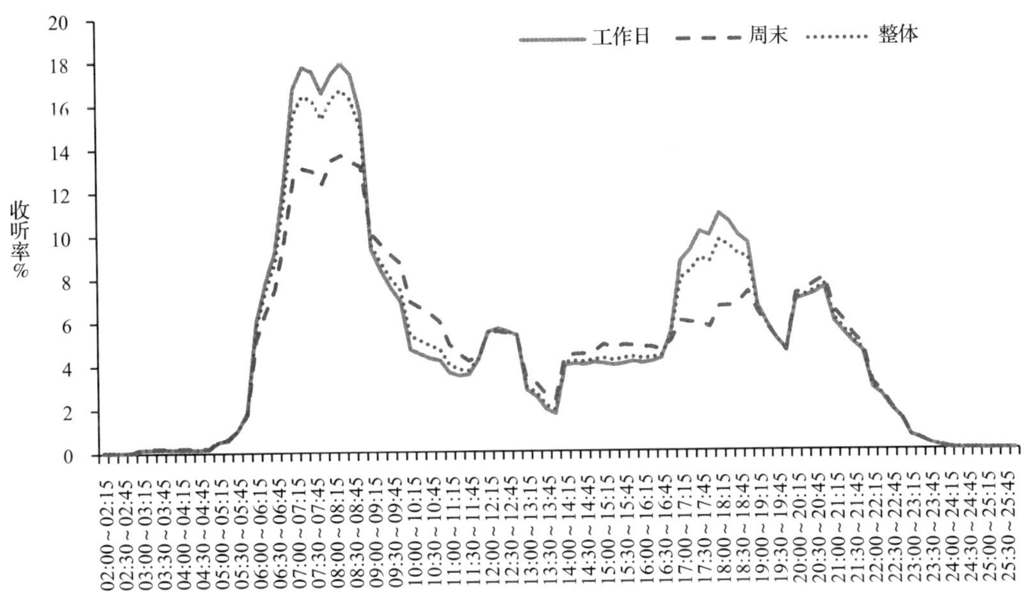

数据来源：CSM媒介研究

图1.3.4　2016年北京全天收听率走势

上海地区听众的全天收听走势与全国36城市情况大体趋同，早间7:00～8:00时段出现收听率超过或接近20%的收听高峰带，其中7:15～7:30时段创下全天收听最高峰，峰值达22.75%。与北京不同的是，在早间收听高峰带后，上海听众在9:00～14:00时段的收听走势较为平缓，从14:00之后开始收听水平缓慢爬升，直至傍晚17:30左右出现全天收听的第二高峰，峰值为6.91%。工作日早间6:00～9:00和下午直至晚间15:00～20:00时段的收听水平明显优于周末同时段，周末则在9:15～15:00时段收听率略高于工作日同时段（图1.3.5）。

与北京、上海乃至全国36个城市全天收听走势相比，广州地区听众的全天收听走势可谓别具一格、个性十足。最大的特点在于广州地区听众的全天收听最高峰不是出现在早间，而是出现在午间12:00～13:00时段，孤峰突起，且周末收听水平高于工作日，创下了全天9%的收听峰值。除了8:00～9:00时段的早高峰外，在傍晚17:00～19:00和晚间19:45～22:00时段也有两个非常明显的次高峰。与其他城市类似，在早间6:00～9:00、午间13:00～14:00、傍晚17:15～20:15时段，听众工作日收听表现优于周末同

时段，周末9:15~13:00、14:00~17:00和20:30~24:45时段的收听水平则优于工作日同时段（图1.3.6）。

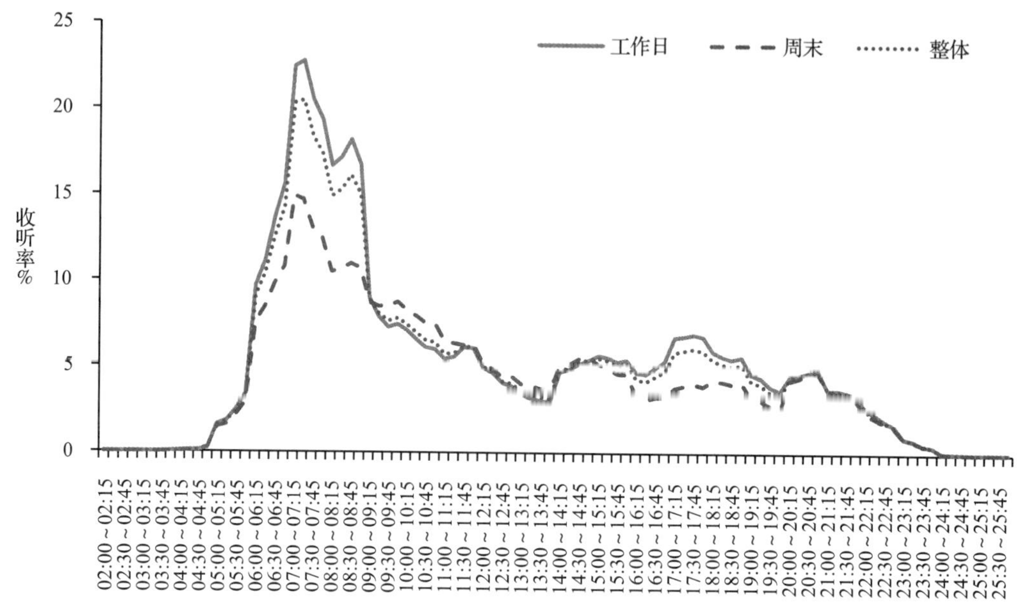

数据来源：CSM媒介研究

图1.3.5　2016年上海全天收听率走势

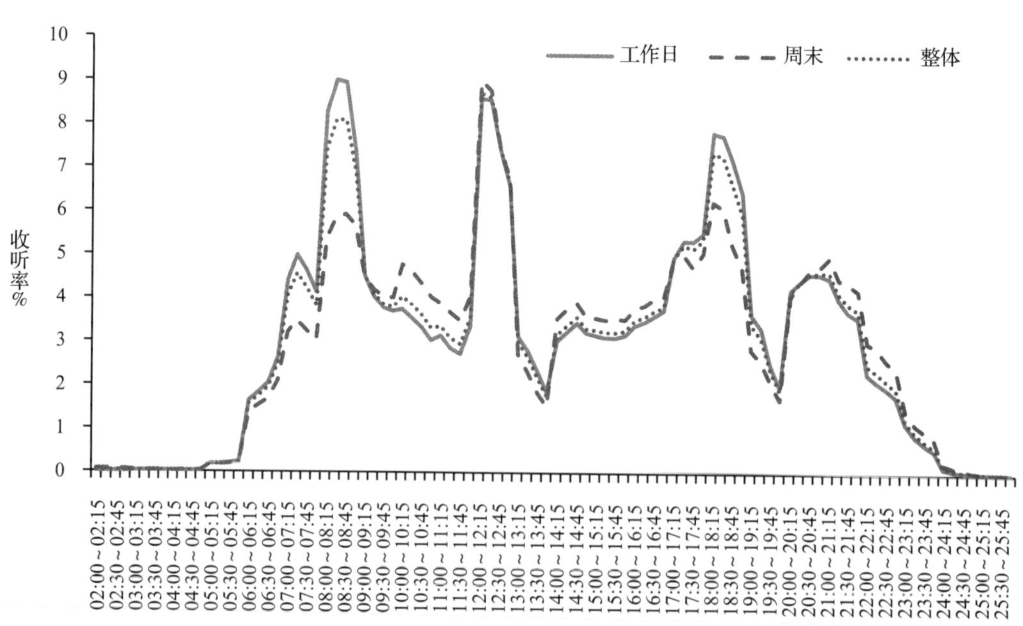

数据来源：CSM媒介研究

图1.3.6　2016年广州全天收听率走势

4. 各类目标听众在全天不同时段的收听特点不同

2016年，全国36城市收听率数据显示，男性听众在全天大多数时段的收听水平均高于女性，尤其在早间6:00～9:45和傍晚至晚间17:00～20:00时段表现得尤为明显（图1.3.7）。这在一定程度上说明男性听众是移动收听的主力军，在早、晚上下班的高峰时段，较女性听众具有更明显的收听优势。

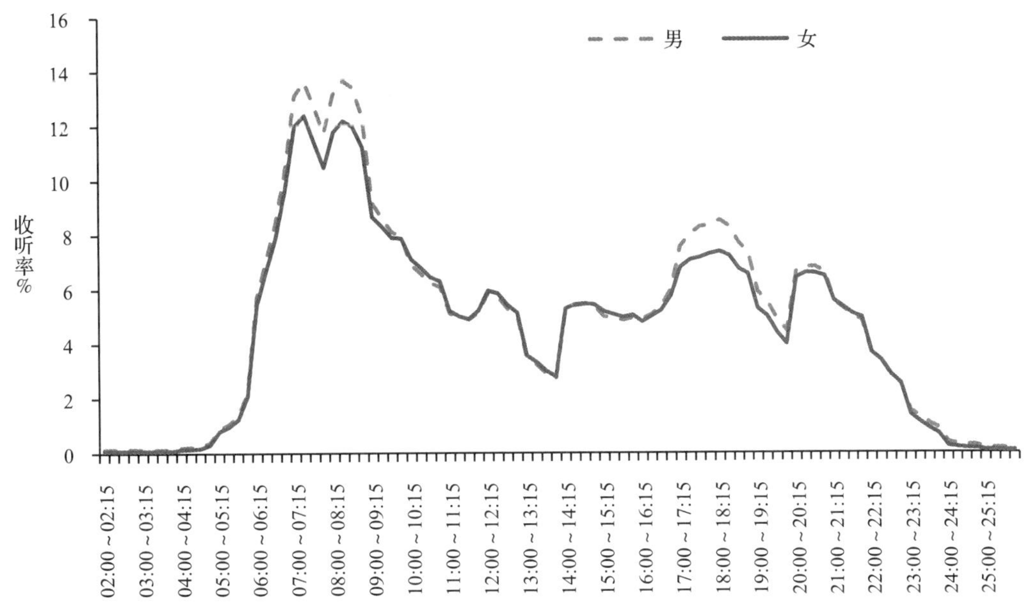

数据来源：CSM媒介研究

图1.3.7　2016年36城市不同性别听众全天收听率走势

中老年听众群体是传统广播收听市场的主力军。2016年36城市数据显示，55岁及以上中老年听众在全天大部分时段的收听水平都明显高于更年轻的听众，尤其是65岁及以上听众，他们在4:00～24:00时段的收听水平均位于各年龄层之冠（图1.3.8）。

从受教育程度来看，大学及以上高学历人群在早间7:00～9:00和傍晚17:00～19:00上下班高峰时段，拥有明显高于其他受教育程度群体的收听水平，这在一定程度上与受过高等教育的群体有更高的几率成为社会精英，在上下班高峰时段有更多机会乘坐和驾驶汽车有关，因此在这些时段针对高端人群进行内容编排和广告投放比较适宜。相比较而言，低受教育程度群体在9:00～17:00、19:00之后时段的收听水平较高，广播电台可以在这一时段适当安排与之对应的节目内容（图1.3.9）。

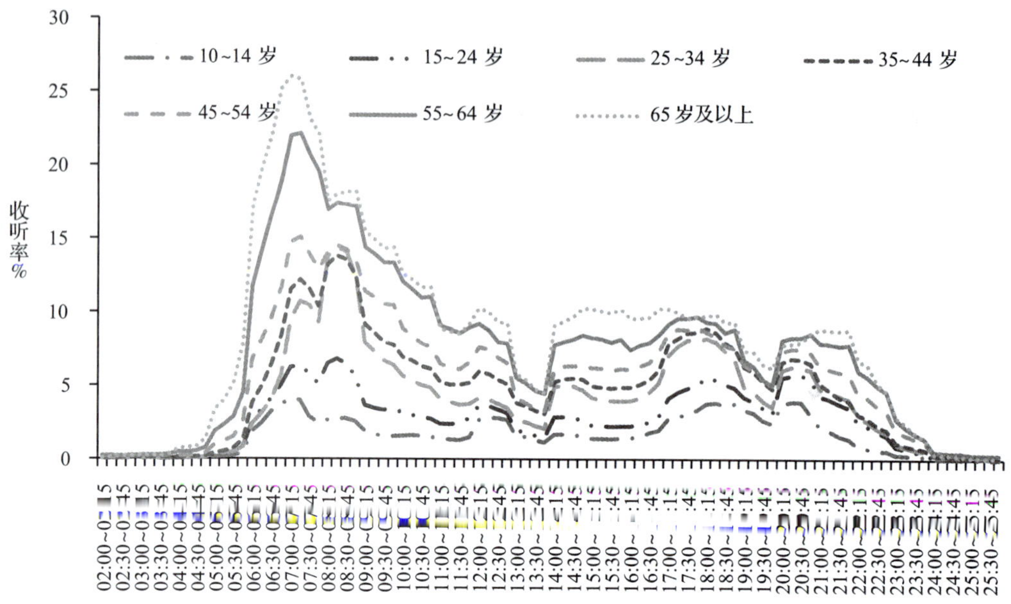

数据来源：CSM 媒介研究

图 1.3.8　2016 年 36 城市不同年龄听众全天收听率走势

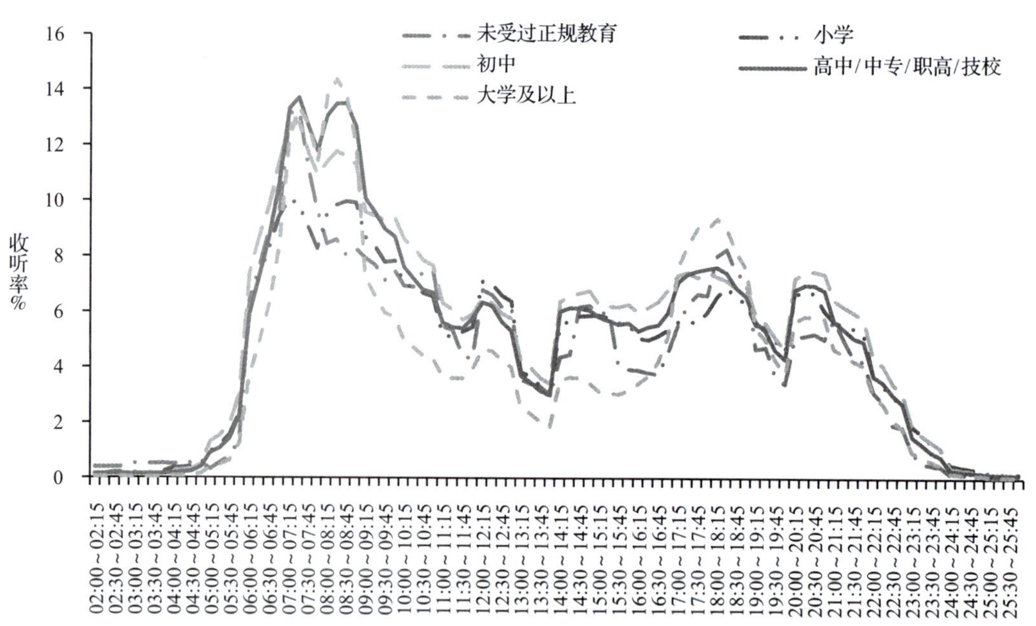

数据来源：CSM 媒介研究

图 1.3.9　2016 年 36 城市不同受教育程度听众全天收听率走势

不同职业听众的全天收听走势显示，无业人员（包括退休人员）的全天收听表现较好，4:00~17:15 和 21:00~24:00 时段的收听水平明显高于其他职业群体，高居首位；其他职业人群在晚间 19:00~21:00 时段的收听水平高于其他职业类别人群，位居榜首；干部/管理人员在早间 8:15~8:30 和傍晚 17:15~19:15 时段的收听水平明显领先于其他职业类别的听众，有明显收听优势；个体/私营企业人员以及工人群体在上、下午部分时段有较好的收听表现，学生群体受生活和学习习惯的影响，全天收听表现偏弱（图1.3.10）。

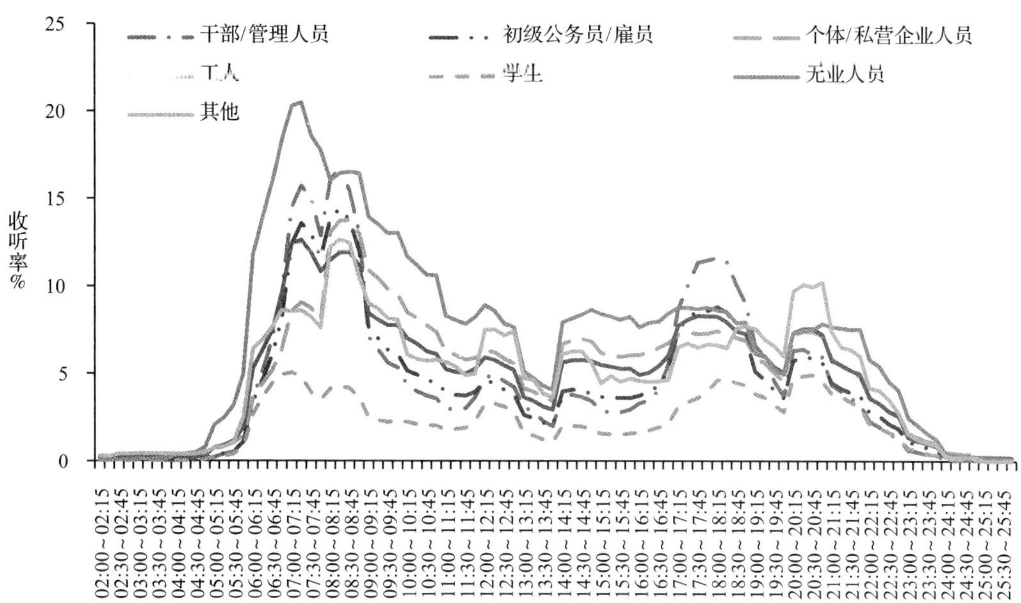

数据来源：CSM 媒介研究

图 1.3.10 2016 年 36 城市不同职业听众全天收听率走势

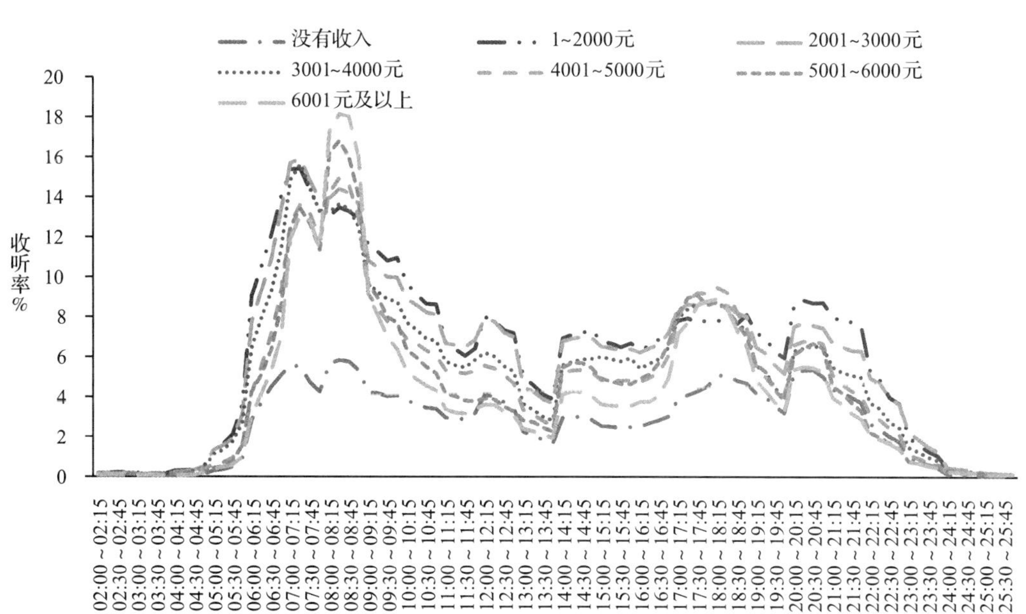

数据来源：CSM 媒介研究

图 1.3.11 2016 年 36 城市不同收入水平听众全天收听率走势

不同个人月收入水平听众全天收听走势显示，中高收入群体在早晚交通高峰时段具有收听优势，1～2000元月收入群体在早间5:00～7:00、上午9:00～11:00、下午至傍晚12:00～17:00和晚间18:45～23:00时段收听水平居首，个人月收入6001元及以上的高收入人群则在早高峰8:00～9:00时段收听水平明显优于其他收入群体，高居榜首（图1.3.11）。基于不同收入群体表现出的在不同时段的收听水平特点，广播媒体可以“因时制宜”，有针对性地进行内容编排和广告投放。

（四）听众最喜欢收听的节目类型

1. 新闻/时事、音乐和生活服务类节目位列听众最喜欢收听节目类型选择比例前三甲

CSM媒介研究将广播节目共分为10个大类，涵盖了当今广播媒体的各个节目类型。CSM媒介研究2016年全年进行收听率调查（包括连续调查和四波调查）的36个城市基础研究数据显示，全国36个城市15岁及以上听众最喜欢收听的广播节目类型较为集中。提供新闻资讯的新闻/时事类节目以71.7%的选择比例荣登榜首，成为听众最喜欢收听的节目类型；集“休闲放松、娱乐陪伴”功能于一身的音乐类节目以58.9%的选择比例位居亚军，竞争实力也可见一斑；与听众日常生活息息相关，集实用性、专业性、权威性和亲和性功能于一体的生活服务类节目也受到了47.6%铁杆听众的钟情，发展前景可观；排名第四位的是文艺类节目，有25.4%的听众把该类节目列为最喜欢收听的节目类型；然后依次为财经类节目（5.7%）和法制类节目（5.5%），二者所占比例均在5%以上；体育类节目（4.8%）、其他（1.6%）、社教类（1.3%）和外语类节目（0.9%）分居后4位（表1.3.6）。

表1.3.6　2016年36城市15岁及以上听众最喜欢收听广播节目类型的选择比例（%，多选）

排名	节目类型	比例（%）
1	新闻/时事类	71.7
2	音乐类	58.9
3	生活服务类	47.6
4	文艺类	25.4
5	财经类	5.7
6	法制类	5.5
7	体育类	4.8
8	其他	1.6
9	社教类	1.3
10	外语类	0.9

数据来源：CSM媒介研究

2. 新闻/时事、音乐、生活服务类节目在绝大多数城市中受青睐，但排名在各地存在差异

CSM媒介研究调查数据显示，在2016年全国36个重点城市15岁及以上听众中，新闻/时事类节目普遍最受青睐，其次是音乐和生活服务类节目。以传播新闻资讯为主、内容丰富的新闻/时事类节目最受听众欢迎，占据了21个城市的榜首，显示出该类节目在满足听众广泛需求方面的独有优势。音乐类节目在长沙、广州、合肥、南京、南宁、宁波、清远、武汉、西安和郑州10个城市位列第一。生活服务类节目在重庆、青岛、沈阳、太原和乌鲁木齐5个城市位居第一（表1.3.7）。

此外，排名第二的节目类型也主要集中在新闻/时事、音乐和生活服务3类节目中，反映出各地听众在收听偏好方面存在较强的共性。与排名第一的节目类型类似，在排名第二的梯队中，仍以新闻/时事类节目为主，共有14个城市的听众最喜欢收听该类节目，音乐类和生活服务类节目分列后两位，分别有13个和8个城市的听众青睐这两类节目。作为诸多曲艺形式发源、兴盛和发展的地方，天津地区的受众表现出了对文艺类节目的极大兴趣，该类节目成为当地听众第二喜欢收听的节目类型。

排名第三的节目类型更丰富多样一些，生活服务类节目占据主体，共有长春、长沙、成都、佛山和福州等20个城市的听众对该类节目青睐有加，音乐类节目获得了北京、重庆、大连和杭州等11个城市听众的另眼相看，文艺类节目受到了哈尔滨、上海、汕头和沈阳4个城市听众的垂青，新闻/时事类节目则得到了太原听众的欢心（表1.3.7）。

由此可见，各地听众基于自身的生活习惯和当地的媒体发展状况，在最喜欢收听节目类型的选择上表现出了一定的差异性。因此重视本地听众在收听内容偏好上的差异，针对听众的收听喜好“对症下药”是提高频率竞争力的重要策略之一。

表1.3.7　2016年36城市中15岁及以上听众最喜欢收听的广播节目类型排名前6位

城市	1	2	3	4	5	6
北京	新闻/时事类	生活服务类	音乐类	文艺类	法制类	财经类
长春	新闻/时事类	音乐类	生活服务类	文艺类	法制类	体育类
长沙	音乐类	新闻/时事类	生活服务类	文艺类	法制类	财经类
成都	新闻/时事类	音乐类	生活服务类	文艺类	财经类	法制类
重庆	生活服务类	新闻/时事类	音乐类	文艺类	法制类	财经类
大连	新闻/时事类	生活服务类	音乐类	文艺类	体育类	其他类
佛山	新闻/时事类	音乐类	生活服务类	文艺类	体育类	财经类
福州	新闻/时事类	音乐类	生活服务类	财经类	文艺类	法制类
广州	音乐类	新闻/时事类	生活服务类	文艺类	其他类	法制类
邯郸	新闻/时事类	音乐类	生活服务类	文艺类	法制类	体育类
杭州	新闻/时事类	生活服务类	音乐类	文艺类	财经类	体育类
哈尔滨	新闻/时事类	生活服务类	文艺类	音乐类	法制类	体育类
合肥	音乐类	新闻/时事类	生活服务类	文艺类	法制类	体育类

续表

城市	1	2	3	4	5	6
昆明	新闻/时事类	音乐类	生活服务类	文艺类	财经类	法制类
济南	新闻/时事类	生活服务类	音乐类	文艺类	法制类	体育类
南昌	新闻/时事类	音乐类	生活服务类	文艺类	财经类	法制类
南京	音乐类	新闻/时事类	生活服务类	其他类	文艺类	体育类
南宁	音乐类	新闻/时事类	生活服务类	文艺类	体育类	财经类
宁波	音乐类	新闻/时事类	生活服务类	文艺类	财经类	法制类
青岛	生活服务类	新闻/时事类	音乐类	文艺类	法制类	体育类
清远	音乐类	新闻/时事类	生活服务类	文艺类	财经类	体育类
泉州	新闻/时事类	音乐类	生活服务类	文艺类	体育类	法制类
上海	新闻/时事类	音乐类	文艺类	生活服务类	财经类	体育类
汕头	新闻/时事类	音乐类	文艺类	生活服务类	财经类	体育类
沈阳	生活服务类	新闻/时事类	文艺类	音乐类	体育类	法制类
深圳	新闻/时事类	音乐类	生活服务类	文艺类	体育类	法制类
石家庄	新闻/时事类	生活服务类	音乐类	文艺类	法制类	财经类
苏州	新闻/时事类	音乐类	生活服务类	文艺类	财经类	法制类
太原	生活服务类	音乐类	新闻/时事类	文艺类	财经类	体育类
天津	新闻/时事类	文艺类	音乐类	生活服务类	法制类	财经类
乌鲁木齐	生活服务类	新闻/时事类	音乐类	文艺类	法制类	社教类
武汉	音乐类	新闻/时事类	生活服务类	其他类	文艺类	体育类
无锡	新闻/时事类	生活服务类	音乐类	文艺类	法制类	财经类
西安	音乐类	新闻/时事类	生活服务类	文艺类	法制类	财经类
厦门	新闻/时事类	生活服务类	音乐类	体育类	文艺类	财经类
郑州	音乐类	新闻/时事类	生活服务类	文艺类	法制类	财经类

数据来源：CSM 媒介研究

3. 新闻/时事类节目受众范围广，听众对其他节目类型的偏好符合自身身份

2016 年，新闻/时事类、音乐类和生活服务类节目仍是各类目标听众的最爱。具体到各目标人群对各类节目的喜好程度排名，基本符合目标人群的身份特征，这也为广播媒体将细分听众群体与其节目偏好相结合提供了思路。

不考虑排名先后之分，36 城市的男女听众对新闻/时事类、音乐类和生活服务类这 3 个类型的节目都表现出了浓厚的兴趣。此外，在男女听众最喜欢的前 6 位节目类型中，女性听众选择了法制类节目，而男性听众对此不感兴趣；女性没有选择体育类节目，而男性听众对此则青睐有加（表 1.3.8）。

不同年龄听众对最喜欢收听节目内容的选择倾向显示出其自身心理成熟度、社会阅历、生活经历的影响。听众年纪越小，越喜欢收听音乐类节目；年纪越大，则越对新闻类、生活服务类节目感兴趣。15～24 岁和 25～34 岁群体的收听偏好与其他听众群体明显不同，其最喜欢收听的前 3 类节目依次是音乐类、新闻/时事类和生活服务类，偏重

于娱乐休闲类的节目；35~44岁的听众对新闻/时事类、音乐类和生活服务类节目的关注度更高；45岁及以上中老年听众群体则更偏好于收听新闻/时事类节目，其次是生活服务类节目。

表1.3.8　2016年36城市不同听众群体最喜欢收听的广播节目类型排名前6位

目标听众	1	2	3	4	5	6
男	新闻/时事类	音乐类	生活服务类	文艺类	体育类	财经类
女	新闻/时事类	音乐类	生活服务类	文艺类	法制类	财经类
15~24岁	音乐类	新闻/时事类	生活服务类	文艺类	体育类	法制类
25~34岁	音乐类	新闻/时事类	生活服务类	文艺类	财经类	体育类
35~44岁	新闻/时事类	音乐类	生活服务类	文艺类	财经类	体育类
45~54岁	新闻/时事类	生活服务类	音乐类	文艺类	财经类	法制类
55岁及以上	新闻/时事类	生活服务类	音乐类	文艺类	法制类	财经类
未受过正规教育	新闻/时事类	生活服务类	文艺类	音乐类	法制类	财经类
小学	新闻/时事类	生活服务类	音乐类	文艺类	法制类	其他类
初中	新闻/时事类	音乐类	生活服务类	文艺类	法制类	体育类
高中／技术学校	新闻/时事类	音乐类	生活服务类	文艺类	财经类	法制类
大学及以上	新闻/时事类	音乐类	生活服务类	文艺类	财经类	体育类
干部/管理人员	新闻/时事类	音乐类	生活服务类	文艺类	财经类	体育类
初级公务员/雇员	新闻/时事类	音乐类	生活服务类	文艺类	财经类	体育类
个体/私营企业人员	新闻/时事类	音乐类	生活服务类	文艺类	法制类	财经类
工人	新闻/时事类	音乐类	生活服务类	文艺类	体育类	法制类
学生	音乐类	新闻/时事类	生活服务类	文艺类	体育类	外语类
无业（包括退休）	新闻/时事类	生活服务类	音乐类	文艺类	法制类	财经类
其他	新闻/时事类	音乐类	生活服务类	文艺类	法制类	其他类

数据来源：CSM媒介研究

从受教育水平来看，所有受教育程度听众均最喜欢收听新闻/时事类节目。未受过正规教育和小学学历的听众还喜爱收听生活服务类节目，然后依次是音乐类、文艺类和法制类节目；初中和高中学历的听众除了新闻/时事类节目外对其余各类节目按喜好度高低排名依次为音乐类、生活服务类和文艺类节目，二者的区别在于，初中学历人群还更偏好于收听法制类节目，而高中学历听众则更倾向于收听财经类节目；大学及以上学历听众对各类型节目的喜好度类似于高中学历听众，唯一的区别在于该类人群对体育类节目较为关注。

不同职业听众最喜欢收听的节目类型选择与不同教育水平听众有一定的相似之处，

排名的前3位集中在新闻/时事类、音乐类和生活服务类节目上。大体上可以分为3种类型，第一种类型是学生，此类人群对各类节目类型的喜好度特立独行，依喜好度排在前3位的节目类型依次为音乐类、新闻/时事类和生活服务类；第二种类型包括干部/管理人员、初级公务员/雇员、个体/私营企业人员、工人和其他人群，按喜爱度排在前3位的节目类型依次为新闻/时事类、音乐类和生活服务类；第三种类型包括无业（包括退休人员）人群，依据对节目的喜爱度排在前3位的节目类型依次为新闻/时事类、生活服务类和音乐类。

四、频率竞争格局

2016年的广播收听市场在稳健中前行，传统广播依然沿着区域化、本土化的路线发展，区域性的强势本土媒体仍然是广播收听市场中的最强音。本小节基于CSM媒介研究2016年36城市市场的四波收听率调查数据以及在北京、上海、广州市场的全年连续调查数据，对广播收听市场的频率竞争格局进行分析。

（一）全国36个重点城市市场整体的频率竞争格局

1. 省级频率领跑广播收听市场，市级频率收听份额显著提升

2016年，在全国36城市广播收听市场的频率竞争中，省级频率仍然以较为明显的优势保持领先地位，共占据54.6%的市场份额，但较2015年减少了2.4个百分点；市级频率的竞争力则获得提升，市场份额为33.9%，较2015年增长了2.7个百分点；中央级频率的竞争力与上一年持平，共获得9.3%的市场份额（图1.4.1）。

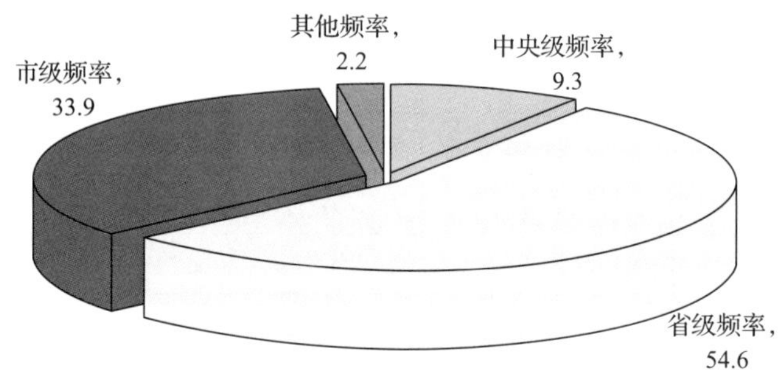

数据来源：CSM媒介研究

图1.4.1　2016年36个城市市场各类频率的市场份额（四波调查数据）

2. 省、市两级频率全天时段竞争力互为消长，中央级频率早、晚时段竞争优势相对较强

在全天各时段的收听竞争中，各级频率依然延续了在整体市场的竞争态势。省级频率在多数时段保持领先地位，在傍晚17:00左右达到全天竞争力的最高峰，市场份额达到57.7%；市级频率的竞争力与省级频率呈现出互为消长的态势，在午间11:30左右、

晚间 19:30 左右市场份额扩大，这两个时段也是省级频率竞争力的低点；中央级频率在全天时段竞争力虽然无法与省、市级频率相比，但在早间 5:00 ~ 7:00 以及19:45 ~ 21:00 拥有相对的竞争优势（图 1.4.2）。

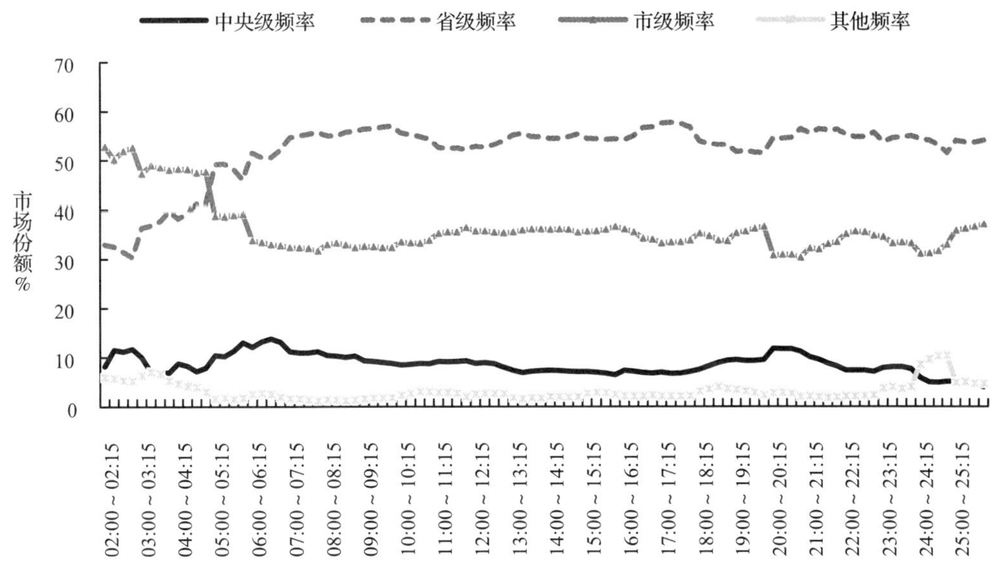

数据来源：CSM 媒介研究

图 1.4.2　2016 年 36 个城市市场各类频率全天不同时段的市场份额（四波调查数据）

3. 省、市级频率听众互为补充，中央级频率重度听众存在分化

2016 年，各级频率在细分收听群体的竞争中表现出不一样的特点。中央级频率的重度听众呈现出分化的特征，年轻和老年、低学历和高学历、低收入和高收入群体对其的收听份额都显著高于平均水平。省级和市级频率则在不同收听群体中呈现出互补的特点，在整体收听市场中形成丰富、多样的听众图谱（表 1.4.1）。

具体来看，在以性别为细分标准的收听市场上，中央级频率在男性听众中的市场份额略高于其在所有听众中的平均水平，而省、市级频率则分别对女性和男性听众具有更强的吸引力。

在以年龄为细分标准的收听市场上，中央级频率同时对 10 ~ 14 岁的青少年听众和 65 岁及以上老年听众具有较强的吸引力，其中在 65 岁及以上老年听众中的市场份额达到 12.9%，较在 10 岁及以上所有听众中 9.3% 的平均水平有较大幅度的提升。省级频率对 15 ~ 24 岁和 55 岁及以上听众的吸引力较强，市场份额达到 55% 以上；市级频率则对 25 ~ 44 岁中青年听众的吸引力最强，市场份额超过 35%，较 10 岁及以上所有听众 33.9% 的平均水平明显更高。

在以学历为细分标准的收听市场上，在小学学历和大学及以上高学历听众中，中央级频率的市场份额明显高于其在 10 岁及以上所有听众中的平均水平；省级频率更吸引高中及以上学历水平的听众；市级频率则在小学及以下低学历听众中的市场份额明显更高，

表 1.4.1　2016 年 36 城市市场各级频率在不同目标听众中的市场份额（四波调查数据）

目标听众	中央级频率	省级频率	市级频率	其他频率
10 岁及以上所有人	9.3	54.6	33.9	2.2
男	9.4	54.4	33.9	2.3
女	9.1	54.7	33.8	2.4
10 ~ 14 岁	11.2	50.4	34.5	3.9
15 ~ 24 岁	8.3	55.4	33.7	2.6
25 ~ 34 岁	8.0	54.2	35.8	2.0
35 ~ 44 岁	8.1	53.1	36.4	2.4
45 ~ 54 岁	8.0	54.7	34.8	2.5
55 ~ 64 岁	10.6	55.0	31.5	2.1
65 岁及以上	12.9	55.0	29.9	2.2
未受过正规教育	8.5	32.1	48.1	11.3
小学	11.2	42.9	41.1	4.8
初中	8.8	53.3	35.3	2.6
高中/中专/职高/技校	8.7	56.1	33.3	1.9
大学及以上	10.0	57.7	30.7	1.6
干部/管理人员	9.3	59.2	29.7	1.8
初级公务员/雇员	8.4	55.1	34.3	2.2
个体/私营企业人员	7.5	49.6	39.9	3.0
工人	7.6	54.1	36.3	2.0
学生	9.9	55.9	31.0	3.2
无业（包括退休人员）	11.4	56.2	30.5	1.9
其他	8.3	50.1	35.3	6.3
没有收入	9.4	52.8	34.3	3.5
1 ~ 2000 元	10.1	47.4	39.9	2.6
2001 ~ 3000 元	9.2	52.9	35.9	2.0
3001 ~ 4000 元	9.5	57.8	30.7	2.0
4001 ~ 5000 元	8.1	59.6	30.4	1.9
5001 ~ 6000 元	7.7	57.7	31.9	2.7
6001 元及以上	10.1	55.1	31.8	3.0

数据来源：CSM 媒介研究

在 41% 以上，与省级频率的竞争优势群体各有侧重。

在以职业为细分标准的收听市场上，在以离退休人员为主体的无业听众中，中央级频率的市场份额较在 10 岁及以上所有听众中的平均水平明显更高；在干部/管理人员和学生、无业听众中，省级频率表现出更高的市场份额，达到 55% 以上；市级频率则在个体/私营企业人员和工人听众中吸引力更强，市场份额均超过 36%，明显高于市级频率在所有听众中 33.9% 的平均水平。

在以收入为细分标准的收听市场上，在个人月收入 1～2000 元、6001 元及以上的听众中，中央级频率的市场份额高于其在 10 岁及以上所有听众中的平均水平，达到 10% 以上；而在个人月收入 3001～6000 元的听众中，省级频率的市场份额较高，在 57% 以上；市级频率相对更吸引个人月收入 1～2000 元的低收入听众。

（二）北京广播收听市场的频率竞争格局

1. 北京台占据 3/4 以上收听市场，中央台市场份额近二成

2016 年，在北京广播收听市场的频率竞争中，北京人民广播电台（简称“北京台”）以超过 3/4 的市场份额位居第一，75.3% 的市场份额较 2015 年进一步提升了 3.7 个百分点；在北京市场拥有天然文化和地缘优势的中央人民广播电台（简称“中央台”）以近二成的市场份额位居其次，19.3% 的市场份额较上年减少了 0.9 个百分点；中国国际广播电台（简称“国际台”）在北京市场共获得 3.0% 的市场份额，市场份额较 2015 年下滑明显（图 1.4.3）。

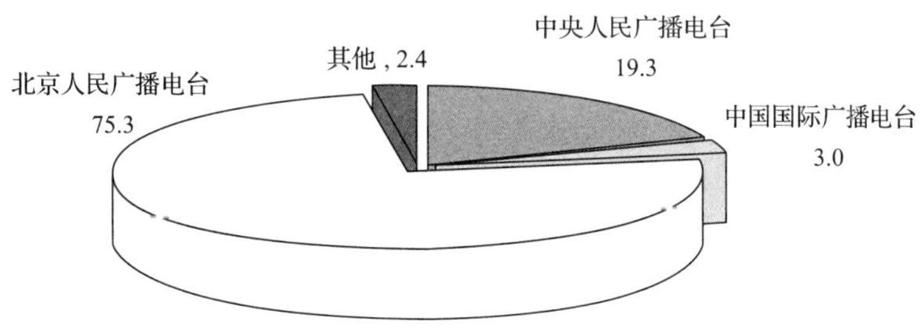

数据来源：CSM 媒介研究

图 1.4.3　2016 年北京市场各类频率的市场份额（%）

2. 北京台全天时段继续领跑收听市场，中央台清晨、上午及后晚间竞争力提升

具体到全天各时段的频率竞争，北京人民广播电台依然以绝对的优势在全天所有时段保持领先地位，其在午间 12:00～13:30 的收听竞争力更强，市场份额达到 80% 以上。中央人民广播电台虽然优势难敌北京人民广播电台，但也凭借其特色节目资源和在受众中的传统影响力，在清晨 5:00～6:30、上午 9:30～12:00 以及后晚间的 23:00～24:00 时段竞争力增强，形成了自己独特的收听高峰。中国国际广播电台市场体量较小，但在清晨 5:00～6:00 以及后晚间 23:00～24:00 时段市场份额攀升，最高超过 20%（图 1.4.4）。

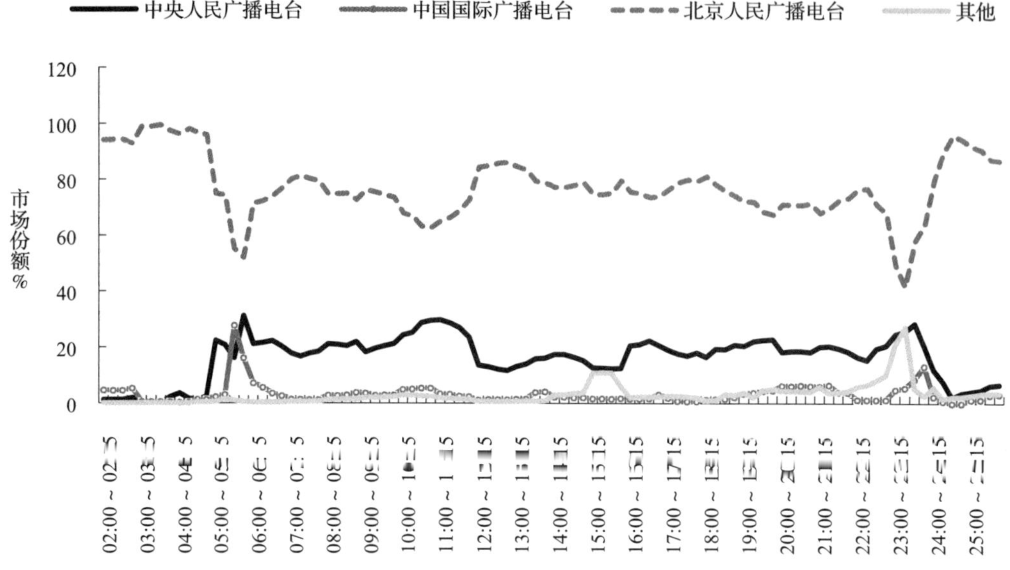

数据来源：CSM 媒介研究

图 1.4.4　2016 年北京市场各类频率全天不同时段的市场份额（%）

3. 北京台保持对高端收听群体的吸引力，中央台和国际台重度听众形成差异

在北京广播收听市场细分收听群体的竞争中，各级频率形成了独具特色的收听影响力，在各自目标听众中平稳布局。北京人民广播电台在男性、中青年、中等学历、中高收入群体中的竞争优势更为明显；中央人民广播电台相应地更吸引女性、少儿、老年、低学历、中低和中高收入听众；中国国际广播电台的重度听众以男性青年学生群体为主，与中央台形成了差异化的受众圈（表 1.4.2）。

在以性别为细分标准的收听市场上，北京人民广播电台和中国国际广播电台在男性听众中的市场份额高于女性听众，中央人民广播电台则在女性听众中的市场份额明显高于男性听众。

在以年龄为细分标准的收听市场上，北京人民广播电台在 15～34 岁和 45～54 岁年龄段听众中的市场份额更高，达到 78% 以上，较其在 10 岁及以上所有听众中 75.3% 的份额明显提升。中央人民广播电台更受 10～14 岁和 55 岁及以上中老年听众的喜爱，尤其是在 10～14 岁年龄段听众中，市场份额超过了 26%，远高于其在 10 岁及以上所有听众中 19.3% 的平均水平。中国国际广播电台受到年轻听众的追捧，在 15～24 岁听众中的市场份额超过 6%，较其在 10 岁及以上听众中 3% 的平均收听份额明显提升。

在以学历为细分标准的收听市场上，北京人民广播电台对中等学历水平的听众吸引力较强，市场份额接近 80%。中央人民广播电台对小学及以下学历听众的吸引力较强，市场份额超过 34%，远高于其在 10 岁及以上所有听众中 19.3% 的平均水平。中国国际广播电台显然更受初中学历听众的喜爱，收听份额达到 3.7%，高于其在 10 岁及以上所有听众中 3% 的市场份额。

表 1.4.2 2016 年北京市场各类频率在不同目标听众中的市场份额（%）

目标听众	中央人民广播电台	中国国际广播电台	北京人民广播电台	其他
10 岁及以上所有人	19.3	3.0	75.3	2.4
男	18.4	3.5	75.7	2.4
女	20.2	2.6	74.8	2.4
10～14 岁	26.8	2.0	71.1	0.1
15～24 岁	13.2	6.4	78.6	1.8
25～34 岁	14.4	3.0	81.9	0.7
35～44 岁	19.0	3.6	75.1	2.3
45～54 岁	17.9	1.5	79.5	1.1
55～64 岁	23.9	0.8	72.7	2.6
65 岁及以上	25.8	4.2	63.9	6.1
未受过正规教育	41.4	0.0	48.0	10.6
小学	34.2	2.3	49.3	14.2
初中	18.4	3.7	74.8	3.1
高中/中专/职高/技校	16.0	2.7	79.2	2.1
大学及以上	20.1	3.0	76.2	0.7
干部/管理人员	12.7	0.4	86.3	0.6
初级公务员/雇员	17.6	4.1	76.4	1.9
个体/私营企业人员	15.1	4.0	80.1	0.8
工人	17.8	0.3	80.7	1.2
学生	15.5	7.6	75.6	1.3
无业（包括退休人员）	23.8	2.6	69.8	3.8
其他	35.5	0.0	46.2	18.3
没有收入	17.7	6.0	75.1	1.2
1～2000 元	15.7	0.4	77.6	6.3
2001～3000 元	22.7	1.9	69.9	5.5
3001～4000 元	20.3	3.8	74.2	1.7
4001～5000 元	15.4	1.1	82.3	1.2
5001～6000 元	22.2	2.3	75.0	0.5
6001 元及以上	17.7	3.7	76.6	2.0

数据来源：CSM 媒介研究

在以职业为细分标准的收听市场上，在干部/管理人员、个体/私营企业人员和工人中，北京人民广播电台的市场份额明显更高，达到 80% 以上。以离退休人员为主体的无业听众和其他职业类别听众对中央人民广播电台表现出更高的市场份额，超过 23%，高于其在 10 岁及以上所有听众中的平均水平。中国国际广播电台对学生、初级公务员/雇员、个体/私营企业人员的吸引力更强，市场份额达到 4% 以上。

在以收入为细分标准的收听市场上，在个人月收入 4001～5000 元的听众中，北京人民广播电台的市场份额达到 82.3%，高于所有听众的平均水平；在个人月收入 2001～3000 元和 5001～6000 元的听众中，中央人民广播电台的市场份额更高，达到 22% 以上，高于其在 10 岁及以上所有听众中 19.3% 的平均水平；中国国际广播电台则对无收入群体吸引力更大。

4. 北京台三频率占据五成以上市场份额，中央台中国之声份额下滑

2016年，在北京广播市场单个频率的收听竞争中，北京人民广播电台的4个频率垄断市场竞争的前4位，其中排名前3位的北京人民广播电台频率份额之和达到55%，超过整体市场收听容量的一半。北京人民广播电台交通广播（FM103.9/CFM95.6）以28.3%的份额位居榜首，但较上年的29.6%略有下滑；北京人民广播电台文艺广播（FM87.6/CFM93.8）、北京广播电台新闻广播（FM100.6/AM828/CFM90.4）也分别以超过10%的份额位居第二、第三位，且收听份额较上年有不同程度的提升。在中央级频率中，仅中央人民广播电台第一套节目中国之声（FM106.1）以4.8%的份额排名第五位，但其市场份额较2015年有所下滑（表1.4.3）。

表1.4.3　2016年北京市场收听份额排名前5位的频率

排名	频率	收听份额%	收听率%
1	北京人民广播电台交通广播（FM103.9/CFM95.6）	28.3	1.4
2	北京人民广播电台文艺广播（FM87.6/CFM93.8）	16.4	0.8
3	北京广播电台新闻广播（FM100.6/AM828/CFM90.4）	10.3	0.5
4	北京人民广播电台音乐广播（FM97.4/CFM94.6）	8.2	0.4
5	中央人民广播电台第一套节目中国之声（FM106.1）	4.8	0.2

数据来源：CSM媒介研究

（三）上海广播收听市场的频率竞争格局

1. SMG频率收听竞争力进一步提升，中央台夹缝中保持实力

2016年，在上海广播收听市场的竞争中，SMG集团所属频率一家独大的局面进一步得到强化，SMG集团频率共占据96.1%的市场份额，垄断优势明显，且这一数值较上一年的95.9%仍在增加。在本土频率的强势竞争下，中央级频率面临有限的收听市场，2016年中央人民广播电台共获得3.7%的市场份额，较上一年的3.3%有所增加，在艰难的竞争环境中仍保持了自身的市场空间。中国国际广播电台则面临收听市场失守的局面，仅获得0.1%的收听份额，较2015年的0.4%明显萎缩（图1.4.5）。

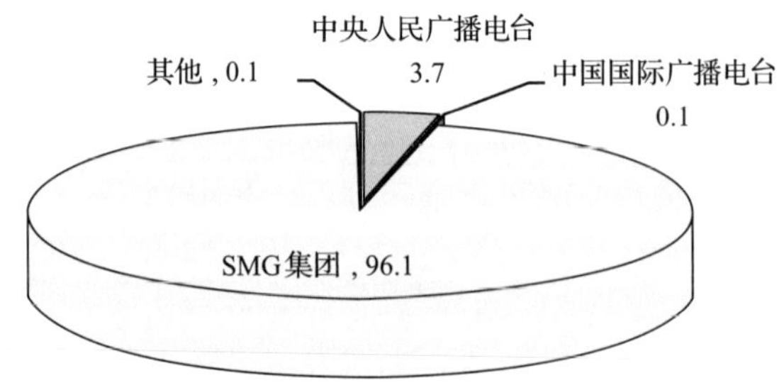

数据来源：CSM媒介研究

图1.4.5　2016年上海市场各类频率的市场份额（%）

2. SMG集团全天时段竞争力领先，中央台相对优势仅在早晚

在全天不同时段的竞争中，SMG集团所属频率将竞争优势继续扩展到所有时段，仅在清晨和晚间时段市场份额略有下降。仅占据不足5%市场份额的中央人民广播电台在清晨5:00～6:00时段和晚间20:00～24:00时段竞争力明显提升，市场份额一度超过10%。整体收听表现低迷的中国国际广播电台在上午、下午、晚间多个时段有阶段性收听小高峰，但由于整体实力较弱，对整体市场的影响微乎其微（图1.4.6）。

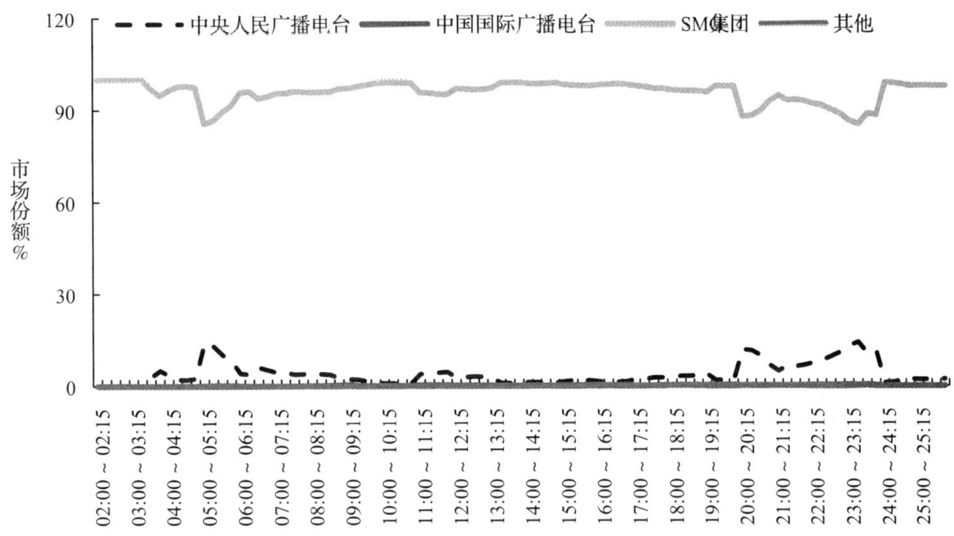

数据来源：CSM媒介研究

图1.4.6　2016年上海市场各类频率全天不同时段的市场份额（%）

3. SMG频率保持对社会中坚力量的吸引力，中央级频率与之形成差异化竞争

在对细分收听群体的竞争中，各级频率表现出差异化的竞争特征，与频率各自的定位和受众偏好相对应。SMG集团频率对年轻、高学历、管理人员、中高收入等社会中坚群体有更大的吸引力；中央人民广播电台在男性、中等学历、离退休人员以及中等收入群体中竞争优势相对较强；中国国际广播电台则在25～34岁、高学历、没有收入与高收入听众中的市场份额高于平均水平（表1.4.4）。

在以性别为细分标准的收听市场上，中央人民广播电台在男性听众中的市场份额略高于在女性听众中的市场份额；SMG频率则是在女性听众中的市场份额略高于在男性听众中的市场份额；中国国际广播电台在男性、女性听众中的市场份额相当。

在以年龄为细分标准的收听市场上，SMG频率在15～34岁听众中的市场份额明显更高，达到98%左右，对这些重度收听群体的把握能使其在整体收听市场的竞争中更胜一筹；中央人民广播电台在10～14岁、65岁及以上中老年群体中的市场份额较其在10岁及以上所有听众中的平均水平更高；中国国际广播电台在25～34岁听众中的市场份额表现相对突出。

表 1.4.4　2016 年上海市场各类频率在不同目标听众中的市场份额（%）

目标听众	中央人民广播电台	中国国际广播电台	SMG 集团	其他
10 岁及以上所有人	3.7	0.1	96.1	0.1
男	4.6	0.1	95.2	0.1
女	2.7	0.1	97.2	0.0
10～14 岁	10.3	0.1	89.0	0.6
15～24 岁	1.0	0.1	98.9	0.0
25～34 岁	1.7	0.4	97.9	0.0
35～44 岁	3.7	0.2	96.1	0.0
45～54 岁	2.8	0.1	97.0	0.1
55～64 岁	4.6	0.1	95.3	0.0
65 岁以上	6.0	0.0	93.9	0.1
未受过正规教育	*	*	*	*
小学	4.0	0.0	96.0	0.0
初中	4.3	0.1	95.6	0.0
高中/中专/职高/技校	4.5	0.1	95.3	0.1
大学及以上	2.0	0.2	97.8	0.0
干部/管理人员	1.1	0.0	98.7	0.2
初级公务员/雇员	2.3	0.1	97.5	0.1
个体/私营企业人员	2.6	0.3	97.1	0.0
工人	2.8	0.3	96.9	0.0
学生	2.8	0.1	97.0	0.1
无业（包括退休人员）	5.5	0.1	94.4	0.0
其他	*	*	*	*
没有收入	3.6	0.3	96.0	0.1
1～2000 元	1.9	0.0	98.1	0.0
2001～3000 元	1.9	0.0	98.1	0.0
3001～4000 元（1）	4.0	0.1	95.9	0.0
4001～5000 元	6.0	0.1	93.8	0.1
5001～6000 元	0.9	0.2	98.8	0.1
6001 元及以上	3.4	0.3	96.3	0.0

注：“*”表示该目标听众样本量不足，无法进行统计推断。

数据来源：CSM 媒介研究

在以学历为细分标准的收听市场上，在大学及以上高学历听众中，SMG 频率的市场份额明显高于其在 10 岁及以上所有听众中的平均水平；中央人民广播电台则对高中学历水平的听众吸引力相对更大；中国国际广播电台更受高学历听众的喜爱，大学及以上学历听众对其的收听份额明显高于其在 10 岁及以上所有听众中的平均水平。

在以职业为细分标准的收听市场上，在干部/管理人员中，SMG 频率的市场份额明显更高，达到 98% 以上；中央人民广播电台受到以离退休人员为主体的无业听众的喜爱，他们对中央人民广播电台的收听份额达到5%以上；中国国际广播电台对个体/私营企业人员和工人群体吸引力相对更大，市场份额是其在10岁及以上所有听众中平均水平的3倍。

在以收入为细分标准的收听市场上，在个人月收入1~3000元和5001~6000元的听众中，SMG频率的市场份额较其在10岁及以上所有听众中的平均水平更高；而在个人月收入3001~5000元的听众中，中央人民广播电台的市场份额明显高于其在所有听众中的平均水平，达到4%以上；无收入群体和高收入群体对中国国际广播电台的收听份额高于其在所有听众中的平均水平。

4. 上海本土频率垄断市场竞争前5位，上海新闻广播占据三成以上市场份额

2016年，在上海广播收听市场单个频率的收听竞争中，上海本土频率垄断了竞争的前5位，其中排名前两位的频率就占据了整体收听市场超过一半的份额，上海人民广播电台上海新闻广播（FM93.4/AM990）一家独大，占据的收听份额超过三成，上海流行音乐广播 动感101（FM101.7）紧随其后，占据的收听份额逼近二成。此外，上海经典金曲广播 LoveRadio 最爱调频（FM103.7）、第一财经广播（FM97.7）两频率以超过9%的收听份额排名第三、第四位，但份额的数值较2015年均有所下滑（表1.4.5）。

表1.4.5　2016年上海市场收听份额排名前5位的频率

排名	频率	收听份额%	收听率%
1	上海人民广播电台上海新闻广播（FM93.4/AM990）	31.6	1.6
2	上海流行音乐广播 动感101（FM101.7）	18.7	0.9
3	上海经典金曲广播 LoveRadio 最爱调频（FM103.7）	9.7	0.5
4	第一财经广播（FM97.7）	9.0	0.4
5	上海东方都市广播899驾车调频（FM89.9/AM792）	6.0	0.3

数据来源：CSM媒介研究

（四）广州广播收听市场的频率竞争格局

1. 广东广播电视台占据六成收听市场，广州广播电视台竞争力略有下滑

与北京和上海广播收听市场相比，广州广播收听市场的竞争格局更为丰富多样，多元化与本土化是其主要特征。多元化体现在参与竞争的频率层级丰富，不仅有中央台、国际台，还有本地的省台、省会台和佛山台；本土化则体现在市场竞争主体仍然是广东本土的频率，其中广东广播电视台（简称“广东台”）占据了超过六成的市场份额，60.8%的份额与2015年基本相当，广州广播电视台（简称“广州台”）也占据近三成的市场份额，但28.9%的份额较2015年略有下滑。中央人民广播电台和中国国际广播电台共占据不足5%的市场份额，其中中央人民广播电台3.7%的份额较上年有所增长。佛山台在广州市场占据3.9%的市场份额，较上年也略有增长（图1.4.7）。

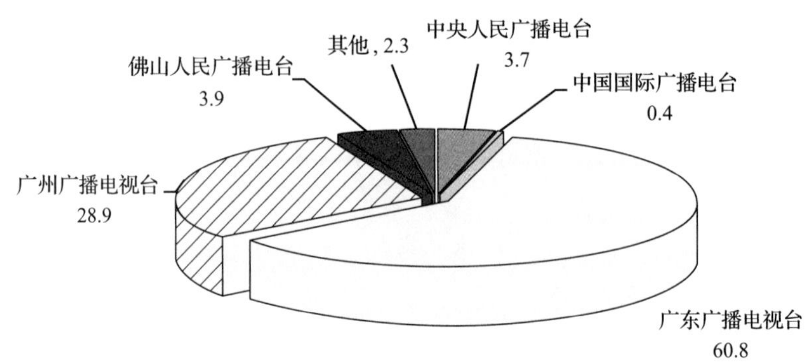

数据来源：CSM 媒介研究

图 1.4.7　2016 年广州市场各类频率的市场份额（%）

2. 广东台在全天多时段保持领先，广州台后晚间时段获得突围

在广州广播收听市场全天不同时段的竞争中，在整体市场保持领先地位的广东台在全天多数时段仍然保持了绝对的竞争优势，占据主体地位，尤其在 5:00～7:00、12:00～13:00和 21:00～22:00 三大时段，其市场份额均在 70% 以上。广州台在多数时段的竞争中仅次于广东台，尤其在晚间 23:00～24:00 时段获得突破，市场份额一度超过广东台跃居市场首位。中央人民广播电台在 3:00～5:00 时段竞争力较强，佛山台在后晚间及凌晨至清早时段拥有相对的竞争优势（图 1.4.8）。

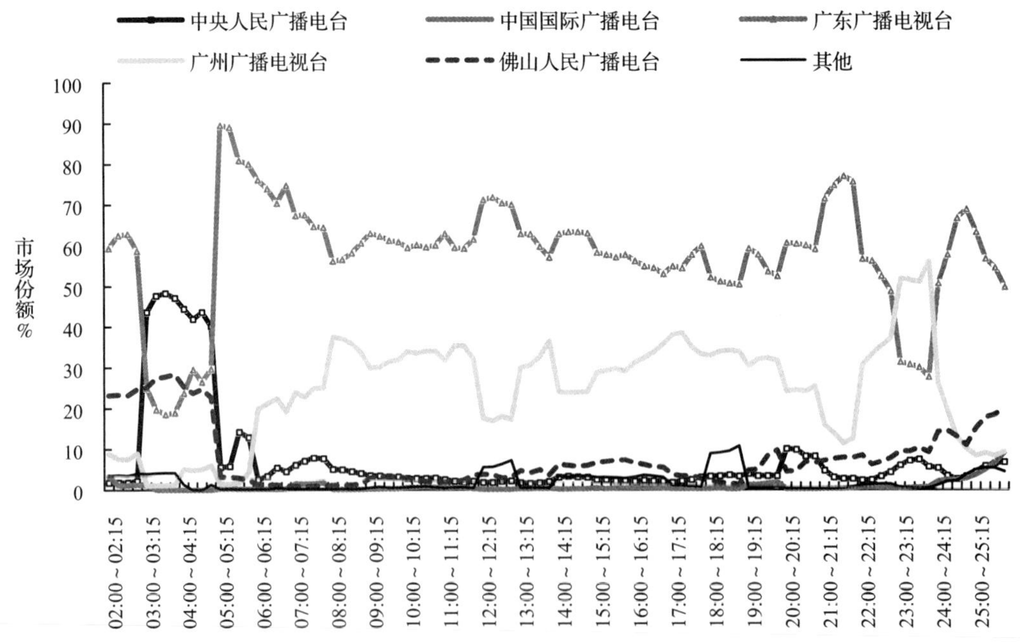

数据来源：CSM 媒介研究

图 1.4.8　2016 年广州市场各类频率全天不同时段的市场份额（%）

3. 细分市场继续保持多元化收听格局，各级频率细分受众差异互补

在对细分听众群体的竞争中，广州市场的各级频率继续保持了多元化的收听格局，本地台和中央台依托自己长期以来在目标听众中形成的影响力和频率品牌各显神通，在细分听众中形成差异化互补（表1.4.6）。

表1.4.6　2016年广州市场各类频率在不同目标听众中的市场份额（%）

目标听众	中央人民广播电台	中国国际广播电台	广东广播电视台	广州广播电视台	佛山人民广播电台	其他
10岁及以上所有人	3.7	0.4	60.8	28.9	3.9	2.3
男	3.7	0.3	56.6	34.2	3.5	1.7
女	3.7	0.5	65.1	23.3	4.3	3.1
10~14岁	10.7	0.5	44.5	36.2	0.8	7.3
15~24岁	2.3	1.8	63.8	27.0	3.9	1.2
25~34岁	4.9	0.2	52.9	38.4	2.5	1.1
35~44岁	5.4	0.2	53.7	34.1	4.0	2.6
45~54岁	2.4	0.6	63.5	26.2	3.0	4.3
55~64岁	4.2	0.0	65.8	26.8	2.3	0.9
65岁以上	1.4	0.1	71.1	16.3	7.4	3.7
未受过正规教育	0.1	0.0	35.7	14.7	28.4	21.1
小学	6.2	0.3	67.0	19.8	3.2	3.5
初中	3.9	0.4	61.7	27.6	4.1	2.3
高中/中专/职高/技校	3.4	0.3	63.4	29.8	2.3	0.8
大学及以上	3.5	0.8	56.2	33.4	3.7	2.4
干部/管理人员	6.8	0.0	45.7	41.8	0.6	5.1
初级公务员/雇员	3.4	0.3	59.8	32.7	1.8	2.0
个体/私营企业人员	5.3	0.1	48.1	42.6	1.4	2.5
工人	4.7	0.4	54.9	34.3	3.4	2.3
学生	2.5	2.3	62.3	26.7	4.1	2.1
无业（包括退休人员）	2.4	0.2	71.1	17.5	6.3	2.5
其他	0.2	0.1	86.4	6.4	4.1	2.8
没有收入	5.0	1.5	63.9	22.3	6.0	1.3
1~2000元	2.2	0.2	74.8	17.6	2.7	2.5
2001~3000元	3.7	0.2	64.8	26.1	2.6	2.6
3001~4000元	2.7	0.2	53.6	34.4	5.7	3.4
4001~5000元	1.5	0.2	52.0	42.3	2.2	1.8
5001~6000元	4.0	0.4	67.5	26.7	1.4	0.0
6001元及以上	15.0	0.1	45.6	32.8	4.5	2.0

数据来源：CSM媒介研究

在以性别为细分标准的收听市场上，广州广播电视台在男性听众中的市场份额远高于在女性听众中的市场份额；而广东广播电视台、佛山人民广播电台和中国国际广播电台则是在女性听众中的市场份额领先。

在以年龄为细分标准的收听市场上，中央人民广播电台对10～14岁、25～44岁听众的影响力更强，其市场份额达到4%以上；中国国际广播电台在15～24岁听众中的市场份额更高；广东广播电视台则更吸引55岁及以上的老年听众；在10～14岁、25～34岁听众中，广州广播电视台的竞争力更强；佛山人民广播电台的重度听众是65岁及以上的老年收听群体。

在以学历为细分标准的收听市场上，中央人民广播电台受到小学学历听众的追捧；中国国际广播电台和广州广播电视台在大学及以上高学历听众中的市场份额较高；佛山人民广播电台的重度听众集中于未受过正规教育的群体；广东广播电视台在小学学历听众中的市场份额更高。

在以职业为细分标准的收听市场上，中央人民广播电台更吸引干部/管理人员和个体/私营企业人员，中国国际广播电台在学生听众中的市场份额更是明显高于其在10岁及以上听众中的平均市场份额。与之形成差异的是，无业和其他职业群体对广东广播电视台的市场份额更高；干部/管理人员和个体/私营企业人员对广州广播电视台的市场份额更高；佛山人民广播电台更吸引无业群体的收听。

在以收入为细分标准的收听市场上，在个人月收入6001元及以上的听众中，中央人民广播电台的市场份额较其在10岁及以上所有听众中的平均水平明显更高；而在没有收入的听众中，中国国际广播电台的市场份额较其在10岁及以上听众中的平均水平增加明显。广东广播电视台对个人月收入1～2000元的听众吸引力相对更强；广州广播电视台在个人月收入3001～5000元的听众中市场份额最高，超过34%；佛山人民广播电台更吸引无收入和个人月收入3001～4000元的听众，市场份额超过5%。

4. 广东台频率垄断收听市场前两位，羊城交通广播竞争力下滑明显

2016年，在广州广播收听市场单个频率的竞争中，广东广播电视台垄断了市场竞争的前两位，广东广播电视台珠江经济广播电台（E FM 财富974）和广东广播电视台音乐之声（FM99.3）分别以18.5%和14.5%的份额排名第一、第二位。在广州广播电视台频率中，广州交通电台（FM106.1）和广州新闻电台（FM96.2）也以超过10%的份额位居第三、第四位。广东广播电视台羊城交通广播台（FM105.2）竞争力下滑明显，市场份额较上一年缩减了3.7个百分点，排名由上一年的第三位滑落至第五位（表1.4.7）。

表1.4.7　2016年广州市场收听份额排名前5位的频率

排名	频率	收听份额%	收听率%
1	广东广播电视台珠江经济广播电台（E FM 财富974）	18.5	0.6
2	广东广播电视台音乐之声（FM99.3）	14.5	0.4
3	广州交通电台（FM106.1）	10.6	0.3
4	广州新闻电台（FM96.2）	10.5	0.3
5	广东广播电视台羊城交通广播台（FM105.2）	9.3	0.3

数据来源：CSM媒介研究

五、节目竞争格局①

（一）北京广播收听市场的节目竞争格局

1. 北京节目收听市场竞争格局总体稳定，文艺类节目收听份额增幅较明显

对比2015年，2016年北京地区广播节目收听市场各类节目收听份额及排名变化不大。生活服务类节目依然是北京广播市场收听份额最大的节目类型，收听份额（26.3%）比2015年增长了1.4个百分点；新闻/时事类节目稳居北京节目市场亚军之位，收听份额（18.1%）较2015年有0.9个百分点的下降；文艺类节目的收听份额排名位居第三，较2015年上升一位，收听份额（17.3%）比2015年增长了3.4个百分点，在各类节目中增幅最大；相比2015年，音乐类和社教类节目排名保持不变，但收听份额均有不同幅度的下降，分别减少了2.2个和0.2个百分点；财经类节目的收听份额较上一年增长了1个百分点，排名也上升了一位；体育类节目的收听份额比2015年减少了0.8个百分点，排名下降了一位；法制类和外语类节目的收听份额均低于0.5%，收听份额变化不大（图1.5.1）。

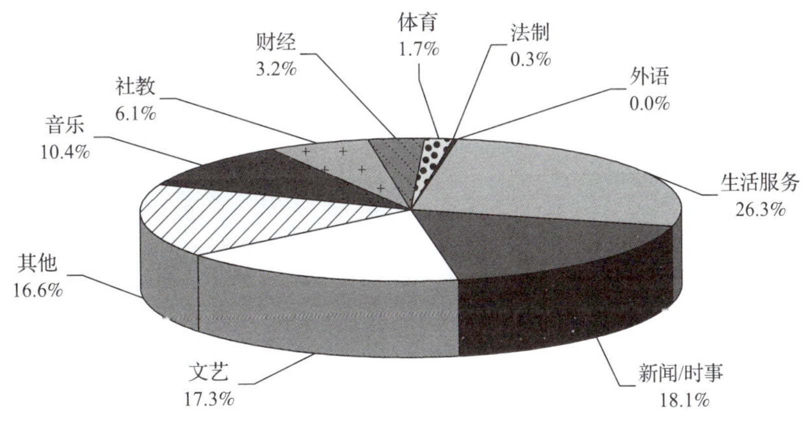

数据来源：CSM媒介研究

图1.5.1 2016年北京市场各类节目的收听份额（%）

2. 各级频率节目竞争格局变化不大，北京台保持强势地位并稳中有升

2016年，北京人民广播电台在北京多数节目市场继续保持领先地位，并在音乐类、新闻/时事类、文艺类、体育类、生活服务类、社教类和财经类市场获得收听份额的同比增长。在法制类、体育类和生活服务类节目市场，北京人民广播电台继续以超过95%的收听份额保持绝对领先优势，并在体育类和生活服务类节目市场分别较2015年获得

① 本部分对节目竞争格局的分析，主要针对央视市场研究（CTR）所提供的具有节目监播数据的频率进行。

2.3个、0.6个百分点的收听份额增长。北京人民广播电台在社教类和文艺类节目市场的收听份额均超80%，在两类市场的收听份额较2015年分别增长了4.2个和1.9个百分点。北京人民广播电台在新闻/时事类和音乐类节目市场的收听份额也超六成，收听份额较2015年增长明显，分别增长了5.9个和4.4个百分点。相比之下，北京人民广播电台在财经类和外语类节目市场的收听竞争力依然较弱，收听份额较上一年变化不大。

2016年，中央人民广播电台在北京多数细分节目市场的收听份额呈缩减状态，仅在财经类和体育类节目市场有所上升。中央人民广播电台在财经类节目市场依然保持绝对优势，收听份额比2015年上升了0.4个百分点；在体育类节目市场的收听份额较上一年增幅明显，增长了2.3个百分点。与2015年相比，中央人民广播电台在音乐类、新闻/时事类、文艺类、外语类、生活服务类和社教类节目市场的收听份额均有不同程度的减少，分别下降了5.5个、4.3个、1.8个、13.8个、0.7个和4.4个百分点，其中外语类节目市场的收听份额下降最为明显，收听份额仅剩3.1%。

2016年，中国国际广播电台在北京外语类节目市场保持绝对领先优势，收听份额(95.9%)较2015年上升了13.8个百分点；对比2015年，中国国际广播电台在社教类节目市场的收听份额有0.2个百分点的小幅上升，在音乐类和文艺类节目市场分别出现了0.4个和0.1个百分点的下降。

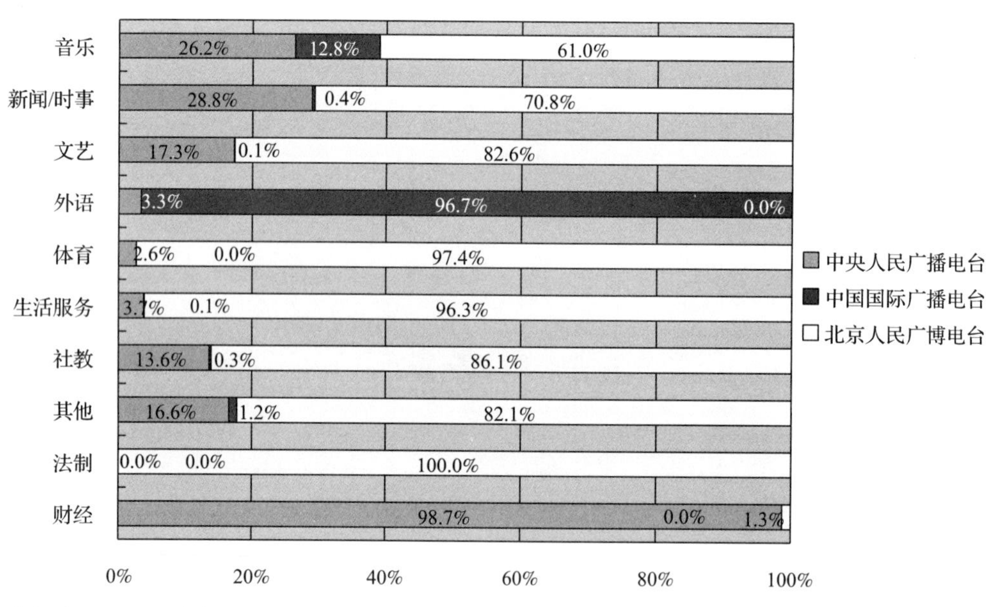

数据来源：CSM媒介研究

图1.5.2　2016年各级广播频率在北京市各类节目市场的收听份额（%）

3. 各类听众收听倾向各有不同，节目细分满足市场收听需求

2016年北京市场，男性听众在法制类、生活服务类、体育类、外语类节目上的收听集中度更高，女性听众在财经类、社教类、文艺类、新闻/时事类和音乐类节目上的收听集中度超过100%（表1.5.1）。

2016 年，北京 10～24 岁听众对各类广播节目的收听依旧没有明显的兴趣，集中度均未超过 100%。25～34 岁听众感兴趣的节目类型相对单一，仅对生活服务类和音乐类节目有较为浓厚的收听兴趣。35～44 岁听众对财经类、生活服务类、外语类、文艺类和音乐类节目收听倾向明显。北京市场 45～54 岁听众收听兴趣最为广泛，对各类节目的收听集中度均超过 100%。55～64 岁听众对财经类、法制类、社教类、生活服务类、文艺类和新闻/时事类节目的收听兴趣较强，其中对新闻/时事类节目的收听集中度超过 200%。65 岁及以上北京听众对除音乐类节目外的各类节目都具有较高的收听偏好，其中对新闻/时事类节目收听集中度超过 250%（表 1.5.1）。

表 1.5.1　2016 年北京市场不同性别和年龄听众收听各类节目的集中度（%）

节目类别	性别		年龄						
	男	女	10～14 岁	15～24 岁	25～34 岁	35～44 岁	45～54 岁	55～64 岁	65 岁及以上
财经	72.9	128.3	10.7	31.0	39.9	104.9	188.0	192.8	139.3
法制	102.4	97.5	0.0	29.7	81.9	76.2	154.8	183.0	165.3
社教	97.2	102.9	41.8	59.7	65.6	89.6	145.1	162.1	151.4
生活服务	105.1	94.7	45.3	55.2	102.5	104.5	128.5	108.4	126.5
体育	150.3	47.4	8.8	94.0	63.9	44.4	205.3	67.5	196.0
外语	116.8	82.4	3.4	26.0	90.1	149.0	207.3	7.4	116.1
文艺	86.4	114.3	22.0	54.9	64.8	102.4	144.7	138.9	168.8
新闻/时事	94.0	106.3	40.4	43.8	56.5	71.1	108.1	203.1	258.9
音乐	99.2	100.8	19.6	84.4	103.6	140.3	105.7	59.4	95.2
其他	101.6	98.3	36.0	53.3	89.6	105.8	130.5	125.4	139.1

数据来源：CSM 媒介研究

2016 年，未受过正规教育的北京听众对各类广播节目的收听兴趣依然低迷，集中度均未超过 100%。具有小学教育程度的北京听众明显对财经类和外语类节目有浓厚的收听兴趣，集中度都超过 200%；其次对法制类、社教类、生活服务类、体育类和新闻/时事类节目也具有较强的收听偏好，集中度均超过 100%。初中教育程度的北京听众有较为广泛的收听兴趣，对除法制类和体育类节目之外的各类节目都具有较为明显的收听偏好。高中教育程度听众的收听偏好最广泛，对除财经类以外的其余各类节目的收听集中度均超过 100%。大学及以上受教育程度群体的收听偏好相对比较集中，仅对财经类节目的收听集中度超过 100%（表 1.5.2）。

表 1.5.2　2016 年北京市场不同受教育程度听众收听各类节目的集中度（%）

节目类别	受教育程度				
	未受过正规教育	小学	初中	高中	大学及以上
财经	53.9	220.7	108.7	53.4	114.3
法制	6.2	143.1	83.2	108.9	99.8
社教	19.2	111.6	109.3	115.4	88.9
生活服务	26.9	133.9	102.9	100.3	97.8
体育	16.9	111.0	82.8	159.7	76.0
外语	0.0	275.7	138.3	123.7	64.7
文艺	46.5	99.0	142.4	103.2	83.2
新闻/时事	79.0	189.7	129.3	113.1	77.0
音乐	27.3	81.5	101.5	115.3	93.5
其他	38.6	113.7	111.5	104.9	93.1

数据来源：CSM 媒介研究

2016 年，北京没有收入的听众仅对体育类节目有一定的收听兴趣，集中度超过 100%。个人月收入 1～2000 元的听众对生活服务类、体育类、文艺类和新闻/时事类节目有较强的收听兴趣，集中度均超过 100%。个人月收入 2001～3000 元的听众对除法制类、社教类和生活服务类外的各类节目均有较为明显的收听偏好。个人月收入 3001～4000 元的听众收听兴趣广泛，对除音乐类节目以外的各类节目均有较强的收听兴趣。个人月收入 4001～5000 元的听众对法制类、社教类、生活服务类、新闻/时事类和音乐类节目的收听倾向明显，集中度均超过 100%。个人月收入 5001～6000 元的听众对财经类、法制类、生活服务类和音乐类节目的收听兴趣突出，其中对财经类节目的收听集中度超过 200%。个人月收入 6001 元及以上的听众对广播节目的收听偏好不高，对各类节目的收听集中度均未超过 100%（表 1.5.3）。

表 1.5.3　2016 年北京市场不同个人月收入听众收听各类节目的集中度（%）

节目类别	个人月收入						
	没有收入	1～2000 元	2001～3000 元	3001～4000 元	4001～5000 元	5001～6000 元	6001 元及以上
财经	34.3	97.7	138.4	137.1	59.0	202.7	67.5
法制	32.7	42.4	65.2	166.0	138.8	149.6	70.2
社教	66.6	78.9	92.2	134.6	111.1	99.2	90.4
生活服务	53.8	108.7	99.7	116.5	142.6	112.2	88.0
体育	100.4	162.8	185.9	112.0	75.8	29.3	49.7
外语	25.1	38.5	188.3	186.7	81.9	23.8	48.7
文艺	56.1	136.1	157.0	124.4	95.4	94.0	65.1
新闻/时事	42.9	133.4	132.7	133.5	128.6	71.5	73.2
音乐	95.0	95.8	125.3	99.6	100.7	105.8	82.9
其他	54.9	95.5	117.3	121.4	123.4	108.6	83.4

数据来源：CSM 媒介研究

2016年，北京干部/管理人员对社交类、生活服务类和体育类节目的收听倾向比较明显；初级公务员/雇员的收听兴趣主要集中在生活服务类、外语类和音乐类节目上；工人收听广播节目的类型更加多元化，对财经类、生活服务类、体育类和文艺类节目的收听集中度均超过100%；个体/私营企业人员仅对法制类、外语类和音乐类节目有明显的收听倾向，尤其对外语类节目的收听集中度超过200%；北京学生听众的收听兴趣较为单一，仅对体育类节目的收听集中度超过100%；无业听众的收听兴趣最广泛，对除外语类和音乐之外的各类节目都表现出明显的收听偏好（表1.5.4）。

表1.5.4　2016年北京市场不同职业听众收听各类节目的集中度（%）

节目类别	职业					
	干部/管理人员	初级公务员/雇员	工人	个体/私营企业人员	学生	无业（包括退休人员）
财经	55.0	73.9	132.9	42.5	20.6	189.3
法制	73.1	75.8	95.0	157.9	34.3	157.3
社教	106.0	84.6	92.3	97.3	64.1	143.9
生活服务	119.6	102.4	120.0	94.4	49.0	111.3
体育	119.1	72.8	106.0	5.6	126.9	141.3
外语	8.9	192.3	0.8	287.2	21.8	57.3
文艺	67.8	82.9	137.9	93.6	45.0	147.6
新闻/时事	75.3	81.0	81.4	41.9	45.9	188.2
音乐	81.6	110.0	76.6	159.8	89.1	91.9
其他	99.9	98.7	109.3	101.2	49.0	125.2

数据来源：CSM媒介研究

4.《一路畅通》领先优势持续扩大，收听榜单前十半数为新闻/时事类节目

2016年北京市场收听份额排名前10位的节目中，3个是新上榜节目，分别是《天下财经》《我们出发吧》和《吃喝玩乐大搜索》。北京人民广播电台交通广播的《一路畅通》依然稳居榜单首位，节目收听份额较2015年上升了0.26个百分点，达到11.19%，收听份额的领先优势持续扩大。多频率联袂播出的《新闻和报纸摘要》和《路况信息》分列第二、第三名，其中《新闻和报纸摘要》名次较2015年上升了一位，但两者的收听份额较上一年分别下降了0.26个和0.9个百分点。北京市场排名第六至第十位节目的收听份额均低于1.5%，《空中笑林》2016年排名较2015年下降了一位，收听份额减少了0.1个百分点；《新闻大视野》由2015年的第九位升至2016年的第八位，《北京新闻》则由上一年的第六位下降到第九位，《交通新闻》继续保持榜单第十位的位置。总体上，北京市场收听份额排名前10位的节目中，新闻/时事类节目仍然数量占比最大，占据4席，生活服务类节目占据3席，文艺类和财经类节目分别占据2席、1席。

表 1.5.5　2016 年北京市场收听份额排名前 10 位的节目

排名	节目名称	频率	收听份额（%）
1	一路畅通	北京人民广播电台交通广播（FM103.9/CFM95.6）	11.19
2	新闻和报纸摘要	多频率	2.43
3	路况信息	多频率	2.12
4	天下财经	中央人民广播电台第二套节目经济之声（FM96.6）	1.65
5	我们出发吧	北京人民广播电台文艺广播（FM87.6/CFM93.8）	1.53
6	空中笑林	北京人民广播电台文艺广播（FM87.6/CFM93.8）	1.49
7	吃喝玩乐大搜索	北京人民广播电台文艺广播（FM87.6/CFM93.8）	1.46
8	新闻大视野	北京广播电台新闻广播（FM100.6/AM828/CFM90.4）	1.27
9	北京新闻	北京广播电台新闻广播（FM100.6/AM828/CFM90.4）	1.24
10	交通新闻	北京人民广播电台交通广播（FM103.9/CFM95.6）	1.15

数据来源：CSM 媒介研究

（二）上海广播收听市场的节目竞争格局

1. 上海广播节目竞争格局稳定，新闻类和音乐类节目的领先优势有所扩大

2016 年上海广播市场各类型节目收听格局稳定，各类节目的收听份额排序与 2015 年一致，收听份额变动增幅均小于 2 个百分点。2016 年新闻/时事类和音乐节目在上海广播市场的领先优势进一步扩大，同比 2015 年，两者收听份额共增加了 1 个百分点。2016 年生活服务类、文艺类和财经类节目收听份额都为 7%～10%。相比 2015 年，生活服务类节目的收听份额上升了 1 个百分点，财经类和文艺类节目的收听份额分别下降了 1 个和 0.7 个百分点。2016 年，社教类、体育类和法制类节目在上海节目市场共获得 6.2% 的收听份额，3 类节目的收听份额较 2015 年变化均不超过 0.5 个百分点。2016 年上海收听市场外语类节目的收听份额起色不大（图 1.5.3）。

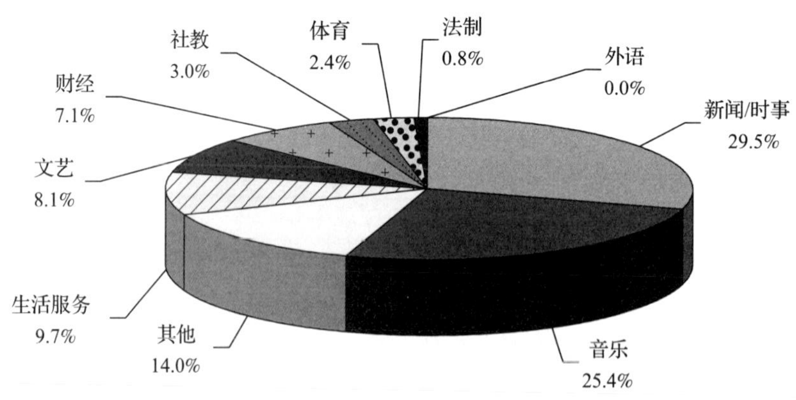

数据来源：CSM 媒介研究

图 1.5.3　2016 年上海市场各类节目的收听份额（%）

2. 上海类型节目市场竞争格局稳中有变，中央台份额在多数节目市场微幅上扬

2016年上海细分节目市场竞争格局整体变化不大，但本地频率在多数节目市场的增长势头有所减缓，中央人民广播电台的收听份额则相应有所上升（图1.5.4）。2016年，中央人民广播电台在上海多类节目市场的收听份额有所上升，但增幅有限，市场竞争地位改观不大。2016年，中央人民广播电台在上海外语类节目市场的收听份额同比2015年下降了2.9个百分点，在财经类、社教类、文艺类和体育类节目市场的收听份额同比增幅均超过1个百分点，在生活服务类、新闻/时事类和音乐类节目市场的收听份额增幅低于1个百分点。2016年，中国国际广播电台在上海细分节目市场的收听份额都较为微小，同比2015年，中国国际广播电台在外语类节目市场下滑明显，收听份额下降了18.2个百分点。2016年，上海本地频率在各细分节目市场保持绝对领先优势，收听份额均超过九成，但与上一年相比，上海本地频率仅在外语类节目市场的收听份额扩大，增长了21.1个百分点，在法制类节目市场的收听份额与上一年持平，在其余类型节目市场的收听份额均有小幅下降，但降幅均不超过1.5个百分点。

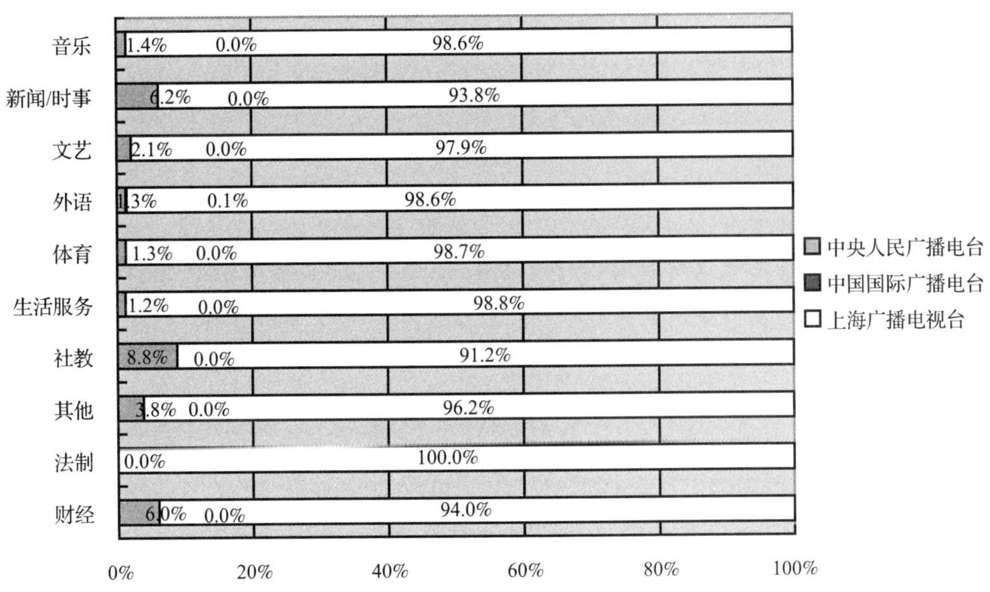

数据来源：CSM媒介研究

图1.5.4 2016年各级广播频率在上海各类节目市场的收听份额（%）

3. 细分节目市场吸引不同听众群，不同听众群节目偏好不同

2016年上海男性听众对法制类、生活服务类、体育类和新闻/时事类节目表现出更强的收听意愿，女性听众则对财经类、外语类、文艺类和音乐类节目更感兴趣（表1.5.6）。

2016年上海青少年听众对广播节目的收听兴趣有所改变，10～14岁听众对法制类和文艺类节目的收听集中度超过100%，15～24岁听众对体育类和音乐类节目表现出较明显的收听兴趣；25～44岁听众的节目收听兴趣仍较为有限，仅对外语类和音乐类节目

的收听倾向较为突出；45岁及以上上海听众的收听兴趣相对广泛，其中45~54岁听众对财经类、法制类、生活服务类和外语类节目的收听集中度超过100%，55~64岁上海听众对除财经类、社教类、外语类和音乐类以外的各类节目都表现出明显的收听倾向，65岁及以上上海听众对除外语类和音乐类以外的各类节目都表现出浓厚的收听兴趣（表1.5.6)。

表1.5.6　2016年上海市场不同性别和年龄听众收听各类节目的集中度（%）

节目类别	性别		年龄						
	男	女	10~14岁	15~24岁	25~34岁	35~44岁	45~54岁	55~64岁	65岁及以上
财经	91.1	109.2	14.7	65.5	41.7	76.7	159.6	95.0	209.3
法制	111.5	88.1	112.8	59.8	33.9	73.4	112.0	170.4	185.5
社教	113.3	86.2	36.6	41.0	50.7	69.1	95.8	97.0	297.8
生活服务	112.8	86.7	39.2	36.3	80.0	98.9	113.1	117.1	172.7
体育	131.0	67.8	7.9	124.9	80.8	46.2	93.7	175.7	117.7
外语	97.7	102.4	86.7	54.9	103.5	129.8	120.2	80.8	97.4
文艺	97.6	102.5	129.0	64.9	67.2	68.1	92.5	112.0	217.1
新闻/时事	102.8	97.1	12.0	37.8	45.1	74.7	96.9	163.0	233.7
音乐	94.0	106.2	33.3	131.9	126.8	118.9	84.1	93.3	42.4
其他	100.5	99.5	48.2	78.4	83.8	97.7	103.6	120.2	134.3

数据来源：CSM媒介研究

2016年上海广播市场，小学和大学及以上教育程度听众的收听倾向仍较为集中，小学教育程度的听众对法制类和文艺类节目的收听最为突出，收听集中度高于其他教育程度听众，大学及以上教育程度听众仅对音乐类节目表现出明显的收听倾向。相比之下，初中和高中教育程度的上海听众节目收听兴趣较为广泛，初中教育程度听众对除体育类和音乐类以外的各类型节目的收听集中度超过100%，高中教育程度听众对除外语类和文艺类节目以外的所有类型节目都表现出明显的收听偏好（表1.5.7)。

表1.5.7　2016年上海市场不同教育程度听众收听各类节目的集中度（%）

节目类别	教育程度				
	未受过正规教育	小学	初中	高中	大学及以上
财经	*	19.3	119.0	117.7	80.9
法制	*	187.0	105.4	112.0	78.5
社教	*	31.3	148.2	126.7	54.2
生活服务	*	47.9	137.6	102.1	81.9
体育	*	15.3	84.8	121.8	96.7
外语	*	47.0	170.9	70.3	88.5
文艺	*	224.8	129.7	94.9	72.6
新闻/时事	*	84.9	124.5	124.3	63.2
音乐	*	52.8	53.4	103.0	129.8
其他	*	72.1	93.9	113.3	93.8

注：“*”表示该目标听众样本量不足，无法进行统计推断。
数据来源：CSM媒介研究

2016 年，上海没有收入的听众仅对音乐类节目表现出较为明显的收听偏好，其余类型节目的收听集中度均低于 100%；个人月收入 1～2000 元听众的收听喜好相对集中，在体育类、新闻/时事类和音乐类节目上的收听集中度超过 100%；个人月收入 2001～5000 元听众的收听兴趣相对广泛，其中个人月收入 2001～3000 元的听众对除财经类、外语类和音乐类以外的各类节目的收听倾向明显，个人月收入 3001～4000 元听众对除音乐类节目之外的各类节目的收听集中度都超过了 100%，个人月收入 4001～5000 元听众对除财经类和文艺类之外的各类节目的收听倾向都较突出；个人月收入 5001～6000 元听众的收听兴趣较为集中，对财经类、生活服务类、外语类、文艺类和音乐类节目的收听偏好较为突出；个人月收入 6001 元及以上的听众仅对音乐类节目表现出浓厚的收听兴趣，对其余节目类型的收听集中度都低于 100%（表 1.5.8）。

表 1.5.8 2016 年上海市场不同个人月收入听众收听各类节目的集中度（%）

节目类别	个人月收入						
	没有收入	1～2000 元	2001～3000 元	3001～4000 元	4001～5000 元	5001～6000 元	6001 元及以上
财经	21.1	16.3	77.1	154.6	85.3	114.2	90.8
法制	66.5	19.1	168.1	113.5	135.6	90.7	34.5
社教	38.7	55.9	103.3	147.4	129.3	70.7	56.6
生活服务	30.7	23.8	116.2	121.0	109.6	106.3	93.6
体育	86.6	101.6	141.8	111.5	100.8	91.3	68.8
外语	37.1	0.0	66.0	119.8	127.3	136.6	77.7
文艺	90.3	40.5	117.2	134.3	85.5	113.7	54.7
新闻/时事	32.3	181.4	121.7	146.1	107.6	95.8	51.5
音乐	100.8	129.3	87.5	84.0	109.7	105.4	115.2
其他	66.7	110.0	105.9	113.5	105.2	104.6	87.9

数据来源：CSM 媒介研究

2016 年，上海的干部/管理人员、初级公务员/雇员和个体/私营企业人员的广播节目收听偏好相对集中，这 3 类人群均对音乐类节目表现出明显的收听偏好，除此之外，干部/管理人员在体育类节目上、初级公务员/雇员在生活服务类节目上、个体/私营企业人员在法制类节目上的收听集中度均超过 100%。相比之下，上海的工人和无业听众喜爱收听的节目类型较为多样，工人在法制类、社教类、生活服务类、体育类和外语类节目上的收听集中度明显偏高。无业群体对除外语类和音乐类节目以外的各类节目都表现出突出的收听兴趣，收听集中度都在 100% 以上。学生群体对各类广播节目的收听兴趣都不大，各类节目的收听集中度均低于 100%（表 1.5.9）。

表 1.5.9 2016 年上海市场不同职业听众收听各类节目的集中度（%）

节目类别	职业					
	干部/管理人员	初级公务员/雇员	工人	个体/私营企业人员	学生	无业（包括退休人员）
财经	57.9	80.8	96.4	72.3	13.6	169.4
法制	93.2	58.1	104.3	169.2	73.5	144.0
社教	48.7	50.9	104.7	73.1	39.7	194.6

续表

节目类别	职业					
	干部/管理人员	初级公务员/雇员	工人	个体/私营企业人员	学生	无业(包括退休人员)
生活服务	87.9	69.4	161.5	67.2	29.6	139.0
体育	128.0	72.8	150.9	36.7	93.8	116.5
外语	2.6	112.3	187.7	51.9	31.5	88.5
文艺	57.6	75.0	74.1	43.0	86.6	170.5
新闻/时事	87.4	60.6	86.3	41.0	33.5	196.1
音乐	120.9	120.5	85.0	137.1	92.9	73.0
其他	91.4	91.3	95.4	89.2	63.9	130.0

数据来源：CSM 媒介研究

4 上海节目收听前十榜单构成稳定，新闻节目仍占据半壁江山

2016 年上海收听份额排名前 10 位的广播节目仍由新闻/时事类、音乐类和生活服务类节目构成，其中新闻/时事类节目占 5 席，音乐类和生活服务类节目分别占 3 席、2 席。相比 2015 年上榜节目，2016 年上海市场节目收听份额排名前十榜单构成稳定，仅《活到 100 岁》1 档节目为新上榜节目，其余均为上一年在榜节目。上海人民广播电台播出的《990 早新闻》2016 年稳居冠军位置，收听份额达到 8.06%，较 2015 年上升了 0.25 个百分点。由多频率播出的《东广早新闻》和《新闻和报纸摘要节目》分居亚、季军之位，收听份额均超过 3%，收听份额较 2015 年分别上升了 0.45 个和 0.75 个百分点。《市民政务通》《光明植物活力音乐早餐》《活到 100 岁》《清晨新闻》和《音乐万花筒》的收听份额都在 2% ~3% 之间，在节目榜上排名第四至第八位，其中《市民政务通》《光明植物活力音乐早餐》的收听份额较 2015 年分别下降了 0.44 个和 2.18 个百分点，《清晨新闻》和《音乐万花筒》分别上升了 0.4 个和 0.38 个百分点。《早安新发现》和《欢乐早高峰》分居榜单第九和第十位，收听份额较上一年变化不大（表 1.5.10）。

表 1.5.10　2016 年上海市场收听份额排名前 10 位的节目

排名	节目名称	频率	收听份额（%）
1	990 早新闻	上海人民广播电台上海新闻广播 FM93.4/AM990	8.06
2	东广早新闻	多频率	3.85
3	新闻和报纸摘要节目	多频率	3.78
4	市民政务通	上海人民广播电台上海新闻广播 FM93.4/AM990	2.66
5	光明植物活力音乐早餐	上海流行音乐广播 动感 101 FM101.7	2.61
6	活到 100 岁	多频率	2.55
7	清晨新闻	上海人民广播电台上海新闻广播 FM93.4/AM990	2.46
8	音乐万花筒	上海流行音乐广播 动感 101 FM101.7	2.10
9	早安新发现	上海经典金曲广播 LoveRadio 最爱调频 FM103.7	1.86
10	欢乐早高峰	上海交通广播 AM648/FM105.7	1.84

数据来源：CSM 媒介研究

（三）广州广播收听市场的节目竞争格局

1. 广州广播节目收听格局稳中有变，音乐类节目跃居市场首位

2016年广州广播节目收听市场竞争格局较2015年有一定变化，但市场大格局基本稳定。音乐类、新闻/时事类、生活服务类和文艺类节目的收听份额仍均在10%以上，以较大幅度领先于其他各类节目；财经类、社交类、体育类、法制类节目的收听份额彼此接近、差距不大。相比2015年的收听份额，音乐类节目上升了3.2个百分点，从2015年的第二位升至首位；亚军新闻/时事类节目，收听份额较2015年上升1.3个百分点，排名上升了两个位置；生活服务类节目下降了2.9个百分点，从2015年的榜首位置滑落到第三名；文艺类节目的收听份额与上一年持平；社教和体育类节目的收听份额较2015年均有提升，分别增长了0.6个和0.3个百分点；财经类节目较2015年下降了2.9个百分点，市场排位从第五位降至第七位；法制类和外语类节目的收听份额均与上一年持平（图1.5.5）。

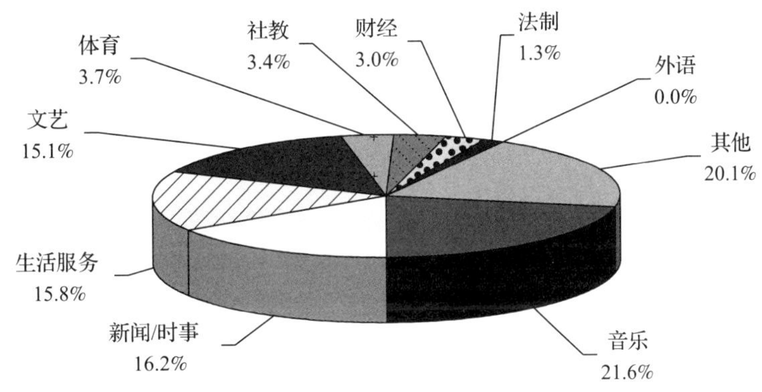

数据来源：CSM媒介研究

图1.5.5 2016年广州市场各类节目的收听份额（%）

2. 地方频率保持强势地位，国际台在外语节目市场大幅扩张

2016年，除在外语类、法制类和新闻/时事类节目市场居亚军位置外，广东广播电视台在广州其余各类节目市场的收听份额仍占首位（图1.5.6）。广东广播电视台在财经类和音乐类节目市场的收听份额均超过70%，在文艺类、体育类和生活服务类节目市场的收听份额都在60%以上，在法制类、新闻/时事类和社教类节目市场的收听份额在30%~60%之间。相比2015年，2016年广东广播电视台在文艺类、体育类和社教类节目市场的收听份额均有所增长，分别上升了1.1个、2.8个和6.4个百分点。但广东广播电视台在多类节目市场中市场份额下滑，其中在外语类和财经类节目市场的降幅达8.3个和13.5个百分点，在音乐类、新闻/时事类、生活服务类和法制类节目市场的降幅都在2~5个百分点之间。

延续2015年的发展趋势，2016年广州广播电视台在本地超半数类型节目市场的收听份额有所上升，其中在法制类节目市场的收听份额上升较明显，涨幅达7.8个百分

点，在社教类节目市场也上涨了5.8个百分点，在音乐类、新闻/时事类、体育类和财经类节目市场的收听份额增长均在4个百分点以下。相比之下，2016年广州广播电视台收听份额下滑的节目市场不多，仅在文艺类和生活服务类节目市场分别减少了1个和3个百分点。因承受广东广播电视台的压力，广州广播电视台除在法制类和新闻/时事类节目市场居冠军位置外，在本地大部分不同类型节目市场均居亚军位置，收听份额均不超过50%。

2016年中央人民广播电台在广州各类型节目市场的竞争力表现依然较弱，在财经类节目市场表现相对较好，收听份额较2015年上涨了11.2个百分点，居市场第二位；在音乐类、新闻/时事类和社教类节目市场的收听份额在4%～11%之间，其中在音乐和新闻/时事类节目市场的收听份额较2015年分别增长了1.7个和1.4个百分点。

2016年中国国际广播电台在非外语类节目市场的收听份额都很小，但在外语类节目市场则以100%的收听份额居首位，较上一年增长了47.4个百分点。在其余各类节目市场中，中国国际广播电台虽有小幅度上升，但收听份额均未超过2%，收听份额排名靠后。

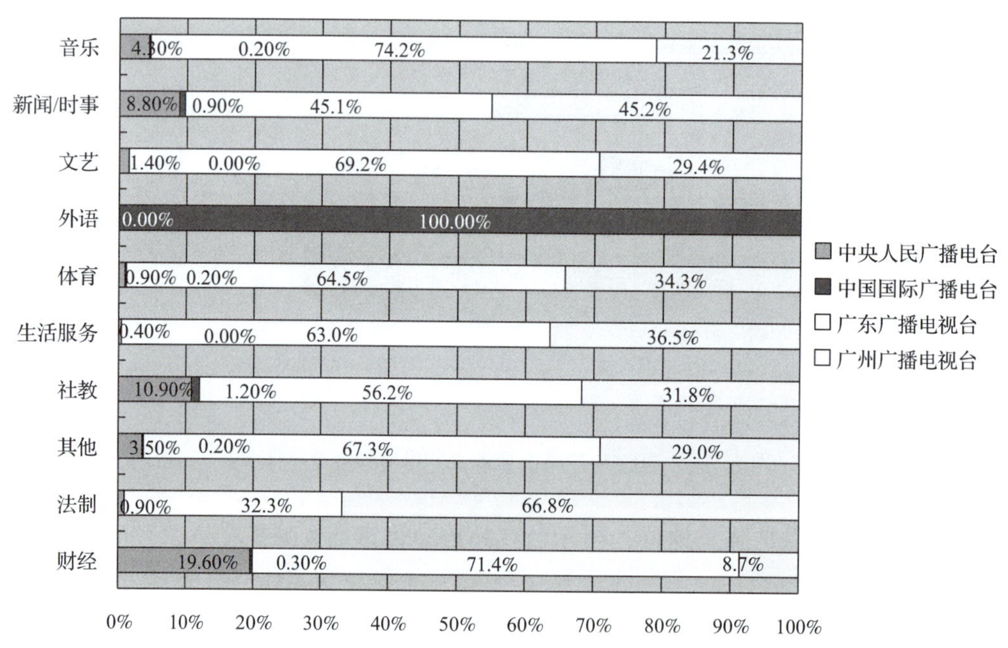

数据来源：CSM媒介研究

图1.5.6　2016年各级广播频率在广州各类节目市场的收听份额（%）

3. 广州各听众群体节目收听倾向不同，细分节目满足听众的差异化需求

2016年广州男性听众对除财经类、新闻/时事类和音乐类之外的各类节目都表现出明显的收听倾向，女性听众则对财经类、外语类、新闻/时事类和音乐类节目收听兴趣浓厚（表1.5.11）。

2016年广州10～34岁听众对广播节目收听兴趣低的状况改观不大，10～14岁和25～34岁听众对各类节目的收听集中度都低于100%，15～24岁听众仅在外语类节目上表现出明显的收听倾向。35岁及以上广播听众的收听兴趣相对广泛，其中35~44岁广州听众对除外语类节目外的各类节目都表现出较浓厚的收听兴趣，45~54岁广州听众对除新闻/时事类节目外的各类节目收听兴趣都较高，55岁及以上听众对除外语之外各类节目的收听偏好明显，收听集中度都高于100%。

表1.5.11　2016年广州市场不同性别和年龄听众收听各类节目的集中度（%）

节目类别	性别		年　龄						
	男	女	10~14岁	15~24岁	25~34岁	35~44岁	45~54岁	55~64岁	65岁及以上
财经	99.6	100.5	10.2	44.1	61.7	107.8	126.9	141.5	258.4
法制	123.4	75.5	14.0	49.0	60.3	135.7	186.8	106.8	157.6
社教	104.4	95.3	35.3	55.0	75.7	129.1	109.9	145.3	165.8
生活服务	114.9	84.4	21.7	49.9	87.8	135.9	123.9	134.9	131.8
体育	110.5	89.0	29.1	53.2	71.4	110.2	122.6	162.6	183.5
外语	59.9	142.0	0.0	224.1	22.4	33.6	239.6	1.6	91.4
文艺	103.9	95.9	31.3	54.8	81.5	115.1	125.3	133.5	173.8
新闻/时事	99.8	100.2	24.4	32.1	79.2	122.9	86.6	188.3	207.7
音乐	90.6	109.9	57.3	82.8	99.7	117.7	100.0	113.2	104.2
其他	108.3	91.4	27.0	49.3	87.8	133.5	122.6	132.7	140.4

数据来源：CSM媒介研究

2016年广州未受过正规教育的听众对法制类、社教类、生活服务类、体育类、文艺类和新闻/时事类节目的收听倾向明显，其中法制类、体育类、文艺类和新闻/时事类节目收听集中度为各教育程度听众之首。小学教育程度的广州听众对广播节目的收听兴趣低迷，各类节目的收听集中度都未超过100%。初、高中教育程度听众的收听兴趣相对广泛，其中初中教育程度的听众对除法制和外语外的各类节目的收听集中度超过100%，高中教育程度听众对各类节目的收听集中度都高于100%。2016年广州大学及以上教育程度听众仅在外语类节目上表现出突出的收听兴趣，收听集中度超过100%（表1.5.12）。

表1.5.12　2016年广州市场不同教育程度听众收听各类节目的集中度（%）

节目类别	教育程度				
	未受过正规教育	小学	初中	高中	大学及以上
财经	22.8	33.7	106.5	146.1	62.6
法制	140.2	94.9	86.4	126.0	76.8
社教	111.7	82.6	103.8	114.8	82.8
生活服务	103.3	65.2	115.4	103.9	93.7
体育	226.6	55.7	131.7	110.8	68.1
外语	0.0	31.8	50.5	115.5	155.8
文艺	121.4	95.4	101.3	109.5	86.9
新闻/时事	117.6	82.0	102.2	117.5	81.2
音乐	76.9	58.3	113.5	107.6	94.8
其他	84.4	67.4	111.8	113.1	85.1

数据来源：CSM媒介研究

2016年广州收听市场，没有收入的听众仅对外语类节目表现出较高的收听兴趣，集中度居各收入段听众之首；个人月收入1～2000元的广州听众对除体育类和外语类节目之外的各类型节目均感兴趣；个人月收入2001～3000元的广州听众对财经类、法制类、文艺类和新闻/时事类节目的收听倾向突出；个人月收入3001～4000元的听众对除财经类、法制类和外语类节目以外的各类节目的收听集中度超过100%；个人月收入4001～6000元的广州听众节目收听兴趣相对集中，个人月收入4001～5000元的听众在生活服务类、体育类、外语类和新闻/时事类节目上的收听集中度都较高，个人月收入5001～6000元的听众对财经类、法制类、生活服务类、体育类和音乐类节目外的各类节目的收听集中度均超过100%。个人月收入6001元及以上的听众收听兴趣也较为广泛，对除体育类、外语类和文艺类以外的各类节目的收听兴趣较高，收听集中度超过100%（表1.5.13）。

表1.5.13　2016年广州市场不同个人月收入听众收听各类节目的集中度（%）

节目类别	个人月收入						
	没有收入	1～2000元	2001～3000元	3001～4000元	4001～5000元	5001～6000元	6001元及以上
财经	62.2	214.8	103.5	94.3	59.1	113.7	144.1
法制	43.2	145.5	123.5	83.5	89.4	243.4	107.1
社教	61.0	158.8	94.1	121.5	77.9	86.5	160.9
生活服务	54.6	126.7	81.1	125.2	117.2	163.5	144.4
体育	63.8	96.6	89.0	130.5	129.3	137.3	64.1
外语	304.7	44.1	46.1	15.2	103.5	63.4	77.7
文艺	55.6	174.7	107.7	113.8	88.9	80.2	95.7
新闻/时事	39.9	147.8	115.3	107.0	124.4	71.2	123.6
音乐	91.8	107.4	99.7	101.5	97.3	117.3	108.1
其他	56.2	147.9	94.3	112.4	103.4	132.8	145.0

数据来源：CSM媒介研究

2016年广州干部/管理人员、个体/私营企业人员和学生收听广播节目的兴趣较为集中，其中干部/管理人员对社教类、文艺类和新闻/时事类节目的收听集中度超过100%，个体/私营企业人员对财经类、法制类、生活服务类和文艺类节目的收听倾向明显，学生仅对外语类节目表现出突出的收听兴趣。工人和无业人员的收听兴趣相对广泛，工人对法制类、社教类、生活服务类、体育类和音乐类节目的收听集中超过100%，无业人员对非法制类节目的收听倾向都较为明显。初级公务员/雇员对各类节目的收听兴致都不高，收听集中度都低于100%（表1.5.14）。

表 1.5.14 2016 年广州市场不同职业听众收听各类节目的集中度（%）

节目类别	职业					
	干部/管理人员	初级公务员/雇员	工人	个体/私营企业人员	学生	无业（包括退休人员）
财经	48.1	57.8	77.5	102.9	43.9	191.2
法制	54.5	96.4	113.6	175.3	39.6	84.0
社教	123.4	72.9	117.5	98.1	39.0	133.7
生活服务	85.9	90.9	106.7	141.4	39.4	112.6
体育	76.0	80.5	108.8	85.6	38.9	147.3
外语	0.0	28.3	65.8	38.3	261.9	150.2
文艺	142.0	96.9	93.0	107.2	48.1	129.6
新闻/时事	110.5	89.8	97.7	84.4	24.0	162.3
音乐	96.8	98.6	102.6	99.9	80.5	111.2
其他	98.2	86.9	107.5	126.7	41.8	119.3

数据来源：CSM 媒介研究

4. 广州收听排名前 10 位的节目类型丰富，《歌曲欣赏》领先优势扩大

2016 年广州市场收听份额排名前 10 位的节目由新闻/时事类、生活服务类、文艺类和音乐类节目构成，其中文艺类节目 4 档、新闻/时事类节目 3 档，另有 2 档音乐类节目和 1 档生活服务类节目上榜（表 1.5.15）。2016 年收听榜冠军由《歌曲欣赏》蝉联，收听份额较上一年上升了 0.57 个百分点，达到 3.67%。上一年亚军《长篇小说》收听份额在 2016 年同比上升了 0.22 个百分点。多频率播出的新闻/时事类节目《今日关注》为 2016 年新上榜节目；除此之外，音乐类节目《日落大道》和文艺类节目《一路开心》《天生快活人》也都是 2016 年新上榜的节目。广东电台珠江经济广播电台播出的《珠江第一线》收听表现不俗，收听份额排名与上一年持平，且收听份额较上一年上升了 1.74 个百分点。《交通消息》《小说联播》和《新闻在线》节目分居榜单第五至第七的位置，其中《交通消息》和《新闻在线》的收听份额有小幅上升，而《小说联播》则下降了 0.69 个百分点。

表 1.5.15 2016 年广州市场收听份额排名前 10 位的节目

排名	节目名称	频率	收听份额（%）
1	歌曲欣赏	多频率	3.67
2	长篇小说	多频率	2.74
3	今日关注	多频率	1.69
4	珠江第一线	广东广播电视台珠江经济广播电台（E FM 财富 974）	1.65
5	交通消息	多频率	1.56

续表

排名	节目名称	频率	收听份额（%）
6	小说连播	多频率	1.35
7	新闻在线	广州新闻电台（FM96.2）	1.33
8	日落大道	广东广播电视台音乐之声（FM99.3）	1.05
9	一路开心	广州交通电台（FM106.1）	1.01
10	天生快活人	广东广播电视台音乐之声（FM99.3）	0.95

数据来源：CSM媒介研究

六、广播广告投放与竞争格局

1. 2016年中国广播广告投放额同比上涨2.1%

根据央视市场研究（CTR）发布的广告监测数据①，2016年中国整体广告投放额同比下降了0.6%，其中传统媒体广告投放额同比下降了6.0%。报纸和杂志广告投放额继续断崖式下滑，同比2015年分别下降了38.7%和30.5%；电视广告投放额同比下降了3.7%；广播广告投放额在广告时长同比减少10.2%的形势下，同比逆势上涨了2.1%。

2. 京、沪、穗三地广播广告投放额同比2015年上涨3.4%

2016年京、沪、穗三地广播广告投放额合计88.3亿元，同比2015年上涨了3.4%。三地广播广告投放额最高的4个行业是商业及服务性行业、交通、金融、邮电通讯，合计占到广播广告投放总额的56.6%（图1.6.1）。

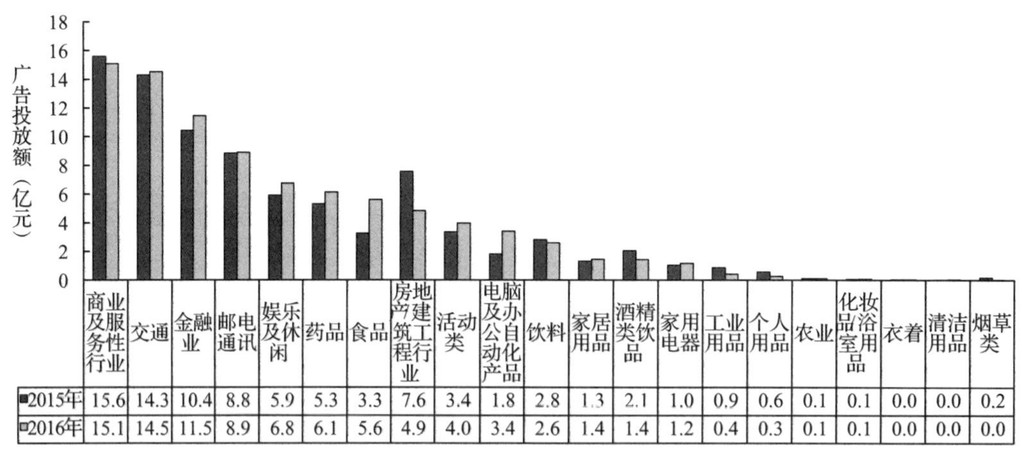

数据来源：央视市场研究媒介智讯（CTR MI）

图1.6.1　2015年、2016年京、沪、穗三地分行业广播广告投放额（亿元）

① 2016年广告投放额以CTR2016年监测范围为基准进行统计，2016年广告投放增长情况以CTR2015年监测范围为基准进行比较；广告投放额以媒体公开报价为统计标准，不含折扣；广告监测时间为17:00～24:00。

2016 年北京广播广告投放额排名前 3 位的行业是交通、金融、商业及服务性行业，邮电通讯由 2015 年的第一位下降到 2016 年的第四位。2016 年上海广播广告投放额排名前 3 位的行业是交通、邮电通讯、商业及服务性行业，金融业、房地产/建筑工程行业排名分别较 2015 年下降了一位。2016 年广州广播广告投放额排名前 3 位的行业是商业及服务性行业、金融业、交通，房地产/建筑工程行业由 2015 年的第四位下降到第八位（表 1.6.1）。

表 1.6.1　2015 年、2016 年京、沪、穗三地广播广告投放额排名前 10 位的行业

排名	北京		上海		广州	
	2015 年	2016 年	2015 年	2016 年	2015 年	2016 年
1	邮电通讯	交通	交通	交通	商业及服务性行业	商业及服务性行业
2	交通	金融业	邮电通讯	邮电通讯	交通	金融业
3	商业及服务性行业	商业及服务性行业	金融业	商业及服务性行业	金融业	交通
4	金融业	邮电通讯	商业及服务性行业	金融业	房地产/建筑工程行业	药品
5	娱乐及休闲	活动类	房地产/建筑工程行业	活动类	药品	娱乐及休闲
6	家居用品	娱乐及休闲	饮料	房地产/建筑工程行业	娱乐及休闲	邮电通讯
7	活动类	家居用品	活动类	娱乐及休闲	邮电通讯	食品
8	酒精类饮品	食品	娱乐及休闲	饮料	食品	房地产/建筑工程行业
9	食品	酒精类饮品	电脑及办公自动化产品	电脑及办公自动化产品	活动类	电脑及办公自动化产品
10	房地产/建筑工程行业	电脑及办公自动化产品	食品	食品	酒精类饮品	活动类

数据来源：央视市场研究媒介智讯（CTR MI）

3. 京、沪、穗三地广播广告投放中食品、电脑及办公自动化产品同比涨幅最大

2016年，京、沪、穗三地广播广告投放额同比呈现正增长的行业有13个、负增长的行业有8个（图1.6.2）。广播广告投放额同比增长超过1.5个亿元的有两个行业，即食品和电脑及办公自动化产品，同比2015年分别增长了71%和90%。在广告投放额同比呈现负增长的8个行业中，房地产/建筑工程行业和酒精类饮品广告投放额下滑很大，同比2015年分别下降了36%和30%。

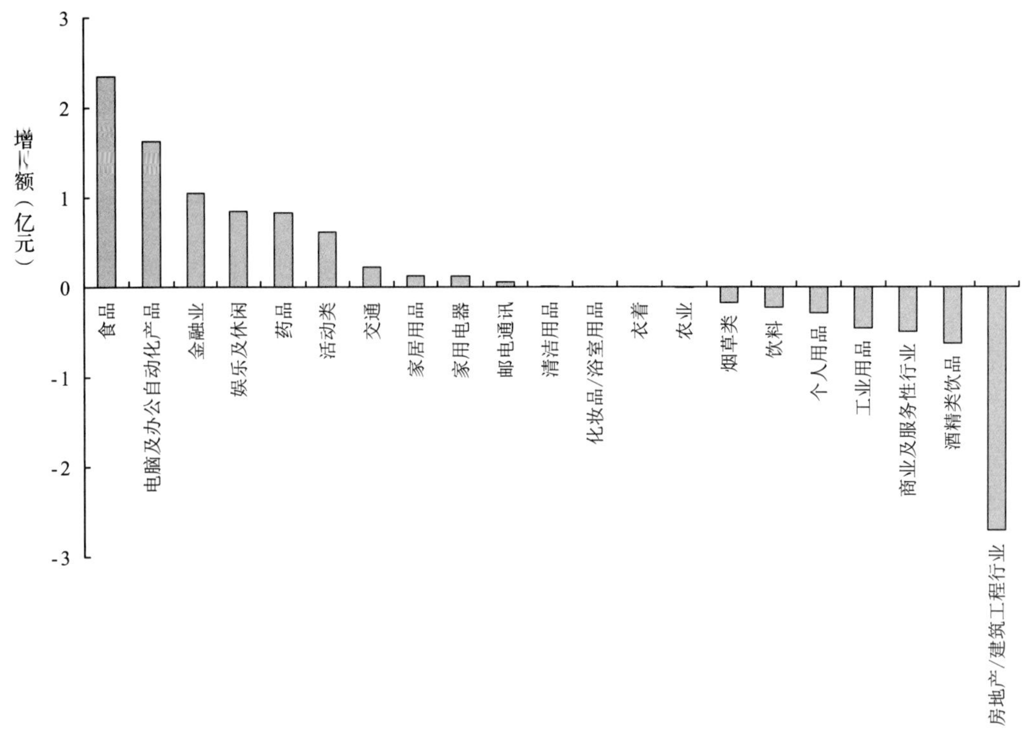

数据来源：央视市场研究媒介智讯（CTR MI）

图1.6.2 2016年京、沪、穗三地各行业广播广告投放额同比变化情况

4. 京、沪、穗三地广播广告投放额排名前10位的品牌差异较大

京、沪、穗三地广播广告投放额排名前10位的品牌虽具有较大差异，但近年来出现了一个共性的变化，就是许多金融、地产等互联网“网站”① 进入广播广告投放额排名前10位，比如易贷、助贷、房天下、链家等。

2016年北京广播广告投放额排名前10位的品牌主要来自药品、金融、交通、邮电通讯等行业，排名前3位的品牌是同仁堂、中国人民财产保险和北京现代。2016年上海广播广告投放额排名前10位的品牌来自商业及服务性行业、食品、饮料、交通、邮电

① 根据央视市场研究（CTR）的分类标准，互联网“网站”广告归属于“邮电通讯”行业。

通讯、金融等行业，排名前3位的品牌是平行、光明和中国平安保险。2016年广州广播广告投放额排名前10位的品牌来自食品、药品、邮电通讯、商业及服务性行业、娱乐及休闲和交通等行业，排名前3位的品牌是燕之屋、好视力和助贷（表1.6.2）。

表1.6.2 2016年京、沪、穗三地广播广告投放额排名前10位的品牌①

排名	北京		上海		广州	
	品牌名称	所属品类	品牌名称	所属品类	品牌名称	所属品类
1	同仁堂	药品/食品/酒精类饮品/饮料	平行	商业及服务性行业	燕之屋	食品
2	中国人民财产保险	金融业	光明	食品/饮料/邮电通讯/活动类	好视力	个人用品/药品
3	北京现代	交通	中国平安保险	电脑及办公自动化产品/金融业	助贷	邮电通讯
4	一汽大众奥迪	交通	上汽大众	交通	国美	商业及服务性行业
5	中国银行	金融业	天喔	食品/饮料/活动类	峻可威	商业及服务性行业
6	上汽通用别克	交通	一汽大众奥迪	交通	吉盛伟邦	商业及服务性行业
7	北京银行	金融业	荣威	交通	海略	交通
8	摩圣	工业用品/交通	房天下	邮电通讯	车语	娱乐及休闲
9	易贷	邮电通讯	上汽通用别克	交通/活动类	南湖&西部假期	娱乐及休闲
10	途虎养车	电脑及办公自动化产品/邮电通讯	链家	邮电通讯	陈李济	药品

数据来源：央视市场研究媒介智讯（CTR MI）

① 由于同一品牌有不同的产品线，根据央视市场研究（CTR）的分类标准，以广告当中的产品判定品牌所属行业类别；此处统计的是某一品牌整体的广告投放额，因而可能出现某一品牌同时属于不同品类的情况。

5. 沪、穗广播广告投放额排名前5位的频率中出现了财经广播频率

2016年，北京广播广告投放额排名前5位的频率除北京人民广播电台交通广播(FM103.9)、北京人民广播电台音乐广播（FM97.4)、北京人民广播电台文艺广播(FM87.6）和北京人民广播电台新闻广播（FM100.6）外，排在第五位的是北京人民广播电台体育广播（FM102.5)；上海广播广告投放额排名前5位的频率除上海人民广播电台动感流行音乐广播（FM101.7)、上海人民广播电台交通广播（FM105.7)、上海人民广播电台魅力流行音乐广播（FM103.7）和上海人民广播电台新闻广播（FM93.4）外，排在第五位的是上海人民广播电台第一财经广播（FM97.7)；广州广播广告投放额排名前5位的频率是广东电台羊城交通广播（FM105.2)、广东电台珠江经济广播电台(FM97.4)、广州交通电台（FM106.1)、广东电台音乐之声（FM99.3）和广东电台城市之声（FM103.6）（表1.6.3)。

表1.6.3　2016年京、沪、穗三地广播广告投放额排名前5位的频率

排名	北京	上海	广州
1	北京人民广播电台交通广播(FM103.9)	上海人民广播电台动感流行音乐广播（FM101.7)	广东电台羊城交通广播(FM105.2)
2	北京人民广播电台音乐广播(FM97.4)	上海人民广播电台交通广播(FM105.7)(24)	广东电台珠江经济广播电台(FM97.4)
3	北京人民广播电台文艺广播(FM87.6)	上海人民广播电台魅力流行音乐广播（FM103.7)(24)	广州交通电台（FM106.1)
4	北京人民广播电台新闻广播(FM100.6)	上海人民广播电台新闻广播(FM93.4)(24)	广东电台音乐之声（FM99.3)
5	北京人民广播电台体育广播(FM102.5)	上海人民广播电台第一财经广播（FM97.7)	广东电台城市之声（FM103.6)

数据来源：央视市场研究媒介智讯（CTR MI)

2016年，北京广播广告投放额最高的频率是北京人民广播电台交通广播(FM103.9)，其广告投放额前3位的行业是交通、商业及服务性行业和金融业；上海广播广告投放额最高的频率是上海人民广播电台动感流行音乐广播（FM101.7)，其广告投放额前3位的行业是交通、邮电通讯和商业及服务性行业；广州广播广告投放额最高的频率是广东电台羊城交通广播（FM105.2)，其广告投放额前3位的行业是金融业、交通和商业及服务性行业（表1.6.4)。

表 1.6.4 2016 年京、沪、穗三地广播广告投放额最高的频率中投放额排名前 10 位的行业

排名	北京	上海	广州
	北京人民广播电台交通广播（FM103.9）	上海人民广播电台动感流行音乐广播（FM101.7）	广东电台羊城交通广播（FM105.2）
1	交通	交通	金融业
2	商业及服务性行业	邮电通讯	交通
3	金融业	商业及服务性行业	商业及服务性行业
4	邮电通讯	金融业	娱乐及休闲
5	家居用品	房地产/建筑工程行业	食品
6	娱乐及休闲	娱乐及休闲	药品
7	活动类	饮料	邮电通讯
8	房地产/建筑工程行业	活动类	房地产/建筑工程行业
9	食品	电脑及办公自动化产品	饮料
10	电脑及办公自动化产品	食品	电脑及办公自动化产品

数据来源：央视市场研究媒介智讯（CTR MI）

2016 年，北京人民广播电台交通广播（FM103.9）广告投放额最高的三大品牌是同仁堂、北京现代和中国人民财产保险，它们分别来自药品、交通和金融业；上海人民广播电台动感流行音乐广播（FM101.7）广告投放额最高的三大品牌是燕之屋、助贷和海略，它们分别来自食品、邮电通讯和交通行业；广东电台羊城交通广播（FM105.2）广告投放额最高的三大品牌是光明、中国平安保险和天喔，它们分别来自饮料、金融业和食品行业（表 1.6.5）。

表 1.6.5 2016 年京、沪、穗三地广播广告投放额最大的频率中投放额排名前 10 位的品牌

排名	北京人民广播电台交通广播（FM103.9）		上海人民广播电台动感流行音乐广播（FM101.7）		广东电台羊城交通广播（FM105.2）	
	品牌名称	所属品类	品牌名称	所属品类	品牌名称	所属品类
1	同仁堂	药品/食品/酒精类饮品/饮料	燕之屋	食品	光明	饮料/邮电通讯/活动类
2	北京现代	交通	助贷	邮电通讯	中国平安保险	金融业/电脑及办公自动化产品
3	中国人民财产保险	金融业	海略	交通	天喔	食品/饮料/活动类
4	牛栏山	酒精类饮品	吉盛伟邦	商业及服务性行业	上汽大众	交通

续表

排名	北京人民广播电台交通广播（FM103.9）		上海人民广播电台动感流行音乐广播（FM101.7）		广东电台羊城交通广播（FM105.2）	
	品牌名称	所属品类	品牌名称	所属品类	品牌名称	所属品类
5	强力	商业及服务性行业/家居用品	中国银行	金融业	一汽大众奥迪	交通
6	大智慧	电脑及办公自动化产品/金融业	大金	家用电器	中国太平洋保险	金融业
7	一汽大众奥迪	交通	胜记	娱乐及休闲	上汽通用别克	交通/活动类
8	安居客	邮电通讯	明兴	药品	开新	商业及服务性行业
9	中国联通	邮电通讯	南湖 & 西部假期	娱乐及休闲	房天下	邮电通讯
10	福临门	食品	广之旅	娱乐及休闲/电脑及办公自动化产品	上汽通用	交通

数据来源：央视市场研究媒介智讯（CTR MI）

第二部分
Part Two

专题 Analysis Report

2016年新闻综合类频率收听状况分析

随着新媒体、新技术的不断发展和普及，信息接收方式发生了翻天覆地的变化，这在一定程度上给传统媒体造成了较大的冲击，作为传统媒体的代表之一——广播也难以幸免，新闻综合类频率当然也身处其中。新闻综合类频率作为各广播电台的“三驾马车”之一，历来扮演着“顶梁柱”的角色。那么该类型频率在2016年的收听状况如何？有哪些新的特点？本文主要基于CSM媒介研究2016年36个城市收听率调查（四波调查）数据，对2016年新闻综合类频率的收听状况及一些典型的新闻综合类节目进行解析，以期对业内人士有所启发[①]。

一、新闻综合类频率在各专业类别频率中的竞争地位

1. 新闻综合类频率所占市场份额在各专业频率中仍居首位

2016年各类型专业频率所占市场份额表明，新闻综合类频率以27.25%的市场份额居于首位；交通类频率位列其次，所占市场份额为24.60%；音乐类频率排名第三，所占份额为18.90%；然后依次为文艺类、都市生活类和经济类频率，所占市场份额均在5%～10%之间（图1）。其中交通类和音乐类频率2016年所占市场份额均高于2015年，涨幅分别为5.35%和1.12%。新闻综合类频率所占市场份额则呈逐年下滑的态势，但优势仍在。未来如何在守住现有盘子的基础上继续扩大“战果”，是需要广大新闻人思考的问题。

2. 新闻综合类频率的听众规模和听众黏性均位居各类频率前列

平均到达率和平均忠实度是考量频率竞争力的两个维度，前者反映频率的听众规模大小，后者反映听众对频率的黏性强弱，二者结合可以反映一类频率的竞争实力。2016年各类频率的平均到达率和平均忠实度数据显示，新闻综合类频率的听众规模遥遥领先于其他类别的频率，听众黏性也位列前三，竞争优势明显（图2）。

---

① 如无特殊说明，本文中涉及的历年对比数据所用城市组合为各年独立城市组合。涉及的2016年数据所用城市组合为2016年36城市组合，36城市具体包括：北京、长春、长沙、成都、重庆、大连、佛山、福州、广州、邯郸、杭州、哈尔滨、合肥、昆明、济南、南昌、南京、南宁、宁波、青岛、清远、泉州、上海、汕头、沈阳、深圳、石家庄、苏州、太原、天津、乌鲁木齐、武汉、无锡、西安、厦门和郑州。

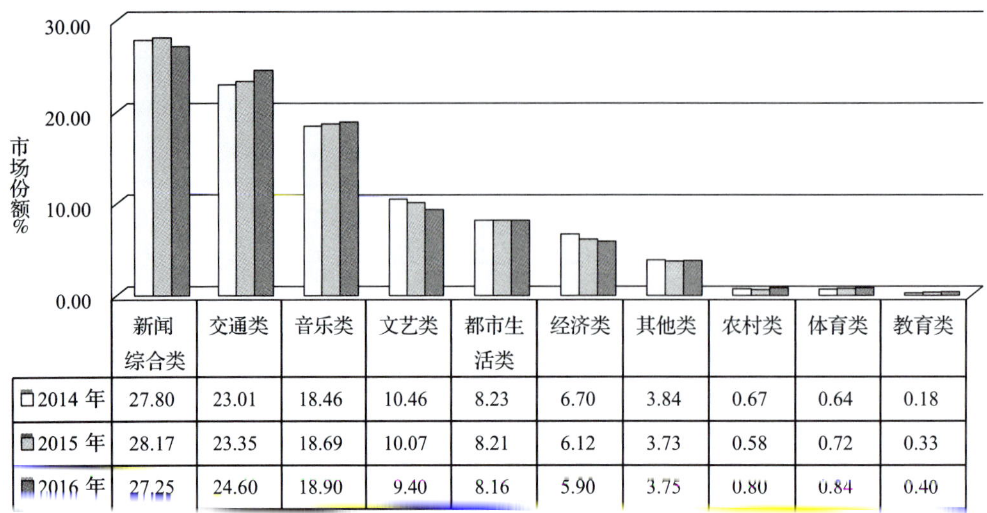

	新闻综合类	交通类	音乐类	文艺类	都市生活类	经济类	其他类	农村类	体育类	教育类
2014 年	27.80	23.01	18.46	10.46	8.23	6.70	3.84	0.67	0.64	0.18
2015 年	28.17	23.35	18.69	10.07	8.21	6.12	3.73	0.58	0.72	0.33
2016 年	27.25	24.60	18.90	9.40	8.16	5.90	3.75	0.80	0.84	0.40

数据来源：CSM 媒介研究

图 1　2014～2016 年各专业频率所占市场份额（%）比较

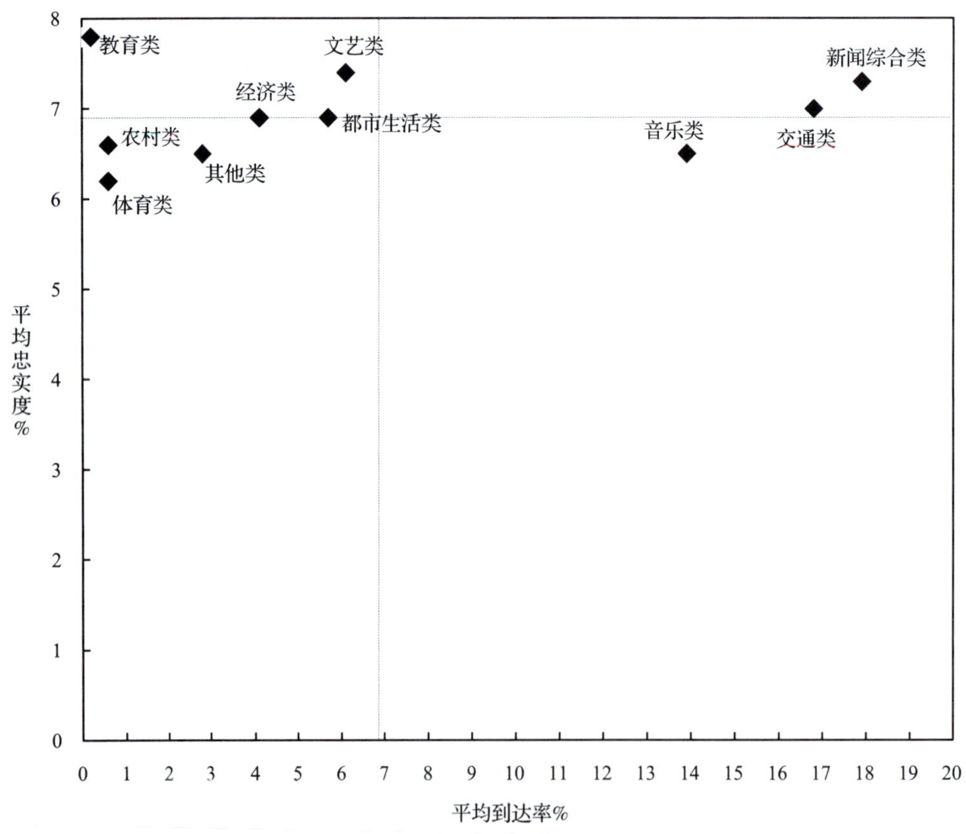

数据来源：CSM 媒介研究

图 2　2016 年各类专业频率的平均到达率（%）和平均忠实度（%）

3. 新闻综合类频率家中听众规模优势明显，“车上”听众规模较上一年下滑

2016年各类别频率在不同收听场所的到达率数据显示（图3），在所有场所，交通类频率以微弱优势位居榜首，新闻综合类频率紧随其后，音乐类频率位列第三，然后依次为都市生活类、文艺类和经济类频率。从“家中”听众规模（到达率）来看，新闻综合类频率一枝独秀，音乐类和交通类频率分列第二、第三位，然后顺次为都市生活类、文艺类和经济类。区别于前两个场所，“车上”听众规模交通类频率独占鳌头，音乐类频率紧随其次，新闻综合类频率位居第三，相较于前两类频率，新闻综合类频率在“车上”不占优势，侧重于播报路况信息、休闲娱乐、音乐节目的交通类和音乐类频率更受听众青睐。

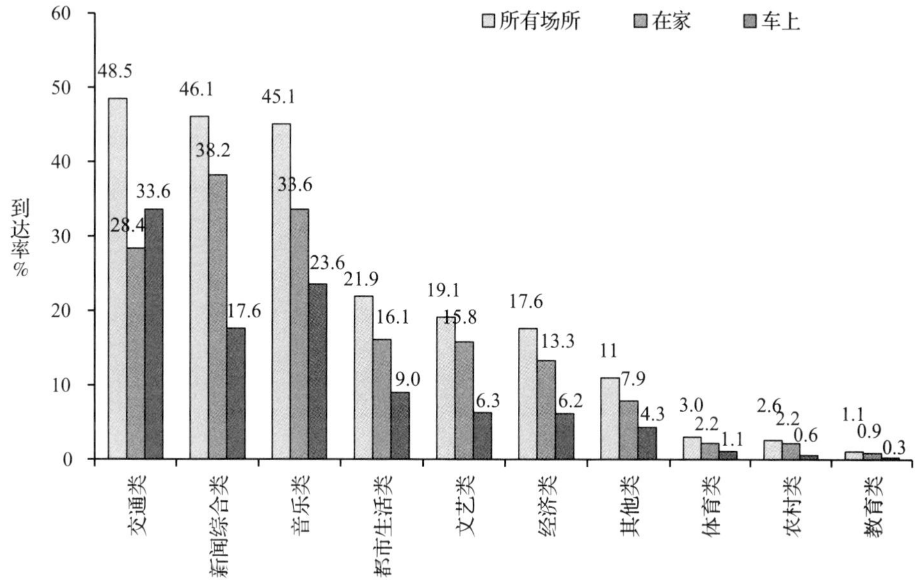

数据来源：CSM媒介研究

图3 2016年广播主要收听场所各类专业频率的到达率（%）

各类别频率听众规模2016年较2015年增减幅度数据显示，在“家中”，主要类别频率均有不同程度的下滑，交通类频率在“所有场所”和“车上”均有不同程度的提升，新闻综合类和音乐类频率听众规模在“车上”也均有不同程度的提升（图4）。结合图3、图4我们可以看出，新闻综合类频率“家中”听众规模优势明显，“车上”的优势不及“家中”的优势。

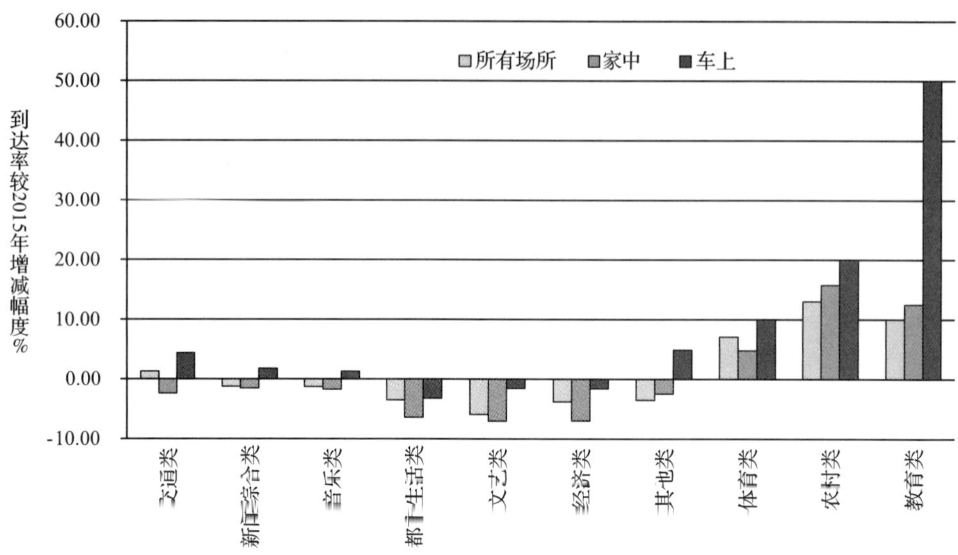

数据来源：CSM 媒介研究

图 4　2016 年主要收听场所各专业频率到达率（%）较 2015 年的增减幅度（%）

二、新闻综合类频率整体收听状况

1. 中老年人和中低收入者人均收听时间相对更长

2016 年，受众对新闻综合类频率的人均每天收听时长为 19 分钟。从分目标人群人均每天收听新闻综合类频率的时长来看，男女听众人均每天收听该类频率的时长均为 19 分钟，与平均值相当；从不同年龄来看，45 岁及以上受众群人均收听时长均高于平均水平，尤其是 65 岁及以上老年听众群，人均收听时长更是达到了 53 分钟，以较大优势领

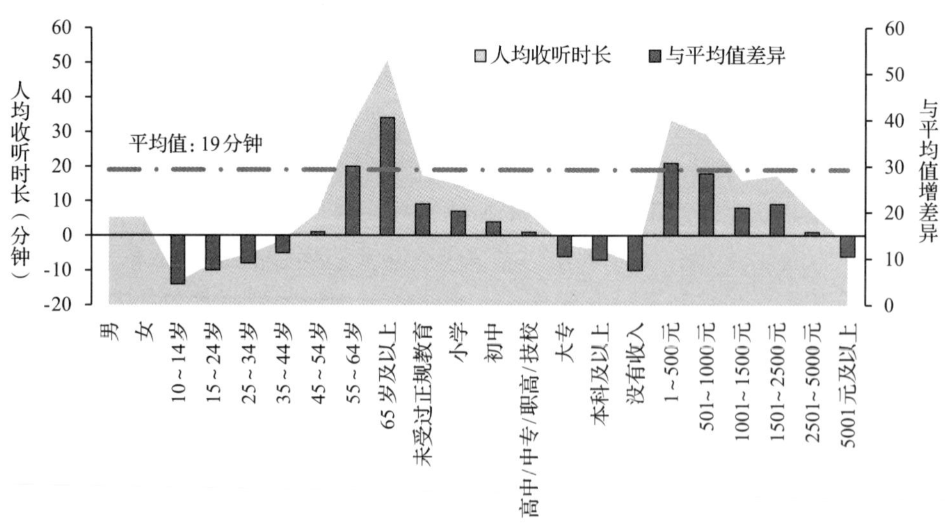

数据来源：CSM 媒介研究

图 5　2016 年不同目标听众收听新闻综合类频率的人均时长及与平均值差异

先于其他年龄段听众；从受教育程度来看，高中及以下学历人群收听新闻综合类频率的人均收听时长较长，均高于平均水平；从个人月收入水平来看，1～500元收入水平听众群收听该类频率的时长最长，达到了40分钟，超过平均值21分钟；相对而言，无收入和个人月收入5001元及以上人群对该类频率的关注度较低，人均收听时长分别低于平均值10和6分钟，其他收入水平的人群对新闻综合类频率的关注度则均较高。总体而言，中老年和中低收入者收听新闻综合类频率的时间较长，均高于平均水平（图5）。

2. 新闻综合类频率早间收听表现出类拔萃

新闻综合类频率在全天多数时段引领收听市场，早间时段收听表现更是出类拔萃。7:00左右该类频率达全天收听最高峰，峰值接近5%，午间11:00～14:00和晚间21:00～24:00时段的收听表现也明显优于其他类型频率，居各类型频率收听榜首。交通类和音乐类频率全天也均有良好收听表现，其中交通类频率在早晚上下班高峰期间的收听率明显凸起，音乐类频率全天收听走势较为平稳，这一点与其他类别频率相似，也凸显出此类频率较强的伴随性休闲特征（图6）。

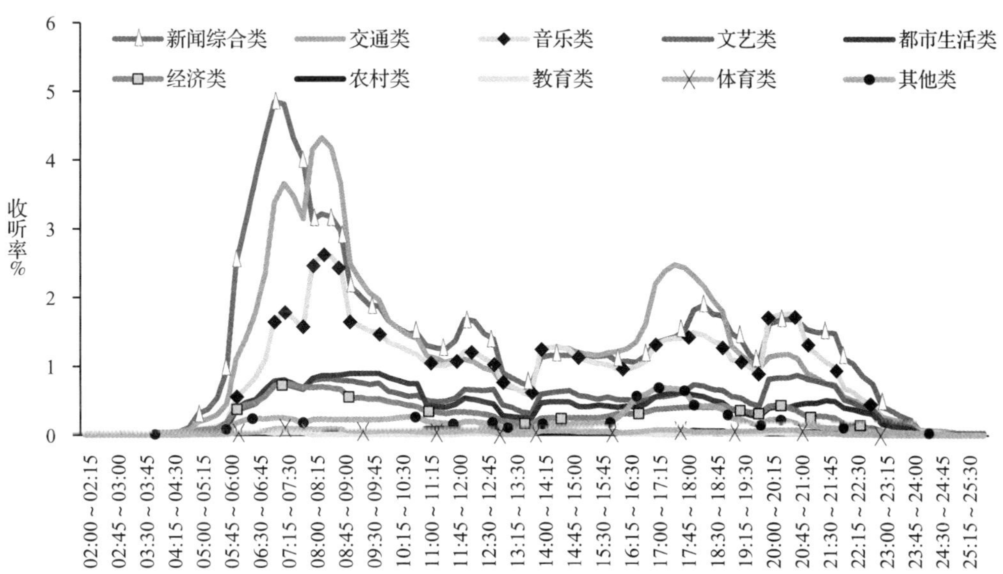

数据来源：CSM媒介研究

图6　2016年各专业频率全天收听率（%）走势

3. "家中"收听走势与"所有场所"一致，是主要收听地点

新闻综合类频率的"家中"全天收听走势与"所有场所"一致，早晚高峰同步，早高峰出现在晨间7:00～7:15时段，峰值为4.22%，占到了同时段"所有场所"收听率的87.01%；傍晚18:15～18:30和晚间20:30～20:45时段分别出现了两个次高峰，峰值均达到了1.44%，分别占到了同时段"所有场所"收听率的76.19%和85.21%。整体而言，"家中"收听构成了新闻综合类频率全天收听的主体部分，贡献了80%左右的收听量，其余大约20%左右的收听则来自"家中"以外的"其他场所"（图7）。

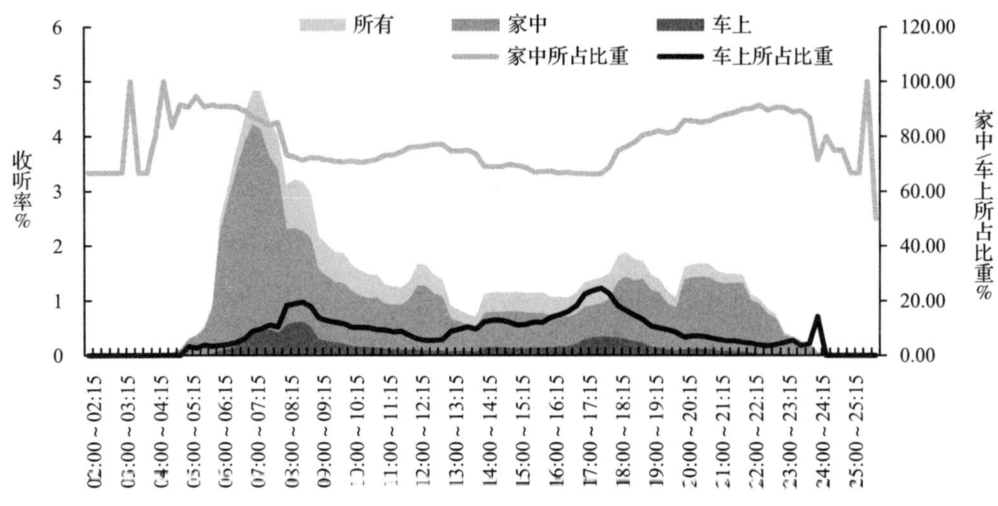

图7　2016年新闻综合类频率主要场所全天收听率（%）走势及不同场所所占比重（%）

三、新闻综合类频率听众特征

1. 中老年和中高收入群体是“所有场所”和“家中”的主体受众群，“车上”主体受众群含金量更高

新闻综合类频率在“所有场所”和“家中”的主体受众群构成基本趋同，但同中有差异（图8）。相同之处在于：55岁及以上、初高中学历和个人月收入1501～5000元的

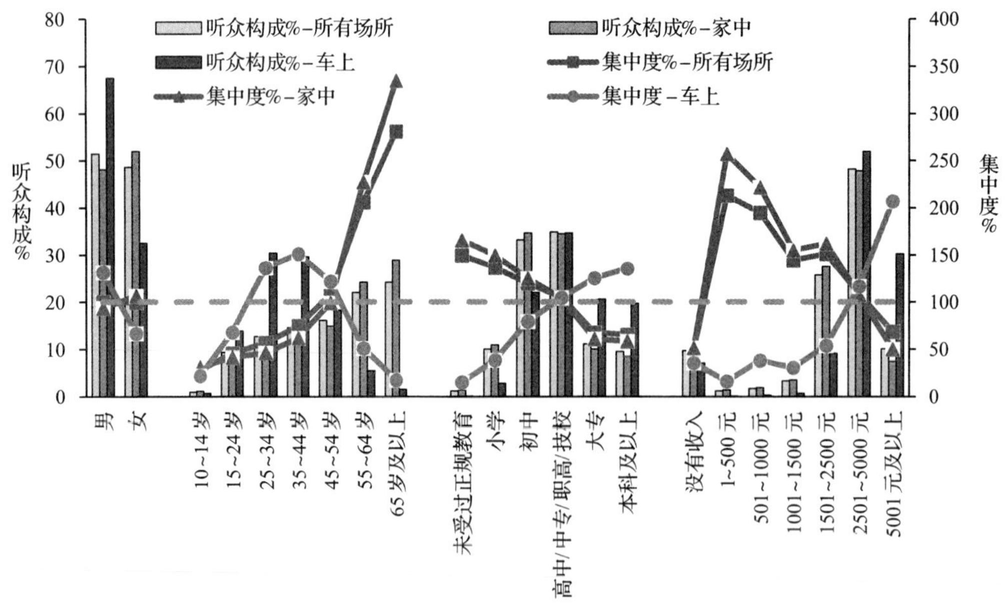

图8　2016年新闻综合类频率听众构成（%）和集中度（%）（所有场所/在家/车上）

受众群体构成了两个场所的主体受众群，个人月收入2501～5000元的听众在两个场所的占比都超过四成。55岁及以上、高中及以下学历和个人月收入501～5000元的听众群体更倾向于收听新闻综合类频率。不同之处在于，在“所有场所”，男性听众的比例均较高且更喜欢收听新闻综合类频率；“家中”女性听众的比例较高且对新闻综合类频率的喜好度较高。

车上则表现出与前两个场所不同的受众特征，主体受众群含金量更高，主要表现为男性、25～44岁、高中及以上学历和个人月收入2501元及以上的中高收入人群构成了此类频率的主体受众群，且这些目标人群对该类频率的收听喜好度更高（图8）。

2. 不同目标人群身份属性与收听场所高度契合

各目标人群与收听新闻综合类频率的场所对应分析表明，听众身份和工作生活习惯等属性与收听场所高度契合。小学学历、55～64岁和中等收入人群更倾向于“家中”收听新闻综合类频率；白天大部分时间都在上班的中等学历和中年人群则更多的是在“工作/学习场所”收听该类频率；选择在“车上”收听新闻综合类频率的听众身份特征则更为鲜明，主要是一些高学历、高收入和中青年人群，这几类人群较其他人群有更高的概率坐车或开车，这决定了他们有更多机会在“车上”收听广播（图9）。

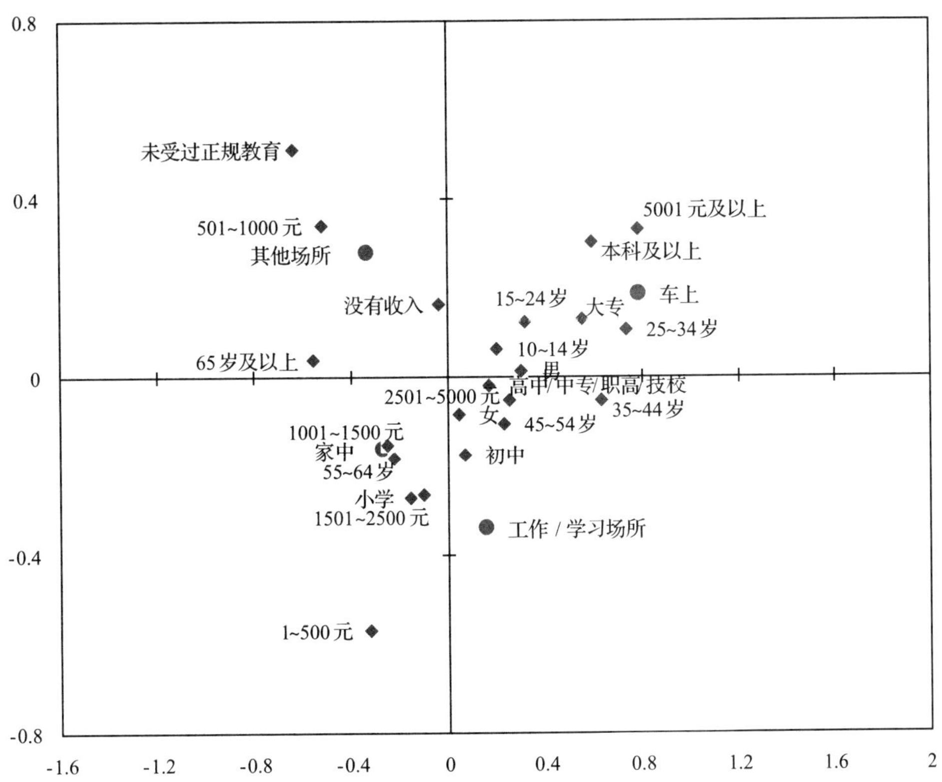

数据来源：CSM媒介研究

图9　2016年新闻综合类频率各目标人群与不同收听场所的对应分析

四、新闻综合类频率在各城市的收听表现

1. 新闻综合类频率在各地竞争力水平参差不齐

受地域和受众收听习惯等因素的影响，新闻综合类频率在各地的竞争力存在很大差异，竞争水平参差不齐（图10）。在处于第一象限的汕头、佛山、南京、沈阳和大连等城市，新闻综合类频率在当地竞争实力较为强劲，听众规模和受众黏度双高；在处于第二象限的乌鲁木齐、青岛、太原和苏州等城市，该类频率拥有一批忠实听众，但听众规模稍逊一筹；在处于第四象限的上海、清远、杭州和广州等城市，新闻综合类频率的受众群大，但受众对频率的黏性较差；在处于第三象限的重庆、南昌、长沙和武汉等城市，该类频率在当地的竞争力稍弱，听众规模较小且忠实度较低。

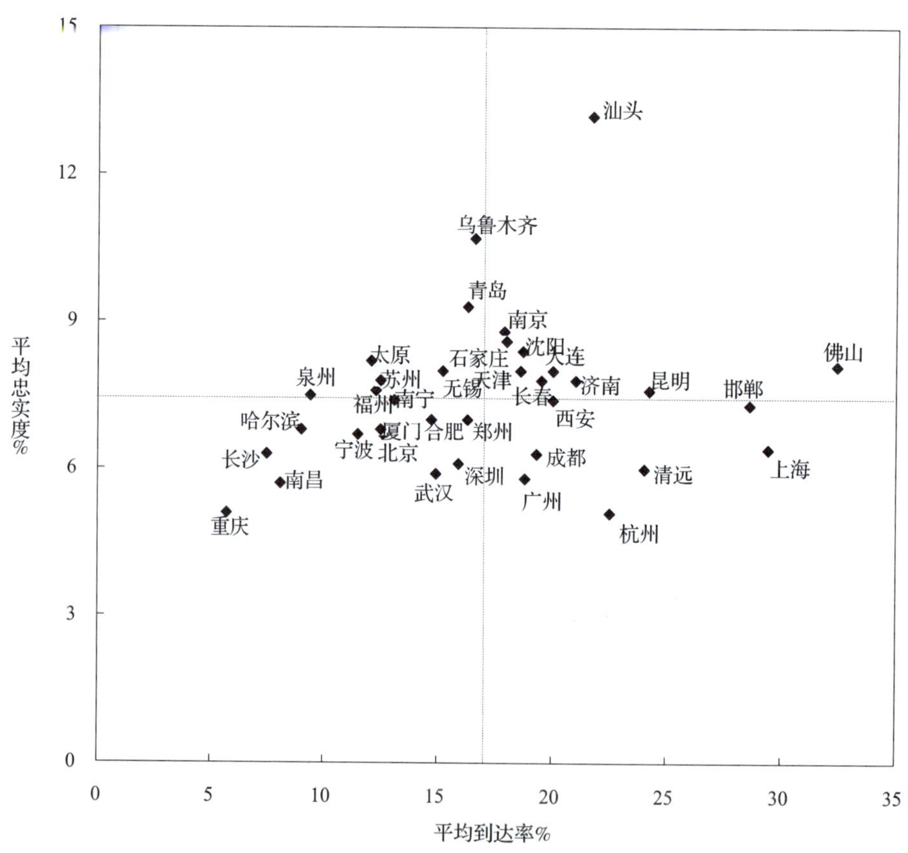

数据来源：CSM 媒介研究

图10　2016年新闻综合类频率在不同城市的平均到达率（%）和平均忠实度（%）

2. 本地新闻综合类频率在当地竞争实力强劲

数据显示，新闻综合类频率在多数城市的市场份额排名均位居前列。其中汕头人民广播电台经济广播（新闻993）、上海人民广播电台上海新闻广播（FM93.4/AM990）、邯郸广播电视台新闻综合广播（AM963/FM96.4）、清远综合广播（FM88.7）、济南新闻

广播（FM106.6）、佛山人民广播电台（FM94.6）、郑州人民广播电台新闻广播（AM549/FM98.6）、广东广播电视台珠江经济广播电台（E FM 财富 974）和中央人民广播电台第一套节目中国之声分别在汕头、上海、邯郸、清远、济南、佛山、郑州、广州和福州 9 个城市的市场份额排在当地所有频率中的首位，且大多数为本地新闻综合类广播频率。

其中，汕头人民广播电台经济广播（新闻 993）的市场份额高达 47.91%，上海人民广播电台上海新闻广播（FM93.4/AM990）的市场份额为 31.05%，邯郸广播电视台新闻综合广播（AM963/FM96.4）的市场份额为 29.96%，居 36 城市收听率进入前 10 位的新闻综合类频率中市场份额的前 3 位。在 36 个城市中，只有在福州 1 个城市，中央人民广播电台第一套节目中国之声的市场份额排名居首位，市场份额为 12.95%。可见本地新闻综合类广播频率在当地竞争实力强劲，这与本地新闻综合类广播频率的属地性和贴近性特征明显，更能满足本地受众的需求有密切关系（表 1）。

表 1　各城市主要新闻综合类频率在当地市场的市场份额（%）排名（收听率进入前 10 位的频率）

城市	排名	频率	收听率（%）	市场份额（%）
北京	3	北京广播电台新闻广播（FM100.6/AM828/CFM90.4）	0.54	10.58
	5	中央人民广播电台第一套节目中国之声	0.25	4.85
长春	2	吉林人民广播电台新闻综合广播（FM91.6/AM738）	0.70	12.93
	4	吉林人民广播电台资讯广播（FM100.1）	0.37	6.89
	7	中央人民广播电台第一套节目中国之声	0.26	4.73
	9	长春人民广播电台（FM88.9/AM900）	0.20	3.65
长沙	6	湖南人民广播电台新闻综合频道（FM102.8/FM93.0）	0.14	4.20
	7	湖南人民广播电台潇湘之声（FM93.8）	0.14	4.17
	9	长沙人民广播电台新闻广播（FM105）	0.11	3.20
成都	2	四川人民广播电台新闻频率（FM98.1/AM1116）	0.52	11.86
	6	中央人民广播电台第一套节目中国之声	0.28	6.34
	8	四川人民广播电台新闻频率（FM106.1）	0.20	4.48
	9	成都人民广播电台新闻广播（FM99.8/AM792）	0.19	4.34
重庆	3	重庆人民广播电台重庆之声（FM96.8/AM1314）	0.22	10.06
	6	中央人民广播电台第一套节目中国之声	0.03	1.60
	8	中国国际广播电台环球资讯广播（FM91.7）	0.03	1.22
大连	2	大连广播电视台第一套综合广播（FM103.3/AM882）	0.96	17.12
	3	中央人民广播电台第一套节目中国之声	0.48	8.55
	10	辽宁广播电视台资讯广播（FM90.6）	0.13	2.32
佛山	1	佛山人民广播电台（FM94.6）	1.38	27.13
	3	佛山人民广播电台（FM90.1）	0.70	13.79
	8	鹤山人民广播电台（FM104.7）	0.14	2.73
	9	广东广播电视台新闻广播（FM91.4/AM648）	0.11	2.22
	10	广东广播电视台珠江经济广播电台（E FM 财富 974）	0.11	2.22

续表

城市	排名	频率	收听率（%）	市场份额（%）
福州	1	中央人民广播电台第一套节目中国之声	0.42	12.95
	4	福建新闻广播（FM103.6/AM882）	0.29	8.92
	9	福州人民广播电台新闻广播（FM94.4/AM1332）	0.17	5.14
广州	1	广东广播电视台珠江经济广播电台（E FM 财富 974）	0.56	18.59
	4	广州新闻电台（FM96.2）	0.31	10.37
邯郸	1	邯郸广播电视台新闻综合广播（AM963/FM96.4）	1.19	29.96
	2	中央人民广播电台第一套节目中国之声	0.72	18.32
	7	河北广播电视台综合广播（FM104.3）	0.16	4.00
杭州	2	浙江之声（FM88/FM101.6/AM810）	0.54	12.05
	8	浙江电台（FM99.6 WiFi Radio）	0.17	3.91
	9	杭州综合广播（FM89）	0.17	3.72
哈尔滨	8	黑龙江新闻广播（AM621/FM94.6）	0.35	4.62
合肥	2	中央人民广播电台第一套节目中国之声	0.42	10.81
	6	安徽新闻综合广播（AM936/FM103.6）	0.23	5.85
	7	合肥新闻综合广播（AM666/FM91.5）	0.22	5.52
济南	1	济南新闻广播（FM106.6）	1.39	27.15
	10	中央人民广播电台第一套节目中国之声	0.13	2.49
昆明	2	中央人民广播电台第一套节目中国之声	0.64	15.70
	5	云南广播电视台新闻广播（AM576/FM105.8）	0.30	7.36
	6	昆明广播电视台（FM100.8）新闻资讯广播	0.27	6.66
	7	云南广播电视台香格里拉之声（FM99）	0.21	5.19
	8	昆明广播电视台（FM105）中国知道分子广播	0.21	5.10
南昌	2	中央人民广播电台第一套节目中国之声	0.29	13.24
	9	南昌新闻综合频率（FM91.7/AM1278）	0.10	4.55
	10	江西新闻广播（FM104.4/AM729）	0.07	3.33
南京	2	江苏新闻广播（FM93.7）	0.72	13.70
	5	南京新闻台（AM1008）	0.40	7.73
	9	南京新闻广播（FM106.9）	0.24	4.63
南宁	3	中央人民广播电台第一套节目中国之声	0.46	13.49
	8	南宁人民广播电台综合广播 1014 新闻台（FM101.4）	0.26	7.52
	9	广西电台综合广播（新闻 910）（AM792/FM91.0）	0.23	6.70
宁波	3	宁波电台新闻综合广播宁波之声（FM92.0 AM1323）	0.28	9.24
	5	中央人民广播电台第一套节目中国之声	0.24	8.02
	8	浙江电台（FM99.6 WiFi Radio）	0.12	3.93
	9	浙江之声（FM88/FM101.6/AM810）	0.12	3.84
青岛	2	青岛广播新闻频率（FM107.6/FM103.6/AM1377）	0.81	15.83
	3	中央人民广播电台第一套节目中国之声	0.36	6.93
	7	青岛新闻生活频率（AM819/FM97.3）	0.22	4.28

续表

城市	排名	频率	收听率（%）	市场份额（%）
清远	1	清远综合广播（FM88.7）	0.85	28.71
	3	广东广播电视台珠江经济广播电台（E FM 财富 974）	0.37	12.38
	7	佛山人民广播电台（FM94.6）	0.07	2.49
	8	广东广播电视台新闻广播（FM91.4/AM648）	0.06	1.86
泉州	4	泉州人民广播电台 889 新闻频道（FM88.9/AM576）	0.43	12.60
	5	中央人民广播电台第一套节目中国之声	0.18	5.30
	9	福建新闻广播（FM103.6/AM882）	0.09	2.55
上海	1	上海人民广播电台上海新闻广播（FM93.4/AM990）	1.55	31.05
	7	东广新闻台（AM1296/FM90.9）	0.21	4.17
	10	中央人民广播电台第一套节目中国之声	0.12	2.40
汕头	1	汕头人民广播电台经济广播（新闻 993）	2.53	47.91
	4	中央人民广播电台第一套节目中国之声	0.20	3.84
	5	广东广播电视台新闻广播（FM91.4/AM648）	0.08	1.57
	8	中央人民广播电台第六套节目神州之声	0.02	0.37
	9	广东广播电视台珠江经济广播电台（E FM 财富 974）	0.01	0.25
沈阳	4	中央人民广播电台第一套节目中国之声	0.67	9.84
	5	沈阳广播电视台新闻广播（FM104.5/AM792）	0.62	8.99
	9	辽宁广播电视台综合广播（AM1089/FM102.9）	0.29	4.23
深圳	3	深圳广播电台新闻频率（FM89.8）	0.43	15.08
	5	广东广播电视台新闻广播（FM91.4/AM648）	0.17	5.75
	7	中央人民广播电台第一套节目中国之声	0.11	3.70
	9	中央人民广播电台华夏之声	0.09	3.13
	10	广东广播电视台珠江经济广播电台（E FM 财富 974）	0.08	2.64
石家庄	2	石家庄广播电视台新闻广播（AM882/FM88.2）	0.80	14.29
	6	中央人民广播电台第一套节目中国之声	0.33	5.93
	8	河北广播电视台综合广播（FM104.3）	0.23	4.08
	9	河北广播电视台综合广播（AM1278/FM92.7）	0.17	3.09
苏州	3	苏州广播电视总台综合广播（FM91.1）	0.42	9.33
	4	苏州广播电视总台综合广播 AM1080	0.32	7.13
	7	中央人民广播电台第一套节目中国之声	0.17	3.81
太原	6	山西广播电视台综合广播（FM90.4）	0.41	6.98
	9	中央人民广播电台第一套节目中国之声	0.24	3.97
	10	太原人民广播电台新闻频率（FM91.2）	0.19	3.27
天津	2	天津人民广播电台新闻广播（FM97.2/AM909）	0.98	14.41
	8	中央人民广播电台第一套节目中国之声	0.25	3.74
	9	天津人民广播电台滨海广播（FM87.8/AM747）	0.23	3.45
乌鲁木齐	6	中央人民广播电台第一套节目中国之声	0.38	4.72
	7	中央人民广播电台维吾尔语广播（FM90.6）	0.35	4.30
	10	新疆人民广播电台 961 新闻广播（FM96.1）	0.24	2.96

续表

城市	排名	频率	收听率(%)	市场份额(%)
武汉	2	中央人民广播电台第一套节目中国之声	0.36	12.31
	4	武汉广播电视台新闻综合广播(AM873/FM88.4)	0.31	10.72
	7	湖北之声(AM774/FM104.6)	0.19	6.64
无锡	2	无锡广播电视台新闻广播(FM93.7)	0.52	12.07
	5	无锡广播电视台新闻综合广播(AM1161)	0.38	8.63
	9	江苏新闻广播(FM93.7)	0.15	3.53
	10	中央人民广播电台第一套节目中国之声	0.11	2.45
西安	6	陕西广播电视台(MY FM105.5)	0.42	6.56
	7	陕西广播电视台新闻广播(FM106.6/AM693)	0.41	6.37
厦门	1	厦门新闻广播(AM1107/FM99.6)	0.34	13.35
	4	闽南之声广播(AM801/FM101.2)	0.23	9.18
	5	中央人民广播电台第一套节目中国之声	0.15	5.96
	10	福建新闻广播(FM103.6/AM882)	0.03	1.38
郑州	1	郑州人民广播电台新闻广播(AM549/FM98.6)	0.77	21.81
	6	河南人民广播电台新闻广播(AM657/FM95.4/FM102.3)	0.18	5.15
	8	中央人民广播电台第一套节目中国之声	0.11	3.08

数据来源:CSM 媒介研究

五、新闻综合类典型节目分析

1.《新闻六十分》(7:00~8:00,日播)——济南新闻广播(FM106.6)

《新闻六十分》节目是济南新闻广播(FM106.6)的一档名牌节目,2016 年该节目在“所有场所”的市场份额达到 30% 以上,“家中”市场份额超过 40%。该节目精心选择昨夜今晨的事件,及时报道正在发生的新闻,每天早晨告诉听众本地、国内、国际的新鲜资讯,是济南地区早间黄金时段的权威新闻节目。从频率全天收听走势可以看出,该节目拉动了频率一天的收听,是早高峰时段的重要组成部分之一(图 11)。

女性、55 岁及以上、初高中学历和个人月收入 1501~5000 元的人群构成了该档节目的主体受众群体;女性、55 岁及以上、小学及以下和高中学历、个人月收入 1~2500 元的人群更喜好收听该节目(图 12)。

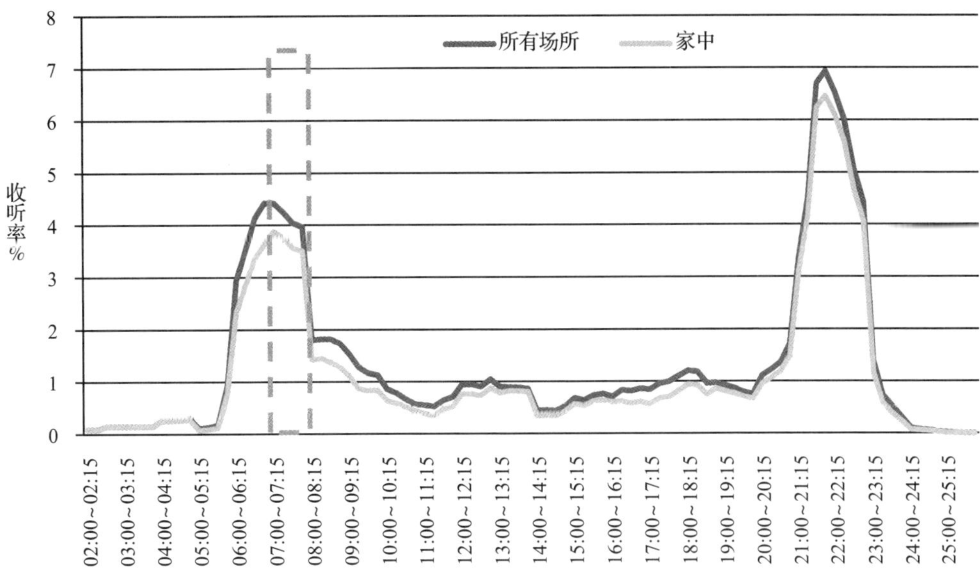

数据来源：CSM 媒介研究

图 11　2016 年济南新闻广播（FM106.6）全天收听率（%）走势

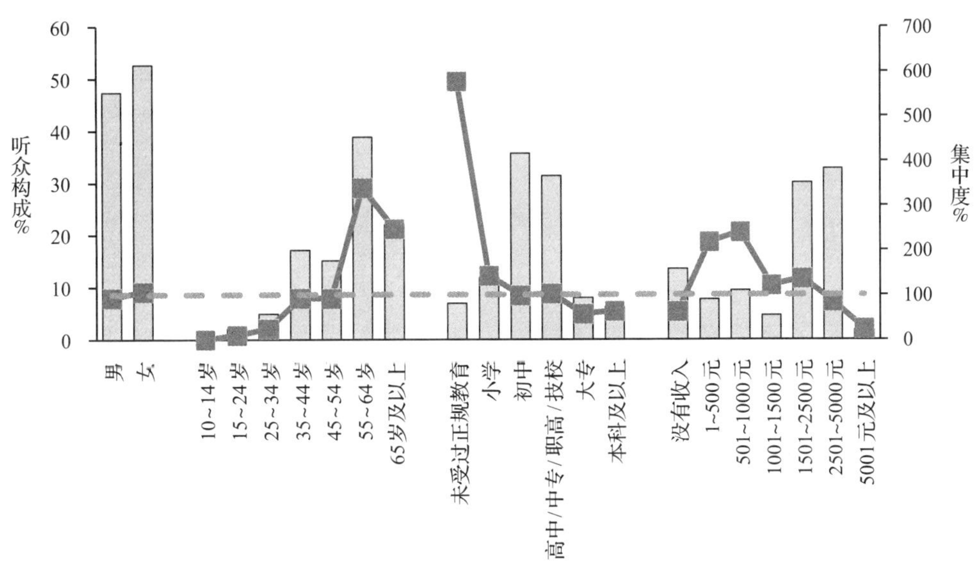

数据来源：CSM 媒介研究

图 12　2016 年《新闻六十分》所有场所听众构成（%）和集中度（%）

2.《禅城面对面》（9:00～10:00，周六）——佛山人民广播电台（FM94.6）

《禅城面对面》是佛山人民广播电台（FM94.6）播出的一档政民互动栏目，该节目是禅城“一门式”政务服务改革的延伸，充分体现了“把麻烦留给政府、把方便留给群众”的服务理念，在群众中逐步建立起了良好口碑。从佛山人民广播电台（FM94.6）全天的收听走势可以看出，该节目的播出时段并不是该频率全天收听的高峰时段，但也处于高位时段。这种直面市民问题，急群众所急、想群众所想的节目形态，再加上一些创新手段和形式，未尝不是一种新的探索（图13）。

女性、25～44岁、小学至高中学历和个人月收入1501～5000元的听众构成了《禅城面对面》的主体受众群体；女性、45岁及以上、小学和本科及以上学历、个人月收入1501～2500元的中等收入群体更偏好于收听该节目，受众含金量较高（图14）。

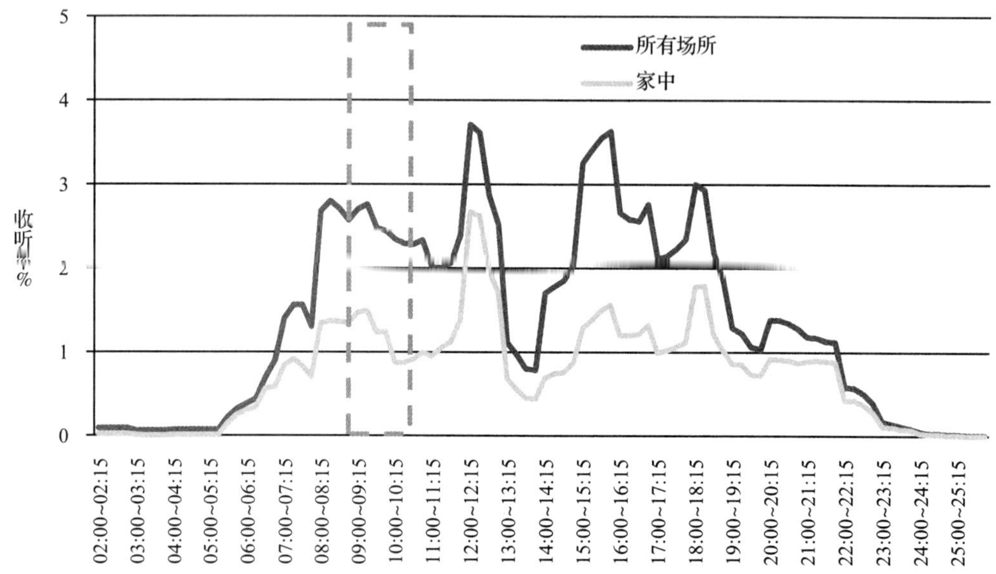

数据来源：CSM媒介研究

图13　2016年佛山人民广播电台（FM94.6）全天收听率（%）走势

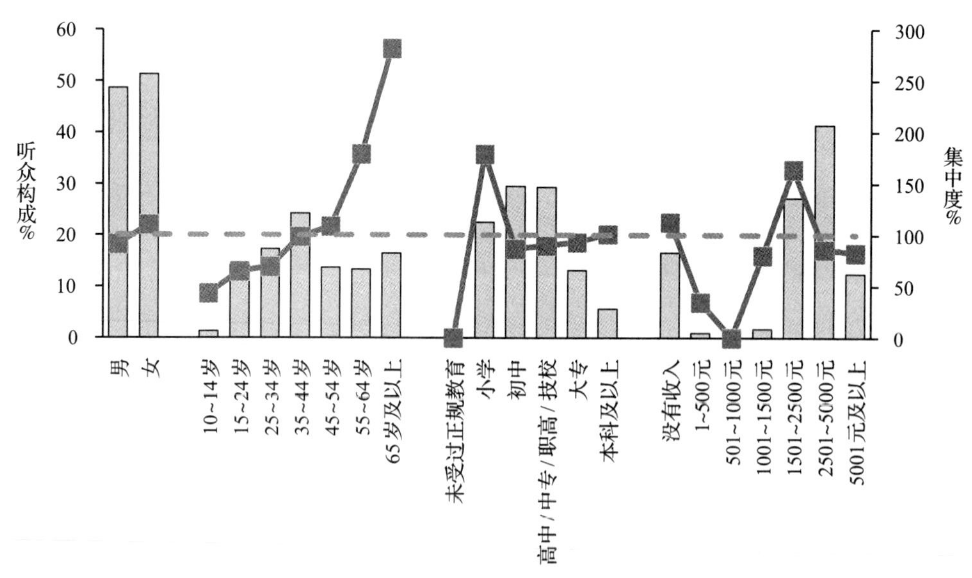

数据来源：CSM媒介研究

图14　2016年《禅城面对面》所有场所听众构成（%）和集中度（%）

六、结语

2016年，新闻综合类频率在各类频率中的竞争优势仍毋庸置疑，无论是受众规模还是受众对该类频率的黏性都位居前列。但迎头赶上的交通类频率大有赶超之势，尤其是在车载收听市场，交通类频率的优势更甚，这是广大新闻广播人需要注意的问题。说到节目，理论和实践都证明，只有符合受众口味、能够满足受众需求的节目才会有市场；只有制作从受众中来、到受众中去的节目，节目才能得到受众的青睐，也才是其长久的生存之道。整个新闻综合类频率甚至整个广播行业都任重而道远。“路漫漫其修远兮，吾将上下而求索”，与业界共勉。

（作者：解永利）

2016 年交通类频率收听状况分析

近年来，随着我国工业化进程的加快以及人们生活水平的提高，国内汽车保有量激增。据公安部交管局发布的汽车保有量相关报告，截至 2016 年年底，全国机动车保有量达 2.9 亿辆，其中汽车 1.94 亿辆；机动车驾驶人 3.6 亿，汽车驾驶人超过 3.1 亿；私家车总量达 1.46 亿辆，平均每百户家庭拥有 36 辆。与 2015 年相比，私家车增加了 2208 万辆，增长了 15.08%。越来越多的家庭拥有汽车，汽车成了人们每日出行的必要交通工具。城市及乡村居民中关心汽车、关心交通的人越来越多，这也恰好给专业交通类频率提供了制作并播出具有特色及影响力的节目的机会。本文主要根据 CSM 媒介研究 2016 年四波收听率调查数据，对交通类频率的竞争力、听众特点以及其在各城市的收听表现进行分析，以了解和把握 2016 年全国交通类频率的收听特征①。

一、近年来交通类频率收听概况

1. 交通类频率人均每日收听时长在车载市场逐年递增

2014 年至 2016 年交通类频率人均每日收听分钟数数据显示，交通类频率整体收听水平稳中有增，2016 年听众在“所有场所”中的人均每日收听时长为 17 分钟，略高于以往两年。细分到不同场所可以看出，收听增长量主要来自车载收听。数据显示，从 2014 年起，车载市场人均每日收听分钟数逐年递增，2016 年听众在“车上”的日人均收听时长为 9.4 分钟。在竞争异常激烈的收听市场中，交通类频率表现突出，并且还有进一步发展的空间（图 1）。

2. 早晚收听高峰突出，周末收听量略低于工作日

从交通类频率在不同场所的全天收听走势来看，全天主要呈现早、晚两个收听高峰（图 2）。早间自 6:00 起收听率一路攀升，至 7:00 ~ 7:45 达到第一波小高峰，随后有短暂的回落，8:00 ~ 8:45 再度上升，8:15 ~ 8:30 时段达到全天峰值，收听率为 4.3%。在午间 13:45 ~ 14:00 时段，收听水平降至低谷，14:00 之后有所上升，并在一波三折中迎来傍晚 16:30 ~ 19:00 时段的晚高峰，峰值为 17:30 ~ 17:45 时段的 2.5%。此后收听率逐

① 文中如无特殊说明，2014 ~ 2016 年数据为历年四波调查数据，目标人群均为 10 岁及以上，时间段为全天。

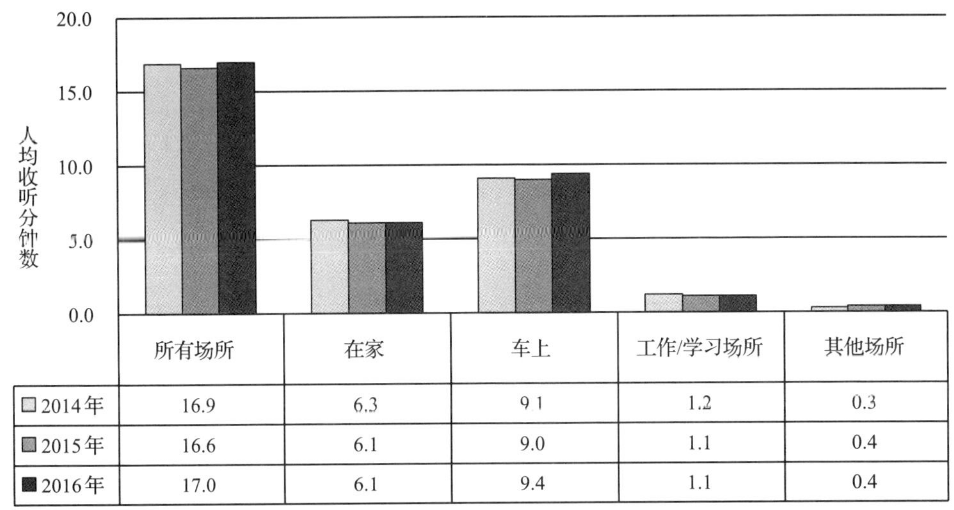

	所有场所	在家	车上	工作/学习场所	其他场所
2014年	16.9	6.3	9.1	1.2	0.3
2015年	16.6	6.1	9.0	1.1	0.4
2016年	17.0	6.1	9.4	1.1	0.4

数据来源：CSM 媒介研究

图 1　交通类频率在不同场所的人均每日收听分钟数

渐下降，在晚间 20:00~21:00 有一小波反弹，收听率升至 1% 左右。从不同场所来看，“车上”的收听走势与“所有场所”的整体收听走势基本一致。在早高峰时段，“在家”收听的高峰早于“车上”收听的高峰，而在晚高峰时段“在家”收听的峰值会晚一些出现。可见，在早上出门上班前，多数听众通常“在家”收听交通类广播，并将此行为保持到了“车上”，另有相当一部分人群直接选择在“车上”收听交通类广播；晚高峰则与之相反，人们会选择在下班途中收听，“在家”收听基本集中在 18:00~23:00 时段。由此可见，交通类广播是大众在上下班高峰时段的主要收听选择之一。

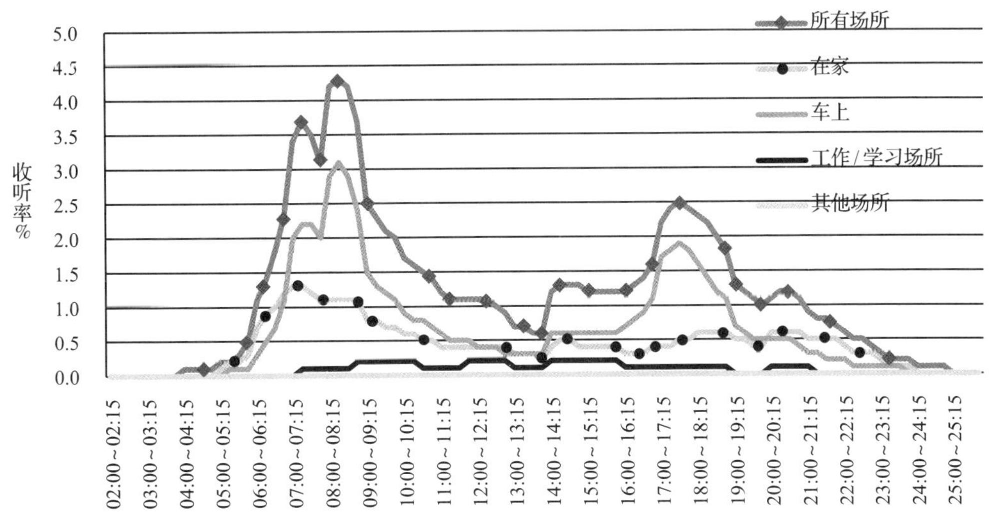

数据来源：CSM 媒介研究

图 2　2016 年交通类频率在不同场所的全天收听走势

比较不同周天交通类频率在“所有场所”的收听走势可以发现，工作日早高峰时段(6:00~7:00)和晚高峰时段(16:45~18:00)的收听率明显高于周末同时段，这一点与人们的工作时间有着密切的关系，在通勤前及通勤的路上，人们都习惯于利用交通类广播来了解城市交通、路况信息等情况，交通广播可以帮助大众选择更好的出行方式及迅捷的行程路线。在较悠闲的周末，这两大收听高峰并没有像工作日那么突出，周末白天9:00~16:00时段的收听表现略高于工作日(图3)。

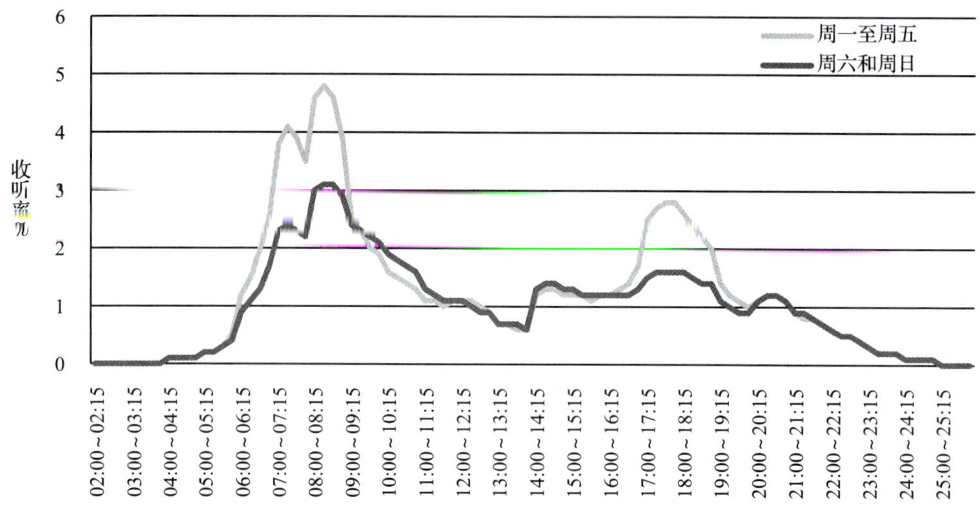

数据来源：CSM媒介研究

图3 2016年交通类频率全天收听走势

二、交通类频率整体竞争表现

1. 交通类频率听众规模位居榜首，车载收听规模优势更为突出

新闻综合、音乐及交通这三大类频率被公认为是拉动收听的三驾马车。数据显示，交通、新闻综合、音乐三大类强势频率依靠多元化的节目资源优势吸引着大量的听众，形成了第一竞争梯队。2016年交通类频率在所有收听场所的到达率为48.5%，居首位，其忠实度同样位居前列；都市生活类、文艺类和经济类频率则形成了第二梯队，听众到达率在20%左右；而体育类、农村类、教育类等较为窄众的频率，听众的到达率相对较低(表1)。

表1 2016年所有收听场所各类专业频率的到达率(%)和忠实度(%)

频率类型	到达率%	忠实度%
交通类	48.5	2.4
新闻综合类	46.1	2.8
音乐类	45.1	2.0
都市生活类	21.9	1.8

续表

频率类型	到达率%	忠实度%
文艺类	19.1	2.4
经济类	17.6	1.6
其他类	11.0	1.6
体育类	3.0	1.4
农村类	2.6	1.5
教育类	1.1	1.8

数据来源：CSM 媒介研究

交通类频率的车载收听，不论是在听众的广度（到达率）还是深度（忠实度）方面，表现均较为强势。2016 年其听众到达率为 33.6%，位列第一；忠实度为 2.0%，同样位居第一。新闻综合类频率在“车上”收听的到达率为 17.6%，逊于其在所有收听场所的数据。音乐类广播具有伴随性强的特征，其车载到达率排名第二，竞争力不容小觑（表 2）。

表 2　2016 年车上收听市场各类专业频率的到达率（%）和忠实度（%）

频率类型	到达率%	忠实度%
交通类	33.6	2.0
音乐类	23.6	1.1
新闻综合类	17.6	0.8
都市生活类	9.0	0.8
文艺类	6.3	0.8
经济类	6.2	0.6
其他类	4.3	0.7
体育类	1.1	0.9
农村类	0.6	0.6
教育类	0.3	0.4

数据来源：CSM 媒介研究

2. 交通类频率市场份额稳中有升，在车载市场占据绝对优势

在各类别专业广播频率中，新闻综合类频率一直稳坐广播收听市场的第一把交椅，不论是在数量上还是在市场份额上，都高于其他各类广播频率。随着城市交通的发展以及私家车保有量的增加，交通类频率的市场份额逐年上升。2016 年，交通类频率市场份额为 24.6%，较上年增长了 1.2 个百分点，同时上升的还有音乐类频率，市场份额为 18.9%。2016 年新闻综合类频率的市场份额则较上年减少了 1 个百分点。文艺类、都市生活类和经济类频率竞争力相对较弱，市场份额分别为 9.4%、8.2% 和 5.9%，窄众频率如体育类、农村类和教育类频率所占的市场份额更低（图 4）。

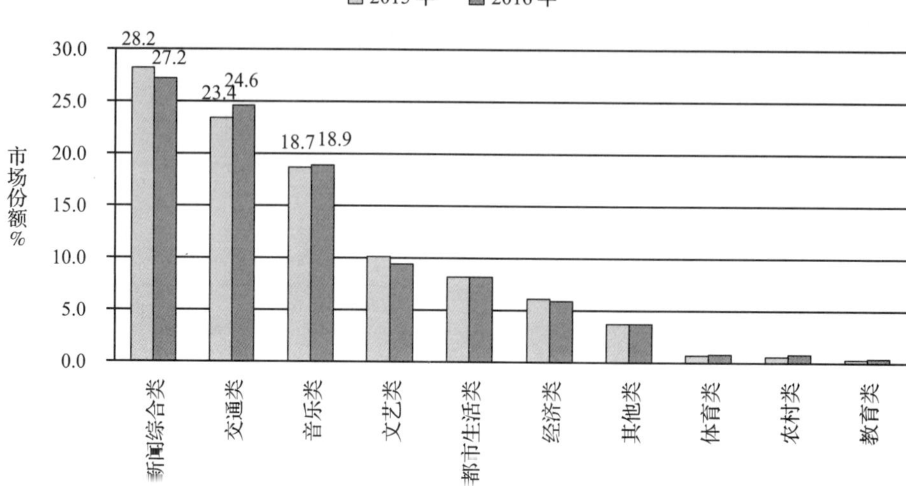

数据来源：CSM 媒介研究

图 4　2015 年、2016 年各类别广播频率的市场份额（%）（所有场所）

从各专业频率全天"车上"收听所占的市场份额走势来看：交通类频率以绝对优势领跑全天各个时段，市场份额基本稳定在50%左右，遥遥领先于其他各类别频率（图5）。音乐类频率排在其次，市场份额基本维持在20%左右。新闻综合类频率在"车上"的竞争力稍逊，名列第三。交通类频率在车载收听市场的强势竞争力来自全天各时段的稳定支撑，车载听众的规模日益壮大，使其成为广告主关注的重点平台，也是各大广播电台越来越青睐的发展平台，车载听众已经成为广播听众中举足轻重的组成部分。

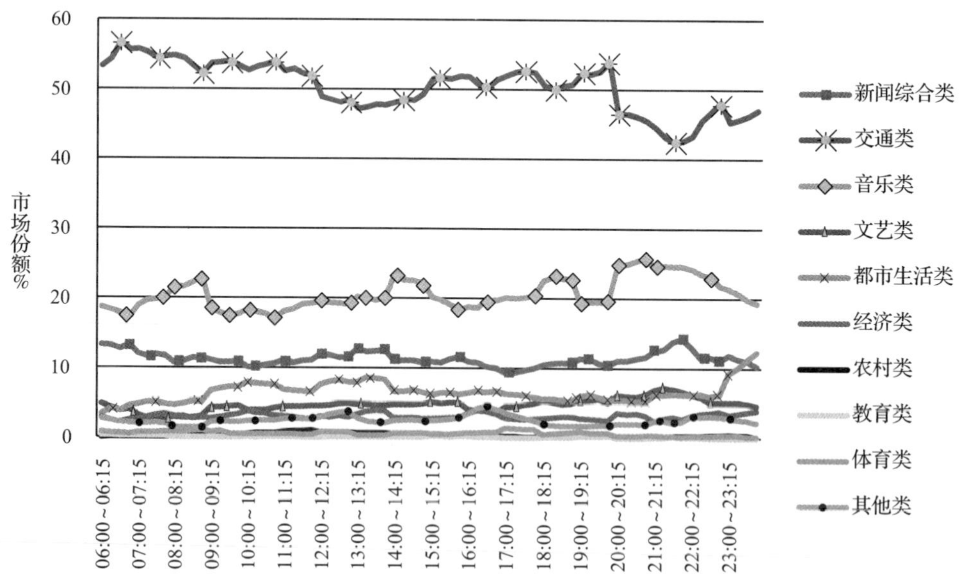

数据来源：CSM 媒介研究

图 5　2016 年各类型频率全天市场份额（%）走势（车上）

三、交通类频率的听众特征

1. 男性、中青年、高学历、高收入听众更偏爱收听交通类频率

从听众构成的角度来看，交通类频率不论是在“所有场所”还是在“车上”，男性听众所占比例均远远高于女性听众，其中在“车上”收听的男性占比达70.6%（图6～图7）。而在年龄分布上，25～54岁的中青年人群是交通类频率的主要收听人群，在“所有场所”及“车上”，听众比例均超过七成。分学历、职业及收入来看，大学、初级公务员/雇员、个体/私营企业人员等高学历、个人月收入1001～5000元的人群是交通类频率的主要听众，而在“车上”收听市场，大学及以上学历、个人月收入3001～5000元的受众更为集中。

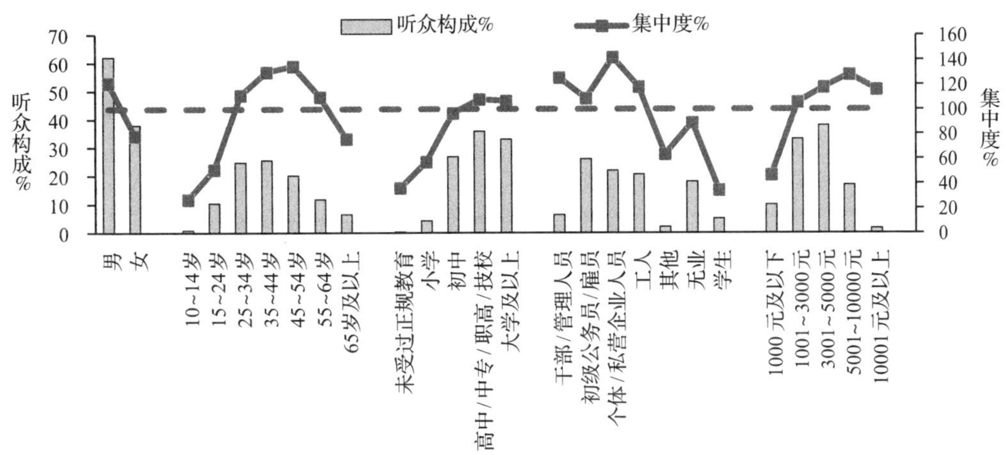

数据来源：CSM媒介研究

图6　2016年交通类频率的听众构成（%）与集中度（%）（所有场所）

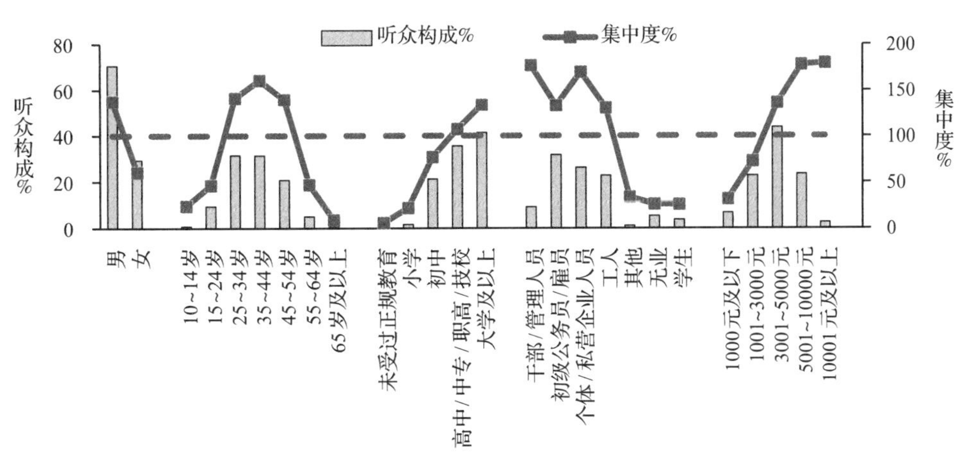

数据来源：CSM媒介研究

图7　2016年交通类频率的听众构成（%）与集中度（%）（车上）

“集中度”指标可用以反映目标听众的收听倾向，如果特定目标听众的集中度指标值大于100%，则表示该类目标听众的收听倾向高于平均水平。在车载收听市场，25～34岁、35～44岁、45～54岁及55～64岁听众对交通类广播的集中度均超过了100%，可见偏爱交通类广播的受众之广。个人月收入3001元及以上的各类人群集中度也均超过了100%，听众月收入与交通类广播的集中度为正相关关系，个人月收入10,001元及以上的人群集中度更是高达179.5%。综上所述，如果说年轻态是车载听众的特征之一，那么高收入则是重度车载听众的特征化表现，该类人群更易于接受新生事物，有较好的经济基础和消费能力。因此，交通类频率的广告经济价值显而易见。

2. 男性、中青年、干部/管理人员、个体/私营企业人员等听众收听时间更长

区分不同类别的听众看交通类频率的人均收听时长，从性别来看，男性听众人均每天收听时长20.5分钟，女性听众人均每天收听时长13.2分钟；从年龄来看，35～54岁中年人群人均每天收听时长最长，广播媒介消费量最高；从教育程度来看，高中/中专、大学及以上人群人均每天收听量最高；从不同职业来看，个体/私营企业人员、干部/管理人员人均每天收听时长最长，分别达24.1和21.3分钟；从收入水平来看，中高收入人群对交通类频率的关注度更高（图8）。

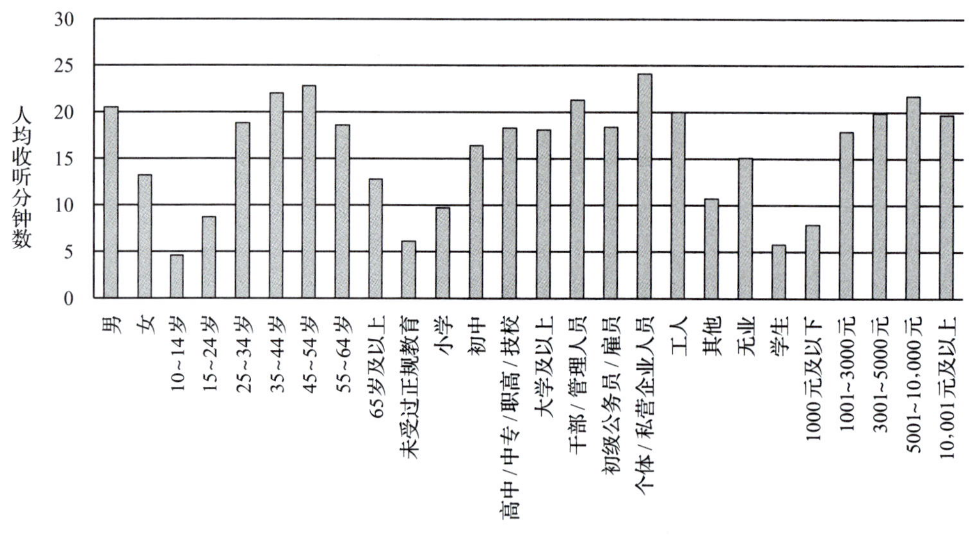

数据来源：CSM媒介研究

图8 2016年交通类频率不同目标听众人均收听分钟数

四、交通类频率在各城市的收听表现

1. 交通类频率在不同城市的人均收听时长及听众规模差异较大

通过观察比较36个城市交通类频率的人均收听量和听众规模，可以看到各城市间存在着较大差异。

2016年，36个城市收听交通类频率的人均收听分钟数均值为17分钟，高于这一平均数的城市有16个，其中乌鲁木齐受众收听交通类频率的人均时长最长，达50.8分钟，远高于平均水平，位列第一；长春和青岛分列第二、第三位，人均收听分钟数分别为36.0分钟和32.4分钟。上海和清远两地听众相对较少选择收听交通类频率，人均收听分钟数分别仅为4.0分钟和1.3分钟（图9）。再从各城市交通类频率的听众规模（到达率）来看，各城市的差异也较为明显，到达率在均值48.5%以上的城市有22个，其中长春、杭州、青岛、乌鲁木齐等城市交通类频率吸引的听众规模较大，但在汕头、上海、清远等城市，交通类频率的听众规模相对较小。

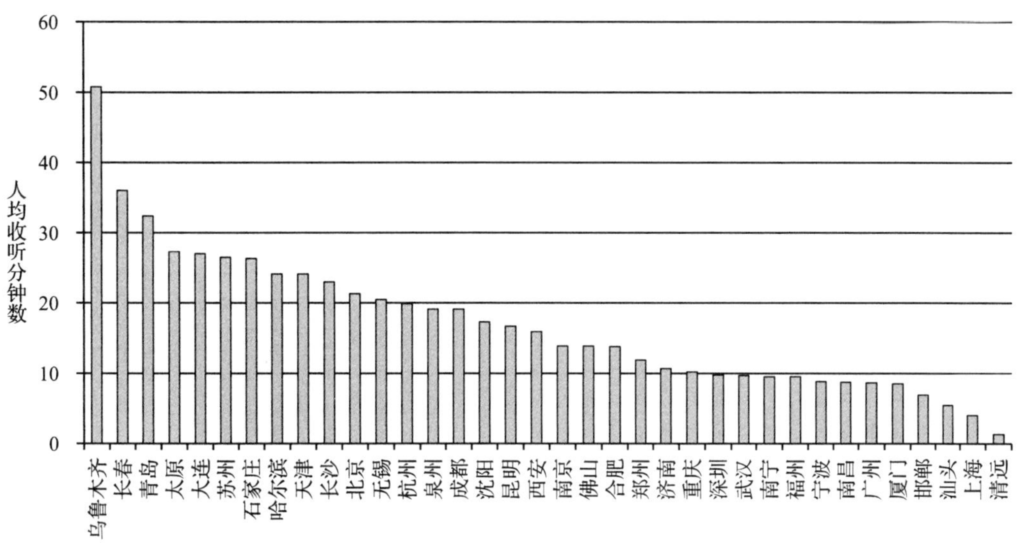

数据来源：CSM媒介研究

图9　2016年交通类频率在不同城市人均收听时长比较

2. 32个城市中交通类频率在当地车载市场份额位居榜首

交通频率从出现至今，发展势头迅猛，在各类型频率中竞争实力强劲。从全国36个城市交通类频率的市场份额排名来看，多数交通类频率的竞争力较强。在“所有场所”，交通类频率整体收听竞争表现较为稳定，有37个频率进入了当地市场份额排名的前3位。其中长春交通之声（FM96.8）、泉州人民广播电台904交通之声（FM90.4）、苏州广播电视总台交通经济广播（FM104.8）和湖南人民广播电台交通频道（FM91.8/FM100.3）在本地市场所占的市场份额均在35%以上，独占鳌头。而在“车上”，交通类频率竞争力优势凸显，在全国36个城市中，有32个城市“车上”市场份额排名首位的都是交通类频率，有55个频率进入当地市场份额排名的前3位，占了前3位总席位数量的五成以上。在“车上”市场份额超过60%的频率有重庆人民广播电台交通频率（FM95.5）、大连人民广播电台第四套广播交通广播（FM100.8）、青岛交通广播（FM89.7/AM900）、北京人民广播电台交通广播（FM103.9/CFM95.6）、长春交通之声（FM96.8）和新疆人民广播电台949交通广播（FM94.9）（表3）。

表3　2016年36个城市主要交通类频率在本地市场的市场份额（%）及排名

城市	频率	所有场所		车上	
		市场份额%	排名	市场份额%	排名
北京	北京人民广播电台交通广播（FM103.9/CFM95.6）	28.7	1	62.2	1
长春	长春交通之声（FM96.8）	37.0	1	61.7	1
	吉林人民广播电台交通广播（FM103.8）	9.4	3	15.1	2
长沙	湖南人民广播电台交通频道（FM91.8/FM100.3）	35.3	1	46.7	1
	长沙人民广播电台交通广播（FM106.1）	10.3	2	11.1	2
成都	四川人民广播电台交通广播（FM101.7）	20.5	1	38.8	1
	成都人民广播电台交通广播（FM91.4）	8.2	4	16.8	2
重庆	重庆人民广播电台交通频率（FM95.5）	32.7	2	68.7	1
大连	大连人民广播电台第四套广播交通广播（FM100.0）	22.7	1	65.1	1
	辽宁广播电视台交通广播（FM97.5）	0.6	12	0.2	12
佛山	佛山人民广播电台（FM92.4）	17.5	2	27.8	1
	广东广播电视台羊城交通广播台（FM105.2）	0.9	14	2.1	8
	广州交通电台（FM106.1）	0.5	16	0.8	15
福州	福建987私家车广播（FM98.7）	12.8	2	23.5	1
	福州交通之声（FM87.6）	12.3	3	20.7	2
	福建交通广播（FM100.7）	5.8	7	12.2	3
广州	广州交通电台（FM106.1）	10.7	3	29.1	1
	广东广播电视台羊城交通广播台（FM105.2）	8.8	5	23.8	2
邯郸	邯郸广播电视台交通广播（AM1008/FM106.8）	8.9	3	28.3	1
	河北广播电视台交通广播（FM99.2）	3.1	8	12.1	4
杭州	杭州交通经济广播（FM91.8）	15.8	1	27.1	1
	浙江人民广播电台交通之声（FM93）	4.9	7	8.5	6
哈尔滨	黑龙江交通广播（FM99.8）	13.3	4	36.5	1
	哈尔滨广播电视台交通频率（FM92.5）	8.6	5	27.9	2
合肥	安徽交通广播（FM90.8）	14.1	1	35.1	1
	合肥交通广播（AM1053/FM102.6）	8.4	4	17.2	2
济南	济南交通广播（FM103.1）	12.8	3	35.9	1
	山东广播电视台交通广播（FM101.1）	1.7	14	4.6	6
昆明	云南广播电视台交通之声（FM91.8）	17.6	1	40.7	1
	昆明广播电视台（FM95.4）汽车广播	9.7	3	17.7	2
南昌	江西交通广播（FM105.4）	14.6	1	31.1	1
	南昌交通音乐广播（FM95.1）	9.6	4	16.0	2
南京	江苏交通广播网（FM101.1）	10.7	3	31.6	1
	南京交通台交通（FM102.4）	4.9	8	15.2	2

续表

城市	频率	所有场所		车上	
		市场份额%	排名	市场份额%	排名
南宁	广西电台交通广播（交通1003）（FM100.3）	11.2	4	16.5	3
	南宁人民广播电台交通音乐广播（1074交通台）	8.1	6	9.5	4
宁波	宁波电台交通广播（FM93.9 AM603）	15.6	1	22.7	1
	浙江人民广播电台交通之声（FM93）	4.6	7	6.2	3
青岛	青岛交通广播（FM89.7/AM900）	34.3	1	63.9	1
	青岛广播畅行952（FM95.2/AM1008）	4.7	6	1.8	6
	青岛私家车广播（FM96.4）	3.9	8	7.6	2
	山东广播电视台交通广播（FM101.1）	0.8	15	1.5	7
清远	广东广播电视台羊城交通广播台（FM105.2）	1.5	10	2.9	6
	佛山人民广播电台（FM92.4）	0.8	15	2.1	7
	广州交通电台（FM106.1）	0.8	16	1.8	10
泉州	泉州人民广播电台904交通之声（FM90.4）	35.5	1	45.8	1
	福建交通广播（FM100.7）	3.4	7	3.8	5
上海	上海交通广播（AM648/FM105.7）	5.6	6	21.6	2
汕头	汕头人民广播电台综合广播（1072交通之声）	7.1	3	41.0	1
沈阳	辽宁广播电视台交通广播（FM97.5）	17.5	1	39.3	1
深圳	深圳广播电台交通频率（FM106.2）	23.6	1	47.2	1
	深圳私家车广播I Radio（FM94.2）	1.1	14	1.5	10
石家庄	河北广播电视台交通广播（FM99.2）	17.6	1	37.1	1
	石家庄广播电视台交通广播（FM94.6）	12.7	3	25.9	2
	河北广播电视台私家车广播（AM900/FM90.7）	2.2	15	2.0	7
苏州	苏州广播电视总台交通经济广播（FM104.8）	35.5	1	51.8	1
	江苏交通广播网（FM101.1）	5.3	6	8.5	3
太原	太原人民广播电台交通频率（FM107）	20.0	1	52.9	1
	山西广播电视台交通广播（FM88）	11.8	2	16.0	2
天津	天津人民广播电台交通广播（FM106.8）	24.4	1	54.2	1
乌鲁木齐	新疆人民广播电台949交通广播（FM94.9）	34.1	1	60.4	1
	乌鲁木齐人民广播电台交通文艺广播维吾尔语（FM104.6）	6.2	4	1.8	7
	乌鲁木齐人民广播电台交通广播（FM97.4）	3.6	8	4.7	5
武汉	楚天交通广播（FM92.7）	15.3	1	37.2	1
	武汉广播电视台交通广播（FM89.6/AM603）	5.8	8	8.4	3
	湖北私家车广播（FM107.8）	1.8	12	4.2	7

续表

城市	频率	所有场所		车上	
		市场份额%	排名	市场份额%	排名
无锡	无锡广播电视台交通广播（FM106.9）	27.7	1	55.0	1
	江苏交通广播网（FM101.1）	4.5	8	2.4	3
西安	陕西广播电视台交通广播（AM1323/FM91.6）	6.9	5	30.6	1
	陕西广播电视台 896 汽车调频（FM89.6）	6.0	10	8.4	5
	西安广播电视台交通旅游广播（FM104.3）	3.2	14	6.0	6
厦门	厦门经济交通广播（FM107/AM1278）	17.8	2	29.9	2
	福建交通广播（FM100.7）	5.6	6	10.0	3
郑州	河南人民广播电台交通广播（FM104.1）	9.9	4	[illegible]	[illegible]
	郑州广播电台都市广播汽车调频（FM91.2）	11.0	3	26.0	1

数据来源：CSM 媒介研究

五、交通类频率典型节目分析

1. 交通资讯服务类节目

交通资讯服务类节目一直是交通类频率的核心内容，而这一类节目通常也是频率高收听、高创收的品牌栏目。

《交通在线》是江西交通广播（FM105.4）的一档经典优秀栏目，集新闻资讯、路况信息、热点透视和热线咨询于一体，突出服务功能，解决听众出行中和生活中的难题，着力进行舆论引导和舆论监督，是交通管理等管理部门与交通参与者之间的良性互动平台。频率通过线上节目和线下内容多角度融合，加强品牌优势，为公众提供丰富的交通资讯服务类信息。

从频率全天的收听走势可以看出，该节目从早间 7:00 起便逐步拉起全天收听的高峰，8:00 左右达到收听峰值，时长 2 小时的节目均保持了良好的收听态势（图 10）。

类似表现突出的节目还有新疆交通广播（FM949）的《开心路路通》，该节目坚持为听众提供有效的服务信息，坚持轻松活泼的主持风格，受到听众的喜爱，保持了较高的收听率，其在乌鲁木齐市场的收听表现及广告创收常年保持前列的位置，早晚两档节目同时段市场份额均排名第一，车载收听份额更是高达60%以上，优势明显（表 4）。

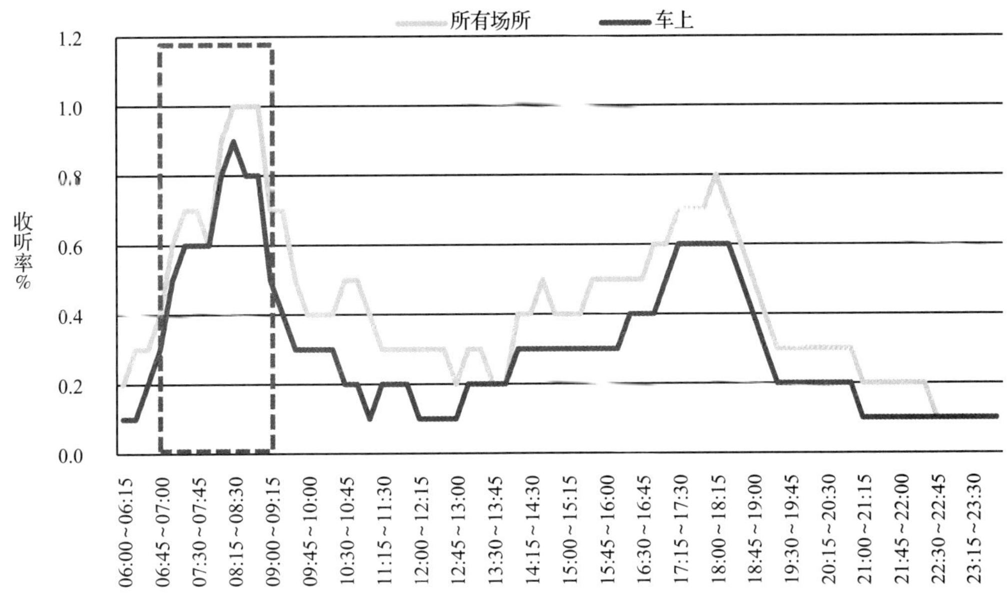

数据来源：CSM 媒介研究

图 10　2016 年江西交通广播（FM105.4）全天收听走势（南昌，周一至周六）

表 4　《开心路路通》收听表现

节目	频率	所有场所			车上		
		收听率%	市场份额%	同时段排名	收听率%	市场份额%	同时段排名
开心路路通 9:00~10:00	新疆人民广播电台 949 交通广播（FM94.9）	9.4	43.2	1	5.3	69.9	1
开心路路通 19:00~21:00	新疆人民广播电台 949 交通广播（FM94.9）	4.6	38.2	1	2.9	63.7	1

数据来源：CSM 媒介研究

2. 汽车类节目

交通类频率作为专业性频率，汽车类节目也是该类频率发展必不可少的内容。随着私家车的不断普及，汽车已逐渐成为有车族上班、走亲访友、出门远游的重要代步工具。汽车维修、保养、疑难故障排查等一系列问题也越来越受到大众的关注。楚天交通广播（FM92.7）的《一路有你》就是一档定位于服务大众的汽车类节目。节目在每天上午 10:30~11:30 时段播出，收听表现良好，2016 年在“所有场所”占据了 20.9% 的市场份额，“车上”更是占据了 52.5% 的市场份额，以绝对优势引领武汉同时段车载收听市场。

从“车上”收听的听众构成来看，男性、35~44 岁、中等学历等听众为该节目的主要受众群。而男性、35~44 岁、中等学历、个体/私营企业人员、月收入 5001~10,000 元的高收入群体更偏好于收听该节目（图 11）。

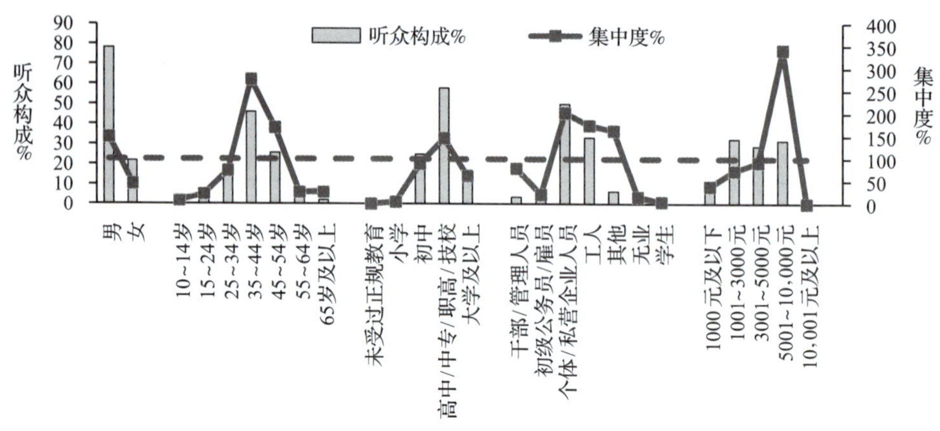

数据来源：CSM 媒介研究

图 11 《一路有你》听众构成（%）和集中度（%）（车上）

六、结语

2016 年交通类频率仍是广播市场的主力，占据了“所有场所”整体市场 24.6% 的收听份额，斩获了 52.0% 的车载收听市场份额。车载市场作为交通类频率的主要收听市场，其早晚收听高峰表现突出，早间 7:00 ~ 9:00 时段及晚间 16:45 ~ 18:00 时段形成的两大收听高峰，是支撑交通类频率整体竞争力的主要因素。此外，交通类频率受到高学历、高收入、中青年群体的欢迎，听众整体忠实度高，听众规模大。从 36 个城市交通类频率的市场竞争力来看，该类频率有着较强的市场竞争力，在“所有场所”收听排行榜，有 37 个交通类频率市场份额排名进入当地前 3 位；在“车上”收听排行榜，则有 55 个交通类频率市场份额排名进入前 3 位。

在如今中国汽车保有量持续增长，私家车开始大量进入普通大众家庭，城市道路出行交通拥堵现象也越发严重的大环境下，如何在车载收听市场上保持自身优势，从而进一步增强交通类频率在各专业频率中的竞争优势，以应对未来日益激烈的竞争市场，是值得交通类广播从业人员和研究人士更加关注的问题。

（作者：胡旻琦）

2016 年音乐类频率收听状况分析

新媒体蓬勃发展，中国媒体市场形成了多头竞争的格局。作为传统媒体的广播，不仅要面对来自传统媒体领域如电视、报纸等的竞争，还要应对来自新媒体的竞争。广播本身具备的伴随性特点，是其长久以来与电视和报纸等媒体竞争时所独具的优势，然而随着移动互联网的兴起，广播的这一特性也逐渐丧失了固有的优势。在新媒体井喷式发展的今天，如何在媒体之间的激烈竞争中保持鲜活的生命力，是广播媒体不得不面临的挑战和难题。

本文利用 CSM 媒介研究 2016 年 36 城市四波广播收听调查数据①，对音乐类频率的整体收听情况、听众构成及区域市场音乐类频率收听表现进行分析。此外，本文还选取了几个收听表现较好的音乐频率，对其收听状况和节目编排进行简单分析，以供业界人士参考。

一、音乐类频率整体竞争力

1. 音乐类频率在各专业频率中拥有较好的竞争力

从各专业类广播频率的收听竞争情况来看，竞争格局呈“寡头”状态。新闻综合、交通和音乐 3 类频率所占市场份额之和超过了七成。其中，音乐类频率以 18.9% 的市场份额排在第三位，且连续 3 年保持着稳中略升的态势。文艺类和都市生活类频率竞争实力较为接近，但市场份额均不足 10%。其余专业类广播频率的市场份额均较小（图 1）。

2. 音乐类频率听众规模较大，忠实程度尚待提升

新闻综合类、交通类和音乐类频率拥有较大的听众规模，3 类频率的平均到达率均超过 13%。但从听众对频率的忠实程度来看，音乐类频率则不具备优势，其平均忠实度为 6.52%，低于各类频率的平均水平。新闻综合类和交通类频率则属于听众规模和听众忠实程度均较高的频率；文艺类和教育类频率则属于听众忠实程度较高而听众规模不高的类型。由此可见，音乐类频率在市场竞争中不仅要在听众规模上得到提升，更要在提升听众的忠实收听上加大力度（图 2）。

---

① 除非另有说明，文中所引用数据中的目标听众为 10 周岁及以上人群，时间段为全天。

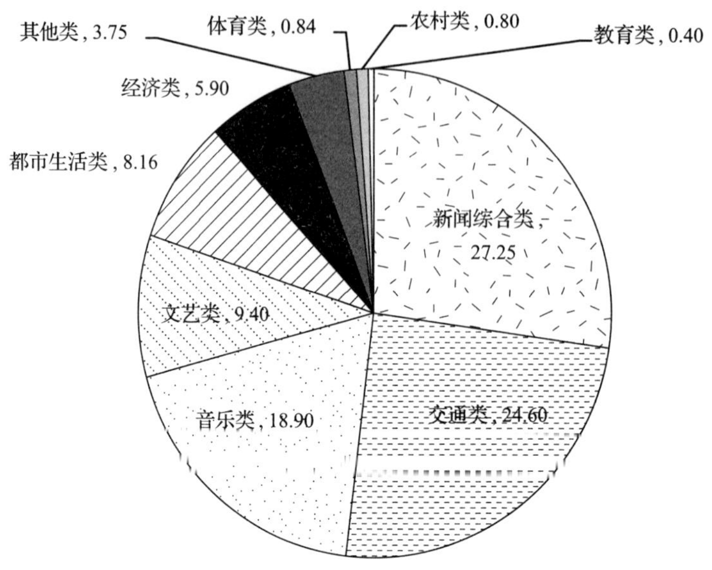

数据来源：CSM 媒介研究

图 1　2016 年各专业类广播频率的市场份额（%）

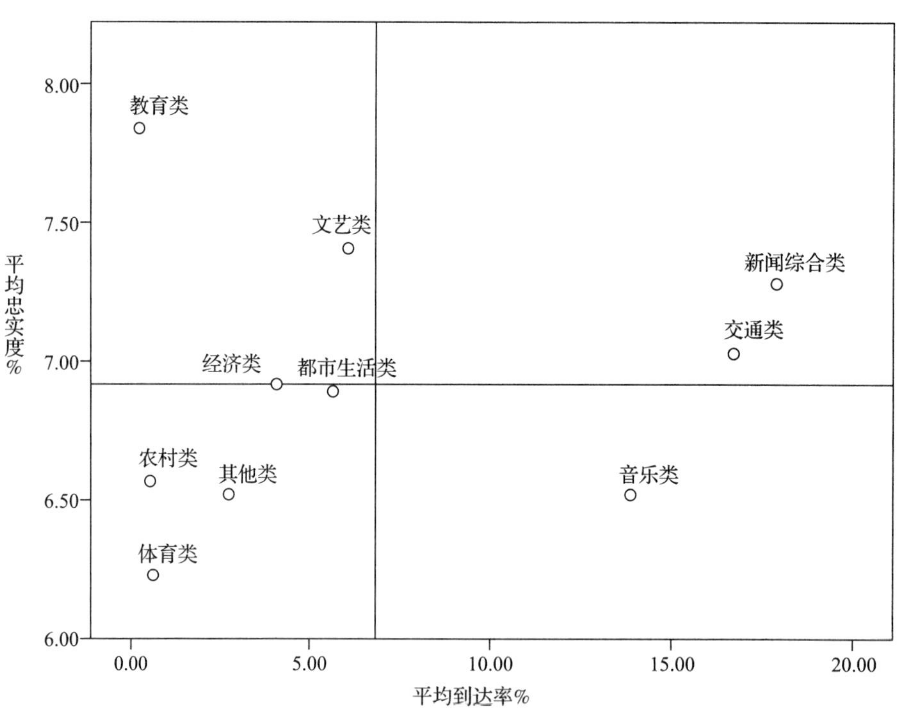

数据来源：CSM 媒介研究

图 2　2016 年各专业类频率的平均到达率（%）与平均忠实度（%）

3. 音乐类频率在不同场所的竞争表现相对稳定

各类专业频率在不同收听地点的竞争表现呈现出一定的差异性，新闻综合类频率“在家”的收听竞争最具优势，凭借34.08%的市场份额居各类频率之首。交通类频率在“车上”的收听竞争表现突出，市场份额高达52.04%。就“工作/学习场所”的竞争而言，音乐类频率表现最好，市场份额达到29.00%，新闻综合类和交通类频率紧随其后。音乐类频率在不同收听场所的竞争表现均具有较好的稳定性，市场份额分布较为均衡。新闻综合类频率“在家”的市场份额逾三成，而在“车上”仅为11.05%；交通类频率在“车上”占据了超半数的份额，而“在家”的收听份额则仅为14.12%。但从音乐类频率“在家”和“车上”两个主要收听场所的竞争实力来看，其表现较为均衡，没有特别显著的差异，而在“工作/学习场所”，该类频率的表现则相对突出（表1）。

表1 2016年各专业类频率在不同收听场所的市场份额（%）

频率	在家	车上	工作/学习场所	其他场所
新闻综合类	34.08	11.05	24.28	32.90
音乐类	16.73	20.49	29.00	25.16
交通类	14.12	52.04	20.55	14.89
文艺类	11.82	4.13	8.00	8.07
都市生活类	9.24	5.91	7.54	6.69
经济类	7.17	2.96	5.56	5.80
其他类	4.45	2.33	2.65	4.12
农村类	1.04	0.27	0.70	0.82
体育类	0.85	0.75	1.04	1.03
教育类	0.49	0.09	0.69	0.51

数据来源：CSM媒介研究

二、音乐类频率整体收听状况①

1. 音乐类频率人均收听时间小幅递减

媒体类型的多元化，使受众拥有了更多的媒体消费选择。新媒体的兴起，分流了部分传统媒体的受众或者抢夺了传统媒体受众一定比例的消费。广播媒体同样面临着受众消费资源被分流的情况，广播媒体的人均每天收听分钟数从2012年的81.21分钟下降至2016年的68.96分钟，并且呈现出逐年递减的趋势。与广播总体人均收听时间的变化情况相比，音乐类频率的降幅相对平缓。纵观2012～2016年音乐类频率人均每天收听时间的变化，虽然整体呈现下滑趋势，但降幅并不是很大，特别是自2014年后，音乐类频率的人均收听时间降幅更小（图3）。

---

① 本部分涉及历年对比的数据为历年四波调查城市组数据，而非五年能打通城市组合数据。

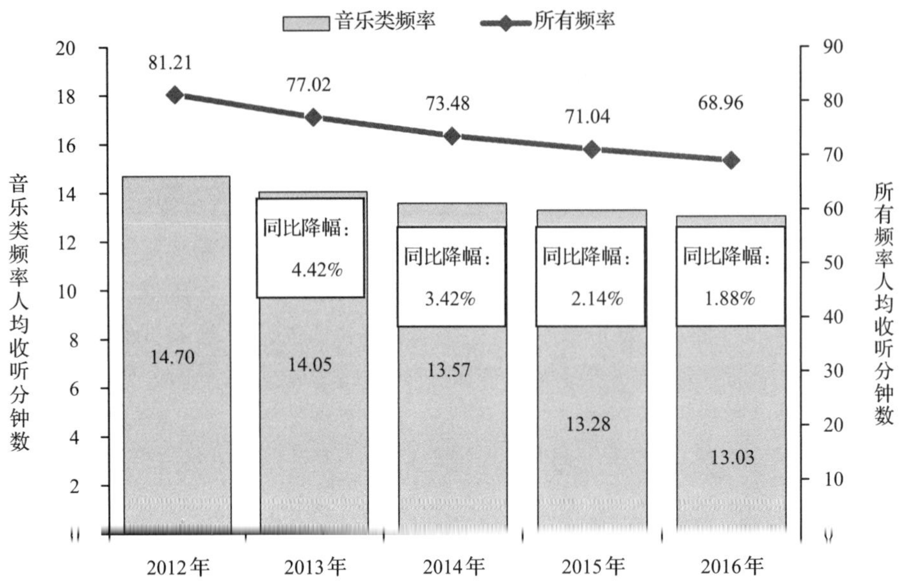

数据来源：CSM 媒介研究

图 3　2012～2016 年所有广播频率及音乐类频率人均收听时间变化

2. 音乐类频率早、晚收听高峰明显

音乐类、新闻综合类和交通类频率的早间时段均出现收听高峰，新闻综合类频率的高峰出现时间较早（6:00～9:00），而音乐类和交通类频率的收听高峰出现时间则较晚（7:00～10:00）。从 3 类频率早间的收听峰值来看，6:00～8:00 时段新闻综合类频率峰值最高，8:00～10:00 时段则交通类频率峰值突出，与新闻综合类、交通类频率相比，音乐类频率呈现出“有高原、无高峰”的特点。晚间 20:00～21:00 时段，音乐类频率再现收听高峰，且峰值略高于新闻综合类和交通类频率（图 4）。

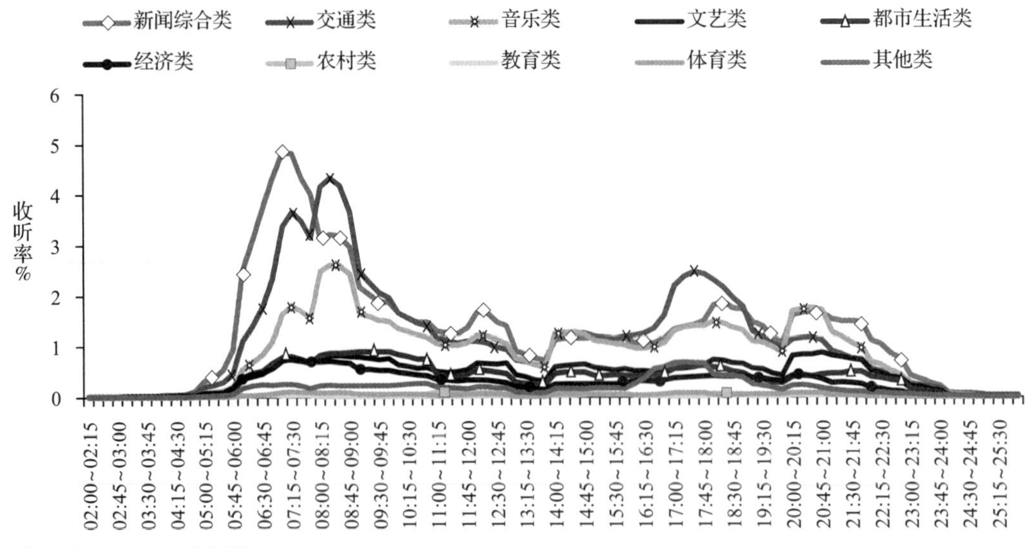

数据来源：CSM 媒介研究

图 4　2016 年各专业频率全天收听走势

3. 受众生活工作规律影响音乐类频率在不同场所的收听走势

早间 8:00～9:00 时段，音乐类频率"在家"和在"车上"均出现收听高峰，收听率超过1%。9:00以后，"在家"收听走势出现逐渐下降，而"车上"收听则呈现断崖式下降。"在家"收听晚高峰出现于 20:00～22:00 时段，而"车上"的第二波收听高峰则出现在傍晚 17:00～19:00 左右。"在家"收听的晚间峰值明显高于其早间峰值，而"车上"收听的早间高峰更占据优势。"工作/学习场所"的收听走势则相对平缓，中午 11:30～13:00 和下午 14:00～16:00 左右的收听表现在全天中较好。由此可见，音乐类频率在不同场所的收听走势各具特点，收听走势与受众的生活工作规律相吻合（图5）。

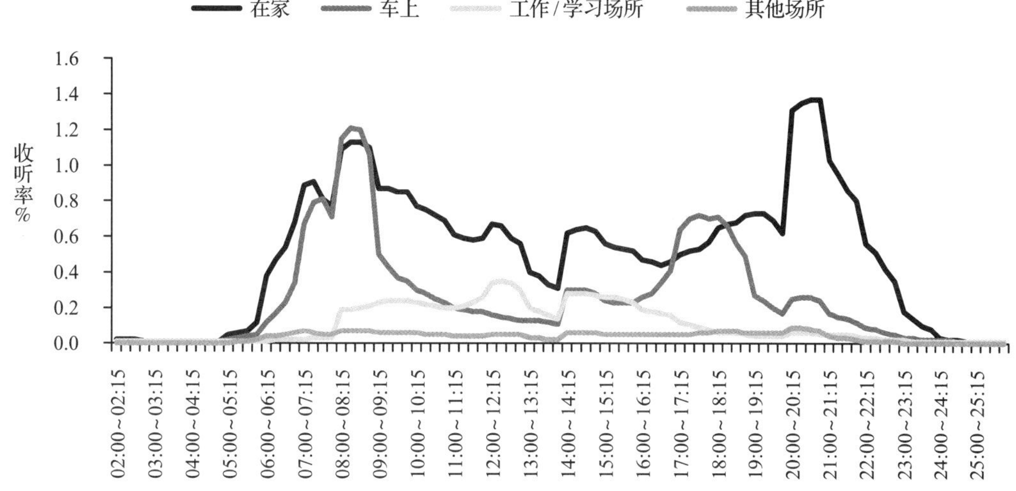

数据来源：CSM 媒介研究

图5 2016年音乐类频率在不同场所全天收听走势

三、音乐类频率听众特征

1. 音乐类频率更受女性、年轻、高学历听众青睐

媒体传播的对象是受众，如果没有受众，媒体传播就失去了意义。受众的消费，是媒体价值的根本保障。媒体竞争从本质上来看是对受众的竞争，只有拥有了更多的受众消费，媒体才能有更多的与受众相关的衍生价值产生。广播媒体想要长足发展，自然也离不开受众，因此对受众构成的分析无疑具有重要意义。对比所有频率和音乐类频率的听众构成可见，音乐类频率的女性、25～34岁、高中及以上学历、初级公务员/雇员和个人月收入4001元及以上的听众占比较高。从听众的集中度来看，女性、25～34岁、大学本科及以上、初级公务员/雇员和个人月收入4001元及以上的群体更喜欢收听音乐类频率(图6)。

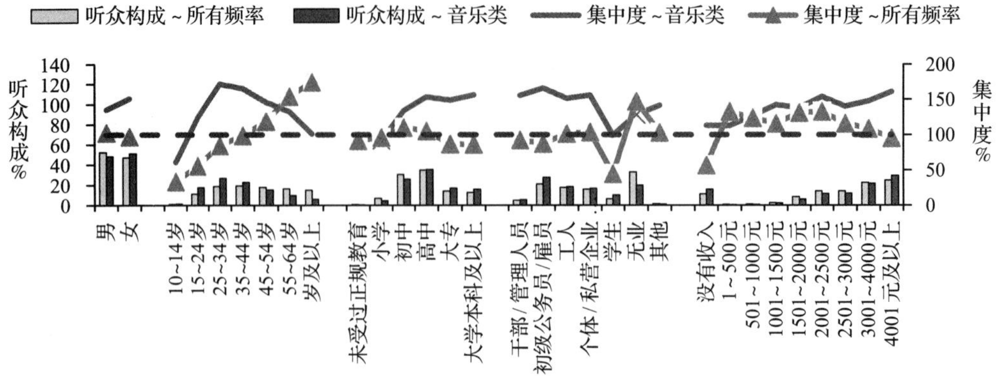

数据来源：CSM媒介研究

图6　2016年音乐类频率及所有频率听众构成（%）和集中度（%）比较

2　音乐类频率在不同场所的受众特点存在差异

收听场所不同，音乐类频率的受众特点也不同。从音乐类频率在不同场所的听众对应分析来看，偏爱“车上”收听的受众更具有年轻化（25～34岁）、高学历（大专/大学本科及以上）、职业层级更高（干部/管理人员）、男性和收入相对较高（4001元及以上）的特点。偏爱“在家”收听的受众年龄则具有低龄化（10～14岁）和老龄化（65岁及以上）并存的两极化特征，并且呈现出无业、学生、收入水平相对偏低（没有收入/1～500元/501～1000元）的特点。“工作/学习场所”的听众则以中年（35～44岁）、高中学历、初级公务员/雇员、工人人群为主（图7）。

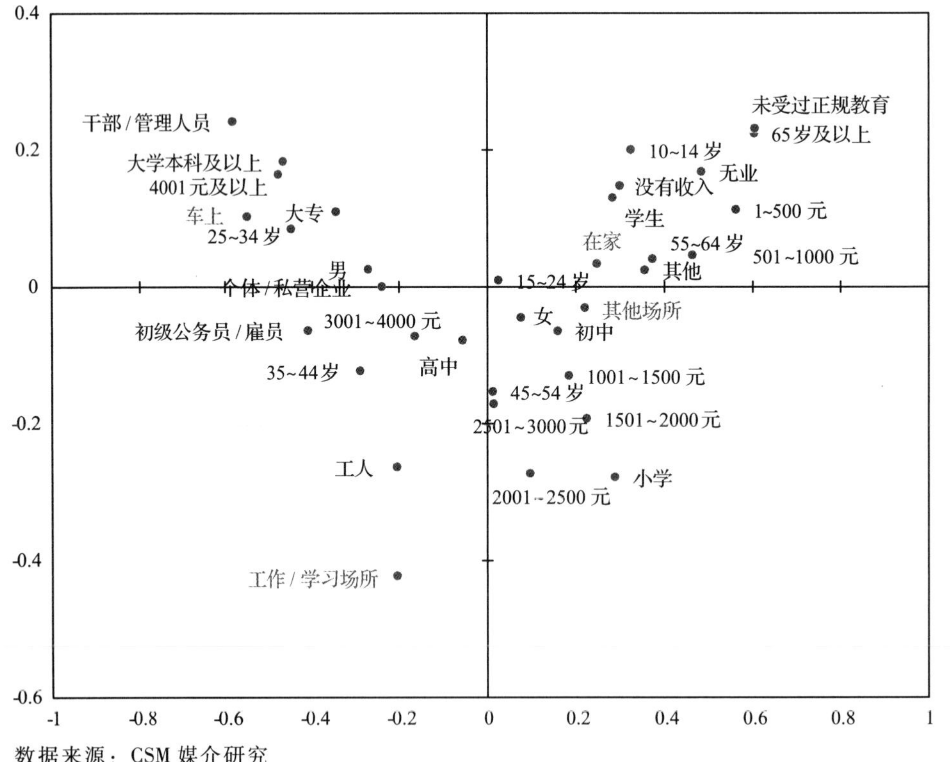

数据来源：CSM媒介研究

图7　2016年音乐类频率不同场所听众对应分析

四、音乐类广播频率在区域市场的收听表现

1. 音乐类频率在汕头人均收听时间最长，在深圳收听占比最大

音乐类频率在不同城市的收听呈现出明显的地域特点。36 个城市 2.47～24.17 分钟的人均收听时长跨度折射出各地广播受众对音乐频率的消费差异。汕头、南京和上海分别凭借人均收听 24.17 分钟、23.97 分钟和 23.30 分钟的优势在 36 个城市中位列前三。音乐类频率人均收听时长超过 36 城市平均值 11.41 分钟的有 16 个城市，其余 20 个城市则未达到平均线。深圳、重庆和厦门的音乐类频率收听时间在当地广播整体收听时间所占的比重最大，分别达到 36.69%、36.61%和 36.27%。音乐类频率在上述城市不仅有较好的听众基础，而且也明显地拉动了当地的广播媒介消费（图 8）。

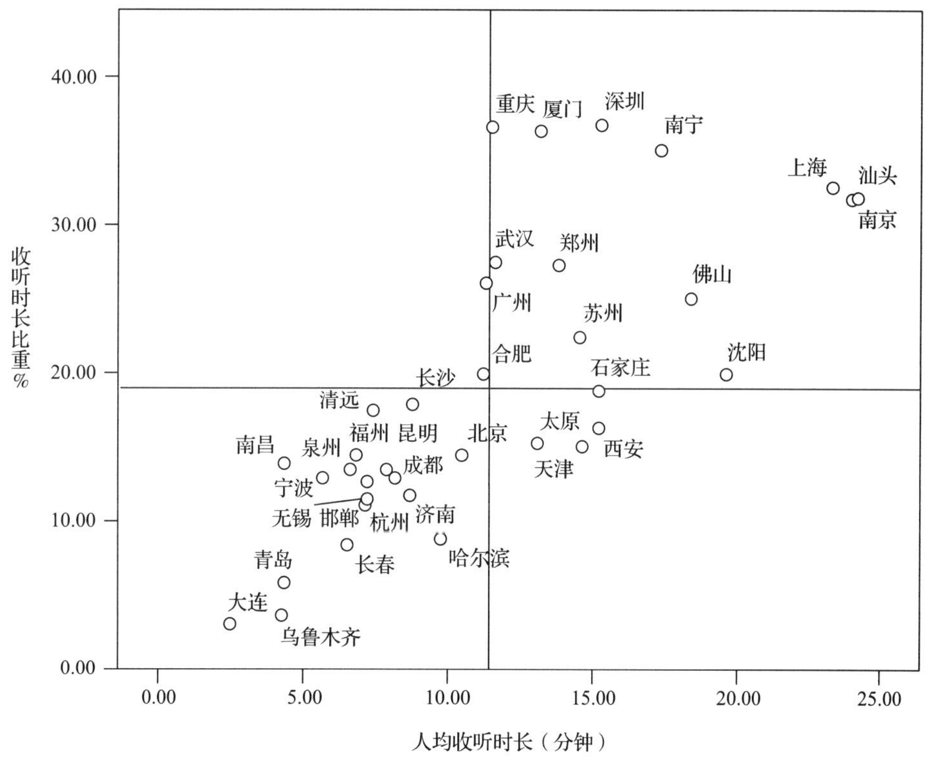

数据来源：CSM 媒介研究

图 8　2016 年音乐类频率在各地的人均收听时长及在当地所有频率人均收听时长中的比重

2. 音乐类频率竞争力地域性差异显著

“一方水土养一方人”，由此俗语可知中国人文社会的地域特征。广播受众的收听喜好也同样具有地域性差异，以音乐类频率在 36 个城市的收听竞争力来看，这种差异特征也非常明显。音乐类频率在深圳占据了高达 36.69% 的市场份额，而在大连则仅占 3.04%，一南一北两个城市的两极化表现，凸显了广播媒体的地域化特征。36 个城市

中，音乐类频率市场份额高于平均水平的共有14个城市，市场份额超过30%的有7个城市，超过20%的有5个城市，超过19%的有2个城市。在超过平均线的14个城市中，广东省有4个城市，其中深圳更是高居榜首，比较而言，音乐类频率在广东地区更具吸引力（图9）。

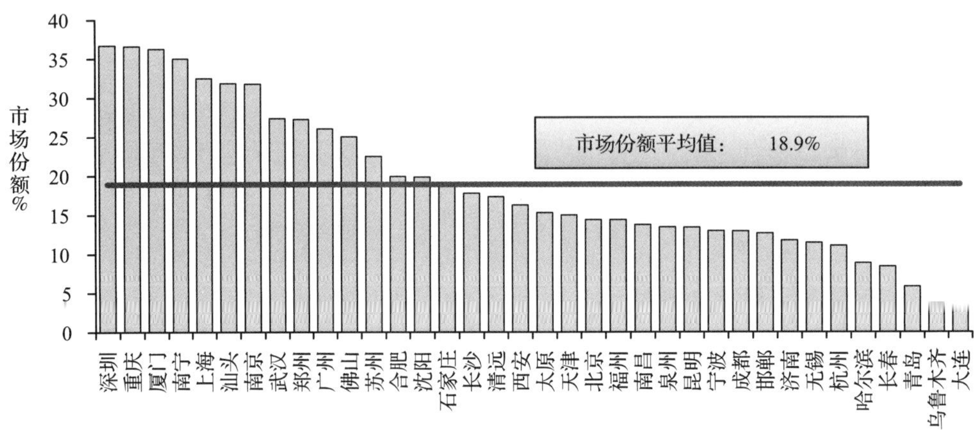

数据来源：CSM媒介研究

图9　2016年36城市音乐类频率的市场份额（%）

3. 音乐类频率的“车上”收听竞争表现更佳

36个城市的音乐类频率，按照在当地“车上”收听份额排名进入前10位的频率进行梳理后可以发现，重庆、南京、南宁和厦门四地，“所有场所”收听份额居首的频率均为音乐频率，分别是重庆人民广播电台音乐频率（FM88.1）、江苏经典流行音乐广播（FM97.5）、广西电台文艺广播（950音乐广播，FM95.0）和厦门音乐广播（FM90.9）。

广州、宁波、上海、汕头、沈阳、深圳、苏州、武汉、西安和郑州10个城市分别有广东广播电视台音乐之声（FM99.3）、宁波电台音乐广播私家车（986FM98.6）、上海流行音乐广播动感101（FM101.7）、汕头人民广播电台音乐广播（1025音乐广播）、辽宁广播电视台音乐广播（FM98.6）、深圳广播电台音乐频率（FM97.1）、苏州广播电视总台都市音乐广播（FM102.8）、湖北省广播电视总台经典音乐广播频道（FM103.8）、西安广播电视台音乐广播（FM93.1）和河南人民广播电台音乐广播（FM88.1）表现突出，这些频率在当地“所有场所”的收听份额在所有频率中排名第二。成都、合肥、南昌、泉州、上海、无锡和西安7个城市分别有四川人民广播电台岷江音乐iRadio（FM95.5）、安徽音乐广播、江西音乐广播（FM103.4）、泉州人民广播电台923私家车音乐广播（FM92.3）、上海经典金曲广播LoveRadio最爱调频（FM103.7）、无锡广播电视台汽车音乐广播（FM91.4/AM900）和陕西广播电视台音乐广播（FM98.8）表现抢眼，这些频率在当地“所有场所”的收听份额排名第三。综上所述，共有21个频率在当地“所有场所”的收听份额进入了收听市场的前三甲。

随着各地私家车保有量的增长，汽车成为人们出行常用的交通工具，“车上”也成为广播收听的重要场所之一。精神高度集中的驾车或枯燥的乘车途中，通过收听音乐放松精神或打发无聊时间成为人们的习惯，因此音乐类频率在“车上”的收听表现更好，29个城市的30个音乐类频率进入了当地“车上”收听份额的前3名。省会城市进入“所有场所”或“车上”收听份额前三强的音乐类频率多为本省省级音乐类频率，中央级音乐频率在北京、重庆、大连、福州、邯郸、昆明、汕头、沈阳、深圳和厦门“所有场所”的收听份额进入了前10名（表2）。

表2 2016年主要音乐频率在当地的收听份额（%）及排名（依据进入当地车上全天排名前10位的频率）

城市	频率	所有场所		车上	
		排名	收听份额%	排名	收听份额%
北京	北京人民广播电台音乐广播（FM97.4/CFM94.6）	4	8.12	3	7.55
	中央人民广播电台第三套节目音乐之声	8	3.06	4	4.80
	中国国际广播电台劲曲调频（CRI HIT FM）	15	1.09	10	1.25
长春	吉林人民广播电台音乐广播（FM92.7）	5	5.45	3	3.95
	长春时尚音乐调频 MY FM（FM88.0）	11	2.03	4	3.94
长沙	长沙人民广播电台城市之声（音乐）广播（FM101.7）	4	7.93	3	8.76
	湖南电台893汽车音乐电台（FM89.3）	5	5.56	4	7.25
	长沙人民广播电台经济广播（FM88.6）	8	3.45	6	3.81
成都	四川人民广播电台岷江音乐 iRadio（FM95.5）	3	9.12	3	7.83
	四川人民广播电台城市之音（FM102.6）	5	6.80	4	6.09
重庆	重庆人民广播电台音乐频率（FM88.1）	1	34.66	2	18.81
	中央人民广播电台第三套节目音乐之声	9	1.01	8	0.29
	中国国际广播电台轻松调频（CRI EASY FM）	10	0.95	10	0.25
大连	中央人民广播电台第三套节目音乐之声	7	3.04	3	4.68
佛山	佛山人民广播电台（FM98.5）	4	11.13	4	11.41
	佛山人民广播电台（FM90.6）	6	4.14	5	4.18
	佛山人民广播电台（FM88.3）	5	4.45	6	4.07
	广东广播电视台音乐之声（FM99.3）	7	3.47	7	2.68
福州	福州 music radio FM893 女主播电台	8	5.30	6	3.36
	福建汽车音乐调频（FM91.3）	13	2.22	9	2.49
	中央人民广播电台第三套节目音乐之声	5	6.80	10	2.48
广州	广东广播电视台音乐之声（FM99.3）	2	14.82	3	12.57
	广州电台金曲1027汽车音乐广播（FM102.7）	7	5.16	4	9.39
	广州电台青少年广播（MY FM88）	10	2.83	8	2.37
邯郸	邯郸广播电视台音乐广播（AM1206/FM102.8）	5	6.99	3	13.43
	中央人民广播电台第三套节目音乐之声	6	5.68	8	3.59
杭州	动听968音乐调频（FM96.8）	4	10.60	5	8.93
哈尔滨	黑龙江音乐广播（FM95.8）	6	5.02	5	5.03
	哈尔滨广播电视台音乐频率（FM90.9）	10	2.91	9	1.90

续表

城市	频率	所有场所		车上	
		排名	收听份额%	排名	收听份额%
合肥	安徽音乐广播（FM89.5）	3	10.30	3	9.94
	合肥汽车音乐广播（FM87.6）	12	2.82	4	5.92
	安徽 MY FM96.1（FM96.1）	19	1.65	6	3.84
	安徽之声 JIN FM92.9（FM92.9）	14	2.40	8	3.58
济南	济南音乐广播（FM88.7）	4	10.14	2	21.69
	山东广播电视台音乐频道动感991（FM99.1）	15	1.41	8	2.60
昆明	云南广播电视台音乐之声（FM97）	4	8.19	3	10.88
	中央人民广播电台第三套节目音乐之声	9	4.71	4	5.31
南昌	江西音乐广播（FM103.4）	3	11.93	4	8.17
南京	江苏经典流行音乐广播（FM97.5）	1	13.94	3	12.95
	江苏音乐广播（FM89.7）	6	7.00	4	8.0[illegible]
	南京音乐台（FM105.8）	4	9.50	5	7.49
	MY FM103.5	20	0.84	8	2.72
南宁	广西电台文艺广播（950音乐广播）（FM95.0）	1	14.99	2	17.29
	广西电台经济广播（970女主播）（FM97.0）	5	10.05	5	8.04
	南宁人民广播电台乡村生活广播（经典1049）	7	8.00	6	7.86
宁波	宁波电台音乐广播私家车986（FM98.6）	2	12.02	2	15.23
青岛	青岛音乐体育广播（FM91.5）	5	4.95	3	6.63
	山东广播电视台音乐频道动感991（FM99.1）	15	0.75	10	1.29
清远	广东广播电视台音乐之声（FM99.3）	6	3.73	4	4.38
	佛山人民广播电台（FM90.6）	5	4.39	5	4.24
	佛山人民广播电台（FM98.5）	4	5.52	7	2.13
泉州	泉州人民广播电台923私家车音乐广播（FM92.3）	3	12.84	2	23.27
上海	上海流行音乐广播 动感101（FM101.7）	2	18.95	1	35.43
	上海经典金曲广播 LoveRadio 最爱调频（FM103.7）	3	9.73	3	11.19
	上海经典音乐广播 经典947（FM94.7）	9	3.05	6	3.91
汕头	汕头人民广播电台音乐广播（1025音乐广播）	2	29.17	2	33.66
	广东广播电视台音乐之声（FM99.3）	7	1.14	4	2.33
	中央人民广播电台第三套节目音乐之声	6	1.53	6	0.85
沈阳	辽宁广播电视台音乐广播（FM98.6）	2	17.39	2	24.92
	中央人民广播电台第三套节目音乐之声	10	2.47	5	4.02
深圳	深圳广播电台音乐频率（FM97.1）	2	19.34	2	14.80
	广东广播电视台音乐之声（FM99.3）	4	8.25	4	4.68
	中央人民广播电台第三套节目音乐之声	8	3.27	6	2.67
	广东广播电视台南粤之声（汽车优悦广播）（FM105.7）	6	3.70	8	2.40
石家庄	石家庄广播电视台音乐广播（FM106.7）	4	10.08	3	11.09
	河北音乐广播（FM102.4）	5	6.20	4	7.98
	河北科教广播（汽车音乐调频）（FM102.9）	18	0.65	8	1.47

续表

城市	频率	所有场所		车上	
		排名	收听份额%	排名	收听份额%
苏州	苏州广播电视总台都市音乐广播（FM102.8）	2	18.32	2	22.70
	江苏经典流行音乐广播（FM97.5）	8	3.15	7	2.21
太原	山西广播电视台音乐广播（FM94.0）	5	7.70	3	6.40
	太原人民广播电台音乐频率（FM102.6）	7	5.97	4	5.73
天津	天津人民广播电台音乐广播（FM99）	4	11.05	2	17.75
	中央人民广播电台第三套节目音乐之声	11	2.55	7	3.04
乌鲁木齐	新疆人民广播电台音乐广播（FM103.9）	9	3.51	4	4.90
	乌鲁木齐人民广播电台旅游音乐广播（FM106.5）	15	0.93	10	1.14
武汉	湖北省广播电视总台经典音乐广播频道（FM103.8）	2	12.31	2	12.39
	武汉广播电视台音乐广播（FM101.8）	6	9.95	5	7.10
	湖北省广播电视总台楚天音乐广播频道（FM105.8）	10	3.15	10	3.28
无锡	无锡广播电视台汽车音乐广播（FM91.4/AM900）	3	11.14	2	14.95
西安	陕西广播电视台音乐广播（FM98.8）	3	7.89	3	11.68
	西安广播电视台音乐广播（FM93.1）	2	8.06	4	8.97
厦门	厦门音乐广播（FM90.9）	1	33.81	1	36.74
	中国国际广播电台轻松调频（CRI EASY FM）	7	1.86	10	0.73
郑州	河南人民广播电台音乐广播（FM88.1）	2	12.06	3	10.38
	河南人民广播电台（FM104.5）汽车音乐广播	10	2.83	4	7.94
	郑州经济生活广播（AM711/FM931）	5	6.97	8	3.48
	郑州人民广播电台音乐广播（FM94.4）	9	3.06	10	1.75

数据来源：CSM 媒介研究

五、音乐类频率案例分析

音乐类频率在广播收听消费中起着重要作用，但在不同城市的收听表现各有不同。中央级音乐频率的代表——中央人民广播电台第三套节目音乐之声在多地广播收听市场都拥有一定的收听份额。中国时尚之都上海的上海流行音乐广播动感101（FM101.7）频率在当地“车上”和“所有场所”的收听份额分列第一和第二位，表现出色。在以快节奏和移民城市著称的深圳，深圳广播电台音乐频率（FM97.1）在当地也有着上佳的收听表现。这3个频率的典型表现具有重要的研究意义。

1. 中央人民广播电台第三套节目音乐之声

中央人民广播电台第三套节目音乐之声作为中国大陆第一个类型化音乐频率，覆盖了多个地区和城市。自2002年开播以来，经过多年的运营，频率已拥有较强的号召力和规模较大的听众群。从2016年中央人民广播电台第三套节目音乐之声频率在36个城市的收听表现来看，在当地“所有场所”或“车上”收听的市场份额进入前10名的共有12个城市；其中，在福州“所有场所”的市场份额排名第五位，在北京、大连、昆明、沈阳“车上”收听的市场份额也均跻身前5位（表3）。

表3　2016年中央人民广播电台第三套节目音乐之声在“所有场所”或“车上”市场份额进入前10名的城市

城市	所有场所		车上	
	排名	市场份额%	排名	市场份额%
北京	8	3.06	4	4.80
重庆	9	1.01	8	0.29
大连	7	3.04	3	4.68
福州	5	6.80	10	2.48
邯郸	6	5.68	8	3.59
昆明	9	4.71	4	5.31
南宁	10	1.98	11	1.20
清远	9	1.75	15	0.79
汕头	6	1.53	6	0.85
沈阳	10	2.47	5	4.02
深圳	8	3.27	6	2.67
天津	11	2.55	7	3.04

数据来源：CSM媒介研究

中央人民广播电台第三套节目音乐之声在36个城市不同周天的收听率数据显示，其周日和周一、周三的收听率相对最高，均超过0.07%；周二的收听率最低，仅为0.05%（图10）。

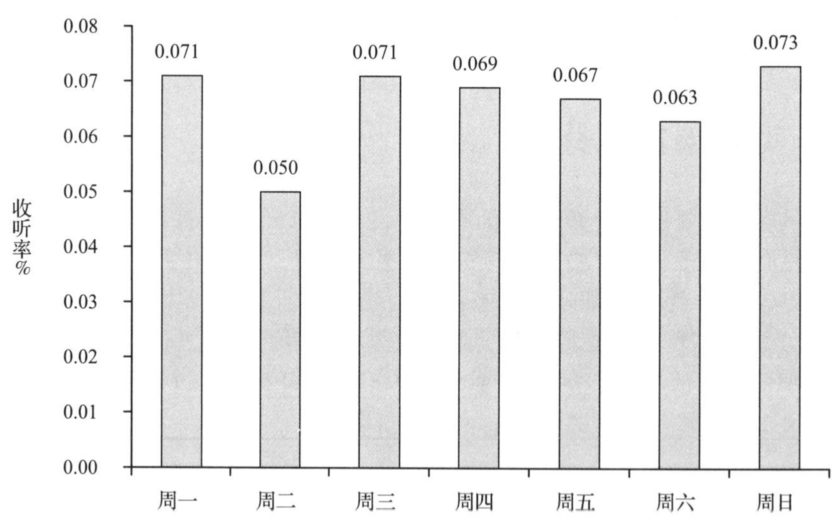

图10　2016年中央人民广播电台第三套节目音乐之声36城市不同周天收听率（%）比较

中央人民广播电台第三套节目音乐之声在工作日和休息日的节目编排存在一定的差异，但在重点时段（早间6:00~9:00、午间12:00~14:00、晚间19:00~21:00）节目则保持一致（表4）。2016年，中央人民广播电台音乐之声在工作日和休息日的收听率走势基本相似，收听高峰均出现在早间和晚间，《早安音乐》托起了全天的收听高峰，《中国 TOP 排行榜》则再现晚间收听小高峰。早间 6:30～8:30 时段，工作日收听率高于休息日，此时段播出的节目是《早安音乐》，听众在工作日的收听积极性更高。傍晚 17:15～19:15 时段，工作日的收听率也优于休息日，此时段工作日主要播出《都会音乐》，休息日则是《音乐新经典》和《音乐 LIVE》两档节目。上述两个时段，主要为听众上班和下班的途中时段，听众往往靠收听广播来打发途中的无聊时间，这也是工作日收听高于休息日的原因之一。上午 9:00～11:45 时段，休息日播出的《音乐 Brunch》收听率高于工作日播出的《自在音乐》。下午 14:00～17:15 时段，休息日播出的《音乐漫步》和《音乐新经典》的收听率则高于休息日播出的《快意音乐》和《都会音乐》（图 11）。

表 4　中央人民广播电台第三套节目音乐之声主要节目播出单

播出时间	节目名称	
	周一～周五（工作日）	周六～周日（休息日）
06:00～09:00	早安音乐	
09:00～12:00	自在音乐	音乐 Brunch
12:00～14:00	全球流行音乐金榜	
14:00～16:00	快意音乐	音乐漫步
16:00～18:00	都会音乐	音乐新经典
18:00～19:00		音乐 LIVE
19:00～21:00	中国 TOP 排行榜	
21:00～22:00	音乐 VIP	音乐寄情
22:00～24:00	音乐万岁	

数据来源：CSM 媒介研究

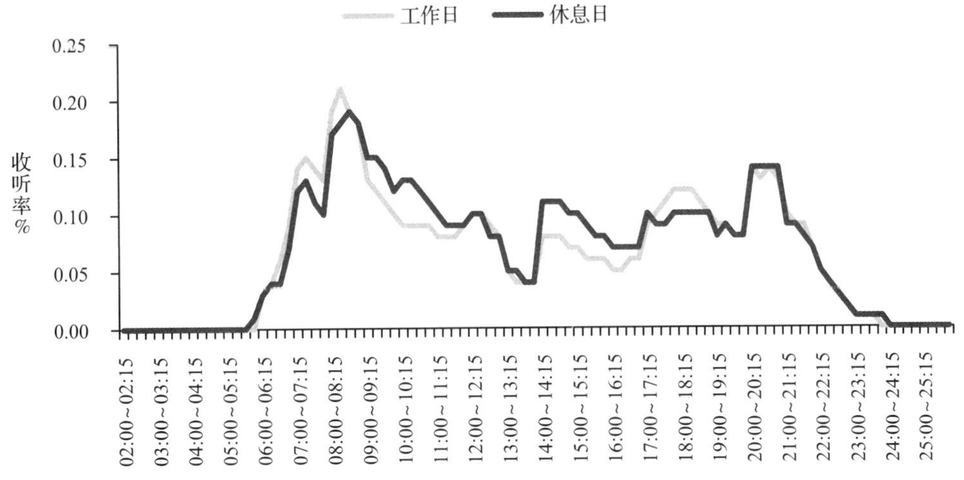

数据来源：CSM 媒介研究

图 11　2016 年中央人民广播电台第三套节目音乐之声工作日和休息日全天收听率（%）走势比较（36 城市）

2. 上海流行音乐广播动感101（FM101.7）

上海流行音乐广播动感101（FM101.7）不同周天的收听率数据显示，周一收听率最高，超过1%；周六和周日的收听率在一周内最低，其余周天的收听率则基本接近（图12）。

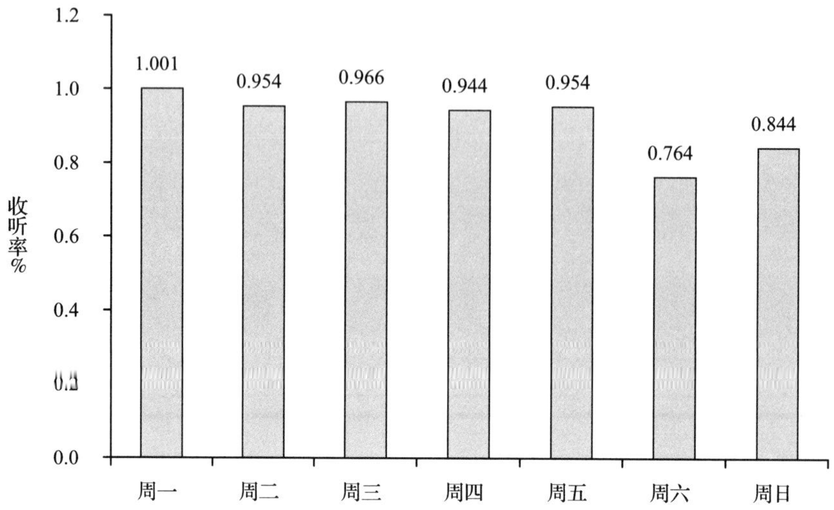

数据来源：CSM媒介研究

图12　上海市场2016年上海流行音乐广播动101（FM101.7）频率不同周天收听率（%）比较

上海流行音乐广播动感101（FM101.7）采用工作日与休息日节目差别化编排的方式，除早间5:00～7:00的《音乐早早餐》一周打通播出外，其余时间工作日与休息日同时段播出的节目均有所不同。从所播的节目类型来看，该频率不仅播出音乐类节目，同时还注入了其他类型的节目，如情感类节目《对不起我爱你》、旅游类节目《绕着地球跑》等（表5）。

表5　上海流行音乐广播动感101（FM101.7）频率主要节目播出单

<table>
<tr><th rowspan="2">播出时间</th><th colspan="3">节目名称</th></tr>
<tr><th>周一～周五（工作日）</th><th>周六（休息日）</th><th>周日（休息日）</th></tr>
<tr><td>05:00～07:00</td><td colspan="3">音乐早早餐</td></tr>
<tr><td>07:00～10:00</td><td>音乐早餐</td><td colspan="2">音乐早餐周末版</td></tr>
<tr><td>10:00～12:00</td><td>中文金曲馆</td><td>音乐爱远行</td><td>绕着地球跑</td></tr>
<tr><td>12:00～13:00</td><td>101人来疯</td><td>小畅翻牌</td><td>晓君有话头</td></tr>
<tr><td>13:00～14:00</td><td>东方风云榜</td><td>东方风云榜</td><td>音乐爱张罗</td></tr>
<tr><td>14:00～16:00</td><td>午后原味音乐</td><td colspan="2">101欢唱派对</td></tr>
<tr><td>16:00～18:00</td><td>101娱乐在线</td><td>101娱乐在线</td><td>101爱电影</td></tr>
<tr><td>18:00～20:00</td><td rowspan="2">音乐万花筒</td><td colspan="2">周末辰光</td></tr>
<tr><td>20:00～21:00</td><td>全球华语歌曲排行榜</td><td>音乐厨男秀</td></tr>
<tr><td>21:00～22:00</td><td rowspan="2">越夜越动听</td><td>音乐零时差</td><td>101西洋镜</td></tr>
<tr><td>22:00～23:00</td><td colspan="2" rowspan="2">超级DJ</td></tr>
<tr><td>23:00～00:00</td><td>对不起我爱你</td></tr>
<tr><td>00:00～02:00</td><td>音乐爱联播</td><td>周四检修</td><td>MIX PARTY</td></tr>
</table>

数据来源：CSM媒介研究

对比2016年上海流行音乐广播动感101（FM101.7）频率工作日和休息日的收听率走势可见，二者存在着较大的差异。工作日收听走势起伏较为明显，高峰出现在7:00～9:00（《音乐早餐》《中文金曲馆》）时段，峰值高达5.7%，收听表现显著优于全天其他时段。休息日收听走势相对平稳，出现早间和晚间两个小高峰，分别在早间8:00～9:00（《音乐早餐周末版》）和晚间20:00～21:00（《全球华语歌曲排行榜》《音乐厨男秀》）时段。工作日早间5:00～9:15时段的收听率均高于休息日，尤以7:00～9:15时段的收听优势最为显著；下午则从16:30开始直至晚间20:00，工作日的收听率也明显高于工作日。休息日在9:15～16:30时段，收听率表现优于休息日（图13）。

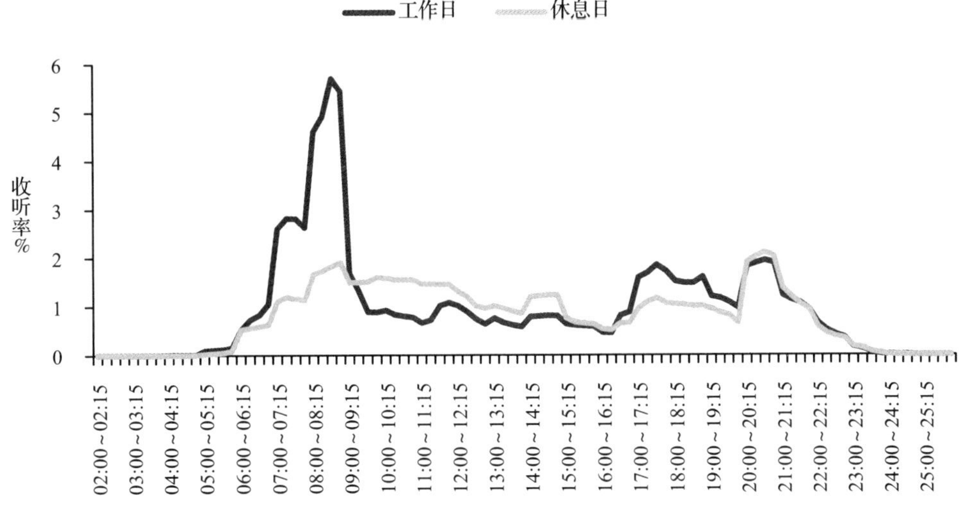

数据来源：CSM媒介研究

图13　上海市场2016年上海流行音乐广播动感101（FM101.7）频率工作日和休息日全天收听率（%）走势比较

3. 深圳广播电台音乐频率（FM97.1）

深圳广播电台音乐频率（FM97.1）不同周天收听率数据显示，周一的收听表现在一周内最为突出，其次是周五。周日和周六的收听率在一周内最低，其余周天的收听率则较为接近（图14）。

深圳广播电台音乐频率（FM97.1）的节目编排具有一定的灵活性，会根据实际需要对节目的播出时间和节目内容做出阶段性的调整，工作日比休息日的节目编排调整幅度小，主要在下午和晚间时段进行。此外，深圳广播电台音乐频率（FM97.1）还根据受众在工作日和休息日的生活习惯差异，在节目编排时采用了棋盘式策略，以带给听众新鲜感（表6）。

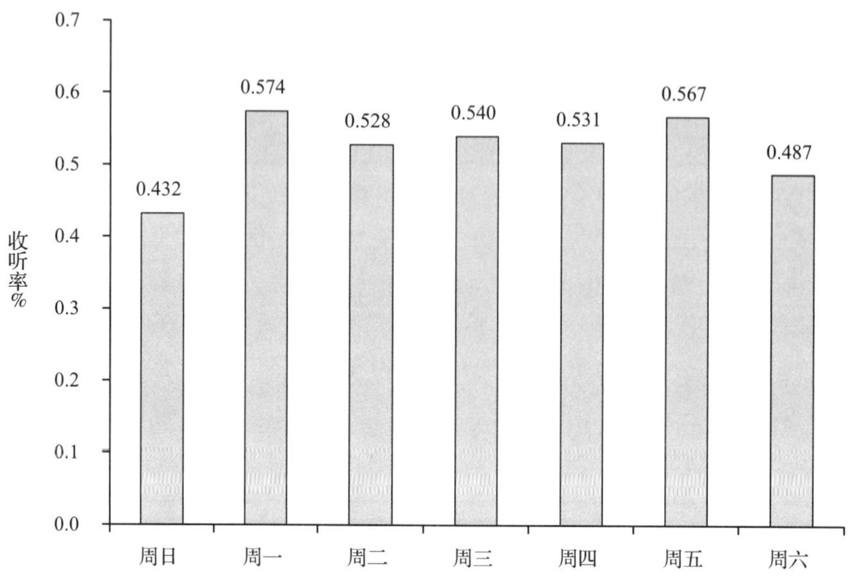

数据来源：CSM 媒介研究

图 14　深圳市场 2016 年深圳广播电台音乐频率（FM97.1）不同周天收听率（%）比较

表 6　深圳广播电台音乐频率（FM97.1）主要节目播出单

<table>
<tr><th rowspan="2">播出时间</th><th colspan="3">节目名称</th></tr>
<tr><th>周一～周五（工作日）</th><th>周六（休息日）</th><th>周日（休息日）</th></tr>
<tr><td>05:00～06:00</td><td>节目重播</td><td>节目重播</td><td>节目重播</td></tr>
<tr><td>06:00～07:00</td><td>快乐早点到</td><td>中国歌曲排行榜、纯粹听觉、歌曲欣赏……</td><td>中国歌曲排行榜、歌曲欣赏……</td></tr>
<tr><td>07:00～08:00</td><td rowspan="2">一路飞扬</td><td>好歌送给你、
中国歌曲排行榜……</td><td>好歌送给你、扭一扭……</td></tr>
<tr><td>08:00～09:00</td><td rowspan="2">赢家联盟</td><td>神游世界、傻瓜古典……</td></tr>
<tr><td>09:00～10:00</td><td>民歌味道</td><td>傻瓜古典、神游世界……</td></tr>
<tr><td>10:00～11:00</td><td>男人帮</td><td>萌主的星期六</td><td>微自然俱乐部、
微风成长课堂……</td></tr>
<tr><td>11:00～12:00</td><td>美味乐翻天</td><td>梦想直播间</td><td>歌曲欣赏、YOU UP、
微自然俱乐部……</td></tr>
<tr><td>12:00～13:00</td><td>奔放音乐人</td><td>单反团</td><td rowspan="2">甜心姐妹淘、HELLO 宝贝、闪闪的红星……</td></tr>
<tr><td>13:00～14:00</td><td>生活好智亮</td><td>音乐种子</td></tr>
<tr><td>14:00～15:00</td><td>创意生活家、
音乐下午茶……</td><td rowspan="2">行走的耳朵</td><td>华语原创音乐风</td></tr>
<tr><td>15:00～16:00</td><td>音乐下午茶、
微风成长课堂……</td><td>杨莹的电影时光、
华语原创音乐风……</td></tr>
</table>

续表

播出时间	节目名称		
	周一~周五（工作日）	周六（休息日）	周日（休息日）
16:00~17:00	音乐美酒汇	男人帮、飞扬快跑 ……	我是大玩家
17:00~18:00	鹏城歌飞扬	飞扬快跑、美味乐翻天 ……	美丽人生、丫丫姐姐的魔法屋 ……
18:00~19:00	快乐反斗星	971 音乐课、乐听思维 ……	快乐反斗星
19:00~20:00	生活榜样	美味乐翻天、音乐美酒汇	简单生活、纯粹听觉 ……
20:00~21:00	音乐私享家、YOU UP ……	音乐美酒汇	闪闪的红星、音乐私享家 ……
21:00~22:00	因为爱、音乐私享家 ……		
22:00~23:00	音乐枕头、因为爱 ……	最懂女人心、听听海风聊聊天 ……	音乐私享家、最懂女人心 ……
23:00~00:00	晚安收音机、忘了时间 ……		
00:00~01:00	午夜悄悄话、男人驿站 ……	男人驿站、歌曲欣赏 ……	男人驿站、歌曲欣赏 ……

数据来源：CSM 媒介研究

从全天收听率走势来看，工作日较周六、周日有明显的优势，全天出现 4 个收听波峰，上午 8:00~9:00（《一路飞扬》）凭借超 2% 的收听率拉起全天的收听最高峰，下午 14:00~15:00（《创意生活家》《音乐下午茶》……）再现收听波峰，傍晚 18:00~19:00（《快乐反斗星》）三现峰值较低的收听小高峰，晚间 20:00~21:00（《音乐私享家》《YOU UP》……）四现收听高峰，峰值仅次于上午 8:00~9:00 时段。周六和周日的收听走势较为相似，全天有 3 次收听波峰，分别出现在上午 8:00~9:00、下午 14:00~15:00 和晚间 20:00~21:00 时段。值得一提的是，周六下午 14:00~15:00（《行走的耳朵》）的收听优势明显高于工作日和周日同时段（图 15）。

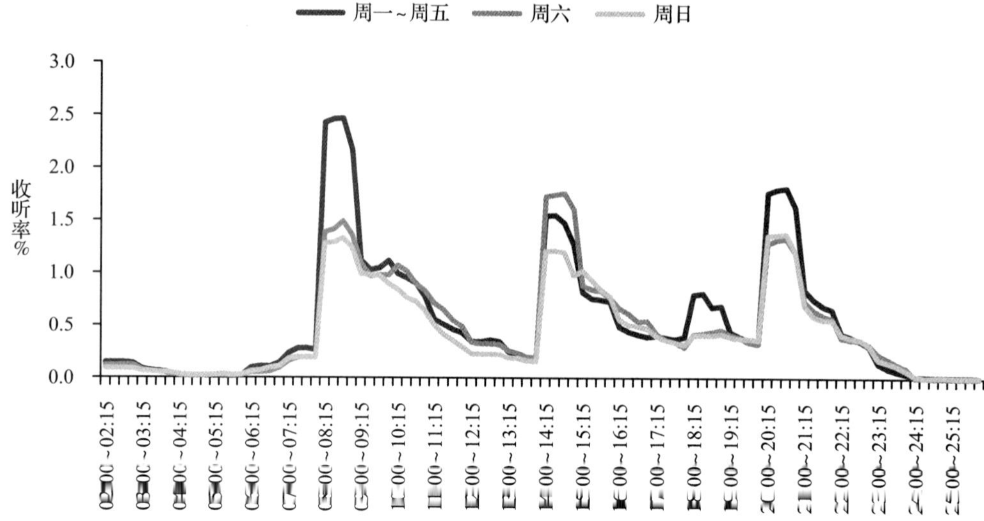

数据来源：CSM 媒介研究

图 15　深圳市场 2016 年深圳广播电台音乐频率（FM97.1）工作日和休息日全天收听率（%）走势比较

六、结语

2016 年，虽然音乐类频率仍在传统广播媒体中占据着较高的市场份额，但也不可否认，在互联网时代背景下，传播“声音”不再是广播频率的专利，网络电台的兴起将传统广播推向了竞争更加激烈的环境当中。传统广播如何融合、拥抱新媒体，也自然成为广播人的新课题，同时也是新机遇。目前，一些原有的传统广播电台也纷纷通过搭建自有网站、微博、微信、入驻音频客户端、开发自有 APP 等多种方式进行广播传输渠道的升级。此外，音乐类节目在内容表现形式上有其独有的特性，相较其他类型的节目更容易制作成“短音频”节目，满足时下“碎片化”的受众消费习惯，发挥音乐类节目的内容优势，做好内容也是吸引听众的有效手段。传输渠道的融合、节目内容优势的挖掘，也许是音乐类频率能够拥有更大发展空间的双重驱动力。

（作者：秦政）

2016年文艺类频率收听状况分析

媒体是传播信息的媒介，肩负着众多的功能与责任。文艺类频率作为广播媒体中重要的专业化频率之一，通过多种艺术形式，一方面为大众提供娱乐，给大众带来丰富的精神生活；另一方面传承传统文化，寓教于乐。因而，尽管文艺类频率近年整体竞争力有所下降，但仍是深受听众喜爱的频率类型之一。

本文主要基于CSM媒介研究2016年全国36城市四波收听率调查数据，从市场竞争地位和听众收听行为等方面简析文艺类频率在2016年的收听状况[①]。

一、文艺类频率在市场中的竞争地位

1. 文艺类频率竞争力仍居第四位

在广播收听市场，近年来各类型频率的竞争格局基本保持稳定，但不同类型频率的发展趋势各有不同。新闻综合类频率的市场份额出现回落，交通类和音乐类频率的市场份额则持续上升，这3类频率继续保持三甲位置。文艺类频率的市场竞争力近3年持续下降，2016年的市场份额为9.4%，较2015年的10.07%下降幅度为6.65%，降幅相比上一年有所扩大，是各类型频率中市场份额降幅最大的频率，虽仍能保持第四的位置，但与前3位频率的差距进一步拉开。其后的都市生活类和经济类频率2016年的市场份额也有小幅下滑，后4位频率的市场份额则均有不同幅度的上升（图1）。

① 如无特殊说明，本文中涉及历年对比数据时所用城市组合为各年调查城市组合。涉及2016年数据时所用城市组合为2016年36城市组合，36个城市具体包括：北京、长春、长沙、成都、重庆、大连、佛山、福州、广州、邯郸、杭州、哈尔滨、合肥、昆明、济南、南昌、南京、南宁、宁波、青岛、清远、泉州、上海、汕头、沈阳、深圳、石家庄、苏州、太原、天津、乌鲁木齐、武汉、无锡、西安、厦门和郑州。

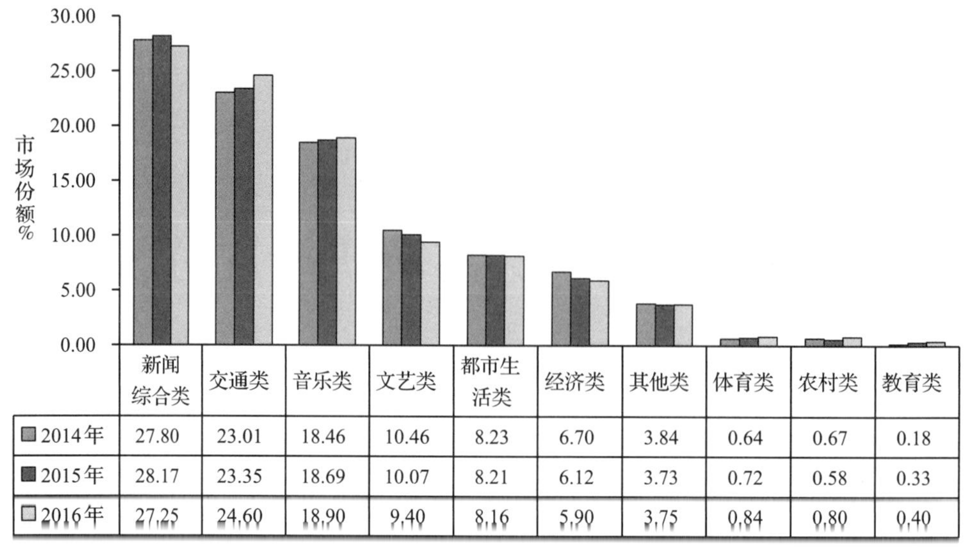

	新闻综合类	交通类	音乐类	文艺类	都市生活类	经济类	其他类	体育类	农村类	教育类
2014年	27.80	23.01	18.46	10.46	8.23	6.70	3.84	0.64	0.67	0.18
2015年	28.17	23.35	18.69	10.07	8.21	6.12	3.73	0.72	0.58	0.33
2016年	27.25	24.60	18.90	9.40	8.16	5.90	3.75	0.84	0.80	0.40

数据来源：CSM 媒介研究

图 1　2014～2016 年各类型频率的市场份额（%）

2. 文艺类频率听众忠实度退居第二

收听率可以从听众数量规模（即平均到达率）和人均收听时长（即人均收听分钟数）两个维度来解析。作为竞争力最强的新闻综合类频率，无论是平均到达率还是人均收听时长均居场首位，而文艺类频率 2016 年的平均到达率为 6.08%，人均收听时长 6.48 分钟，两者均处于市场第四位，且与前 3 位有较大的差距。在收听市场整体收听率下跌的背景下，排名前列的各类型频率中只有交通类频率的平均到达率和人均收听时长对比 2015 年有所上升。近年来，文艺类频率的听众忠实度一直居于首位，但 2016 年在听过文艺类频率的听众中，平均每人收听时长下跌到 106.66 分钟，平均忠实度为 7.41%，稍逊于教育类频率，退居第二位（表 1）。

表 1　2015～2016 年各类型频率听众规模和人均收听时长

频率	平均到达率%		人均收听分钟数		人均收听分钟数（听众）		平均忠实度%	
	2015 年	2016 年	2015 年	2016 年	2015 年	2016 年	2015 年	2016 年
新闻综合类	18.67	17.91	20.01	18.79	107.16	104.89	7.44	7.28
交通类	16.03	16.75	16.59	16.97	103.50	101.28	7.19	7.03
音乐类	14.31	13.88	13.28	13.03	92.81	93.86	6.44	6.52
文艺类	6.62	6.08	7.15	6.48	108.11	106.66	7.51	7.41
都市生活类	5.79	5.67	5.83	5.63	100.65	99.23	6.99	6.89
经济类	4.30	4.08	4.35	4.07	101.07	99.71	7.02	6.92
其他类	2.84	2.75	2.65	2.59	93.26	93.91	6.48	6.52
体育类	0.58	0.65	0.51	0.58	88.55	89.76	6.15	6.23
农村类	0.45	0.59	0.41	0.55	91.21	94.68	6.33	6.57
教育类	0.22	0.24	0.23	0.28	107.14	112.85	7.44	7.84

数据来源：CSM 媒介研究

3. 文艺类频率在女性、10～14岁和45岁及以上听众中竞争力较强

文艺类频率在女性听众中的竞争力高于在男性听众中；在10～14岁和45岁及以上听众中的市场份额较大，高于9.4%的平均值；其中在65岁及以上听众中的市场份额仅次于新闻综合类频率；在受教育程度方面，在小学学历的听众中竞争力较强，而随着学历的提升，竞争力有下跌趋势；在职业类别方向，在学生、无业和其他职业群体中所占市场份额相对较高（图2）。

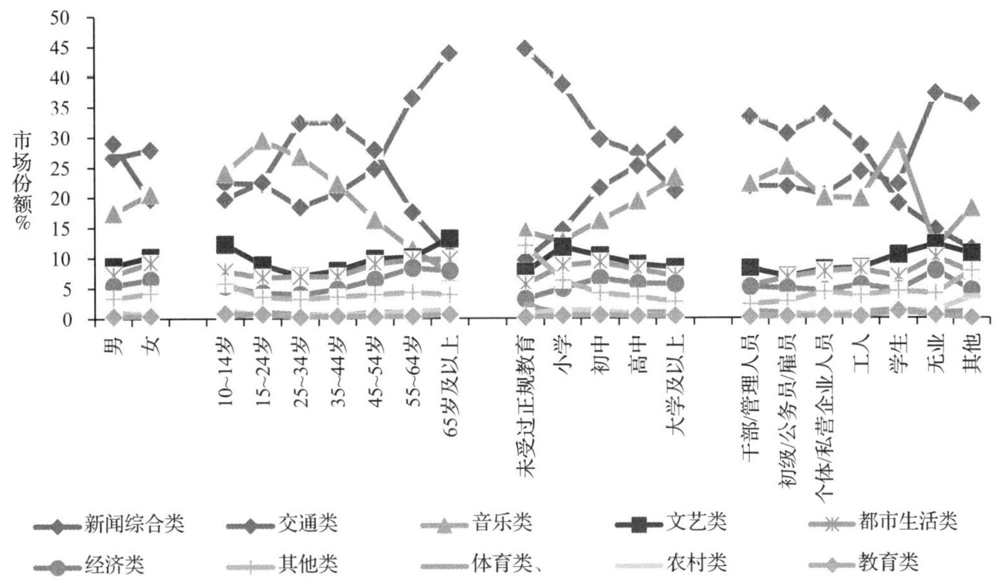

数据来源：CSM媒介研究

图2　2016年各类型频率在不同目标听众中的市场份额（%）

4. 文艺类频率“在家”竞争力较强，“车上”略有上升

文艺类频率“在家”竞争表现相对较好，2016年占据了11.82%的市场份额，但与排名第一位的新闻综合类频率相比有较大差距，且对比2015年有所下跌；在交通类频率抢占五成“车上”市场份额的竞争环境下，文艺类频率占有4.13%的份额，虽然较2015年有所上升，但低于排名第五位的都市生活类频率；在“学习/工作场所”和“其他场所”，文艺类频率的竞争力较2015年也有所减弱，且与前3位的实力仍有较大距离（表2）。

表2　2015～2016年各类型频率在不同场所的市场份额（%）

频率类别	在家		车上		工作/学习场所		其他场所	
	2015年	2016年	2015年	2016年	2015年	2016年	2015年	2016年
新闻综合类	35.07	34.08	11.67	11.05	23.66	24.28	31.51	32.90
交通类	13.55	14.12	50.73	52.04	18.66	20.55	15.58	14.89
音乐类	16.15	16.73	21.75	20.49	28.04	29.00	21.72	25.16
文艺类	12.61	11.82	3.69	4.13	9.84	8.00	10.02	8.07

续表

频率类别	在家		车上		工作/学习场所		其他场所	
	2015 年	2016 年	2015 年	2016 年	2015 年	2016 年	2015 年	2016 年
都市生活类	8.97	9.24	6.08	5.91	8.81	7.54	8.24	6.69
经济类	7.38	7.17	2.90	2.96	6.00	5.56	6.60	5.80
其他类	4.42	4.45	1.99	2.33	3.23	2.65	4.83	4.12
体育类	0.73	0.85	0.79	0.75	0.53	1.04	0.53	1.03
农村类	0.73	1.04	0.19	0.27	0.50	0.70	0.81	0.82
教育类	0.37	0.49	0.12	0.09	0.71	0.69	0.15	0.51

数据来源：CSM 媒介研究

5. 文艺类频率在凌晨和晚间时段竞争力较强

从全天竞争力走势来看，文艺类频率在 3:00 ~ 4:00、21:00 ~ 24:00 和 25:30 ~ 26:00时段竞争力较强，市场份额大于 14%，这几个时段是文艺类频率的竞争力高峰时段；与其他类型频率相比，文艺类频率大部分时段在市场竞争中居于第四位，其中 3:00 ~ 4:45 和 23:15 ~ 24:00 时段赶超音乐类频率，而在 2:00 ~ 3:00、5:30 ~ 11:00、17:00 ~ 17:45 和 24:30 ~ 24:45 时段则低于排名第五的都市生活类频率（图 3）。

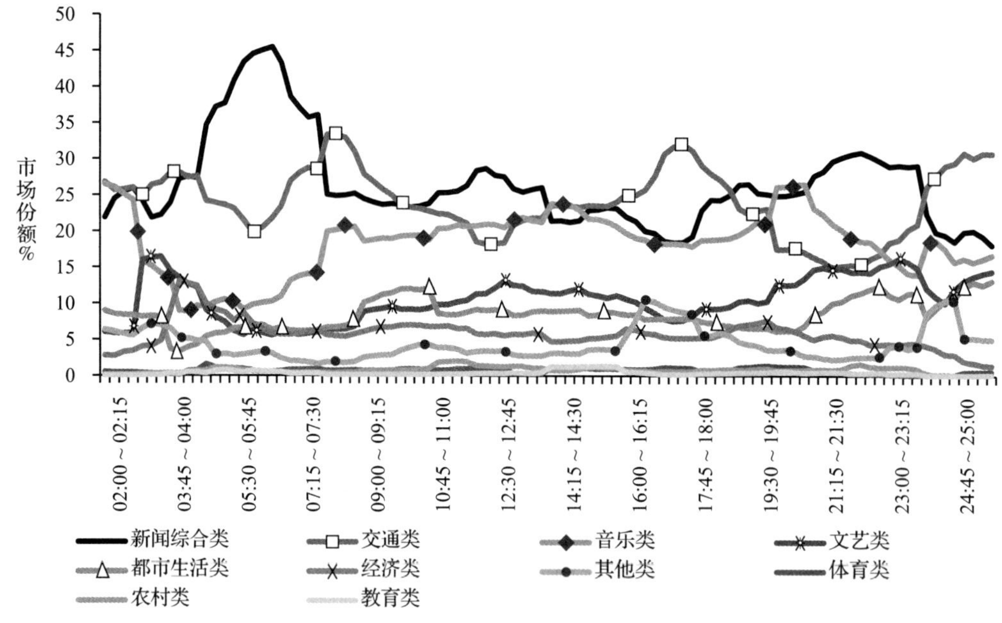

数据来源：CSM 媒介研究

图 3　2016 年各类型频率市场份额（%）全天走势对比

二、文艺类频率收听特征

1. 周一和周日人均收听时长相对较长

文艺类频率2016年的人均收听时长为6.48分钟，近3年来呈持续下跌的走势。从文艺类频率不同周天的人均收听时长走势看，周一和周日相对较高，周二为最低点，与前两年的走势较为相似（图4）。

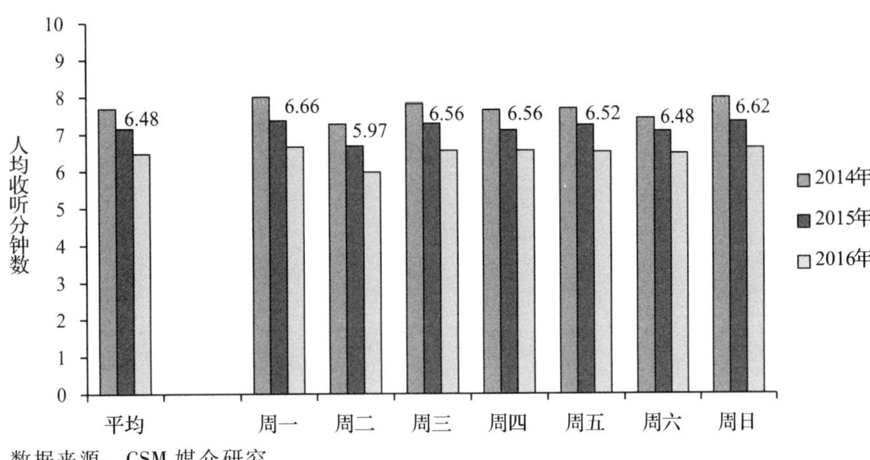

数据来源：CSM媒介研究

图4 2014～2016年文艺类频率不同周天人均收听时长变化

2. “在家”人均收听时长优势明显

“在家”是听众收听文艺类频率的主要场所，2016年人均收听时长为5.15分钟，接近收听文艺类频率总时长的八成；“车上”“工作/学习场所”和“其他场所”人均收听时长均不足1分钟；与2015年对比，除“车上”止跌回升外，其他各场所呈逐年下跌的走势（图5）。

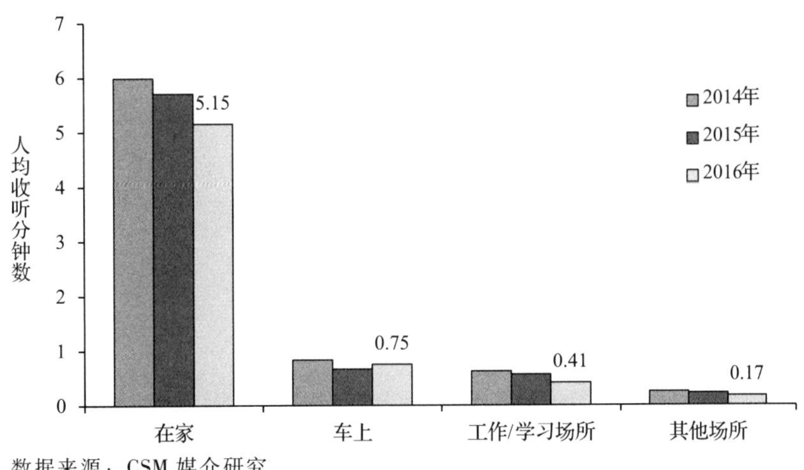

数据来源：CSM媒介研究

图5 2014～2016年文艺类频率不同场所人均收听时长对比

3. 不同场所全天收听走势具有明显差异

听众主要“在家”收听文艺类频率，因而从全天收听走势来看，“在家”各时段的收听率均高于其他各场所，其中07:00~10:00、18:00~19:00和20:00~22:00时段呈现较明显的收听高峰，收听低谷在午间13:00~14:00时段；“车上”收听高峰时段则是上下班时间的07:00~09:00和17:00~18:45时段，“工作/学习场所”的收听率在12:00~13:00时段较高，“其他场所”无明显的收听高峰（图6）。

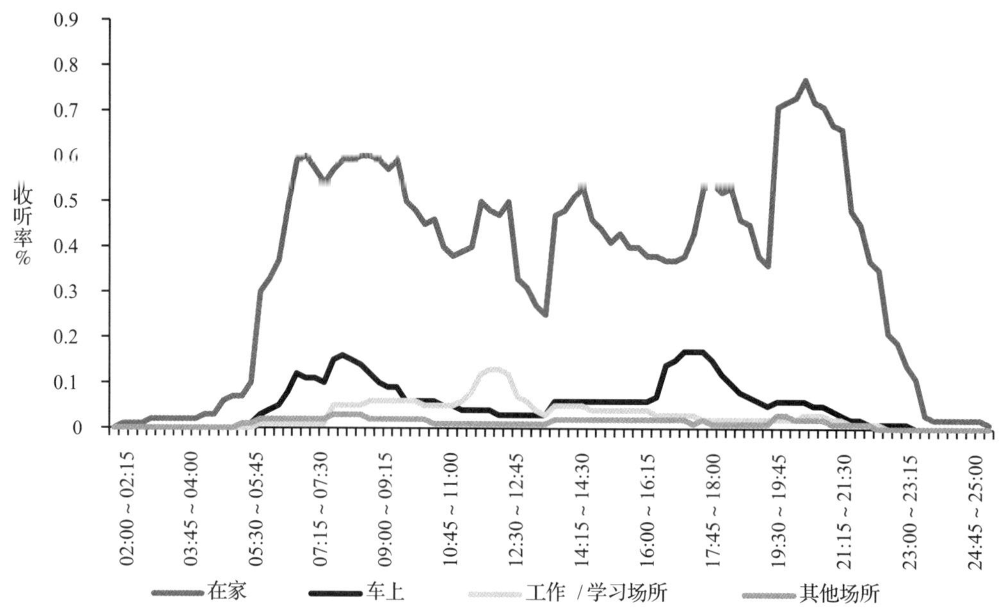

数据来源：CSM媒介研究

图6 2016年文艺类频率在不同场所的全天收听率（%）走势

4. 文艺类频率更吸引女性和中老年听众

文艺类频率的听众以女性、45岁及以上、初中/高中、无业，月收入2501元及以上的人群为主，与所有频率的整体听众相比，在性别上有差异，年龄上略显老年化，学历方面则较为相似。

文艺类频率主要吸引女性、45岁及以上、小学/初中、无业和其他、中低收入听众收听，相比所有频率整体，性别上有差异，年龄较为吻合，学历则更偏向于低学历群体（图7）。

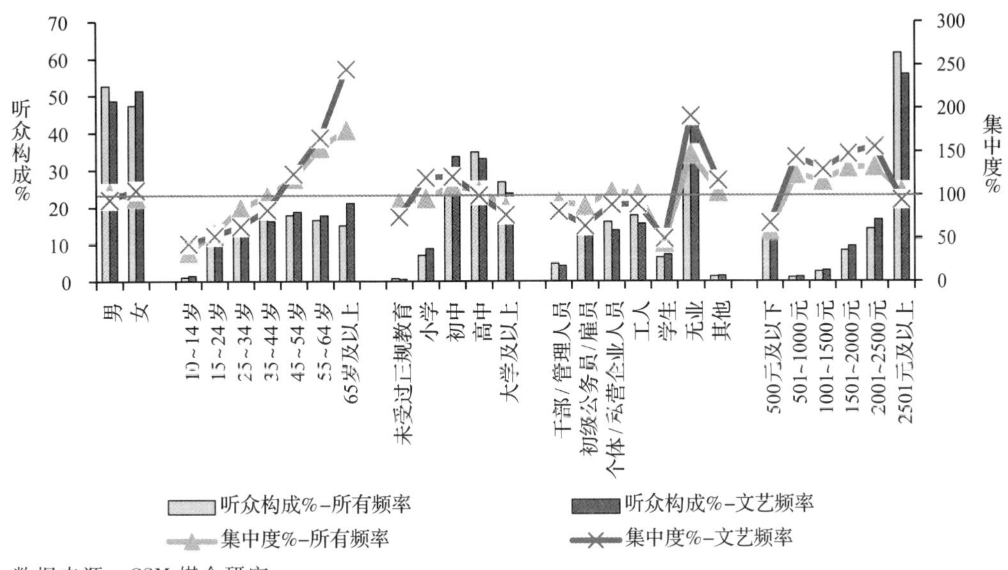

数据来源：CSM 媒介研究

图 7　2016 年文艺类频率与所有频率听众特征比较

三、文艺类频率在各地的收听表现

1. 文艺类频率在不同地区竞争力差异明显

2016 年文艺类频率在 36 个城市的平均市场份额为 9.4%，但地区差异明显，只有 9 个城市的市场份额高于平均水平。其中在北京表现较好，对比 2015 年有不错的升幅，占据当地收听市场 25.88% 的份额；另外，在济南、邯郸和成都等也有一定的升幅，而在西安、天津、乌鲁木齐、合肥和哈尔滨等多个城市则有不同幅度的下降，其中在西安、郑州和南京下跌较大（图 8）。

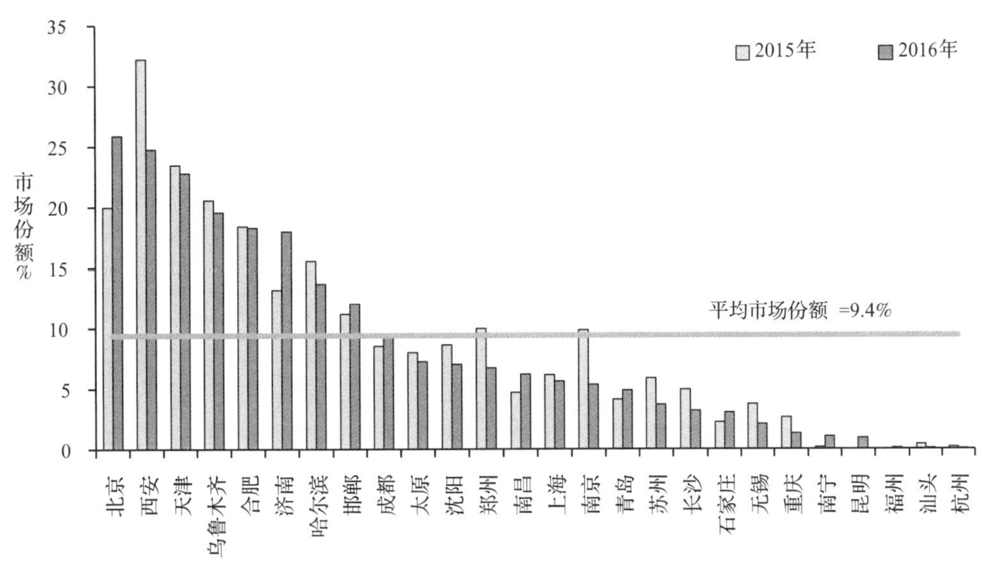

数据来源：CSM 媒介研究

图 8　2015 年、2016 年文艺类频率在不同地区的市场份额（%）

从听众数量和听众忠实度来看，文艺类频率在北京和天津的竞争力之所以较强，主要是由于听众数量大，其中天津地区平均每天有20.64%的听众收听过文艺类频率；而乌鲁木齐和西安的听众对文艺类频率的忠诚度较高，收听文艺类频率的时长较长（图9）。

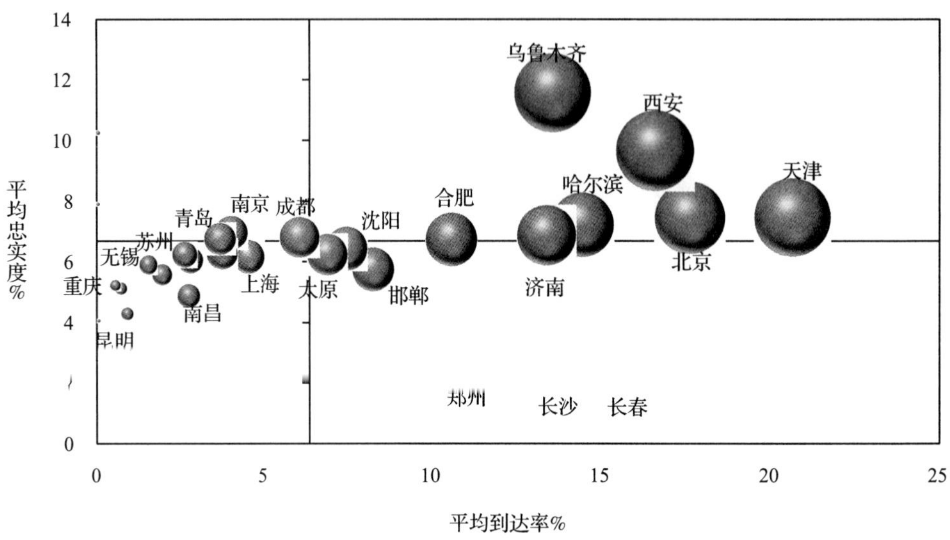

数据来源：CSM媒介研究

图9　2016年文艺类频率在各地的平均到达率（%）和平均忠实度（%）

2. 本地文艺类频率在当地竞争力强劲

具体到各地的频率竞争力排名情况，北京人民广播电台文艺广播（FM87.6/CFM93.8）、新疆人民广播电台（FM107.4）维吾尔语交通文艺广播和哈尔滨广播电视台文艺频率（FM98.4）竞争力较强，分别在北京、天津、乌鲁木齐和哈尔滨跻身当地市场份额排名前三甲位置。北京、南京和苏州等地可收听到多个不同类型的文艺频率；另外，除综合性文艺频率外，还有更多细分的具有本地特色的文艺频率，如合肥故事广播（FM98.8）、陕西广播电视台秦腔广播（FM101.1）西安乱弹等，均具有较强的竞争力（表3）。

表3　2016年文艺类频率在各地市场份额排名

地区	排名	频率	收听率%	市场份额%
北京	2	北京人民广播电台文艺广播（FM87.6/CFM93.8）	0.81	16.08
	7	中央人民广播电台第九套节目文艺之声	0.18	3.46
	10	北京人民广播电台长书广播有线（104.3）	0.15	3.04
	13	中央人民广播电台娱乐广播	0.06	1.20
	14	北京人民广播电台故事广播（AM603/CFM89.1）	0.06	1.18
	17	北京人民广播电台戏曲曲艺广播有线（105.1）	0.03	0.69
	25	北京人民广播电台欢乐时光广播有线（106.5）	0.01	0.25
西安	4	西安广播电视台综艺广播（FM102.4）	0.46	7.18
	8	陕西广播电视台秦腔广播（FM101.1）西安乱弹	0.41	6.28
	9	陕西广播电视台戏曲广播（AM747/FM107.8）	0.40	6.18
	12	陕西广播电视台故事广播（AM603/FM87.8）	0.33	5.11

续表

地区	排名	频率	收听率%	市场份额%
天津	3	北京人民广播电台文艺广播（FM87.6/CFM93.8）	0.76	11.23
	5	天津人民广播电台文艺广播（AM1098/FM104.6）	0.56	8.22
	10	天津人民广播电台小说广播（AM666）	0.22	3.32
乌鲁木齐	2	新疆人民广播电台（FM107.4）维吾尔语交通文艺广播	1.15	14.33
	5	新疆人民广播电台102.8故事广播（FM102.8）	0.42	5.21
合肥	5	合肥故事广播（FM98.8）	0.28	7.21
	8	安徽小说评书广播（FM107.4）	0.20	5.10
	9	安徽戏曲广播（FM99.5）	0.14	3.56
	15	合肥故事广播（AM1170）	0.09	2.39
济南	5	济南故事广播（FM104.3）	0.39	7.68
	6	济南文艺广播（AM1305）	0.24	4.75
	7	济南文艺广播936（FM93.6）	0.19	3.77
	13	山东广播电视台iradio女主播电台（FM97.5）	0.09	1.78
哈尔滨	3	哈尔滨广播电视台文艺频率（FM98.4）	1.04	13.65
邯郸	4	邯郸广播电视台邯郸大眼睛（AM846/FM100.3）	0.28	7.15
	9	邯郸广播电视台故事广播（AM1098）	0.12	3.05
	12	河北广播电视台故事广播（AM1125/FM107.9）	0.07	1.67
	15	中央人民广播电台第九套节目文艺之声	0.00	0.13
成都	7	成都故事广播（FM88.2）	0.20	4.67
	12	四川人民广播电台文艺广播（FM90.0）	0.12	2.83
	14	成都人民广播电台文化休闲频道（FM94.6/AM1485）	0.07	1.66
	23	中央人民广播电台第九套节目文艺之声	0.01	0.28
太原	8	山西文艺广播（FM101.5）	0.31	5.23
	15	山西故事广播（FM88.6）	0.12	2.02
沈阳	6	辽宁广播电视台文艺广播（FM95.9/FM101.8/AM1053）	0.48	7.03
郑州	7	河南人民广播电台娱乐976（AM1143/FM97.6）	0.16	4.44
	15	河南电台影视广播My Radio（FM90.0）	0.08	2.27
南昌	6	江西故事广播（FM96.9）	0.14	6.20
上海	8	上海戏剧曲艺广播（AM1197/FM97.2）	0.19	3.81
	12	上海故事广播（FM107.2）	0.09	1.81
南京	16	江苏故事广播（AM1206/FM104.9）	0.08	1.53
	17	南京故事广播（AM801/FM101.7）	0.08	1.48
	18	江苏文艺广播（AM1053）	0.07	1.30
	21	江苏文艺广播（FM91.4）	0.04	0.84
	24	中央人民广播电台第九套节目文艺之声	0.01	0.21
青岛	9	青岛快乐603长书频率（AM603/FM99.5）	0.20	3.87
	13	山东广播电视台iRadio女主播电台（FM97.5）	0.05	1.00

续表

地区	排名	频率	收听率%	市场份额%
苏州	10	苏州广播电视总台戏曲广播（AM846）	0.11	2.56
	13	上海戏剧曲艺广播（AM1197/FM97.2）	0.04	0.89
	21	江苏故事广播（AM1206/FM104.9）	0.01	0.16
	25	上海故事广播（FM107.2）	0.00	0.06
	28	无锡广播电视台故事戏曲广播（AM1008）	0.00	0.04
长沙	10	湖南人民广播电台文艺频道（FM97.5）	0.11	3.14
	18	中央人民广播电台第九套节目文艺之声	0.00	0.07
石家庄	10	河北广播电视台故事广播（AM1125/FM107.9）	0.17	3.02
	21	中央人民广播电台第九套节目文艺之声	0.00	0.04
[illegible]	11	无锡广播电视台故事戏曲广播（AM1008）	0.06	1.46
	13	上海戏剧曲艺广播（AM1197/FM97.2）	0.01	0.27
	15	苏州广播电视总台戏曲广播（AM846）	0.01	0.23
	21	江苏文艺广播（AM1053）	0.00	0.11
重庆	7	重庆人民广播电台文艺广播（FM103.5）	0.03	1.33
南宁	12	南宁人民广播电台故事广播成功895（FM89.5）	0.03	0.83
	14	中央人民广播电台第九套节目文艺之声	0.01	0.25
昆明	18	中央人民广播电台第九套节目文艺之声	0.04	0.96
福州	19	福建人民广播电台文艺广播（FM88.3）	0.00	0.11
汕头	15	中央人民广播电台第九套节目文艺之声	0.00	0.08
杭州	18	FM106.5故事广播（FM106.5）	0.00	0.05

数据来源：CSM媒介研究

四、文艺类节目收听情况

1. 不同目标听众对文艺类节目各有喜好

文艺类节目可进一步细分为小说/评书、情感故事、地方戏曲、广播剧、电影/电视剧录音剪辑、综艺娱乐报道、综艺晚会和文艺其他等类别，其中文艺其他播出量较大，占据六成的文艺节目播出量，同时也收到了较好的播出效果；综艺娱乐报道和电影/电视剧录音剪辑也有较大的发展空间，小说/评书、情感故事和地方戏曲则播出比重大于收听比重（表4）。

从不同目标听众的收听情况来看，男性听众收听文艺其他和综艺晚会的时长比例高于女性听众；10～14岁和55岁及以上听众收听小说/评书的时长比例较大，另外，年轻听众会花较多的时间收听文艺其他、情感故事和综艺娱乐报道，老年听众则主要收听地方戏曲和广播剧；从受教育程度来看，大学及以上学历听众收听文艺其他的时长比例高于其他学历人群，低学历听众除收听文艺其他外，对小说/评书、地方戏曲和广播剧等节目的收听比重也较大（表4）。

表4 2016年不同目标听众对各类文艺节目的收听比重（%）

目标听众	小说/评书	地方戏曲	情感故事	综艺娱乐报道	广播剧	综艺晚会	电影/电视剧录音剪辑	文艺其他
播出比重（%）	15.82	8.81	9.64	1.04	1.61	1.02	0.10	61.96
收听比重（%）（10岁及以上所有人）	12.84	7.40	4.33	2.90	1.47	0.97	0.12	69.97
男	12.39	6.59	3.94	2.86	1.32	1.11	0.12	71.68
女	13.27	8.18	4.72	2.94	1.61	0.84	0.13	68.32
10～14岁	18.9	0.65	2.26	1.26	1.75	0.03	0.38	74.77
15～24岁	11.81	3.21	6.01	3.07	0.70	0.25	0.19	74.76
25～34岁	5.25	4.62	4.05	2.61	0.61	1.00	0.13	81.72
35～44岁	9.87	2.73	4.37	4.97	0.50	0.24	0.21	77.12
45～54岁	15.80	3.20	6.04	3.87	1.19	0.14	0.04	69.72
55～64岁	17.57	13.30	2.28	1.67	3.05	1.00	0.10	61.03
65岁及以上	17.66	19.20	3.41	0.85	3.03	3.27	0.05	52.54
未受过正规教育	12.75	27.20	1.03	0.01	16.28	0.07	0.00	42.66
小学	17.18	12.74	1.66	1.83	1.32	1.12	0.25	63.89
初中	14.55	8.23	6.57	4.30	1.57	1.05	0.16	63.57
高中	14.25	7.90	3.38	1.41	1.83	0.61	0.10	70.53
大学及以上	9.40	4.89	4.04	3.46	0.75	1.23	0.09	76.15
干部/管理人员	12.63	0.74	2.49	1.80	0.25	0.01	0.09	81.99
初级公务员/雇员	7.46	5.93	4.48	3.05	0.85	0.79	0.11	77.33
个体/私营企业人员	9.24	1.83	3.82	1.95	0.38	0.23	0.20	82.35
工人	15.15	2.74	6.87	5.66	1.12	0.17	0.20	68.08
学生	11.75	2.82	8.24	2.00	1.23	0.36	0.16	73.43
无业	16.57	14.95	2.78	1.83	2.75	2.02	0.07	59.03
其他	28.04	1.10	0.45	9.37	0.71	0.81	0.02	59.49

数据来源：CSM媒介研究

表中数据根据有节目监测的频率计算。

2. 典型节目收听表现

（1）广东广播电视台音乐之声（FM99.3）《天生快活人》（周一至周五，12:30～14:00）

广东广播电视台音乐之声（FM99.3）的《天生快活人》节目创办于1998年10月，是一档融知识性、趣味性、娱乐性于一体的电台游戏节目，首创全国第一个全数码户外直播室，开创了“看得见的广播”。

节目采取名嘴主持+明星嘉宾/城中红人+听众互动游戏的方式，特别策划各式极富创意、生动有趣、贴近民众现实生活的游戏环节，并以大量丰富精美的礼品吸引听众。主持人通过贴近潮流、草根味浓郁、搞怪幽默的演绎手法，把快活精神传递给广大听众。

“互动”是《天生快活人》节目天生的基因，从最初只有电话连线互动，而后发展到手机短信，再到户外直播室的现场观众，最后再到网络时代的QQ、网页聊天室、微博、微信、音频网络直播、视频网络直播，不断更新互动方式。

目前《天生快活人》无论是在电台直播时段还是在非直播时段，都会通过网络和听众发生不同程度的联系。在电台直播时段，电台主要通过微信订阅号、微博、视频直播软件、音频直播软件与听众进行交流；在非直播时段，电台首先将节目的音频和视频加工剪辑成不同长短的声音产品、视频产品，发布到不同的平台，增加社会大众接触节目的几率，其次，节目主持人会创作一些节目以外的产品，例如原创歌、原创Rap、爆笑视频、广播剧等，在节目的官方网站、微博、微信发布，以吸引不同口味、不同层次、不同喜好的受众，从而扩大节目的知名度与影响力。

作为对广东音乐之声（FM99.3）收听贡献较大的王牌节目，《天生快活人》的市场竞争力也较强，约占同时段18%的市场份额（图10）。

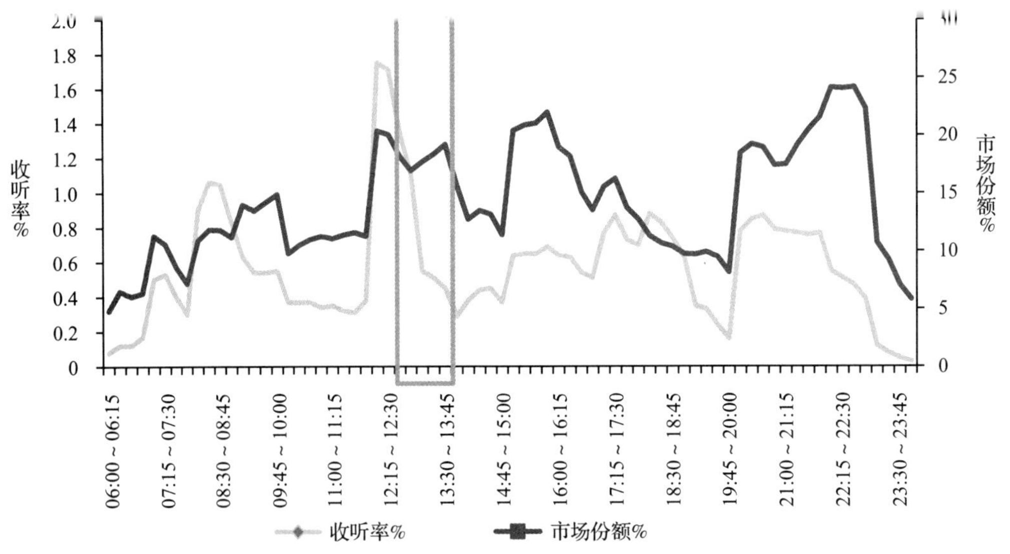

数据来源：CSM媒介研究

图10　2016年广东广播电视台音乐之声（FM99.3）全天收听率及市场份额走势（周一至周五）

女性、25～54岁、高中和大学及以上、工人、初级公务员/雇员人群构成了《天生快活人》的主体受众群，而喜爱收听该节目的则是女性、10～14岁、25～54岁、小学和大学及以上学历、干部/管理人员、初级公务员/雇员和工人群体（图11）。

除线上互动外，《天生快活人》节目的线下活动也丰富多彩。一是依托全台的“大爱有声”公益活动（“大爱有声”是广东广播电视台各部门共同主办的汇聚公益力量的公益平台）组织了一系列活动，例如3月12日植树节前后组织“绿色公益环保意识”植树大行动，到不同的地方植树、吃农家菜、亲近大自然；六一儿童节前后、中秋节前后，或不定时地与社会上的慈善团体、爱心企业合作举办公益活动，到盲人学校、特殊教育机构、社会福利院、老人院等地方探望儿童、慰问老人，送去爱心和温暖及节日的问候，并送上节目礼物。二是到不同城市举办节目主持人见面会、明星见面会、跨年倒

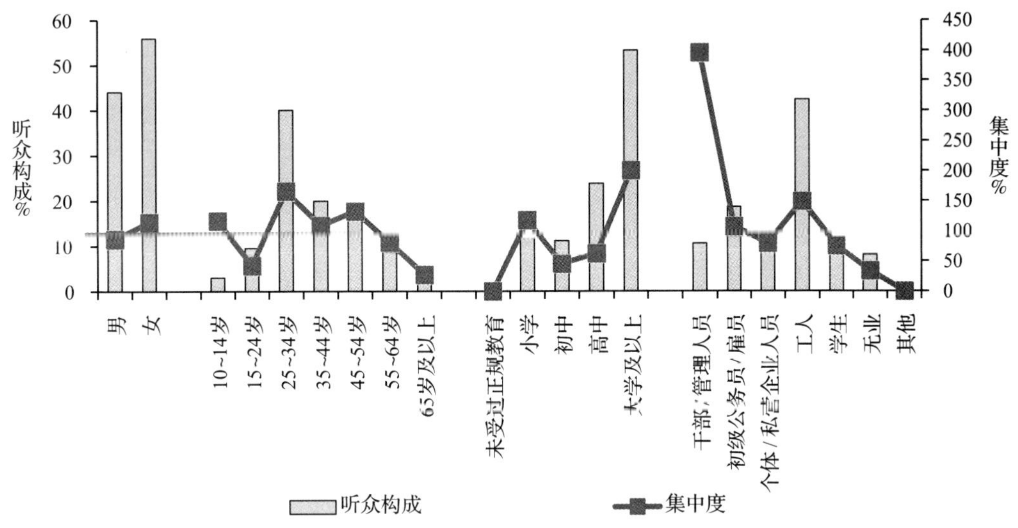

数据来源：CSM 媒介研究

图 11 2016 年《天生快活人》听众构成及集中度

计时晚会等演出活动。三是粉丝聚会活动，例如林颐请食饭、烧烤、看电影、做蛋糕、制作月饼，打保龄球、羽毛球、乒乓球等。另外，从 2013 年开始，除常规的线下活动外，为吸引 e 世代的年轻人，节目还增加了丰富多样的网上活动和网上游戏，例如：手游大赛、网游大赛、集赞比拼、微博拍摄比赛和微信语音比赛等，其参与人数和活跃度、关注度越来越优于传统的线下活动。

（2）广州交通电台（FM106.1）《一路开心》（周一至周五，17:00～19:00）

广州交通电台（FM106.1）的《一路开心》是一档晚高峰娱乐互动节目，为下班途中的人们营造开心轻松、贴心的方程式："更快、更准、更专业"的路况资讯＋一堆新旧金曲＋开心的节目氛围＝《开心车路事》。

节目每天选定一条新闻，由节目助理马路双 sing 以趣味小剧场的方式演绎，在最后提炼出当日节目的互动话题，邀请听众通过微信参与讨论，并从中选出听众送出互动礼品；此外，节目每天设置不同的互动游戏，听众通过微信最快过关即可获得奖品；每半小时的节目中还固定设有"好新搜"环节，为听众提供当日的新奇趣闻，以丰富节目的资讯性。

从近 3 年的收听走势来看，《一路开心》无论是在听众数量上还是在听众人均收听时长上均有较好的发展，无论是在本频率还是在整体收听市场中均具有较强的竞争力（图 12～13）。

《一路开心》定位于都市上班族中的有车一族，在收听该节目的听众中，以男性、25～44 岁、高中和大学及以上、初级公务员/雇员、个体/私营企业人员、工人群体为主；而重度听众则是男性、25～44 岁、高中和大学及以上、初级公务员/雇员、个体/私营企业人员（图 14）。

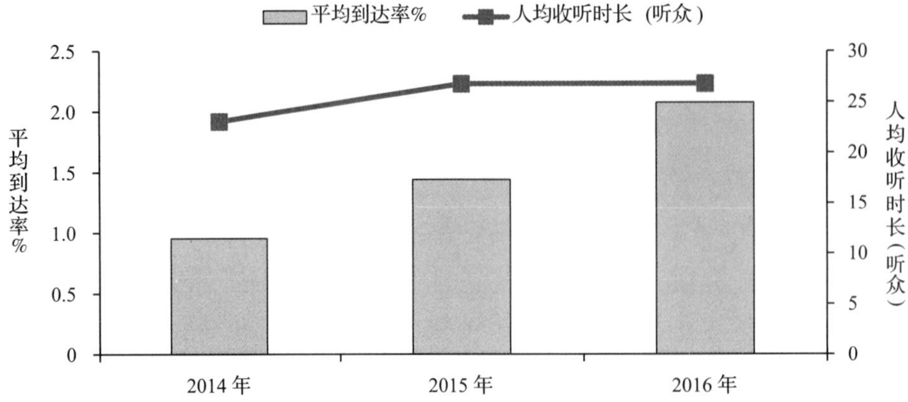

数据来源：CSM 媒介研究

图 12　2014～2016 年《一路开心》平均到达率（%）和人均收听时长（听众）

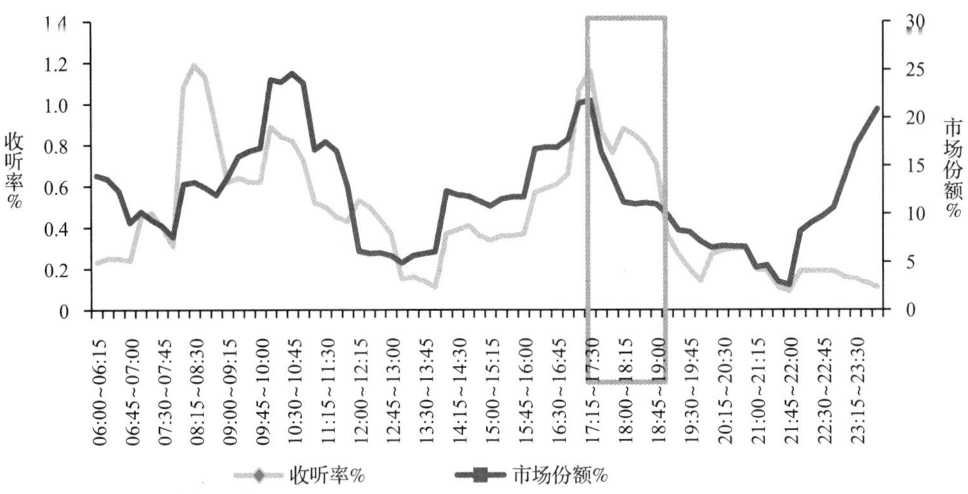

数据来源：CSM 媒介研究

图 13　2016 年广州交通电台（FM106.1）全天收听率（%）及市场份额走势（周一至周五）

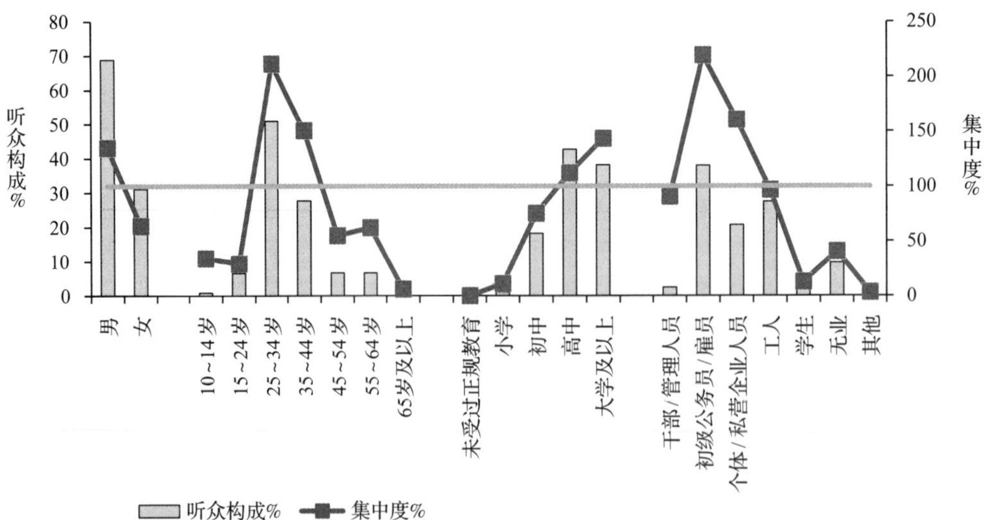

数据来源：CSM 媒介研究

图 14　2016 年《一路开心》听众构成（%）及集中度（%）

五、结语

综上所述，文艺类频率2016年的市场份额为9.4%，在市场竞争中仍居第四位，但竞争力逐年下降，是降幅较大的频率类型，听众规模和人均收听时长双降。在收听场所方面，听众主要“在家”收听文艺类频率，在其下降的影响下，虽然“车上”收听略有上升，整体仍以下跌为主。文艺类频率的听众以女性、45岁及以上、初中/高中、月收入2501元及以上的人群为主。在技术推动的互联网浪潮中，广播人已经以众多例子证明，新媒体虽然对其受众有分流作用，但也可以为传统媒体所利用，相互引流，重点在于广播人是否敢于尝试并摸索出一套适合自己的应用方式。

（作者：何庆金）

2016 年都市生活类频率收听状况分析

2010 年中国上海世博会主题“城市，让生活更美好”让人们把更多的目光聚集于城市发展。随着当今城市建设的日益加快，在城市生活的人们对身边的新闻、交通、娱乐等资讯的需求也在日益增长，这些都为都市生活类频率的发展提供了新的机遇和更广阔的空间。本文主要依据 CSM 媒介研究 2016 年全国 36 城市[①]收听率调查数据，对都市类生活频率 2016 年的收听状况进行简要回顾。

一、都市生活类频率整体收听概况

1. 听众规模逐年缩小

近 3 年来，都市生活类频率的听众规模（到达率）呈现逐年缩小之势，所有场所的听众到达率从 2014 年的 25.0% 下滑至 2015 年的 22.7%，再下滑至 2016 年的 21.9%，3 年之间共下滑了 3.1 个百分点。以 36 城市 3 年平均推及人口约 9500 万人推算，3 年之

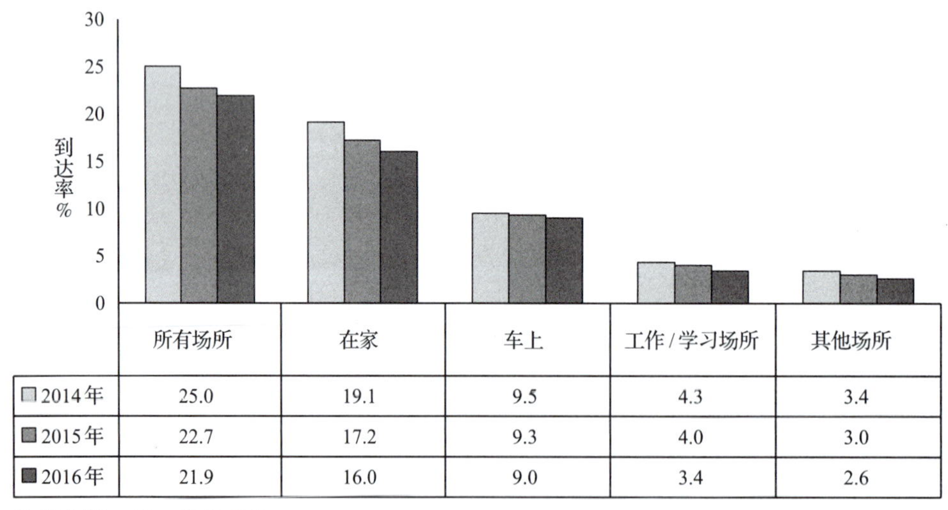

	所有场所	在家	车上	工作/学习场所	其他场所
2014年	25.0	19.1	9.5	4.3	3.4
2015年	22.7	17.2	9.3	4.0	3.0
2016年	21.9	16.0	9.0	3.4	2.6

数据来源：CSM 媒介研究

图 1　2014～2016 年都市生活类频率不同场所听众到达率（%）

① 本文中涉及历年对比数据时所用城市组合为各年城市组合，2016 年数据所用城市组合为 2016 年 36 城市组合。

中共有近300万的听众流失。从不同场所听众规模的变化来看，各个场所都呈现下滑趋势，收听主要场所“在家”的听众规模下降最多，2016年到达率为16%，相比2014年的19.1%下滑了3.1个百分点；“车上”和“工作/学习场所”的到达率相比2014年分别下滑了0.5个和0.9个百分点，“其他场所”下滑了0.8个百分点（图1）。

2. 人均收听量下滑，主要收听人群下滑明显

与听众规模发展态势趋同，都市生活类频率人均收听量同样也呈现出下滑态势。2016年都市生活类广播人均每日收听时长为5.6分钟，相比2015年和2014年分别下滑了0.2分钟和0.7分钟。分目标人群来看，大多数目标人群的人均收听时长都呈现逐年下滑态势。相比2015年，2016年15～24岁、35～44岁、65岁及以上、小学及以下和高中及以上学历听众的收听时长均有所下滑，其中重度听众65岁及以上和小学及以下听众的人均收听时长下滑最为明显，分别下滑了1.5分钟和1.2分钟；45～54岁听众的人均收听时长相比2015年均略有提升（图2）。

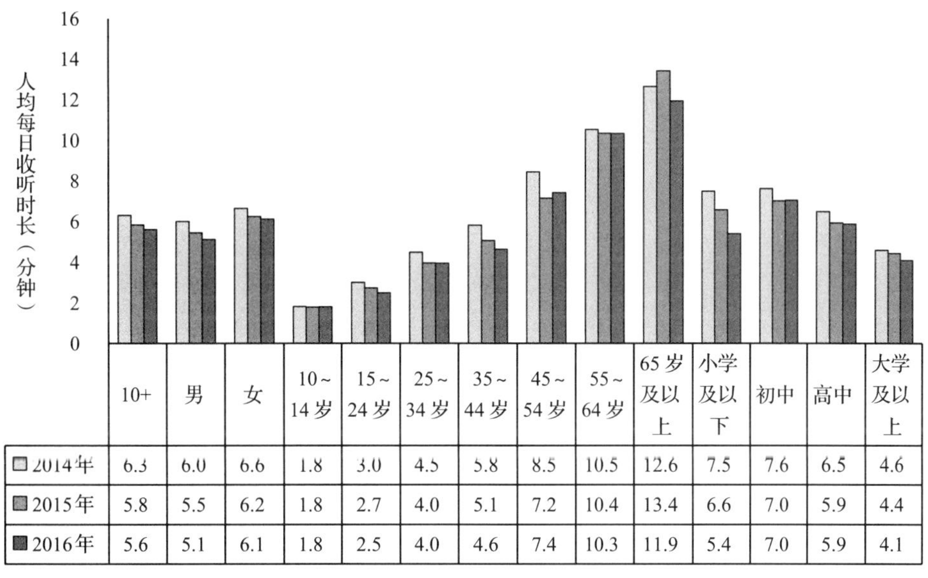

	10+	男	女	10～14岁	15～24岁	25～34岁	35～44岁	45～54岁	55～64岁	65岁及以上	小学及以下	初中	高中	大学及以上
2014年	6.3	6.0	6.6	1.8	3.0	4.5	5.8	8.5	10.5	12.6	7.5	7.6	6.5	4.6
2015年	5.8	5.5	6.2	1.8	2.7	4.0	5.1	7.2	10.4	13.4	6.6	7.0	5.9	4.4
2016年	5.6	5.1	6.1	1.8	2.5	4.0	4.6	7.4	10.3	11.9	5.4	7.0	5.9	4.1

数据来源：CSM媒介研究

图2 2014～2016年都市生活类频率不同目标人群人均每日收听时长（分钟）

3. 工作日人均收听时长高于周末

从2016年36城市都市生活类广播频率所有场所不同周天人均收听时长对比来看，周一收听表现相对最好，人均收听时长为5.9分钟；周三其次，为5.8分钟，周四和周五的人均收听量基本持平，在5.7分钟左右；周二受到部分广播台常规设备检修的影响，人均收听量有较大下滑，人均收听时长在5.5分钟左右，周六和周日更低，分别为5.3分钟和5.4分钟。都市生活类频率工作日整体人均收听时长为5.7分钟，比周末高0.4分钟（图3）。

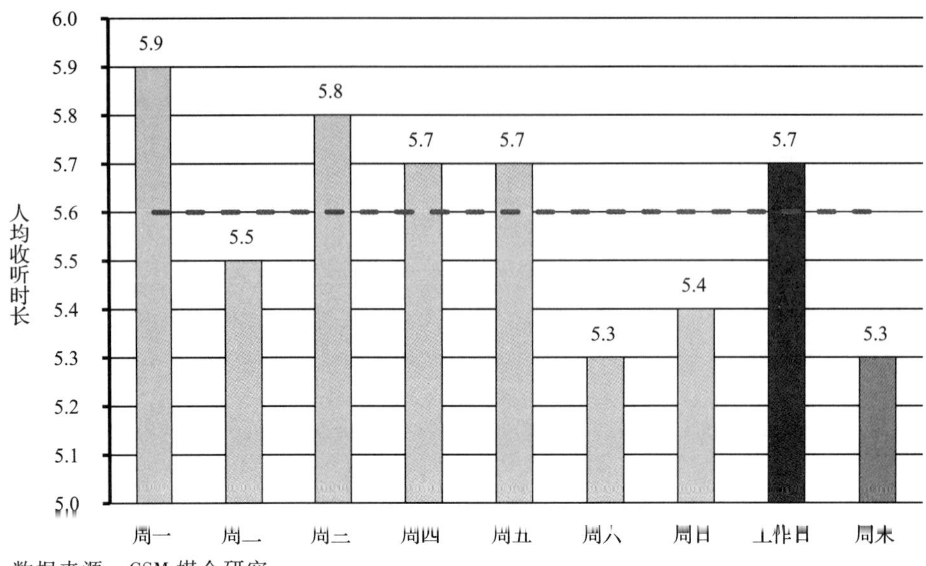

数据来源：CSM 媒介研究

图 3　2016 年都市生活类频率不同周天人均收听时长对比

4. 工作日早高峰早于周末，周末收听峰值较工作日突出

2016 年都市生活类频率工作日与周末的全天收听走势大致相似，全天有多个收听高峰出现，收听最高峰值均出现在早间时段。工作日全天收听最高峰出现在早间 7:00～10:00 时段，全天收听率最高峰值为 0.87%；早间 6:00～9:00、午间 12:00～13:00 和下午 17:00～19:00 时段，工作日收听表现均高于周末。相比工作日，周末早间收听高峰时段出现较晚，大约在 8:00 之后收听率开始拉升，上午 9:00～11:00 时段收听表现优于工作日，全天收听率最高峰值为 0.97%，其他时段的收听表现大多低于工作日（图 4）。

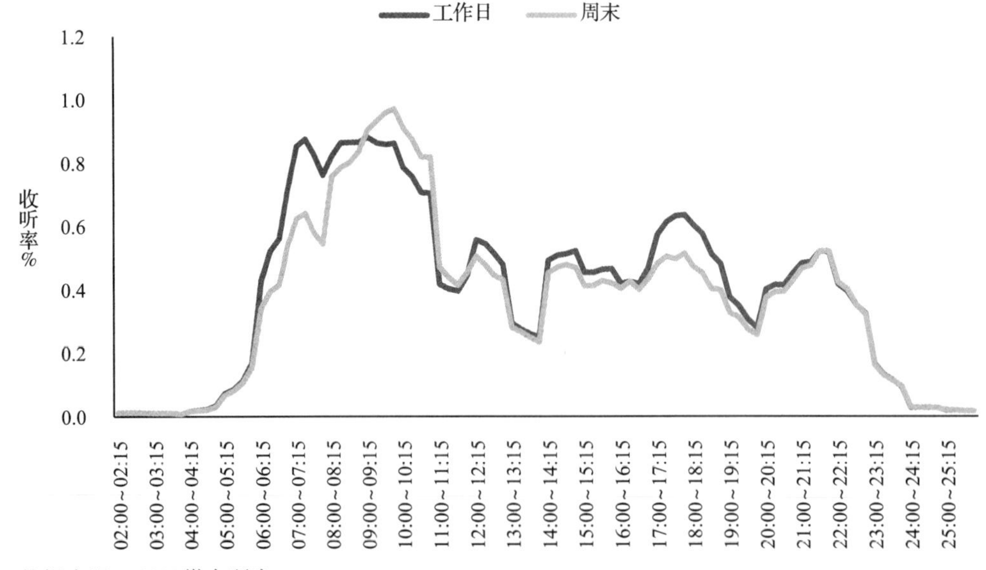

数据来源：CSM 媒介研究

图 4　2016 年都市生活类频率工作日与周末收听率走势对比

二、都市生活类频率市场竞争表现

1. 都市生活类频率市场份额稳居第五位

从各类专业频率所占市场份额对比来看，新闻综合类、交通类、音乐类频率竞争表现强势，以较大幅度领先于市场，和其他类别频率相比优势明显。都市生活类广播频率虽不如前3类频率竞争表现得那么强势，但其所占市场份额仍保持在第五位（图5）。

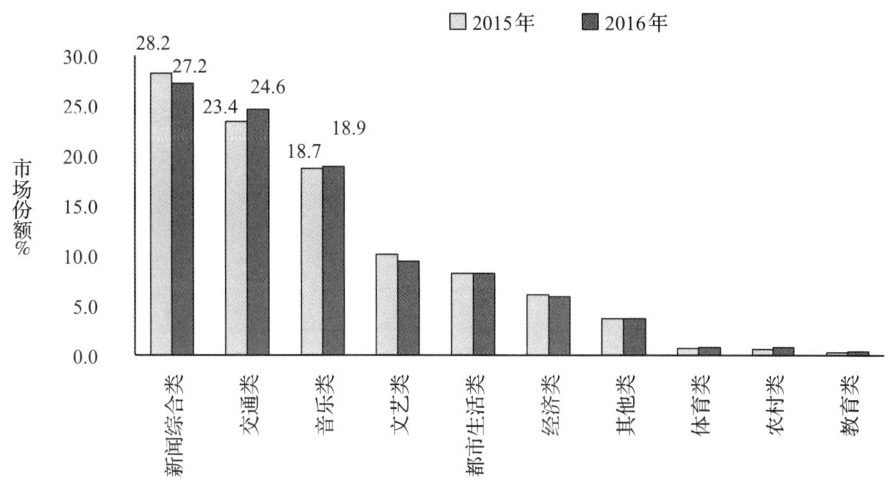

数据来源：CSM 媒介研究

图5　2015～2016 年广播收听市场各类专业频率市场份额（%）对比

2. 都市生活类频率在车载广播收听市场竞争中表现更好

2016 年都市生活类频率在所有场所的市场份额为 8.16%，在所有专业类频率中排名第五。竞争力最强的前 3 类频率依然是新闻综合类、交通类和音乐类频率，文艺类频率排名第四。从各类别频率在不同场所的竞争力对比来看，竞争格局与在所有场所有一定的差异，其中都市生活类频率在车载收听市场中竞争力相对较强，以 5.91% 的市场份额超过文艺类频率，排名第四位，在与除三大主要频率外的其他类别频率竞争中优势更为明显（表1）。

表1　2016 年各类频率在不同收听场所所占市场份额（%）对比

频率	所有场所	在家	车上	工作/学习场所	其他场所
新闻综合类	27.25	34.08	11.05	24.28	32.90
交通类	24.60	14.12	52.04	20.55	14.89
音乐类	18.90	16.73	20.49	29.00	25.16
文艺类	9.40	11.82	4.13	8.00	8.07
都市生活类	8.16	9.24	5.91	7.54	6.69
经济类	5.90	7.17	2.96	5.56	5.80
其他类	3.75	4.45	2.33	2.65	4.12
体育类	0.84	0.85	0.75	1.04	1.03
农村类	0.80	1.04	0.27	0.70	0.82
教育类	0.40	0.49	0.09	0.69	0.51

数据来源：CSM 媒介研究

3. 都市生活类频率全天市场份额走势较为平稳，与文艺类频率竞争激烈

各类频率在全天不同时段的竞争表现各有不同，新闻类、交通类和音乐类频率全天大多数时段的竞争力都领先于其他类别的频率，新闻综合类频率早间和晚间时段竞争力强劲，其他多数时段也表现出较强的竞争力；交通类频率在早间和晚间出行时段表现强势；音乐类频率则在午间至晚间时段都表现突出。相比之下，都市生活类频率的市场份额全天走势比较平稳，全天多数时段与文艺类频率竞争较为激烈，上午09:00～11:00时段和晚间21:00以后时段竞争力较强；其他类别的频率全天竞争走势整体低于都市生活类频率，竞争力相对较弱（图6）。

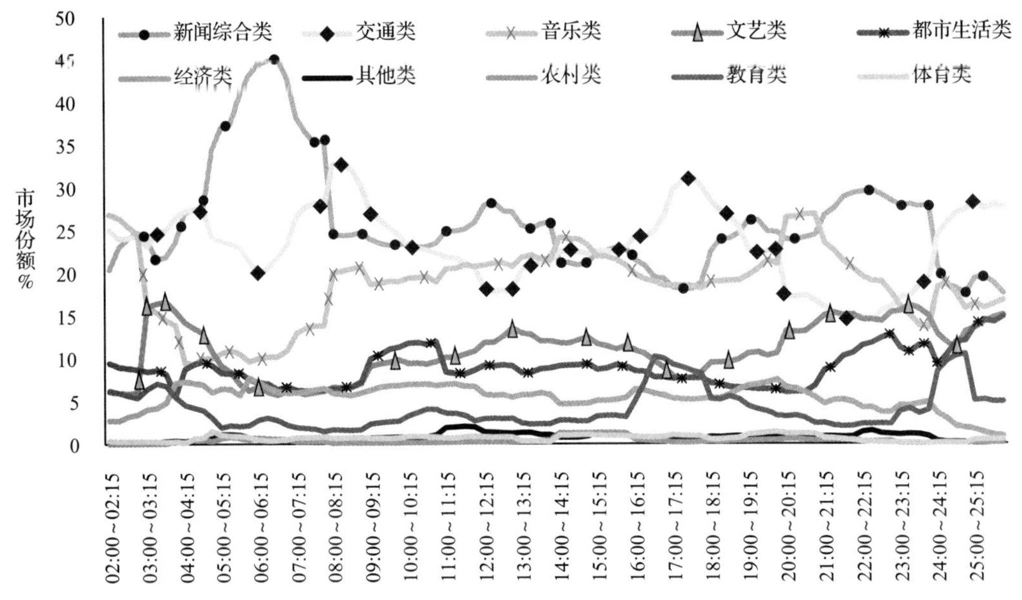

数据来源：CSM媒介研究

图6　2016年各类频率全天市场份额（%）走势对比

三、都市生活类频率受众特征

1. 中老年、中等学历、中等收入听众收听热衷度更高

从听众构成来看，2016年都市生活类频率的女性听众构成比例高于男性，25岁及以上人群分布较为平均，初高中和大学及以上学历为主要收听人群，月收入1501～5000元的听众人群占主体。从听众集中度来看，女性、45岁及以上、小学及高中学历、月收入501～5000元的听众人群对都市生活类频率更为喜爱和热衷，其中55岁及以上和月收入1501～2500元的听众人群收听喜好表现得最为明显（图7）。

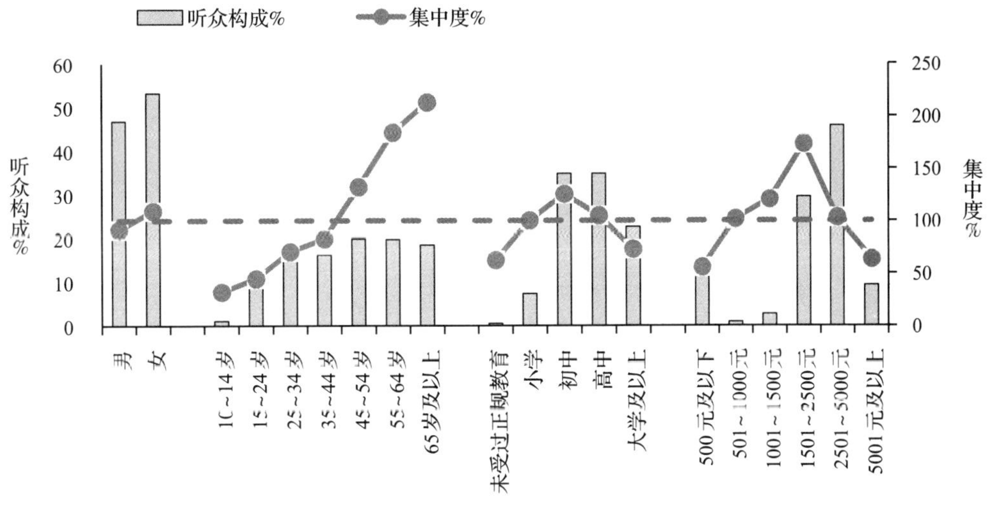

数据来源：CSM 媒介研究

图 7 2016 年都市生活类频率听众构成（%）及集中度（%）

2. 不同收听场所重度收听人群各有差异

从各类听众在不同场所收听都市生活类频率的热衷度对比来看，在性别方面，男性在车载市场的收听热衷度更高，而女性更喜好“在家”收听；在年龄层面上，25~44 岁中青年上班族人群在“车上”的收听热衷度更高，“工作/学习场所”的主要热衷人群为 35~64 岁中老年人群，“在家”收听的热衷度与听众年龄基本成正比，45 岁及以上人群“在家”收听的喜好尤为突出；在受教育程度方面，未受正规教育者在“其他场所”收听的偏好更为突出，初中及小学学历听众更倾向于“在家”收听，高中、大学及以上文化程度听众更喜好在“车上”收听；在个人月收入方面，中低收入者“在家”集中度更高，收入越高，“车上”收听的喜好表现得越为明显，5001 元及以上月收入者“车上”收听的喜好表现得最为突出（图 8）。

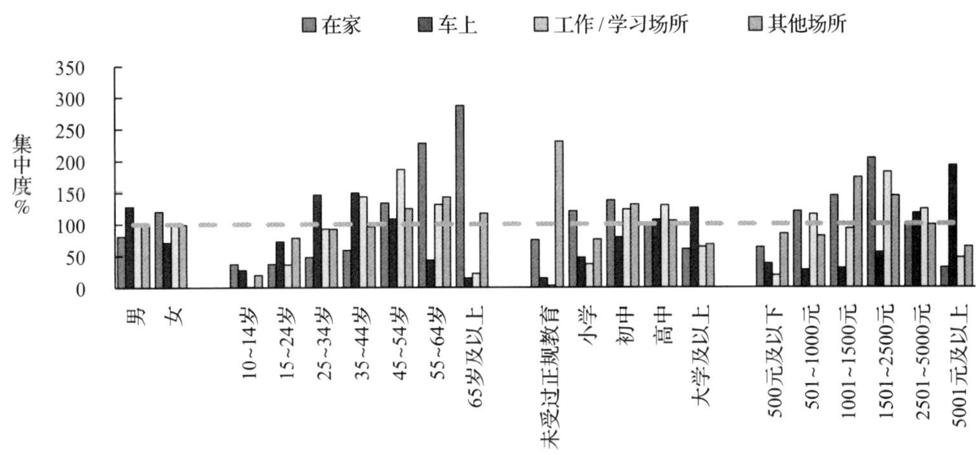

数据来源：CSM 媒介研究

图 8 2016 年都市生活类频率不同场所听众集中度（%）对比

3. 高龄目标听众收听表现更好

从都市生活类频率不同目标听众人群的收听率表现来看，女性听众的收听表现优于男性；听众的收听率与其年龄成正比，年龄越大收听表现越好，65岁及以上听众收听表现最为突出；小学至高中学历听众收听表现较好，初中学历听众收听表现最佳；月收入1501~2500元的听众收听率最高；无业以及退休人员收听表现最为突出，学生收听表现最差，其他各类职业人群的收听水平差异不大（表2）。

表2 2016年都市生活类频率在不同目标人群中的收听率（%）

目标听众		收听率%	目标听众		收听率%
10岁及以上		0.39	个人月收入	没有收入	0.20
性别	男	0.36		1~500元	0.46
	女	[illegible]		501~1000元	[illegible]
年龄	10~14岁	0.13		1001~1500元	0.48
	15~24岁	0.17		1501~2500元	0.68
	25~34岁	0.27		2501~5000元	0.39
	35~44岁	0.32		5001元及以上	0.24
	45~54岁	0.52	职业类别	干部/管理人员	0.25
	55~64岁	0.72		初级公务员/雇员	0.27
	65岁及以上	0.83		个体/私营企业人员	0.37
教育程度	未受正规教育	0.24		工人	0.37
	小学	0.39		学生	0.12
	初中	0.49		无业（包括退休人员）	0.73
	高中	0.41		其他	0.35
	大学及以上	0.28			

数据来源：CSM媒介研究

四、都市生活类频率在不同地区的收听表现

1. 东北地区城市收听表现突出

从不同地区都市生活类频率人均收听时长来看，2016年该类频率在全国36个城市的平均人均收听时长为5.6分钟，不同城市人均收听水平存在较大差异。36个城市中，有12个城市都市生活类频率的收听表现在平均值以上，东北地区的都市生活类频率收听表现突出，有3个城市都市生活类频率的收听水平高于36城市平均值。沈阳地区的都市生活类频率收听时间最长，人均收听22.1分钟；哈尔滨紧随其后排名第二，人均收听20.3分钟；长春地区排名第十二，人均收听时长6.4分钟。西安、福州、杭州、南京、泉州、太原、乌鲁木齐、天津、南宁等城市的都市生活类频率的收听表现也均高于平均水平（图9）。

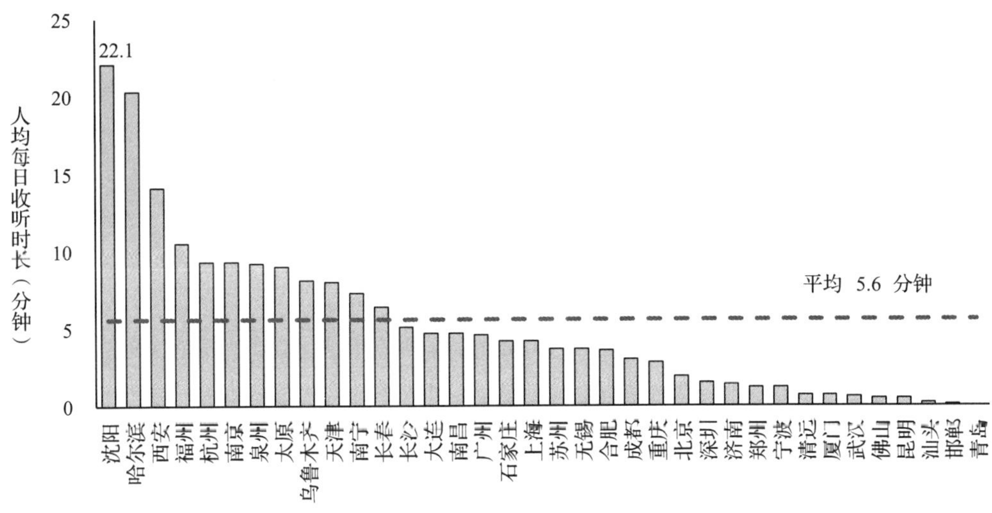

数据来源：CSM 媒介研究

图 9　2016 年都市生活类频率在不同城市的人均收听时长（分钟）

2. 都市生活类频率在多数城市的收听竞争中不占优势

2016 年，都市生活类频率在不同城市收听表现各不相同，在多数城市的收听竞争中并不占优势，但其中也有一些频率表现强劲，在当地市场竞争力突出。湖南金鹰 955（FM95.5）、福建 987 私家车广播（FM98.7）、黑龙江广播 97 爱家频道（FM97.0）、杭州私家车 107 城市之声（FM107）、广西私家车 930（FM93.0）、泉州广播电视台刺桐之声（FM105.9）、辽宁广播电视台都市广播（FM92.1/AM1341）、山西广播电视台健康之声广播（FM105.9）、新疆人民广播电台城市广播私家车调频（FM92.9）、陕西广播电视台都市广播（FM101.8/AM1008）和郑州广播电台都市广播汽车调频（FM91.2）等频率在当地的竞争中表现强劲，其市场份额都进入了当地频率的前 3 名，可与当地其他频率一争高下；其中陕西广播电视台都市广播（FM101.8/AM1008）表现尤为突出，在西安地区以 14.35% 的市场份额排名第一，引领当地收听市场。在成都、重庆、大连、南昌和苏州等地也均有都市生活类频率的市场份额排名冲进前 5 名，在当地也有相对较强的竞争优势（表 3）。

表 3　2016 年都市生活类频率在不同城市的市场份额（%）排名

城市	频率	当地市场份额排名	市场份额（%）	收听率（%）
北京	中央人民广播电台第四套节目都市之声	12	1.73	0.07
	北京城市广播（FM107.3/AM1026/CFM91.9）	16	0.80	0.03
	北京人民广播电台爱家广播（AM927/CFM92.7）	26	0.13	0.01
长春	吉林人民广播电台健康娱乐广播（FM101.9）	8	4.13	0.22
	吉林人民广播电台旅游广播（FM103.3）	17	0.59	0.03
长沙	湖南金鹰 955（FM95.5）	3	8.07	0.28
	湖南旅游频道（FM106.9）	12	2.30	0.08
成都	四川人民广播电台城市之音（FM102.6）	5	6.80	0.30
	四川人民广播电台旅游生活广播 i radio（FM97.0）	11	3.44	0.15
	中央人民广播电台第四套节目都市之声	28	0.06	0.00

续表

城市	频率	当地市场份额排名	市场份额（%）	收听率（%）
重庆	重庆人民广播电台都市频率（FM93.8）	4	9.00	0.20
大连	大连广播电视台第六套都市之声广播（FM99.1）	5	5.84	0.33
佛山	广东广播电视台城市之声（FM103.6）	16	0.53	0.03
	广东广播电视台南方生活广播（FM93.6/AM999）	19	0.20	0.01
福州	福建987私家车广播（FM98.7）	2	12.81	0.42
	福州人民广播电台左海之声（FM90.1）	11	4.80	0.16
	海峡之声汽车生活广播交通906（FM90.6）	12	4.64	0.15
	海峡之声都市阳光调频（FM99.6）	14	2.11	0.07
广州	广东广播电视台南方生活广播（FM93.6/AM999）	6	5.85	0.18
	广东广播电视台城市之声（FM103.6）	8	1.60	0.14
哈尔滨	黑龙江广播97频道（交通频道）（FM97.0）	[illegible]	[illegible]	[illegible]
	黑龙江生活广播（私家车频道）（FM104.5）	9	3.64	0.28
邯郸	中央人民广播电台第四套节目都市之声	13	0.26	0.01
杭州	浙江私家车107城市之声（FM107）	3	11.20	0.50
	FM104.5女主播电台（旅游之声）（FM104.5/AM603）	10	3.14	0.14
	杭州丽人广播（FM102.1）	17	0.10	0.00
合肥	安徽生活广播（FM105.5）	10	3.44	0.13
	安徽旅游广播私家车电台（FM106.5）	22	0.77	0.03
济南	山东广播电视台广播生活频道（FM105）	12	1.87	0.10
昆明	云南广播电视台香格里拉之声（FM99）	7	5.19	0.21
	中央人民广播电台第四套节目都市之声	19	0.77	0.03
南昌	江西旅游广播（FM97.4）	5	6.54	0.14
	江西民生广播（FM101.9）	7	5.92	0.13
	江西都市广播（FM106.5）	14	2.33	0.05
南京	江苏健康广播（AM846/FM100.5）	10	2.96	0.16
	江苏人民广播电台金陵之声（FM99.7）	11	2.83	0.15
	南京城市管理广播（AM1170/FM101.7）	19	0.87	0.05
	中央人民广播电台第四套节目都市之声	26	0.02	0.00
南宁	广西电台教育广播（私家车930）（FM93.0）	2	13.93	0.48
	南宁人民广播电台故事广播动感895（FM89.5）	12	0.83	0.03
	广西电台旅游广播（FM104.0）	13	0.72	0.03
宁波	浙江私家车107城市之声（FM107）	10	2.44	0.07
	上海东方都市广播899驾车调频（FM89.9/AM792）	16	0.28	0.01
青岛	青岛广播畅行952（FM95.2/AM1008）	6	4.73	0.24
清远	广东广播电视台南方生活广播（FM93.6/AM999）	13	1.08	0.03
	广东广播电视台城市之声（FM103.6）	20	0.56	0.02
	中央人民广播电台第四套节目都市之声	26	0.01	0.00
泉州	泉州广播电视台105.9刺桐之声广播（FM105.9）	2	15.57	0.53
	福建987私家车广播（FM98.7）	8	3.23	0.11

续表

城市	频率	当地市场份额排名	市场份额(%)	收听率(%)
厦门	厦门旅游广播(AM1008/FM94)	8	1.83	0.05
汕头	广东广播电视台城市之声(FM103.6)	10	0.24	0.01
	中央人民广播电台第四套节目都市之声	14	0.08	0.00
上海	上海东方都市广播 899 驾车调频(FM89.9/AM792)	6	7.15	0.18
深圳	宝安广播(FM90.5)	18	0.40	0.01
	广东广播电视台城市之声(FM103.6)	19	0.36	0.01
	龙岗区广播电台星光(FM99.1)	20	0.31	0.01
沈阳	辽宁广播电视台都市广播(FM92.1/AM1341)	3	15.89	1.09
	辽宁广播电视台生活广播(FM103.4/FM90.4/AM882)	8	6.49	0.45
石家庄	河北广播电视台旅游文化广播(AM603/1521/FM100.3)	13	2.68	0.15
	河北广播电视台生活广播(AM747/FM89)	14	2.38	0.13
	中央人民广播电台第四套节目都市之声	19	0.12	0.01
苏州	苏州广播电视总台生活广播(FM96.5)	5	5.57	0.25
	上海东方都市广播 899 驾车调频(FM89.9/AM792)	20	0.16	0.01
	无锡广播电视台都市生活广播(FM88.1)	35	0.01	0.00
太原	山西广播电视台健康之声广播(FM105.9)	3	10.58	0.63
天津	天津人民广播电台生活广播(FM91.1/AM1386)	6	8.04	0.54
	河北广播电视台生活广播(AM747/FM89)	17	0.14	0.01
乌鲁木齐	新疆人民广播电台城市广播私家车调频(FM92.9)	3	7.00	0.56
	新疆人民广播电台 924 民生广播(FM92.4)	11	2.55	0.20
无锡	无锡广播电视台都市生活广播(FM88.1)	7	5.77	0.25
	上海东方都市广播 899 驾车调频(FM89.9/AM792)	24	0.10	0.00
武汉	湖北省广播电视总台生活广播 auto radio(FM96.6)	13	1.52	0.05
西安	陕西广播电视台都市广播(FM101.8/AM1008)	1	14.35	0.93
	陕西都市快报广播版(FM99.9)	17	0.80	0.05
郑州	郑州广播电台都市广播汽车调频(FM91.2)	3	10.96	0.39
	郑州人民广播电台(FM88.9/AM1008)	17	1.86	0.07

数据来源：CSM 媒介研究

五、典型都市生活类节目分析

1. 早晚出行高峰类节目：《私家车早上好》《速度生活》

播出频率：福建 987 私家车广播(FM98.7)

播出时间：周一至周五 7:00～10:00，周一至周五 17:00～19:00

节目类型：资讯综合，热线帮助

福建 987 私家车广播(FM98.7)成立于 2000 年，覆盖福建全省经济发达地区，其节目风格轻松活跃，致力于第一时间把握都市的节奏和脉搏，捕捉生活热点，刷新听众的听觉体验。该频率全天收听高峰以早晚出行高峰时段为主，其早间主打栏目《私家车早上好》开播于2011年6月，栏目定位为私家车上班路上的全程陪驾。从早间7:00到上午10:00，栏目各大版块如新闻资讯、麻辣点评、即时路况、购物信息、微博互动等环节交替穿插，更有城市音乐和其他优质节目等加盟其中，打造了一个早间时段的全方位资讯综合平台，吸引了大量听众在早间及上午时段倾听，拉起了全天第一波收听高峰。作为典型的早晚出行高峰类频率，福建987私家车广播（FM98.7）晚出行高峰时段主打栏目《速度生活》同样表现强劲。该栏目于2004年5月在福建987私家车频率开播，是后续全国多档速度生活栏目的“旗舰店”。栏目开通了一个全新的听众热线互助平台，以听众问答为主要形式，两位主持人反应机敏，在与听众互动的环节妙语连珠，其新鲜的节目形式以及独特的主持方式吸引了大量听众。栏目在傍晚出行高峰时段开播，撑起了频率全天晚间的收听高峰（图10）。

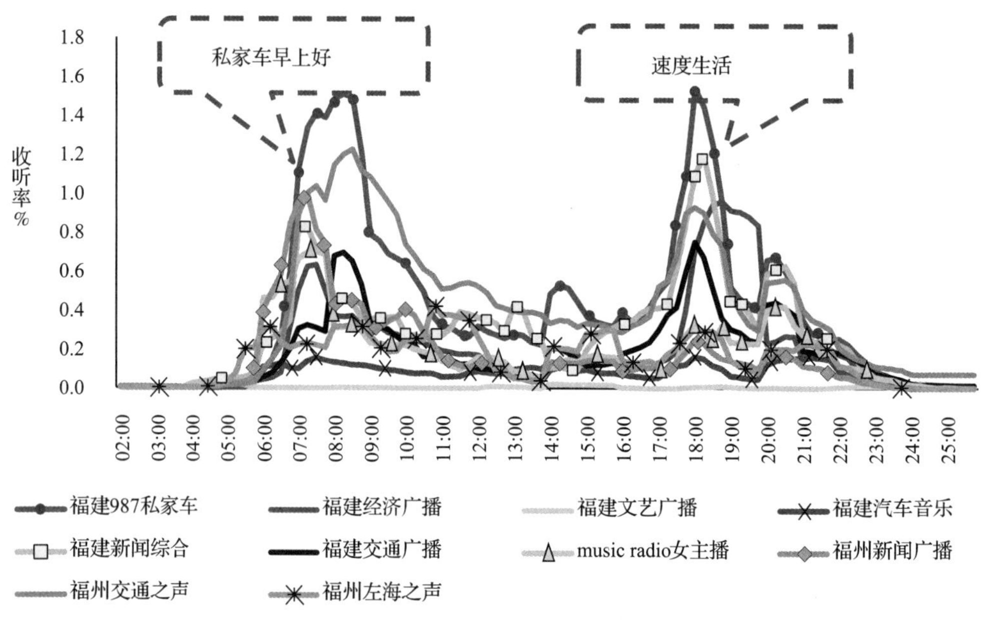

数据来源：CSM媒介研究

图10　2016年各频率在福州地区的全天收听率（%）走势

从听众集中度来看，两档节目的重度听众都是男性、25~54岁、本科及以上学历和高收入人群（表4）。栏目定位一致，都锁定了男性、中青年和高学历人群，听众属性高度重合。这些收听群体撑起了整个频率的收听表现和广告收益。

表 4　《私家车早上好》和《速度生活》听众集中度（%）对比

目标听众	私家车早上好	速度生活
男	124.2	129.9
女	74.3	68.3
10～14 岁	3.1	4.7
15～24 岁	37.1	20.7
25～34 岁	166.0	160.0
35～44 岁	146.1	182.4
45～54 岁	119.9	113.0
55～64 岁	56.5	29.8
65 岁及以上	10.3	11.1
小学及以下	13.5	49.9
初中	64.3	56.9
高中	92.3	68.1
大学及以上	170.4	193.4
500 元及以下	59.6	50.1
501～1000 元	11.5	0.0
1001～1500 元	14.8	0.0
1501～2500 元	51.9	18.6
2501～5000 元	98.2	112.7
5001 元及以上	202.3	200.4

2. 晚高峰类节目：《秦岭夜话》

播出频率：陕西广播电视台都市广播（FM101.8/AM1008）

播出时间：21:30～23:00

节目类型：情感夜话

陕西广播电视台都市广播（FM101.8/AM1008）于 2005 年开播，其前身为陕西广播新闻台，后改版为都市广播，主打节目之一《秦岭夜话》收听表现突出。该栏目是一档以解决情感、婚姻、家庭问题为主的都市夜话节目，主持人金荣以认真专业的态度以及过硬的分析问题、解决问题的能力，在每天的节目中为听众解答生活或者情感上的疑问，节目播出以来收听率快速上升，受到众多听众的信赖和关注，已经成为当地广播收听市场的标志性节目之一。

从 2016 年各频率在西安地区的全天收听率走势来看，白天大多数时段竞争激烈，多数频率之间处于胶着状态，多数频率收听率低于 2%。陕西广播电视台都市广播（FM101.8/AM1008）在白天时段收听表现比较平稳，与其他频率相比并不突出，晚间 21:00开始跃升，21:30 左右达到全天峰值，7.8%，直至 23:00 节目结束开始回落，节目收听所带动的晚高峰对频率自身乃至整个晚间收听市场都有突出的贡献（图 11）。

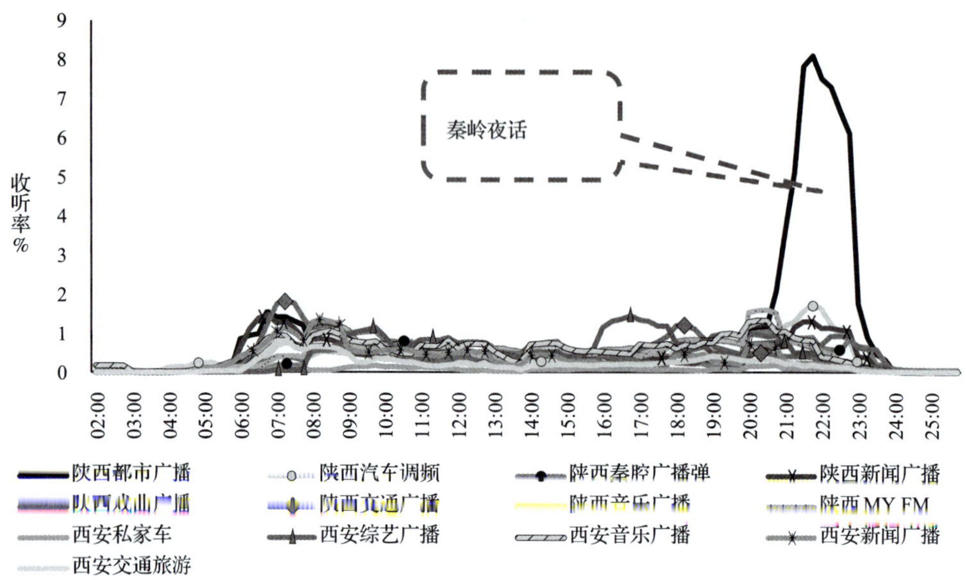

数据来源：CSM 媒介研究

图 11　2016 年各频率在西安地区的全天收听率（%）走势

从 2016 年节目分周市场份额走势来看，节目整体呈现上升趋势，第一季度平均市场份额在 13% 左右，到第四季度已经上升到 16% 以上，接近 17%（图 12）。节目播出以来在老听众继续的关注下，不断有新听众加入其中，使得节目的影响力更大、更广，市场竞争力更强。

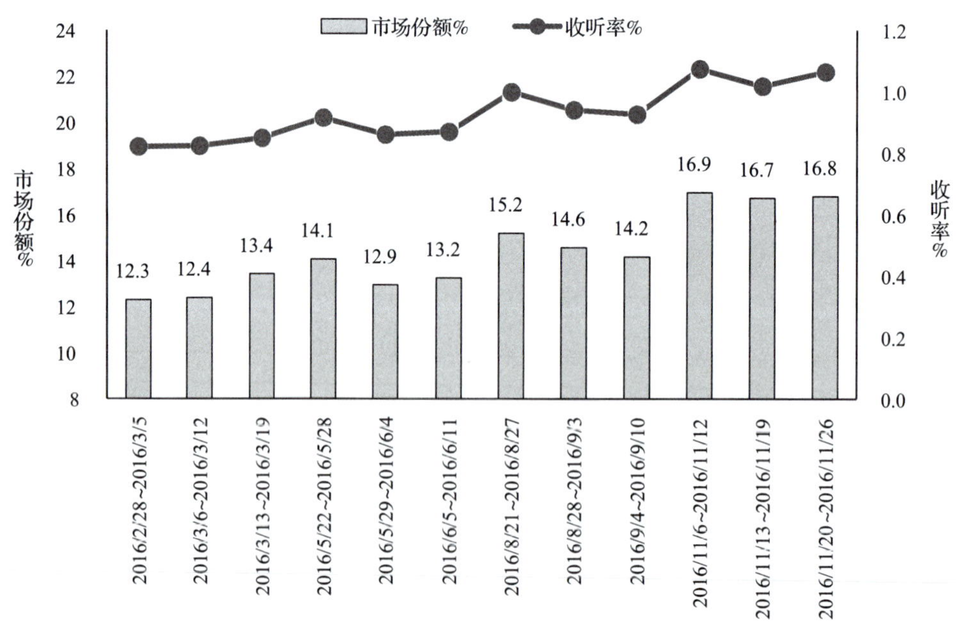

数据来源：CSM 媒介研究

图 12　2016 年《秦岭夜话》在西安地区分周市场份额（%）及收听率（%）走势

六、结语

纵观2016年广播收听市场，都市生活类频率仍以其节目内容多样性、资讯时效性和生活娱乐性吸引着大批听众，但与新闻综合类、交通类和音乐类这些定位更精确的频率相比仍有较大差距。随着互联网的发展以及新媒体技术的日益成熟，各种网络电台、移动端APP对听众的分流之势已不可逆转。但机遇与挑战总是并存的，新媒体时代下收看、收听、互动已经不能再拘泥于以前的形式，节目内容和表现形式也不能再以传统的思维去衡量。在新媒体时代，如何保持原有优势、拓宽传播渠道，才是广播这种传统媒体保持活力和持续发展所必须要思考的问题。

（作者：卢文钊）

2016年广播广告市场洞察

2016年，在传统媒体整体广告继续沿下行轨道滑落的背景下，广播广告的表现尚可谓亮眼。央视市场研究（CTR）媒介智讯的广告监测数据显示，2016年传统媒体整体广告额同比下降5.96%，只有广播广告额呈现同比增幅2.06%的态势。但这是不是就能说传统广播依然强大、后顾无忧呢？业内人士恐怕难以苟同。近几年来广播借助车载收听市场的蓬勃兴盛，斩获私家车带来的红利。但是，随着移动互联网的快速推进和对普通人群的深度渗透，用户的依赖性大幅度提升，广告主的青睐和投放更多地转向数字化渠道。这些因素消减了私家车带来的红利，同时也加剧了传统广播广告未来的不确定性和广播人的焦虑。

观察2016年整体市场情况，传统广播广告与新兴媒体广告也不能说是完全的一面倒的态势，而是呈现拉锯式的反复。本文基于CSM媒介研究收听率调查数据和央视市场研究（CTR）媒介智讯的广告监测数据，对2016年广播广告进行梳理和解读，以展现广播广告的生态图景。

一、“低成本、高利润”让黑电台屡禁不止

黑电台就像一个顽疾，在国家有关部门加大管控和打击力度的高压态势下，不但屡禁不止，2016年还有扩大蔓延之势。涉嫌违法的医疗保健用品广告在正规广播电台被取缔后，另辟蹊径，自架电台，不但影响了正规电台的正常播出，还造成大范围的辐射，严重影响了民航通讯甚至国家信息安全。由于有关部门持续不断的打击，不法分子也采取灵活多变的策略对付管控，化整为零，用小功率、易携带设备游走于街道、小区。暴利驱使不法分子们铤而走险，这种行为具有隐蔽性和流动性，并且黑电台的设备成本很低，涉案人员难以抓捕，按下葫芦浮起了瓢。即使人赃俱获，根据相关法规，处罚太低也是此类电台得以长期存在的一个重要原因。黑电台的存在，不但影响了正规电台的收听，对电台的美誉度也造成了很大的负面影响，而且在广告层面，黑电台扰乱市场秩序，冲击正规医药保健品市场，造成电台和患者的双输，但这种猫鼠游戏到底还要持续多久尚未可知。

二、稳定坚实的车载收听市场支撑广播广告营收

2016年继续延续2015年的收听发展态势，即在家收听市场继续持续性萎缩，车载收听市场保持稳定且有小幅上扬。传统广播收听市场近年来一直受到新兴媒体的冲击和挤压，2016年城市广播收听市场仍旧保持这种态势，“在家”的收听总量同比降幅达3.24%，而“车上”收听总量同比增长1.85%；其余场所的收听量仍呈现下降态势。比较收听市场中最主要的两个市场——“在家”和“车上”2015~2016两年的月度收听率走势可以看出，“在家”收听率下降的趋势明显趋缓，“车上”收听市场则一直比较稳定且有明显上扬的趋势（图1）。车载收听的红利也给了广告主信心，保证了广告的营收。

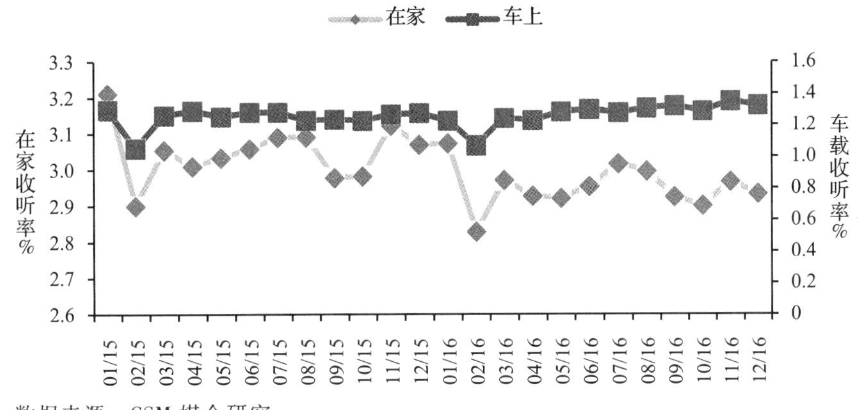

数据来源：CSM媒介研究

图1　2015~2016年“在家”和“车上”收听率（%）走势（全国26连续调查城市组①）

三、移动收听人群彰显广告投放价值

自从车载收听市场蓬勃发展以来，听众的区隔、分化就越来越明显，形成了两类主要的收听市场，2016年继续延续了这个现象。“在家”收听的听众，基本上以中老年、女性、受教育程度低、收入较少的退休人员为主；而在“车上”“工作/学习场所”中，则以男性、中青年、受教育程度高和收入较高的职业人群为主（图2）。“在家”及“车上”两个市场差异明显的听众群体吸引不同的广告，大量品牌硬广告更多地流向含金量更高的车载收听市场，而“在家”收听市场则基本上是医疗专题的天下，其影响的对象还是以中老年群体为主。部分城市的医疗专题有了转型和替代，除一线城市外，有些城市电台在分频的频率中大量开辟医药专题节目，但收听率不高，影响面有限。

① 考虑到数据的可比性，此处所用城市组合为2015~2016年能打通的26个全年连续调查城市的组合。

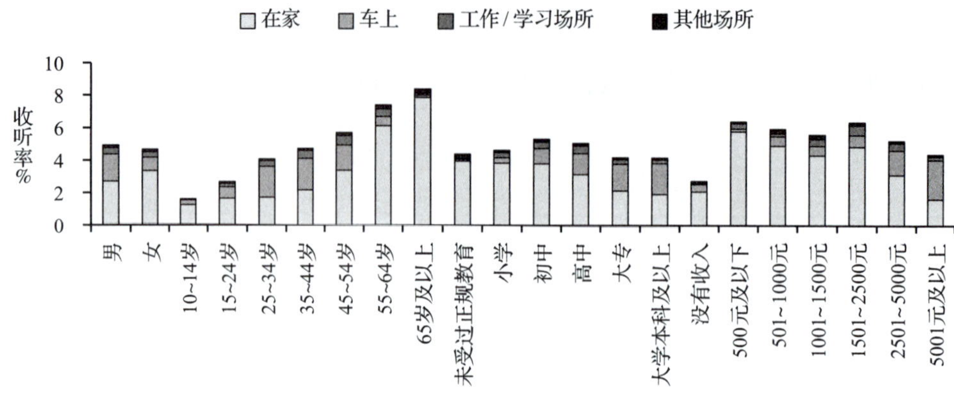

数据来源：CSM 媒介研究

图 2　2016 年全国 36 城市各目标听众在不同地点的收听率（%）

四、交通类、音乐类频率成为广告重要流向①

在 CSM 媒介研究进行收听率调查的全国 36 个城市市场中，定位于交通和音乐的频率收听表现出色。其中有 19 个城市的当地交通频率市场份额排名居首位，有 4 个城市的音乐类频率排名第一。在车载收听市场，交通类和音乐类频率收听表现更加出色，占据了超过 70% 的收听市场份额。近年来，随着城市化进程的快速推进，城市中有车家庭越来越多。开车一族多是有活力、有稳定收入、受教育程度高的社会中坚群体，而广告对产品目标消费群体的追逐具有天生的敏感性，因此移动收听中高含金量的听众自然便成为广告主不懈追逐的目标。所以在车载收听市场上斩获颇丰的交通类、音乐类频率在广告市场上同样成为广播电台广告额贡献最大的频率类型，大量品牌硬广告流向这两类频率。而“在家”收听占据优势的频率，如新闻类、文艺类频率则以嘉宾节目、健康保健品类节目等软性广告为主，也获得了不错的广告收益。具体到北京、上海、广州、深圳四大一线城市的广播广告情况，基本也是如此。

北京、上海、广州、深圳 4 个一线城市中各类频率的广告投放量在当地市场硬广告投放总量中所占的比重清楚地表明了交通类和音乐类频率对硬广告的吸引能力。2016 年 CTR/CSM 数据显示：北京的交通类和音乐类频率数量占当地频率总量的 29.00%，它们的广告投放量比重合计达 39.52%，广告收入占到 41.71%，收听比重更是高达 62.30%；上海的交通类和音乐类频率占频率总量的 43.00%，其广告投放量比重达 54.70%，广告收入达 42.00%，收听比重高达 60.60%；广州的这两类频率占频率总量的 35.00%，其广告投放量比重达 50.61%，广告收入达 51.20%，收听比重高达 62.76%；深圳的这两类频率占频率总量的 35.0%，其广告投放量比重达 47.39%，广告收入达 43.43%，收听比重更是高达 70.75%。综合来看，在 4 个一线城市中，交通类和音乐类频率占据已有广告监测频率总量 30% ~40% 多的水平，但是广告吸纳量却占据了当地硬广告总量的 40% ~55%，广告收入比重占到总量的 40% ~50% 多，收听效果更是

① 本部分所涉及的频率均为已有广告监测的频率；广告收入均按刊例价计算。

惊人，收听比重达到60%～70%的水平。定位于车载收听市场的频率凭借其在收听市场斩获的收听份额而建立起的优势竞争地位，成为其吸引更多品牌广告、获得更多广告投放的核心因素。

进一步洞察4个城市中交通类和音乐类频率所吸纳的广告品类，我们不难发现：4个城市有趋同的特征，但是又有差别。在交通类频率中，趋同的特征是在4城市中“商业及服务性行业”“交通”类广告都进入了投放量的前3名；不同的是广州、深圳两市的“金融业”投放量比重较突出，而北京的“活动类”较突出，上海的“邮电通讯”比较突出。在音乐类频率中，共同的特征也是“交通”类“商业及服务性行业”广告投放量基本处于靠前的位置，但各个城市又各具特色，北京、广州的“娱乐及休闲”占比也较高；上海的“邮电通讯”，深圳的“金融业”占比较大（表1）。4个一线城市中，无论是交通类频率还是音乐类频率，其投放量比重较大的广告类型都具有高度的趋同性，说明这些品类的广告主对这两类广播频率高度认同；同时，四大城市也具有各自的特点，这反映了不同城市同类频率吸纳广告能力的差异，也彰显了地域特征和频率重度听众特征的差异。

表1　2016年不同品类广告在四大一线城市交通类、音乐类频率的投放量比重（%）

品类	交通类频率				音乐频率			
	北京	上海	广州	深圳	北京	上海	广州	深圳
电脑及办公自动化产品	2.36	3.51	3.52	5.74	6.13	6.68	6.02	9.73
房地产/建筑工程行业	4.80	5.14	9.25	10.54	1.95	7.29	2.79	2.65
个人用品	0.55	～	0.18	0.18	0.84	1.07	0.56	0.40
工业用品	0.37	0.82	1.04	1.89	1.11	0.31	0.85	2.36
化妆品/浴室用品	0.05	0.00	0.10	0.01	0.30	0.61	0.22	0.21
活动类	11.21	4.82	2.35	2.35	8.26	8.28	6.58	6.33
家居用品	8.70	2.66	1.03	3.82	3.49	1.15	2.57	1.24
家用电器	0.51	2.20	3.35	1.82	0.21	1.09	0.56	0.28
交通	16.02	22.10	14.98	15.02	19.82	18.09	15.74	17.66
金融业	7.77	9.61	12.22	16.69	5.63	9.70	3.73	12.57
酒精类饮品	3.42	2.53	1.83	0.75	0.43	1.06	0.36	0.31
农业	0.84	～	0.04	0.04	0.06	～	0.01	0.01
清洁用品	～	～	～	～	～	～	0.06	0.06
商业及服务性行业	14.13	13.29	15.19	7.93	11.73	10.45	21.27	15.18
食品	3.26	1.71	5.22	6.90	5.24	5.04	5.22	5.71
药品	～	～	0.01	～	～	～	～	～
烟草	1.74	～	5.23	4.93	1.53	0.65	1.69	1.67
衣着	0.02	0.00	～	～	0.00	0.02	～	0.01
饮料	1.96	2.49	2.45	1.99	3.31	3.41	1.99	5.28
邮电通讯	10.02	18.71	4.82	6.61	11.71	14.46	11.27	7.06
娱乐及休闲	7.88	8.88	10.71	6.25	16.21	9.73	14.74	9.06
杂类	4.41	1.53	6.49	6.54	2.03	0.92	3.77	2.21

注：“杂类”中不包含“免费项目”和“公用事业”项。

数据来源：央视市场研究（CTR），CSM媒介研究

品牌广告主把移动收听人群（主要是私家车主）作为主要目标，而数量庞大的以“在家”收听为主的听众则成为大量嘉宾节目、医疗保健品节目等软性广告瞄准的目标听众群体。这些以“在家”收听为主的频率类别主要有：新闻综合类、文艺类（小说、故事、评书、相声、戏曲等）、经济类、农村类等，这些频率一直也是广播电台广告创收的重要平台。但近几年由于政府加强了管控力度以及电台本身的自律性加强，大量医疗保健品广告节目退出了广播广告市场。这虽然对电台的经营造成了一定程度的影响，但也促使不少电台转变经营思路，启动转型，开辟多元渠道，获益匪浅。

硬广告并未远离以“在家”收听为主的频率，通过分析投放到四大一线城市新闻综合类频率的硬广告便可窥一斑。在四大城市的新闻综合类频率中，2016 年数据显示，“金融业”“药品”在 4 个城市中也跻身于投放前三甲之列。除了具有共性外，每个市场还各具特色。北京市场中，投放新闻综合类频率的广告类别中比较突出的还有“饮料”和“酒精类”，比例都超过两位数；“食品”和“交通”在上海市场的投放比例也不小；广州的“食品”和“杂类”也名列前茅，达到了两位数；深圳广播市场的“杂类”也进入了前三甲之列（表 2）。

表 2　2016 年不同品类广告在四大一线城市新闻综合类频率的投放量比重（%）

品类	新闻综合类频率			
	北京	上海	广州	深圳
电脑及办公自动化产品	1.02	2.15	1.43	2.65
房地产/建筑工程行业	1.95	4.11	1.10	4.23
个人用品	3.34	2.87	1.43	1.23
工业用品	0.80	0.88	0.45	2.04
化妆品/浴室用品	0.22	0.26	0.09	0.08
活动类	1.87	4.60	1.41	1.44
家居用品	10.80	8.06	4.38	4.26
家用电器	5.75	4.43	2.47	2.11
交通	7.18	9.66	5.36	7.96
金融业	13.53	11.90	12.06	17.16
酒精类饮品	10.43	8.21	3.59	3.04
农业	0.98	0.65	0.40	0.35
清洁用品	0.70	0.01	0.00	0.00
商业及服务性行业	1.09	6.32	8.97	8.18
食品	7.91	10.68	11.48	8.25
药品	13.37	8.42	22.81	16.25
衣着	~	0.18	~	0.01
饮料	12.01	8.02	3.71	3.23
邮电通讯	3.64	5.53	4.94	5.21
娱乐及休闲	1.83	2.04	3.18	3.14
杂类	1.57	1.04	10.76	9.17

注：“杂类”中不包含“免费项目”和“公用事业”项

数据来源：央视市场研究（CTR）、CSM 媒介研究

五、广告投放变化反映行业风向

一线城市中不同类别广告投放花费的变化，反映了当年的行业发展风向。数据显示，在北京、上海、广州、深圳4个一线城市中，既有普遍上涨的行业，也有普遍下降的行业，不同的城市还有各自的特征。

2016年四大城市的广播广告投放花费（刊例价，下同）同比不尽相同，其中北京和上海呈下降态势，北京的降幅较大，超过两位数；上海的降幅较小，超过8%；而广州和深圳同比都有程度不同的增长，深圳的涨幅更是超过了20%。

四城市中普遍上涨的品类有“化妆品/浴室用品”，上海、广州和深圳的增长幅度超过3位数，北京也有两位数的增长；普遍上涨的还有“活动类”“食品”和“杂类”。在北京涨幅较大的还有“饮料”，其他多数品类呈现下降态势；在上海涨幅较大的还有“杂类”“食品”和“商业及服务性行业”；广州的“衣着”“食品”增长幅度达3位数，“电脑及办公自动化”和“杂类”等涨幅超过50%；深圳的“电脑及办公自动化”和“食品”的涨幅也达到了3位数，特别是“清洁用品”的投放额大幅回升，涨幅更是达到了14054.39%，这与2015年该品类投放额的大幅缩减密切相关。

有些品类的广告投放花费在四大城市中普遍降低，主要有“家用电器”“酒精类饮品”“农业”等。另外，除北京外，“房地产/建筑工程行业”在其他三大一线城市均呈下降态势，类似的品类还有“交通”“商业及服务性行业”和“娱乐及休闲”，它们只在深圳有所上升；“烟草类”在四大城市均无投放。

其余品类（除上述几类外）在各城市有不同的表现，有升有降，冰火两重天。北京和上海下降的品类超过2/3；广州和深圳则相对好很多，广州有40%的品类下降，而深圳只有23%下降，主要集中在5类商品上，包括“房地产/建筑工程行业”“个人用品”“家用电器”“酒精类饮品”和“农业”（表3）。

表3　2016年四城市不同类别广告花费（刊例价）同比涨跌幅度（%）

品类	北京	上海	广州	深圳
总体	-13.43	-8.22	8.65	20.03
电脑及办公自动化产品	-20.33	-8.21	53.52	112.34
房地产/建筑工程行业	1.86	-14.84	-32.67	-16.62
个人用品	4.24	-21.37	-5.81	-10.45
工业用品	-18.79	-22.95	2.81	52.70
化妆品/浴室用品	16.09	199.83	146.26	132.18
活动类	20.44	17.34	36.83	22.59
家居用品	-0.28	6.31	10.78	13.52
家用电器	-22.49	-18.18	-13.42	-14.19
交通	-22.97	-19.34	-7.23	12.38

续表

品类	北京	上海	广州	深圳
金融业	-0.05	7.25	20.37	27.54
酒精类饮品	-24.21	-18.75	-32.96	-30.29
农业	-19.65	-18.32	-0.20	-0.43
清洁用品	-22.42	-50.99	2015年无投放	14054.39
商业及服务性行业	-37.65	28.00	-14.91	8.90
食品	35.43	26.08	100.07	129.34
烟草类	—	—	2016年无投放	—
药品	-19.97	-24.74	2.54	8.31
衣着	-43.03	-83.23	981.76	37.98
饮料	29.36	-3.69	29.17	34.97
邮电通讯	-26.00	23.79	31.39	20.48
娱乐及休闲	[illegible]	[illegible]	[illegible]	[illegible]
杂类	76.28	157.44	66.63	55.28

注:“杂类”中不包含“免费项目”和“公用事业”项。

数据来源:央视市场研究(CTR),CSM媒介研究

六、坚守传统广告收益,拓宽新业务渠道

整体宏观经济的下行压力传导到各行各业,传统媒体的广告经营感同身受。以报业为主的纸质媒体连续几年断崖式下滑,拉开了新旧介质融合过程中传统媒体阵地失守、被消融、被解构的残酷序幕。传统媒体老大电视的日子近两年也日趋紧缩,广告收入不可同日而语。2015年广播广告同比下滑了0.4%,2016年经过业界努力,同比微增长2.06%,好于其他传统媒体。但这并不表示广播就可以独善其身,很多大台已经感受到了广告冰冷的寒意,往年增长一位甚至两位数的历史一去不返,持平已属万幸,不少广播电台要面对的更是一位甚至两位数的下滑。

整体而言,广播电台面临的现状是:一方面传统广播听众流失,部分迁移到新媒体平台。电台自身加大了对新媒体的投入力度,总台、频率、栏目甚至主持人都纷纷杀入微博、微信等新媒体的领域,有些台积极建设自己的互联网音频平台,打造“互联网+”。寄希望于传统播出的线性平台与新媒体平台能有效对接、互相提携、互为反哺。另一方面,许多自媒体、新型媒体并没有实现转场部分听众的价值变现,在第三方集成音频平台上,单打独斗难以形成有效的议价地位,但是却要面对逐年加大的广告创收压力,这似乎是一个矛盾体。

面对困境,部分广播媒体及时主动调整战略方向,采用灵活多变的战术,把这个市场震荡期转化为自身经营转型和调整的契机,打破僵化机制,重新激发并释放出经营活力。经过近一年的努力,已经取得显著成效。除了传统业务保持稳定外,因转型调整而带来的新业务增量成为亮点。比如北京人民广播电台王牌节目《一路畅通》利用传播转型之机,牢牢抓住市场,经典案例频出。在2016年“双十一”期间,电商巨头京东做

客《一路畅通》直播间进行活动推广，节目瞬时互动量暴增，造成平台暂时瘫痪，1个小时内发出10万张总价值800万元的优惠券。这次传播，使人们在惊讶于数字的同时，也更新了对广播的认识。北京人民广播电台运营两年的节目团队将电台优势资源与市场创新环境对接，有效地激发了团队成员的工作热情和创作潜能。7个团队创收总额达3000多万元，增量收入占比超过四成。如“吃喝玩乐大搜索”团队试水“互联网+”模式，以北京人民广播电台文艺广播《吃喝玩乐大搜索》节目为阵地，带动团队进行网上微店产品销售，实现双线捆绑，月度销售额已达到30万元的规模[①]。

再如深圳私家车频率2016年改为轮盘制，创收翻倍。其主要创新在于定位窄众、目标精准，与新媒体融合效果显著。如《就是爱吃货》节目开通微信群与听众互动，每天去不同的食店直播介绍，节目的两位主持人基于新平台的直播表现成了半个网红。因此一些客户愿意投放广告，加上台内的优惠政策，2016年广告营收翻倍。

七、结语

2016年，广播媒体广告则扭转了上一年的颓势，逆势上扬了2.06%。在四大一线城市中广播广告额同比也是有升有降、冷暖自知。2016年顽强坚守传统广告这块阵地毕竟还给电台带来了较为显著的收益，同时很多电台也在不断探索、尝试与新媒体融合的途径、方式等，有些已经取得了显著成效。

进入到2017年，新媒体对传统媒体的挤压和融合继续常态化，传统广告必将受其影响，传统广播亦不能幸免。随着传统传播方式收听市场存量的继续减少，广播媒体也将失去一定的广告资源。在新的竞争大环境下，在坚守传统广告优势的同时，加快与新媒体的融合并找对自己的位置，争取涅槃重生对广播而言已时不我待。

（作者：梁帆）

① 北京人民广播电台广告经营中心：《不止于声——北京广播电台2017年广告预售启幕》，《广告人》，2016年12月。

2016 里约奥运会收听回顾

北京时间2016年8月21日，历时16天的2016里约奥运会结束。中国队以1金之差名列奖牌榜第三位。从赛事的媒介传播来看，电视、广播、互联网等一同构建了最为流行的全媒体传播模式，然而从受众获取赛事信息渠道的选择来看，传统媒体依然是受众的首选媒体。本文基于CSM媒介研究2016年全年连续调查城市的收听数据，对2016年里约奥运会期间的广播收听市场做一回顾。

一、受众整体收听变化

1. 里约奥运会期间广播人均收听量较2016年上半年略有增加

从8月6日开幕至8月21日闭幕（北京时间），在为期16天的奥运会期间①，所有连续调查城市②广播听众平均每人每天收听时长为67分钟，略高于2016年上半年人均收听时长1分钟。相比电视媒体通过图像直击赛场表现，广播的伴随性优势得不到体现，电视媒体在奥运会期间人均收视时长较2016年上半年增加了8分钟，广播媒体在奥运会期间总体表现相对平稳。不过也正是因为这种不温不火，电视在里约奥运会期间较伦敦奥运会期间（2012年7月28日~8月13日）的人均收视量减少了25分钟，广播人均收听量则较伦敦奥运会期间减少了12分钟，降幅较小（图1）。

里约奥运会期间听众人均收听时长的增长，几乎都来源于“在家”和“车载”收听时间的上升。具体来看，“在家”人均收听时长由2016上半年的41.77分钟上升到里约奥运会期间的42.62分钟，是奥运会期间人均收听时长增长最多的收听场所，“车载”人均收听时长较2016年上半年增长了0.49分钟；反观“工作/学习场所”和“其他场所”，其人均收听量均略低于2016年上半年的水平（图2）。

① 如无特殊说明，本文中的“奥运会期间”指2016年8月6日~8月21日。

② 如无特殊说明，本文收视分析均基于2016年71城市数据，目标观众为4岁及以上电视人口；收听分析基于2016年28个全年连续调查城市，目标听众为10岁及以上广播人口。

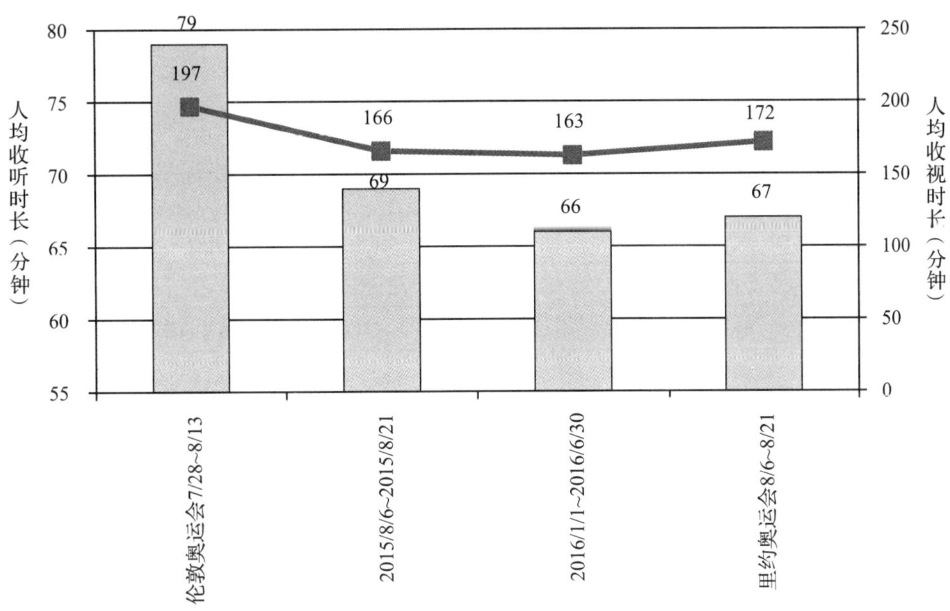

数据来源：CSM 媒介研究

图 1 奥运会期间及常态时期人均收听/收视时长对比

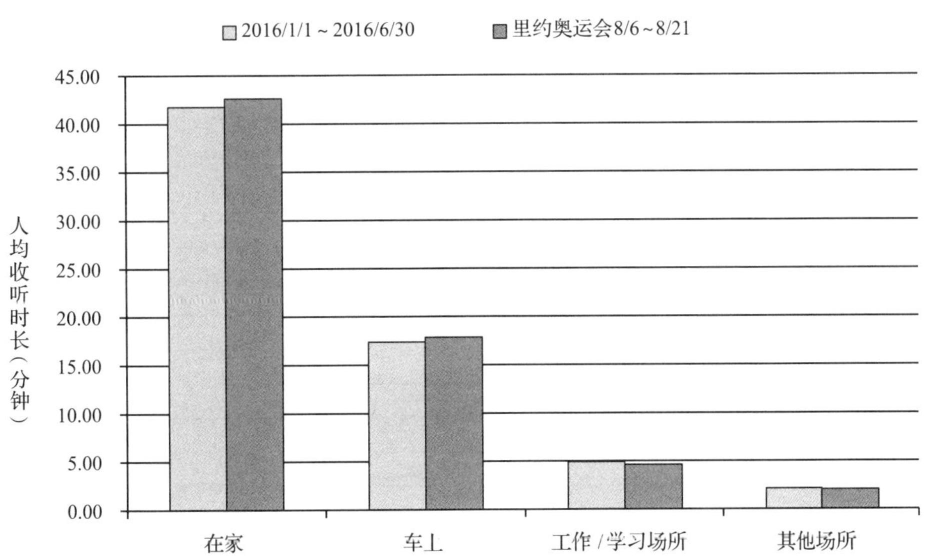

数据来源：CSM 媒介研究

图 2 里约奥运会期间与 2016 上半年不同场所的人均收听时长对比

2. 里约奥运会期间广播全天收听率走势与 2016 年上半年基本吻合

虽然里约奥运会存在收听时差，很多比赛的决赛播出时间并不与中国听众的日常收听习惯相契合，但还是有一些项目是在北京时间上午进行决赛的，所以中国电视观众白天时段收视有一定的增量。与电视不同，广播媒体的全天收听曲线与上半年相比变化并不明显，走势基本吻合（图3）。从主要收听场所来看，“在家”和“车上”在白天时段收听率略有增加，所以奥运赛事并没有改变人们的日常收听习惯，奥运会期间的密集赛事播出时段也并没有带来收听率的大幅提升（图4）。

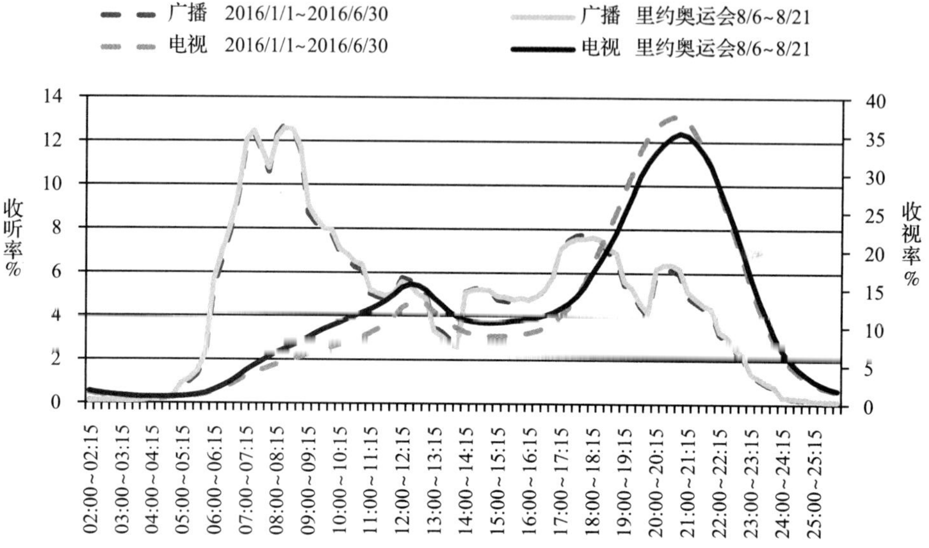

数据来源：CSM媒介研究

图3 所有频率/频道里约奥运会期间与2016上半年全天收听/收视率（%）走势

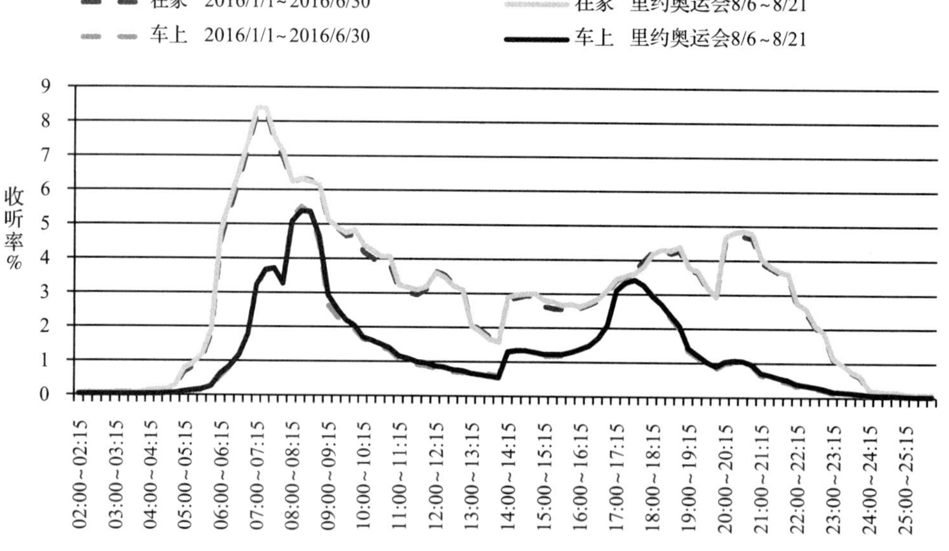

数据来源：CSM媒介研究

图4 主要收听场所奥运会期间与2016上半年全天收听走势

3. 里约奥运会吸引年轻听众群体回归

近年来，年轻及高学历群体一直是广播的轻度听众。但在里约奥运会期间，34岁及以下年轻听众所占比例均较2016上半年有所增加，且听众集中度也有所提升。其中15~24岁青少年听众集中度较2016年上半年增幅近2.8%，10~14岁儿童集中度增幅高达21.6%。另外，里约奥运会期间初中学历听众比例和集中度也较2016上半年有所提升（表1）。

表1 所有频率奥运会期间及2016上半年听众构成（%）和集中度（%）

目标听众	听众构成%		集中度%	
	2016年里约奥运会8/6~8/21	2016/1/1~2016/6/30	2016年里约奥运会8/6~8/21	2016/1/1~2016/6/30
10岁及以上所有人	100.00	100.00	100.00	100.00
男	52.85	52.56	103.17	102.62
女	47.15	47.44	96.67	97.24
10~14岁	1.36	1.12	40.60	33.39
15~24岁	11.93	11.63	58.56	56.94
25~34岁	18.84	18.66	84.44	83.79
35~44岁	19.45	19.88	98.15	100.36
45~54岁	17.81	17.81	119.08	118.58
55~64岁	15.42	15.56	145.44	147.52
65岁及以上	15.19	15.34	176.72	178.96
未受过正规教育	0.74	0.73	90.57	94.35
小学	7.01	7.02	98.71	98.87
初中	30.65	30.22	110.99	107.86
高中	48.98	48.97	98.33	99.23
大学及以上	12.62	13.06	86.12	88.48

数据来源：CSM媒介研究

二、体育类广播收听情况

1. 体育类广播市场份额涨幅最为明显

在2016年里约奥运会期间，体育类广播成为奥运会期间涨幅最为明显的专业广播频率。体育类广播的市场份额从2016年上半年的0.99%提升至奥运会期间的1.21%，涨幅达22.2%。同样出现市场份额增长的还有经济类广播、文艺类广播和交通类广播，而新闻类广播、音乐类广播、都市生活类广播、农村类广播和教育类广播则有不同程度的下滑（图5）。

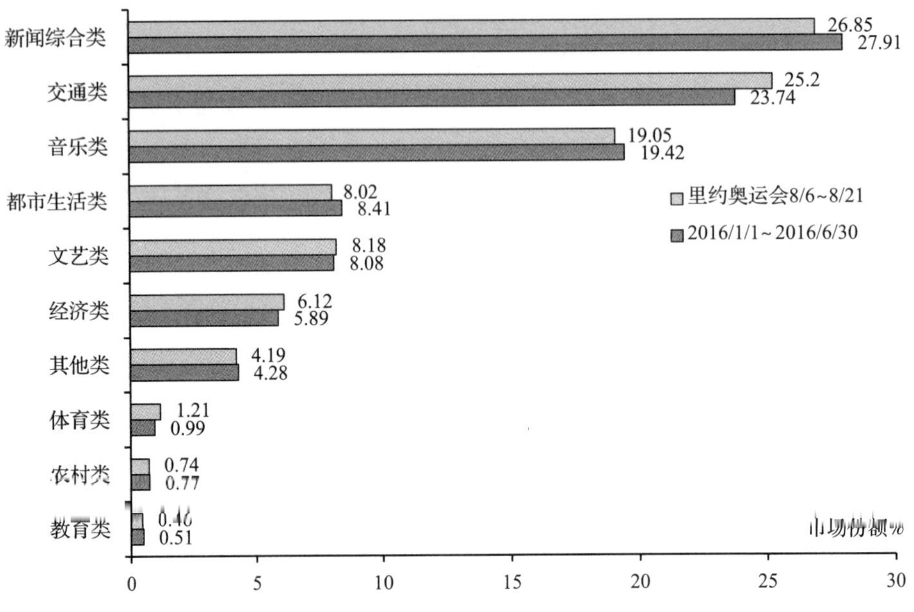

数据来源：CSM 媒介研究

图 5　全国连续调查城市各类专业频率市场份额（%）对比

2．体育类广播收听增长主要集中在白天和傍晚时段

体育类广播在奥运会期间的收听率有较明显提升，主要集中在 8:00～20:00 时段。早高峰时段在奥运会期间后移 1 个小时至 8:00～9:00 时段，傍晚 17:00～18:00 时段代替 2016 年上半年 20:00～21:00 时段成为收听的次黄金时段，且白天 9:00～17:00 时段的收听率均有不同程度的提升（图 6）。从主要收听场所来看，体育类广播在奥运期间早

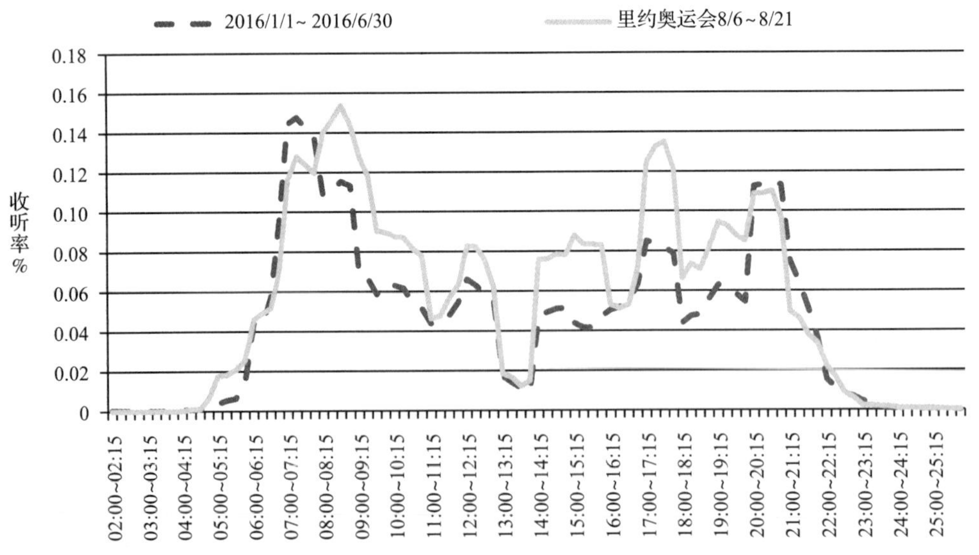

数据来源：CSM 媒介研究

图 6　里约奥运会期间与 2016 上半年体育类广播全天收听率（%）走势

晚高峰时段收听率的提升主要来自“车载”收听的增长，白天时段收听率的提升则主要来自“在家”和“工作/学习场所”收听的增加（图7）。

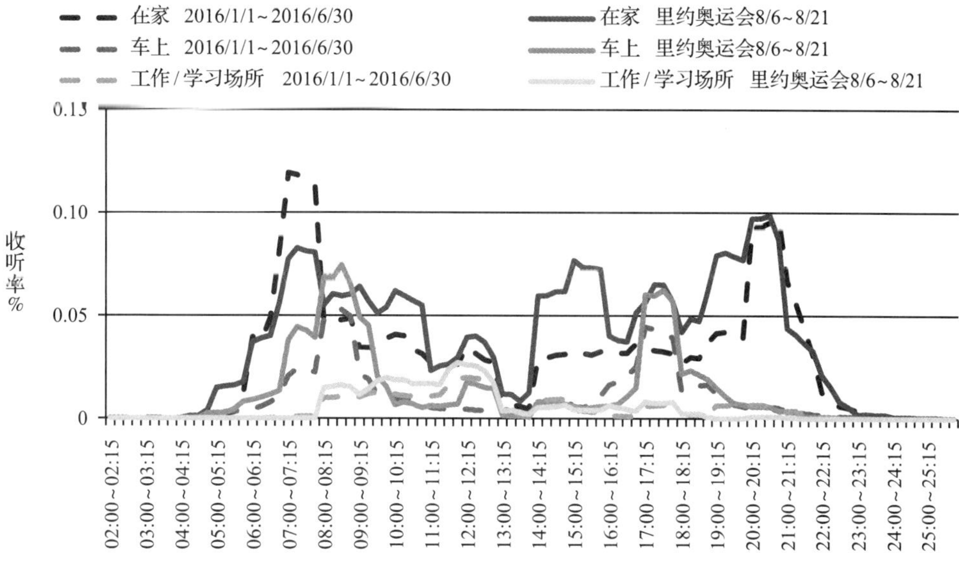

数据来源：CSM 媒介研究

图7　里约奥运会期间与2016上半年体育类广播在主要收听场所的全天收听率（%）走势

3. 各地主要体育类广播的竞争力在奥运会期间有不同程度的提升

里约奥运会期间，各地主要体育类广播在当地的市场份额和排名都有不同程度的增长和上浮。2016上半年，北京人民广播电台体育广播以3.15%的市场份额居第八位，奥运会期间市场份额增长至3.61%，排名上升1位；南京体育广播在当地的排名在奥运会期间上升了4位，市场份额有近50%的上升；上海五星体育广播、广东电台文体广播和山东广播体育频道的份额增幅也均在22%以上（表2）。

体育类广播可以说是奥运会期间广播媒体市场的最大赢家之一，不过其市场份额的增长和排名的上升并没有改变原来的市场竞争格局。在全国市场，新闻综合类广播、交通类广播和音乐类广播仍然以较大优势占据着市场份额的前3位；而在各地市场，体育类广播的排名变化相对来说也不是很大，上浮大都限于4个位次以内。

表2 里约奥运会期间及2016年上半年部分城市主要体育类广播市场份额(%)及排名

城市	频率	2016/1/1~2016/6/30		里约奥运会 8/6~8/21		市场份额升幅
		市场份额%	当地排名	市场份额%	当地排名	
北京	北京人民广播电台体育广播(FM102.5)	3.15	8	3.61	7	14.60%
大连	大连人民广播电台第三套广播体育广播(FM105.7)	6.20	4	6.21	5	0.16%
广州	广东电台文体广播(SING RADIO 至爱1077)	1.86	13	2.36	11	26.88%
济南	山东广播体育休闲频道(FM102.1)	0.90	16	1.16	15	28.89%
南京	南京体育广播(FM104.3)	1.48	16	2.17	12	46.62%
上海	上海五星体育广播(FM94)	2.00	11	2.45	10	22.50%

数据来源:CSM媒介研究

三、体育节目的播出、收听情况

1. 体育节目播出量骤升,收听总量基本同步增长

2016年里约奥运会期间,在北京、上海、广州、深圳四地观测到的节目中,体育节目的播出量、播出比重上升较为明显,其中广州和深圳体育节目占全天节目播出总量的比重涨幅都超过了100%,北京和上海全天体育节目播出比重涨幅也超过了60%(图8)。随着播出总量的上升,体育节目的收听比重也呈现出同步增长的态势。其中广州以7.1%的收听比重居四地之首,其次是上海、深圳和北京。上涨幅度最大的是深圳,涨幅达到176.8%(图9)。

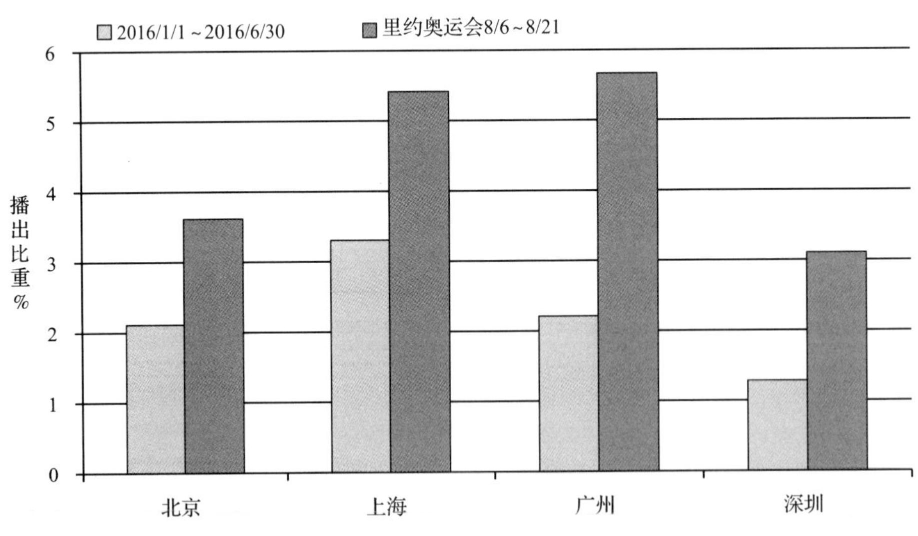

数据来源:CSM媒介研究

图8 里约奥运会期间及2016年上半年北京、上海、广州、深圳四地体育节目播出比重(%)

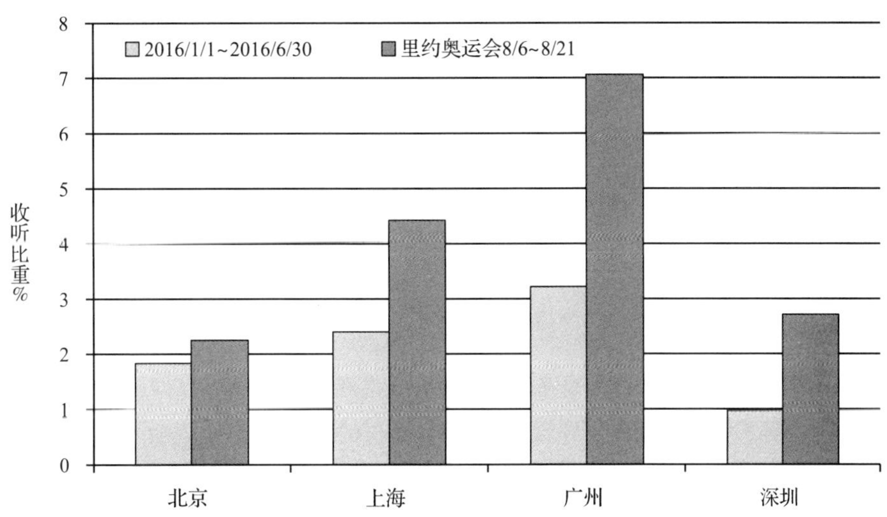

数据来源：CSM 媒介研究

图 9 里约奥运会期间及 2016 年上半年北京、上海、广州、深圳四地体育节目收听比重（%）

2. 奥运会资讯快报节目“多频快”，赛事转播较少

奥运会是全民的体育盛会，也是媒体的盛会。但在奥运会期间，由于赛事转播权等因素，广播频率转播奥运赛事较少，而金牌榜、特别报道等节目则大量涌现。这类节目素材丰富、成本和技术几乎没有门槛，制作和播出周期相对较短。

在奥运会期间，除了体育类广播，还有不少频率制作了一期或数期的特别节目。其中既有东广新闻台等频率转播和剪辑制作的奥运会开/闭幕式节目，也有如广州电台金曲 1027 汽车音乐广播在奥运会期间开播的《1027 新意思里约奥运顶尖科技大比拼》等增强听众互动的节目，此外还有穿插播出音乐来迎合听众不同口味的广州交通电台的《奥运揸车音乐榜》和广东广播电视台音乐的《奥运美声一鸣惊人》等节目（表 3）。

表 3 北京、上海、广州、深圳四地奥运会相关体育节目播出举例①

节目名称	播出频率	播出日期
1027 新意思里约奥运顶尖科技大比拼	广州电台金曲 1027 汽车音乐广播（FM102.7）	2016/8/6 ~ 2016/8/21
2016 巴西里约奥运会开幕式	东广新闻台（AM1296/FM90.9）	2016/8/6 ~ 2016/8/7
2016 巴西里约奥运会开幕式	上海人民广播电台上海新闻广播（FM93.4/AM990）	2016/8/6
2016 里约奥运纪念币首发专题	深圳广播电台前海之声（FM104.3）	2016/8/6 ~ 2016/8/21
2016 里约奥运特别节目	广东广播电视台文体广播（经典 1077）	2016/8/6 ~ 2016/8/19
2016 里约奥运特辑	广东广播电视台文体广播（经典 1077）	2016/8/8 ~ 2016/8/19

① 筛选条件：里约奥运会期间（2016 年 8 月 6 日 ~2016 年 8 月 21 日）节目名称中含有“奥运”的节目。

续表

节目名称	播出频率	播出日期
奥运1分钟	中国国际广播电台轻松调频（CRI EASY FM）	2016/8/6～2016/8/21
奥运360度	广东广播电视台珠江经济广播电台（E FM财富974）	2016/8/6～2016/8/21
奥运茶话会	上海五星体育广播（FM94）	2016/8/8～2016/8/16
奥运大晒	广州新闻电台（FM96.2）	2016/8/6～2016/8/21
奥运第一线	广东广播电视台珠江经济广播电台（E FM财富974）	2016/8/8～2016/8/10
奥运巅峰时刻	深圳广播电台新闻频率（FM89.8）	2016/8/7～2016/8/21
奥运风云会	东广新闻台（AM1296/FM90.9）	2016/8/21
奥运风云会	上海五星体育广播（FM94）	2016/8/11
奥运嘎讪胡	上海五星体育广播（FM94）	2016/8/6～2016/8/21
奥运观察	广州新闻电台（FM96.2）	2016/8/8～2016/8/19
奥运会赛事大直播	上海五星体育广播（FM94）	2016/8/7～2016/8/9
奥运会中国选手每日冲金亮点	深圳生活942（FM94.2）	2016/8/8～2016/8/19
奥运激情赛场	上海五星体育广播（FM94）	2016/8/8～2016/8/21
奥运奖牌榜	上海五星体育广播（FM94）	2016/8/13～2016/8/20
奥运金牌榜	北京人民广播电台体育广播（FM102.5）	2016/8/8～2016/8/21
奥运金牌榜	深圳广播电台新闻频率（FM89.8）	2016/8/7～2016/8/21
奥运快讯	广东广播电视台城市之声（FM103.6）	2016/8/6～2016/8/21
奥运美声一鸣惊人	广东广播电视台音乐之声（FM99.3）	2016/8/8～2016/8/19
奥运现场	广东广播电视台珠江经济广播电台（E FM财富974）	2016/8/6～2016/8/21
奥运揸车音乐榜	广州交通电台（FM106.1）	2016/8/6～2016/8/21
奥运直击	广东广播电视台珠江经济广播电台（E FM财富974）	2016/8/8
唱响奥运	广东广播电视台城市之声（FM103.6）	2016/8/6～2016/8/21
冲入奥运	广州电台金曲1027汽车音乐广播（FM102.7）	2016/8/8～2016/8/19
里约2016奥运纪念币套装预售	深圳广播电台交通频率（FM106.2）	2016/8/8～2016/8/18
里约2016奥运纪念币套装预售	深圳广播电台新闻频率（FM89.8）	2016/8/10～2016/8/20
里约奥运会金牌时刻	广东广播电视台羊城交通广播台（FM105.2）	2016/8/20
里约奥运会开幕式直播	深圳人民广播电台音乐广播（FM97.1）	2016/8/6
里约奥运会女排冠军争夺战	广东广播电视台城市之声（FM103.6）	2016/8/21
里约奥运会特别节目	北京人民广播电台体育广播（FM102.5）	2016/8/6～2016/8/8
里约奥运开幕式特别节目	广东广播电视台文体广播（经典1077）	2016/8/6
里约奥运开幕式特别直播	北京人民广播电台体育广播（FM102.5）	2016/8/6
里约奥运开幕式特别直播	广东广播电视台新闻广播（FM91.4/AM648）	2016/8/6
里约奥运我最期待的赛事	广东广播电视台文体广播（经典1077）	2016/8/6～2016/8/12

续表

节目名称	播出频率	播出日期
里约我去睇奥运	广州交通电台（FM106.1）	2016/8/6～2016/8/21
启程里约奥运开幕式特别节目	上海五星体育广播（FM94）	2016/8/6～2016/8/7
亲历奥运	东广新闻台（AM1296/FM90.9）	2016/8/13～2016/8/21
同步激情里约奥运	广东广播电视台城市之声（FM103.6）	2016/8/6～2016/8/21
先锋奥运看点	龙岗991（FM99.1）	2016/8/8～2016/8/13
先锋奥运看点	深圳广播电台新闻频率（FM89.8）	2016/8/6～2016/8/21
先锋奥运赛场	深圳广播电台新闻频率（FM89.8）	2016/8/17～2016/8/21
先锋奥运英雄	深圳广播电台新闻频率（FM89.8）	2016/8/6～2016/8/21
信是有缘奥运特别版	广东广播电视台城市之声（FM103.6）	2016/8/9～2016/8/19

3. 男性听众热衷于收听体育节目，奥运会对体育节目听众结构影响不大

作为一项全民盛事，奥运会对体育节目的收听总量有一定的带动，但对听众结构的影响不大。不论是奥运会期间还是非奥运会期间，男性听众都是广播体育节目的热衷者，在听众中占近七成，女性听众比例为三成多；在奥运会期间略有变化，不过幅度较小。从年龄构成来看，体育节目的听众以15～45岁为主，奥运会期间45～54岁和65岁及以上听众的比例有所上升（图10）。

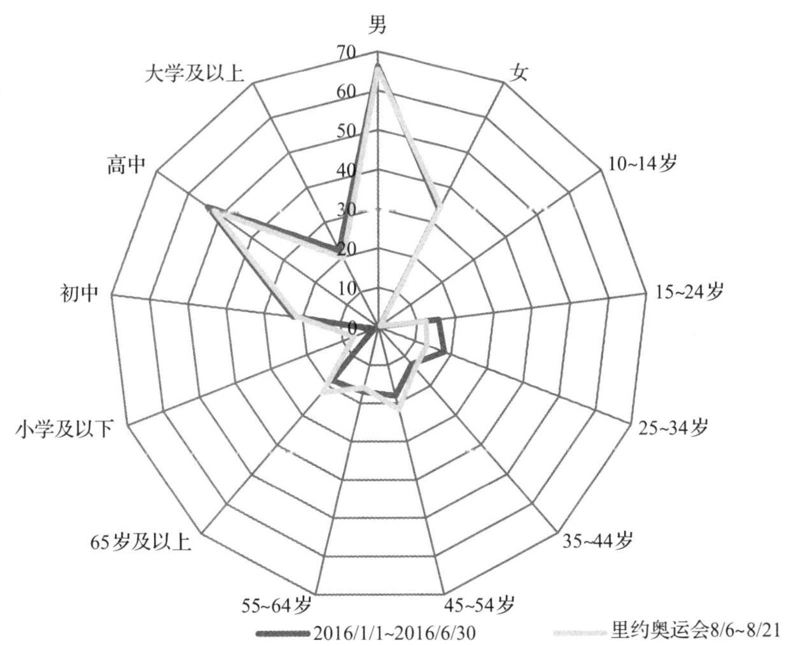

数据来源：CSM媒介研究

图10　里约奥运会期间及2016年上半年北京、上海、广州、深圳四地体育节目听众构成（%）

从主要收听场所听众集中度的对比来看，奥运会期间65岁及以上和小学及以下低学历听众更偏向于“在家”收听体育节目，而45～54岁和大学本科及以上高学历听众则更偏向在“车上”收听体育节目（图11）。

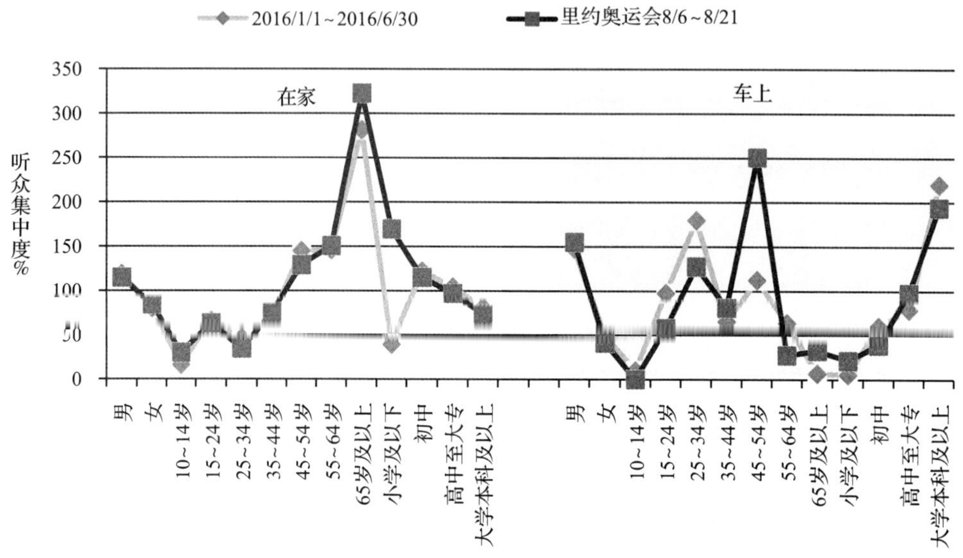

数据来源：CSM媒介研究

图11　里约奥运会期间及2016年上半年北京、上海、广州、深圳四地主要收听场所体育节目听众集中度（%）

四、结语

2016年里约奥运会已然落下帷幕，广播媒体整体表现不温不火，人均收听时长较2016年上半年略有增长。在北京、上海、广州和深圳，体育节目的播出比重、收听比重都有明显的上升，且体育节目的听众结构变化不大，仍以男性为主。虽然加入奥运会收听份额争夺战的频率除了体育广播频率以外，新闻综合频率、音乐频率、交通频率也有播出，但整体上看听众的时段收听习惯并未被打破，频率整体竞争格局没有发生大的变化。

（作者：王钦）

戏曲类节目的视听特征及受众价值

戏曲作为一种相对小众的娱乐艺术，能够满足特定受众的娱乐消费需求。在剧场或戏园之外能够实现这一使命的媒体主要包括传统的戏曲广播电台和戏曲电视频道。历史悠久的中国戏曲艺术，其特点不仅表现为艺术内容的源远流长和推陈出新，而且还表现为对经典唱腔等表演形式精益求精的追求。戏迷群体对经典剧目和唱腔更是百看百听不厌。戏曲节目对目标受众特别是中老年受众，具有极大的黏性，这也是戏曲艺术能够以有限的程式化表现形式流传百年的原因。戏曲艺术的特质及音视频资源的巨大存量，总人口中老年人占比的提升，对于作为音视频媒体的广播电视台特别是戏曲类频率/道和戏曲类栏目而言，具有积极的开发意义。本文利用 CSM 媒介研究的视听率调查数据①观察戏曲类节目的播出、视听状况和受众价值，以供业内人士参考。

一、戏曲类节目在广播电视的播出空间极为有限

在 CSM 媒介研究 2016 年前 3 波广播收听率调查日期的范围内，市级及以上电视频道中播出过戏曲类节目的频道有 33 个，占比 3.9%。其中省级非上星频道数量最多，为 18 个。而在不完全统计的市级及以上广播频率中，播出过戏曲类节目的频率数为 36 个，占比 6.5%，且省级频率占多数。受限于戏曲类节目的受众规模和市场空间，广电行业为戏曲类节目提供了总量极为有限的播出空间（表 1）。

表 1　戏曲或播出过戏曲类节目的频道/频率数量分布情况

电视频道	频道/频率总数	播出过戏曲类节目的频道数
总数	846	33
中央级	20	1
省级上星	52	6
省级非上星	225	18
市级	549	8

① 如无特别说明，本文数据的日期范围为 2016 年广播前 3 波调查日期，时间段为全天，目标受众为 10 岁及以上所有广播推及人口和 4 岁及以上所有电视推及人口。

续表

广播频率	频率总数	播出过戏曲类节目的频率数
总数	557	36
中央级	35	3
省级	280	18
市级	242	15
总计	1403	69

数据来源：CSM 媒介研究

二、各地戏曲类节目领先频道/频率不限于专业戏曲频道/频率

经过对不完全统计的戏曲类节目在各地视听率相对较高的数据进行汇总计算，根据这些节目的平均视听率数据，得到视听率排名前10位的广播频率和电视频道（表2）。排名数据显示，这些频道/频率既包括专业的戏曲广播频率和电视频道，如上海戏剧曲艺广播和中央电视台十一套，也包括综合性和非戏曲类专业频道/频率，如苏州综合广播、广东南方卫视和河北电视台农民频道等。戏曲类节目尽管是一类小众节目，但广播

表2　部分城市戏曲类节目平均视听率较高的广电频道/频率

受众类型	城市	频道/频率	收视/收听率%	市场份额%
广播听众	北京	北京人民广播电台文艺广播（FM87.6/CFM93.8）	1.10	21.58
	石家庄	河北广播电视台农民广播 AM558/FM98.1	0.68	9.63
	广州	广东广播电视台南方生活广播 FM93.6/AM999	0.43	6.42
	苏州	苏州广播电视总台综合广播 FM91.1	0.38	5.52
	长春	吉林人民广播电台健康娱乐广播 FM101.9	0.28	4.38
	上海	上海戏剧曲艺广播 AM1197/FM97.2	0.26	3.65
	南京	江苏文艺广播 AM1053	0.17	3.03
	杭州	杭州人民广播电台新闻谈话台 AM954	0.06	2.58
	哈尔滨	黑龙江乡村广播 AM945	0.04	0.67
	乌鲁木齐	乌鲁木齐人民广播电台经济广播 AM927	0.03	0.44
电视观众	石家庄	河北广播电视台农民频道	1.72	7.88
	厦门	厦门电视台生活频道	0.97	6.70
	太原	山西广播电视台公共频道	0.32	4.64
	沈阳	辽宁广播电视台生活频道	0.31	1.71
	西安	陕西广播电视台公共频道（五套）	0.27	1.76
	昆明	云南广播电视台娱乐频道（三套）	0.25	1.11
	杭州	杭州电视台文化频道	0.22	2.08
	天津	中央电视台十一套	0.20	0.99
	广州	广东广播电视台南方卫视	0.17	3.56
	北京	北京电视台文艺频道	0.14	1.29

数据来源：CSM 媒介研究

电台和电视台若能合理地深度开发，同样可以借此赢得听众和观众的青睐，在激烈的竞争中争取最后一个受众，进一步扩大自身的市场份额。

三、品牌和选秀类戏曲节目也能掀起视听高潮

戏曲类节目虽然受众面较窄，但一些品牌类戏曲节目或选秀类戏曲节目也能在竞争激烈的视听市场掀起视听高潮，有的节目甚至能获得中青年受众的青睐。数据显示，收听率突出的戏曲类节目有广东广播电视台南方生活广播（FM93.6/AM999）（以下简称"广东南方生活广播"）播出的《中华戏韵》、北京人民广播电台文艺广播（FM87.6/CFM93.8）（以下简称"北京文艺广播"）播出的《戏迷乐》、上海戏剧曲艺广播（AM1197/FM97.2）播出的《京昆雅韵》和河北广播电视台农民广播（AM558/FM98.1）播出的《梨园风》。广东南方生活广播的《中华戏韵》和北京文艺广播的《戏迷乐》表现尤为突出，在这两档节目播出的时段，在当地市场正在收听广播的总人口中，分别有25.13%和21.58%的受众在收听这两档节目（表3）。

在电视收视方面，收视率突出的戏曲类节目有河南电视台卫星频道（一套）播出的《梨园春》（郑州）、厦门电视台生活频道播出的《看戏》（厦门）、杭州电视台文化频道播出的《莲花剧场》（杭州）、陕西广播电视台公共频道（五套）播出的《名师高徒——中国秦腔传承行动师徒双选》（西安）和中央电视台十一套播出的《九州大戏台》（乌鲁木齐）。河南电视台卫星频道（一套）播出的《梨园春》和厦门电视台生活频道播出的《看戏》在晚间时段的市场份额超过了7%，表现尤为抢眼（表3）。

表3　《中华戏韵》等栏目的视听表现

受众类型	城市	节目名称	频道/频率	视听率%	市场份额%
广播听众	广州	中华戏韵	广东广播电视台南方生活广播（FM93.6/AM999）	1.15	25.13
	北京	戏迷乐	北京人民广播电台文艺广播（FM87.6/CFM93.8）	1.10	21.58
	上海	京昆雅韵	上海戏剧曲艺广播 AM1197/FM97.2	0.90	17.17
	石家庄	梨园风	河北广播电视台农民广播（AM558/FM98.1）	0.68	9.63
	佛山	晨光粤韵	广东广播电视台珠江经济广播电台（E FM 财富 974）	0.38	7.93
电视观众	郑州	梨园春	河南电视台卫星频道（一套）	2.52	7.88
	厦门	看戏	厦门电视台生活频道	1.89	7.35
	杭州	莲花剧场	杭州电视台文化频道	0.71	2.94
	西安	名师高徒——中国秦腔传承行动师徒双选	陕西广播电视台公共频道（五套）	0.59	2.08
	乌鲁木齐	九州大戏台	中央电视台十一套	0.40	1.63

数据来源：CSM 媒介研究

这些视听率领先的节目基本上可以分为两类：一类是有较长播出历史、具有一定品牌效应的戏曲类广播电视栏目，如《戏迷乐》和《梨园春》等。以《梨园春》为例，该节目设置了诸如“戏苑百家”“梨园老唱片”“好戏跟我学”“神州大舞台”“戏曲小百科”“好戏大家唱”等丰富多彩的小栏目，以点戏、说戏和学戏等方式，很好地实现了与听众的互动；另一类是竞技选拔才艺秀之类的节目，如《名师高徒——中国秦腔传承行动师徒双选》和本文未列出的河北电视台农民频道的《绝对有戏——第五届河北省戏迷票友电视大赛》，这些节目都能在当地市场掀起视听热潮。《名师高徒——中国秦腔传承行动师徒双选》是由陕西广播电视台联合甘肃、宁夏、青海、新疆、新疆建设兵团等广播电视台发起的“名师高徒——中国秦腔传承行动”的电视传播盛事。此次“名师高徒——中国秦腔戏曲传承行动”共分“师徒互选”“拜师”“成果展示”3个阶段，涵盖整个西北地区，不分派别，不分地域，来自西北五省区最有影响力的20位老艺术家、20余位梅花奖得主担任导师，公开收徒，创造性地再现经典戏曲作品，探索传统戏曲在新时代的传播路径，给观众带来了全新的视听享受。

从5档收听率相对较高的广播戏曲类节目在不同年龄段听众中的收听表现来看，北京文艺广播《戏迷乐》的中青年听众表现出较高的收听率。上海戏剧曲艺广播《京昆雅韵》的收听率随听众年龄的增长而提高，老年听众收听率最为突出。其他3档节目均以老年听众收听率较高为主要特点。《中华戏韵》的15～24岁听众表现出较高的收听率（图1）。

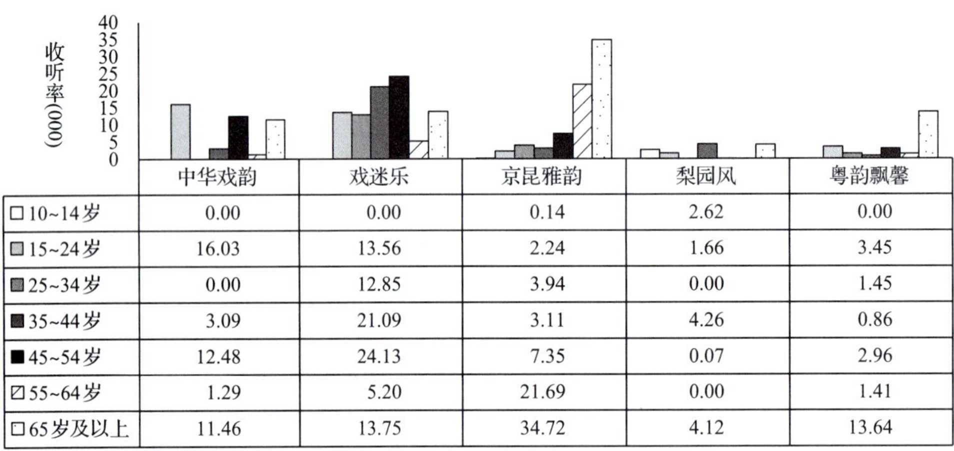

	中华戏韵	戏迷乐	京昆雅韵	梨园风	粤韵飘馨
□10~14岁	0.00	0.00	0.14	2.62	0.00
■15~24岁	16.03	13.56	2.24	1.66	3.45
■25~34岁	0.00	12.85	3.94	0.00	1.45
■35~44岁	3.09	21.09	3.11	4.26	0.86
■45~54岁	12.48	24.13	7.35	0.07	2.96
▨55~64岁	1.29	5.20	21.69	0.00	1.41
□65岁及以上	11.46	13.75	34.72	4.12	13.64

数据来源：CSM媒介研究

图1　《戏迷乐》等栏目在不同年龄段听众中的收听率（000）

从5档收视率相对较高的电视戏曲类节目在不同年龄段观众中的收视表现来看，河南卫视的《梨园春》在中老年观众中收视率较高，且65岁及以上观众的收视表现最为突出，该年龄段观众收视千人数倍于其他年龄段的观众。厦门生活频道《看戏》45岁及以上年龄段观众的收视率相较高。《莲花剧场》45～54岁观众的收视率更高。《名师出高徒中国秦腔传承行动师徒双选》35～44岁观众的收视率较高（图2）。

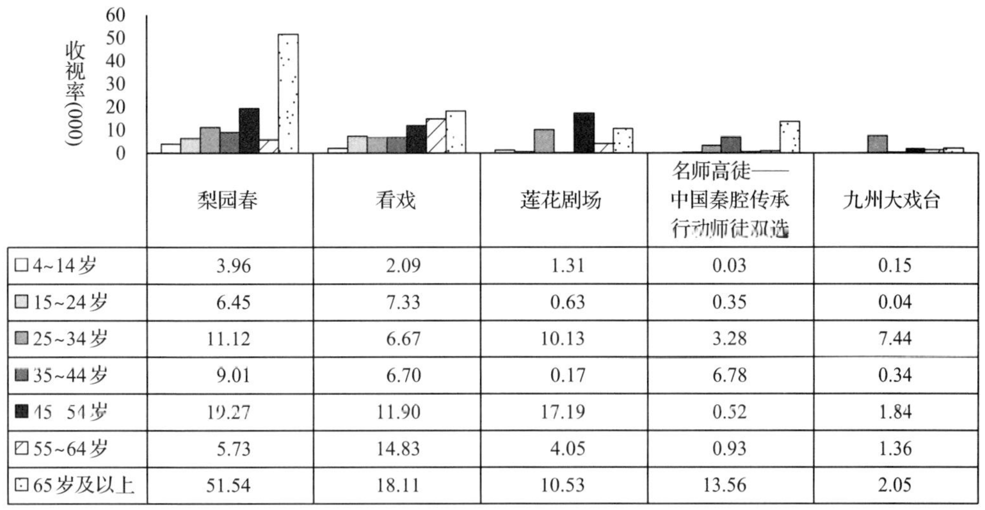

	梨园春	看戏	莲花剧场	名师高徒——中国秦腔传承行动师徒双选	九州大戏台
4~14岁	3.96	2.09	1.31	0.03	0.15
15~24岁	6.45	7.33	0.63	0.35	0.04
25~34岁	11.12	6.67	10.13	3.28	7.44
35~44岁	9.01	6.70	0.17	6.78	0.34
45~54岁	19.27	11.90	17.19	0.52	1.84
55~64岁	5.73	14.83	4.05	0.93	1.36
65岁及以上	51.54	18.11	10.53	13.56	2.05

数据来源：CSM 媒介研究

图 2　《梨园春》等栏目在不同年龄段观众中的收视率（000）

四、戏曲类频道/频率和节目具有积极的商业开发价值

选取视听率在本地市场相对较高的两个频道/频率并观察其分时段视听率走势发现，上海戏剧曲艺广播在上海的收听率高峰出现在 14:00 ~ 15:00 时段，明显区别于广播媒体整体收听率高峰出现在早间 6:00 ~ 9:00 时段的情况，其听众以 55 岁及以上人群为主，65 岁及以上人群占比最高。而在天津电视收视市场，中央电视台十一套的两个收视率高峰分别出现在 12:00 ~ 13:00 和 18:00 ~ 19:00 时段，也是 55 岁及以上人群占比较高，在非高峰的 14:00 ~ 18:00 时段，65 岁及以上人群占比超过 50%（图 3）。

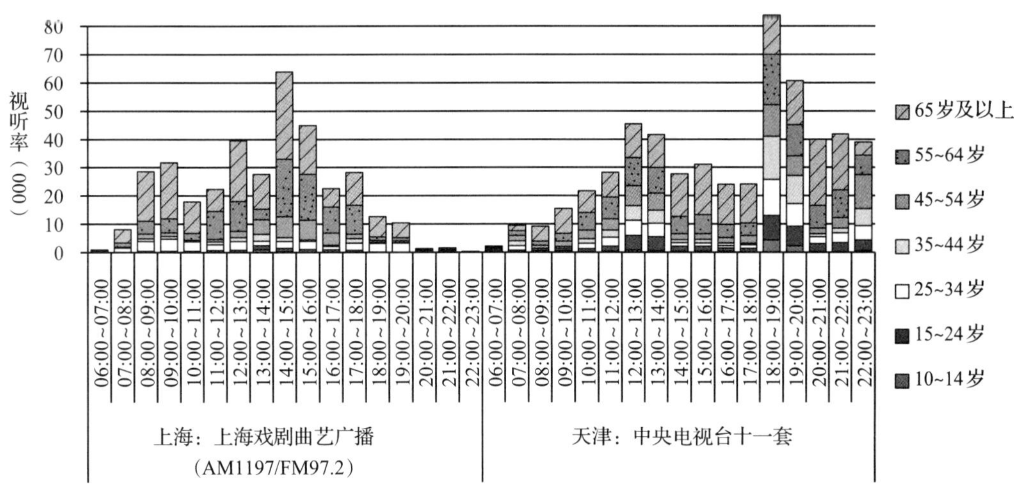

数据来源：CSM 媒介研究

图 3　2016 年 1 ~ 10 月上海戏剧曲艺广播和中央电视台十一套分时段视听率走势

戏曲类频道/频率受众偏重于中老年人群，但因其多为退休或者社会中高阶层人群，因而其收入一般高于大多数中青年人群。从视听表现较好的上海戏剧曲艺广播在上海和中央电视台十一套在天津的数据来看，上海戏剧曲艺广播的听众月平均收入高于中央人民广播电台经济之声、上海故事广播和上海爱乐数字音乐广播的听众；而中央电视台十一套在天津的观众月平均收入甚至高于天津卫视和湖南卫视的听众（图4）。尽管老年人群已经不再是轰轰烈烈的社会经济活动的主要参与者，但他们有稳定的退休收入和较多的闲暇时间，所以他们仍然是特定商品和服务的主要消费者，因而办好戏曲类广播频率及电视频道的节目，尽最大的可能满足中老年受众的视听需求，做好戏曲频道/频率和节目的商业广告开发，一定可以为相关频道/频率和栏目的经营者及广告商和赞助商带来性价比高的商业回报。

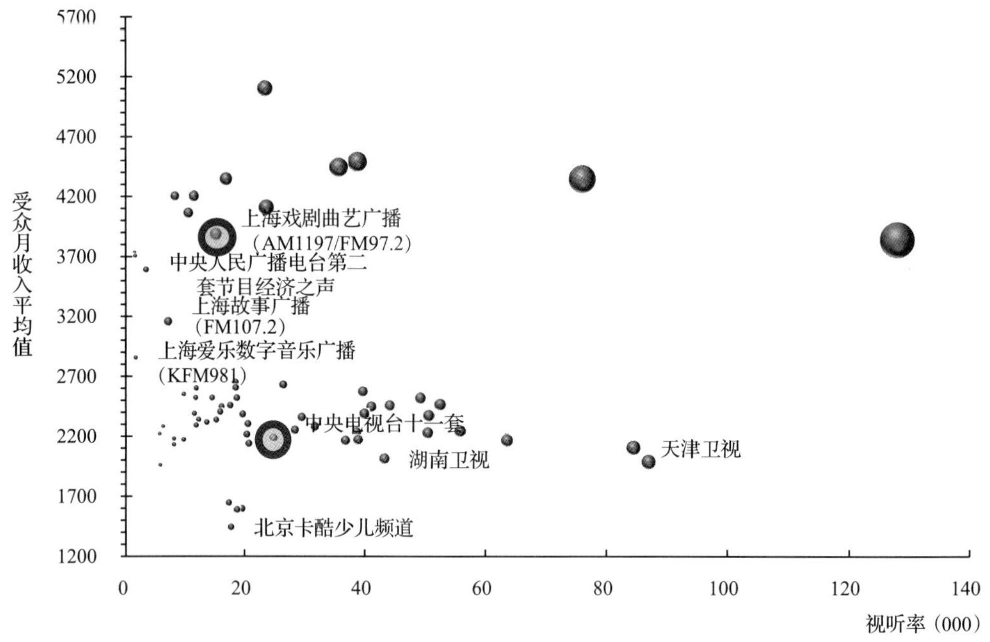

数据来源：CSM 媒介研究

图4 上海戏剧曲艺广播（在上海）和中央电视台十一套（在天津）受众月平均收入与其他相关频率/频道对比

戏曲频道/频率的受众价值还体现为该类频道/频率颇具竞争力的点成本优势。仍以上海戏剧曲艺广播和中央电视台十一套分别在上海和天津的数据为例，上海戏剧曲艺广播的点成本优势在众多广播频率中位列第五，处于中上游水平；中央电视台十一套的点成本优势更是处于60个主要电视频道的上游水平（第十二名）。由此可见，戏曲类频道/频率较低的刊例价格和不俗的视听表现决定了该类频道/频率是高性价比广告投放的上佳选择（图5）。

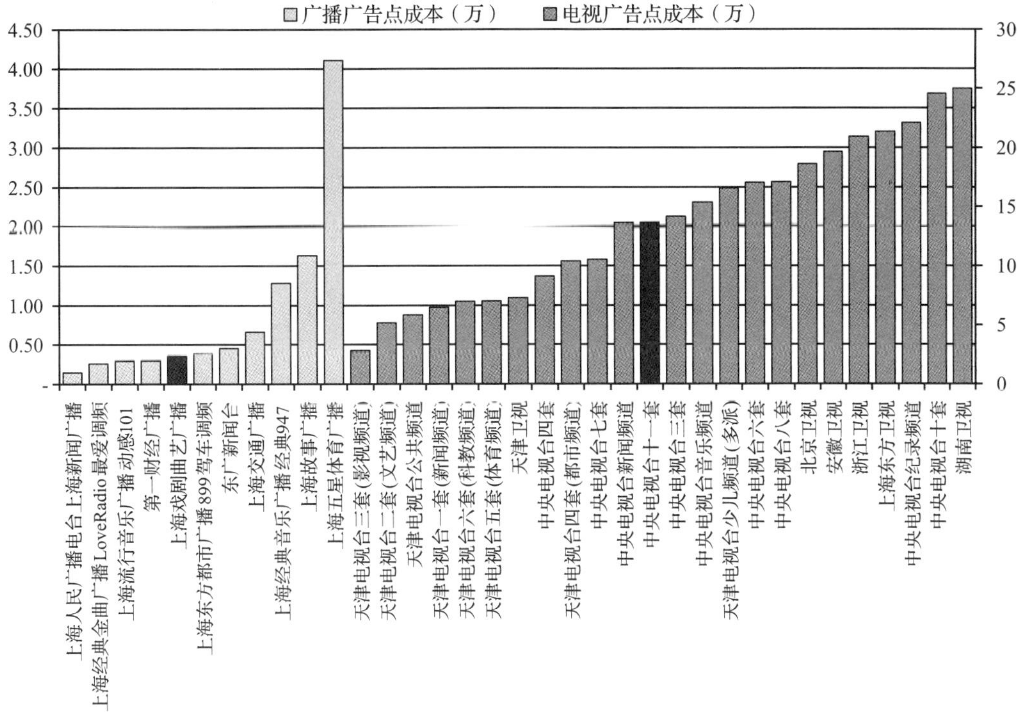

数据来源：CSM 媒介研究

图 5　2016 年 9 月上海戏剧曲艺广播在上海以及中央电视台十一套在天津的广告点成本优势排名

五、结语

综上所述，戏曲类节目占据了较少的频道/频率资源和播出时间资源，但仍然可以借助品牌类戏曲节目或竞技选秀类戏曲节目在市场上掀起视听高潮，它不仅能吸引传统的中老年戏曲受众，还可以在中青年戏迷受众中获得较高的视听率。戏曲类节目的视听主力是城市中老年人群，他们通常是有闲和有钱的社会群体，对特定商品和服务有稳定的消费需求，戏曲类广电频道/频率和戏曲类广电节目为此类特定商品和服务提供了高性价比的推广平台和载体。相比于其他频道/频率和节目类别，戏曲频道/频率或戏曲类节目的播出和制作成本相对较低，相关广播电视频道/频率和节目公司运营者若能以精良的节目为中老年受众服务，积极开发相关商品和服务的广告业务，一定能够实现优质受众服务和高利润率广告营收的双赢目标。

（作者：王平）

私家车广播听众媒介接触行为分析

随着我国国民经济的发展和人民生活水平的提高，汽车需求保持旺盛，汽车保有量也保持迅猛增长态势。据公安部交管局统计，截至2016年年底，我国私家车总量达1.46亿辆，每百户家庭拥有36辆。与2015年相比，私家车增加了2208万辆，增长15.08%。私家车保有量的逐年攀升，不仅增加了汽车消费的商机，也为广播移动收听带来了增量。本文主要基于CSM媒介研究2016年12城市基础研究调查数据，对私家车广播听众[①]概况、跨媒介接触行为和广播收听行为进行分析，以揭示私家车保有量进一步攀升和媒体进一步融合发展的趋势下，私家车广播听众的媒介接触行为特征。

一、私家车广播听众概况

1. 半数以上听众最经常在私家车上收听广播

在CSM媒介研究2016年12城市基础研究调查中[②]，半年内，有53.9%的广播听众最经常收听广播的地点是在私家车上，这一比例较2015年上升了4.57个百分点。2013~2016年，12城市广播听众将私家车作为最经常收听广播地点的比例连年上升，私家车已经成为第一大广播收听场所（图1）。

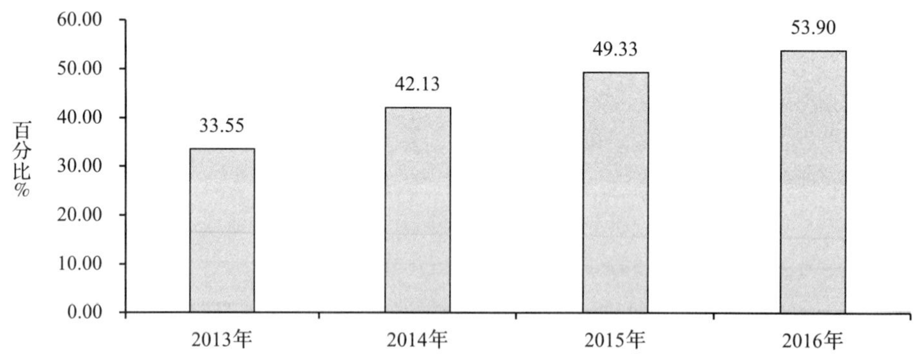

数据来源：CSM媒介研究

图1　2013~2016年12城市广播听众最经常在私家车上收听广播的比例（%）

① 本文中，私家车广播听众指12城市听众中选择将私家车作为最经常收听广播地点的听众。

② 2013~2016年CSM媒介研究基础研究调查12城市包括：成都、深圳、长沙、重庆、西安、武汉、沈阳、广州、南京、北京、上海和天津。

2. 私家车广播听众以男性、中青年人、家庭月收入过万元者居多

从私家车广播听众构成来看，私家车广播听众以男性为主，占比超过60%，远超女性听众。在年龄和学历构成上，私家车广播听众以25～34、35～44岁受众为主，占比均在30%以上；高中/技术中学、大专、大学及以上的占比均超过20%。在家庭月收入方面，多数私家车广播听众的家庭月收入处于较高水平，其中有超过58%的私家车广播听众家庭月收入在10,000元及以上（图2）。

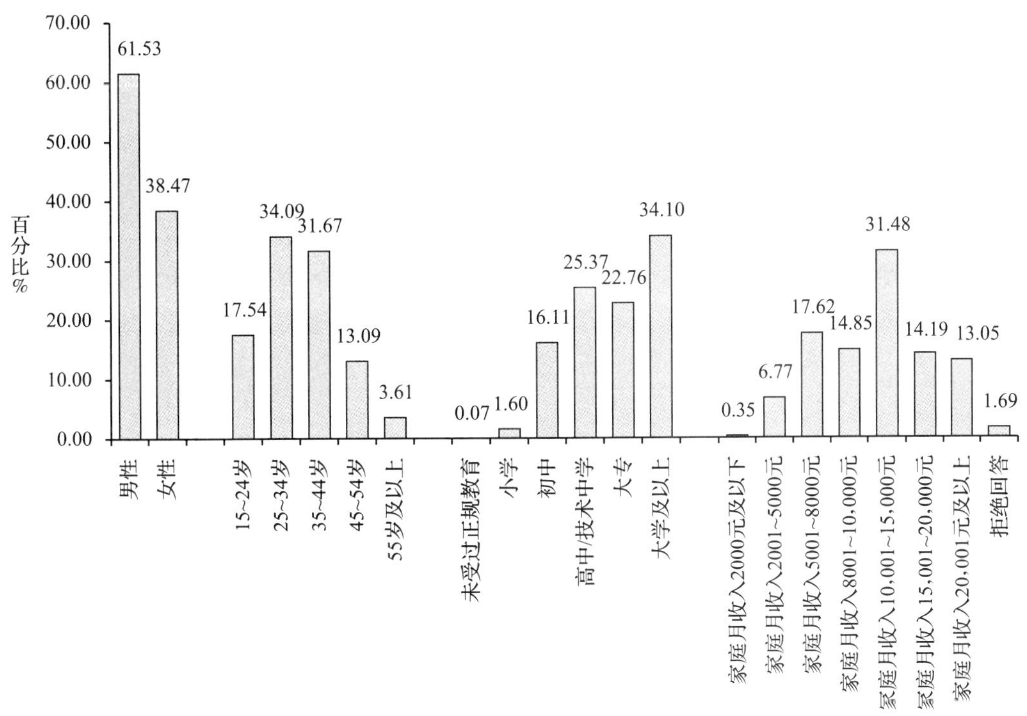

数据来源：CSM媒介研究

图2 2016年12城市私家车广播听众构成（%）

二、私家车广播听众跨媒介接触情况

1. 私家车广播听众每周收听广播的比例近九成，仅次于每周看电视/上网的比例

对私家车广播听众收听广播的频次分布进行分析发现，近九成私家车广播听众收听广播的频次为“每周”；其中，接近三成的私家车广播听众每天收听广播，超过40%的私家车广播听众收听广播的频次在每周3次或以上，18.95%的私家车广播听众每周至少收听广播1次。相比之下，其余收听频次的私家车广播听众比例偏低，合计不足15%（图3）。

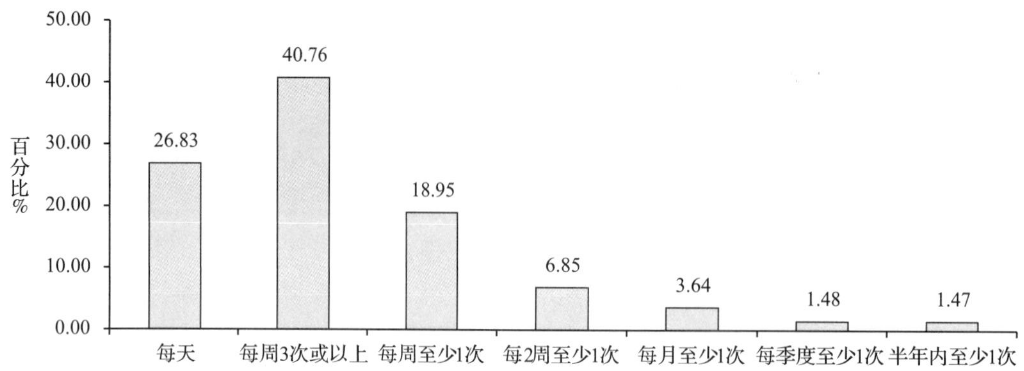

数据来源：CSM 媒介研究

图 3　2016 年私家车广播听众收听广播的频次分布（%）

我们再来观察私家车广播听众每周和半年内接触各类媒体的比例，广播、电视和互联网是私家车广播听众每周和半年内最主要接触的媒体，接触比例大都在 90% 以上，明显高于其他各类媒体（图 4）。在一周内，互联网、电视和广播的接触比例依次降低；在半年内，私家车广播听众接触广播、互联网、电视的比例依次降低。在其他媒体中，私家车广播听众每周接触车载电视、楼宇电视和报纸的比例相对接近，接触杂志的比例较低；半年中，私家车广播听众接触楼宇电视、车载电视、报纸和杂志的比例依次降低。

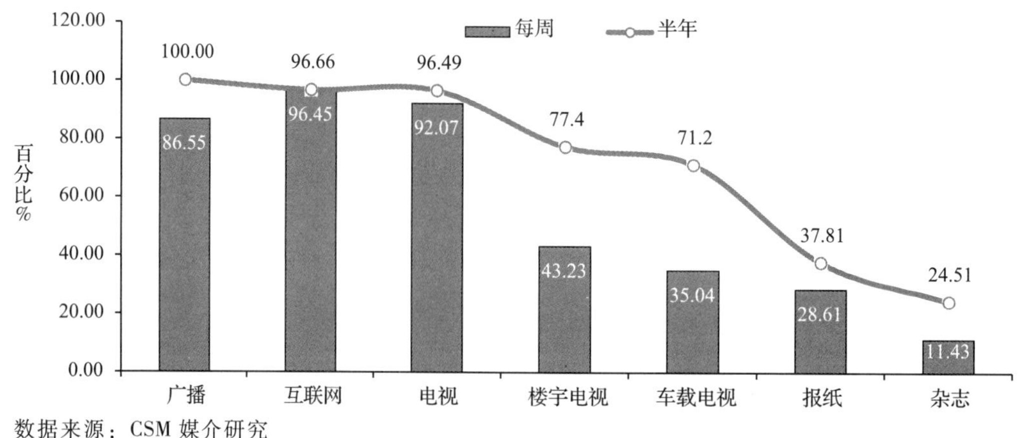

数据来源：CSM 媒介研究

图 4　2016 年私家车广播听众每周和半年内各媒体接触比例（多选）

2. 超八成私家车广播听众的跨媒体接触类型为“广播 + 电视 + 互联网”型

我们基于私家车广播听众的媒体接触情况，对私家车广播听众每周的跨媒体接触情况进行分析，可以将私家车广播听众每周的跨媒体接触类型划分为“广播 + 电视 + 互联网”“广播 + 电视”“广播 + 互联网”“广播 + 报纸/杂志”和“非广播媒体”5 种。

根据几类跨媒体接触的比例，“广播 + 电视 + 互联网”型在私家车广播听众中所占比例最高，高达 85.19%，远高于其他跨媒体接触类型。“广播 + 电视”和“广播 + 互联网”型跨媒体接触比例相对较为接近，在 2% ~8% 之间（表 1）。相比之下，私家车广播听众“非广播媒体”型跨媒体接触比例不高，不足 8%。

表 1　2016 年私家车广播听众每周不同类型的跨媒体接触比例①（单位：%）

类型	媒体类型	比例
广播 + 电视 + 互联网	广播 + 电视 + 互联网	71.94
	广播 + 电视 + 互联网 + 报纸/杂志	13.25
小计		85.19
广播 + 电视	广播 + 电视	2.75
	广播 + 电视 + 报纸/杂志	0.13
小计		2.88
广播 + 互联网	广播 + 互联网	6.24
	广播 + 互联网 + 报纸/杂志	1.20
小计		7.44
非广播媒体	电视 + 互联网	4.65
	电视 + 互联网 + 报纸/杂志	1.41
	电视	1.02
	互联网	0.42
	电视 + 报纸/杂志	0.05
	报纸/杂志	0.13
小计		7.68

数据来源：CSM 媒介研究

3. 互联网、电视和广播是私家车广播听众分时段接触的主要媒体

在私家车广播听众一天的跨媒体接触行为中，互联网和电视在多数时段的接触比例明显高于其他类型的媒体。其中，互联网是私家车广播听众大多数时段接触比例最高的媒体，电视媒体晚间接触比例最高，广播媒体早上的接触比例最高，楼宇电视和车载电视早上和傍晚的接触比例也较高（图 5）。

具体来看，互联网在全天大多数时段的接触比例超过其他各类媒体，全天接触比例的峰值分别出现在 22:00 ~ 22:59、10:00 ~ 12:59 和 15:00 ~ 15:59 时段，接触比例峰值分别达 49.23%、33.8% 和 33.76%。私家车广播听众在 18:00 ~ 21:59 时段收看电视的比例超过其他媒体，比例超过 70%，白天的接触比例高峰在中午 12:00 ~ 12:59 时段，比例接近 20%。私家车广播听众在 6:00 ~ 7:59 时段收听广播的比例高于其他媒体，全天接触比例峰值出现在 8:00 ~ 8:59 时段，比例达 37.53%；17:00 ~ 19:59 时段是私家车广播听众全天收听广播的第二高峰，接触比例峰值接近 20%，但低于电视、互联网和车载电视的接触比例。早上和傍晚也是私家车广播听众接触楼宇电视和车载电视的高峰时段，接触比例最高超过 40%。相比之下，各时段接触报纸和杂志的比例相对较低，比例最高不超过 20%（图 5）。

① 我们将广播、电视、互联网、报纸/杂志作为受众日常使用的基础媒体，对受众日常的跨媒体接触类型进行划分。其中，将报纸和杂志两类传统平面媒体合为一类“报纸/杂志”，而楼宇户外电视和车载电视对受众而言，其主动选择性较弱，因此这里不作为私家车广播听众的基础媒体考虑。

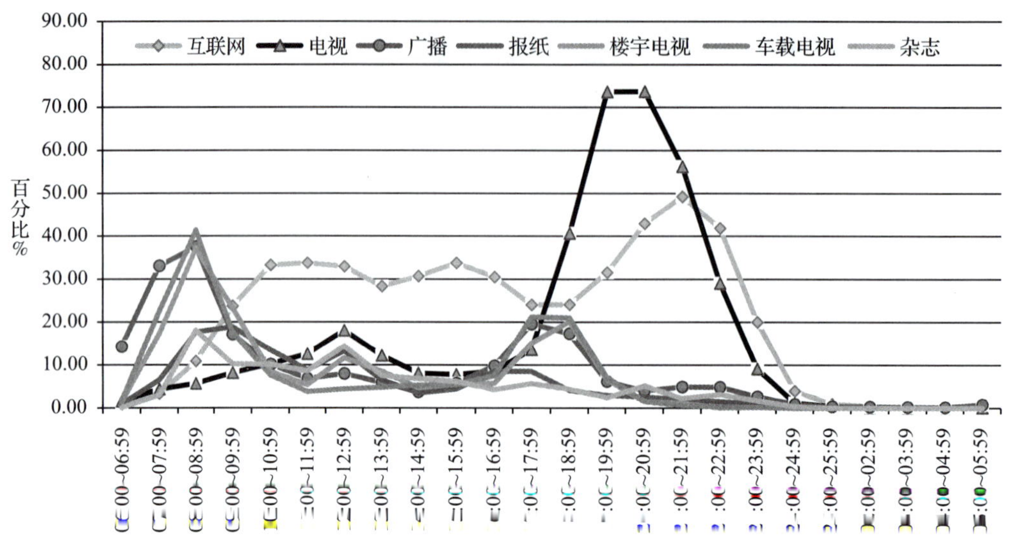

数据来源：CSM 媒介研究

图 5　2016 年私家车广播听众不同时间段的各媒体接触比例①（多选）

三、私家车广播听众广播收听情况

1. 私家车广播听众驾驶或乘坐私家车时超 97% 的人收听广播

私家车广播听众驾驶/乘坐私家车的比例在工作日（周一至周五）明显高于在周末（周六/日），工作日的出行需求更强，周末与工作日的落差达 10.59 个百分点。无论是工作日还是周末，在私家车上收听广播的比例都与驾驶/乘坐私家车的比例接近，说明

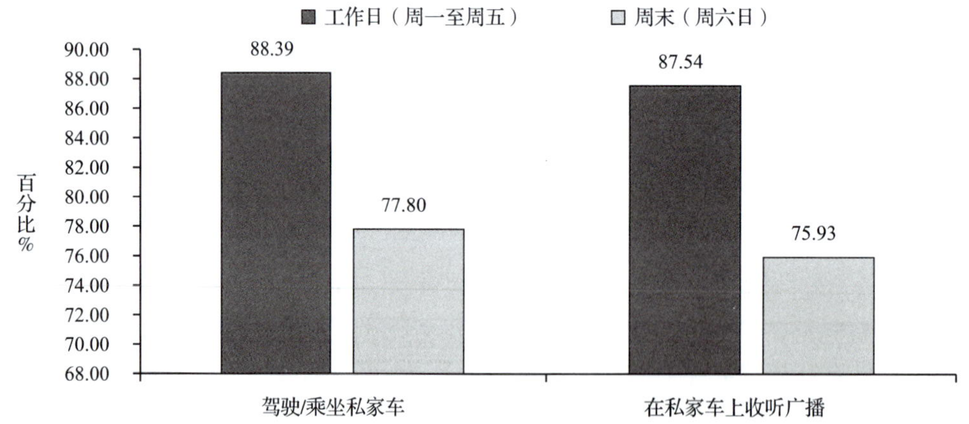

数据来源：CSM 媒介研究

图 6　2016 年工作日和周末私家车广播听众驾驶/乘坐私家车及在私家车上收听广播的比例

① 在调查时，为详细了解受众各时段接触媒体的情况，均以调查日的“前一日”为调查日期，请被访者回答各时段接触情况。

收听广播是私家车广播听众驾驶/乘坐私家车时的高发性伴随行为，私家车广播听众工作日和周末在私家车上收听广播的比例分别达 87.54%、75.93%，分别占驾驶/乘坐私家车比例的 99.04% 和 97.59%（图 6）。

2. 绝大多数私家车广播听众人均每天在私家车上收听时长在大约 3 小时及以内

就私家车广播听众而言，他们绝大多数人平均每天在私家车上收听车载广播的时间长度在大约 3 小时及以内，工作日和周末分别有 85.86%、75.19% 的人收听时间长度在大约 3 小时及以内。其中，大约半小时或以下的比例最高，工作日和周末分别占比 44.31%、43.17%，工作日和周末收听时间长度在大约 1 小时、大约 2 小时、大约 3 小时的比例依次降低（图 7）。

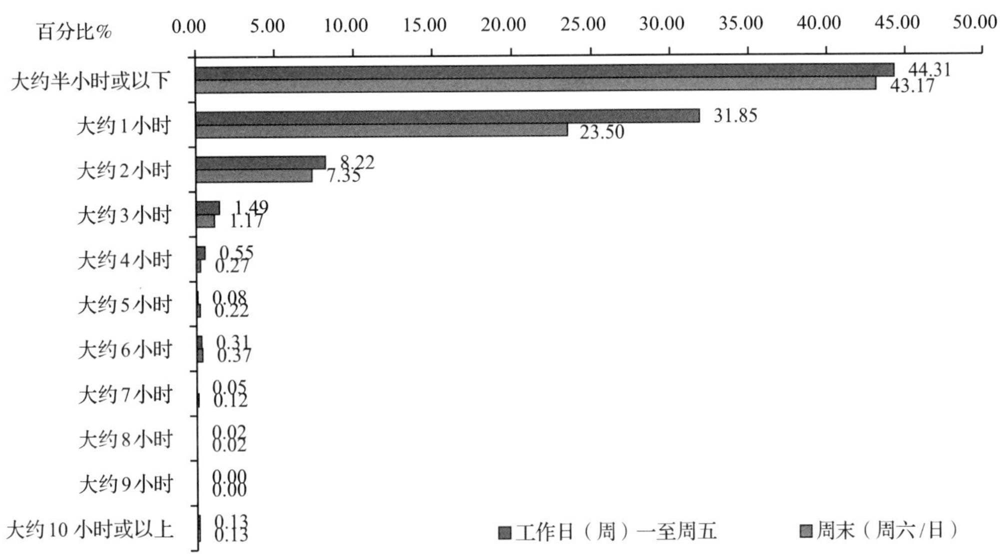

数据来源：CSM 媒介研究

图 7　2016 年私家车广播听众平均每天在私家车上收听车载广播的时间长度分布（%）

3. 中老年私家车广播听众通过车载广播和收音机收听广播的比例更高

从收听广播的设备或途径看，私家车广播听众收听广播的最主要途径是车载广播，比例接近 100%；通过收音机、手机收听广播的比例分别为 3.49% 和 2.81%；通过其他设备收听广播的比例很低，均不超过 0.5%（表 2）。

分年龄段来看，车载广播是私家车广播听众最主要的广播收听途径。其中，中老年私家车广播听众通过车载广播、收音机等传统收听设备收听广播的比例更高，数字化收听特征弱于年轻人。35 岁及以上私家车广播听众使用车载广播和收音机的比例高于其他年龄段的听众，但 55 岁及以上私家车广播听众使用手机和平板电脑/PC 等电子设备收听广播的比例则低于其他年龄段的听众，15～34 岁私家车广播听众通过手机听广播的比例明显偏高（表 2）。

表2 2016年不同年龄段私家车广播听众收听广播的设备或途径（单位:%，多选）

设备或途径	所有私家车广播听众	15~24岁	25~34岁	35~44岁	45~54岁	55岁及以上
车载广播	99.78	99.60	99.56	100.00	100.00	100.00
收音机	3.49	2.33	3.45	3.10	4.42	9.38
手机内置收音机	1.91	2.06	2.52	1.71	1.17	0.00
手机APP	0.90	1.50	1.09	0.58	0.67	0.00
音响	0.25	0.00	0.18	0.59	0.00	0.00
平板电脑/PC	0.16	0.00	0.31	0.13	0.12	0.00
MP3/MP4	0.07	0.00	0.19	0.00	0.00	0.00

数据来源：CSM媒介研究

就经常使用手机、平板电脑或PC收听广播的私家车广播听众而言，他们87.57%的收听内容为电台直播频率，在各类收听内容中占比最高；电台网站音频内容和手机电台APP（非广播电台APP）的占比第二、第三高，比例均超过10%。由此可见，电台直播内容仍然是最吸引数字化收听终端私家车听众的广播内容，数字化收听终端和渠道为广播听众收听广播提供了多元通路（图8）。

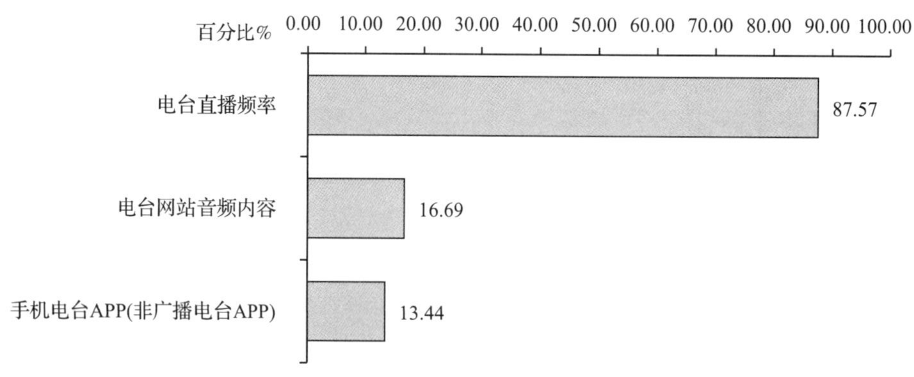

数据来源：CSM媒介研究

图8 2016年私家车广播听众使用手机、平板电脑或PC收听的内容（单位:%，多选）

4. 私家车广播听众在车上经常收听交通类、音乐类广播频率

2016年12城市私家车广播听众在车上收听比例较高的广播频率仍以交通类、音乐类为主，这充分显示了私家车广播听众对这两类广播频率的较大需求与偏爱（表3）。在12城市私家车广播听众车上经常收听的广播频率TOP3中，有5个频率的比例超过50%，分别是北京人民广播电台交通广播（FM103.9/CFM95.6），81.5%；天津人民广播电台交通广播（FM106.8），73.42%；广东广播电视台羊城交通广播台（FM105.2），72.95%；重庆人民广播电台交通频率（FM95.5），66.53%和陕西广播电视台交通广播（AM1323/FM91.6），57.24%。有8个频率的收听比例在30%~50%之间，6个频率在20%~30%之间，14个频率在10%~20%之间，3个频率在10%以下。

表 3　2016 年 12 城市私家车广播听众在车上经常收听的广播频率 TOP3（单位:%，多选）

城市	频率名称	选择比例（%）
成都	四川人民广播电台交通广播（FM101.7）	23.92
	成都人民广播电台交通广播（FM91.4）	12.21
	四川人民广播电台岷江音乐 iRadio（FM95.5）	7.08
北京	北京人民广播电台交通广播（FM103.9/CFM95.6）	81.50
	北京人民广播电台文艺广播（FM87.6/CFM93.8）	13.20
	北京人民广播电台音乐广播（FM97.4/CFM94.6）	10.80
广州	广东广播电视台羊城交通广播台（FM105.2）	72.95
	广东广播电视台音乐之声（FM99.3）	34.73
	广东广播电视台城市之声（FM103.6）	16.04
南京	江苏经典流行音乐广播（FM97.5）	24.60
	江苏交通广播网（FM101.1）	23.57
	江苏音乐广播（FM89.7）	16.09
上海	上海流行音乐广播 动感 101（FM101.7）	48.96
	上海交通广播（AM648/FM105.7）	45.46
	上海经典金曲广播 LoveRadio 最爱调频（FM103.7）	24.94
深圳	深圳广播电台交通频率（FM106.2）	43.94
	深圳广播电台新闻频率（FM89.8）	19.69
	深圳广播电台音乐频率（FM97.1）	14.56
沈阳	辽宁广播电视台音乐广播（FM98.6）	22.18
	辽宁广播电视台交通广播（FM97.5）	19.62
	辽宁广播电视台都市广播（FM92.1/AM1341）	8.64
天津	天津人民广播电台交通广播（FM106.8）	73.42
	天津人民广播电台音乐广播（FM99）	41.18
	天津人民广播电台相声广播（AM567/FM92.1）	13.03
武汉	楚天交通广播（FM92.7）	48.55
	湖北省广播电视总台楚天音乐广播频道（FM105.8）	19.93
	湖北省广播电视总台经典音乐广播频道（FM103.8）	18.42
西安	陕西广播电视台交通广播（AM1323/FM91.6）	57.24
	陕西广播电视台音乐广播（FM98.8）	30.10
	陕西广播电视台 MY FM（FM105.5）	28.27
长沙	湖南人民广播电台交通频道（FM91.8/FM100.3）	35.83
	长沙人民广播电台城市之声（音乐）广播（FM101.7）	15.84
	湖南金鹰 955（FM95.5）	10.78
重庆	重庆人民广播电台交通频率（FM95.5）	66.53
	重庆人民广播电台音乐频率（FM88.1）	17.10
	重庆人民广播电台都市频率（FM93.8）	3.93

数据来源：CSM 媒介研究

5. 超六成私家车广播听众钟爱收听新闻/时事类和音乐类节目

2016 年 12 个城市中，新闻/时事类、音乐类和生活服务类节目是私家车广播听众喜爱收听比例最高的 3 类节目，选择比例明显高于其他各类节目。其中，新闻/时事类和音乐节目是大部分私家车广播听众喜爱收听的类型节目，喜欢收听的选择比例均超过了60%；喜爱生活服务类节目的私家车广播听众比例超过 40%，喜爱文艺类节目的私家车广播听众比例超过 15%，喜欢法制类、财经类、体育类、社教类和外语类广播节目的私家车广播听众比例都很低（表 4）。

从不同年龄段私家车广播听众喜欢收听的广播节目类型来看，年龄较高的听众喜欢收听生活服务类节目的比例更高，随着年龄的降低，喜欢收听音乐类节目的比例随之升高。相比私家车广播听众的平均水平，15 ~ 24 岁私家车广播听众喜爱收听音乐类和社教类节目的比例明显偏高，25 ~ 34 岁私家车广播听众喜爱收听音乐类、文艺类、财经类和外语类节目的比例较高，35 ~ 44 岁私家车广播听众喜爱收听新闻/时事类、生活服务类、法制类、体育类、财经类和外语类节目的比例较高，45 ~ 54 岁私家车广播听众更偏爱收听新闻/时事类、生活服务类、文艺类、法制类、体育类、财经类、外语类和社教类节目，55 岁及以上私家车广播听众更喜爱收听生活服务类和财经类节目（表 4）。

表 4　2016 年不同年龄段私家车广播听众喜欢收听的广播节目类型选择比例（单位:%，多选）

节目类型	所有私家车广播听众	15 ~ 24 岁	25 ~ 34 岁	35 ~ 44 岁	45 ~ 54 岁	55 岁及以上
新闻/时事类	65.63	54.17	64.32	71.33	71.64	61.98
音乐类	61.03	70.80	66.82	59.16	44.01	36.88
生活服务类	41.51	23.64	43.24	45.91	47.29	52.47
文艺类	15.58	11.72	17.01	15.81	17.73	11.13
法制类	4.31	3.09	4.34	4.42	5.99	2.93
体育类	4.18	1.72	3.45	4.99	8.59	0.00
财经类	3.02	0.53	3.27	3.83	3.58	3.56
外语类	0.73	0.48	1.02	0.40	1.33	0.00
社教类	0.34	0.54	0.35	0.07	0.80	0.00
其他类	2.32	3.41	1.62	2.03	3.54	1.77

数据来源：CSM 媒介研究

四、结语

2016 年 12 个城市中，有 53.9% 的广播听众最经常在私家车上收听广播，这一比例相比 2015 年的 49.33% 上升了 4.57 个百分点。半年内经常在私家车上收听广播的私家车广播听众中，男性、中青年和家庭收入过万者占比仍然最高。

在媒体融合发展的背景下，私家车广播听众的媒体接触也呈现出多媒体、跨媒体的状态。私家车广播听众中，每周收听广播、看电视和上网的比例均超过85%，其中每周看电视和上网的比例均超过90%。对每周都收听广播的私家车广播听众做进一步区分可以发现，“广播+电视+互联网”是私家车广播听众跨媒体接触的主要类型，比例达到85.19%。

私家车广播听众驾驶/乘坐私家车时收听广播的行为十分普遍，他们驾车或乘坐私家车时有超过97%的人听广播。车载广播是私家车广播听众收听广播的最主要设备，选择比例超过99%，年轻私家车广播听众通过数字设备收听广播的比例明显高于中老年听众。交通类和音乐类广播频率仍是私家车广播听众在车上最经常收听的频率，60%以上的私家车广播听众钟爱收听新闻/时事类和音乐类广播节目。

（作者：杨金姝）

从广播 APP 入手看广播与互联网的融合

随着互联网和智能手机的不断普及，受众对各类媒体的接收方式发生了翻天覆地的变化。友盟+的数据显示，2016 年，移动互联网用户平均每日使用移动设备时长已达到 49.6 分钟，较 2015 年增长了 9.98%；从类别使用时长上来看，移动端用户在视频播放、电商导购与新闻阅读类 APP 中消耗时间较长[①]。随着互联网以及新媒体技术的快速发展，新兴的传播方式和渠道不断出现。广播作为传统媒体之一，在新媒体的冲击下，也逐渐将目光投向了新技术，并且不断借力新媒体，积极进行传统与现代的融合。

一方面是行业驱动，一方面是自身求新、求变，在此情境下，广播 APP 应运而生。2005 年到 2007 年前后，苹果在软、硬件上的发力为行业发展奠定了基础。2013 年前后，各移动电台平台如雨后春笋般涌现。2015 年，领先平台在用户规模上取得突破性发展(图 1)，2016 年中国移动电台整体用户规模达 2.26 亿[②]。目前的广播 APP 基本分为两类，一是直播类，主要借助互联网实时收听跨地域的传统广播电台节目；二是点播类，是把已经制作好的电台音频节目储存在相应服务器中，用户借助应用实时下载或流媒体播放。而实际情况是很多应用已兼具二者的功能，渐趋融合（图 2）。

本文主要参考一些关于广播移动电台的研究成果，再结合一些公开的网络数据进行分析和研究，从数据的角度来阐释广播 APP 在新的媒介生态环境下如何实现与互联网的融合。

一、手机网民发展现状

广播 APP 的盛行，说到底与互联网和智能手机的普及息息相关，这二者的兴盛发展直接导致了手机用户使用习惯的变化，因此我们首先来分析一下近几年手机网民的发展状况。

整体而言，随着互联网普及率的日益提高，中国手机网民数量呈现出逐年上升的态势，从互联网接入设备来看，手机上网逐渐取代了其他上网方式而跃居首位，这也为广播 APP 的发展奠定了基础。

① 友盟+.2017 年全域互联网发展报告[R/OL].http://www.199it.com/archives/596328.html? url_type=39.

② 艾媒咨询.2016~2017 中国移动电台行业研究报告[R/OL].http://www.iimedia.cn/49874.html.

1. 手机网民规模及其在网民中所占比例齐升

从手机网民规模及其所占网民比例可以看出，截至2017年6月，我国手机网民规模达7.2亿，较2016年增加了2830万人。网民中使用手机上网的人群占比则由2016年的95.1%上升至2017年的96.3%，网民中有超过九成六的人都在使用手机上网，用手机上网基本已成为一种日常生活模式（图1）。

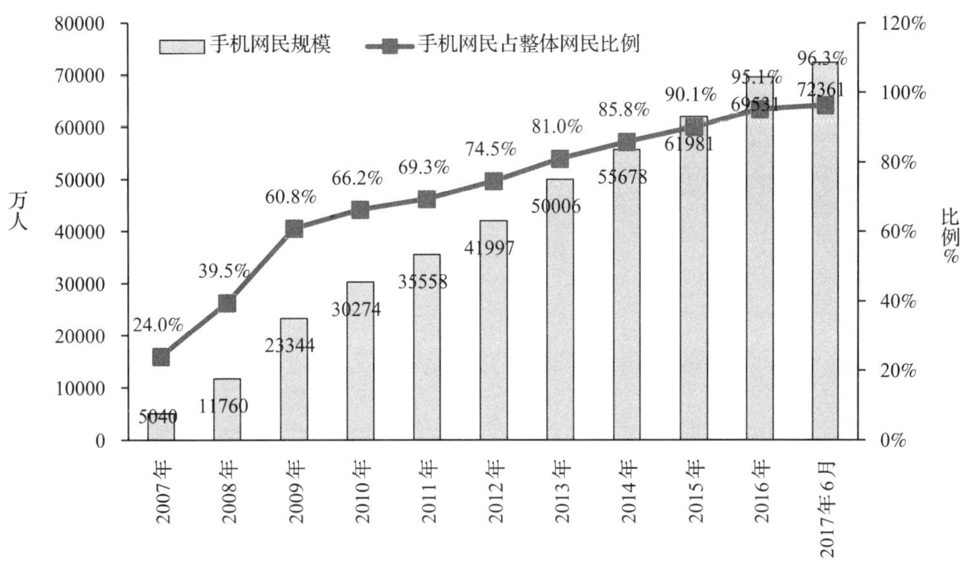

数据来源：CNNIC 中国互联网络发展状况统计调查，2017.6

图1 中国手机网民规模及其所占网民比例

2. 通过手机上网跃居首位

从互联网络接入设备使用情况可以看出，截至2017年6月，我国网民中使用手机上网的比例为96.3%，较2016年增长了1.2个百分点，继续保持增长。通过台式电脑、笔记本电脑和平板电脑接入互联网的比例分别为55.0%、36.5%和28.7%，较2016年分别下降了5.1个、0.3个和2.8个百分点，上网由电脑端向手机端迁移趋势明显。智能家居行业快速发展，智能电视作为家庭娱乐设备的上网功能进一步显现。2017年6月使用电视上网的比例为26.7%，较2016年增长了1.7个百分点。手机大屏化以及应用体验的不断提升较好地满足了手机网民的娱乐需求，同时手机因其便携性和随时随地可上网的特性已经超越台式电脑而成为网民上网的首选方式（图2）。

3. 听音乐是手机网民使用率最高的娱乐功能

手机音乐在智能手机问世前就是手机的主要娱乐功能，因此使用率最高，2014年占手机网民的65.8%，较2013年增长了7.6个百分点；排名第二的手机视频也有较大增幅，由2013年的49.3%增长到2014年的56.2%，增加了6.9个百分点。手机游戏与手机阅读小说的用户使用率变化不大，分别为44.6%和40.6%（图3）。由此可以看出，

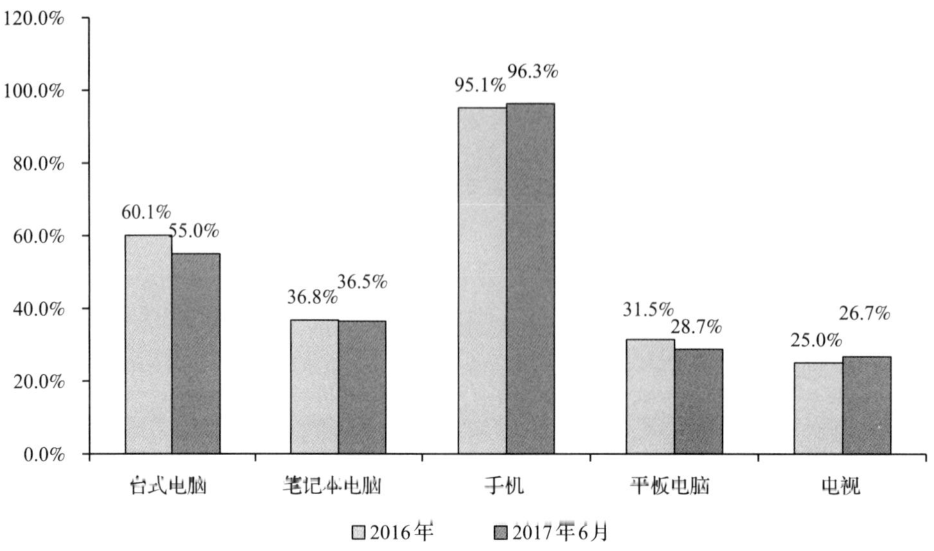

数据来源：CNNIC 中国互联网络发展状况统计调查，2017.6

图 2　互联网络接入设备使用情况（%，多选）

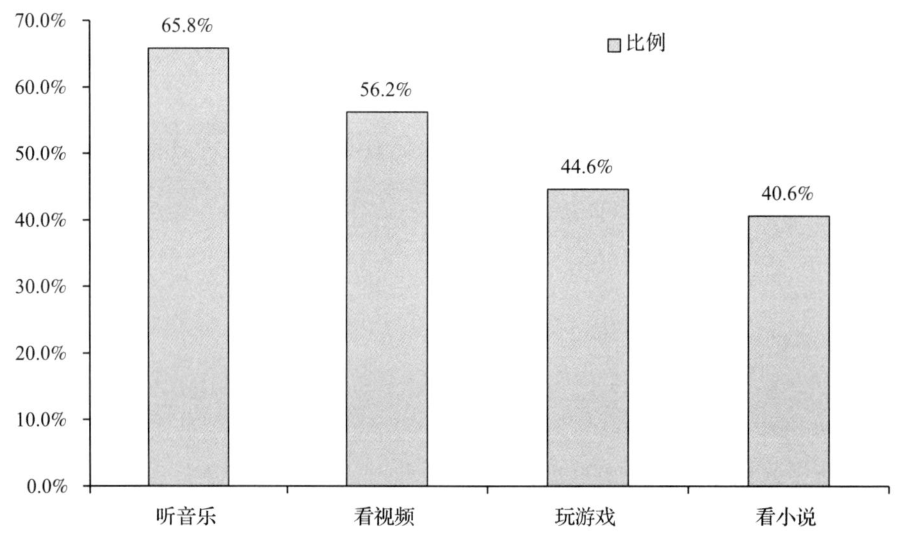

数据来源：CNNIC 2014 年中国手机网民娱乐行为研究报告，2014.12

图 3　手机用户主要娱乐功能使用率（%，多选）

听音乐是手机网民的主要娱乐功能，而这恰恰与许多移动 APP 以播出各类音乐节目为主相契合，也为电台 APP 的繁荣发展奠定了基础。

二、广播 APP 发展现状

手机网民数量的爆炸式增长，使得各类 APP 层出不穷，并逐步渗透进用户的日常生活。互联网消费调研中心（ZDC）2013 年 11 月发布的调查数据显示，超过 99% 的智能手机用户安装了APP。其中，即时聊天/社交、系统/工具和影音视频三大类APP应用的用户数量最多，安装了以上3类APP的用户分别占到了89.8%、79.1%和78.2%的比例[①]。在极光大数据发布的2017年第一季度手机行业分析报告中就特别提到了手机APP安装情况，目前国内高、中、低档机型每台手机平均安装的APP数量分别为56个、52个和39个[②]。

在目前纷繁庞杂的各类APP中，不乏传统广播电台的身影。各级广播电台顺应互联网时代的发展潮流，积极布局移动互联网领域，或自主开发移动终端应用，或积极融入其他APP平台。这也是数字技术发展推动传统广播与新媒体加快融合，以实现资源最大化利用的必然趋势。

从目前来看，以广播电台为主体开发的APP可以分为三大类[③]：第一类是依托全台所有频率资源的APP，这类APP应用相对简单，主要提供节目收听，我们称之为平台类APP；第二类是以频率资源为核心开发的APP，可以分为交通类、经济类和音乐类等频率，与频率联系密切，我们称之为频率类APP；第三类是细分优势资源后开发的APP，将视频、新闻、有声阅读等内容分门别类后分别开发专门的APP，这类APP可以充分利用广播电台的牌照资源、版权资源和人力资源，可以保证节目的高质量，我们称之为资源类APP。前两类可以简单地划分为前文所述的直播类APP，第三类可以划分为点播类APP。

那么目前广播APP发展现状如何？下文从广播APP下载量、移动电台用户收听时段走势、用户构成3个角度来进行梳理。

1. 下载量差异巨大[④]

本文共搜集到43个广播APP在安卓平台的累计下载量，从排名前10位的广播APP来看，由北京人民广播电台打造的移动网络广播平台“听听FM”以累计超过550万的下载量位居榜首，位居第二的是“阿基米德FM”，累计下载量也超过了500万，排名第三位和第四位的分别是“中国广播”和“智慧无锡”，累计下载量均超过百万，排名第五位至第九位的广播APP累计下载量均在10万级的数量，排名第十位的累计下载量在万级。广播APP累计下载量的差异可谓巨大（表1）。

从广播APP累计下载量分布可以看出，过百万的可谓凤毛麟角，只有4个，占9.3%，1万以下的则有25个，共占过半的比例（图4）。从某种意义上而言，整个广播APP市场目前处于一种“前途渺茫，后无退路”的尴尬境地。相较于后起的网络广播电台，如喜马拉雅FM、蜻蜓FM等动辄过亿的下载量，广播电台APP这种的“鸡肋”感觉更甚，亟须找到新的突破口。

① 图说大数据：那些指尖上的APP应用程序[EB/OL]. http://appnews. zol. com. cn/411/4119022. html.

② 手机里有多少APP？看到调查报告惊呆了！[EB/OL]. http://news. zol. com. cn/635/6355869. html.

③ 周宇博：“广播与APP融合发展的思考”[EB/OL]. http://www. doc88. com/p~6724472211381. html.

④ 此处数据均来源于安卓平台数据，因苹果应用商店不对外公开下载量数据，所以此处未纳入统计。

表 1　广播 APP 累计下载量排名前 10 位（仅安卓平台）

排名	名称	下载量	类别
1	听听 FM	5586000	资源类
2	阿基米德 FM	5371000	资源类
3	中国广播	2074367	资源类
4	智慧无锡	1540000	平台类
5	央广云电台	545000	平台类
6	花生 FM	210000	平台类
7	大蓝鲸	206000	资源类
8	河北电台即通	200771	平台类
9	环球资讯 PLUS	200000	频率类
10	陕西音乐广播	80000	频率类

数据来源：安智网、n 多市场、百度手机助手、腾讯应用宝、豌豆荚 5 家应用商店公开数据，截止日期为 2017 年 8 月 11 日。

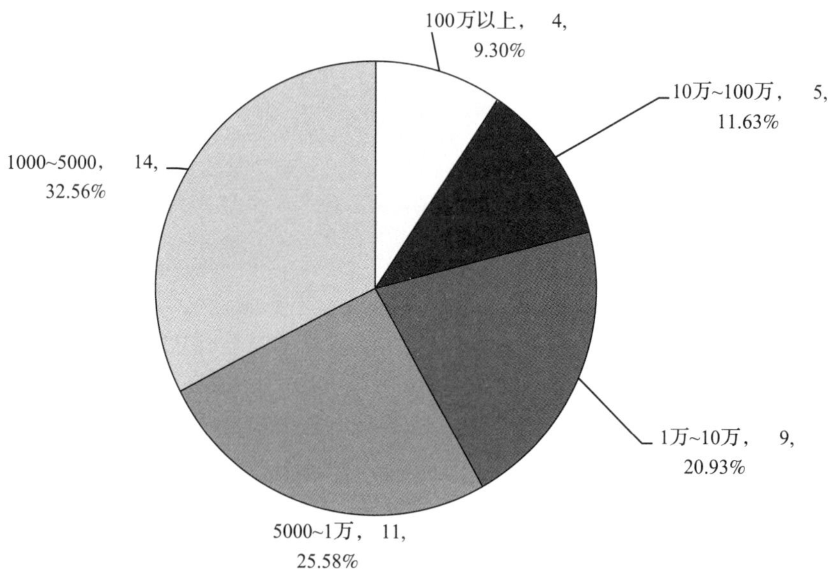

数据来源：安智网、n 多市场、百度手机助手、腾讯应用宝、豌豆荚 5 家应用商店公开数据，截止日期为 2017 年 8 月 11 日。

图 4　广播 APP 累计下载量分布（仅安卓平台）

2. 广播 APP 激活了收听“死”时段

由移动电台用户收听时段分布可见，用户收听习惯随时间变化明显，并与主要用户群体上班族的日常作息密切相关。工作日用户集中在上下班通勤时间和夜晚收听，上班通勤时段形成陡高峰，夜晚用户数逐渐爬升。休息日上午时段用户收听较为集中，早上和中午形成两个小高峰，尤以午间峰值更为明显，夜晚用户数同样也逐渐爬升。在后晚间和凌晨时段也有明显收听，尤其在晚间 20:00 之后时段，用户数不降反升，彻底颠覆了以往晚间没有人在收听广播的观念。可以说广播 APP 收听彻底激活了传统收听夜间和凌晨的“死”时段，让全天收听再无“垃圾时间”（图 5）。这一点在 CSM 媒介研究推出的广播虚拟测量仪测量结果里也有体现。从上海某音乐广播频率全天收听率走势可以看出，其晚间时段收听表现突出（图 6）。

这一情况无论是对广播电台而言还是对广告主而言，无疑都是一个利好的消息，为广播电台实现全天候 24 小时竞争的理念打下了坚实基础。

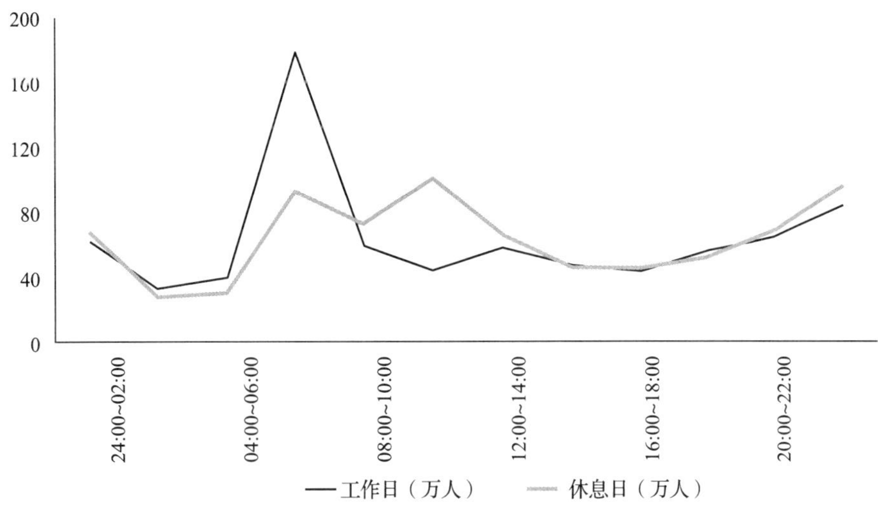

数据来源：艾瑞 mUserTracker 大样本版对 2015 年 9 月主要移动电台应用用户的跟踪监测

图 5　2015 年 9 月中国移动电台用户收听时段分布

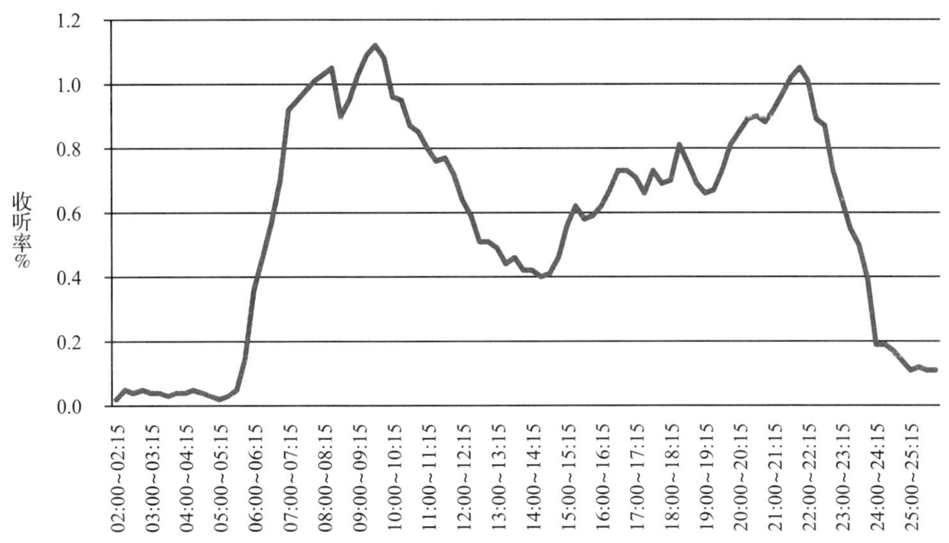

数据来源：CSM 媒介研究，2016 年 12 月，上海

图 6　上海某音乐频率虚拟测量仪全天时段收听率（%）走势

3. **移动电台用户偏年轻**

从年龄分布来看，移动电台用户以20～40岁的中青年群体为主，尤以31～40岁的上班族群体更为突出，占比接近总用户数的一半（图7）。

总体而言，移动电台的用户群偏年轻，这是与传统用收音机听广播人群的最大不同。年轻人意味着更多的活力和新鲜元素，同时也意味着他们的专注度相对更低，这就对移动电台的节目内容和质量提出了更高的要求，如何把受众留下来，增强他们的黏性，就成为移动电台未来工作的重点之一。

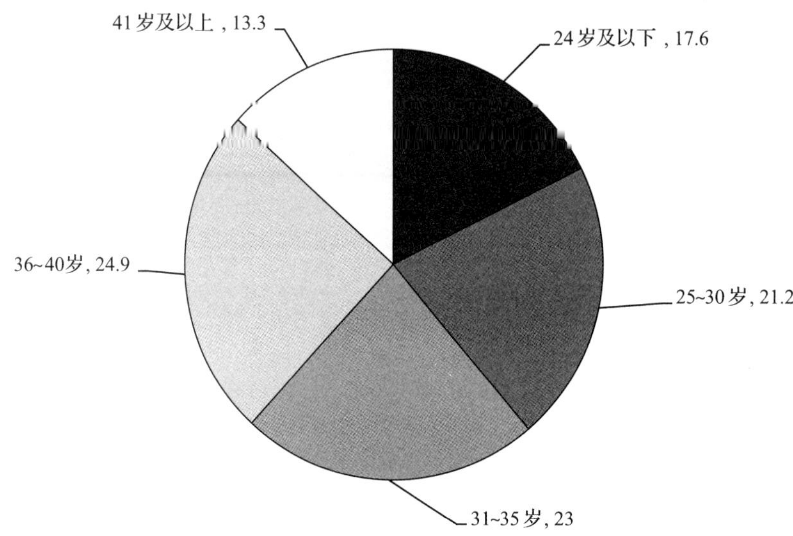

数据来源：艾瑞 mUserTracker 大样本版对2015年9月主要移动电台应用用户的跟踪监测

图7　mUserTracker－2015年9月中国移动电台用户年龄分布

三、广播频率移动传播百强分析

不同频率的广播APP发展如火如荼，而这种发展目前来看基本上处于一种“各自为政、军阀混战”的阶段，没有统一的规划，也没有通用的标准，发展程度参差不齐，发展水平高低不一。本文选取人民网研究院和武汉大学互联网科学研究中心联合发布的《中国媒体移动传播指数报告》中对广播频率移动传播百强分析评估的结果来观察广播频率移动传播发展现状，以期帮助广播媒体选择一条适合自身发展的移动传播之路。

1. **东西差异显著**

从省域分布上来看，广播频率移动传播百强涵盖了24个省、自治区、直辖市（不包括港澳台地区），集中于东中部地区。其中北京有15家（含国家级广播电台），广东有11家，山东、江苏各有10家。东西部广播移动发展差距较大，沿海城市移动化程度最高（图8）。

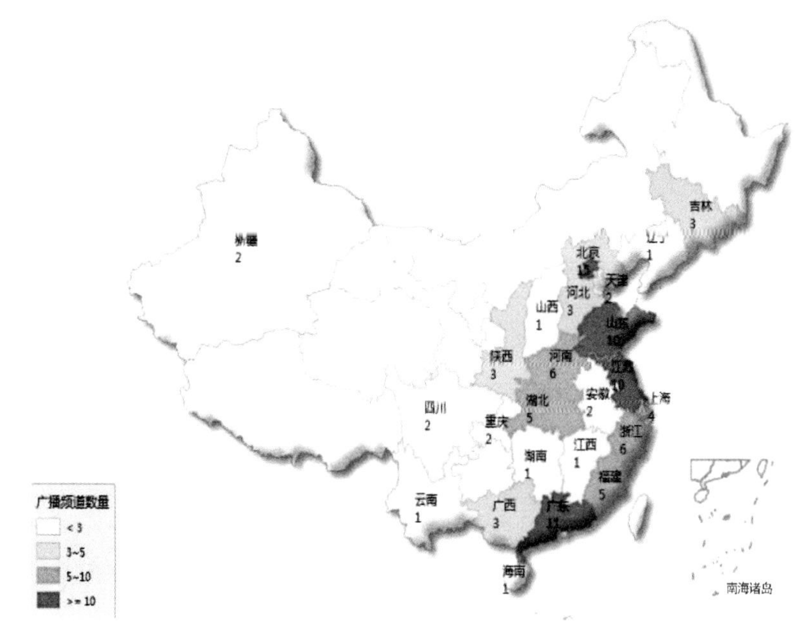

数据来源：人民网研究院和武汉大学互联网科学研究中心：中国媒体移动传播指数报告，2014.6

图8 广播频率移动传播百强地域分布

从城市分布上来看，移动传播百强广播频率省会城市占比最大，为58%。其中广州、郑州、南京数量最多，分别为8家、6家和5家，还有5家广播频率分别位于少数民族自治区首府新疆乌鲁木齐和广西南宁。4个直辖市共有23家广播频率进入百强，其中北京最多，为15家，同时北京也是所有城市中拥有百强广播频率最多的城市。这当然与国家级广播电台位居此地有关，北京的15家广播具体分属情况如下：中国国际广播电台3家、中央人民广播电台6家、北京人民广播电台6家。副省级城市中，青岛拥有的百强广播频率数最多，为4家。拥有百强广播频率的10个地级市中，中山、无锡、苏州分别有两家（图9）。

2. 交通、新闻、音乐类广播移动化程度高

交通类、新闻类、音乐类广播的内容具有普适性，听众基础较广泛。受众需求推动了变革，交通类、新闻类、音乐类广播在移动传播上也相应发展得更好。毫无疑问，交通类广播对移动化程度要求更高，如实时的交通位置信息能够为驾车人员提供巨大的帮助，这一点可以借助微信平台和自有APP定位用户所处位置，推送用户附近的交通信息等。另外，相较于其他具有内容连续性特征的广播，新闻类、音乐类广播更易于在碎片化时间中向用户传播信息。微博、微信的音频功能在一定程度上可以满足广播的这种碎片化播报特性，推送及时、短小精炼的语音信息可以增加广播电台与受众的接触机会与时间，既便于受众收听，又可以扩大自身的知名度和影响力（图10）。

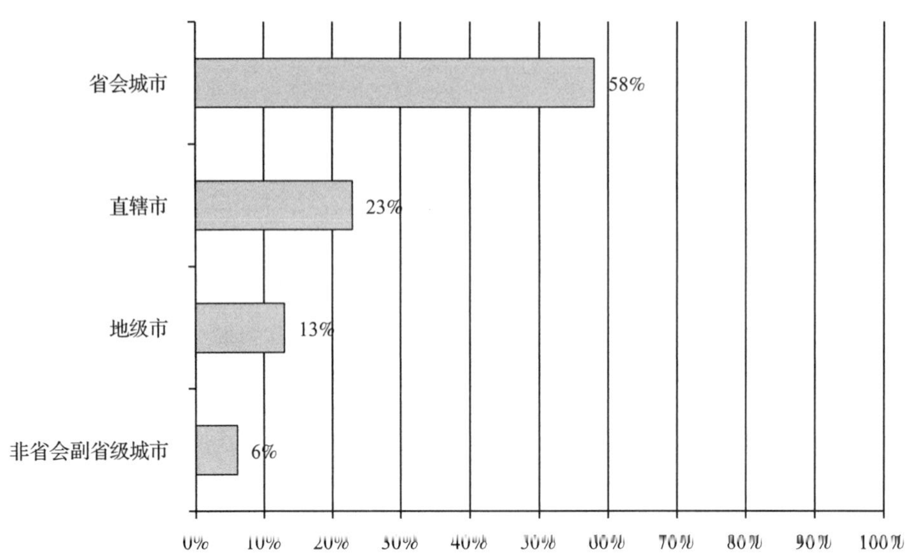

数据来源：人民网研究院和武汉大学互联网科学研究中心：中国媒体移动传播指数报告，2014.6

图9　广播频率移动传播百强城市分布

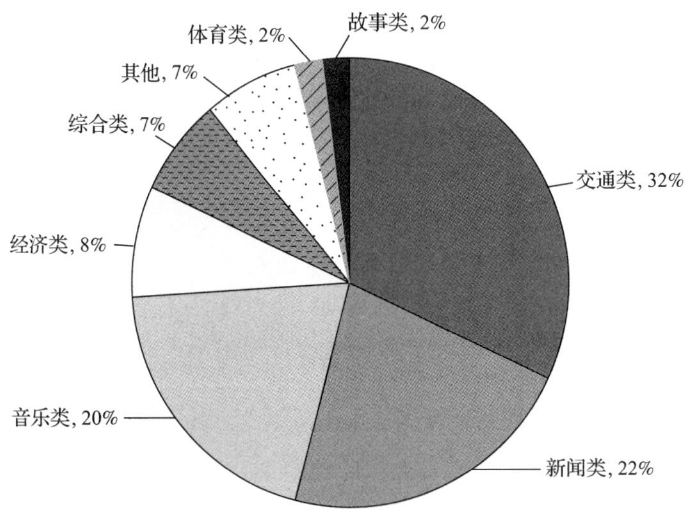

数据来源：人民网研究院和武汉大学互联网科学研究中心：中国媒体移动传播指数报告，2014.6

图10　广播频率移动传播百强类型分布

3. 广播 APP 仍需探索新的发展途径

在百强广播频率中，45 家有独立 APP，但存在多家频率共用同一总台 APP 的情况。对于广播电台而言，研发单一频率的 APP 的确会使它们在人力、物力和技术上都难以承受。而在当下，一家广播电台所开发的囊括该台所有频率的 APP 模式也只是简单的频率相加，让听众在一个 APP 总台上可以听到该地所有的广播频率，事实是这种 APP 并不具吸引力。因为听众可以下载一个可供广播电台自由入驻的聚合类广播客户端，这样就可以收听到全国各地的广播电台，甚至国外的电台。此时，功能单一、仅收纳了几家电台的APP就不具备竞争优势了。因此，目前的广播APP还需探索一些新的发展途径。

实际上，在开发和利用广播APP或节目对其进行宣传和推广时，是有一些技巧和规律可循的，阿基米德数据实验室基于平台上4694档节目名称的分析结果初步给出了一些导向性建议。研究结果显示，全国的广播电台在给节目起名字时竟有着许多的不谋而合，存在众多的高频词（图11）。除此之外，纵观各类广播节目的起名规则，类型区隔明显，时间定位准确，依托频率优势和发挥主播的影响力是最为显明的特征①。因此，广播APP在探索新的发展途径时，是否应该考虑此工作要在找寻到和掌握了一定规律的前提下再快速跟进，而不是盲目激进，或许这是目前各类广播APP需要做的一项重要工作。

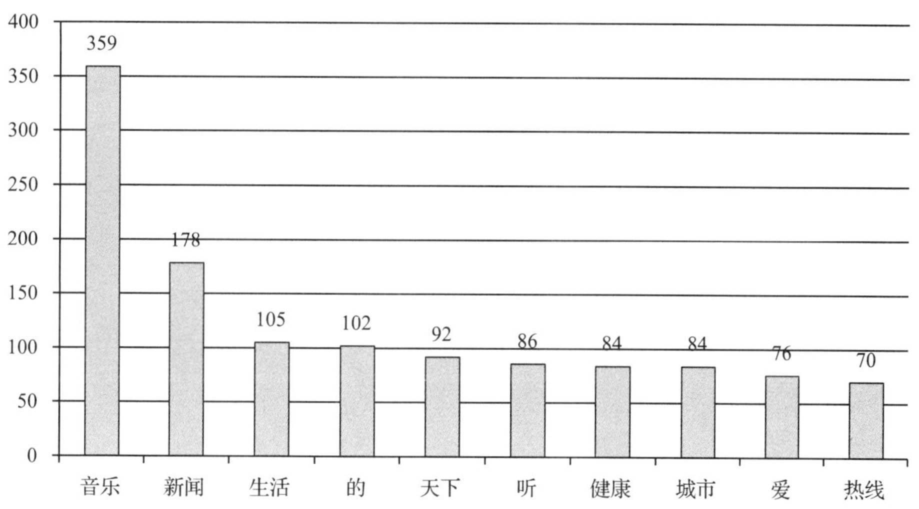

数据来源：阿基米德平台4694档广播节目数据

图11　广播节目名称中的十大高频词排名

四、广播APP与互联网融合的思考

从收音机到PC端，再到手机、平板电脑等移动互联终端，传播方式的改变正从根本上颠覆传统广播的生态系统。如何适应新系统，如何做到与互联网的深度融合，这是目前传统广播APP需要重点思考的问题。

① 王海滨.新媒体生态环境下如何评价一档节目[J].收听研究,2015;5.

1. 核心在于能否快速笼络受众资源

目前和广播有关的APP数以万计，有的频率选择了进驻现有的成功平台，有的选择了以自身为主体创建平台，目前来看这两种做法各有利弊。选择前者，可以在短时间内分享其所拥有的大规模基础用户资源，但“寄人篱下”必定会在一定程度上“受制于人”，首先要遵守平台的规则，其次内容方面的努力在转化成自身品牌影响力的过程中也会大打折扣，容易为他人“做嫁衣”；选择后者，好处在于自己可以制定游戏规则，不必看人脸色，自己独立掌握用户数据，每一分的努力都会增强自身的品牌影响力；弊端在于要在众多的APP中脱颖而出并完成基础用户的原始积累，无论是在人力上还是在物力上都需要极大的投入。

凡事没有绝对的对错，也没有绝对的好坏之分。对于广播而言也是同样的道理，在掌握了基本的规律后，自建APP和进驻成熟平台完全可以同时展开，只需视发展情况和阶段不同，对工作重点做出调整即可。无论采取何种方式，能够快速吸纳受众资源是终极目标。

2. 不同发展阶段侧重点不同

“内容为王”还是“渠道为王”，长久以来这是一个大家都在讨论的话题，实际上在发展的不同阶段，二者的地位也在随时发生转换。在广播媒体进入移动互联网的初期，迅速进驻各个APP，开拓渠道至关重要。占据了有利渠道后，如何让受众在浩瀚的内容中发现你，继而喜欢上你，则最终依靠的还是独特的内容。如果把“渠道为王”比喻为“打天下”的话，那么“内容为王”就是“守天下”。现实中往往是打天下容易但守天下难，因此即使有好的渠道，但如果没有内容做支撑，那么这种渠道优势最终也只能是“化作一江春水向东流”，无论怎样，内容最终仍然会是广播媒体在移动互联网终端上发展的核心竞争力。

随着互联网和手机上网的日益普及，广播与新媒体融合发展是社会进步的需要，同时也是广播的一次巨大变革。随着受众接收信息渠道的拓展，传统广播在满足受众需求方面出现了一些短板，广播电台只有进行资源整合，占领多种传播平台，与互联网深度融合，才能拓展传统广播的生存空间，并成为引领时代的先锋。但目前而言，大多数电台APP所能整合的资源毕竟有限，如何跳脱出现今单纯“听”广播的模式，增加更多个性化的功能和服务，广播APP还需继续探索新的发展途径。

（作者：解永利）

分众化背景下广播频率品牌建设
——以昆明 NEW FM1028 和天津相声广播为例

分众化是中国社会转型期受众的显著特征，在传媒竞争激烈的当今，任何一个媒体都不要妄想更不可能占据整个市场。面对新兴媒体的挑战，分众化时代广播频率的品牌建设便成为广播人研究的一个重要课题。以“分众化、品牌化”为出发点，有些频率大刀阔斧，重新编排，弱化节目，突出内容，以显著提升辨识度；有些则倾力打造具有鲜明地域特色的广播频率及节目。广播媒体通过多种多样的尝试打造频率的品牌形象，以期在激烈的媒体竞争环境中突出重围。

一、打破既有模式，重塑编排格局——昆明 NEW FM 1028

伴随着广播传播模式和广播受众的日益成熟，仅依靠内容的简单划分已不能满足受众不同层面的需求。因此，对受众的专业化细分和研究便成为确定媒体品牌策略的关键。昆明广播电台 NEW FM 1028，即都市调频 FM102.8，是一个充满时尚气息的广播频率，频率定位于中青年城市人群，从受众角度出发，无论是节目自身还是相关衍生活动，无不洋溢着青春时尚的气息，是昆明地区最具影响力的声音媒体之一。

该频率采用欧美新锐电台的模式，强化时段，弱化栏目。从昆明广播电台 FM1028 节目单（表1）可以看出，栏目之间的界限并不十分明显，以此保证了频率的整体性。节目整体编排上采用了40%欧美流行音乐+40%华语主流音乐+20%资讯的搭配方式，是昆明地区真正意义上的完全类型化的电台频率，鲜明的差异化风格在众多广播频率中让人一耳就能辨识出来。节目类型上紧跟欧美、港台和内地音乐主流音乐榜单，舍弃悲伤、消极的音乐和节目风格，为城市播放更多积极的声音，传递更多的乐观情绪。资讯搭配也紧扣频率定位，在突出本土特色的基础上，关注国际国内各大时尚事件，传播与世界同步的流行文化。

昆明 NEW FM 1028 的时尚化编排与节目类型，使得频率拥有了一大批忠实的听众粉丝。这些人群大都为城市里最为中坚、活跃的分子，他们乐观、积极，喜爱流行文化，追求时尚生活。他们普遍心态年轻，消费观念领先，对潮流事物接受欲望强烈。面对标签如此明显的“分众”，仅靠对节目内容的优化是不够的，只有利用媒体融合和“互联网+”，开展丰富多彩的多平台互动，才能不断提升粉丝听众的忠实度。因此该

表 1　昆明 NEW FM 1028 节目单

时间段	节目名称
07:00~09:00	《1028 第一时间》
09:00~11:30	《New Day》
12:00~13:00	《速度生活相当牛》
13:00~15:00	《Latte Lounge》
15:00~17:00	《Swing Set》
17:00~19:00	《速度生活许多乐》
19:00~21:30	《Future Sounds》
21:30~23:59	《Fever Beats》

频率不仅在微博、微信上开通了平台，而且针对年轻人喜欢的豆瓣，在小站上还开通了互动通道，拥有了可观的粉丝数量。不仅如此，该频率还经常组织相关线下活动以提升粉丝忠实度，如“NEWFM1028 品质舞台季”系列活动，包括交响音乐会、芭蕾舞剧等文艺演出、马戏表演等文化活动，以全新的视角，审视、推动昆明精品文化市场，打造品牌舞台。在频率 17 周年之际，昆明 NEW FM 1028 开展了系列主题活动，面向社会广泛征集 17 周年粉丝音乐会 VI 设计方案和开场动画，从宣传、实施到各种小礼品，无不深深地打上了频率的烙印（图 1），大量活动使得该频率的受众忠实度得以长期保持领先的水平。

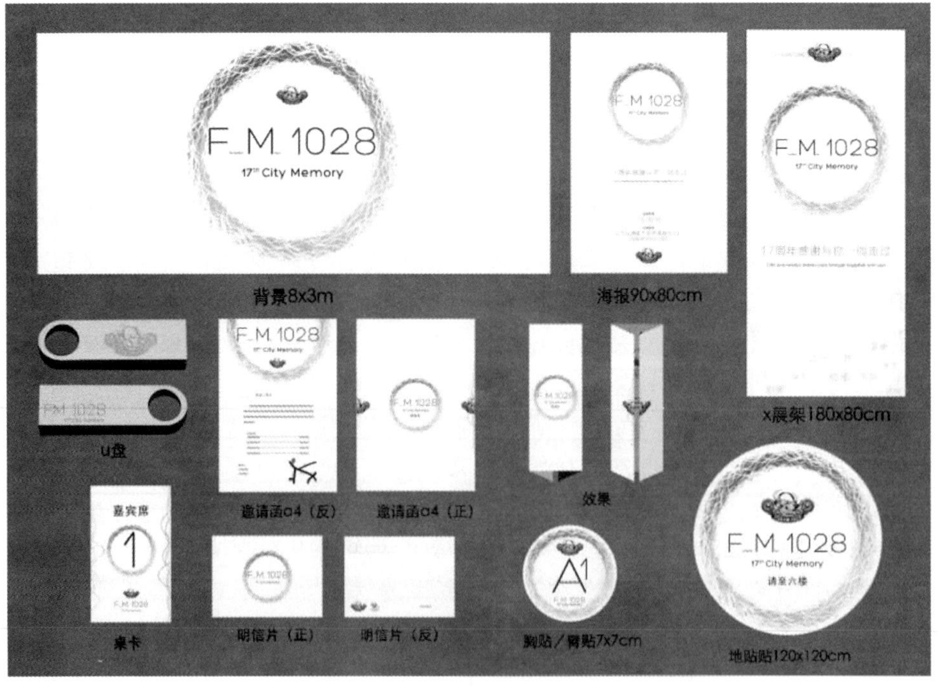

图 1　昆明 NEW FM 1028 17 周年粉丝音乐会 VI 设计方案

人均收听分钟数（听众）这一指标表示的是发生收听行为的听众人均收听时间的长短，很明显，这个数值越大，说明某一类型听众对某个频率的喜爱度或忠实度越高。我们单独来看昆明地区15～24岁这一年龄段青年听众的收听时长数据，将昆明地区所有本地频率的人均收听分钟数（听众）进行排名，昆明广播电视台FM102.8排名第一位，由此可见青年听众对该频率的喜爱度（表2）。

表2 昆明NEW FM1028 2016年上半年青年听众人均收听分钟数（听众）

频率	15～24岁
昆明广播电视台（FM102.8）	78.07
云南广播电视台经济广播（AM845/FM88.7）	71.63
云南广播电视台交通之声（FM91.8）	70.90
昆明广播电视台（FM95.4）汽车广播	70.29
云南广播电视台香格里拉之声（FM99）	68.68
云南广播电视台音乐之声（FM97）	64.06
昆明广播电视台（FM105）中国知道分子广播	62.53
昆明广播电视台（FM100.8）新闻资讯广播	59.43
云南广播电视台少儿广播（FM101.7）	59.18
云南广播电视台农村广播（AM1242）	50.70
云南广播电视台教育广播（FM100）	49.83
云南广播电视台新闻广播（AM576/FM105.8）	32.10

数据来源：CSM媒介研究

二、注重听众细分，精办品牌节目——天津相声广播

分众化时代，广播频率的品牌化建设要对构成频率形象的各种要素（诸如节目、栏目等）按时序进行科学合理的编排组合，形成与频率定位相统一的频率外在形象；要使频率结构与频率的内容定位、听众定位紧密相连，最大限度地发挥专业频率的竞争优势，合理利用频率的时间资源，更加贴近听众的收听需求，从而培养专业频率的忠实听众群；要根据频率的定位和性质设置栏目，栏目名称与频率定位要吻合，栏目设置数量要合适，栏目时长要为听众所接受，栏目播出时段、各栏目的类型安排、栏目间的组合与呼应以及如何利用各栏目来烘托频率特色等都要在对听众进行充分调查研究的基础上进行。

从天津相声广播的几档品牌栏目来看，该频率虽然以相声曲艺为主，但通过不同的节目穿插形式、主持方式以及内容的编排等，满足了不同听众的需求，从而最大化地发

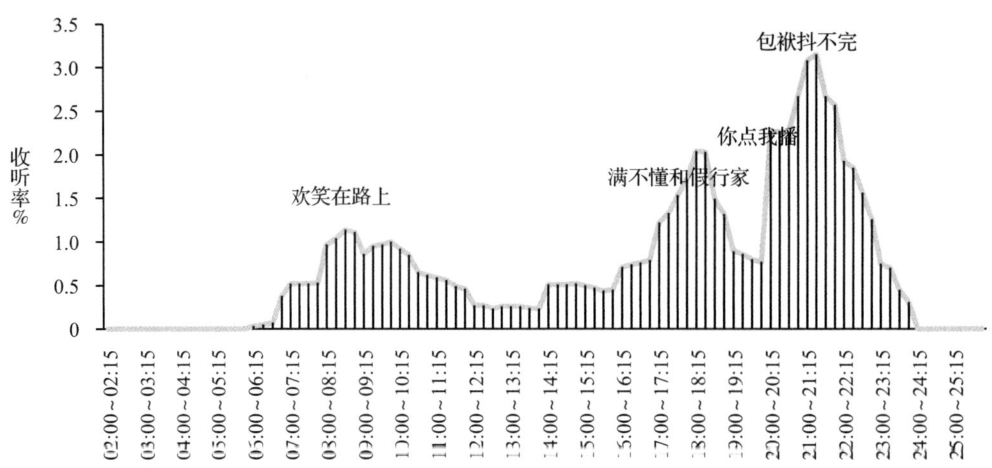

数据来源：CSM 媒介研究

图 2　2016 年天津相声广播全天收听率（%）走势（前三波收听调查数据）

挥了品牌优势。从 2016 年 CSM 媒介研究前三波收听调查数据反映的天津相声广播全天收听走势也可以看出，通过不同时段安排针对不同听众的节目，同时优化节目结构，该频率全天出现了多个收听高峰（图 2）。

早间 7:30 ~ 9:00 时段听众的第一需求是新鲜资讯和实用交通信息，相声广播的听众也不例外，因此该时段《欢笑在路上》节目的定位为服务类资讯节目，服务车载人群。该节目注重发掘自己在沟通社会各界、服务听众的精神生活和物质生活需求，尤其是为衣食住行提供帮助等方面的价值，强调“必听”和“实用”，具有每日生活指南的作用，在突出相声广播特点，以相声曲艺为主要内容的同时，贯穿热点资讯与生活信息，使受众新知、娱乐两不误。

晚高峰时段的《满不懂和假行家》是一档以相声欣赏为主、互动竞猜和百科知识为辅的创新型相声节目。晚间下班时段，听众需要的是身心的放松，渴望听到开心的声音，节目中两位主持人分别扮演刘宝瑞经典名段《假行家》中的两个人物形象——“满不懂”和“假行家”，在相声中挖掘出曲艺专业知识、百科常识及其蕴含的现实意义。主持人借用“满不懂”和“假行家”这两个虚构但又具有典型性格的人物，调侃日常生活中的喜怒哀乐，让听众在会心一笑、忘却疲惫的同时，能够有所知、有所得、有所乐。节目诙谐风趣、寓教于乐，为现代人紧张繁忙的工作和生活注入了一丝风格迥异的幽默和轻松。

从车载收听效果可以看出，中青年听众对两档节目的喜爱程度十分明显（图 3、图 4）。

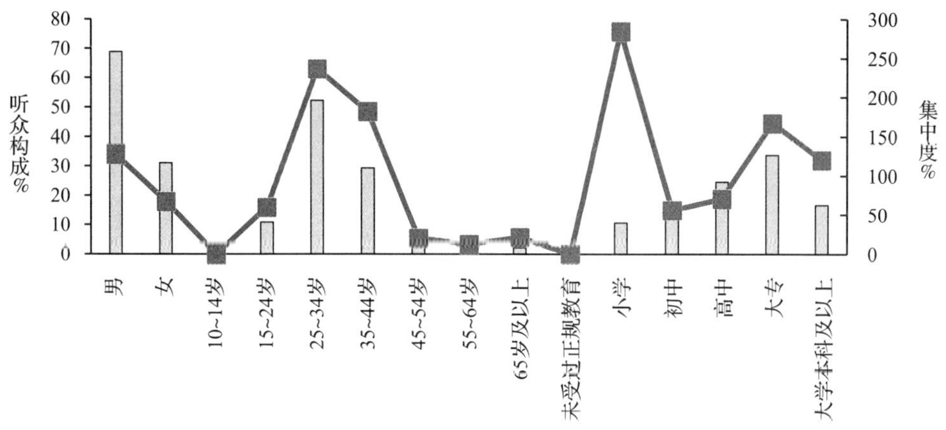

数据来源：CSM 媒介研究

图 3 2016 年天津相声广播《欢笑在路上》车载收听听众构成（%）和集中度（%）（前三波收听调查数据）

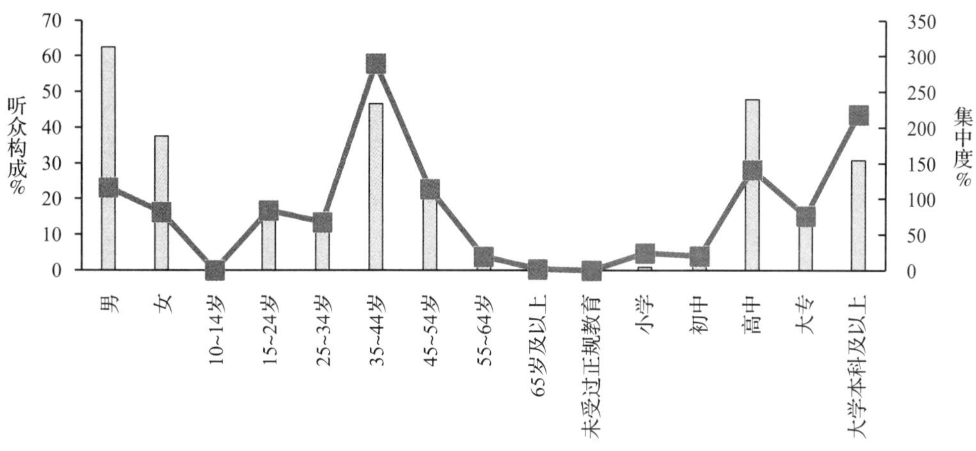

数据来源：CSM 媒介研究

图 4 2016 年天津相声广播《满不懂和假行家》车载收听听众构成（%）和集中度（%）（前三波收听调查数据）

在如今这个“分众化”的传播时代，传统广播频率要在和新兴媒体的竞争中努力发挥自身优势和品牌的核心竞争力，寻找市场缝隙，实现差异化竞争，努力向其他台甚至新兴媒体学习专业化运作，以适应分众化潮流，创建并进一步发展具有本地特色和个性的品牌频率和品牌节目。

（作者：马超）

越创新、越融合
——广播发展路径思考

受大环境和新媒体发展的影响，广播也受到了一定的冲击，但相对于其他传统媒体而言，广播目前所面临的形势相对乐观，可谓机遇与挑战并存。如何把握机遇，迎接挑战？唯有创新，唯有融合。对广播而言，只有创新才能把握主动，只有迎合才能融入发展。

本文主要从以下三个方面阐述以上观点。第一，创新的趋势是融合；第二，数据驱动创新与融合发展；第三，收听率调查的创新与融合实践。总体而言，目前所有的创新手段都是为了广播在媒体发展的大潮中走向与其他媒介形态的融合，使广播站在更高的平台上获得新的发展机遇。如何推动创新融合？在大数据时代，就是要用数据来洞察行为，因为行为是广播经营和变现的基础。

一、创新的趋势是融合

关于创新。什么是创新？经济学家熊彼特认为：“创新就是要建立一种生产函数以实现生产要素从未有过的组合。”管理大师德鲁克则说：“创新就是赋予资源以新的创造财富能力的行为。”可见重组是一种创新，再造也是一种创新，管理学派的创新强调的是能力再造。

过去很长一段时间，广播的创新主要是靠重组来实现的：机构重组、人员重组、频率重组、节目重组，既包括广告的分行业经营、频率的专业化，也包括节目编播由原来的大版块向轮排式的编播，到轮排+大版块的编播等，所有这些都属于一种整合重组。在目前的情况下，广播和新媒体的融合并不仅仅是结构重组，而更是一个能力再造的过程。要突破传统的广电框架，就迫使广电必须走向能力再造：终端能力再造、渠道能力再造、技术能力再造、内容能力再造、营销能力再造、资本能力再造等。前两年广电总局提出要打造“广电+”，实际上就是广电+互联网，在这个过程中，技术和资本已经成为驱动广播发展的不可或缺的一体两翼。所以现在看广播走向融合和创新，更多的是要考虑如何提升广播能力再造的水平。

关于融合。融合，一个是融，一个是合。说到传播，无非言者、传者、受者三部分，通俗点讲，就是内容、媒介和用户。此间，融合传播包含两层含义：一层含义是如何将内容和媒介进行融通。例如，投放一个内容，是选择电视、广播还是手机端，这是不同的媒介，内容和媒介的组合是一种融通。有了特定的内容形式，怎么到达用户，到达消费者呢？这就是融合传播的另一层含义：要将用户和媒介相结合。例如，同样的广播内容，我们可以用手机、用 iPad、用收音机来收听，这是用户与媒介的结合方式，不同的结合方式意味着不同的终端，更意味着不同的场景和不同的营销方式。

如何把内容和媒介相融通，这是供给侧变革的问题，是广播电台、电视台自己能作决定的问题，现在各个台在这方面都进行了很多创新。传统广电在这个过程中遇到的最大问题在需求侧，即我们在新的用户群体中渗透率不够高、影响力不够大，现在传统广电要面对今日头条的挑战、蜻蜓 FM 的挑战，还要面对很多新媒体硬件、软件的挑战，它们和用户之间的关联强过我们。所以下一步广电发力，供给侧自然要变革，但更重要的是需求侧要创新。新技术范式下的内容与媒介融通带动了广电供给侧的变革，比如打造所谓的“中央厨房”；而媒介与用户相结合则演绎出丰富多样的需求侧形态变化，比如激活所谓的“T2O”。

在这样的形势下，传统广电就必须走越创新、越融合的道路。传播对应的五要素：内容、渠道、终端、用户和营销，每个要素都面临着融合和创新的问题。对于广电而言，内容 + 渠道 + 终端是供给侧，需求侧则是用户和营销。营销是 B2B 的关系，用户是 B2C 的关系。如何获得新用户是传统广电面对的一个挑战。传统用户通常是在家、在车上以传统的 FM 调频方式收听广播，而新用户则是用互联网数字化传播方式收听直播或者点播回放，甚至离线收听，收听行为多场景、碎片化。我们已经意识到短音频可能会带给用户更好的体验，而短音频的营销价值、导流和入口价值也正在开发中。新的移动电台更强调增强用户黏性、提升营销价值，这恰恰是传统广播通过对内容、渠道、终端的把控而必须面对的一种新竞争格局。

有国际研究机构指出广播的发展趋势和创新、融合之间的关系非常密切，目前广播创新发展过程中表现出七大趋势，**第一个趋势是数据和洞察力营销，在音频全域扩张。**在音频领域中，数据的驱动力正在越来越多地显现出来。最基本的一个例子就是有了数据之后就可以做广告。这就引出了**第二个新趋势，即程序化购买、程序化投放和自动化营销。**这是一种创新。受众在听蜻蜓、考拉等相关网络电台时，听的过程中会弹出广告，而这个广告不是预先设置好的，它是根据听众的特征、听众收听的历史行为进行大数据分析后进行的精准推送。例如，一位男性受众在听某个节目的时候，网络广播后台已经判定他是男性，因而它不会推送这位受众不想听的化妆品广告，而会推出汽车和电子类产品的广告，这在广播领域已经有很多案例了。**第三个趋势是移动营销。**在这种营销模式中，音频将得到充分利用。这里的音频主要是指短音频，如何把传统的音频拆成更好的短音频，占用用户的碎片化时间，为其他的合作伙伴以及营销机构做导流从而实现增值，这是未来音频在移动营销中将会起到的非常大的作用。数据精细化使得移动营销和短音频的价值可以得到充分释放，有了移动端的测量仪数据之后，把长的音频拆成短音频就比较容易了，15 分钟的数据拆成两三分钟，将播放流量高的时段拆分出来，这样就可以吸引更多的流量。

这种方法就引出来**第四个趋势，即出现了测量音频价值的新方法**，也包括CSM媒介研究提供给大家的基于虚拟测量仪的方法——非重复到达和单源测量。非重复到达指所有的音频到达用户没有被重复计算，因为一个用户听某个音频时不可能同时听两个终端，所以就不用排重。同时把所有的音频信息和内容都测量下来，对每一个用户进行单源测量，这也是国际化的趋势。有了新的数据营销体系之后，同时加强了与物联网的联系，就出现了广播未来发展的**第五个趋势，即广播未来的存在方式就是成为连接汽车和家庭的物联网**。很多人开始关注短视频和短音频，例如可以用自己的语音打开家里的冰箱门，也可以设置明星的语音开门，还可以是一段音乐，这可能是未来物联网的开端。

第六个趋势是营销中间件，这需要一些中间环节，需要一些技术和资本的接入，也需要寻找新的合作伙伴和解决方案，还需要机制创新和体制创新。因此就会出现**第七个趋势，即音频品牌策略**。就是基于音频的策略变成用“品牌+”的方式，用数据来驱动，通过版权识别和保护等一系列创新体系的构建来实现更快的增长。其中最重要的就是数据驱动。没有数据，这些方面的价值都无法得到充分的研究。

未来广播的创新融合发展就是要解决好如何把听众变成用户的问题，也可以说是听众+用户。在传播的收听端通过直播收听的是听众，在互联网端变成用户，通过短音频接收就更是忠实的用户了。广播向新平台的转换就是要实现三个阶段性的目标，第一是占有用户，而不仅仅是扩张听众规模；第二是接入资本，而不仅仅是靠广告收入。广告收入有天花板，那么遭遇天花板之后怎么撬动更大的价值呢？这就是第三点——激活消费。在这个过程中，广播有三个增值点：离线化、场景化和平台化。这三个增值点都需要有很好的价值体系把它具象化和数据化，反过来变成可衡量和运营的平台。所以这个时候要看数据能不能跟上新的发展要求。

二、数据驱动创新与融合发展

“十三五”发展规划关于媒体融合发展的部分，提得最多的就是从“相加”迈向“相融”。实际上“融”的方式更多的是基于供给侧，像“中央厨房”，就是搞供给侧调整，变成一批新型的主流媒体，这个层面国家可以指导和调控。但是如何将“中央厨房”落实到受众和用户上，就需要用数据来测量需求，调整实现供给侧改革的基本模式，并在供给侧改革中提升竞争力。

这些调整怎么做？就是要把内容、渠道、终端、用户、营销都分别和互联网进行关联。内容+互联网就是内容跨平台传播，没有数字化、碎片化、内容化的传播，“+互联网”就没有意义。渠道+互联网，实际上就是短音频分发和二次聚合的问题，它可以帮助用户实现音频的点播和时移；终端+互联网实际上更多的是营销平台，就是根据用户使用行为建构新的传播平台；用户+互联网要考虑对用户碎片化行为的把控和将其作为入口进行导流的可能性，以此来驱动营销、撬动消费，使营销变成大数据营销的平台。所以这些调整是层层递进的，价值最后要靠数据来驱动，从而实现大数据营销平台的架构。

这就出现了机会的两端：一端是供给侧改革，另一端是需求侧变化，这也是数据的两种机会。从供给侧而言，就是如何基于内容寻找机会，在内容里面加码、加水印、加标签，对内容的走向做定义，加强版权保护，继而通过内容在价值链中的增值实现来完成对利润窗口的观察和变现。

从需求侧来看，就是从用户角度出发，无论内容从哪儿来，用户的使用、收听都是确定的行为，所以可以在把握用户行为的基础之上，再去解构内容提供和分发过程中的竞争力和短板，从而提高供给侧对需求侧的满足水平。

这两种方式也是当下获取大数据的两个不同的方法：一个方法是从内容端获取大数据，另外一个方法是从用户端获取大数据。

要从用户端获取数据就要考虑用户是谁。主要有两种方法：一种方法是抽样方式，即用户照相的方法，是实名制的；另外一种方法是用户画像的方式，通过用户的其他行为来推断这个用户是谁、是什么样的人，不是实名制的，是画像。所以用户的标签化、标识化是获取数据的非常重要的出发点。这样的方式实际上就构成了现在基于虚拟测量仪的广播收听率调查的基本原理，广播测量仪就实现了谁、什么时间、什么内容和接触点的全参与。

把小数据和大数据整合后就可以实现数据的增值驱动，具体表现在两个方面：一是数据驱动内容，二是数据驱动营销。前者的实例是美国的两部电视剧，《纸牌屋》和《国土安全》，它们都在使用网络上的大数据调整内容，这也是目前国内一些生产机构在采用的方法。用数据驱动内容将来可能是一个大的趋势，这是数据的应用价值。

微信小程序及公众号广告的互动就是数据驱动营销的一个实例。根据用户使用手机APP的经验，将手机上的APP和电视上的APP、微信、微博后台联通，通过价值结算和用户画像，使数据在营销中发挥更大的作用。其中和广告结合得最紧密的是短音频，所以现在电台已经到了启动短音频市场的窗口期，这是广播发展的新的机会点，也是实现媒体融合的一个非常重要的机会点。上海广播电台致力于打造短音频的平台，其他电台也在积极尝试，这样的机会点稍纵即逝、不容错过。电视领域现在有短视频，中央电视台、新华社、人民日报都在尝试短视频，同时，像今日头条、凤凰网、腾讯、爱奇艺、百度等也都在进军短视频市场。传统广播电台的竞争对手——移动电台，也在致力于开发短音频。电台的长音频如何短音频化，如何通过短音频撬动对移动端的把控，以及对新市场机会的使用，目前是一个非常重要的新机遇期。

数据驱动创新与融合，就是要基于这样的一个新机会去主动生产、占有、开发、利用数据，基于用户和网络之间的关系把网络当成数据集成器、数据生产端，用数据将内容网络化，用数据将终端网络化，用数据将用户网络化，因为他们就是网络。没有网络就看不到内容，没有网络的终端是无效的终端，没有网络也无法找到有效的用户。所以软件是硬件，更是软件；是组织关系，也是生产方式。

三、收听率调查的创新与融合实践

对于收听率调查来讲，现在以MRL技术为核心的广播收听率新测量技术所采集的收听率调查数据，恰恰就是想实现对更多机会的把控和价值升级。目前这一测量技术的应用程序已经顺利运行在安卓和IOS操作系统的智能手机上，适合IOS系统的应用程序已获苹果手机系统App Store通过。

关于收听地点测量，也已有了较为完善的解决方案。CSM媒介研究的数据处理系统基于虚拟测量仪采集的GPS位置信息计算速度，然后根据速度判定是否为车载；对于非车载收听，则根据样本日常生活行为习惯的GPS位置信息判定其是在家、在办公室或者其他地方；对于GPS位置信息缺失的时段，则以历史同时段数据做缺失值插补处理，准确度非常高。此外，还可以在手机端平台上对听众使用的手机APP进行监控，通过监控分析广播电台的内容和移动电台内容之间的竞争关系。这方面技术上完全可行，现在正在做测试，很快会出结果。

一个好的广播价值测量体系是对从广播内容到音频内容、从测量数据到整合数据、从定价评估交易到交易数据的完整体现。在这个意义上，虚拟收听率测量体系也是一个融合的价值评估体系。

谈及将来发展，广播收听率是一个发端，有了虚拟测量数据之后，我们会从广播测量变成音频测量，甚至把短音频曝光也加进来，这实际上就是跨平台的收听。未来CSM媒介研究会和更多端的大数据相结合，例如电信的大数据、移动电台的大数据、电商大数据等，如果这个大数据平台能够建立，就会和社交化媒体相连接，最终实现线上线下消费的转化，这是一个融合的商业模式。

目前的收听率测量是从端到人，接下来要做的工作是从人到端，基于人的行为再去发展更多的端，因为每个端的后台既有数据也有渠道。端是一个结合体，从端到人到从人到端，这才是未来越创新、越融合的广播业态。

（作者：郑维东）

第三部分
Part Three

数 据 Rating Data

主要收听指标解释与广播节目收听排名说明

一、主要收听指标解释

1. 人均收听时间(分钟):指实际收听听众日收听时间(分钟)与总体推及人口的比值,它是把实际收听听众的总收听时间平均分配给总体推及人口,而不是分配给总体收听人口。

2. 收听率(%):是针对某个特定时段(或频率、节目),平均每分钟的收听人数占总体推及人口的百分比。收听率(%)反映的是在特定时段收听某一频率或某一节目的人数在总体推及人口中的百分比。

3. 市场份额(或称市场占有率,%):指特定时段内收听某一频率或某一节目的人数占同一时段所有收听广播人数的百分比,即特定时段内某一频率(或某一节目)的收听率占所有频率(或所有节目)总收听率的百分比。

4. 听众构成(%):指对于特定频率(或节目),各目标听众平均每分钟的收听人数(千人)占所有听众平均每分钟收听人数(千人)的百分比。

二、广播节目收听排名说明

1. 本年鉴数据表格部分所涉及的广播节目收听排名均严格按照中央级、省级、省会城市级和地市级广播电台提供的节目单完成;少数城市由于未提供当地电台(部分电台)节目单,无法完整地反映整体市场的广播节目收听情况,故没有进行广播节目收听排名。

2. 节目收听排名主要按收听率由高到低排序,如收听率相同,再按市场份额排序,高者排前;如果两项指标都相同,则节目排序号相同。

一、北京收听数据

表 3.1.1　2014～2016 年北京各目标听众人均收听时间(分钟)

目标听众		2014 年	2015 年	2016 年
10 岁及以上所有人		74	75	71
性别	男	78	78	70
	女	70	72	72
年龄	10～14 岁	25	27	23
	15～24 岁	35	50	40
	25～34 岁	54	52	55
	35～44 岁	78	68	66
	45～54 岁	81	98	89
	55～64 岁	107	100	100
	65 岁及以上	154	128	129
文化程度	未受过正规教育	*	43	44
	小学	116	90	114
	初中	80	95	84
	高中	85	83	78
	大学及以上	61	63	61
职业	干部/管理人员	57	66	62
	初级公务员/雇员	66	68	63
	个体/私营企业人员	67	71	69
	工人	93	84	69
	学生	28	44	39
	无业(包括退休人员)	116	105	104
	其他	*	52	75
个人月收入	没有收入	34	46	42
	1～2000 元	112	89	80
	2001～3000 元	98	105	93
	3001～4000 元	83	90	86
	4001～5000 元	81	77	83
	5001～6000 元	59	60	65
	6001 元及以上	52	56	56

注:北京为全年连续调查城市。“*”表示目标听众样本量不足,无法进行统计推断。

表 3.1.2　2014～2016 年北京听众在不同地点的人均收听时间(分钟)

地　点	2014 年	2015 年	2016 年
家中	44	46	45
车上	26	24	21
工作/学习场所	3	3	3
其他场所	2	2	3

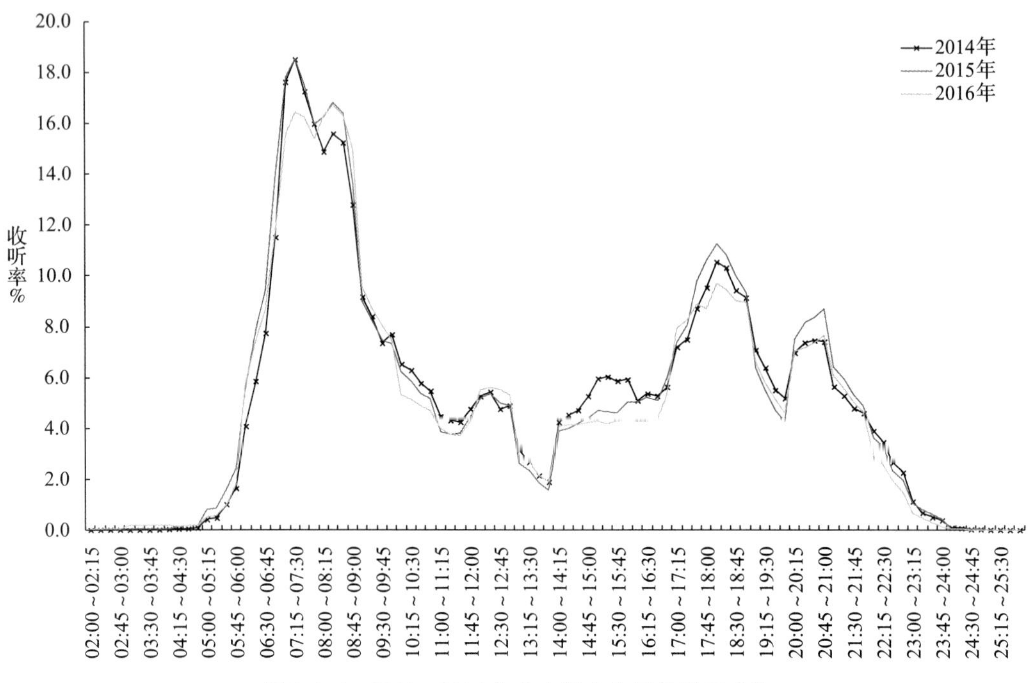

图 3.1.1　2014~2016 年北京听众全天收听率走势

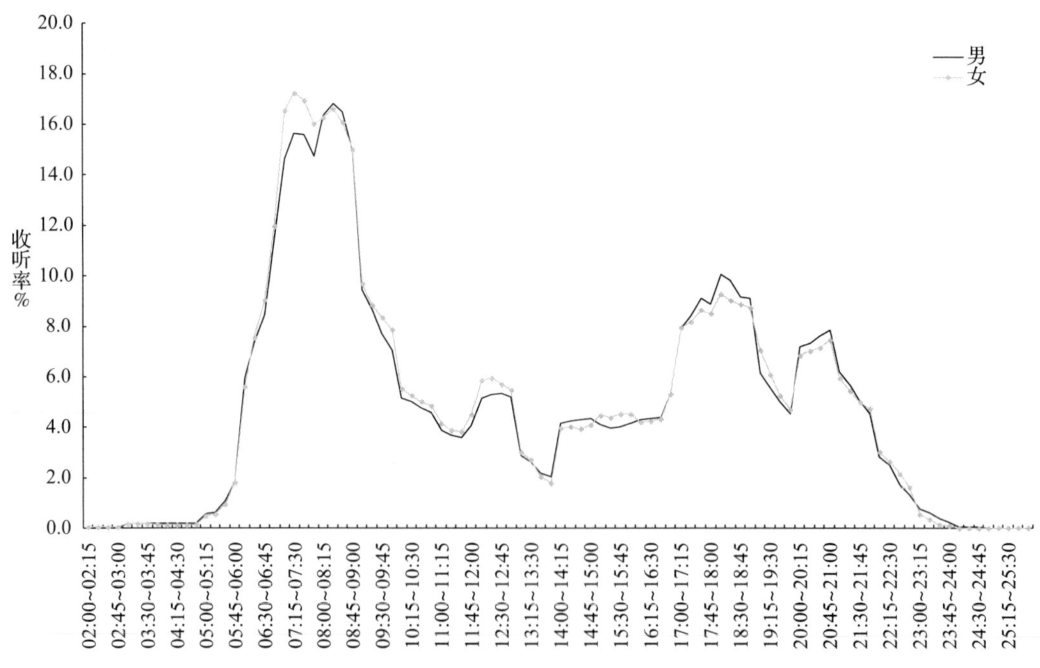

图 3.1.2　2016 年北京不同性别听众全天收听率走势

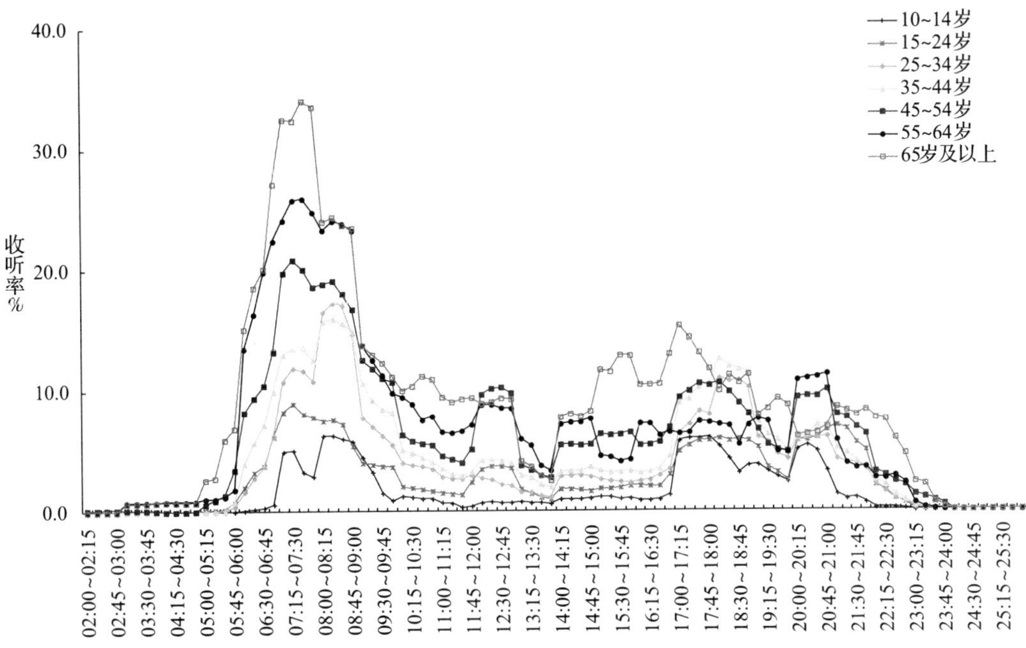

图 3.1.3 2016 年北京不同年龄听众全天收听率走势

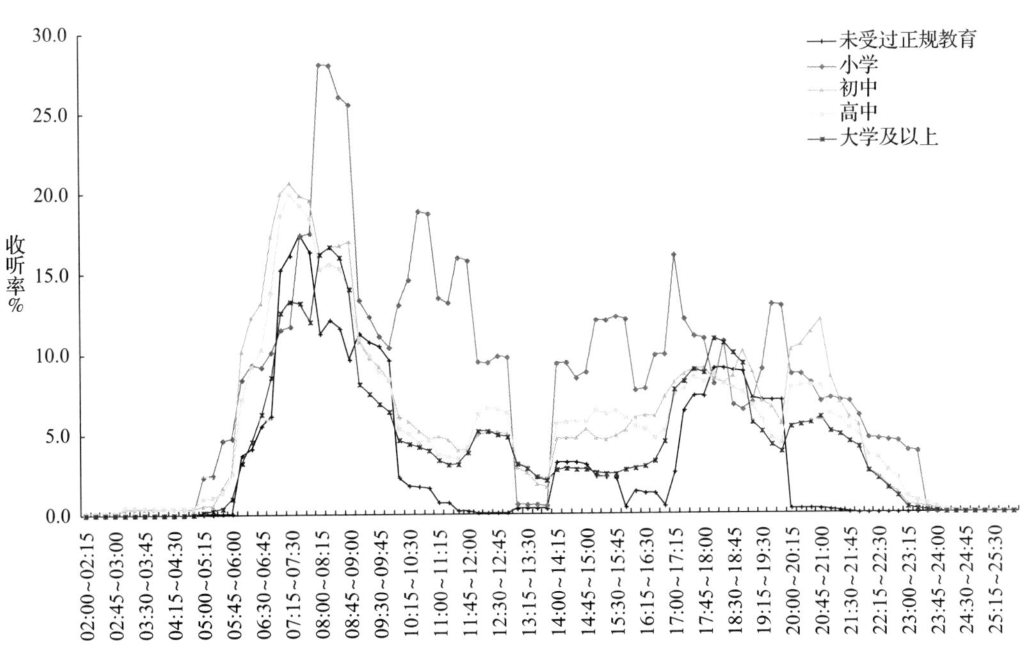

图 3.1.4 2016 年北京不同文化程度听众全天收听率走势

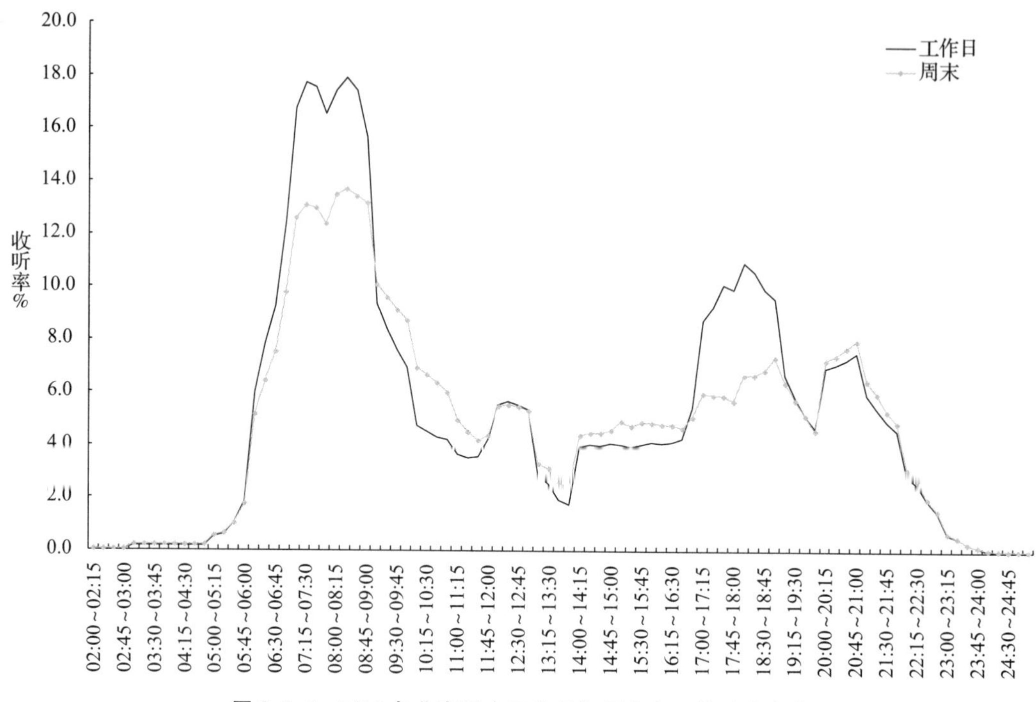

图 3.1.5　2016 年北京听众工作日与周末全天收听率走势

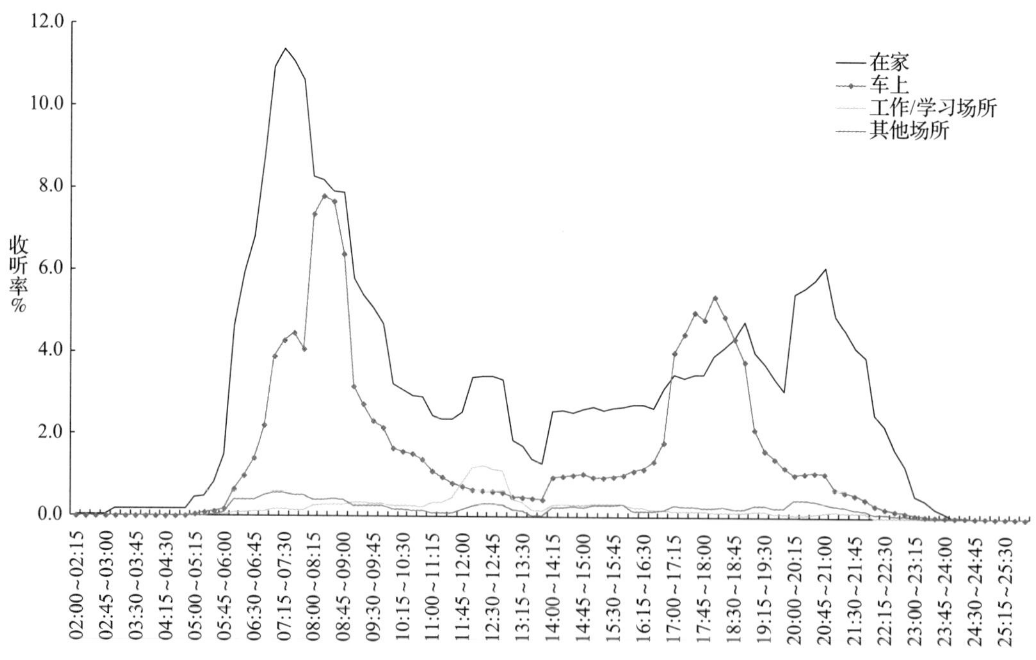

图 3.1.6　2016 年北京听众在不同收听地点全天收听率走势

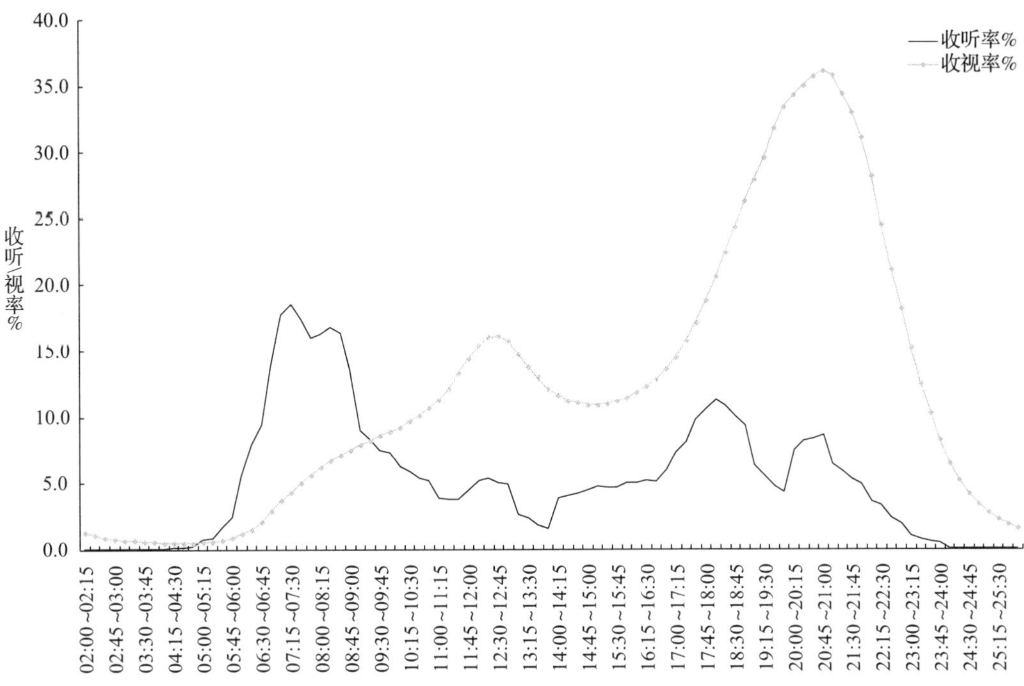

图 3.1.7 2016 年北京受众全天收听率、收视率走势比较(目标受众为 10 岁及以上)

表 3.1.3　2016 年北京市场听众构成(%)

目标听众		听众构成%
10 岁及以上所有人		100.0
性别	男	50.6
	女	49.4
年龄	10～14 岁	0.8
	15～24 岁	10.3
	25～34 岁	18.3
	35～44 岁	18.0
	45～54 岁	20.1
	55～64 岁	15.4
	65 岁及以上	17.1
文化程度	未受过正规教育	0.4
	小学	5.0
	初中	22.5
	高中	29.0
	大学及以上	43.1
职业	干部/管理人员	8.4
	初级公务员/雇员	26.2
	个体/私营企业人员	7.9
	工人	11.8
	学生	7.7
	无业(包括退休人员)	37.2
	其他	0.8
个人月收入	没有收入	10.6
	1～2000 元	3.9
	2001～3000 元	19.3
	3001～4000 元	29.1
	4001～5000 元	14.8
	5001～6000 元	7.6
	6001 元及以上	14.7

表 3.1.4　2014～2016 年北京市场各广播电台的市场份额(%)

广播电台	2014 年	2015 年	2016 年
中央人民广播电台	20.9	20.2	19.3
中国国际广播电台	4.8	4.5	3.0
北京人民广播电台	71.3	71.6	75.3
其他广播电台	3.0	3.7	2.4

表 3.1.5 2016 年北京市场各广播电台在不同目标听众中的市场份额(%)

目标听众		中央人民广播电台	中国国际广播电台	北京人民广播电台	其他广播电台
10 岁及以上所有人		19.3	3.0	75.3	2.4
性别	男	18.4	3.5	75.7	2.4
	女	20.2	2.6	74.8	2.4
年龄	10~14 岁	26.8	2.0	71.1	0.1
	15~24 岁	13.2	6.4	78.6	1.8
	25~34 岁	14.4	3.0	81.9	0.7
	35~44 岁	19.0	3.6	75.1	2.3
	45~54 岁	17.9	1.5	79.5	1.1
	55~64 岁	23.9	0.8	72.7	2.6
	65 岁及以上	25.8	4.2	63.9	6.1
文化程度	未受过正规教育	41.4	0.0	48.0	10.6
	小学	34.2	2.3	49.3	14.2
	初中	18.4	3.7	74.8	3.1
	高中	16.0	2.7	79.2	2.1
	大学及以上	20.1	3.0	76.2	0.7
职业	干部/管理人员	12.7	0.4	86.3	0.6
	初级公务员/雇员	17.6	4.1	76.4	1.9
	个体/私营企业人员	15.1	4.0	80.1	0.8
	工人	17.8	0.3	80.7	1.2
	学生	15.5	7.6	75.6	1.3
	无业(包括退休人员)	23.8	2.6	69.8	3.8
	其他	35.5	0.0	46.2	18.3
个人月收入	没有收入	17.7	6.0	75.1	1.2
	1~2000 元	15.7	0.4	77.6	6.3
	2001~3000 元	22.7	1.9	69.9	5.5
	3001~4000 元	20.3	3.8	74.2	1.7
	4001~5000 元	15.4	1.1	82.3	1.2
	5001~6000 元	22.2	2.3	75.0	0.5
	6001 元及以上	17.7	3.7	76.6	2.0

表 3.1.6 2016 年北京市场份额排名前 5 位的频率

排 名	频率名称	市场份额(%)
1	北京人民广播电台交通广播(FM103.9/CFM95.6)	28.3
2	北京人民广播电台文艺广播(FM87.6/CFM93.8)	16.4
3	北京广播电台新闻广播(FM100.6/AM828/CFM90.4)	10.3
4	北京人民广播电台音乐广播(FM97.4/CFM94.6)	8.2
5	中央人民广播电台第一套节目中国之声	4.8

表 3.1.7　2016 年北京市场收听率排名前 30 位的节目

排名	节目名称	播出频率	收听率(%)	市场份额(%)
1	今日交通(07:00~07:30)	北京人民广播电台交通广播(FM103.9/CFM95.6)	5.8	34.2
2	一路畅通(07:30~09:30)	北京人民广播电台交通广播(FM103.9/CFM95.6)	5.3	36.9
3	交通新闻热线(07:00~07:30)	北京人民广播电台交通广播(FM103.9/CFM95.6)	5.1	32.5
4	北京新闻、新闻热线	北京广播电台新闻广播(FM100.6/AM828/CFM90.4)	3.8	23.6
5	新闻大视野(07:30~08:00)	北京广播电台新闻广播(FM100.6/AM828/CFM90.4)	3.3	20.4
6	1039 新闻早报	北京人民广播电台交通广播(FM103.9/CFM95.6)	2.8	27.1
7	转播中央人民广播电台《新闻和报纸摘要》	北京广播电台新闻广播(FM100.6/AM828/CFM90.4)	2.1	20.1
8	空中笑林	北京人民广播电台文艺广播(FM87.6/CFM93.8)	2.1	13.1
9	欢乐正前方	北京人民广播电台交通广播(FM103.9/CFM95.6)	1.9	24.6
10	评书连播(午间版)	北京人民广播电台文艺广播(FM87.6/CFM93.8)	1.6	29.9
11	小说连播	北京人民广播电台文艺广播(FM87.6/CFM93.8)	1.6	28.5
12	徐徐道来话北京	北京人民广播电台交通广播(FM103.9/CFM95.6)	1.6	24.7
13	我们出发吧	北京人民广播电台文艺广播(FM87.6/CFM93.8)	1.5	11.0
14	娱乐有范儿	北京人民广播电台文艺广播(FM87.6/CFM93.8)	1.4	18.3
15	资讯早八点	北京广播电台新闻广播(FM100.6/AM828/CFM90.4)	1.4	8.8
16	汽车天下	北京人民广播电台交通广播(FM103.9/CFM95.6)	1.3	26.1
17	评书连播(早间版)	北京人民广播电台文艺广播(FM87.6/CFM93.8)	1.3	19.0
18	演艺群英会	北京人民广播电台文艺广播(FM87.6/CFM93.8)	1.3	18.3
19	梦想行动派	北京人民广播电台交通广播(FM103.9/CFM95.6)	1.2	26.3
20	行走天下	北京人民广播电台交通广播(FM103.9/CFM95.6)	1.2	26.1
21	新闻晚知道	北京人民广播电台交通广播(FM103.9/CFM95.6)	1.2	20.9
22	开心茶馆(下午场)	北京人民广播电台文艺广播(FM87.6/CFM93.8)	1.1	26.0
23	娱情娱理	北京人民广播电台文艺广播(FM87.6/CFM93.8)	1.1	23.2
24	吃喝玩乐大搜索	北京人民广播电台文艺广播(FM87.6/CFM93.8)	1.1	11.9
25	天下财经	中央人民广播电台第二套节目经济之声	1.1	6.6
26	娱乐 72 变	北京人民广播电台文艺广播(FM87.6/CFM93.8)	1.0	25.0
27	警法时空	北京人民广播电台交通广播(FM103.9/CFM95.6)	1.0	24.0
28	开心茶馆(晚场)	北京人民广播电台文艺广播(FM87.6/CFM93.8)	1.0	20.8
29	戏迷乐	北京人民广播电台文艺广播(FM87.6/CFM93.8)	1.0	20.3
30	国家大剧院	北京人民广播电台音乐广播(FM97.4/CFM94.6)	1.0	19.9

二、长春收听数据

表 3.2.1 2014～2016 年长春各目标听众人均收听时间（分钟）

目标听众		2014 年	2015 年	2016 年
10 岁及以上所有人		72	70	76
性别	男	79	76	82
	女	66	65	71
年龄	10～14 岁	25	21	25
	15～24 岁	39	40	45
	25～34 岁	55	59	72
	35～44 岁	96	75	65
	45～54 岁	75	86	96
	55～64 岁	102	103	125
	65 岁及以上	119	111	104
文化程度	未受过正规教育	57	57	49
	小学	41	50	72
	初中	93	77	80
	高中	70	74	79
	大学及以上	59	61	71
职业	干部/管理人员	69	67	46
	初级公务员/雇员	53	60	68
	个体/私营企业人员	84	74	72
	工人	77	73	85
	学生	26	30	32
	无业（包括退休人员）	104	99	107
	其他	*	*	*
个人月收入	没有收入	45	40	47
	1～2000 元	92	91	90
	2001～3000 元	78	80	88
	3001～4000 元	69	63	72
	4001～5000 元	80	104	100
	5001～6000 元	93	69	83
	6001 元及以上	114	81	114

注：长春为全年连续调查城市。“*”表示该目标听众样本量不足，无法进行统计推断。

表 3.2.2 2014～2016 年长春听众在不同地点的人均收听时间（分钟）

地点	2014 年	2015 年	2016 年
在家	45	45	46
车上	18	17	20
工作/学习场所	8	7	9
其他场所	2	1	1

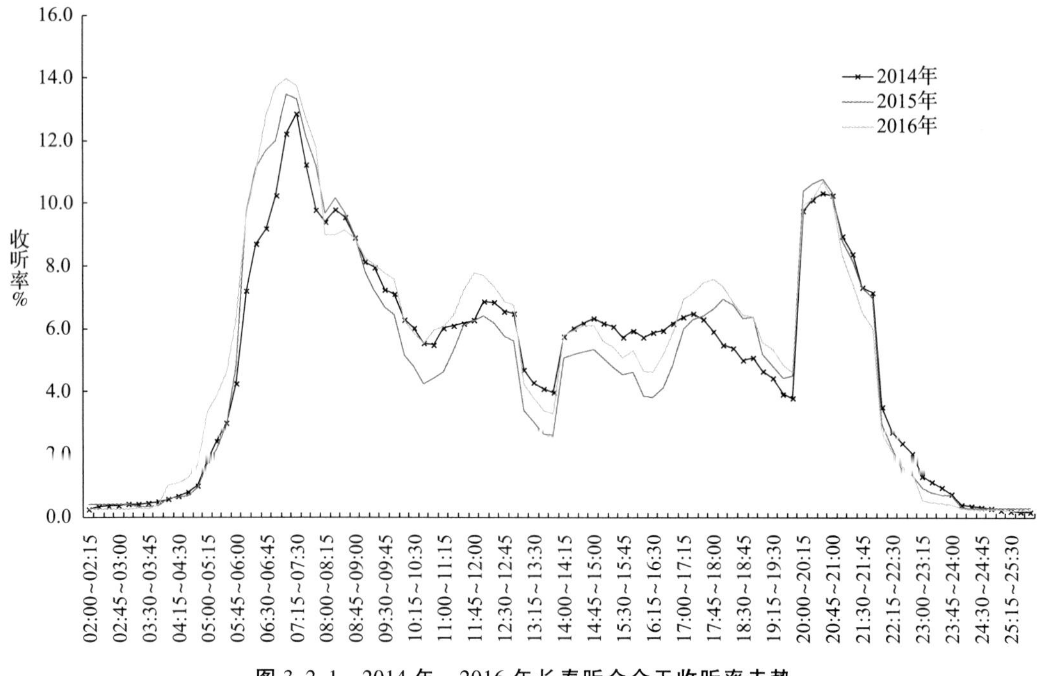

图 3.2.1　2014 年 ~2016 年长春听众全天收听率走势

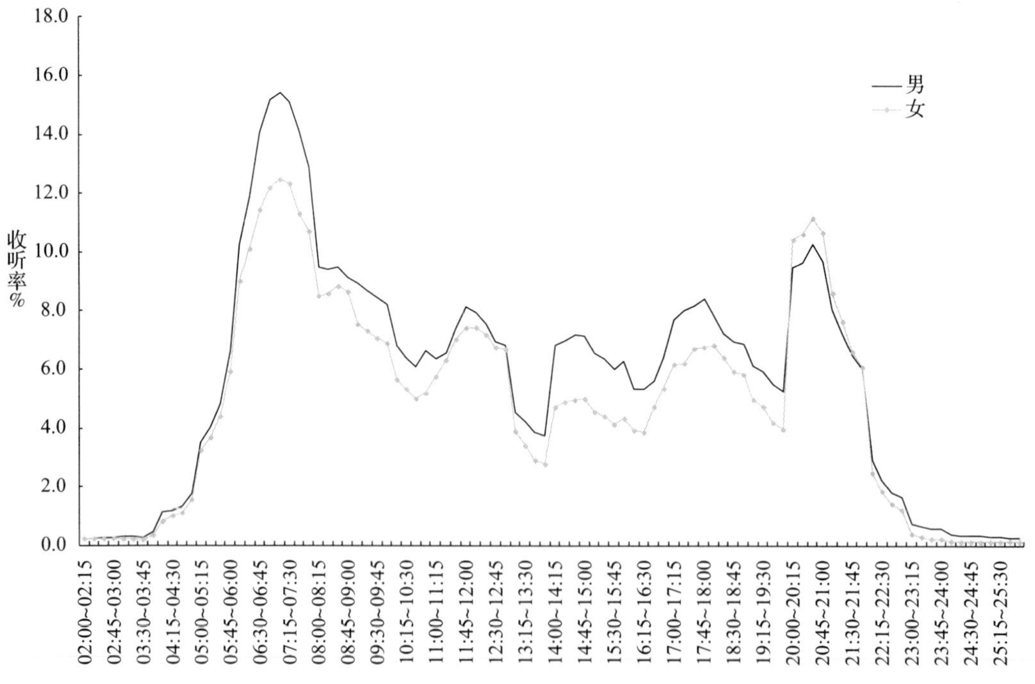

图 3.2.2　2016 年长春不同性别听众全天收听率走势

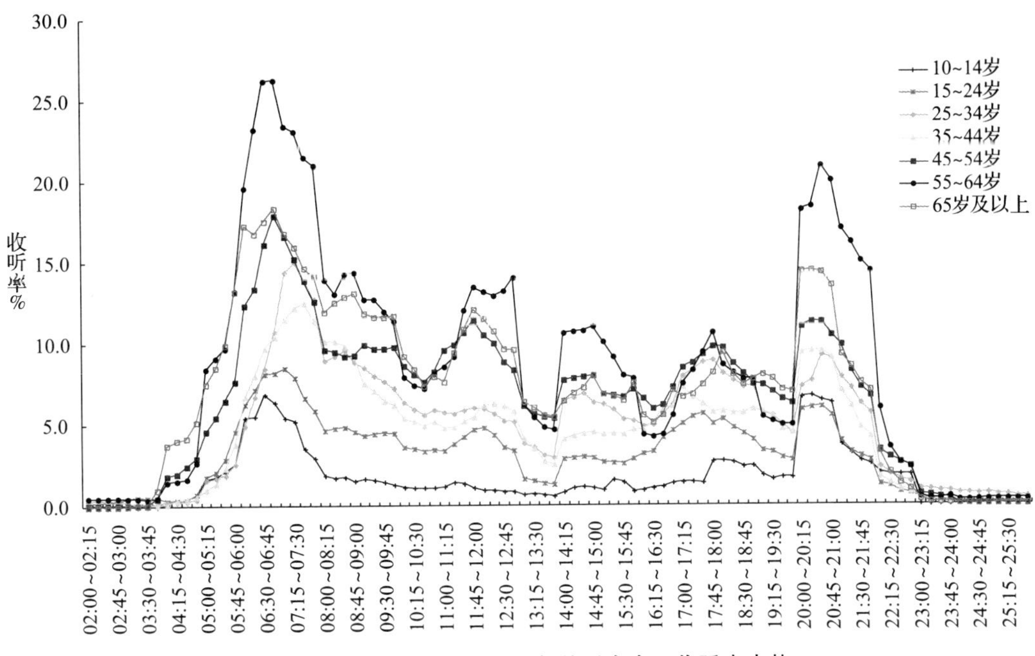

图 3.2.3　2016 年长春不同年龄听众全天收听率走势

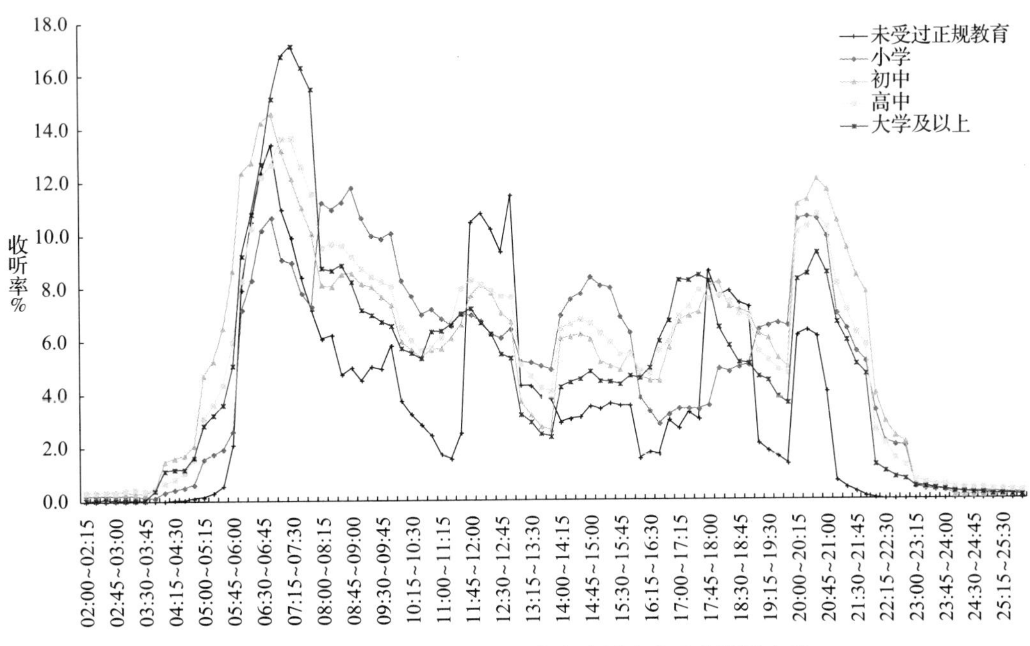

图 3.2.4　2016 年长春不同文化程度听众全天收听率走势

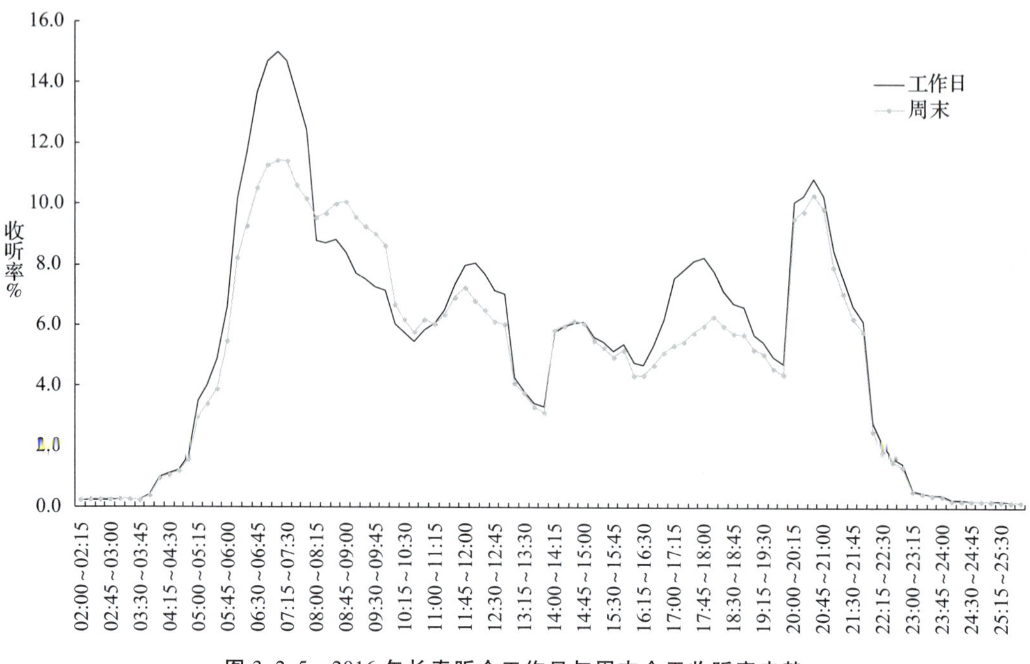

图 3.2.5　2016 年长春听众工作日与周末全天收听率走势

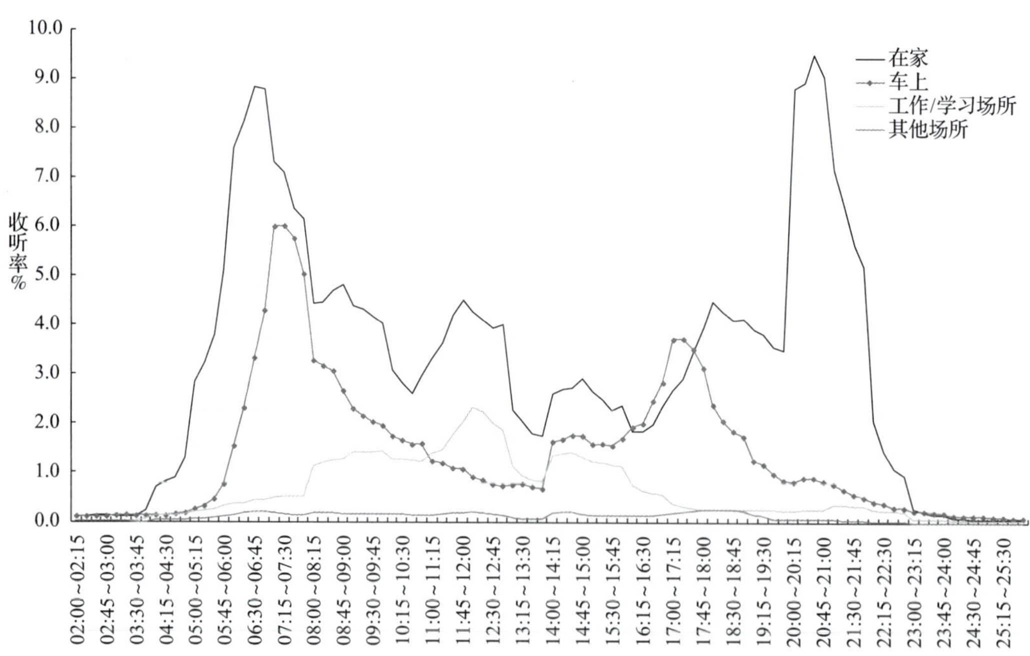

图 3.2.6　2016 年长春听众在不同收听地点全天收听率走势

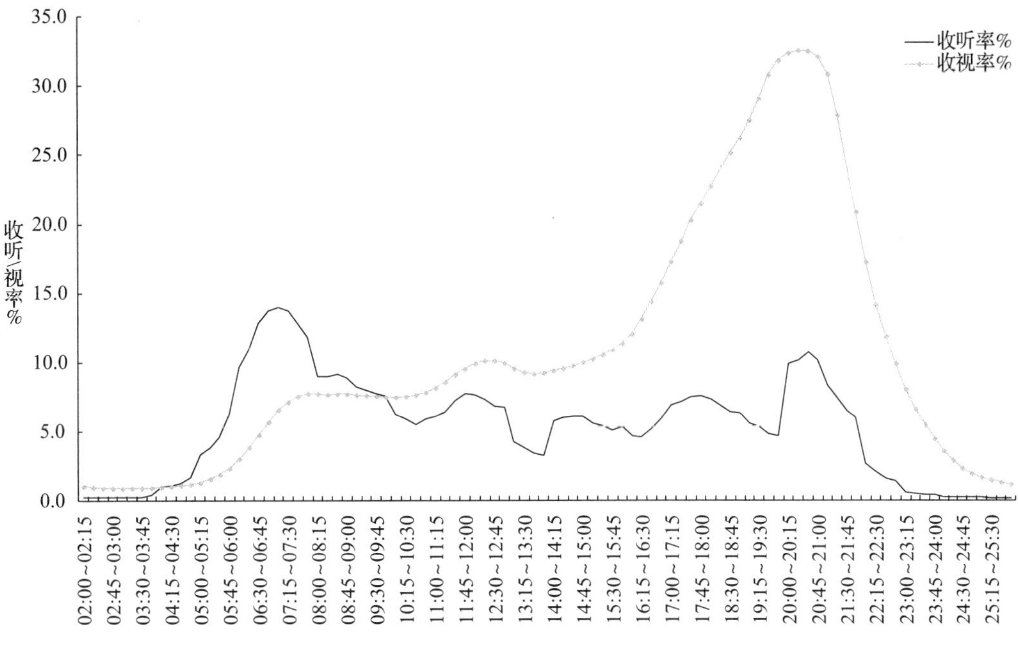

图 3.2.7 2016 年长春受众全天收听率、收视率走势比较(目标受众为 10 岁及以上)

表 3.2.3　2016 年长春市场听众构成(%)

目标听众		听众构成(%)
10 岁及以上所有人		100.0
性别	男	54.9
	女	45.1
年龄	10～14 岁	1.2
	15～24 岁	12.3
	25～34 岁	18.4
	35～44 岁	15.9
	45～54 岁	21.3
	55～64 岁	19.4
	65 岁及以上	11.6
文化程度	未受过正规教育	0.5
	小学	6.0
	初中	30.5
	高中	39.5
	大学及以上	23.5
职业	干部/管理人员	1.7
	初级公务员/雇员	14.0
	个体/私营企业人员	15.1
	工人	29.2
	学生	6.4
	无业(包括退休人员)	33.6
	其他	*
个人月收入	没有收入	13.7
	1～2000 元	13.9
	2001～3000 元	33.2
	3001～4000 元	19.7
	4001～5000 元	11.4
	5001～6000 元	4.4
	6001 元及以上	3.8

注:“*”表示该目标听众样本量不足,无法进行统计推断。

表 3.2.4　2014～2016 年长春市场各广播电台的市场份额(%)

广播电台	2014 年	2015 年	2016 年
中央人民广播电台	9.2	6.2	5.0
中国国际广播电台	0.0	0.0	0.0
吉林人民广播电台	38.8	41.9	42.5
长春人民广播电台	51.0	51.3	51.8
其他广播电台	1.0	0.5	0.7

表 3.2.5 2016 年长春市场各广播电台在不同目标听众中的市场份额(%)

目标听众		中央人民广播电台	中国国际广播电台	吉林人民广播电台	长春人民广播电台	其他广播电台
10 岁及以上所有人		5.0	0.0	42.5	51.8	0.7
性别	男	5.3	0.0	40.6	53.4	0.7
	女	4.7	0.0	44.8	49.7	0.8
年龄	10~14 岁	4.3	0.0	33.9	61.3	0.5
	15~24 岁	3.1	0.0	40.5	54.8	1.6
	25~34 岁	4.1	0.0	39.0	56.5	0.4
	35~44 岁	4.3	0.0	38.7	56.0	1.0
	45~54 岁	2.3	0.0	39.8	57.0	0.9
	55~64 岁	9.4	0.0	46.0	44.1	0.5
	65 岁及以上	7.5	0.0	55.0	37.4	0.1
文化程度	未受过正规教育	15.6	0.0	46.5	38.0	0.0
	小学	6.2	0.0	50.9	42.9	0.0
	初中	2.7	0.0	45.2	51.4	0.7
	高中	6.7	0.0	41.7	50.6	1.0
	大学及以上	4.9	0.0	37.9	56.7	0.5
职业	干部/管理人员	1.0	0.0	44.1	53.9	1.0
	初级公务员/雇员	4.0	0.0	38.8	56.9	0.3
	个体/私营企业人员	2.1	0.0	39.2	58.5	0.2
	工人	3.9	0.0	38.6	56.4	1.1
	学生	3.3	0.0	40.3	55.1	1.3
	无业(包括退休人员)	8.3	0.0	49.2	41.8	0.7
	其他	*	*	*	*	*
个人月收入	没有收入	2.7	0.0	45.9	49.5	1.9
	1~2000 元	4.5	0.0	49.8	45.7	*
	2001~3000 元	7.4	0.0	41.0	51.6	*
	3001~4000 元	4.4	0.0	44.1	51.0	0.5
	4001~5000 元	2.8	0.0	39.1	58.0	0.1
	5001~6000 元	4.4	0.0	25.1	69.0	1.5
	6001 元及以上	5.8	0.0	40.4	52.5	1.3

注:“*”表示该目标听众样本量不足,无法进行统计推断。

表 3.2.6 2016 年长春市场份额排名前 5 位的频率

排名	频率名称	市场份额(%)
1	长春交通之声(FM96.8)	36.7
2	吉林人民广播电台新闻综合广播(FM91.6/AM738)	12.9
3	吉林人民广播电台交通广播(FM103.8)	9.7
4	吉林人民广播电台资讯广播(FM100.1)	6.5
5	吉林人民广播电台音乐广播(FM92.7)	5.4

表 3.2.7　2016 年长春市场收听率排名前 30 位的节目

排名	节目名称	播出频率	收听率(%)	市场份额(%)
1	新闻和报纸摘要(转播)	长春交通之声(FM96.8)	6.2	46.6
2	968 新闻早高峰	长春交通之声(FM96.8)	5.5	47.4
3	968 早上好	长春交通之声(FM96.8)	4.4	42.9
4	娱乐大冰箱早间版	长春交通之声(FM96.8)	4.0	44.7
5	听听音乐聊聊天周末版	长春交通之声(FM96.8)	3.9	42.0
6	晓声长谈	吉林人民广播电台新闻综合广播(FM91.6/AM738)	3.6	41.2
7	早教 360	长春交通之声(FM96.8)	3.6	40.8
8	968 都市晚高峰	长春交通之声(FM96.8)	3.1	42.5
9	娱乐正当红上午版	长春交通之声(FM96.8)	[illegible]	38.7
10	968 车友会	长春交通之声(FM96.8)	2.5	41.6
11	娱乐非主流周末下午版	长春交通之声(FM96.8)	2.4	41.0
12	司机开会	长春交通之声(FM96.8)	2.3	44.4
13	交警直播室	长春交通之声(FM96.8)	2.3	35.0
14	娱乐正当红周末下午版	长春交通之声(FM96.8)	2.1	37.0
15	12345 生活帮帮团周六周日	长春交通之声(FM96.8)	2.1	34.3
16	娱乐非主流晚间版	长春交通之声(FM96.8)	2.1	23.5
17	12345 生活帮帮团	长春交通之声(FM96.8)	2.0	35.5
18	唱行 6 点半	长春交通之声(FM96.8)	2.0	34.5
19	12345 城市直通车	长春交通之声(FM96.8)	1.9	29.2
20	圆圆叭叭秀	长春交通之声(FM96.8)	1.9	29.0
21	周末转星秀	长春交通之声(FM96.8)	1.8	22.1
22	968 帮帮团	长春交通之声(FM96.8)	1.7	32.1
23	娱乐二人转	长春交通之声(FM96.8)	1.7	27.1
24	园园叭叭秀周末精编版	长春交通之声(FM96.8)	1.7	16.3
25	738 早新闻	吉林人民广播电台新闻综合广播(FM91.6/AM738)	1.7	12.9
26	幸福来敲门	长春交通之声(FM96.8)	1.6	19.7
27	738 新闻热线	吉林人民广播电台新闻综合广播(FM91.6/AM738)	1.6	15.1
28	笑口畅开中午版	长春交通之声(FM96.8)	1.5	36.1
29	幸福来敲门周末版	长春交通之声(FM96.8)	1.5	22.3
30	738 第一报道	吉林人民广播电台新闻综合广播(FM91.6/AM738)	1.4	14.0
30	738 每周话题	吉林人民广播电台新闻综合广播(FM91.6/AM738)	1.4	14.0

三、长沙收听数据

表 3.3.1　2014 ~ 2016 年长沙各目标听众人均收听时间(分钟)

目标听众		2014 年	2015 年	2016 年
10 岁及以上所有人		39	43	47
性别	男	45	48	58
	女	33	39	37
年龄	10 ~ 14 岁	14	8	14
	15 ~ 24 岁	26	29	26
	25 ~ 34 岁	42	41	51
	35 ~ 44 岁	41	44	64
	45 ~ 54 岁	45	55	57
	55 ~ 64 岁	42	48	52
	65 岁及以上	71	81	52
文化程度	未受过正规教育	*	24	*
	小学	25	31	27
	初中	36	38	40
	高中	43	47	54
	大学及以上	39	46	49
职业	干部/管理人员	42	54	49
	初级公务员/雇员	36	34	42
	个体/私营企业人员	46	45	67
	工人	42	60	63
	学生	22	26	16
	无业(包括退休人员)	45	48	44
	其他	25	20	11
个人月收入	没有收入	23	25	23
	1 ~ 2000 元	41	45	36
	2001 ~ 3000 元	43	48	47
	3001 ~ 4000 元	40	42	49
	4001 ~ 5000 元	43	56	67
	5001 ~ 6000 元	63	61	105
	6001 元及以上	56	55	59

注:长沙自 2014 年 5 月 25 日改为连续调查城市。“*”表示目标听众样本量不足,无法进行统计推断。

表 3.3.2　2014 ~ 2016 年长沙听众在不同地点的人均收听时间(分钟)

地　　点	2014 年	2015 年	2016 年
在家	16	19	15
车上	20	20	29
工作/学习场所	3	2	2
其他场所	2	2	2

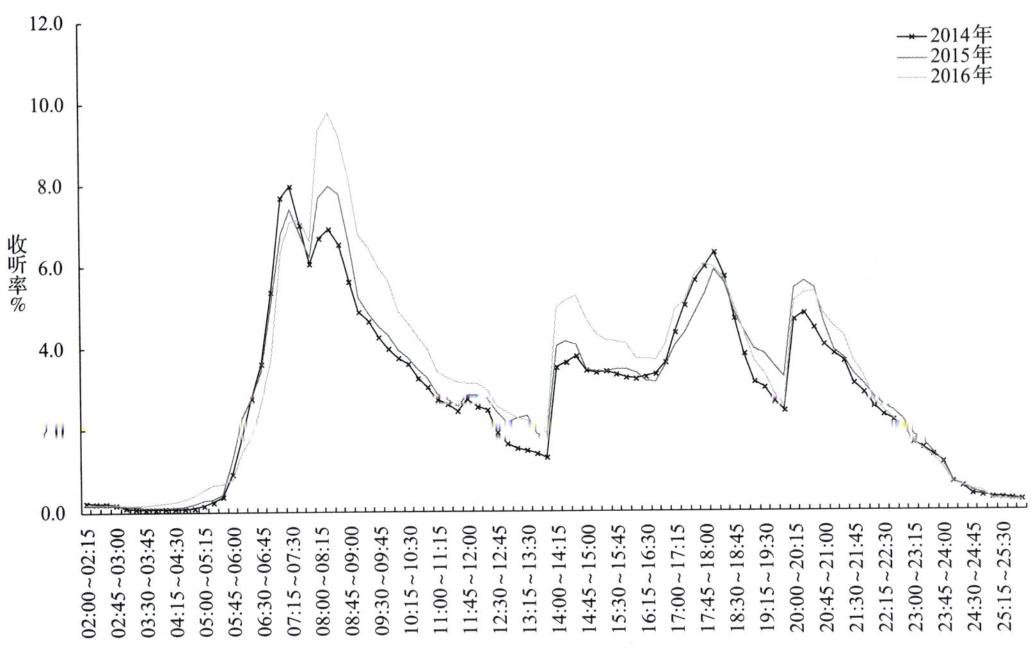

图 3.3.1　2014～2016 年长沙听众全天收听率走势

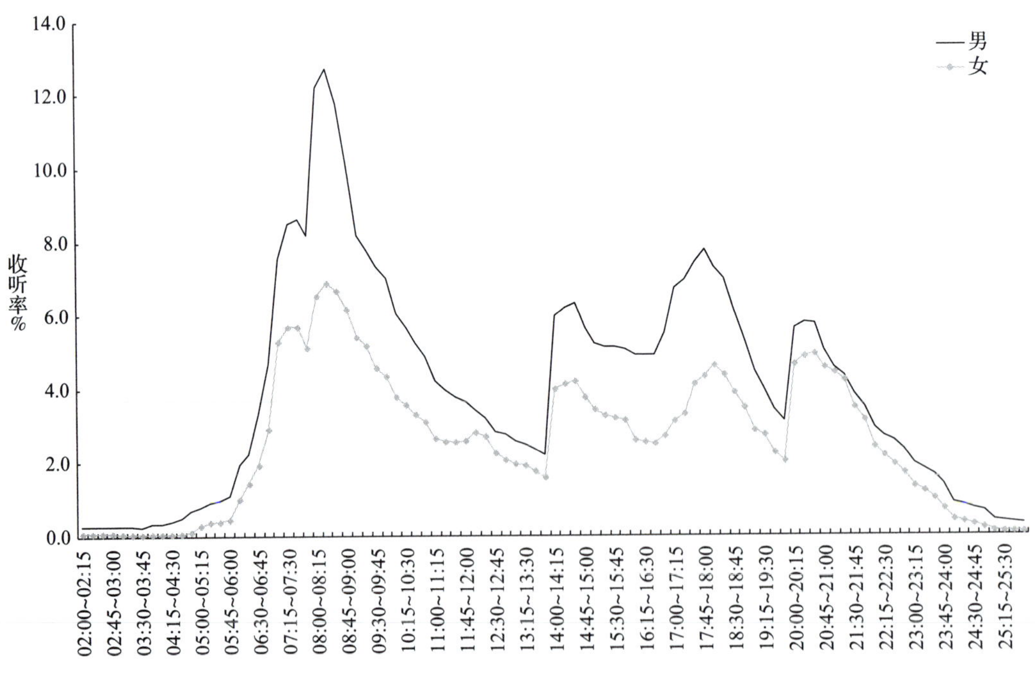

图 3.3.2　2016 年长沙不同性别听众全天收听率走势

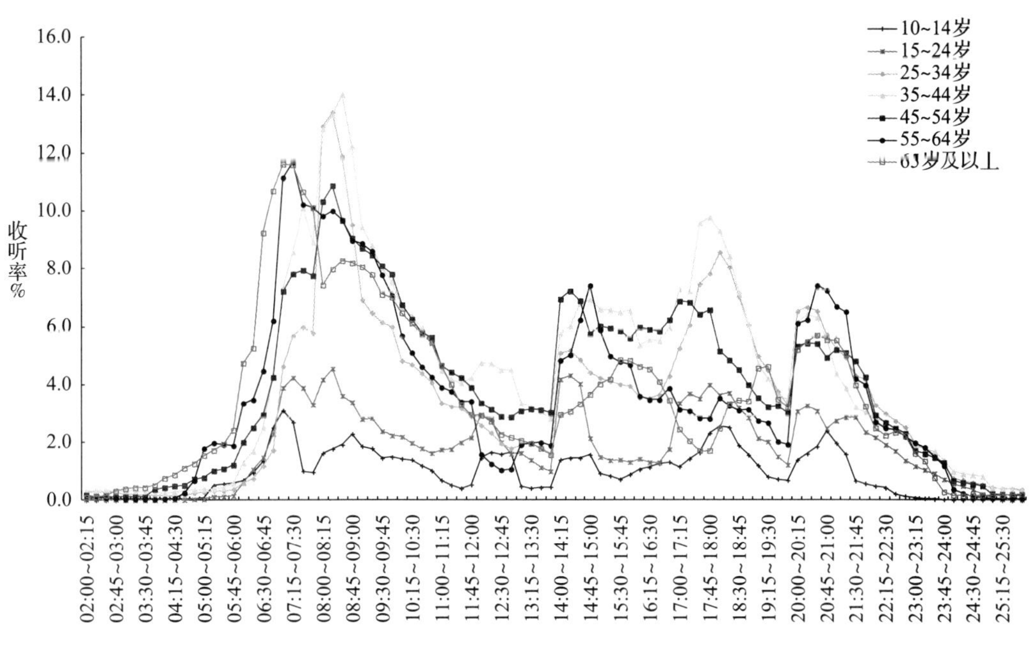

图 3.3.3　2016 年长沙不同年龄听众全天收听率走势

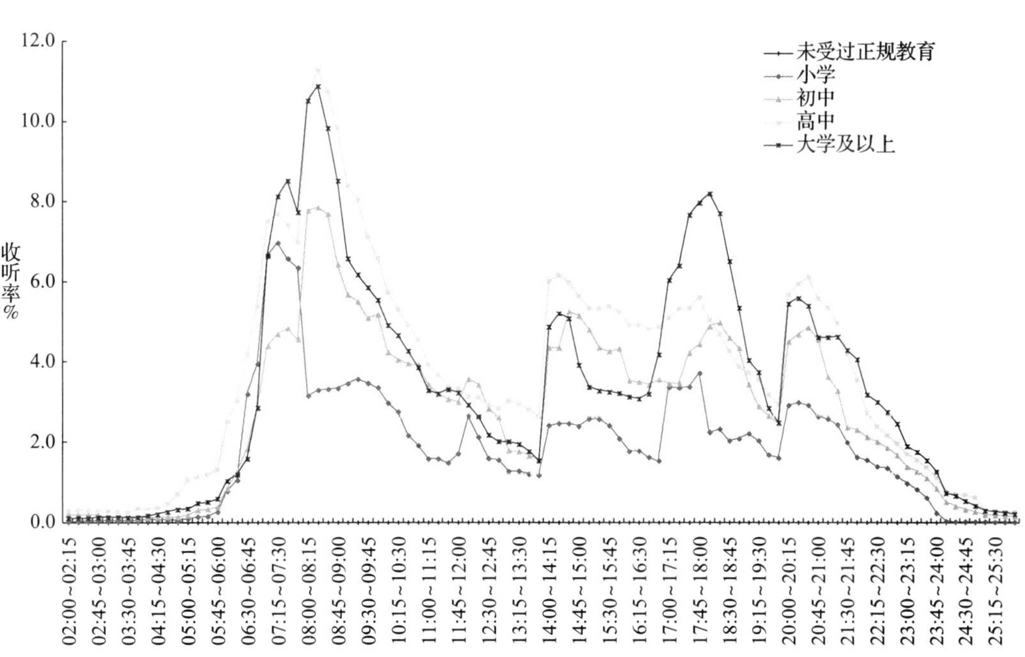

图 3.3.4　2016 年长沙不同文化程度听众全天收听率走势

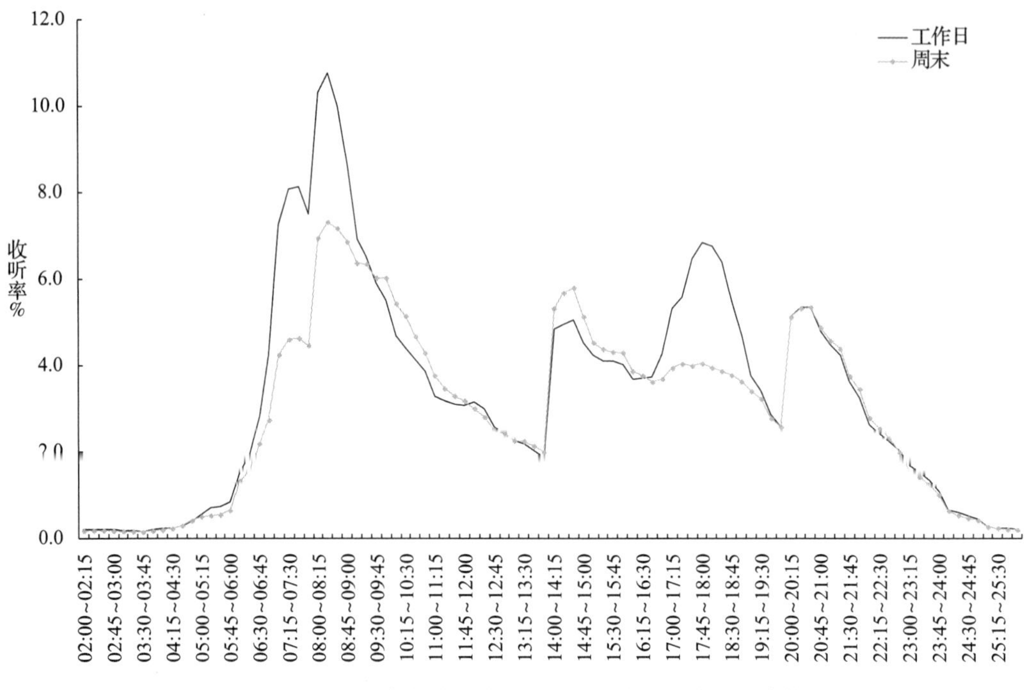

图 3.3.5　2016 年长沙听众工作日与周末全天收听率走势

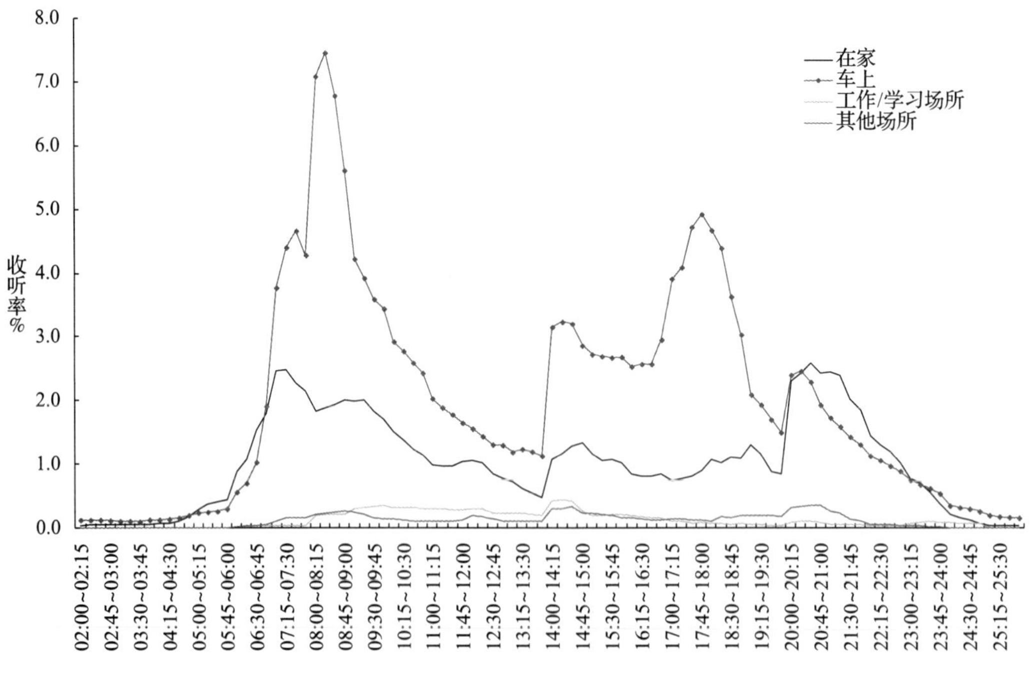

图 3.3.6　2016 年长沙听众在不同收听地点全天收听率走势

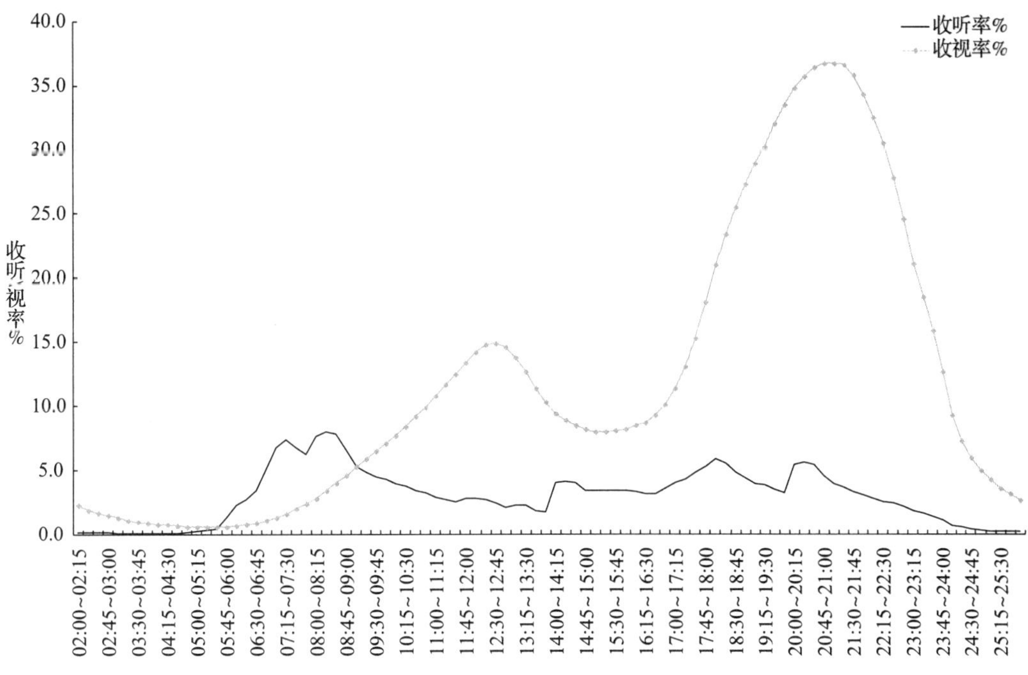

图 3.3.7　2016 年长沙受众全天收听率、收视率走势比较(目标受众为 10 岁及以上)

表 3.3.3　2016 年长沙市场听众构成(%)

目标听众		听众构成(%)
10 岁及以上所有人		100.0
性别	男	60.3
	女	39.7
年龄	10 ~ 14 岁	1.1
	15 ~ 24 岁	13.6
	25 ~ 34 岁	23.2
	35 ~ 44 岁	27.4
	45 ~ 54 岁	17.2
	55 ~ 64 岁	10.3
	65 岁及以上	7.2
文化程度	未受过正规教育	*
	小学	3.1
	初中	19.9
	高中	39.7
	大学及以上	36.9
职业	干部/管理人员	6.4
	初级公务员/雇员	18.9
	个体/私营企业人员	27.1
	工人	22.3
	学生	4.5
	无业(包括退休人员)	20.4
	其他	0.4
个人月收入	没有收入	10.9
	1 ~ 2000 元	7.9
	2001 ~ 3000 元	23.1
	3001 ~ 4000 元	21.9
	4001 ~ 5000 元	17.4
	5001 ~ 6000 元	11.3
	6001 元及以上	7.5

“*”表示目标听众样本量不足,无法进行统计推断。

表 3.3.4　2014 ~ 2016 年长沙市场各广播电台的市场份额(%)

广播电台	2014 年	2015 年	2016 年
中央人民广播电台	8.6	8.3	5.4
中国国际广播电台	0.1	0.3	0.0
湖南人民广播电台	61.8	63.4	65.7
长沙人民广播电台	24.6	23.4	24.8
其他广播电台	4.9	4.6	4.1

表 3.3.5 2016 年长沙市场各广播电台在不同目标听众中的市场份额(%)

目标听众		中央人民广播电台	中国国际广播电台	湖南人民广播电台	长沙人民广播电台	其他广播电台
10 岁及以上所有人		5.4	0.0	65.7	24.8	4.1
性别	男	5.0	0.0	65.5	25.5	4.0
	女	6.0	0.0	66.0	23.8	4.2
年龄	10~14 岁	6.3	0.0	56.7	32.8	4.2
	15~24 岁	7.6	0.0	58.1	29.2	5.1
	25~34 岁	3.6	0.0	61.4	31.0	4.0
	35~44 岁	3.6	0.0	68.2	21.9	6.3
	45~54 岁	3.7	0.0	70.1	24.6	1.6
	55~64 岁	4.9	0.0	72.6	20.1	2.4
	65 岁及以上	18.3	0.0	65.6	13.4	2.7
文化程度	未受过正规教育	*	*	*	*	*
	小学	13.8	0.0	69.5	14.9	1.8
	初中	4.6	0.0	72.9	19.0	3.5
	高中	5.9	0.0	66.7	22.3	5.1
	大学及以上	4.6	0.0	60.1	31.6	3.7
职业	干部/管理人员	5.2	0.0	65.6	26.5	2.7
	初级公务员/雇员	5.8	0.0	63.2	26.7	4.3
	个体/私营企业人员	3.4	0.0	63.6	28.0	5.0
	工人	4.5	0.0	69.9	22.6	3.0
	学生	4.8	0.0	57.7	30.9	6.6
	无业(包括退休人员)	8.9	0.0	67.6	19.9	3.6
	其他	2.8	0.0	53.7	23.1	20.4
个人月收入	没有收入	4.3	0.0	63.6	26.0	6.1
	1~500 元	5.2	0.0	65.5	27.6	1.7
	501~1000 元	10.9	0.0	61.0	25.0	3.1
	1001~1500 元	3.8	0.0	69.7	24.2	2.3
	1501~2000 元	3.9	0.0	65.3	23.7	7.1
	2001~2500 元	2.4	0.0	72.3	20.7	4.6
	2501~3000 元	3.0	0.0	63.8	29.3	3.9

“*”表示目标听众样本量不足,无法进行统计推断。

表 3.3.6 2016 年长沙市场份额排名前 5 位的频率

排名	频率名称	市场份额(%)
1	湖南人民广播电台交通频道(FM91.8/FM100.3)	34.5
2	长沙人民广播电台交通广播(FM106.1)	10.4
3	湖南金鹰 955(FM95.5)	8.0
4	长沙人民广播电台城市之声(音乐)广播(FM101.7)	7.7
5	湖南电台 893 汽车音乐电台(FM89.3)	6.3

表 3.3.7　2016 年长沙市场收听率排名前 30 位的节目

排名	节目名称	播出频率	收听率(%)	市场份额(%)
1	国生开讲	湖南人民广播电台交通频道(FM91.8/FM100.3)	3.8	42.1
2	观点峰会	湖南人民广播电台交通频道(FM91.8/FM100.3)	3.7	41.9
3	周末音乐风	湖南人民广播电台交通频道(FM91.8/FM100.3)	2.7	44.7
4	一周交通秀	湖南人民广播电台交通频道(FM91.8/FM100.3)	2.7	36.4
5	新闻快报	湖南人民广播电台交通频道(FM91.8/FM100.3)	2.5	36.7
6	平安精灵一路畅行	湖南人民广播电台交通频道(FM91.8/FM100.3)	2.4	45.1
7	博闻天下	湖南人民广播电台交通频道(FM91.8/FM100.3)	2.3	38.0
8	新闻周刊	湖南人民广播电台交通频道(FM91.8/FM100.3)	2.0	36.7
9	车舞飞扬	湖南人民广播电台交通频道(FM91.8/FM100.3)	1.7	32.6
10	周末超级派	湖南人民广播电台交通频道(FM91.8/FM100.3)	1.6	38.8
11	[illegible]	湖南人民广播电台交通频道(FM91.8/FM100.3)	1.6	[illegible]7.1
12	帮帮您热线	湖南人民广播电台交通频道(FM91.8/FM100.3)	1.6	33.1
13	绝代双椒	湖南人民广播电台交通频道(FM91.8/FM100.3)	1.6	31.3
14	辣椒家族欢乐派	湖南人民广播电台交通频道(FM91.8/FM100.3)	1.5	39.5
15	一路好听	湖南人民广播电台交通频道(FM91.8/FM100.3)	1.4	37.1
16	91.8 会客厅	湖南人民广播电台交通频道(FM91.8/FM100.3)	1.3	28.7
17	交警直播室	湖南人民广播电台交通频道(FM91.8/FM100.3)	1.1	32.9
18	头条快跑	长沙人民广播电台交通广播(FM106.1)	1.0	14.2
19	全省新闻联播	湖南人民广播电台交通频道(FM91.8/FM100.3)	0.9	27.0
20	超级说客	长沙人民广播电台交通广播(FM106.1)	0.9	10.8
21	城市大玩家	长沙人民广播电台城市之声(音乐)广播(FM101.7)	0.7	12.3
22	事事有谈资	长沙人民广播电台交通广播(FM106.1)	0.7	11.3
23	新说法	湖南人民广播电台交通频道(FM91.8/FM100.3)	0.6	28.4
24	早安音乐风	湖南人民广播电台交通频道(FM91.8/FM100.3)	0.6	18.1
25	史蒂芬的音乐时间	长沙人民广播电台城市之声(音乐)广播(FM101.7)	0.6	12.9
26	娱乐周刊	湖南金鹰 955(FM95.5)	0.6	9.5
27	财经周刊	湖南金鹰 955(FM95.5)	0.6	8.8
28	阿宝辣嘴秀	湖南金鹰 955(FM95.5)	0.6	6.6
29	编辑讲述	湖南金鹰 955(FM95.5)	0.6	6.2
30	1061 生活 +	长沙人民广播电台交通广播(FM106.1)	0.5	11.6

四、成都收听数据

表 3.4.1 2014～2016 年成都各目标听众人均收听时间(分钟)

目标听众		2014 年	2015 年	2016 年
10 岁及以上所有人		52	60	62
性别	男	54	62	66
	女	50	59	57
年龄	10～14 岁	16	16	15
	15～24 岁	40	46	38
	25～34 岁	44	55	55
	35～44 岁	52	57	67
	45～54 岁	65	76	73
	55～64 岁	66	81	79
	65 岁及以上	73	85	85
文化程度	未受过正规教育	38	25	45
	小学	37	50	51
	初中	58	61	65
	高中	52	63	66
	大学及以上	50	61	56
职业	干部/管理人员	49	71	70
	初级公务员/雇员	45	54	49
	个体/私营企业人员	54	61	55
	工人	54	64	72
	学生	27	23	32
	无业(包括退休人员)	70	84	77
	其他	*	59	40
个人月收入	没有收入	29	36	41
	1～2000 元	57	71	72
	2001～3000 元	57	61	70
	3001～4000 元	42	58	56
	4001～5000 元	66	78	66
	5001～6000 元	53	60	65
	6001 元及以上	75	70	65

注:成都为全年连续调查城市。“*”表示该目标听众样本量不足,无法进行统计推断。

表 3.4.2 2014～2016 年成都听众在不同地点的人均收听时间(分钟)

地点	2014 年	2015 年	2016 年
在家	32	34	35
车上	15	19	20
工作/学习场所	3	4	4
其他场所	2	3	3

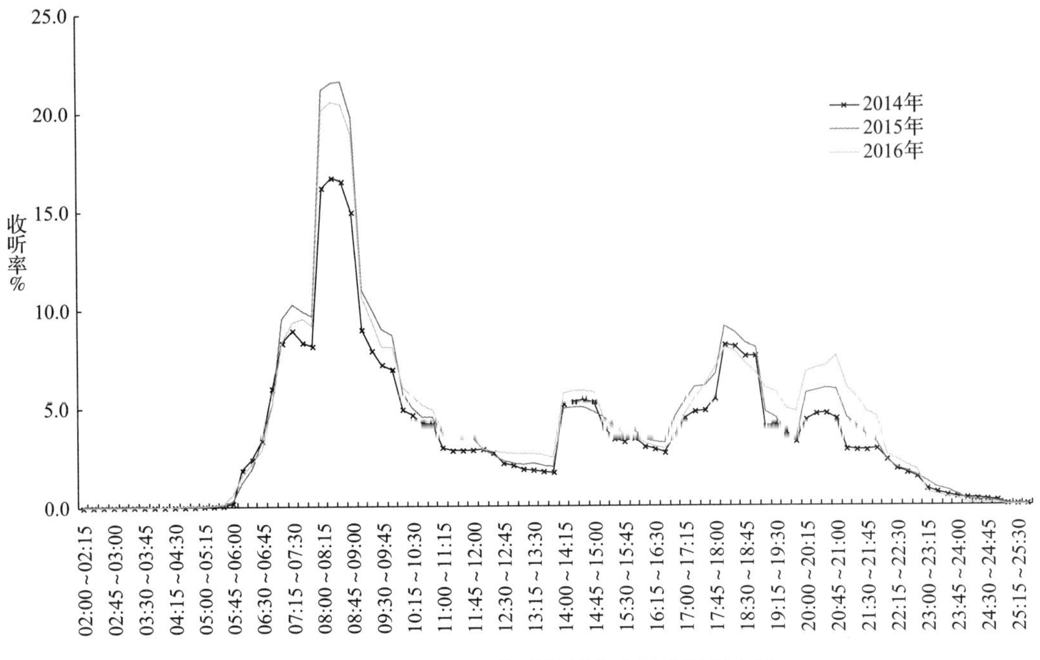

图 3.4.1　2014～2016 年成都听众全天收听率走势

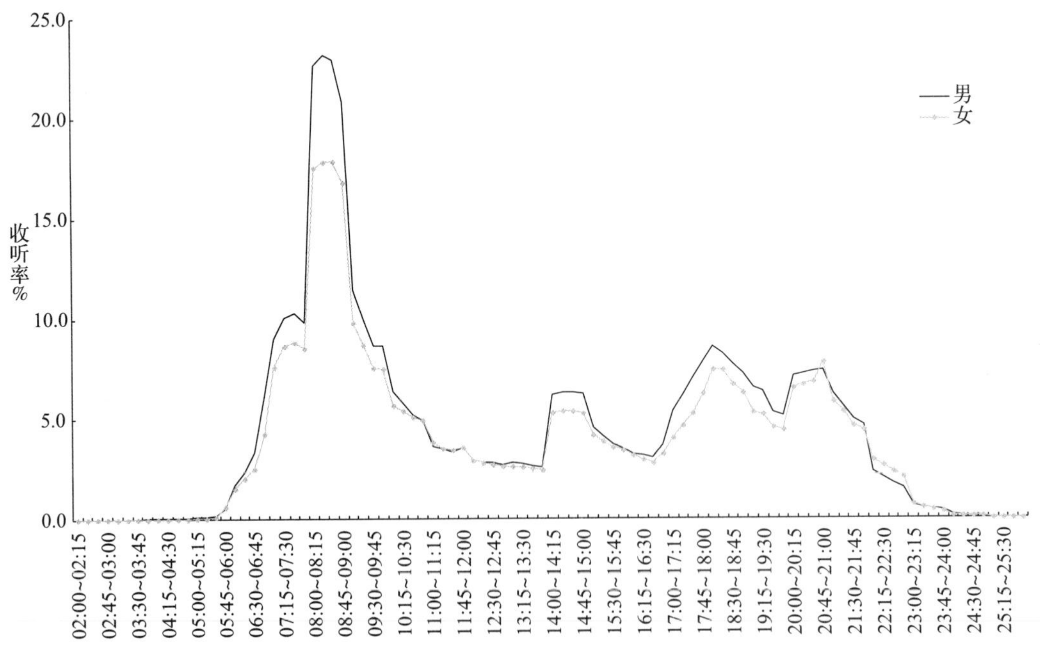

图 3.4.2　2016 年成都不同性别听众全天收听率走势

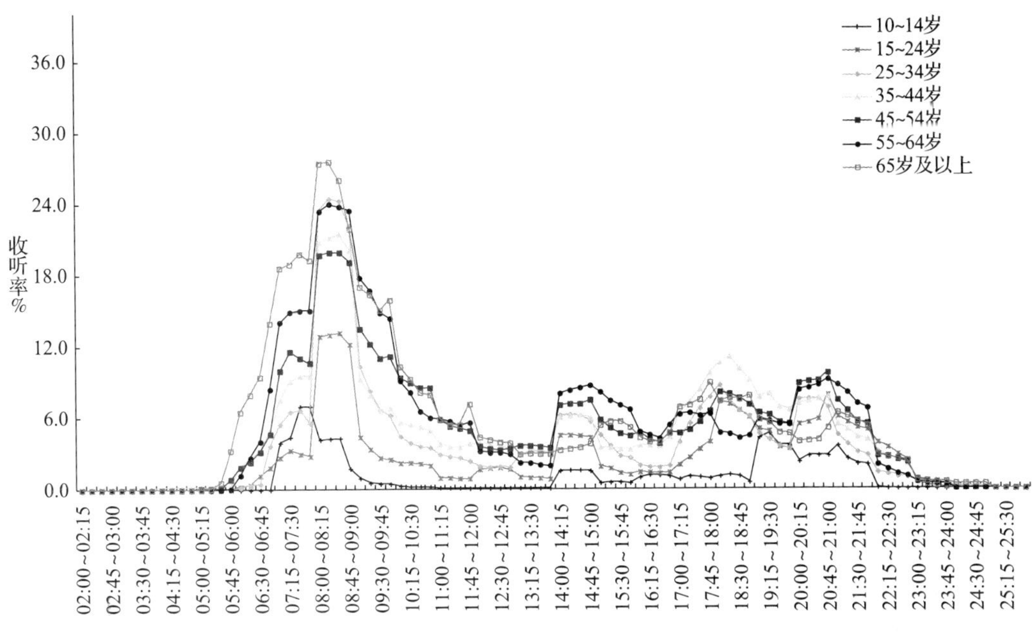

图 3.4.3　2016 成都不同年龄听众全天收听率走势

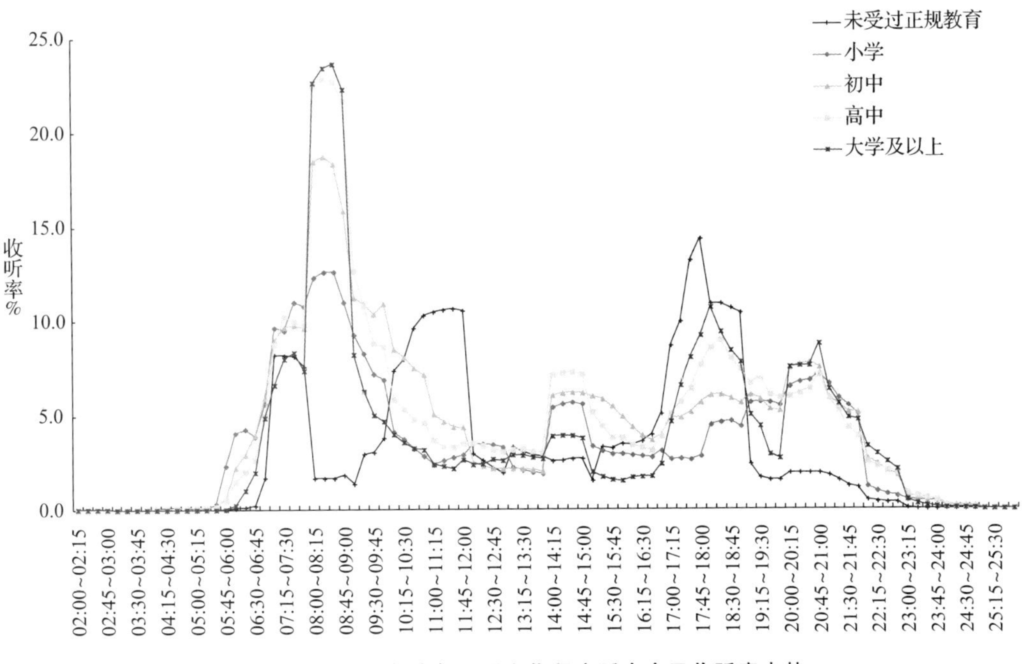

图 3.4.4　2016 年成都不同文化程度听众全天收听率走势

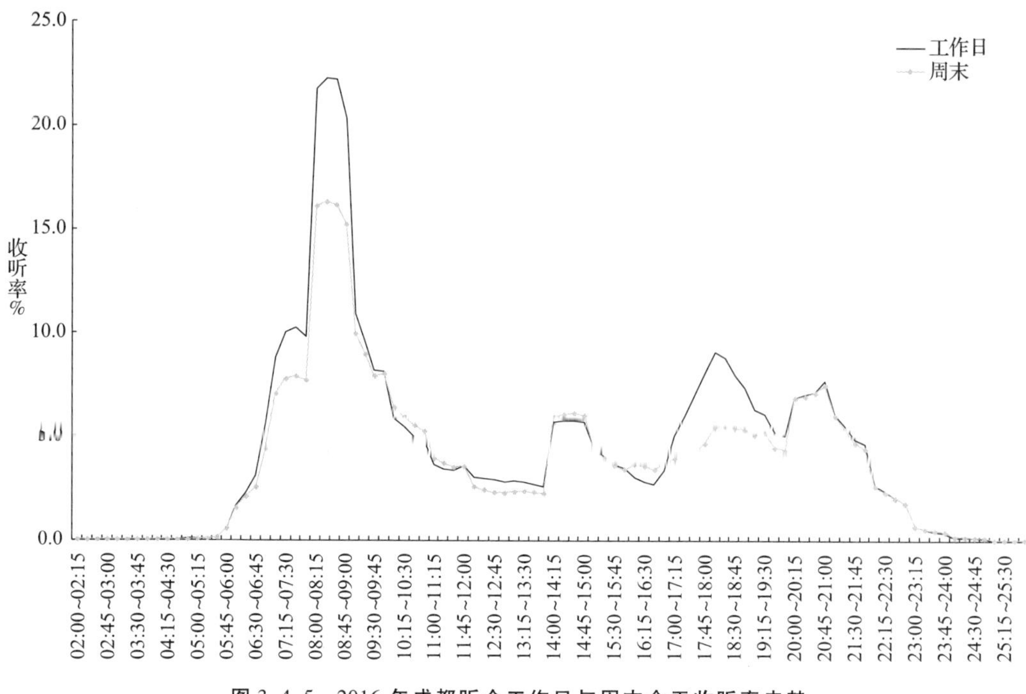

图 3.4.5 2016 年成都听众工作日与周末全天收听率走势

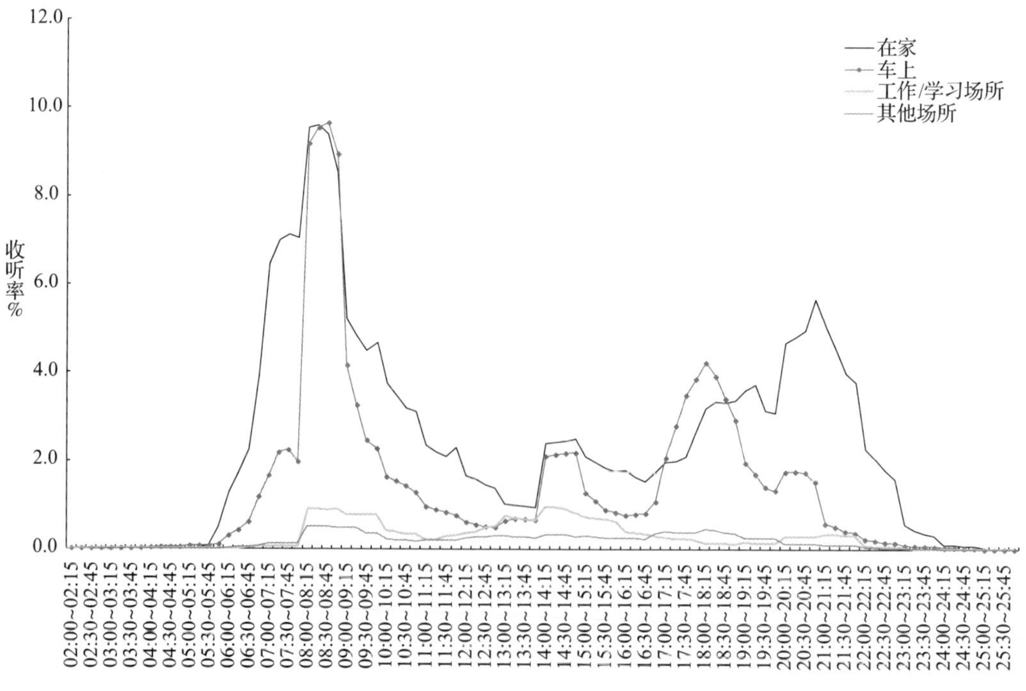

图 3.4.6 2016 年成都听众在不同收听地点全天收听率走势

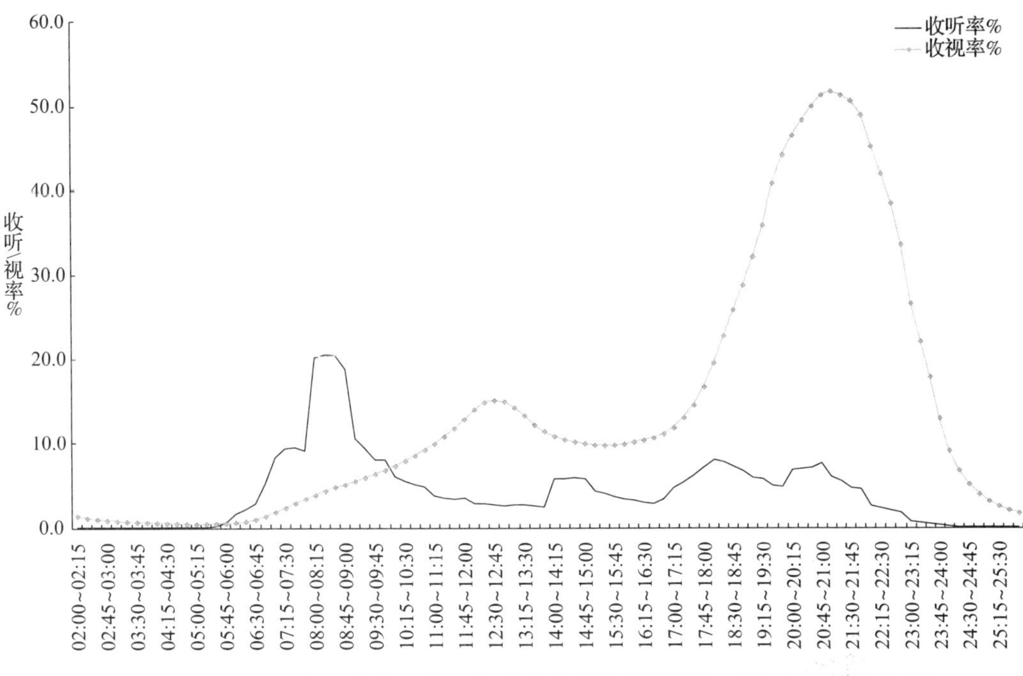

图 3.4.7　2016 年成都受众全天收听率、收视率走势比较（目标受众为 10 岁及以上）

表 3.4.3 2016 年成都市场听众构成(%)

目标听众		听众构成(%)
10 岁及以上所有人		100.0
性别	男	54.6
	女	45.4
年龄	10~14 岁	0.9
	15~24 岁	10.6
	25~34 岁	18.5
	35~44 岁	25.4
	45~54 岁	17.5
	55~64 岁	13.5
	65 岁及以上	13.6
文化程度	未受过正规教育	1.0
	小学	7.9
	初中	31.1
	高中	36.4
	大学及以上	23.7
职业	干部/管理人员	5.9
	初级公务员/雇员	12.7
	个体/私营企业人员	18.1
	工人	29.2
	学生	5.7
	无业(包括退休人员)	27.9
	其他	0.5
个人月收入	没有收入	10.0
	1~2000 元	10.6
	2001~3000 元	30.0
	3001~4000 元	19.0
	4001~5000 元	13.3
	5001~6000 元	8.0
	6001 元及以上	9.1

表 3.4.4 2014~2016 年成都市场各广播电台的市场份额(%)

广播电台	2014 年	2015 年	2016 年
中央人民广播电台	11.6	12.7	9.8
中国国际广播电台	0.6	0.7	0.5
四川广播电视台	61.6	61.2	66.7
成都人民广播电台	26.2	25.2	22.8
其他广播电台	0.0	0.2	0.2

表 3.4.5 2016 年成都市场各广播电台在不同目标听众中的市场份额(%)

目标听众		中央人民广播电台	中国国际广播电台	四川广播电视台	成都人民广播电台	其他广播电台
10 岁及以上所有人		9.8	0.5	66.7	22.8	0.2
性别	男	9.0	0.5	68.0	22.5	0.0
	女	10.9	0.6	65.2	23.2	0.1
年龄	10~14 岁	11.6	0.0	47.2	41.2	0.0
	15~24 岁	4.0	1.4	72.5	22.1	0.0
	25~34 岁	5.9	0.2	66.7	27.2	0.0
	35~44 岁	8.8	0.3	69.2	21.6	0.1
	45~54 岁	11.4	1.1	66.9	20.6	0.0
	55~64 岁	14.1	0.4	61.4	24.0	0.1
	65 岁及以上	15.4	0.3	64.2	20.1	0.0
文化程度	未受过正规教育	17.2	0.0	23.9	58.9	0.0
	小学	17.2	0.1	63.9	18.8	0.0
	初中	11.0	0.7	68.9	19.3	0.1
	高中	8.9	0.5	67.1	23.4	0.1
	大学及以上	6.8	0.6	66.3	26.2	0.1
职业	干部/管理人员	3.0	0.1	72.1	24.8	0.0
	初级公务员/雇员	7.4	1.0	71.8	19.8	0.0
	个体/私营企业人员	7.0	0.7	69.0	23.1	0.2
	工人	11.8	0.2	63.9	24.1	0.0
	学生	4.4	2.5	64.1	28.9	0.1
	无业(包括退休人员)	13.3	0.3	65.3	21.1	0.0
	其他	0.1	0.1	89.8	10.0	0.0
个人月收入	没有收入	6.9	1.5	67.0	24.5	0.1
	1~2000 元	10.4	0.2	69.3	20.1	0.0
	2001~3000 元	15.7	0.3	64.1	19.9	0.0
	3001~4000 元	9.0	0.4	67.5	23.1	0.0
	4001~5000 元	7.4	1.0	70.1	21.4	0.1
	5001~6000 元	5.4	0.2	66.3	28.1	0.0
	6001 元及以上	4.4	0.1	70.2	25.1	0.2

表 3.4.6 2016 年成都市场份额排名前 5 位的频率

排 名	频率名称	市场份额(%)
1	四川人民广播电台交通广播(FM101.7)	20.9
2	四川人民广播电台新闻频率(FM98.1/AM1116)	11.4
3	四川人民广播电台岷江音乐 iRadio(FM95.5)	8.6
4	成都人民广播电台交通广播(FM91.4)	8.4
5	四川人民广播电台城市之音(FM102.6)	7.0

表 3.4.7　2016 年成都市场收听率排名前 30 位的节目

排名	节目名称	播出频率	收听率(%)	市场份额(%)
1	畅行直通车	四川人民广播电台交通广播(FM101.7)	3.6	28.1
2	天府早新闻	四川人民广播电台新闻频率(FM98.1/AM1116)	2.0	22.0
3	聆听天下	四川人民广播电台新闻频率(FM98.1/AM1116)	2.0	13.6
4	成都早班车	成都人民广播电台交通广播(FM91.4)	1.8	11.3
5	畅游快车道	四川人民广播电台交通广播(FM101.7)	1.4	21.0
6	转播《新闻和报纸摘要》	四川人民广播电台新闻频率(FM98.1/AM1116)	1.2	29.3
7	I 的沙发音乐	四川人民广播电台岷江音乐 iRadio(FM95.5)	1.1	15.4
8	城市星光大道	四川人民广播电台城市之音(FM102.6)	1.1	15.3
9	畅行大都汇	四川人民广播电台交通广播(FM101.7)	1.0	22.8
10	汽车音乐排行榜	四川人民广播电台交通广播(FM101.7)	1.0	17.9
11	平安快乐行	四川人民广播电台岷江音乐 iRadio(FM95.5)	1.0	4.5
12	阳光少年	四川人民广播电台新闻频率(FM98.1/AM1116)	0.9	15.8
13	畅游大话王	四川人民广播电台交通广播(FM101.7)	0.9	11.9
14	天上掉馅饼	成都人民广播电台交通广播(FM91.4)	0.9	10.6
15	方言社会	四川人民广播电台民生广播(FM89.4)	0.9	5.1
16	石来石往广播操	成都人民广播电台新闻广播(FM99.8/AM792)	0.9	4.4
17	飞哥欢乐派	成都人民广播电台交通广播(FM91.4)	0.8	12.9
18	成广新闻	成都人民广播电台新闻广播(FM99.8/AM792)	0.8	8.7
19	畅听总动员	四川人民广播电台交通广播(FM101.7)	0.7	16.1
20	岷江排行榜韩流来袭	四川人民广播电台岷江音乐 iRadio(FM95.5)	0.7	13.5
21	I 的节奏空间	四川人民广播电台岷江音乐 iRadio(FM95.5)	0.7	11.4
22	城市娱乐报	四川人民广播电台城市之音(FM102.6)	0.7	11.1
23	畅行 18 点	成都人民广播电台交通广播(FM91.4)	0.7	9.3
24	每日文娱播报	成都故事广播(FM88.2)	0.7	9.2
25	城乡立交桥	四川人民广播电台新闻频率(FM98.1/AM1116)	0.7	9.0
26	城市 GOODMORNING	四川人民广播电台城市之音(FM102.6)	0.7	4.6
27	I 的清茶馆	四川人民广播电台岷江音乐 iRadio(FM95.5)	0.6	13.6
28	阳光政务	四川人民广播电台新闻频率(FM98.1/AM1116)	0.6	11.7
29	健康宝典	四川人民广播电台新闻频率(FM98.1/AM1116)	0.6	11.2
30	假日踏歌	成都人民广播电台新闻广播(FM99.8/AM792)	0.6	10.6

五、重庆收听数据

表 3.5.1 2014～2016 年重庆各目标听众人均收听时间(分钟)

目标听众		2014 年	2015 年	2016 年
10 岁及以上所有人		47	41	31
性别	男	49	42	31
	女	45	39	32
年龄	10～14 岁	34	24	14
	15～24 岁	39	25	23
	25～34 岁	43	40	30
	35～44 岁	50	49	37
	45～54 岁	52	37	28
	55～64 岁	54	55	43
	65 岁及以上	49	57	42
文化程度	未受过正规教育	28	*	*
	小学	38	40	28
	初中	47	45	33
	高中	51	41	32
	大学及以上	45	35	29
职业	干部/管理人员	82	60	36
	初级公务员/雇员	39	33	36
	个体/私营企业人员	51	40	29
	工人	45	42	31
	学生	35	21	19
	无业(包括退休人员)	50	52	42
	其他	*	*	*
个人月收入	没有收入	33	23	21
	1～2000 元	41	36	29
	2001～3000 元	51	49	35
	3001～4000 元	52	46	34
	4001～5000 元	55	42	33
	5001～6000 元	59	47	23
	6001 元及以上	48	33	35

注:重庆为全年连续调查城市。“*”表示该目标听众样本量不足,无法进行统计推断。

表 3.5.2 2014～2016 年重庆听众在不同地点的人均收听时间(分钟)

地 点	2014 年	2015 年	2016 年
在家	29	23	18
车上	13	14	10
工作/学习场所	2	2	2
其他场所	2	2	1

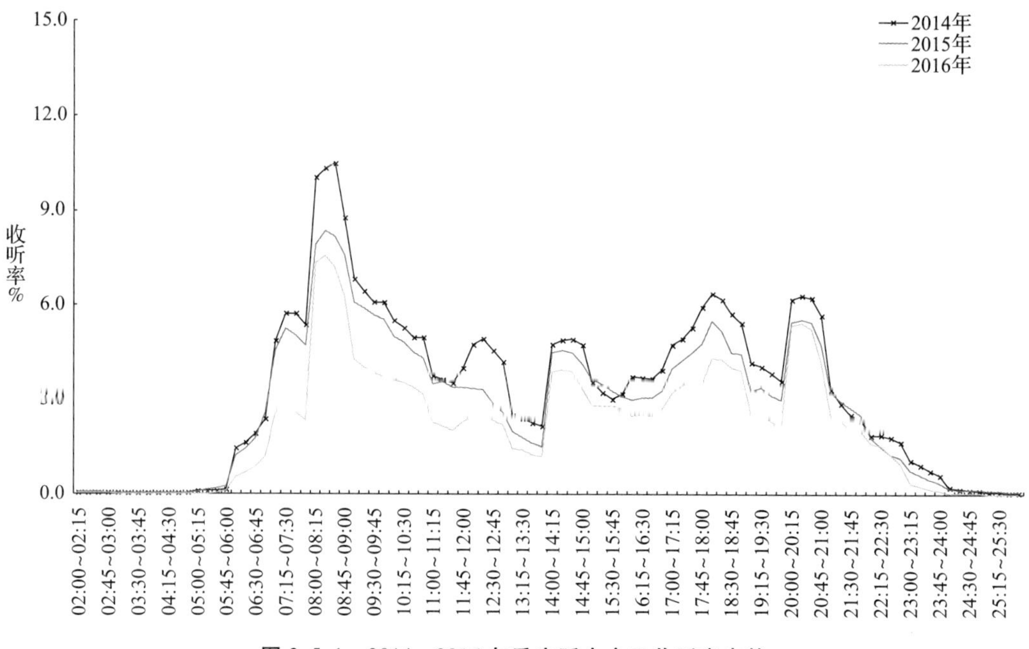

图 3.5.1　2014～2016 年重庆听众全天收听率走势

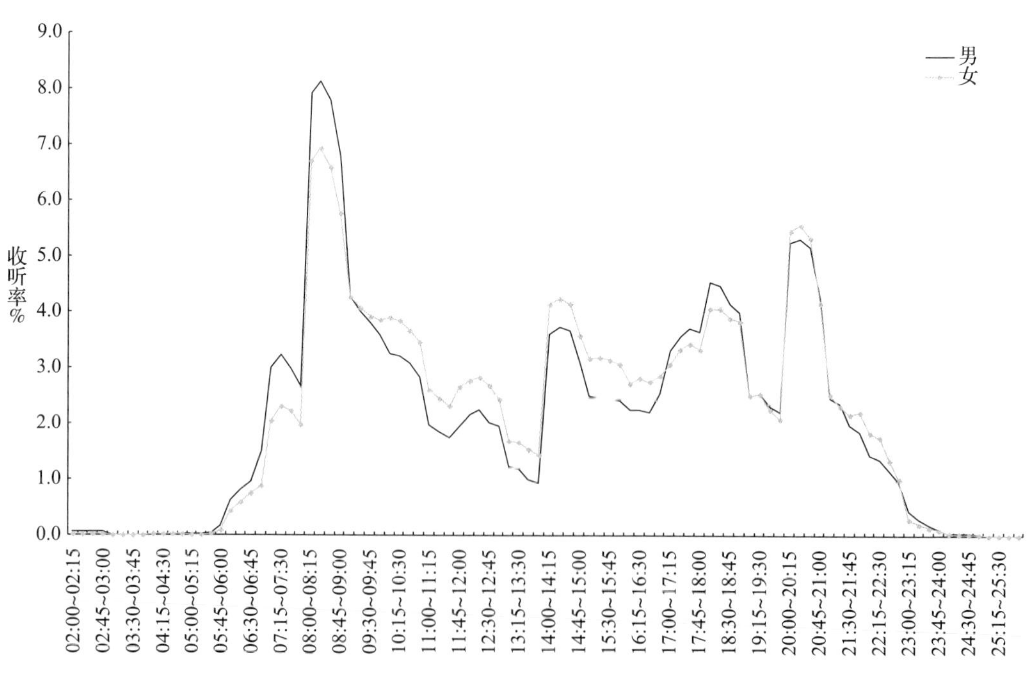

图 3.5.2　2016 年重庆不同性别听众全天收听率走势

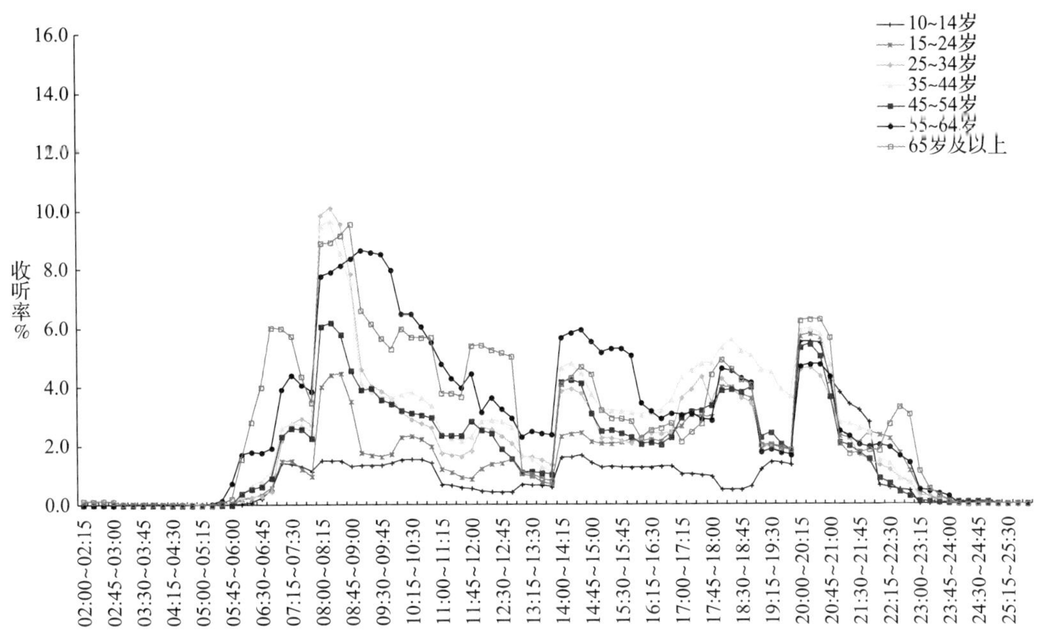

图 3.5.3　2016 年重庆不同年龄听众全天收听率走势

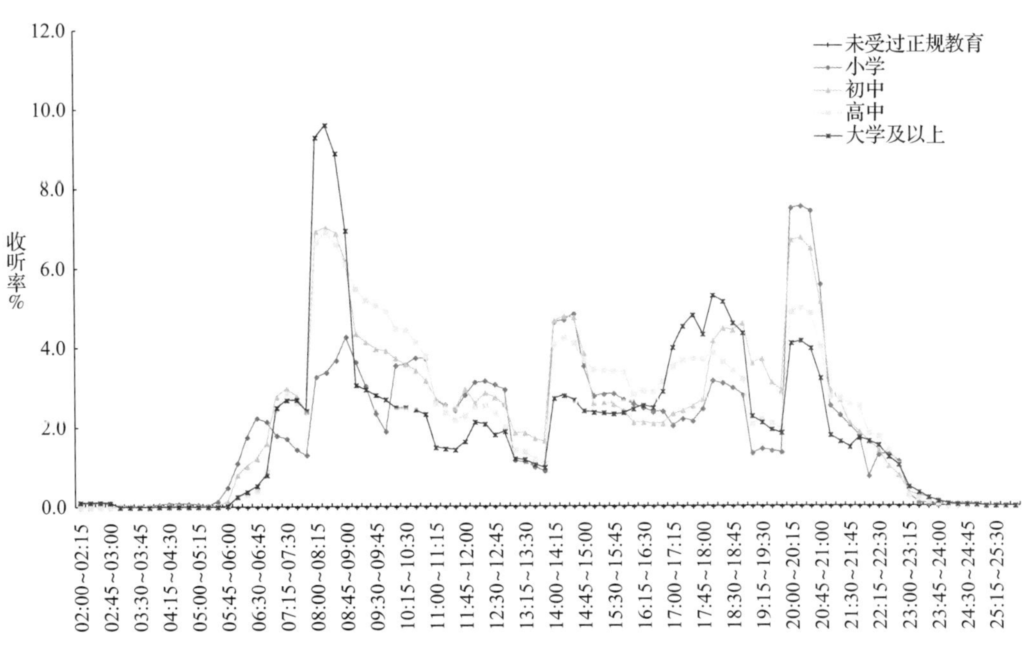

图 3.5.4　2016 年重庆不同文化程度听众全天收听率走势

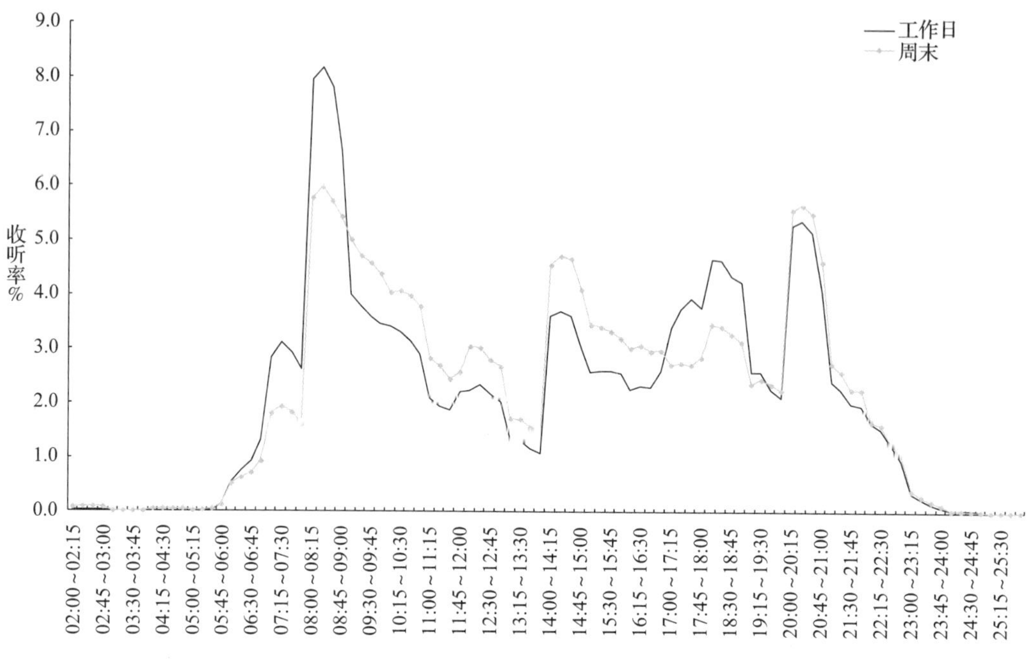

图 3.5.5　2016 年重庆听众工作日与周末全天收听率走势

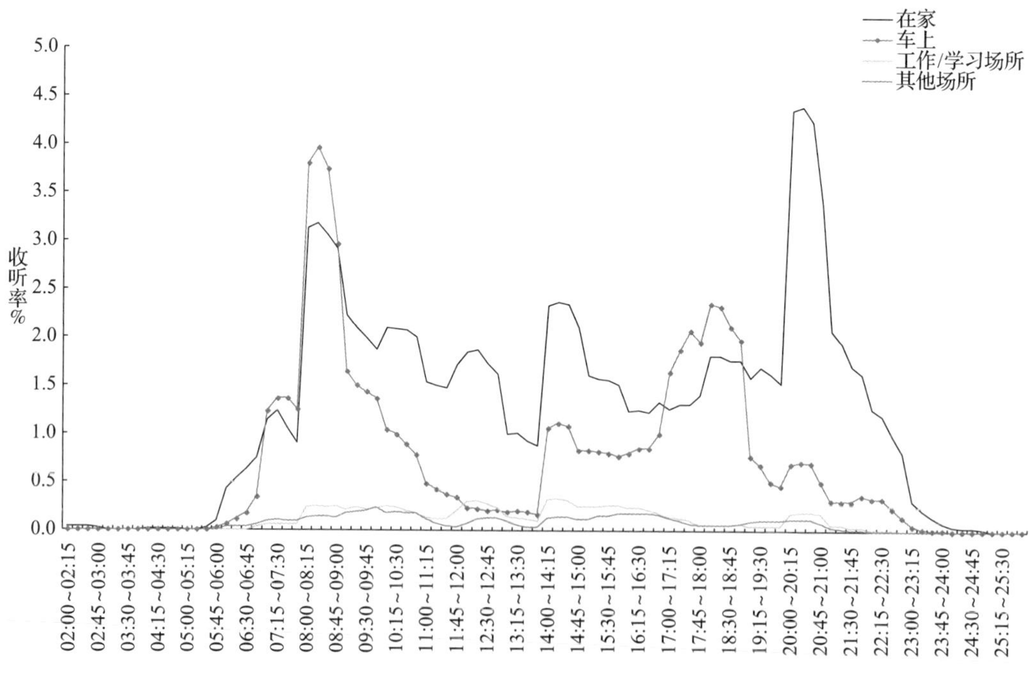

图 3.5.6　2016 年重庆听众在不同收听地点全天收听率走势

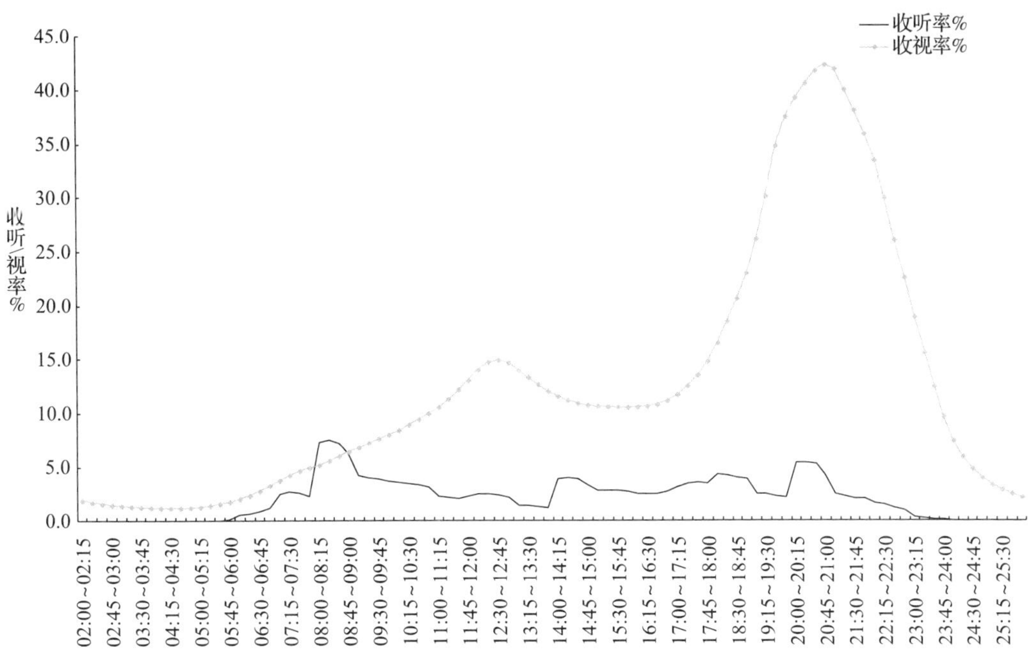

图 3.5.7　2016 年重庆受众全天收听率、收视率走势比较(目标受众为 10 岁及以上)

表 3.5.3 2016 年重庆市场听众构成(%)

目标听众		听众构成(%)
10 岁及以上所有人		100.0
性别	男	49.9
	女	50.1
年龄	10~14 岁	1.5
	15~24 岁	16.8
	25~34 岁	20.5
	35~44 岁	23.8
	45~54 岁	13.1
	55~64 岁	16.7
	65 岁及以上	7.6
文化程度	未受过正规教育	*
	小学	6.8
	初中	30.3
	高中	34.5
	大学及以上	28.4
职业	干部/管理人员	5.7
	初级公务员/雇员	11.6
	个体/私营企业人员	26.1
	工人	23.1
	学生	9.2
	无业(包括退休人员)	24.3
	其他	*
个人月收入	没有收入	11.7
	1~2000 元	4.0
	2001~3000 元	26.4
	3001~4000 元	27.7
	4001~5000 元	17.0
	5001~6000 元	4.2
	6001 元及以上	9.0

“*”表示该目标听众样本量不足,无法进行统计推断。

表 3.5.4 2014~2016 年重庆市场各广播电台的市场份额(%)

广播电台	2014 年	2015 年	2016 年
中央人民广播电台	6.1	5.3	3.0
中国国际广播电台	1.3	2.4	2.3
重庆广播电视集团(总台)	90.8	90.9	93.9
其他广播电台	1.8	1.4	0.8

表 3.5.5 2016 年重庆市场各广播电台在不同目标听众中的市场份额(%)

目标听众		中央人民广播电台	中国国际广播电台	重庆广播电视集团(总台)	其他广播电台
10 岁及以上所有人		3.0	2.3	93.9	0.8
性别	男	3.2	2.3	93.9	0.6
	女	2.8	2.3	93.9	1.0
年龄	10~14 岁	3.8	12.4	83.4	0.4
	15~24 岁	4.8	2.1	92.2	0.9
	25~34 岁	1.5	0.7	97.5	0.3
	35~44 岁	1.8	2.7	94.8	0.7
	45~54 岁	2.0	2.2	95.1	0.7
	55~64 岁	4.9	0.5	92.8	1.8
	65 岁及以上	3.8	8.4	87.3	0.5
文化程度	未受过正规教育	*	*	*	*
	小学	2.6	4.6	92.5	0.3
	初中	1.7	3.0	94.0	1.3
	高中	5.1	1.7	92.4	0.8
	大学及以上	1.9	1.8	96.1	0.2
职业	干部/管理人员	2.2	0.4	97.1	0.3
	初级公务员/雇员	1.8	2.6	95.3	0.3
	个体/私营企业人员	1.7	1.2	96.3	0.8
	工人	1.7	2.2	95.6	0.5
	学生	6.9	4.4	87.5	1.2
	无业(包括退休人员)	5.0	3.0	90.8	1.2
	其他	*	*	*	*
个人月收入	没有收入	5.5	3.5	90.1	0.9
	1~2000 元	2.9	0.6	96.5	0.0
	2001~3000 元	2.9	3.5	92.3	1.3
	3001~4000 元	4.0	2.1	93.2	0.7
	4001~5000 元	1.4	1.4	96.8	0.4
	5001~6000 元	1.4	0.7	96.4	1.5
	6001 元及以上	0.5	0.7	98.6	0.2

“*”表示该目标听众样本量不足,无法进行统计推断。

表 3.5.6 2016 年重庆市场份额排名前 5 位的频率

排 名	频率名称	市场份额(%)
1	重庆人民广播电台音乐频率(FM88.1)	33.7
2	重庆人民广播电台交通频率(FM95.5)	32.8
3	重庆人民广播电台重庆之声(FM96.8/AM1314)	10.1
4	重庆人民广播电台都市频率(FM93.8)	9.3
5	重庆人民广播电台经济频率(FM101.5)	6.6

表 3.5.7　2016 年重庆市场收听率排名前 30 位的节目

排名	节目名称	播出频率	收听率(%)	市场份额(%)
1	古典也流行(重播)	重庆人民广播电台音乐频率(FM88.1)	2.4	44.4
2	交广关注	重庆人民广播电台交通频率(FM95.5)	2.2	52.3
3	城市夜沙龙	重庆人民广播电台音乐频率(FM88.1)	2.2	44.2
4	资讯早班车	重庆人民广播电台交通频率(FM95.5)	2.1	50.4
5	955 与你相随	重庆人民广播电台交通频率(FM95.5)	2.0	41.1
6	城市音乐杂志民歌民乐逍遥游(马莉)	重庆人民广播电台音乐频率(FM88.1)	1.8	38.0
7	交广乐逍遥	重庆人民广播电台交通频率(FM95.5)	1.6	46.9
8	音乐风情之旅	重庆人民广播电台音乐频率(FM88.1)	1.5	43.0
9	音乐博客	重庆人民广播电台音乐频率(FM88.1)	1.5	39.8
10	汽车 CD	重庆人民广播电台音乐频率(FM88.1)	1.[illegible]	[illegible]1.6
11	城市音乐杂志	重庆人民广播电台音乐频率(FM88.1)	1.2	32.9
12	周末故事会	重庆人民广播电台交通频率(FM95.5)	1.1	26.6
13	清风车影	重庆人民广播电台音乐频率(FM88.1)	1.0	43.7
14	最流行	重庆人民广播电台音乐频率(FM88.1)	1.0	43.6
15	爵士星空	重庆人民广播电台音乐频率(FM88.1)	1.0	42.5
16	一路放轻松	重庆人民广播电台交通频率(FM95.5)	1.0	37.4
17	人车在线	重庆人民广播电台交通频率(FM95.5)	1.0	27.8
18	881 汽车音乐时间 B 版	重庆人民广播电台音乐频率(FM88.1)	1.0	25.1
19	咖啡时光	重庆人民广播电台音乐频率(FM88.1)	0.9	34.7
20	音乐永远在	重庆人民广播电台音乐频率(FM88.1)	0.9	33.5
21	驾驶员俱乐部	重庆人民广播电台交通频率(FM95.5)	0.9	27.5
22	881 汽车音乐时间 A 版	重庆人民广播电台音乐频率(FM88.1)	0.9	25.7
23	电影在歌场(周末版)	重庆人民广播电台音乐频率(FM88.1)	0.8	35.1
24	电影在歌场(日常版)	重庆人民广播电台音乐频率(FM88.1)	0.8	33.8
25	汽车世界	重庆人民广播电台交通频率(FM95.5)	0.8	31.3
26	955 汽车俱乐部	重庆人民广播电台交通频率(FM95.5)	0.8	25.9
27	955 车友生活	重庆人民广播电台交通频率(FM95.5)	0.7	30.5
28	环球音乐网之英伦音乐前沿(黄睿)	重庆人民广播电台音乐频率(FM88.1)	0.6	34.2
29	都市情缘	重庆人民广播电台都市频率(FM93.8)	0.6	15.2
30	向快乐出发	重庆人民广播电台交通频率(FM95.5)	0.6	14.2

六、大连收听数据

表 3.6.1 2014～2016 年大连各目标听众人均收听时间(分钟)

目标听众		2014 年	2015 年	2016 年
10 岁及以上所有人		75	76	80
性别	男	75	83	84
	女	75	69	75
年龄	10～14 岁	23	20	16
	15～24 岁	37	24	30
	25～34 岁	61	69	61
	35～44 岁	76	79	69
	45～54 岁	92	88	94
	55～64 岁	114	126	135
	65 岁及以上	102	112	153
文化程度	未受过正规教育	33	*	*
	小学	75	60	59
	初中	83	83	94
	高中	75	78	78
	大学及以上	62	68	67
职业	干部/管理人员	59	87	93
	初级公务员/雇员	68	54	57
	个体/私营企业人员	82	98	95
	工人	74	75	66
	学生	27	19	21
	无业(包括退休人员)	102	105	125
	其他	72	*	*
个人月收入	没有收入	40	37	45
	1～2000 元	98	83	93
	2001～3000 元	80	83	92
	3001～4000 元	72	78	84
	4001～5000 元	102	118	90
	5001～6000 元	93	97	88
	6001 元及以上	67	114	105

注:大连为全年连续调查城市。“*”表示该目标听众样本量不足,无法进行统计推断。

表 3.6.2 2014～2016 年大连听众在不同地点的人均收听时间(分钟)

地　　点	2014 年	2015 年	2016 年
在家	49	47	51
车上	18	22	22
工作/学习场所	7	5	5
其他场所	1	2	2

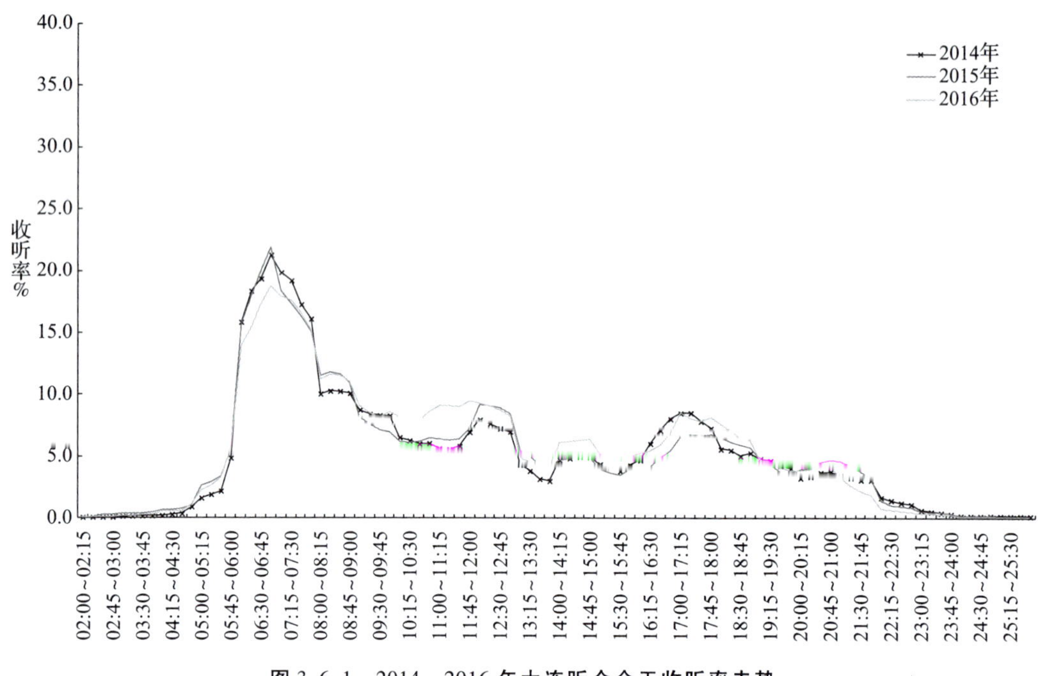

图 3.6.1　2014～2016 年大连听众全天收听率走势

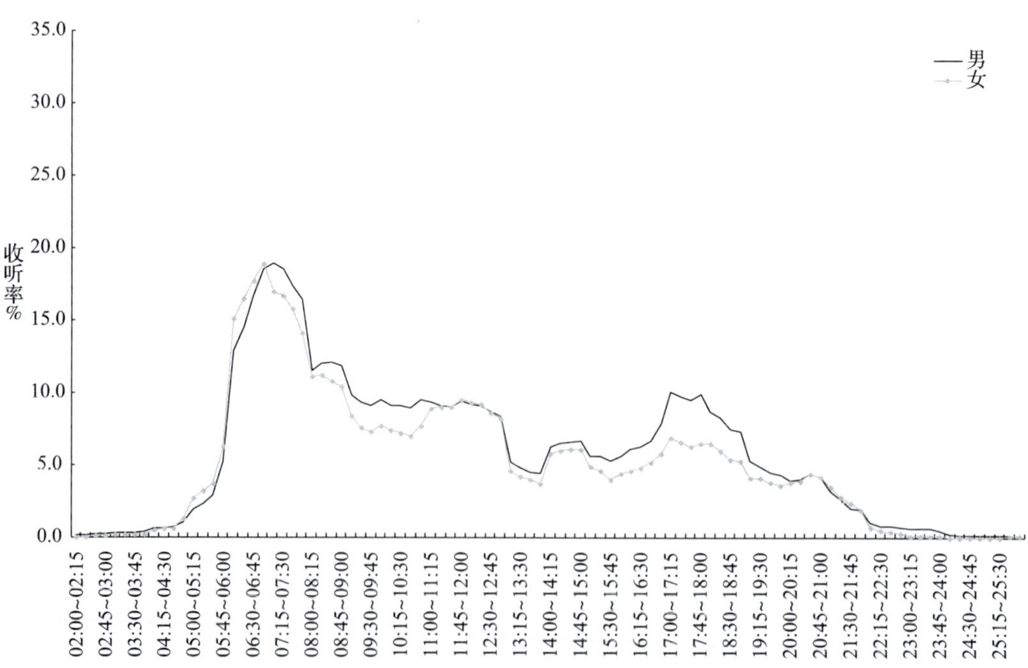

图 3.6.2　2016 年大连不同性别听众全天收听率走势

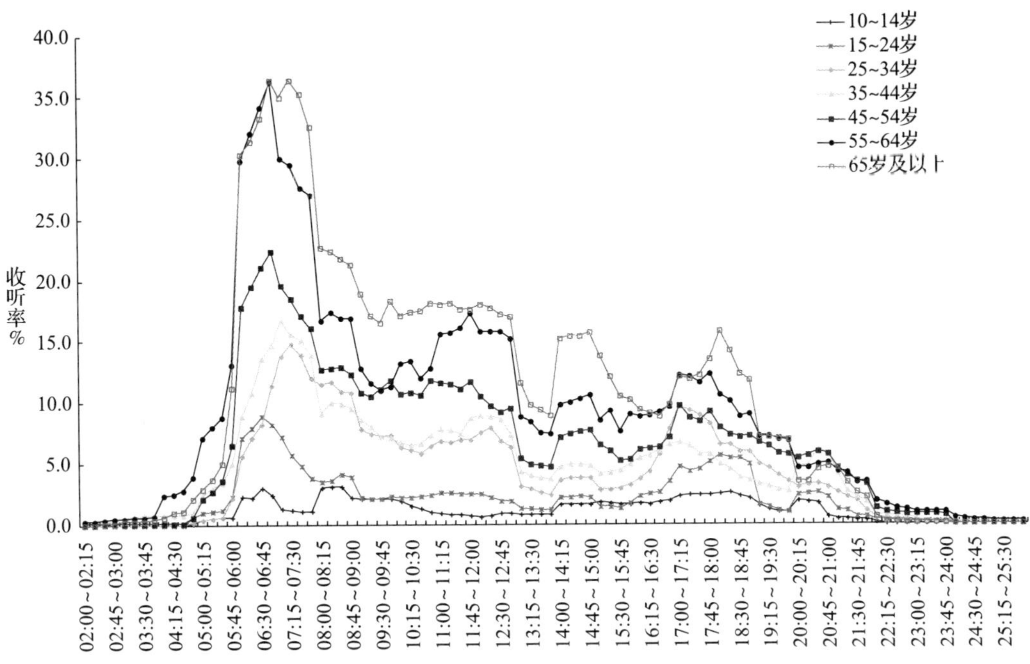

图 3.6.3 2016 年大连不同年龄听众全天收听率走势

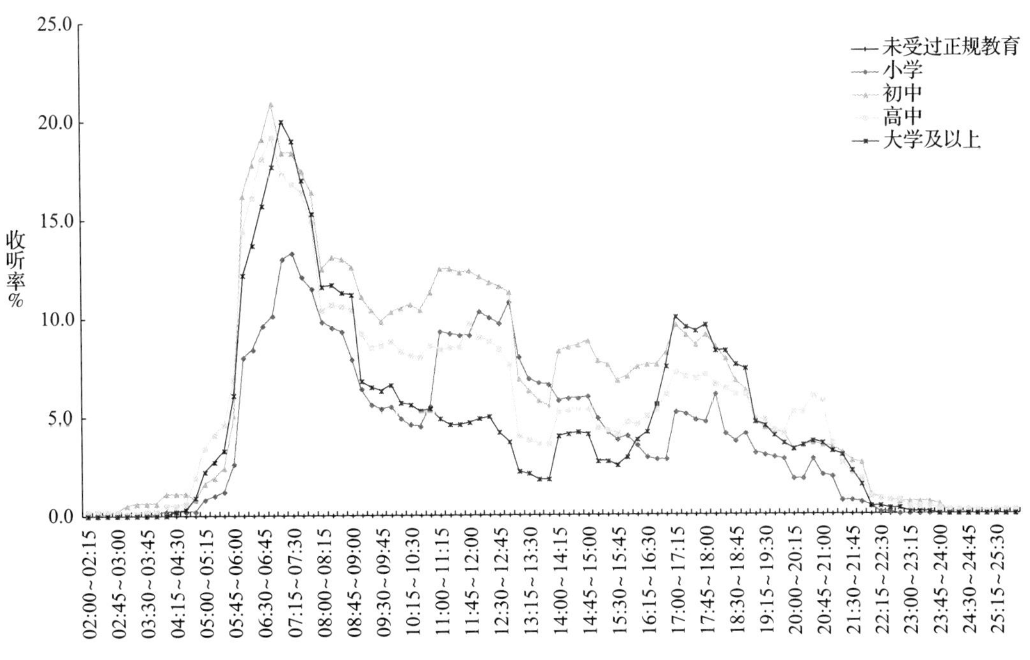

图 3.6.4 2016 年大连不同文化程度听众全天收听率走势

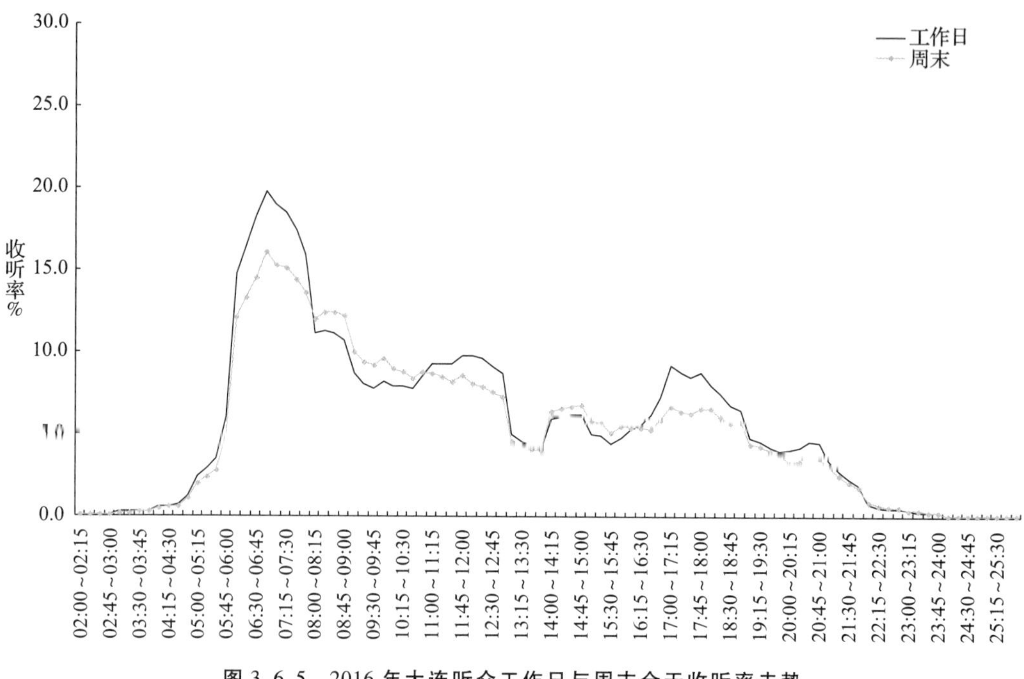

图 3.6.5　2016 年大连听众工作日与周末全天收听率走势

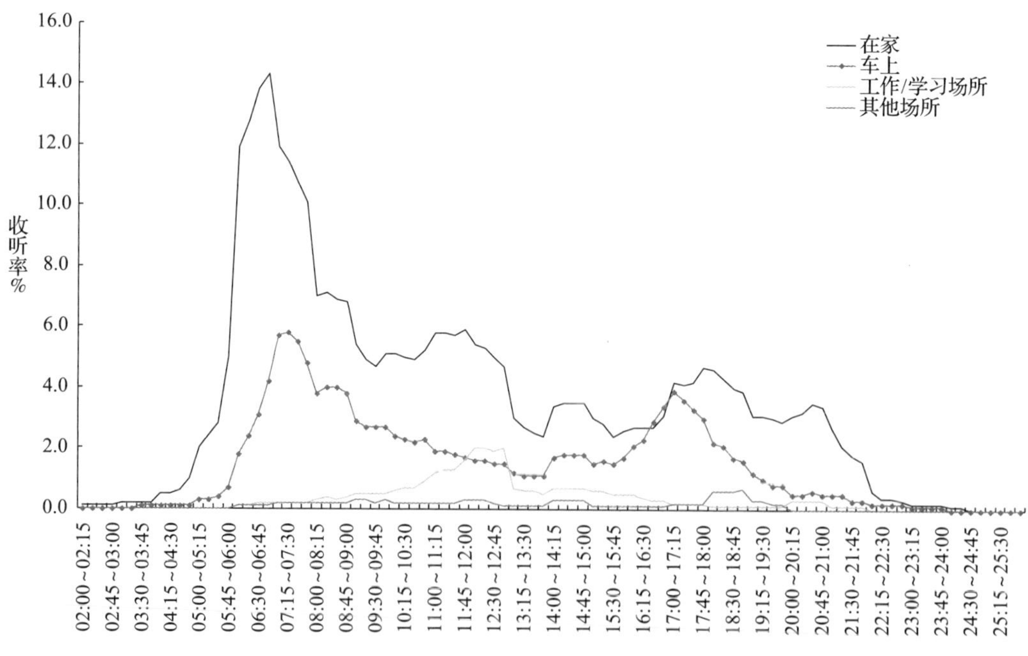

图 3.6.6　2016 年大连听众在不同收听地点全天收听率走势

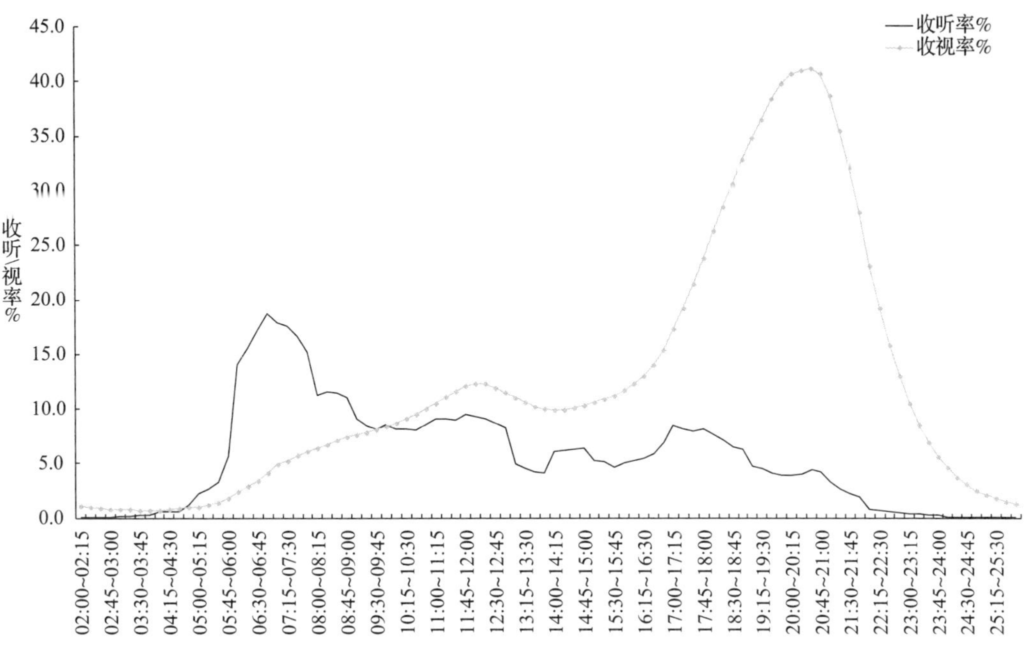

图 3.6.7 2016 年大连受众全天收听率、收视率走势比较(目标受众为 10 岁及以上)

表 3.6.3　2016 年大连市场听众构成(%)

目标听众		听众构成(%)
10 岁及以上所有人		100.0
性别	男	52.4
	女	47.6
年龄	10~14 岁	0.8
	15~24 岁	6.4
	25~34 岁	14.8
	35~44 岁	17.2
	45~54 岁	20.0
	55~64 岁	21.4
	65 岁及以上	19.4
文化程度	未受过正规教育	*
	小学	5.7
	初中	41.0
	高中	34.2
	大学及以上	19.1
职业	干部/管理人员	4.0
	初级公务员/雇员	11.9
	个体/私营企业人员	16.6
	工人	20.5
	学生	3.6
	无业(包括退休人员)	43.3
	其他	*
个人月收入	没有收入	12.2
	1~2000 元	13.0
	2001~3000 元	34.9
	3001~4000 元	24.2
	4001~5000 元	8.9
	5001~6000 元	4.2
	6001 元及以上	2.5

“*”表示该目标听众样本量不足,无法进行统计推断。

表 3.6.4　2014~2016 年大连市场各广播电台的市场份额(%)

广播电台	2014 年	2015 年	2016 年
中央人民广播电台	11.5	11.9	12.3
中国国际广播电台	0.0	0.0	0.0
辽宁广播电视台	12.2	4.3	4.0
大连广播电视台	70.8	74.8	72.4
其他广播电台	5.5	9.0	11.3

表 3.6.5　2016 年大连市场各广播电台在不同目标听众中的市场份额(%)

目标听众		中央人民广播电台	中国国际广播电台	辽宁广播电视台	大连广播电视台	其他广播电台
10 岁及以上所有人		12.3	0.0	4.0	72.4	11.3
性别	男	13.1	0.0	4.0	72.7	10.2
	女	11.4	0.0	3.9	72.1	12.6
年龄	10~14 岁	19.6	0.0	0.8	71.9	7.7
	15~24 岁	10.2	0.0	2.7	77.3	9.8
	25~34 岁	9.3	0.0	3.3	77.8	9.6
	35~44 岁	7.7	0.0	1.1	81.4	9.8
	45~54 岁	11.4	0.0	3.9	74.4	10.3
	55~64 岁	13.6	0.0	6.1	66.5	13.8
	65 岁及以上	18.6	0.0	5.4	63.1	12.9
文化程度	未受过正规教育	*	*	*	*	*
	小学	13.1	0.0	9.0	68.5	9.4
	初中	12.1	0.0	4.5	67.9	15.5
	高中	12.9	0.0	3.3	73.4	10.4
	大学及以上	11.7	0.0	2.7	81.8	3.8
职业	干部/管理人员	6.2	0.0	1.0	90.8	2.0
	初级公务员/雇员	8.2	0.0	2.0	82.2	7.6
	个体/私营企业人员	9.8	0.0	1.5	77.1	11.6
	工人	15.6	0.0	4.7	70.4	9.3
	学生	13.3	0.0	0.8	75.6	10.3
	无业(包括退休人员)	13.5	0.0	5.7	66.6	14.2
	其他	*	*	*	*	*
个人月收入	没有收入	12.7	0.0	2.1	66.8	18.4
	1~2000 元	7.9	0.0	2.9	75.7	13.5
	2001~3000 元	14.7	0.0	4.8	70.2	10.3
	3001~4000 元	14.2	0.0	4.9	70.7	10.2
	4001~5000 元	5.9	0.0	2.3	84.5	7.3
	5001~6000 元	11.2	0.0	2.3	76.5	10.0
	6001 元及以上	4.9	0.0	9.4	78.9	6.8

“*”表示该目标听众样本量不足,无法进行统计推断。

表 3.6.6　2016 年大连市场份额排名前 5 位的频率

排　名	频率名称	市场份额(%)
1	大连人民广播电台第四套广播交通广播(FM100.8)	32.6
2	大连广播电视台第一套综合广播(FM103.3/AM882)	17.3
3	中央人民广播电台第一套节目中国之声	8.3
4	大连广播电视台第六套都市之声广播(FM99.1)	6.2
4	大连人民广播电台第三套广播体育广播(FM105.7)	6.2

表 3.6.7　2016 年大连市场收听率排名前 30 位的节目

排名	节目名称	播出频率	收听率（%）	市场份额（%）
1	转播《新闻和报纸摘要》	大连广播电视台第一套综合广播(FM103.3/AM882)	7.9	44.1
2	大连全新闻	大连广播电视台第一套综合广播(FM103.3/AM882)	7.0	47.1
3	威风资讯	大连人民广播电台第四套广播交通广播(FM100.8)	4.4	25.1
4	快乐敞篷车	大连人民广播电台第四套广播交通广播(FM100.8)	4.3	32.1
5	欢乐同行	大连人民广播电台第四套广播交通广播(FM100.8)	4.1	36.4
6	我爱早高峰	大连广播电视台第一套综合广播(FM103.3/AM882)	3.6	25.2
7	精彩柏威年	大连人民广播电台第四套广播交通广播(FM100.8)	3.2	41.8
8	交警你好	大连人民广播电台第四套广播交通广播(FM100.8)	3.0	36.2
9	周末 AUV	大连人民广播电台第四套广播交通广播(FM100.8)	2.8	31.0
10	吃喝玩乐	大连人民广播电台第四套广播交通广播(FM100.8)	2.5	41.6
11	美丽直通车	大连人民广播电台第四套广播交通广播(FM100.8)	2.5	29.4
12	车谈山外山	大连人民广播电台第四套广播交通广播(FM100.8)	2.5	26.7
13	叶文有话要说	大连广播电台第七套广播新城乡广播(FM95.6/AM1575)	2.5	26.1
14	天天好听好歌来了	大连人民广播电台第四套广播交通广播(FM100.8)	2.1	26.4
15	老人唱歌也疯狂	大连人民广播电台第四套广播交通广播(FM100.8)	2.0	43.1
16	北方假日向快乐出发	大连人民广播电台第四套广播交通广播(FM100.8)	1.8	28.7
17	梁辉说法	大连人民广播电台第四套广播交通广播(FM100.8)	1.8	22.7
18	应急时刻	大连人民广播电台第四套广播交通广播(FM100.8)	1.7	28.2
19	达督察与李警花	大连人民广播电台第四套广播交通广播(FM100.8)	1.5	31.2
20	打开车窗说亮话	大连人民广播电台第四套广播交通广播(FM100.8)	1.5	30.1
21	体坛龙虎榜	大连人民广播电台第三套广播体育广播(FM105.7)	1.5	8.6
22	我爱晚高峰	大连广播电视台第一套综合广播(FM103.3/AM882)	1.3	15.9
23	时尚生活家	大连广播电视台第一套综合广播(FM103.3/AM882)	1.2	19.5
24	991 汽车晨报	大连广播电视台第六套都市之声广播(FM99.1)	1.2	6.9
25	欢哥我来了	大连人民广播电台第四套广播交通广播(FM100.8)	1.1	26.3
26	健康水时间	大连广播电视台第一套综合广播(FM103.3/AM882)	1.1	11.6
27	边走边唱	大连人民广播电台第四套广播交通广播(FM100.8)	1.0	23.8
28	足球天地	大连人民广播电台第三套广播体育广播(FM105.7)	1.0	12.8
29	12345 市民热线	大连广播电视台第一套综合广播(FM103.3/AM882)	1.0	11.2
30	周末茶馆	大连人民广播电台第三套广播体育广播(FM105.7)	1.0	7.8

七、佛山收听数据

表 3.7.1 2014～2016 年佛山各目标听众人均收听时间(分钟)

目标听众		2014 年	2015 年	2016 年
10 岁及以上所有人		80	70	73
性别	男	84	71	74
	女	75	69	72
年龄	10～14 岁	29	19	32
	15～24 岁	53	50	54
	25～34 岁	75	63	68
	35～44 岁	99	82	83
	45～54 岁	103	91	87
	55～64 岁	97	88	98
	65 岁及以上	87	90	87
文化程度	未受过正规教育	40	*	*
	小学	73	67	78
	初中	90	73	76
	高中	78	71	74
	大学及以上	66	66	62
职业	干部/管理人员	91	85	63
	初级公务员/雇员	82	67	72
	个体/私营企业人员	98	80	81
	工人	79	66	79
	学生	37	39	40
	无业(包括退休人员)	88	90	86
	其他	44	34	62
个人月收入	没有收入	50	42	47
	1～2000 元	98	80	74
	2001～3000 元	77	78	84
	3001～4000 元	74	67	75
	4001～5000 元	83	73	79
	5001～6000 元	93	82	81
	6001 元及以上	89	76	64

注:自 2014 年 6 月 1 日起,佛山由波次调查转为连续调查。

2014 年的数据范围包括:2 月 23 日～3 月 15 日的第一波调查数据与 6 月 1 日～12 月 31 日的连续调查数据。

“*”表示该目标听众样本量不足,无法进行统计推断

表 3.7.2 2014～2016 年佛山听众在不同地点的人均收听时间(分钟)

地　点	2014 年	2015 年	2016 年
在家	43	36	35
车上	16	15	20
工作/学习场所	17	15	15
其他场所	3	3	4

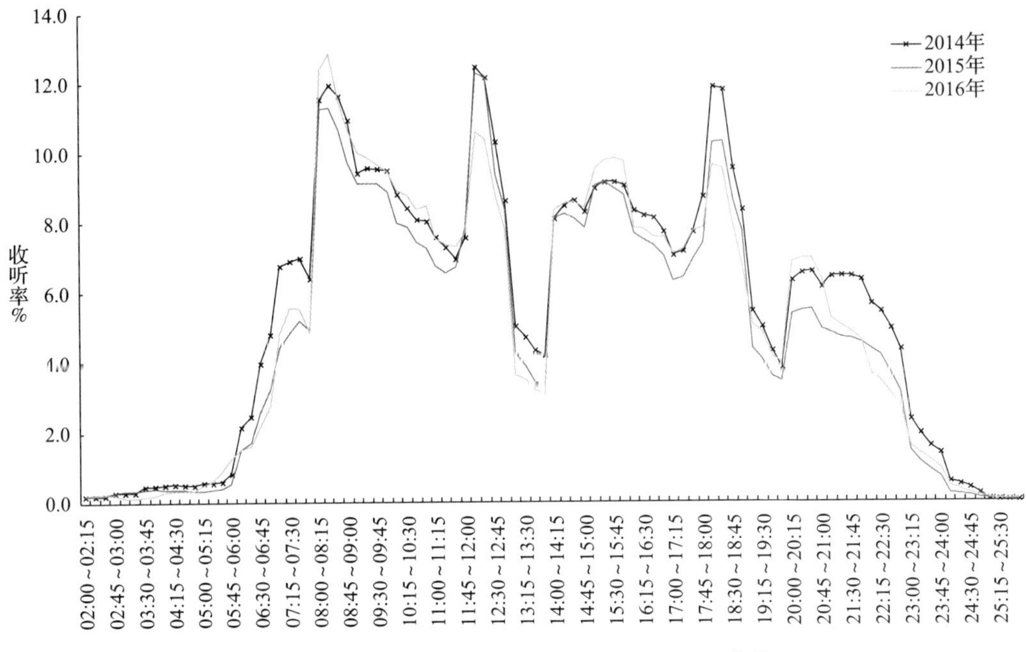

图 3.7.1　2014～2016 年佛山听众全天收听率走势

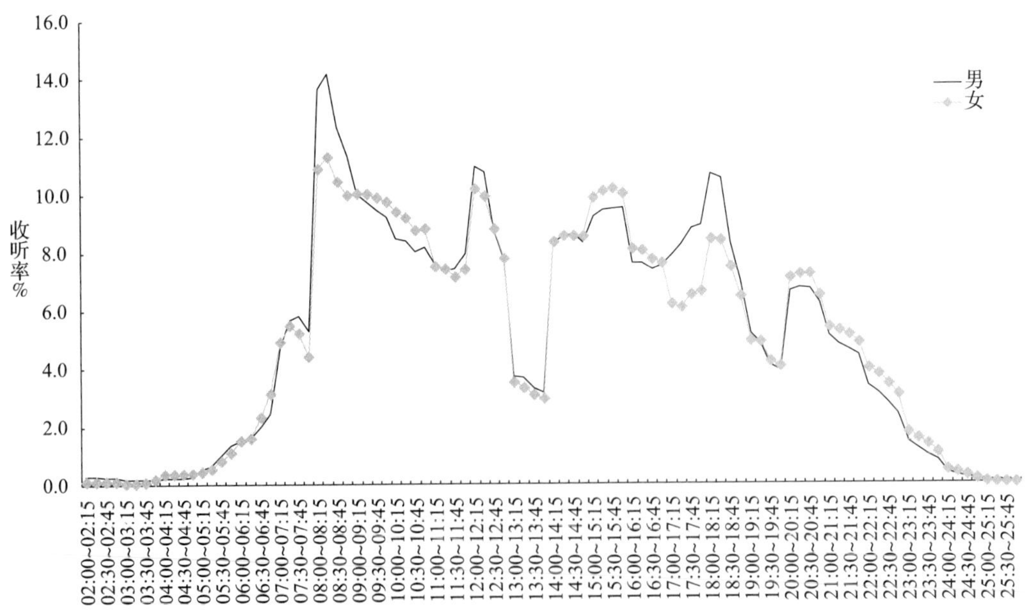

图 3.7.2　2016 年佛山不同性别听众全天收听率走势

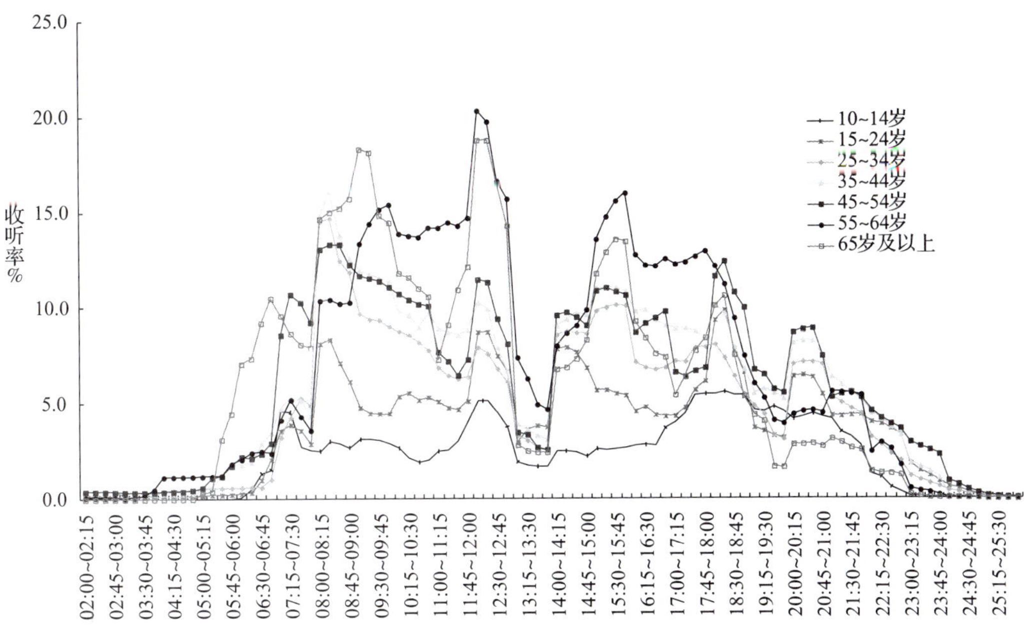

图 3.7.3 2016 年佛山不同年龄听众全天收听率走势

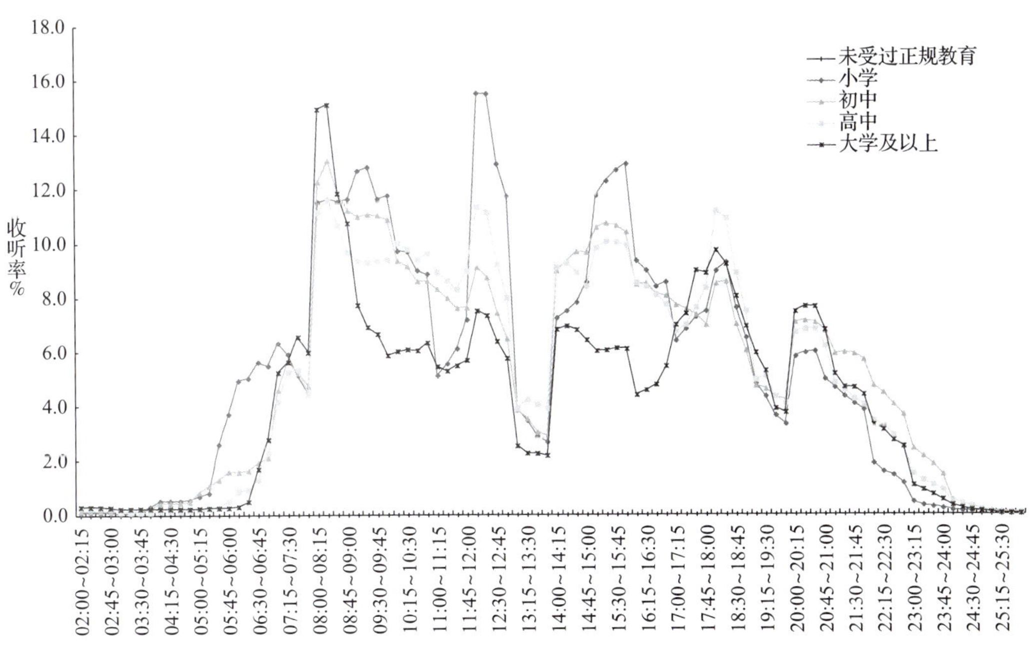

“ * ”表示该目标听众样本量不足，无法进行统计推断

图 3.7.4 2016 年佛山不同文化程度听众全天收听率走势

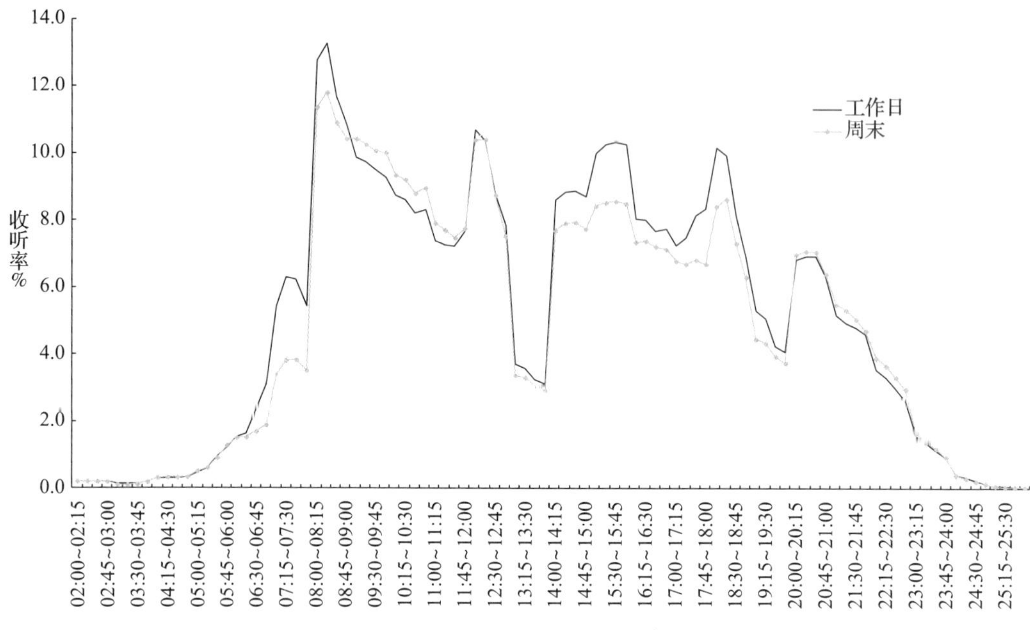

图 3.7.5　2016 年佛山听众工作日与周末全天收听率走势

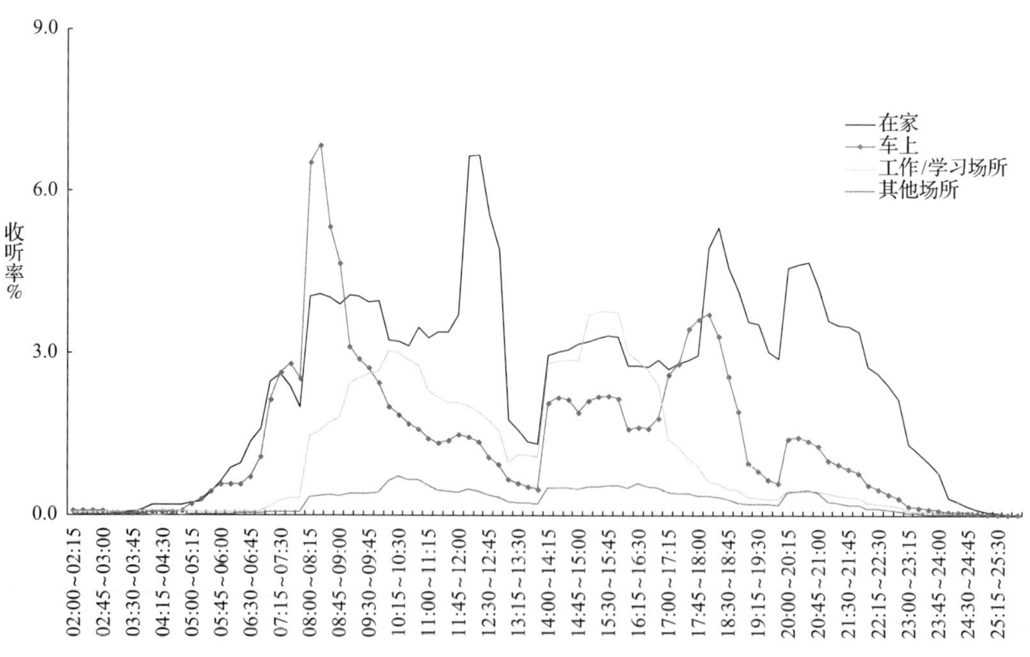

图 3.7.6　2016 年佛山听众在不同收听地点全天收听率走势

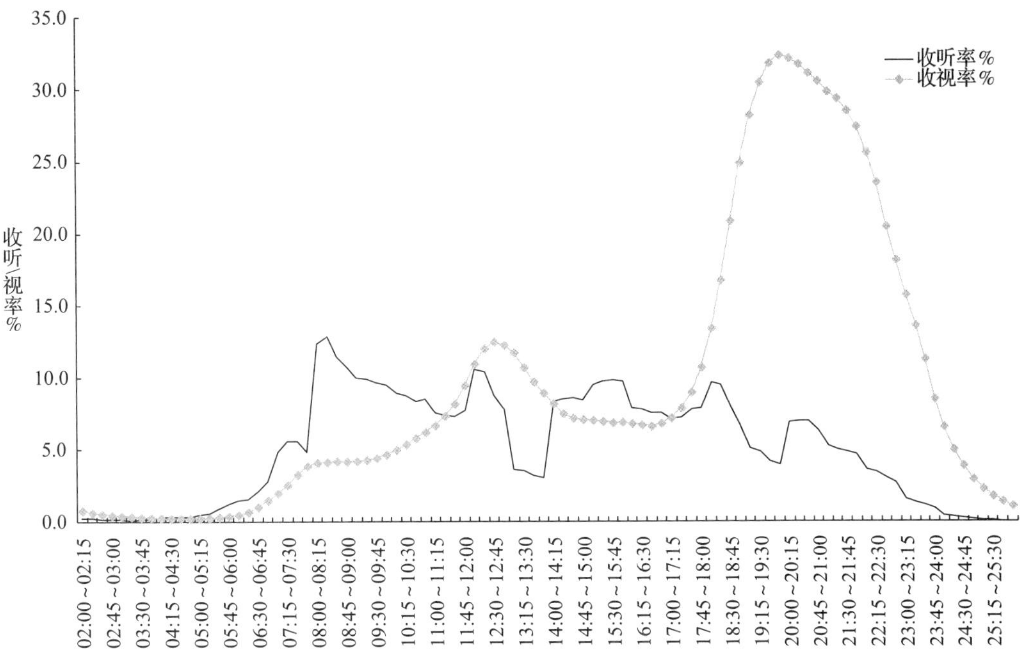

图 3.7.7 2016 年佛山受众全天收听率、收视率走势比较(目标受众为 10 岁及以上)

表 3.7.3　2016 年佛山市场听众构成(%)

目标听众		听众构成(%)
10 岁及以上所有人		100.0
性别	男	54.0
	女	46.0
年龄	10~14 岁	1.3
	15~24 岁	16.0
	25~34 岁	23.2
	35~44 岁	27.7
	45~54 岁	14.9
	55~64 岁	10.0
	65 岁及以上	6.9
文化程度	未受过正规教育	*
	小学	[illegible]
	初中	36.1
	高中	33.2
	大学及以上	17.2
职业	干部/管理人员	1.8
	初级公务员/雇员	33.4
	个体/私营企业人员	26.7
	工人	14.4
	学生	5.9
	无业(包括退休人员)	16.0
	其他	1.8
个人月收入	没有收入	9.3
	1~2000 元	11.6
	2001~3000 元	27.4
	3001~4000 元	25.3
	4001~5000 元	10.7
	5001~6000 元	10.6
	6001 元及以上	5.1

注:”*“表示该目标听众样本量不足,无法进行统计推断

表 3.7.4　2014~2016 年佛山市场各广播电台的市场份额(%)

广播电台	2014 年	2015 年	2016 年
中央人民广播电台	1.5	1.4	1.8
中国国际广播电台	0.3	0.3	0.2
广东广播电视台	12.2	9.7	10.0
广州广播电视台	4.0	2.9	4.0
佛山人民广播电台	75.4	79.5	78.2
鹤山人民广播电台	3.0	2.8	2.8
其他广播电台	3.6	3.4	3.0

注:2014 年 4 月 23 日,广东人民广播电台更名为广东广播电视台。

表 3.7.5 2016 年佛山市场各广播电台在不同目标听众中的市场份额(%)

目标听众		中央人民广播电台	中国国际广播电台	广东广播电视台	广州广播电视台	佛山人民广播电台	鹤山人民广播电台	其他广播电台
10 岁及以上所有人		1.8	0.2	10.0	4.0	78.2	2.8	3.0
性别	男	1.9	0.3	10.8	4.2	77.4	2.1	3.3
	女	1.7	0.1	9.1	3.8	79.2	3.5	2.6
年龄	10~14 岁	0.4	3.1	17.6	9.3	64.6	3.3	1.7
	15~24 岁	1.8	0.3	9.4	5.3	79.5	1.9	1.8
	25~34 岁	1.5	0.0	12.4	3.4	78.6	2.1	2.0
	35~44 岁	4.1	0.1	10.0	4.8	75.1	4.1	1.8
	45~54 岁	0.3	0.2	9.4	1.8	81.4	2.7	4.2
	55~64 岁	0.1	0.0	6.7	6.5	77.3	4.2	5.2
	65 岁及以上	0.2	0.0	8.4	0.6	83.7	0.0	7.1
文化程度	未受过正规教育	*	*	*	*	*	*	*
	小学	1.7	0.0	8.3	4.8	77.6	3.9	3.7
	初中	3.4	0.2	9.4	3.6	76.5	3.8	3.1
	高中	0.8	0.3	11.4	3.6	79.1	1.7	3.1
	大学及以上	0.8	0.1	10.2	5.3	80.3	1.6	1.7
职业	干部/管理人员	0.4	0.0	5.4	0.3	90.5	0.0	3.4
	初级公务员/雇员	0.7	0.1	10.3	6.5	76.5	3.5	2.4
	个体/私营企业人员	4.4	0.3	11.3	3.5	73.8	3.1	3.6
	工人	0.8	0.0	6.9	1.6	85.0	3.5	2.2
	学生	1.4	1.2	10.6	3.1	80.1	0.9	2.7
	无业(包括退休人员)	1.3	0.0	9.8	2.2	81.7	1.0	4.0
	其他	0.1	0.0	15.4	8.3	71.7	3.8	0.7
个人月收入	没有收入	2.9	0.8	13.1	2.3	76.6	1.2	3.1
	1~2000 元	2.5	0.0	5.1	6.6	79.2	5.3	1.3
	2001~3000 元	0.5	0.2	9.3	6.3	77.6	3.6	2.5
	3001~4000 元	2.2	0.1	9.3	3.5	79.7	2.9	2.3
	4001~5000 元	2.6	0.0	10.1	1.9	81.5	2.1	1.8
	5001~6000 元	2.5	0.0	14.9	1.4	74.1	0.6	6.5
	6001 元及以上	0.9	0.3	11.9	1.8	78.6	0.3	6.2

注:" * "表示该目标听众样本量不足,无法进行统计推断

表 3.7.6 2016 年佛山市场份额排名前 5 位的频率

排名	频率名称	市场份额(%)
1	佛山人民广播电台(FM94.6)	27.2
2	佛山人民广播电台(FM92.4)	17.1
3	佛山人民广播电台(FM90.1)	14.4
4	佛山人民广播电台(FM98.5)	11.0
5	佛山人民广播电台(FM88.3)	4.3

表 3.7.7　2016 年佛山市场收听率排名前 30 位的节目

排名	节目名称	播出频率	收听率(%)	市场份额(%)
1	讲古台	佛山人民广播电台(FM94.6)	3.7	34.9
2	讲东讲西讲东西	佛山人民广播电台(FM94.6)	3.3	36.3
3	禅城面对面	佛山人民广播电台(FM94.6)	3.0	29.5
4	午间新闻接力	佛山人民广播电台(FM94.6)	2.8	32.7
5	同步新空气	佛山人民广播电台(FM92.4)	2.7	22.4
6	新闻专辑	佛山人民广播电台(FM94.6)	2.6	30.7
7	流金岁月	佛山人民广播电台(FM94.6)	2.6	27.6
8	《佛山一家人》广播剧	佛山人民广播电台(FM94.6)	2.5	32.0
9	周末剧场日	佛山人民广播电台(FM94.6)	2.5	27.2
10	财富正前方	佛山人民广播电台(FM94.6)	2.4	28.1
11	查笃撑	佛山人民广播电台(FM94.6)	2.4	27.8
12	傍晚新闻	佛山人民广播电台(FM94.6)	2.4	27.7
13	粤韵之音俱乐部	佛山人民广播电台(FM94.6)	2.4	25.6
14	早晨,从 946 出发	佛山人民广播电台(FM94.6)	2.4	23.7
15	民生直通车	佛山人民广播电台(FM94.6)	2.3	28.1
16	健康 E 时代	佛山人民广播电台(FM94.6)	2.2	29.8
17	今日舆论场	佛山人民广播电台(FM94.6)	2.2	28.9
18	花生宝贝	佛山人民广播电台(FM94.6)	2.2	28.8
19	楼市,荷包查督撑	佛山人民广播电台(FM94.6)	2.2	23.5
20	小说连播	佛山人民广播电台(FM90.1)	2.2	21.2
21	警讯 110	佛山人民广播电台(FM94.6)	2.1	32.2
22	I 风尚	佛山人民广播电台(FM94.6)	2.1	28.4
23	946 民生直通车	佛山人民广播电台(FM94.6)	2.1	22.8
24	运动型	佛山人民广播电台(FM94.6)	2.1	22.5
25	阳光畅游	佛山人民广播电台(FM92.4)	2.1	18.7
26	完美家居	佛山人民广播电台(FM94.6)	2.0	30.4
27	部长在线	佛山人民广播电台(FM94.6)	2.0	30.3
28	型篮派对	佛山人民广播电台(FM94.6)	2.0	22.7
29	早新闻	佛山人民广播电台(FM94.6)	1.9	23.3
30	新闻专辑	佛山人民广播电台(FM90.1)	1.9	23.1

八、福州收听数据

表 3.8.1　2014～2016 年福州各目标听众人均收听时间(分钟)

目标听众		2014 年	2015 年	2016 年			
				第一波	第二波	第三波	第四波
10 岁及以上所有人		49	45	46	47	47	48
性别	男	55	51	52	53	54	54
	女	44	38	40	40	40	42
年龄	10～14 岁	12	13	10	5	4	2
	15～24 岁	23	23	21	27	26	28
	25～34 岁	46	43	45	53	47	44
	35～44 岁	47	46	47	42	45	51
	45～54 岁	64	59	53	53	54	56
	55～64 岁	65	64	68	60	66	66
	65 岁及以上	103	76	85	84	89	86
文化程度	未受过正规教育	13	10	14	6	17	9
	小学	36	42	40	30	19	25
	初中	57	40	42	37	39	44
	高中	52	49	49	50	52	50
	大学及以上	44	45	49	61	57	56
职业	干部/管理人员	47	59	66	64	70	67
	初级公务员/雇员	49	50	46	53	52	49
	个体/私营企业人员	68	47	48	54	48	50
	工人	33	32	44	31	28	29
	学生	16	20	17	17	18	21
	无业(包括退休人员)	70	56	63	61	68	69
	其他	*	*	*	*	*	62
个人月收入	没有收入	23	22	21	21	24	26
	1～2000 元	81	71	66	55	49	41
	2001～3000 元	42	45	52	46	48	50
	3001～4000 元	63	55	53	57	54	54
	4001～5000 元	47	43	41	52	60	61
	5001～6000 元	48	48	54	47	55	49
	6001 元及以上	57	57	65	73	54	60

注:福州为四波调查城市。2016 年四波调查时间分别为:第一波 2 月 28 日～3 月 19 日;第二波 5 月 22 日～6 月 11 日;第三波 8 月 21 日～9 月 10 日;第四波 11 月 6 日～11 月 26 日。

表 3.8.2　2014～2016 年福州听众在不同地点的人均收听时间(分钟)

地　　点	2014 年	2015 年	2016 年
在家	30	26	25
车上	13	14	18
工作/学习场所	3	2	2
其他场所	3	2	2

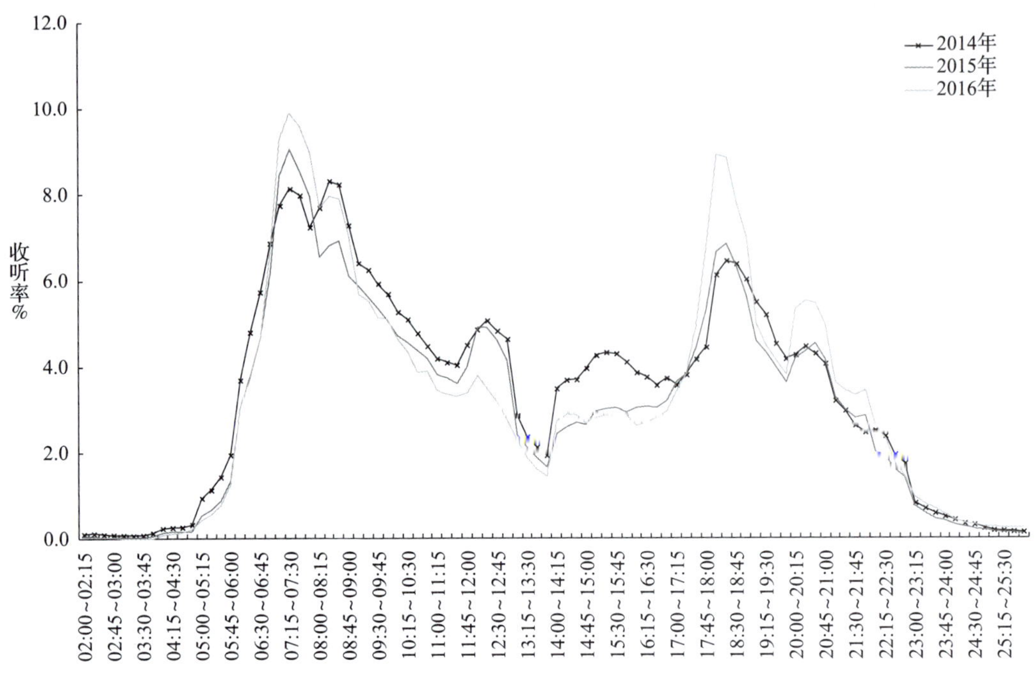

图 3.8.1　2014～2016 年福州听众全天收听率走势

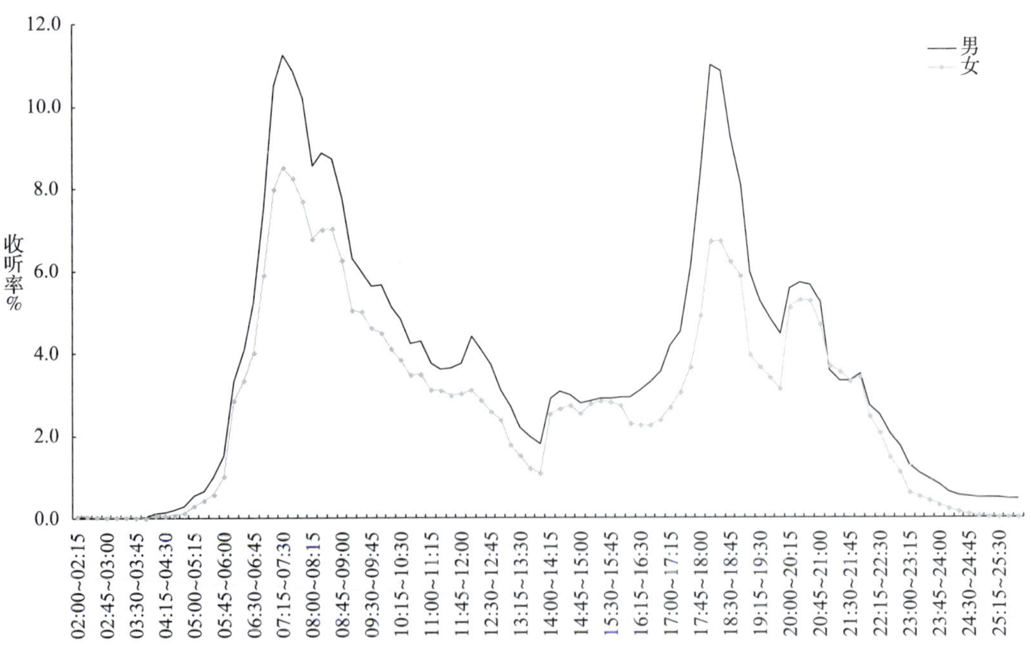

图 3.8.2　2016 年福州不同性别听众全天收听率走势

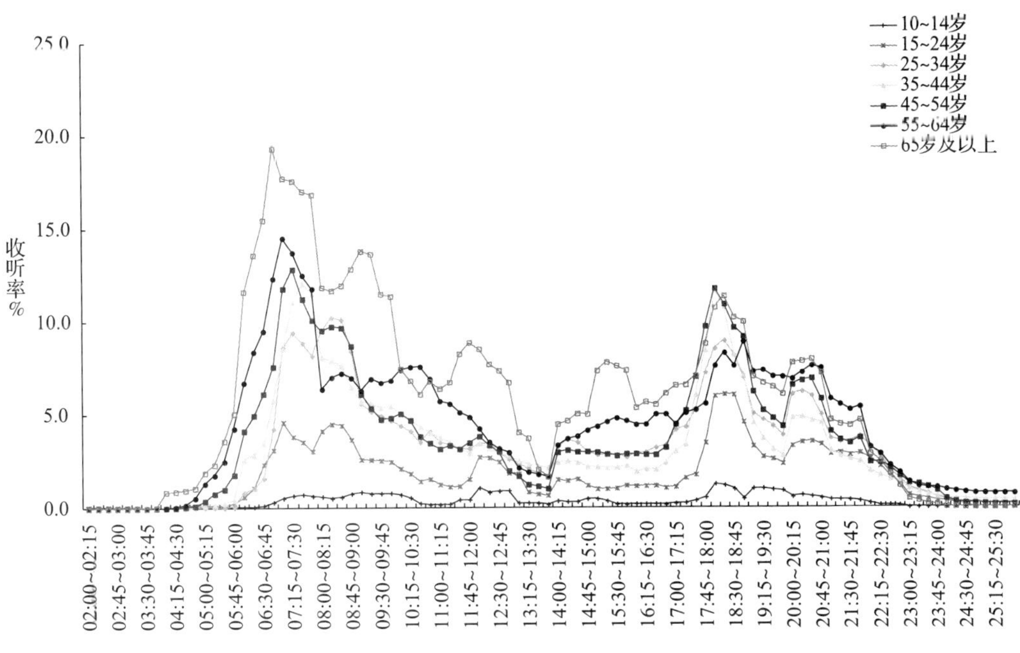

图 3.8.3 2016 年福州不同年龄听众全天收听率走势

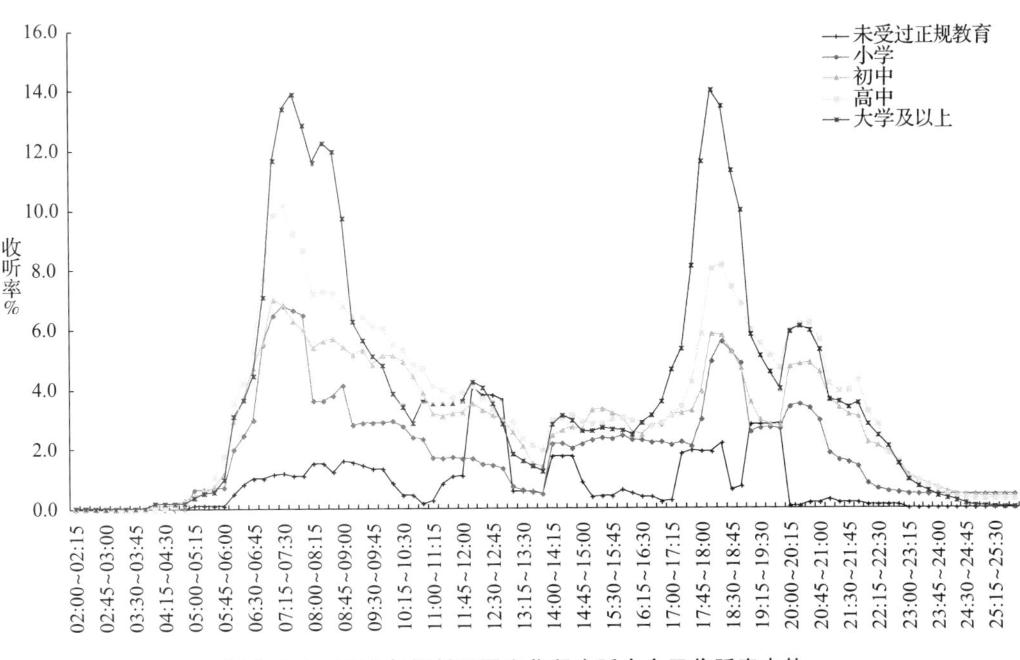

图 3.8.4 2016 年福州不同文化程度听众全天收听率走势

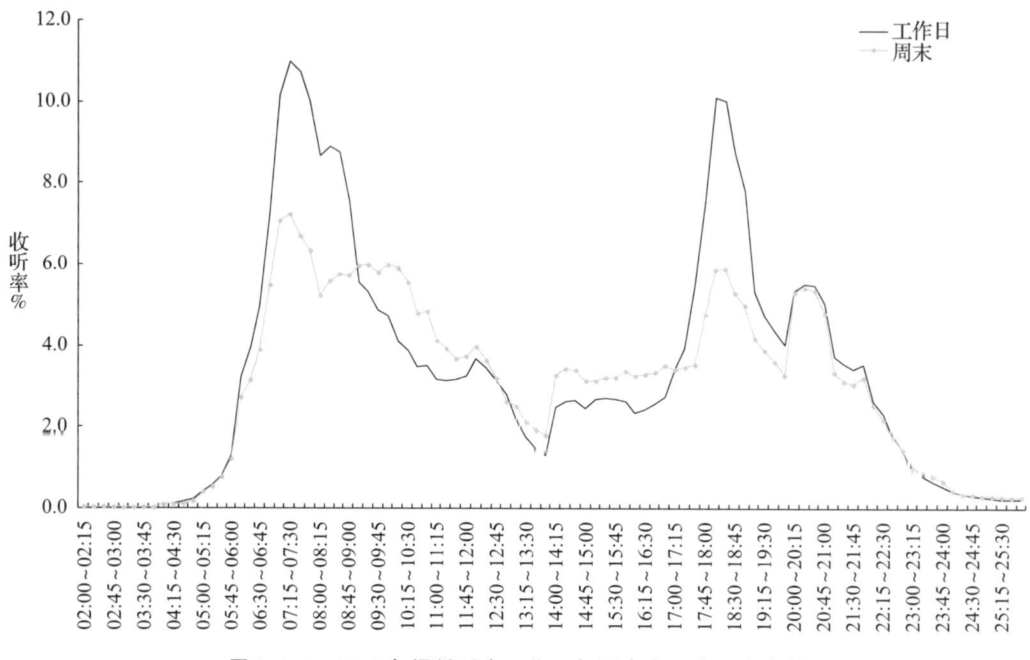

图 3.8.5　2016 年福州听众工作日与周末全天收听率走势

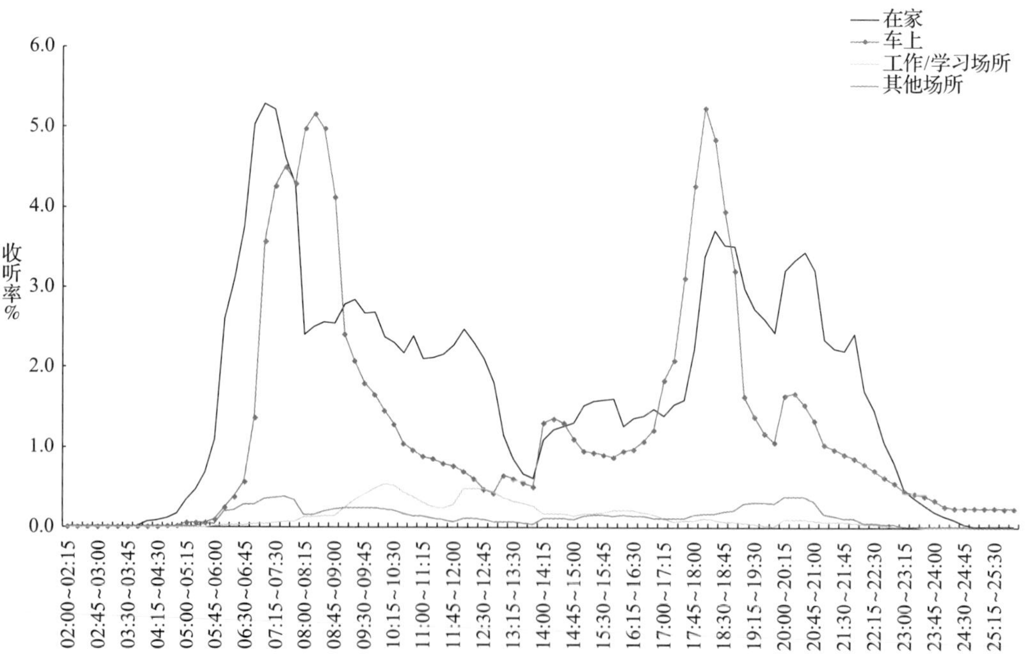

图 3.8.6　2016 年福州听众在不同收听地点全天收听率走势

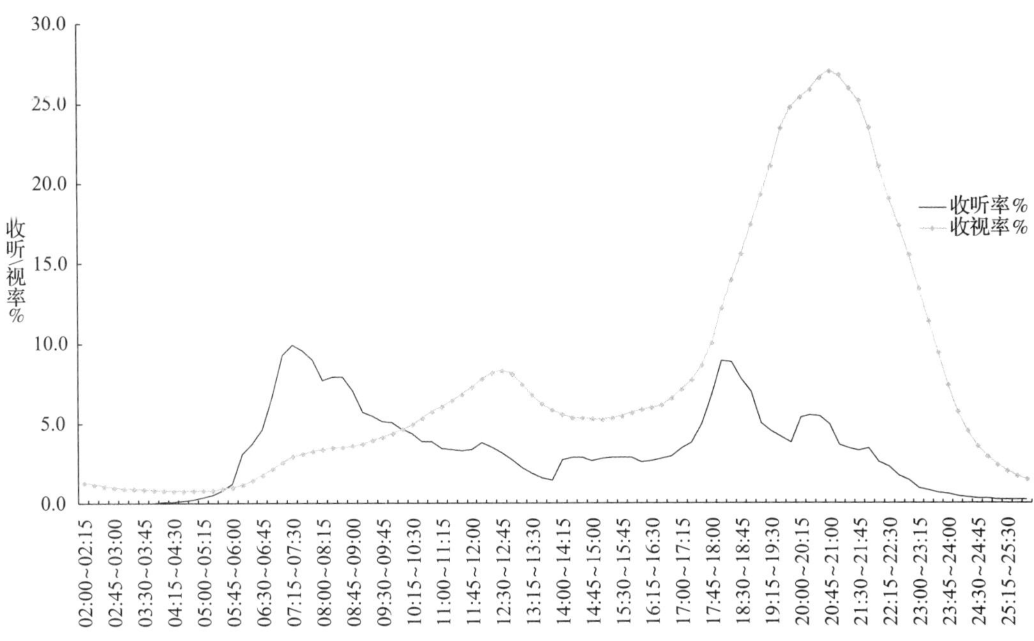

图 3.8.7　2016 年福州受众全天收听率、收视率走势比较(目标受众为 10 岁及以上)

表 3.8.3　2016 年福州市场听众构成(%)

目标听众		听众构成(%)
10 岁及以上所有人		100.0
性别	男	58.2
	女	41.8
年龄	10~14 岁	0.5
	15~24 岁	10.0
	25~34 岁	24.0
	35~44 岁	21.7
	45~54 岁	13.7
	55~64 岁	14.6
	65 岁及以上	15.6
文化程度	未受过正规教育	0.3
	小学	6.0
	初中	20.9
	高中	37.4
	大学及以上	35.5
职业	干部/管理人员	5.7
	初级公务员/雇员	34.8
	个体/私营企业人员	14.4
	工人	7.8
	学生	6.3
	无业(包括退休人员)	30.9
	其他	*
个人月收入	没有收入	11.0
	1~2000 元	6.8
	2001~3000 元	19.5
	3001~4000 元	25.6
	4001~5000 元	15.1
	5001~6000 元	8.4
	6001 元及以上	13.5

“*”表示目标听众样本量不足,无法进行统计推断。

表 3.8.4　2014~2016 年福州市场各广播电台的市场份额(%)

广播电台	2014 年	2015 年	2016 年			
			第一波	第二波	第三波	第四波
中央人民广播电台	25.5	24.4	26.3	25.0	25.4	23.4
中国国际广播电台	0.1	0.3	0.1	0.1	0.0	0.1
福建广播影视集团	38.8	36.8	36.6	35.8	35.1	38.6
福州广播电视集团	25.3	28.7	26.5	29.3	28.4	25.7
海峡之声广播电台	7.9	7.6	7.5	6.9	6.8	8.5
中国华艺广播电台	1.6	1.4	1.6	0.7	1.7	1.2
其他广播电台	0.8	0.8	1.4	2.2	2.6	2.5

表 3.8.5 2016 年福州市场各广播电台在不同目标听众中的市场份额(%)

目标听众		中央人民广播电台	中国国际广播电台	福建广播影视集团	福州广播电视集团	海峡之声广播电台	中国华艺广播电台	其他广播电台
10 岁及以上所有人		25.0	0.1	36.5	27.5	7.4	1.3	0.9
性别	男	25.0	0.0	37.5	25.5	8.5	1.7	0.9
	女	25.1	0.1	35.2	30.3	6.0	0.8	2.5
年龄	10~14 岁	34.0	1.3	30.6	12.2	9.4	1.4	11.1
	15~24 岁	18.8	0.1	44.1	26.4	6.3	1.9	2.4
	25~34 岁	19.5	0.1	40.1	29.3	8.0	0.8	2.2
	35~44 岁	17.7	0.1	36.3	30.7	10.8	3.0	1.4
	45~54 岁	22.8	0.0	40.4	26.6	8.5	0.5	1.2
	55~64 岁	34.0	0.0	35.1	23.0	6.3	0.5	1.1
	65 岁及以上	40.9	0.0	24.7	26.4	2.7	0.8	4.5
文化程度	未受过正规教育	44.7	0.0	9.4	19.2	1.4	0.0	25.3
	小学	23.8	0.0	28.0	33.6	12.5	1.4	0.7
	初中	31.5	0.1	36.4	23.3	6.3	0.9	1.5
	高中	22.2	0.0	36.3	30.4	6.6	1.8	2.7
	大学及以上	24.2	0.1	38.6	25.9	8.2	1.0	2.0
职业	干部/管理人员	30.6	0.0	45.4	11.0	9.0	2.9	1.1
	初级公务员/雇员	19.9	0.0	36.2	33.4	6.9	2.2	1.4
	个体/私营企业人员	15.6	0.1	38.5	32.1	10.9	0.3	2.5
	工人	21.5	0.1	39.6	20.0	14.7	0.2	3.9
	学生	25.7	0.2	47.2	17.4	6.2	1.2	2.1
	无业(包括退休人员)	35.0	0.0	31.5	25.6	4.4	0.8	2.7
	其他	*	*	*	*	*	*	*
个人月收入	没有收入	23.1	0.2	44.7	21.6	7.4	1.6	1.4
	1~2000 元	27.5	0.0	26.1	36.7	8.5	0.7	0.5
	2001~3000 元	30.7	0.0	31.7	31.0	4.0	0.7	1.9
	3001~4000 元	29.2	0.0	33.1	26.6	4.5	3.2	3.4
	4001~5000 元	24.1	0.1	31.8	29.3	12.9	0.4	1.4
	5001~6000 元	22.4	0.0	42.3	27.4	5.9	0.2	1.8
	6001 元及以上	11.5	0.1	51.2	22.3	12.5	0.3	2.1

“*”表示目标听众样本量不足,无法进行统计推断。

表 3.8.6 2016 年福州市场份额排名前 5 位的频率

排名	频率名称	市场份额(%)
1	中央人民广播电台第一套节目中国之声	13.0
2	福建 987 私家车广播(FM98.7)	12.8
3	福州交通之声(FM87.6)	12.3
4	福建人民广播电台新闻综合广播(FM103.6/AM882)	8.9
5	中央人民广播电台第三套节目音乐之声	6.8

表 3.8.7　2016 年福州市场收听排名前 30 位的节目

排名	节目名称	播出频率	收听率(%)	市场份额(%)
1	新闻和报纸摘要	中央人民广播电台第一套节目中国之声	1.7	29.5
2	都市早餐	福建 987 私家车广播(FM98.7)	1.5	14.8
3	早安,福州	福州交通之声(FM87.6)	1.3	13.3
4	快乐早八点	福建 987 私家车广播(FM98.7)	1.1	17.0
5	速度生活	福建 987 私家车广播(FM98.7)	1.1	16.5
6	全国新闻联播	中央人民广播电台第一套节目中国之声	1.1	14.8
7	新闻在线	福建人民广播电台新闻综合广播(FM103.6/AM882)	1.1	13.0
8	全球华语广播网	中央人民广播电台第一套节目中国之声	1.0	29.6
9	新闻纵横	中央人民广播电台第一套节目中国之声	1.0	12.2
10	榕广新闻(重播)	福州人民广播电台新闻广播(FM94.4/AM1332)	1.0	10.2
11	品牌之旅	中央人民广播电台第一套节目中国之声	0.9	29.3
12	国防时空	中央人民广播电台第一套节目中国之声	0.9	25.1
13	畅通正前方 - 快乐回家	福州交通之声(FM87.6)	0.9	12.4
14	民情关注	福建人民广播电台新闻综合广播(FM103.6/AM882)	0.9	8.4
15	我在路上有话说	福州交通之声(FM87.6)	0.8	19.0
16	股市百家谈	福建人民广播电台经济广播(FM96.1/AM1404)	0.8	17.1
17	福建新闻	福建人民广播电台新闻综合广播(FM103.6/AM882)	0.8	8.7
18	残疾人之友	中央人民广播电台第一套节目中国之声	0.7	27.2
19	八闽新闻专递	福建人民广播电台新闻综合广播(FM103.6/AM882)	0.7	10.1
20	媒体精粹	福建人民广播电台新闻综合广播(FM103.6/AM882)	0.7	7.6
21	音乐恋人	福建 987 私家车广播(FM98.7)	0.6	20.4
22	MUSICSPARK	福州交通之声(FM87.6)	0.6	15.7
23	新势力就业直通车	福建人民广播电台新闻综合广播(FM103.6/AM882)	0.6	12.1
24	头脑风暴	福建人民广播电台经济广播(FM96.1/AM1404)	0.6	11.5
25	央广新闻晚高峰	中央人民广播电台第一套节目中国之声	0.6	11.4
26	雷人八点档	福建 987 私家车广播(FM98.7)	0.6	11.3
27	智慧 008	福建人民广播电台新闻综合广播(FM103.6/AM882)	0.6	11.1
28	数码兄弟联	福州交通之声(FM87.6)	0.6	10.6
29	轻松相伴好风行	福建人民广播电台经济广播(FM96.1/AM1404)	0.6	8.3
30	阳光榕城	海峡之声汽车生活广播交通 906(FM90.6)	0.6	6.8

九、广州收听数据

表 3.9.1 2014 ~ 2016 年广州各目标听众人均收听时间(分钟)

目标听众		2014 年	2015 年	2016 年
10 岁及以上所有人		50	45	43
性别	男	53	47	43
	女	46	42	43
年龄	10 ~ 14 岁	11	15	17
	15 ~ 24 岁	31	23	24
	25 ~ 34 岁	34	36	35
	35 ~ 44 岁	53	53	51
	45 ~ 54 岁	67	54	49
	55 ~ 64 岁	92	74	58
	65 岁及以上	76	70	78
文化程度	未受过正规教育	67	76	83
	小学	52	49	33
	初中	59	43	46
	高中	46	47	47
	大学及以上	40	39	37
职业	干部/管理人员	38	43	47
	初级公务员/雇员	37	36	37
	个体/私营企业人员	47	52	44
	工人	55	45	42
	学生	21	19	23
	无业(包括退休人员)	73	64	60
	其他	67	42	39
个人月收入	没有收入	33	26	28
	1 ~ 2000 元	59	52	62
	2001 ~ 3000 元	53	44	42
	3001 ~ 4000 元	55	62	50
	4001 ~ 5000 元	49	48	43
	5001 ~ 6000 元	58	56	45
	6001 元及以上	56	38	50

注:广州为全年连续调查城市。

表 3.9.2 2014 ~ 2016 年广州听众在不同地点的人均收听时间(分钟)

地 点	2014 年	2015 年	2016 年
在家	32	27	29
车上	9	10	10
工作/学习场所	7	5	3
其他场所	2	2	1

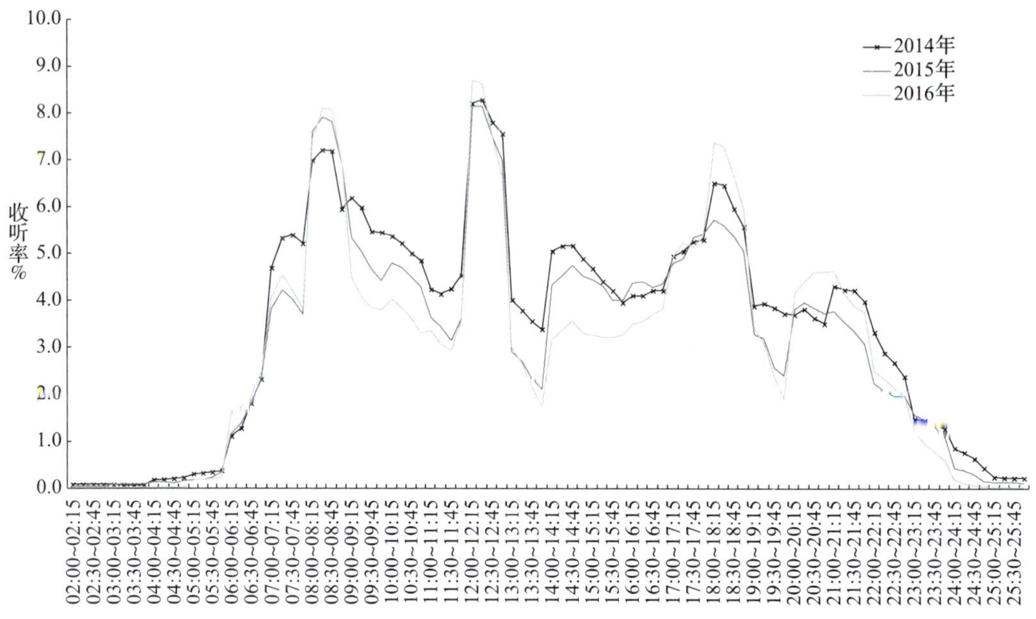

图 3.9.1　2014～2016 年广州听众全天收听率走势

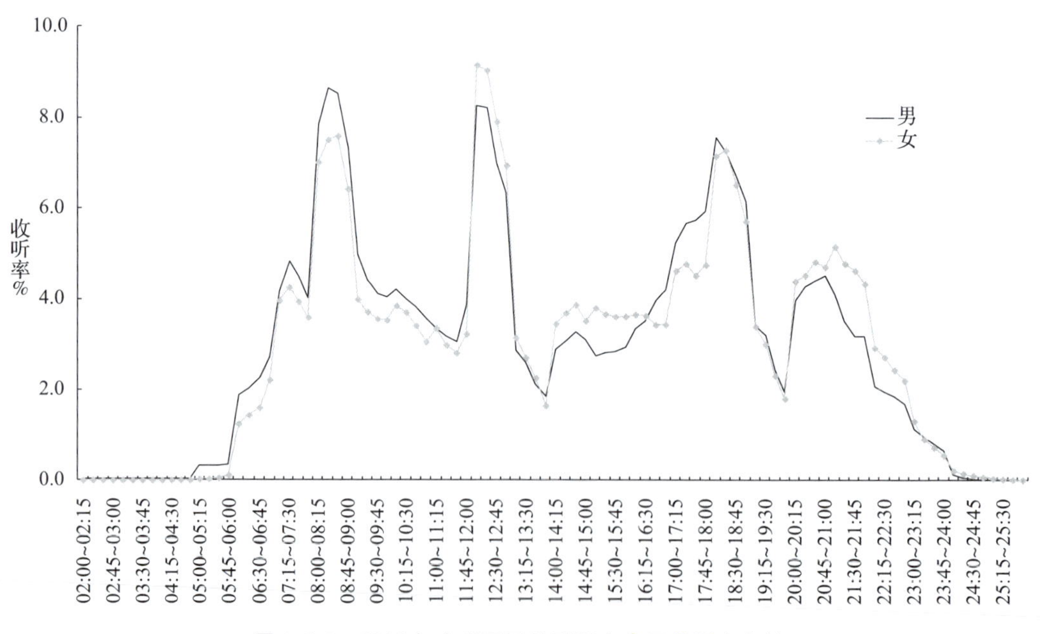

图 3.9.2　2016 年广州不同性别听众全天收听率走势

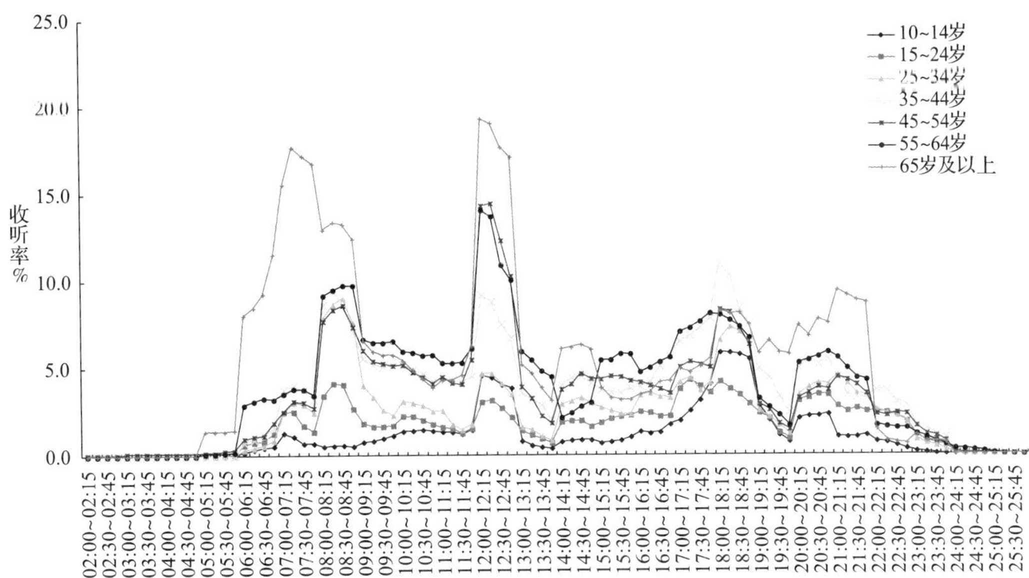

图 3.9.3　2016 年广州不同年龄听众全天收听率走势

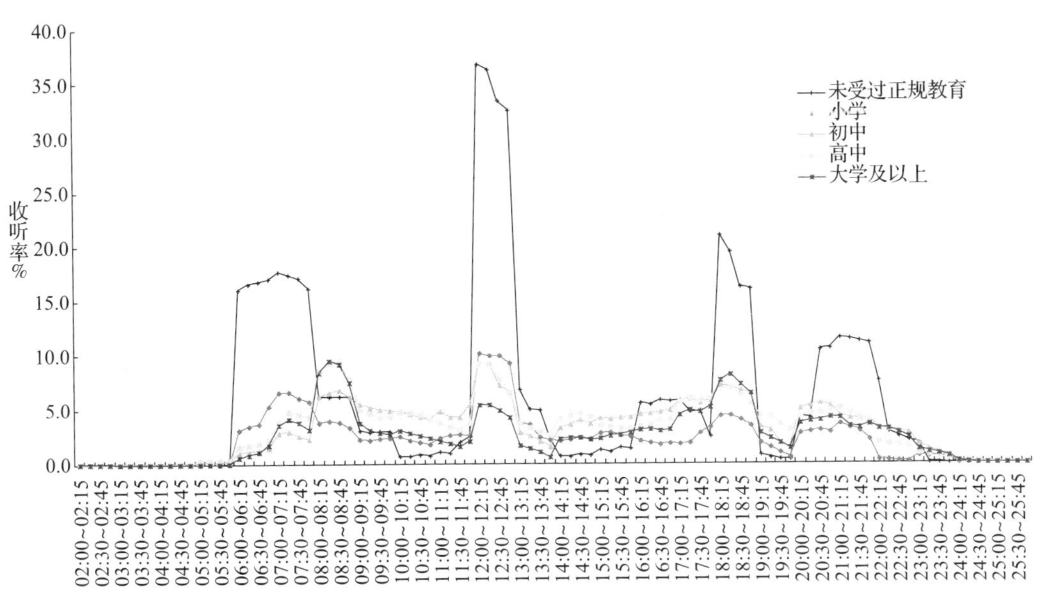

图 3.9.4　2016 年广州不同文化程度听众全天收听率走势

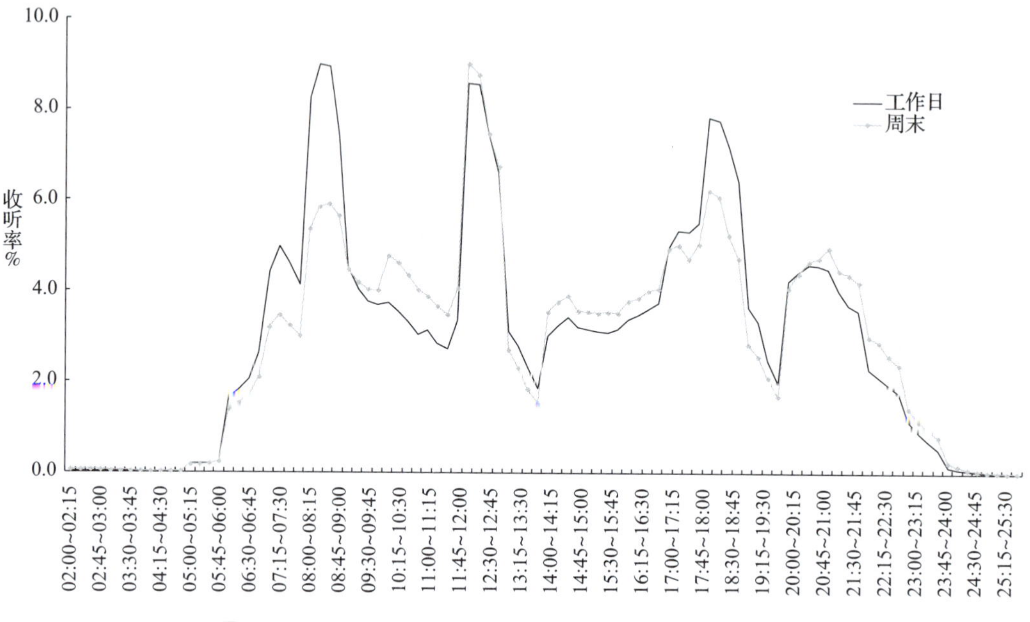

图 3.9.5　2016 年广州听众工作日与周末全天收听率走势

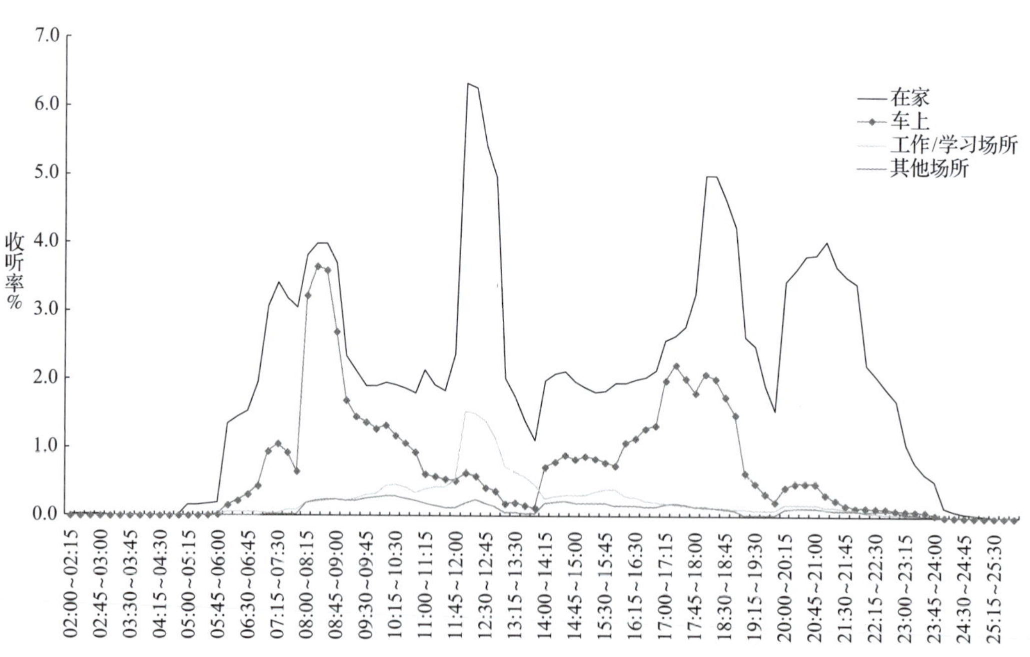

图 3.9.6　2016 年广州听众在不同收听地点全天收听率走势

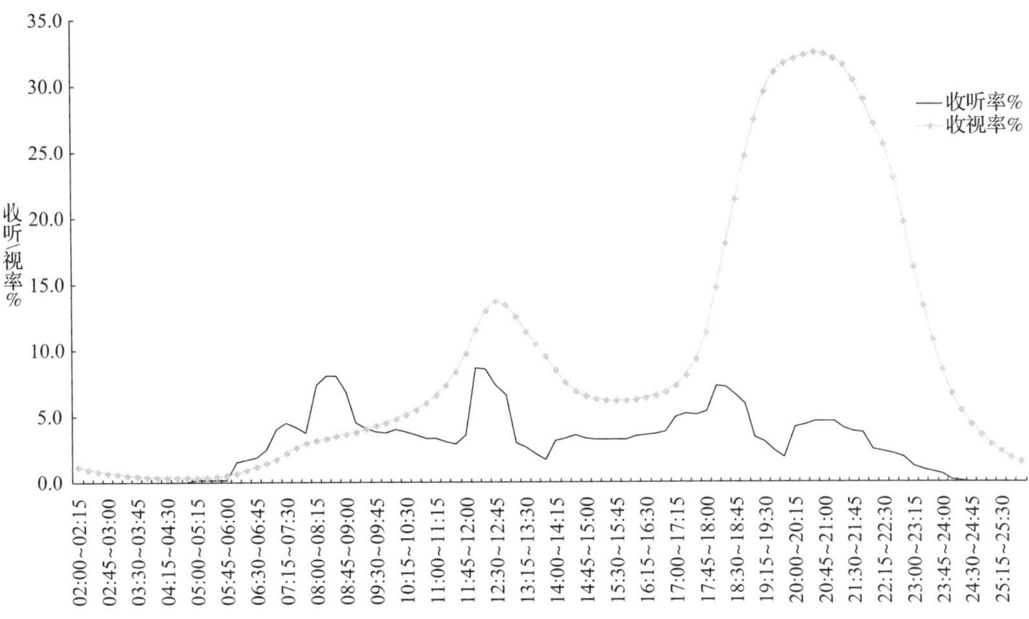

图 3.9.7 2016 年广州受众全天收听率、收视率走势比较(目标受众为 10 岁及以上)

表 3.9.3　2016 年广州市场听众构成(%)

目标听众		听众构成(%)
10 岁及以上所有人		100.0
性别	男	51.4
	女	48.6
年龄	10~14 岁	1.0
	15~24 岁	12.7
	25~34 岁	19.3
	35~44 岁	21.8
	45~54 岁	13.8
	55~64 岁	14.3
	65 岁及以上	17.1
文化程度	未受过正规教育	2.8
	小学	8.1
	初中	26.4
	高中	39.4
	大学及以上	23.3
职业	干部/管理人员	2.8
	初级公务员/雇员	14.4
	个体/私营企业人员	13.2
	工人	27.8
	学生	7.5
	无业(包括退休人员)	33.1
	其他	1.2
个人月收入	没有收入	13.7
	1~2000 元	12.7
	2001~3000 元	27.0
	3001~4000 元	26.2
	4001~5000 元	11.0
	5001~6000 元	4.8
	6001 元及以上	4.6

表 3.9.4　2014~2016 年广州市场各广播电台的市场份额(%)

广播电台	2014 年	2015 年	2016 年
中央人民广播电台	4.3	3.2	3.7
中国国际广播电台	1.1	0.7	0.4
广东广播电视台	60.9	60.5	60.8
广州广播电视台	26.8	29.7	28.9
佛山人民广播电台	4.3	3.5	3.9
其他广播电台	2.6	2.4	2.3

注:2014 年 4 月 23 日,广东人民广播电台更名为广东广播电视台。

表 3.9.5 2016 年广州市场各广播电台在不同目标听众中的市场份额(%)

目标听众		中央人民广播电台	中国国际广播电台	广东广播电视台	广州广播电视台	佛山人民广播电台	其他广播电台
10 岁及以上所有人		3.7	0.4	60.8	28.9	3.9	2.3
性别	男	3.7	0.3	56.6	34.2	3.5	1.7
	女	3.7	0.5	65.1	23.3	4.3	3.1
年龄	10 ~ 14 岁	10.7	0.5	44.5	36.2	0.8	7.3
	15 ~ 24 岁	2.3	1.8	63.8	27.0	3.9	1.2
	25 ~ 34 岁	4.9	0.2	52.9	38.4	2.5	1.1
	35 ~ 44 岁	5.4	0.2	53.7	34.1	4.0	2.6
	45 ~ 54 岁	2.4	0.6	63.5	26.2	3.0	4.3
	55 ~ 64 岁	4.2	0.0	65.8	26.8	2.3	0.9
	65 岁及以上	1.4	0.1	71.1	16.3	7.4	3.7
文化程度	未受过正规教育	0.1	0.0	35.7	14.7	28.4	21.1
	小学	6.2	0.3	67.0	19.8	3.2	3.5
	初中	3.9	0.4	61.7	27.6	4.1	2.3
	高中	3.4	0.3	63.4	29.8	2.3	0.8
	大学及以上	3.5	0.8	56.2	33.4	3.7	2.4
职业	干部/管理人员	6.8	0.0	45.7	41.8	0.6	5.1
	初级公务员/雇员	3.4	0.3	59.8	32.7	1.8	2.0
	个体/私营企业人员	5.3	0.1	48.1	42.6	1.4	2.5
	工人	4.7	0.4	54.9	34.3	3.4	2.3
	学生	2.5	2.3	62.3	26.7	4.1	2.1
	无业(包括退休人员)	2.4	0.2	71.1	17.5	6.3	2.5
	其他	0.2	0.1	86.4	6.4	4.1	2.8
个人月收入	没有收入	5.0	1.5	63.9	22.3	6.0	1.3
	1 ~ 2000 元	2.2	0.2	74.8	17.6	2.7	2.5
	2001 ~ 3000 元	3.7	0.2	64.8	26.1	2.6	2.6
	3001 ~ 4000 元	2.7	0.2	53.6	34.4	5.7	3.4
	4001 ~ 5000 元	1.5	0.2	52.0	42.3	2.2	1.8
	5001 ~ 6000 元	4.0	0.4	67.5	26.7	1.4	0.0
	6001 元及以上	15.0	0.1	45.6	32.8	4.5	2.0

表 3.9.6 2016 年广州市场份额排名前 5 位的频率

排名	频率名称	市场份额(%)
1	广东广播电视台珠江经济广播电台(E FM 财富 974)	18.5
2	广东广播电视台音乐之声(FM99.3)	14.5
3	广州交通电台(FM106.1)	10.6
4	广州新闻电台(FM96.2)	10.5
5	广东广播电视台羊城交通广播台(FM105.2)	9.3

表 3.9.7　2016 年广州市场收听率排名前 30 位的节目

排名	节目名称	播出频率	收听率（%）	市场份额（%）
1	小说连播	广东广播电视台珠江经济广播电台(E FM 财富974)	2.6	33.3
2	小说连播	广东广播电视台音乐之声(FM99.3)	1.6	18.8
3	今日关注	广东广播电视台珠江经济广播电台(E FM 财富974)	1.5	36.6
4	珠江第一线	广东广播电视台珠江经济广播电台(E FM 财富974)	1.3	18.3
5	新闻在线	广州新闻电台(FM96.2)	1.3	17.9
6	大爱有声	广东广播电视台音乐之声(FM99.3)	1.2	17.4
7	都市新闻眼	广东广播电视台珠江经济广播电台(E FM 财富974)	1.2	16.1
8	一些事一些情	广东广播电视台珠江经济广播电台(E FM 财富974)	1.1	33.5
9	笑里藏道(重播)	广州新闻电台(FM96.2)	1.1	23.4
10	体坛 360 度(18:00)	广东广播电视台珠江经济广播电台(E FM 财富974)	1.1	19.1
11	新闻大视野	广州新闻电台(FM96.2)	1.1	13.4
12	超越流行(20:00)	广东广播电视台珠江经济广播电台(E FM 财富974)	0.9	21.7
13	全球华语歌曲排行榜(15:00)	广东广播电视台音乐之声(FM99.3)	0.9	20.0
14	大爱有声	广东广播电视台珠江经济广播电台(E FM 财富974)	0.9	19.7
15	童乐日	广东广播电视台音乐之声(FM99.3)	0.9	19.3
16	新闻早报	广州新闻电台(FM96.2)	0.9	18.8
17	珠江第一线(假日版)	广东广播电视台珠江经济广播电台(E FM 财富974)	0.9	18.0
17	流行经典放送	广东广播电视台珠江经济广播电台(E FM 财富974)	0.9	18.0
19	阅读中国	广东广播电视台珠江经济广播电台(E FM 财富974)	0.9	16.6
20	珠江评论	广东广播电视台珠江经济广播电台(E FM 财富974)	0.9	16.3
21	音乐左岸	广东广播电视台音乐之声(FM99.3)	0.9	16.2
22	日落大道(17:00)	广东广播电视台音乐之声(FM99.3)	0.9	14.0
23	一路开心	广州交通电台(FM106.1)	0.9	13.9
24	粤语歌曲排行榜	广东广播电视台音乐之声(FM99.3)	0.8	20.6
25	心情咖啡馆	广东广播电视台珠江经济广播电台(E FM 财富974)	0.8	18.7

续表

排名	节目名称	播出频率	收听率（%）	市场份额（%）
26	音响世界	广东广播电视台音乐之声(FM99.3)	0.8	18.4
27	古典纵横	广东广播电视台音乐之声(FM99.3)	0.8	18.2
28	唔系讲笑	广东广播电视台珠江经济广播电台(FM财富974)	0.8	18.0
29	任我行	广东广播电视台音乐之声(FM99.3)	0.8	17.1
30	孖宝路边社	广州新闻电台(FM96.2)	0.8	16.9

十、邯郸收听数据

表 3.10.1　2014～2016 年邯郸各目标听众人均收听时间(分钟)

目标听众		2014 年	2015 年	2016 年
10 岁及以上所有人		68	58	56
性别	男	69	55	55
	女	68	61	56
年龄	10～14 岁	13	7	11
	15～24 岁	29	17	14
	25～34 岁	51	41	40
	35～44 岁	68	62	57
	45～54 岁	82	73	71
	55～64 岁	120	[illegible]	96
	65 岁及以上	116	87	103
文化程度	未受过正规教育	82	90	16
	小学	78	58	71
	初中	72	62	54
	高中	64	54	60
	大学及以上	64	56	46
职业	干部/管理人员	62	66	57
	初级公务员/雇员	74	63	59
	个体/私营企业人员	69	60	52
	工人	56	51	48
	学生	17	10	11
	无业(包括退休人员)	102	88	85
	其他	54	*	20
个人月收入	没有收入	35	25	25
	1～2000 元	77	76	65
	2001～3000 元	91	72	65
	3001～4000 元	89	57	80
	4001～5000 元	77	65	65
	5001～6000 元	*	*	90
	6001 元及以上	56	*	*

注:邯郸为全年连续调查城市。“*”表示目标听众样本量不足,无法进行统计推断。

表 3.10.2　2014～2016 年邯郸听众在不同地点的人均收听时间(分钟)

地　　点	2014 年	2015 年	2016 年
家中	50	42	42
车上	10	7	7
工作/学习场所	4	4	3
其他场所	5	5	3

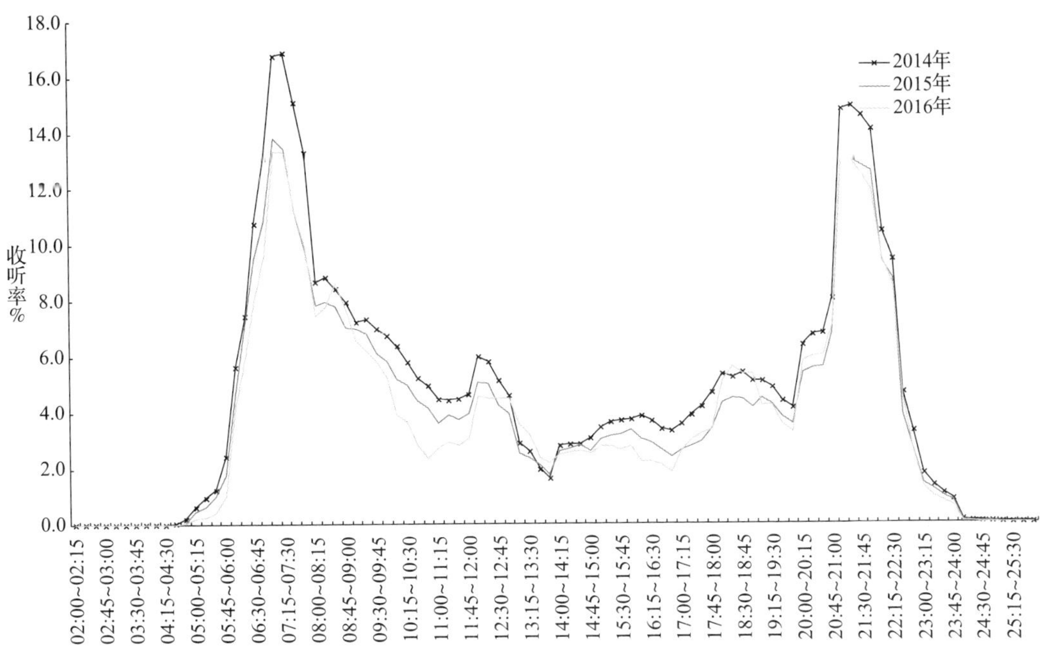

图 3.10.1 2014～2016 年邯郸 听众全天收听率走势

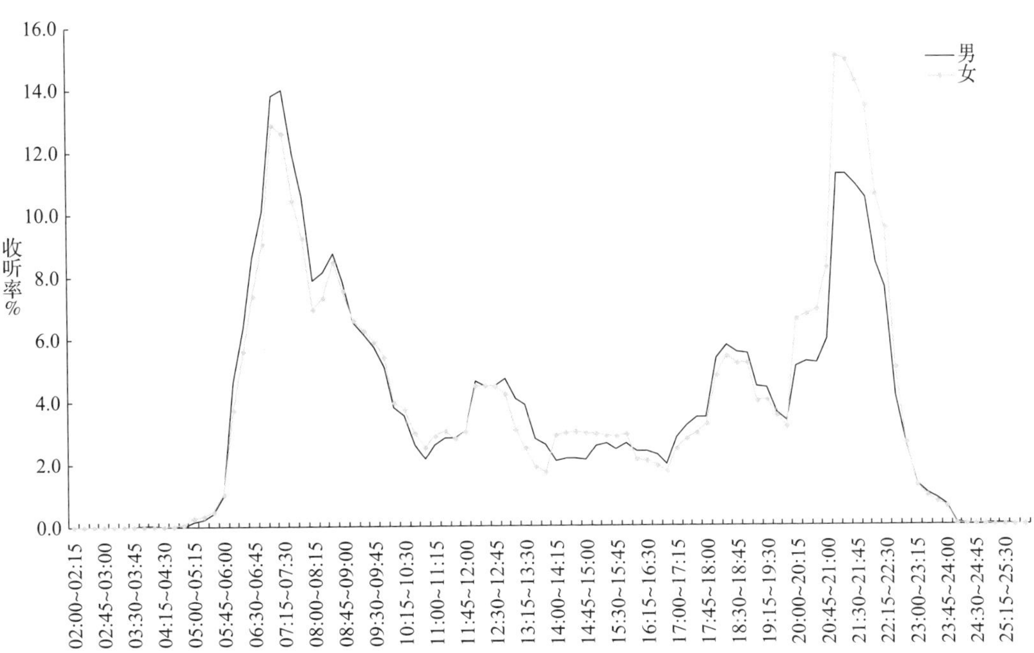

图 3.10.2 2016 年邯郸不同性别听众全天收听率走势

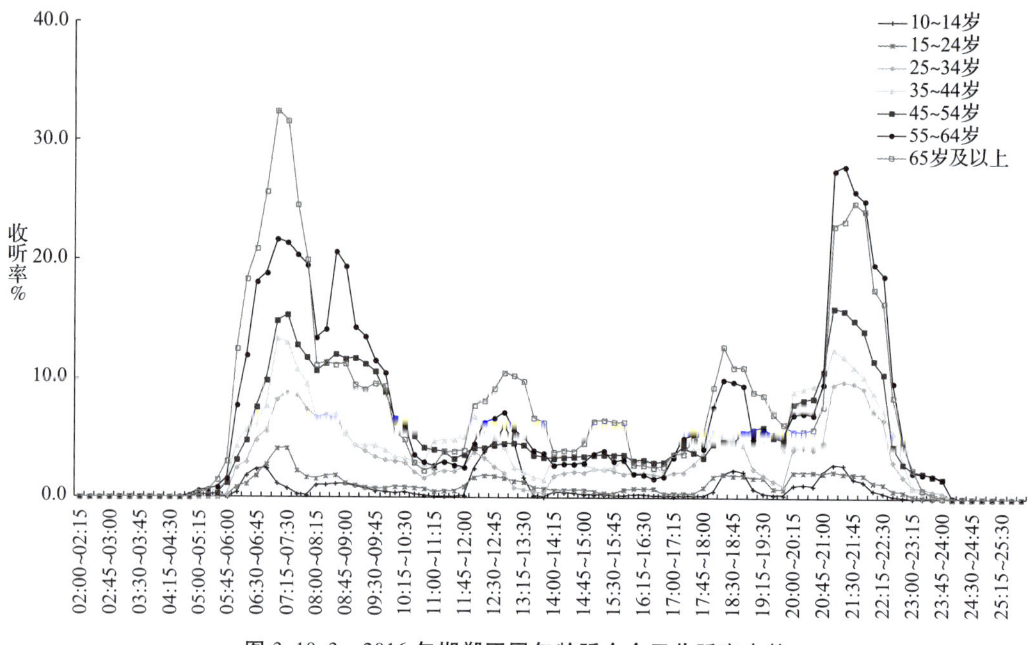

图 3.10.3　2016 年邯郸不同年龄听众全天收听率走势

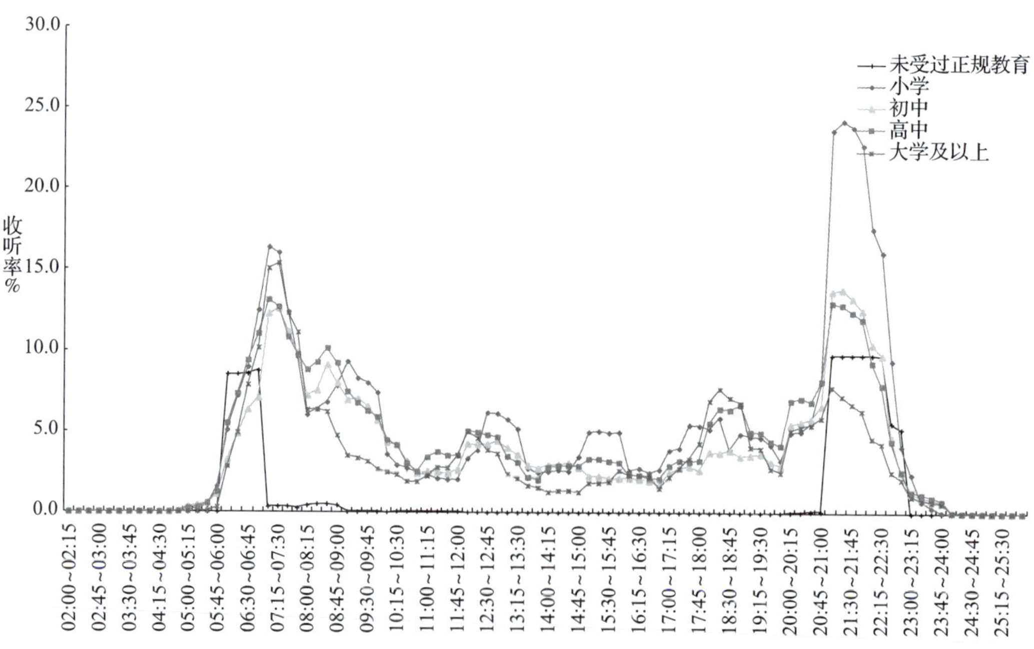

图 3.10.4　2016 年邯郸不同文化程度听众全天收听率走势

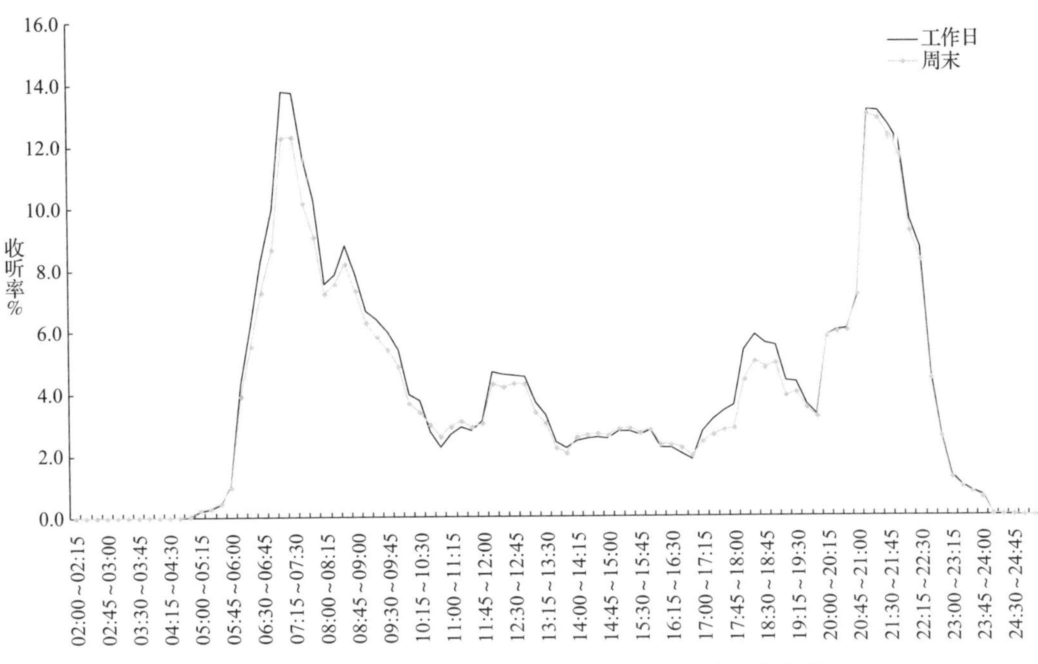

图 3.10.5　2016 年邯郸听众工作日与周末全天收听率走势

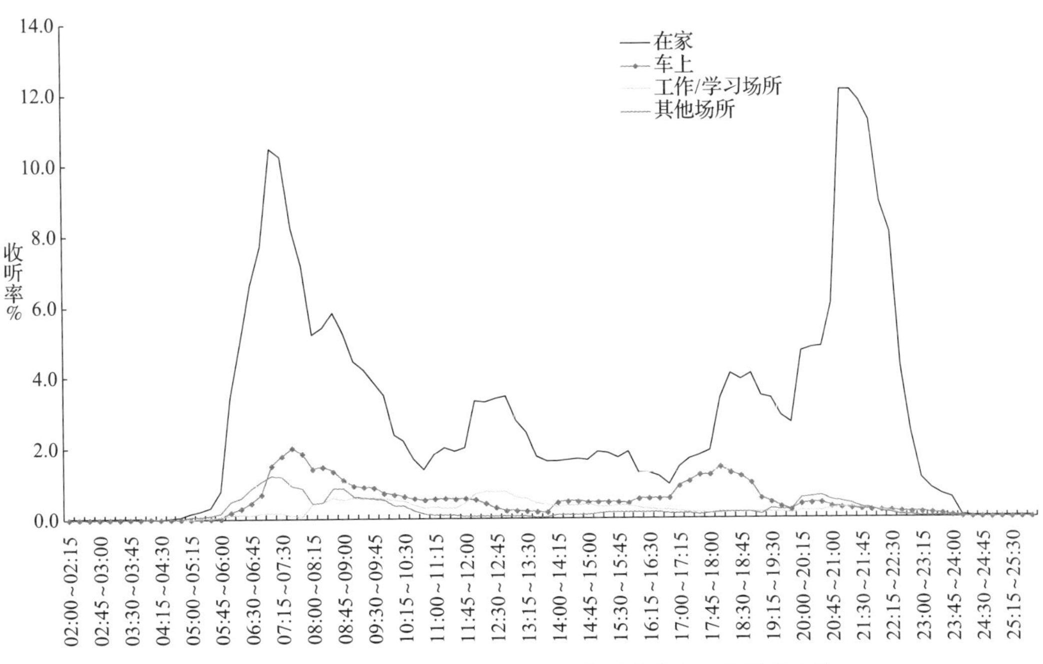

图 3.10.6　2016 年邯郸听众在不同收听地点全天收听率走势

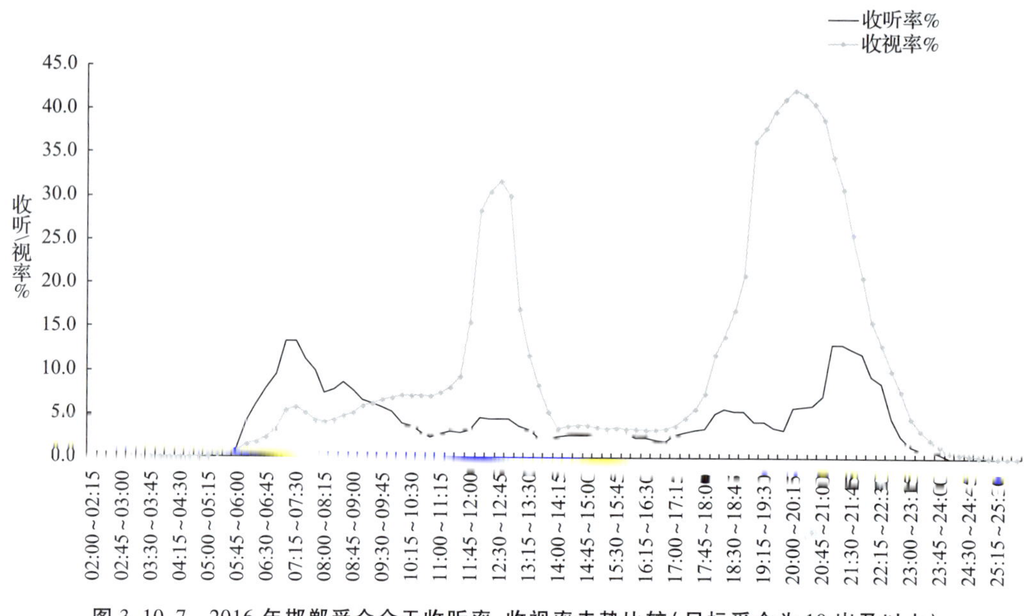

图 3.10.7　2016 年邯郸受众全天收听率、收视率走势比较(目标受众为 10 岁及以上)

表 3.10.3 2016 年邯郸听市场听众构成(%)

目标听众		听众构成(%)
10 岁及以上所有人		100.0
性别	男	50.5
	女	49.5
年龄	10~14 岁	0.8
	15~24 岁	4.2
	25~34 岁	13.2
	35~44 岁	21.9
	45~54 岁	22.2
	55~64 岁	19.4
	65 岁及以上	18.2
文化程度	未受过正规教育	0.3
	小学	10.7
	初中	33.1
	高中	39.8
	大学及以上	16.1
职业类别	干部/管理人员	6.1
	初级公务员/雇员	13.2
	个体/私营企业人员	26.0
	工人	7.4
	学生	3.2
	无业(包括退休人员)	43.9
	其他	0.2
个人月收入	没有收入	11.5
	1~2000 元	38.5
	2001~3000 元	32.7
	3001~4000 元	12.4
	4001~5000 元	3.4
	5001~6000 元	1.6
	6001 元及以上	*

“*”表示目标听众样本量不足,无法进行统计推断。

表 3.10.4 2014~2016 年邯郸市场各广播电台的市场份额(%)

广播电台	2014 年	2015 年	2016 年
中央人民广播电台	30.6	32.0	28.0
中国国际广播电台	0.0	0.0	0.0
河北人民广播电台	13.8	15.8	11.4
邯郸人民广播电台	50.9	45.8	55.5
其他广播电台	4.7	6.4	5.1

表 3.10.5　2016 年邯郸市场各广播电台在不同目标听众中的市场份额(%)

目标听众		中央人民广播电台	中国国际广播电台	河北人民广播电台	邯郸人民广播电台	其他广播电台
10 岁及以上所有人		28.0	0.0	11.4	55.5	5.1
性别	男	27.9	0.0	11.6	56.1	4.4
	女	28.0	0.1	11.2	54.8	5.9
年龄	10 ~ 14 岁	57.0	0.0	3.5	36.4	3.1
	15 ~ 24 岁	42.5	0.0	8.4	45.5	3.6
	25 ~ 34 岁	26.2	0.3	10.9	58.2	4.4
	35 ~ 44 岁	32.0	0.0	14.3	48.4	5.3
	45 ~ 54 岁	28.5	0.0	13.6	54.2	3.7
	55 ~ 64 岁	23.8	0.0	8.3	60.5	7.4
	65 岁及以上	23.3	0.0	10.0	61.4	5.3
文化程度	未受过正规教育	33.7	0.0	0.0	[illegible]	0.1
	小学	19.2	0.0	10.1	63.7	7.0
	初中	26.4	0.0	10.5	56.0	7.1
	高中	29.1	0.0	12.9	53.9	4.1
	大学及以上	34.2	0.3	10.5	52.7	2.3
职业类别	干部/管理人员	28.1	0.7	19.0	49.5	2.7
	初级公务员/雇员	29.7	0.0	10.7	54.4	5.2
	个体/私营企业人员	29.9	0.0	13.1	52.7	4.3
	工人	32.9	0.0	16.6	44.9	5.6
	学生	41.5	0.0	8.3	46.1	4.1
	无业(包括退休人员)	24.4	0.0	8.8	60.8	6.0
	其他	45.0	0.2	5.5	33.7	15.6
个人月收入	没有收入	30.8	0.0	8.0	56.2	5.0
	1 ~ 2000 元	30.0	0.0	11.0	52.4	6.6
	2001 ~ 3000 元	23.5	0.1	14.3	57.7	4.4
	3001 ~ 4000 元	22.7	0.0	9.0	65.1	3.2
	4001 ~ 5000 元	44.4	0.0	5.1	46.8	3.7
	5001 ~ 6000 元	28.4	0.0	22.6	41.1	7.9
	6001 元及以上	*	*	*	*	*

“*”表示目标听众样本量不足,无法进行统计推断。

表 3.10.6　2016 年邯郸市场份额排名前 5 位的频率

排　名	频率名称	市场份额(%)
1	邯郸广播电视台新闻综合广播(AM963/FM96.4)	30.1
2	中央人民广播电台第一套节目中国之声	19.0
3	邯郸广播电视台交通广播(AM1008/FM106.8)	8.9
4	邯郸广播电视台邯郸大眼睛(AM846/FM100.3)	6.8
5	邯郸广播电视台音乐广播(AM1206/FM102.8)	6.6

十一、杭州收听数据

表 3.11.1　2014～2016 年杭州各目标听众人均收听时间(分钟)

目标听众		2014 年	2015 年	2016 年
10 岁及以上所有人		104	95	66
性别	男	105	97	69
	女	103	92	62
年龄	10～14 岁	66	55	39
	15～24 岁	86	82	56
	25～34 岁	96	86	66
	35～44 岁	105	94	63
	45～54 岁	110	101	65
	55～64 岁	120	107	73
	65 岁及以上	153	138	95
文化程度	未受过正规教育	68	40	52
	小学	91	94	59
	初中	108	101	72
	高中	110	87	65
	大学及以上	104	98	64
职业	干部/管理人员	107	78	54
	初级公务员/雇员	105	100	65
	个体/私营企业人员	110	95	71
	工人	96	85	67
	学生	68	66	48
	无业(包括退休人员)	130	126	82
	其他	105	79	57
个人月收入	没有收入	70	70	47
	1～2000 元	92	80	55
	2001～3000 元	115	108	70
	3001～4000 元	118	103	73
	4001～5000 元	109	102	75
	5001～6000 元	115	102	61
	6001 元及以上	120	90	60

注:杭州为全年连续调查城市。

表 3.11.2　2014～2016 年杭州听众在不同地点的人均收听时间(分钟)

地　　点	2014 年	2015 年	2016 年
在家	59	54	32
车上	30	30	28
工作/学习场所	10	7	4
其他场所	5	4	3

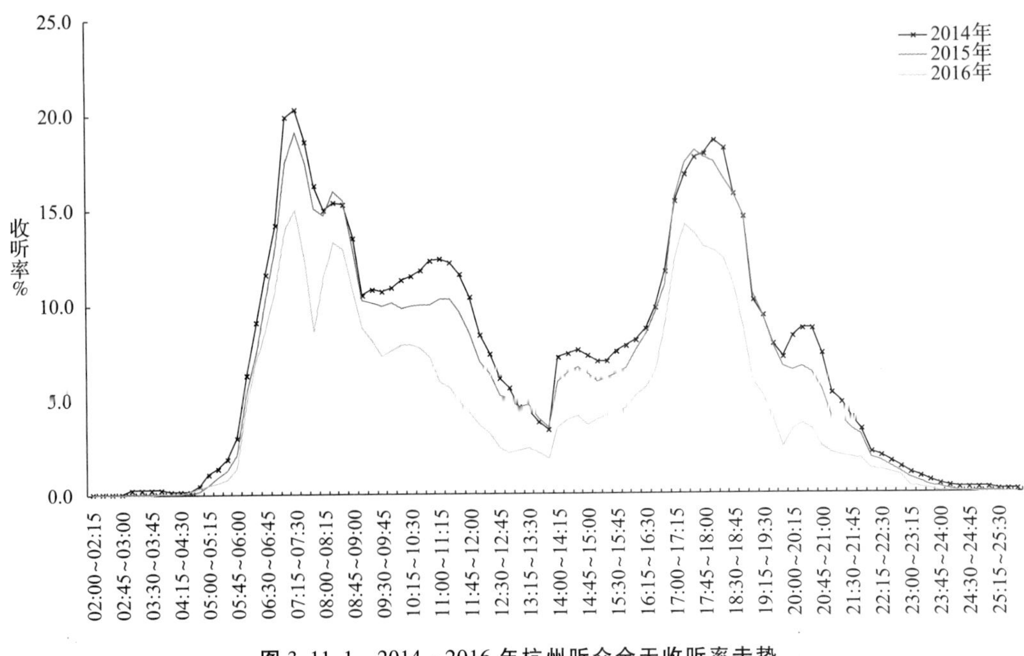

图 3.11.1　2014～2016 年杭州听众全天收听率走势

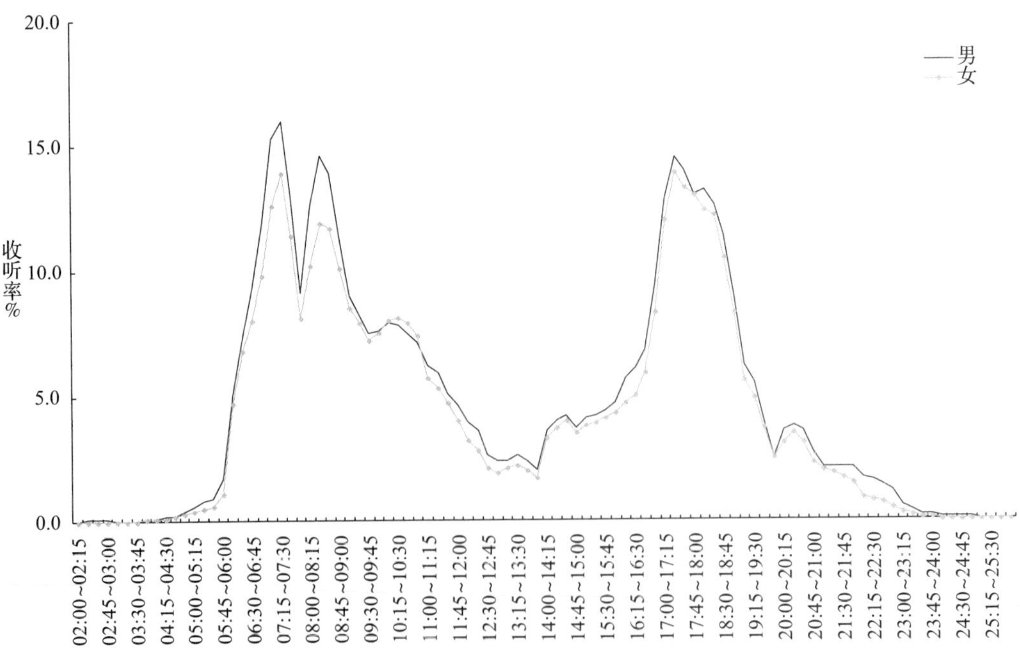

图 3.11.2　2016 年杭州不同性别听众全天收听率走势

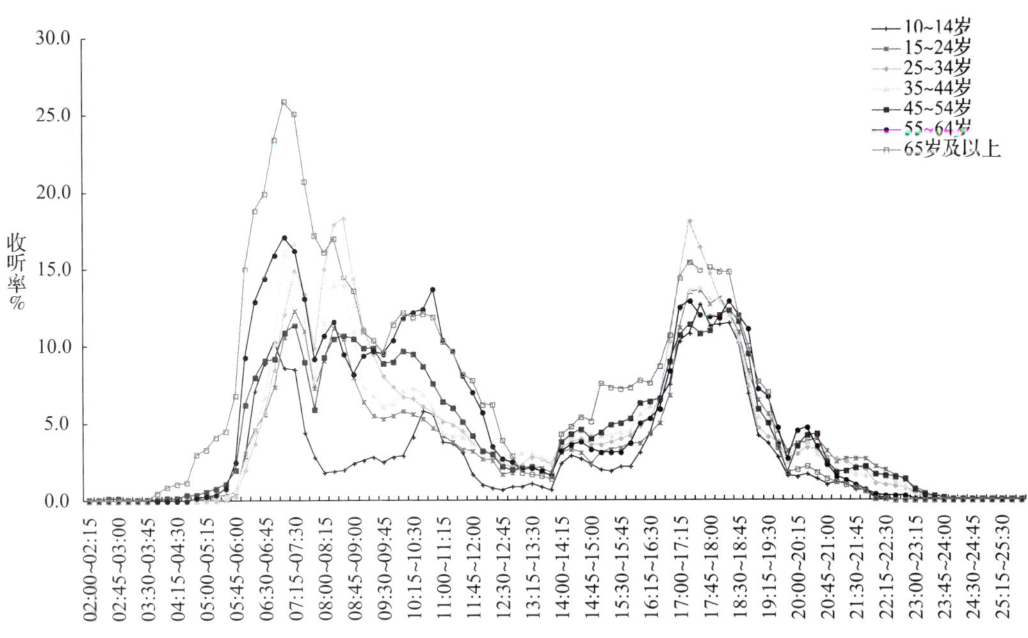

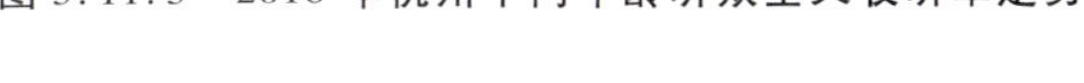
图 3.11.3 2016 年杭州不同年龄听众全天收听率走势

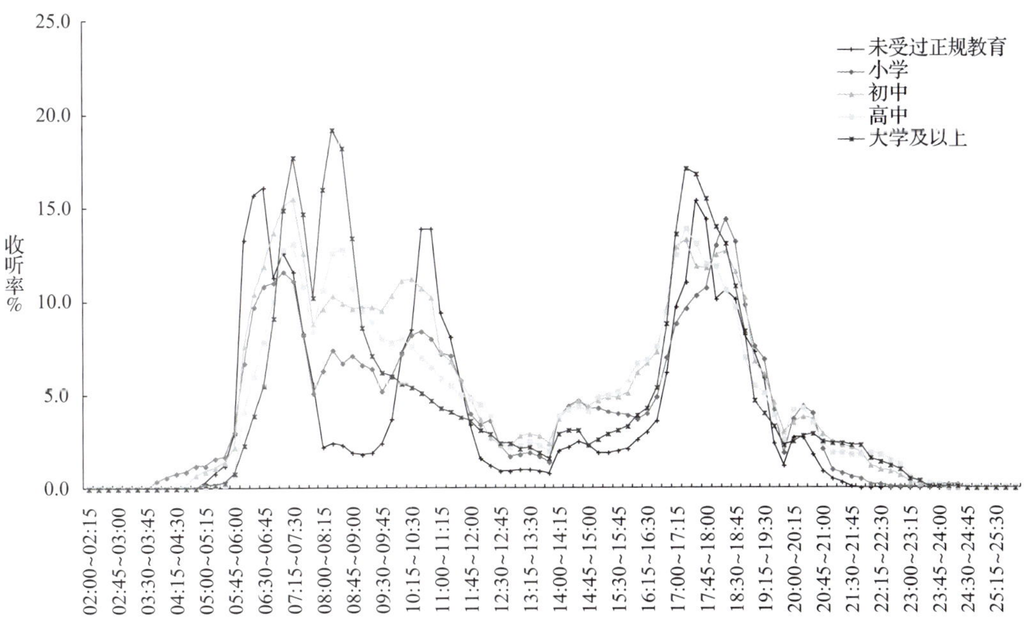

图 3.11.4 2016 年杭州不同文化程度听众全天收听率走势

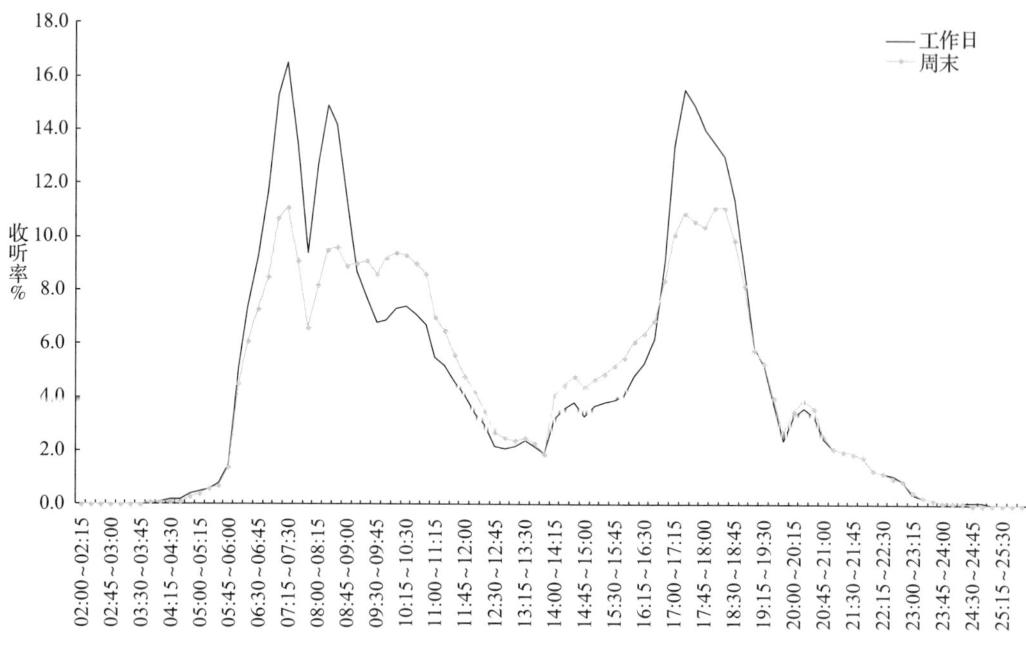

图 3.11.5　2016 年杭州听众工作日与周末全天收听率走势

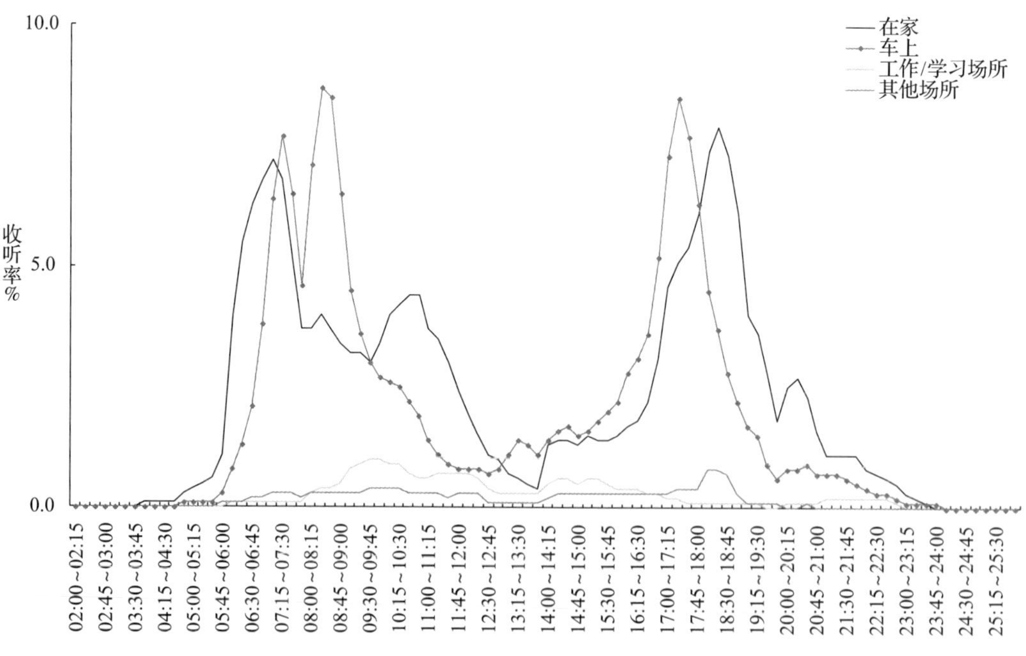

图 3.11.6　2016 年杭州听众在不同收听地点全天收听率走势

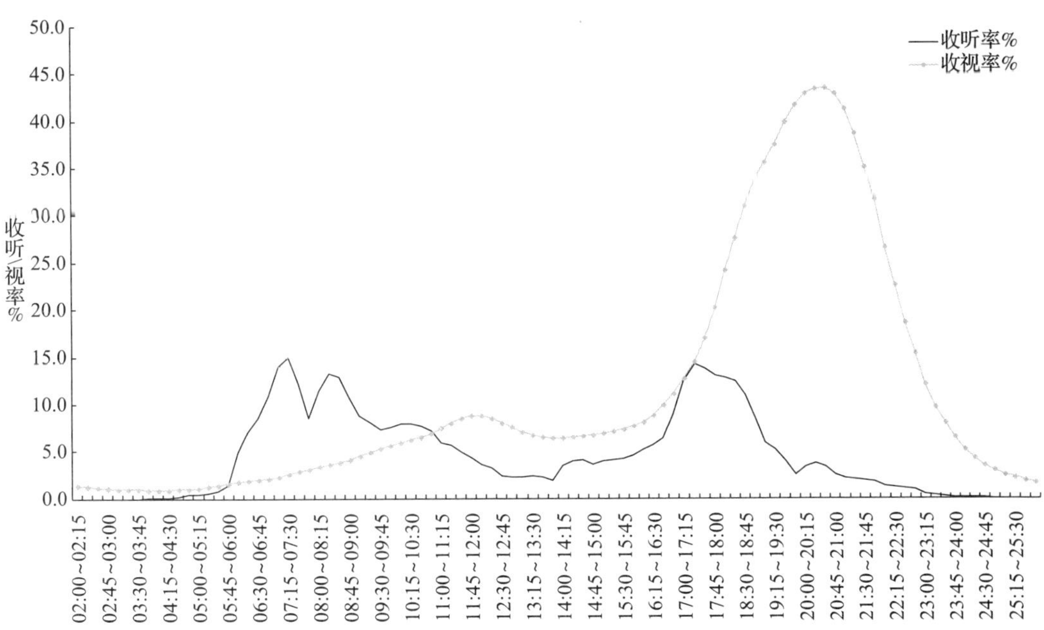

图 3.11.7　2016 年杭州受众全天收听率、收视率走势比较(目标受众为 10 岁及以上)

表 3.11.3　2016 年杭州市场听众构成(%)

目标听众		听众构成(%)
10 岁及以上所有人		100.0
性别	男	54.4
	女	45.6
年龄	10~14 岁	2.0
	15~24 岁	17.4
	25~34 岁	22.1
	35~44 岁	18.8
	45~54 岁	15.6
	55~64 岁	11.9
	65 岁及以上	12.2
文化程度	未受过正规教育	1.6
	小学	10.8
	初中	29.3
	高中	26.3
	大学及以上	32.0
职业	干部/管理人员	6.3
	初级公务员/雇员	28.0
	个体/私营企业人员	16.1
	工人	17.1
	学生	8.8
	无业(包括退休人员)	20.4
	其他	3.3
个人月收入	没有收入	11.4
	1~2000 元	4.8
	2001~3000 元	15.6
	3001~4000 元	27.7
	4001~5000 元	19.3
	5001~6000 元	10.3
	6001 元及以上	10.9

表 3.11.4　2014~2016 年杭州市场各广播电台的市场份额(%)

广播电台	2014 年	2015 年	2016 年
中央人民广播电台	3.9	4.7	4.4
中国国际广播电台	0.0	0.0	0.0
浙江广播电视集团	61.5	65.2	53.1
杭州文化广播电视集团	25.8	23.4	32.0
其他广播电台	8.8	6.7	10.5

表 3.11.5 2016 年杭州市场各广播电台在不同目标听众中的市场份额(%)

目标听众		中央人民广播电台	中国国际广播电台	浙江广播电视集团	杭州文化广播电视集团	其他广播电台
10 岁及以上所有人		4.4	0.0	53.1	32.0	10.5
性别	男	4.7	0.0	52.9	33.7	8.7
	女	4.0	0.0	53.4	30.0	12.6
年龄	10 ~ 14 岁	1.2	0.0	52.4	20.1	26.3
	15 ~ 24 岁	3.6	0.0	59.4	27.2	9.8
	25 ~ 34 岁	3.1	0.0	56.3	32.4	8.2
	35 ~ 44 岁	3.1	0.0	48.9	40.0	8.0
	45 ~ 54 岁	3.7	0.0	48.4	35.0	12.9
	55 ~ 64 岁	6.3	0.0	45.9	28.9	18.9
	65 岁及以上	9.2	0.0	58.0	26.9	5.9
文化程度	未受过正规教育	4.1	0.0	30.3	6.2	59.4
	小学	4.7	0.0	48.8	21.8	24.7
	初中	4.2	0.0	55.6	29.0	11.2
	高中	4.5	0.0	55.7	31.9	7.9
	大学及以上	4.3	0.0	51.4	39.6	4.7
职业	干部/管理人员	4.2	0.0	42.4	48.2	5.2
	初级公务员/雇员	4.5	0.0	49.8	39.2	6.5
	个体/私营企业人员	2.5	0.0	56.0	30.1	11.4
	工人	3.3	0.0	56.5	24.3	15.9
	学生	2.8	0.0	54.1	25.8	17.3
	无业(包括退休人员)	7.0	0.0	55.4	31.3	6.3
	其他	5.9	0.0	50.2	11.2	32.7
个人月收入	没有收入	3.4	0.0	53.3	24.1	19.2
	1 ~ 2000 元	5.4	0.0	40.6	15.9	38.1
	2001 ~ 3000 元	4.3	0.0	48.0	33.7	14.0
	3001 ~ 4000 元	5.0	0.0	58.5	30.6	5.9
	4001 ~ 5000 元	5.5	0.0	53.4	36.3	4.8
	5001 ~ 6000 元	2.7	0.0	51.3	36.3	9.7
	6001 元及以上	3.9	0.0	46.9	41.8	7.4

表 3.11.6 2016 年杭州市场份额排名前 5 位的频率

排名	频率名称	市场份额(%)
1	杭州交通经济广播(FM91.8)	15.8
2	浙江之声(FM88/FM101.6/AM810)	12.5
3	浙江私家车 107 城市之声(FM107)	11.3
4	动听 968 音乐调频(FM96.8)	11.2
5	汽车电台 105.4 西湖之声(FM105.4)	9.5

表 3.11.7　2016 年杭州市场收听率排名前 30 位的节目

排名	节目名称	播出频率	收听率(%)	市场份额(%)
1	说给你听	杭州交通经济广播(FM91.8)	2.5	22.0
2	天天听世界	杭州交通经济广播(FM91.8)	2.1	17.2
3	今日大热点	浙江之声(FM88/FM101.6/AM810)	2.0	13.7
4	浙广早新闻	浙江之声(FM88/FM101.6/AM810)	1.9	15.4
5	方雨大搜索	浙江之声(FM88/FM101.6/AM810)	1.7	13.0
6	交通快活人	杭州交通经济广播(FM91.8)	1.6	15.3
7	翊白声音杂志(精编版)	浙江之声(FM88/FM101.6/AM810)	1.6	15.1
8	最佳享受	动听 968 音乐调频(FM96.8)	1.6	13.7
9	一路领先	杭州交通经济广播(FM91.8)	1.5	18.0
10	玩转地球	动听 968 音乐调频(FM96.8)	1.5	17.1
11	新闻早班车	汽车电台 105.4 西湖之声(FM105.4)	1.5	10.3
12	转播中国之声《新闻和报纸摘要》	浙江之声(FM88/FM101.6/AM810)	1.4	13.9
13	最佳享受(周末版)	动听 968 音乐调频(FM96.8)	1.4	13.5
14	私家车 - 上班路上	浙江私家车 107 城市之声(FM107)	1.4	11.8
15	私家车 - 下班路上	浙江私家车 107 城市之声(FM107)	1.4	11.3
16	听世界	动听 968 音乐调频(FM96.8)	1.3	14.1
17	奇特,2016	动听 968 音乐调频(FM96.8)	1.3	12.0
18	浙江新闻联播	浙江之声(FM88/FM101.6/AM810)	1.3	11.2
19	动听秀	动听 968 音乐调频(FM96.8)	1.2	12.7
20	新闻八卦掌	汽车电台 105.4 西湖之声(FM105.4)	1.2	11.3
20	城市加速度	汽车电台 105.4 西湖之声(FM105.4)	1.2	11.3
22	新闻进行时	汽车电台 105.4 西湖之声(FM105.4)	1.2	10.0
23	乐听乐动听	动听 968 音乐调频(FM96.8)	1.2	8.8
24	科技相对论	浙江之声(FM88/FM101.6/AM810)	1.0	14.7
25	快乐旅行家	浙江私家车 107 城市之声(FM107)	1.0	11.5
26	周末汇	汽车电台 105.4 西湖之声(FM105.4)	1.0	11.2
26	动力周末(08:00 ~ 11:00)	浙江之声(FM88/FM101.6/AM810)	1.0	11.2
28	早安周末	浙江私家车 107 城市之声(FM107)	1.0	11.1
29	乐听乐动听(周末版)	动听 968 音乐调频(FM96.8)	1.0	10.6
30	城市 MORNINGCALL	汽车电台 105.4 西湖之声(FM105.4)	1.0	9.9

十二、哈尔滨收听数据

表 3.12.1　2014～2016 年哈尔滨各目标听众人均收听时间(分钟)

目标听众		2014 年	2015 年	2016 年
10 岁及以上所有人		119	115	109
性别	男	116	110	106
	女	123	120	112
年龄	10～14 岁	56	38	40
	15～24 岁	69	62	63
	25～34 岁	99	105	97
	35～44 岁	117	104	89
	45～54 岁	127	116	122
	55～64 岁	177	173	158
	65 岁及以上	192	193	192
文化程度	未受过正规教育	*	*	*
	小学	121	109	108
	初中	138	123	108
	高中	120	126	125
	大学及以上	94	88	85
职业	干部/管理人员	88	94	84
	初级公务员/雇员	97	90	104
	个体/私营企业人员	109	118	96
	工人	121	107	95
	学生	66	60	58
	无业(包括退休人员)	177	166	164
	其他	*	*	*
个人月收入	没有收入	80	71	72
	1～2000 元	146	138	118
	2001～3000 元	122	124	131
	3001～4000 元	116	109	115
	4001～5000 元	100	88	70
	5001～6000 元	82	88	74
	6001 元及以上	94	127	90

注:哈尔滨为全年连续调查城市。“*”表示该目标听众样本量不足,无法进行统计推断。

表 3.12.2　2014～2016 年哈尔滨听众在不同地点的人均收听时间(分钟)

地　　点	2014 年	2015 年	2016 年
在家	92	82	82
车上	16	16	16
工作/学习场所	10	14	9
其他场所	1	2	1

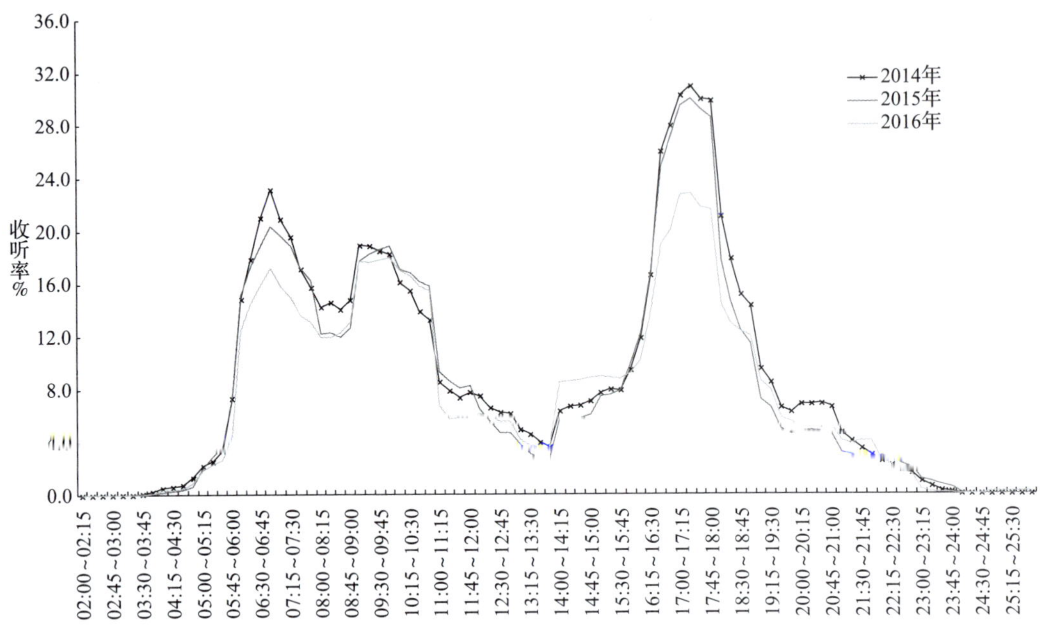

图 3.12.1　2014～2016 年哈尔滨听众全天收听率走势

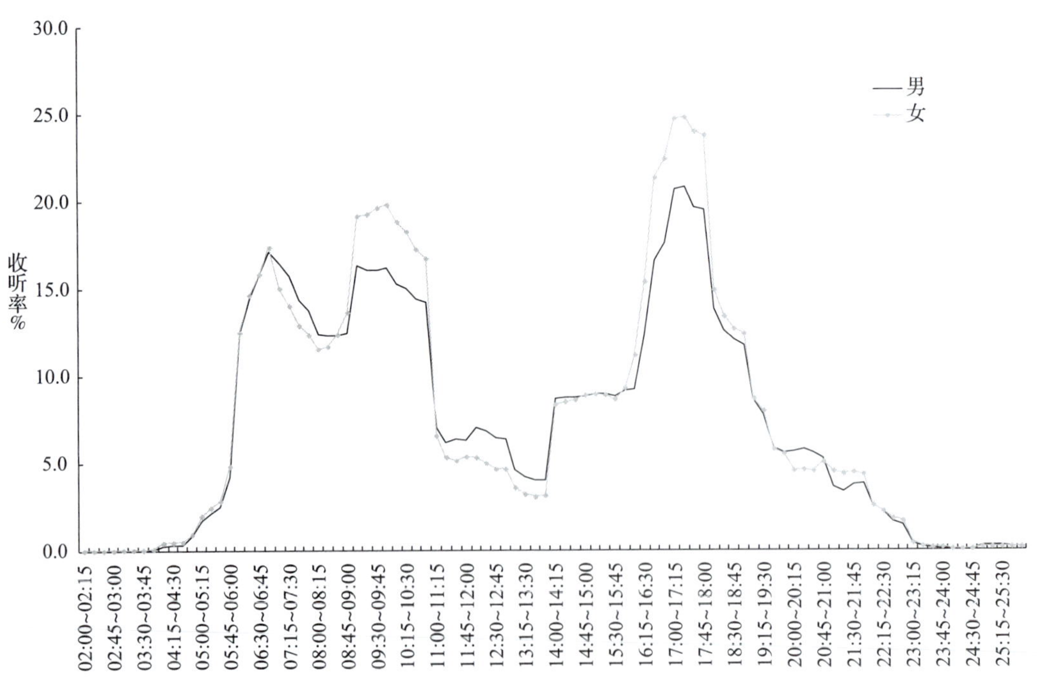

图 3.12.2　2016 年哈尔滨不同性别听众全天收听率走势

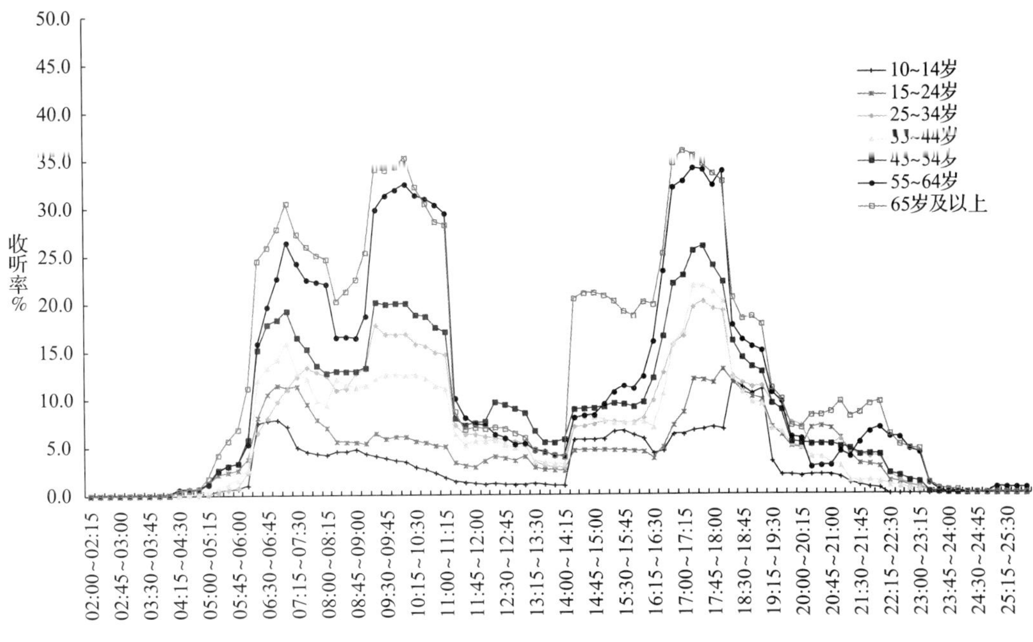

图 3.12.3 2016 年哈尔滨不同年龄听众全天收听率走势

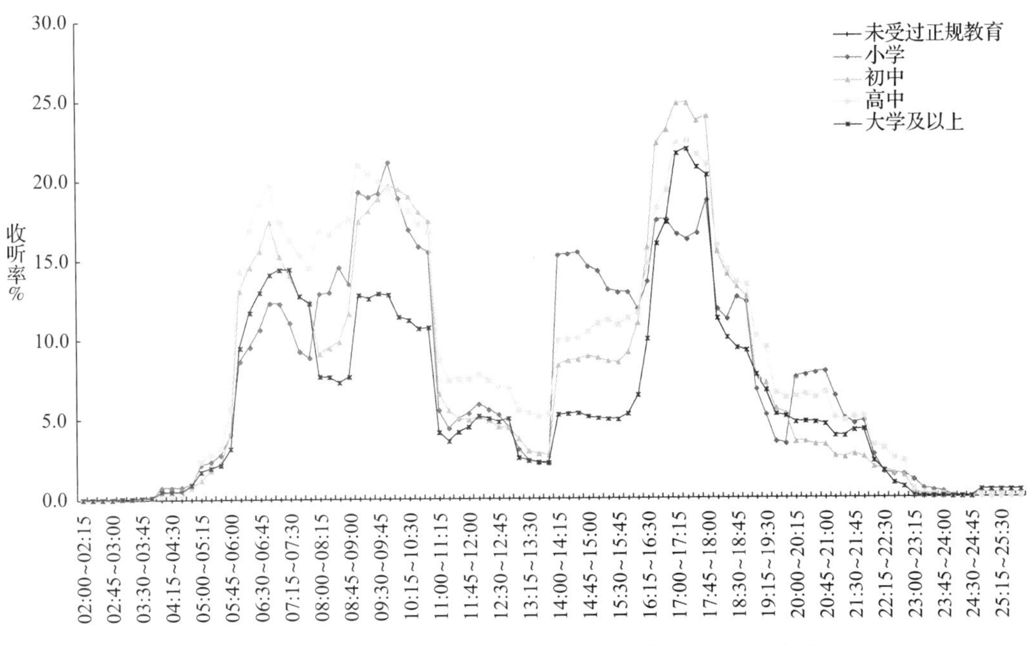

图 3.12.4 2016 年哈尔滨不同文化程度听众全天收听率走势

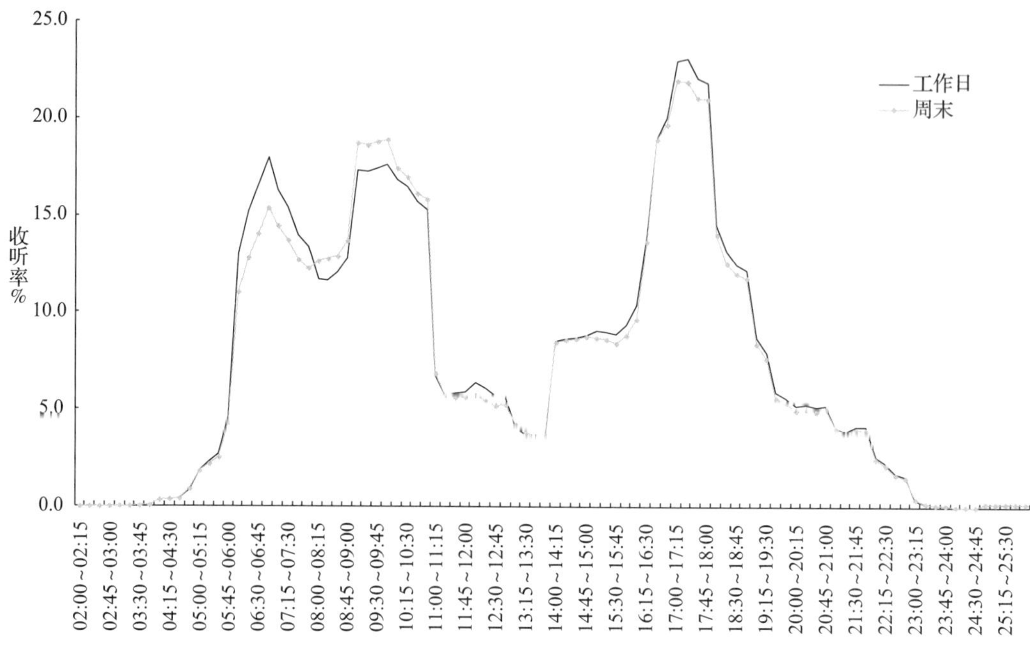

图 3.12.5　2016 年哈尔滨听众工作日与周末全天收听率走势

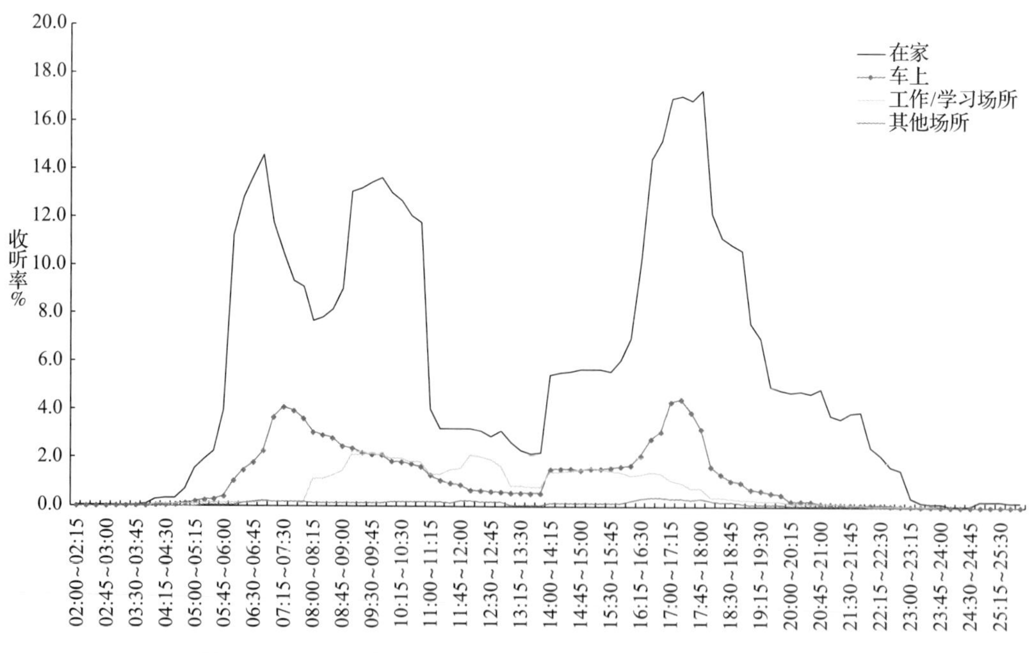

图 3.12.6　2016 年哈尔滨听众在不同收听地点全天收听率走势

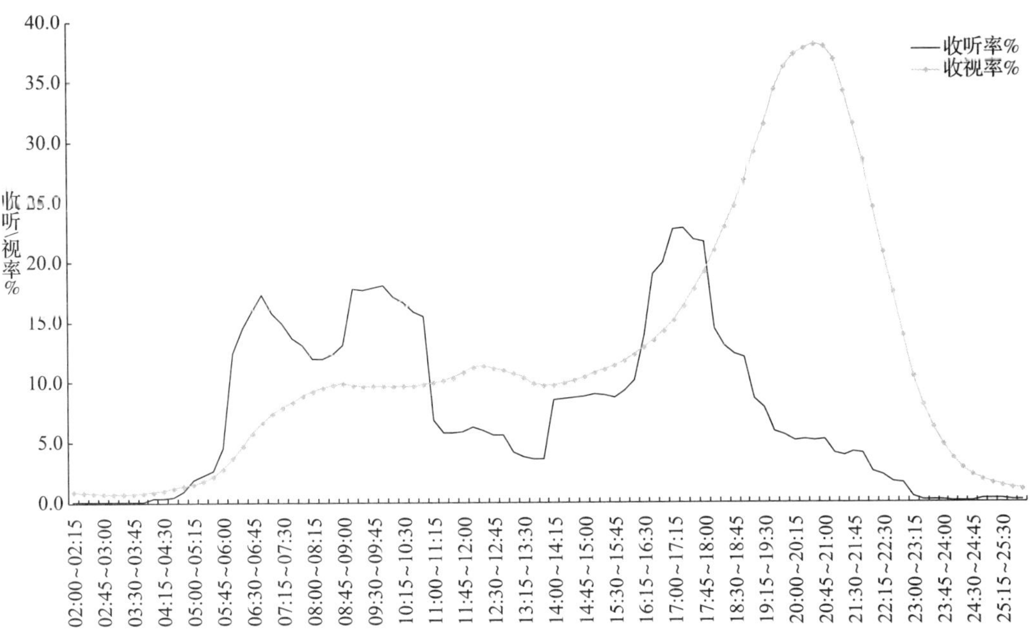

图 3.12.7　2016 年哈尔滨受众全天收听率、收视率走势比较(目标受众为 10 岁及以上)

表 3.12.3　2016 年哈尔滨市场听众构成(%)

目标听众		听众构成%
10 岁及以上所有人		100.0
性别	男	49.3
	女	50.7
年龄	10~14 岁	1.1
	15~24 岁	10.6
	25~34 岁	16.4
	35~44 岁	15.5
	45~54 岁	20.6
	55~64 岁	18.4
	65 岁及以上	17.3
文化程度	未受过正规教育	*
	小学	4.5
	初中	31.1
	高中	44.9
	大学及以上	19.5
职业	干部/管理人员	1.5
	初级公务员/雇员	13.0
	个体/私营企业人员	15.9
	工人	21.9
	学生	7.1
	无业(包括退休人员)	40.6
	其他	*
个人月收入	没有收入	12.7
	1~2000 元	21.8
	2001~3000 元	39.0
	3001~4000 元	21.0
	4001~5000 元	3.7
	5001~6000 元	1.1
	6001 元及以上	0.8

“*”表示该目标听众样本量不足,无法进行统计推断。

表 3.12.4　2014~2016 年哈尔滨市场各广播电台的市场份额(%)

广播电台	2014 年	2015 年	2016 年
中央人民广播电台	1.4	1.2	1.9
中国国际广播电台	0.0	0.0	0.0
黑龙江人民广播电台	70.3	68.7	66.7
哈尔滨人民广播电台	28.2	29.9	31.0
其他广播电台	0.1	0.2	0.4

表 3.12.5 2016 年哈尔滨市场各广播电台在不同目标听众中的市场份额(%)

目标听众		中央人民广播电台	中国国际广播电台	黑龙江人民广播电台	哈尔滨人民广播电台	其他广播电台
10 岁及以上所有人		1.9	0.0	66.7	31.0	0.4
性别	男	2.4	0.0	64.7	32.8	0.1
	女	1.5	0.0	68.7	29.3	0.5
年龄	10~14 岁	1.1	0.0	61.5	37.3	0.1
	15~24 岁	3.3	0.0	60.7	35.6	0.4
	25~34 岁	2.2	0.0	67.7	29.9	0.2
	35~44 岁	1.6	0.0	67.7	30.7	0.0
	45~54 岁	1.2	0.0	61.4	36.5	0.9
	55~64 岁	0.5	0.0	73.3	26.1	0.1
	65 岁及以上	3.6	0.0	68.4	28.0	0.0
文化程度	未受过正规教育	*	*	*	*	*
	小学	3.6	0.0	67.2	29.1	0.1
	初中	0.9	0.0	70.5	28.5	0.1
	高中	2.1	0.0	63.7	33.7	0.5
	大学及以上	2.9	0.0	67.6	29.4	0.1
职业	干部/管理人员	1.4	0.0	70.4	28.2	0.0
	初级公务员/雇员	2.5	0.0	62.9	34.3	0.3
	个体/私营企业人员	1.8	0.0	64.4	33.8	0.0
	工人	1.2	0.0	63.6	35.0	0.2
	学生	4.9	0.0	61.3	33.7	0.1
	无业(包括退休人员)	1.7	0.0	71.2	26.7	0.4
	其他	*	*	*	*	*
个人月收入	没有收入	3.0	0.0	66.2	30.5	0.3
	1~2000 元	0.6	0.0	71.3	27.3	0.8
	2001~3000 元	1.4	0.0	65.0	33.6	0.0
	3001~4000 元	3.8	0.0	67.9	28.1	0.2
	4001~5000 元	1.6	0.0	52.1	45.9	0.4
	5001~6000 元	0.2	0.0	64.9	34.9	0.0
	6001 元及以上	2.5	0.0	66.2	31.3	0.0

注:“*”表示该目标听众样本量不足,无法进行统计推断。

表 3.12.6 2016 年哈尔滨市场份额排名前 5 位的频率

排 名	频率名称	市场份额(%)
1	黑龙江都市女性广播(FM102.1)	20.6
2	黑龙江广播 97 频道(爱家频道)(FM97.0)	14.8
3	哈尔滨广播电视台文艺频率(FM98.4)	13.9
4	黑龙江交通广播(FM99.8)	12.9
5	哈尔滨广播电视台交通频率(FM92.5)	8.8

表 3.12.7　2016 年哈尔滨市场收听率排名前 30 位的节目

排名	节目名称	播出频率	收听率(%)	市场份额(%)
1	叶文有话要说	黑龙江都市女性广播(FM102.1)	13.8	64.7
2	卢汉的倾心上午茶	黑龙江广播 97 频道(爱家频道)(FM97.0)	8.3	49.1
3	女性小说坊 1600	黑龙江都市女性广播(FM102.1)	5.6	46.9
4	婧听十八点	哈尔滨广播电视台文艺频率(FM98.4)	3.3	29.0
5	直通 998	黑龙江交通广播(FM99.8)	3.0	22.5
6	资讯早车	黑龙江交通广播(FM99.8)	3.0	21.9
7	叶文故事会	黑龙江都市女性广播(FM102.1)	2.9	25.7
8	925 音乐早餐	哈尔滨广播电视台交通频率(FM92.5)	2.6	17.6
9	中央台新闻和报纸摘要	黑龙江新闻广播(AM621/FM94.6)	2.2	13.5
10	老年学堂	哈尔滨广播电视台文艺频率(FM98.4)	2.2	12.2
11	925 交广早高峰	哈尔滨广播电视台交通频率(FM92.5)	2.1	15.7
11	今晨播报	黑龙江新闻广播(AM621/FM94.6)	2.1	15.7
13	女性小说坊	黑龙江都市女性广播(FM102.1)	1.9	40.6
14	天下故事会	哈尔滨广播电视台文艺频率(FM98.4)	1.9	14.7
15	时光点唱机	黑龙江广播 97 频道(爱家频道)(FM97.0)	1.9	14.6
16	快乐老家	哈尔滨广播电视台文艺频率(FM98.4)	1.9	12.6
17	三味书屋(午后版)	黑龙江高校广播(青苹果之声)(FM99.3)	1.8	20.4
18	哈广购物	哈尔滨广播电视台文艺频率(FM98.4)	1.7	14.0
19	一路有你	黑龙江交通广播(FM99.8)	1.7	9.5
20	畅听 1800	哈尔滨广播电视台文艺频率(FM98.4)	1.6	7.2
21	母爱好时光	黑龙江都市女性广播(FM102.1)	1.5	8.9
22	汽车时代	黑龙江交通广播(FM99.8)	1.5	8.7
23	流行经典	哈尔滨广播电视台文艺频率(FM98.4)	1.4	15.7
24	新闻 007	哈尔滨广播电视台文艺频率(FM98.4)	1.4	9.5
25	998 听友俱乐部	黑龙江交通广播(FM99.8)	1.3	8.8
26	老年学堂 - 养生课	哈尔滨广播电视台文艺频率(FM98.4)	1.3	7.8
27	925 美文故事	哈尔滨广播电视台交通频率(FM92.5)	1.2	9.2
28	早餐前后	黑龙江新闻广播(AM621/FM94.6)	1.2	8.7
29	新闻	哈尔滨广播电视台文艺频率(FM98.4)	1.2	8.5
30	美食新天地	哈尔滨广播电视台文艺频率(FM98.4)	1.2	6.6

十三、合肥收听数据

表 3.13.1 2014～2016 年合肥各目标听众人均收听时间(分钟)

目标听众		2014 年	2015 年	2016 年
10 岁及以上所有人		56	59	57
性别	男	57	59	62
	女	54	58	52
年龄	10～14 岁	28	31	15
	15～24 岁	28	29	31
	25～34 岁	54	49	48
	35～44 岁	71	58	59
	45～54 岁	66	84	69
	55～64 岁	94	106	94
	65 岁及以上	82	111	118
文化程度	未受过正规教育	47	51	64
	小学	58	66	71
	初中	57	70	59
	高中	51	51	55
	大学及以上	61	47	51
职业	干部/管理人员	72	58	57
	初级公务员/雇员	45	47	47
	个体/私营企业人员	69	75	58
	工人	60	56	69
	学生	25	27	25
	无业(包括退休人员)	77	86	86
	其他	*	*	*
个人月收入	没有收入	32	32	33
	1～2000 元	75	77	86
	2001～3000 元	58	73	60
	3001～4000 元	69	64	61
	4001～5000 元	74	56	59
	5001～6000 元	55	68	61
	6001 元及以上	85	67	61

注:合肥为全年连续调查城市。“*”表示该目标听众样本量不足,无法进行统计推断。

表 3.13.2 2014～2016 年合肥听众在不同地点的人均收听时间(分钟)

地 点	2014 年	2015 年	2016 年
家中	35	40	37
车上	14	13	14
工作/学习场所	4	3	4
其他场所	3	2	2

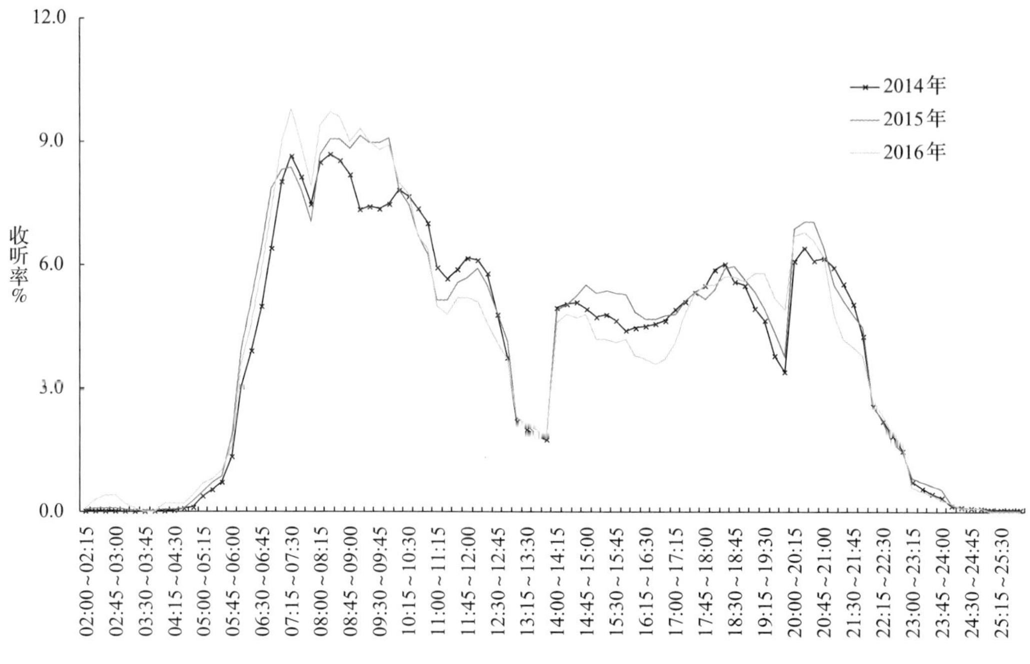

图 3.13.1　2014~2016 年合肥听众全天收听率走势

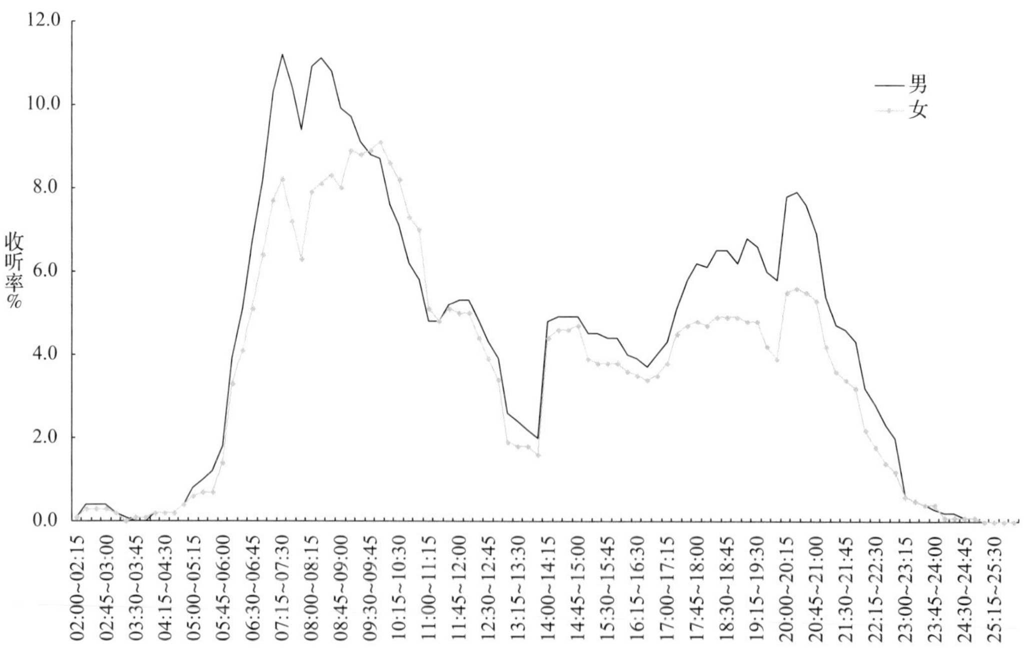

图 3.13.2　2016 年合肥不同性别听众全天收听率走势

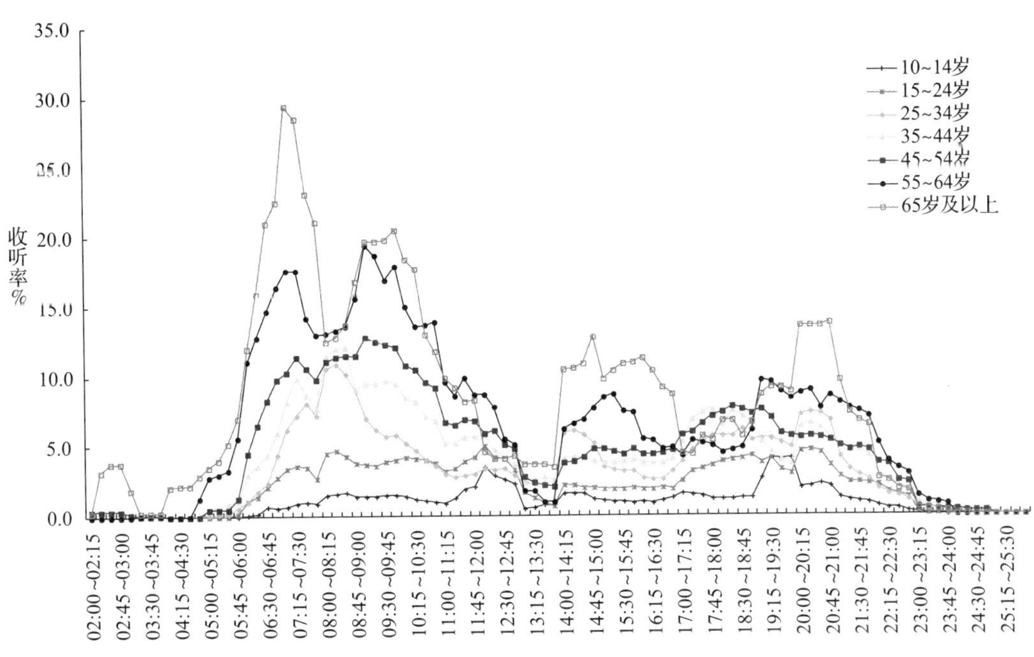

图 3.13.3 2016 年合肥不同年龄段听众全天收听率走势

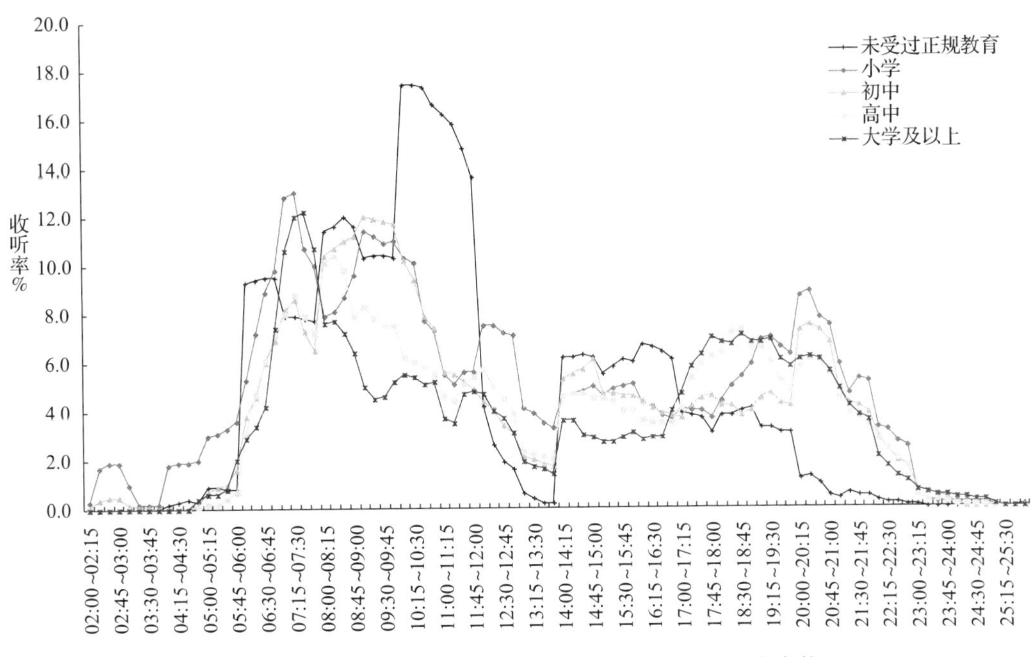

图 3.13.4 2016 年合肥不同文化程度听众全天收听率走势

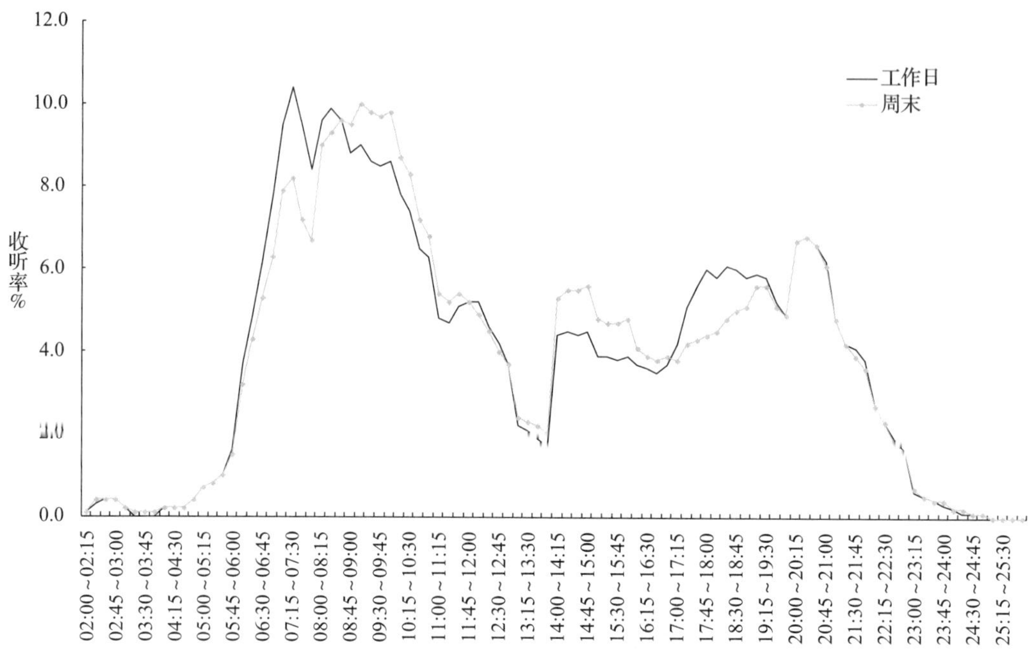

图 3.13.5 2016 年合肥听众工作日与周末全天收听率走势

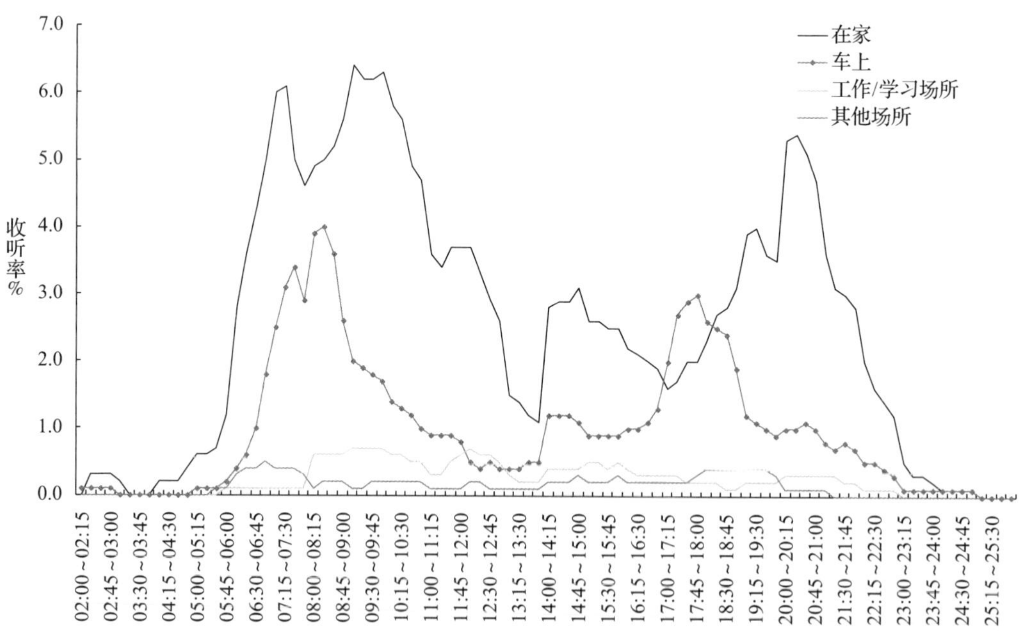

图 3.13.6 2016 年合肥听众在不同收听地点全天收听率走势

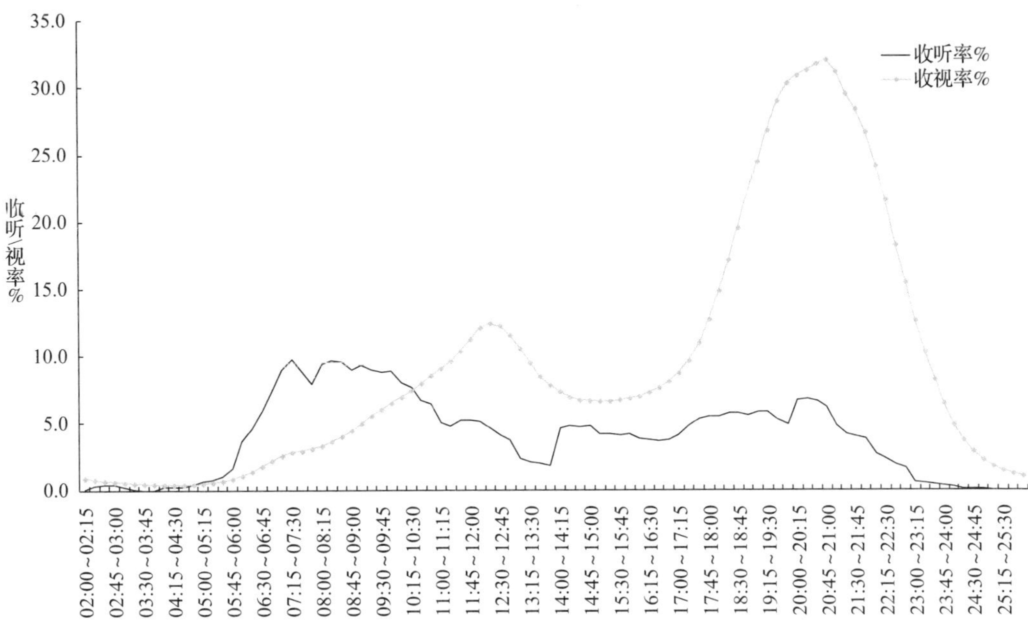

图 3.13.7　2016 年合肥受众全天收听率、收视率走势比较(目标受众为 10 岁及以上)

表 3.13.3　2016 年合肥市场听众构成(%)

目标听众		听众构成(%)
10 岁及以上所有人		100.0
性别	男	57.0
	女	43.0
年龄	10~14 岁	1.0
	15~24 岁	12.7
	25~34 岁	20.0
	35~44 岁	20.7
	45~54 岁	14.8
	55~64 岁	14.4
	65 岁及以上	16.3
文化程度	未受过正规教育	1.0
	小学	11.0
	初中	39.1
	高中	29.3
	大学及以上	19.3
职业	干部/管理人员	1.1
	初级公务员/雇员	16.4
	个体/私营企业人员	21.1
	工人	20.0
	学生	8.3
	无业(包括退休人员)	32.9
	其他	*
个人月收入	没有收入	17.1
	1~2000 元	26.2
	2001~3000 元	26.1
	3001~4000 元	16.9
	4001~5000 元	7.4
	5001~6000 元	3.5
	6001 元及以上	2.8

注:"*"表示目标听众样本量不足,无法进行统计推断。

表 3.13.4　2014~2016 年合肥市场各广播电台的市场份额(%)

广播电台	2014 年	2015 年	2016 年
中央人民广播电台	11.9	15.1	15.5
中国国际广播电台	2.9	3.4	3.4
安徽广播电视台	51.6	52.3	53.1
合肥市广播电视台	33.4	28.1	27.6
其他广播电台	2.6	1.1	0.4

表 3.13.5 2016 年合肥市场各广播电台在不同目标听众中的市场份额(%)

目标听众		中央人民广播电台	中国国际广播电台	安徽广播电视台	合肥市广播电视台	其他广播电台
10 岁及以上所有人		15.5	3.4	53.1	27.6	0.4
性别	男	15.6	3.3	52.3	28.6	0.2
	女	15.4	3.6	54.1	26.3	0.6
年龄	10～14 岁	8.0	0.5	62.9	27.0	1.6
	15～24 岁	13.5	4.0	54.1	27.3	1.1
	25～34 岁	10.0	2.2	60.6	26.7	0.5
	35～44 岁	12.1	2.5	53.1	31.8	0.5
	45～54 岁	19.2	6.5	41.1	33.1	0.1
	55～64 岁	25.7	3.6	46.8	23.8	0.1
	65 岁及以上	16.2	3.0	58.8	21.9	0.1
文化程度	未受过正规教育	0.3	0.0	70.8	28.9	0.0
	小学	22.0	2.1	49.5	26.1	0.3
	初中	12.7	3.6	50.7	32.8	0.2
	高中	16.6	3.9	55.5	23.8	0.2
	大学及以上	16.2	3.5	55.5	23.6	1.2
职业类别	干部/管理人员	4.1	0.8	62.8	32.3	0.0
	初级公务员/雇员	14.0	2.2	56.7	26.8	0.3
	个体/私营企业人员	16.7	3.5	47.1	32.0	0.7
	工人	14.5	3.3	51.4	30.4	0.4
	学生	18.8	5.7	52.3	23.0	0.2
	无业(包括退休人员)	15.7	3.7	56.0	24.4	0.2
	其他	*	*	*	*	*
个人月收入	没有收入	12.6	4.3	57.8	24.9	0.4
	1～2000 元	20.9	5.1	50.0	23.9	0.1
	2001～3000 元	15.5	2.2	45.2	36.7	0.4
	3001～4000 元	17.5	1.7	55.8	23.8	1.2
	4001～5000 元	6.3	5.2	63.9	24.5	0.1
	5001～6000 元	3.3	0.4	66.1	29.8	0.4
	6001 元及以上	9.4	4.6	66.2	19.8	0.0

注:“*”表示目标听众样本量不足,无法进行统计推断。

表 3.13.6 2016 年合肥市场份额排名前 5 位的频率

排名	频率名称	市场份额(%)
1	安徽交通广播	13.6
2	中央人民广播电台第一套节目中国之声	10.8
3	安徽音乐广播	10.1
4	合肥交通广播(AM1053/FM102.6)	8.1
5	合肥故事广播(FM98.8)	7.5

十四、济南收听数据

表 3.14.1　2014～2016 年济南各目标听众人均收听时间(分钟)

目标听众		2014 年	2015 年	2016 年
10 岁及以上所有人		88	78	73
性别	男	84	74	70
	女	93	83	75
年龄	10～14 岁	21	15	7
	15～24 岁	46	27	24
	25～34 岁	70	62	57
	35～44 岁	93	76	78
	45～54 岁	111	101	82
	55～64 岁	131	141	109
	65 岁及以上	163	159	125
文化程度	未受过正规教育	81	71	78
	小学	123	108	88
	初中	96	80	74
	高中	81	77	81
	大学及以上	73	66	55
职业类别	干部/管理人员	65	61	68
	初级公务员/雇员	63	61	57
	个体/私营企业人员	101	84	84
	工人	91	84	78
	学生	26	19	15
	无业(包括退休人员)	132	135	124
	其他	120	93	87
个人月收入	没有收入	42	33	29
	1～2000 元	99	92	89
	2001～3000 元	108	102	91
	3001～4000 元	102	80	83
	4001～5000 元	73	68	65
	5001～6000 元	78	88	81
	6001 元及以上	*	43	59

注:济南为全年连续调查城市。"*"表示样本量不足,无法进行统计推断。

表 3.14.2　2014～2016 年济南听众在不同地点的人均收听时间(分钟)

地　　点	2014 年	2015 年	2016 年
家中	63	57	50
车上	14	14	15
工作/学习场所	9	6	7
其他场所	2	2	2

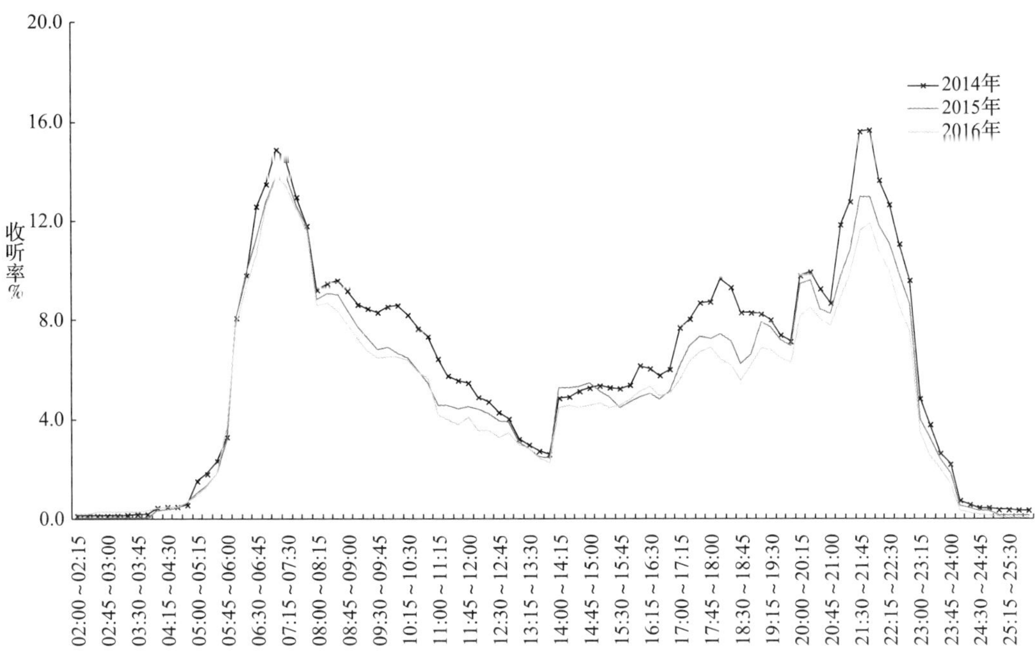

图 3.14.1 2014~2016 年济南听众全天收听率走势

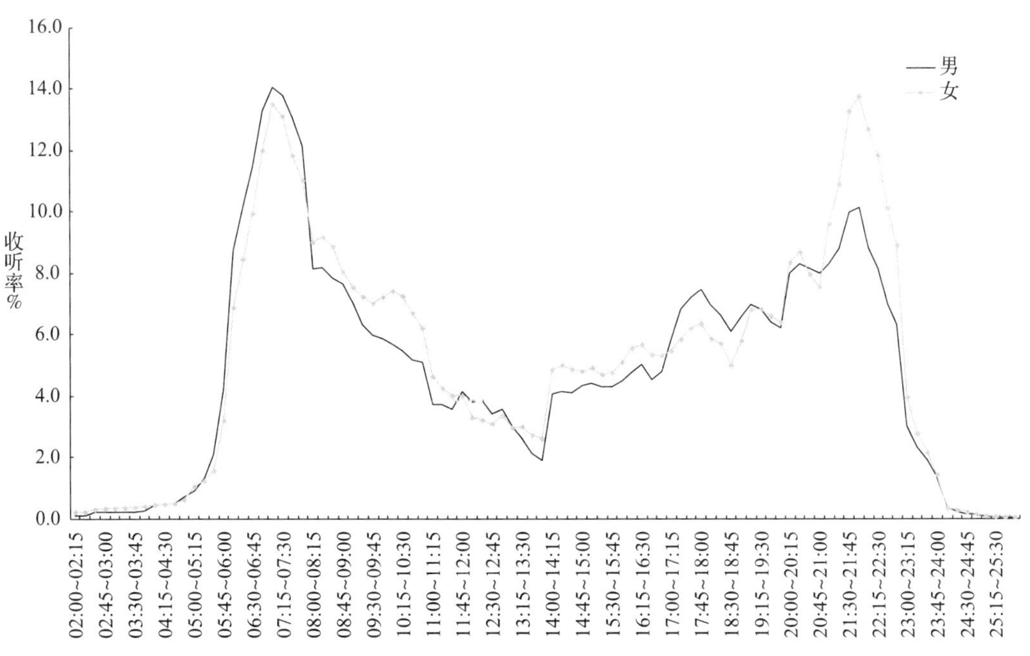

图 3.14.2 2016 年济南不同性别听众全天收听率走势

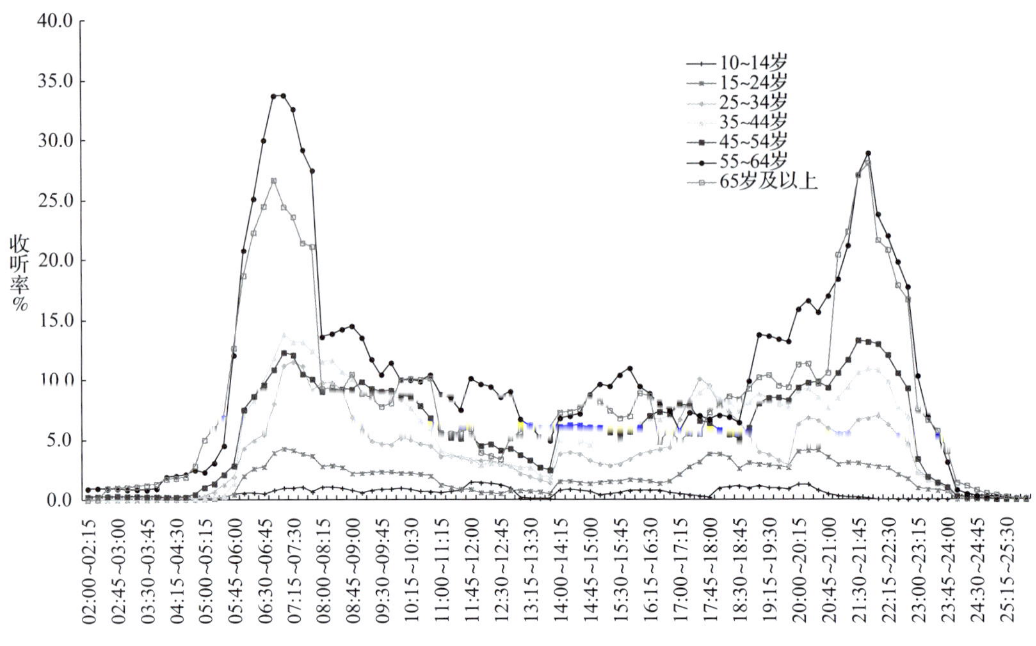

图 3.14.3　2016 年济南不同年龄听众全天收听率走势

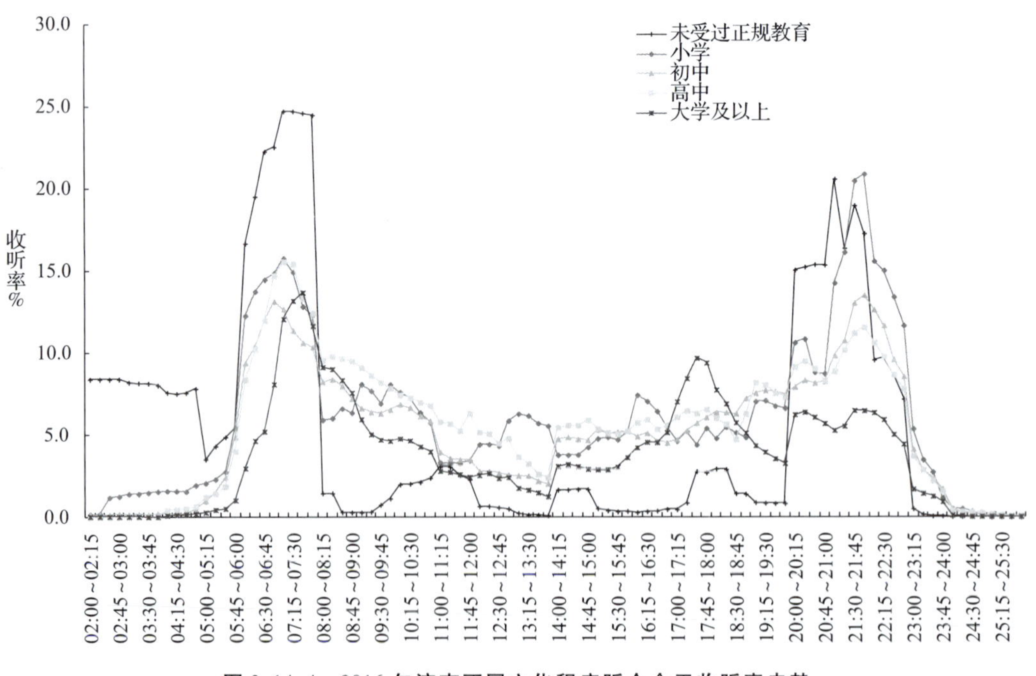

图 3.14.4　2016 年济南不同文化程度听众全天收听率走势

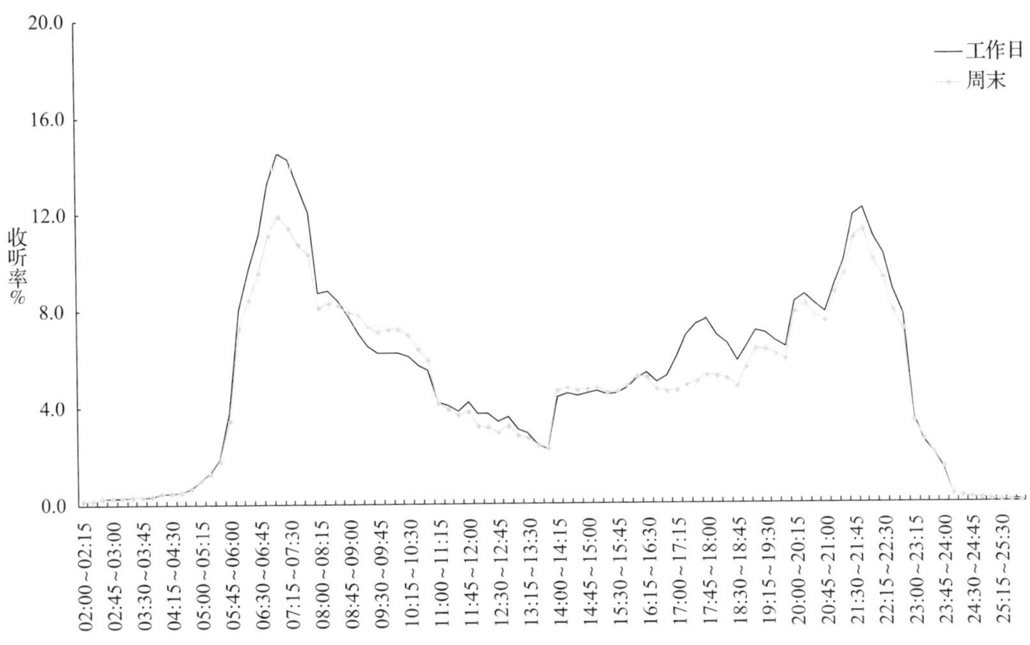

图 3.14.5 2016 年济南听众工作日与周末全天收听率走势

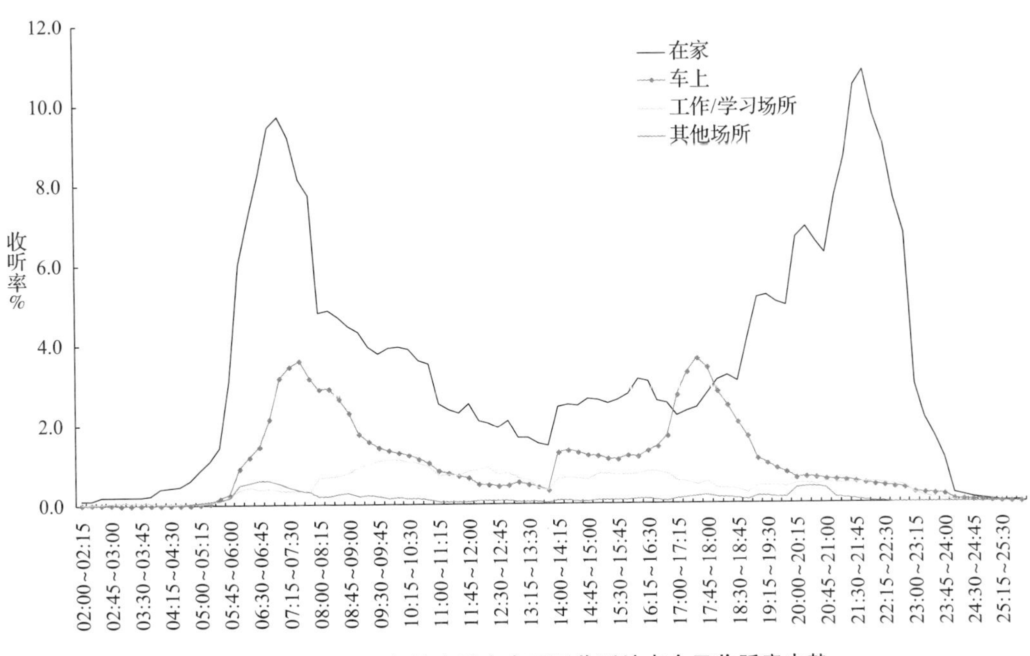

图 3.14.6 2016 年济南听众在不同收听地点全天收听率走势

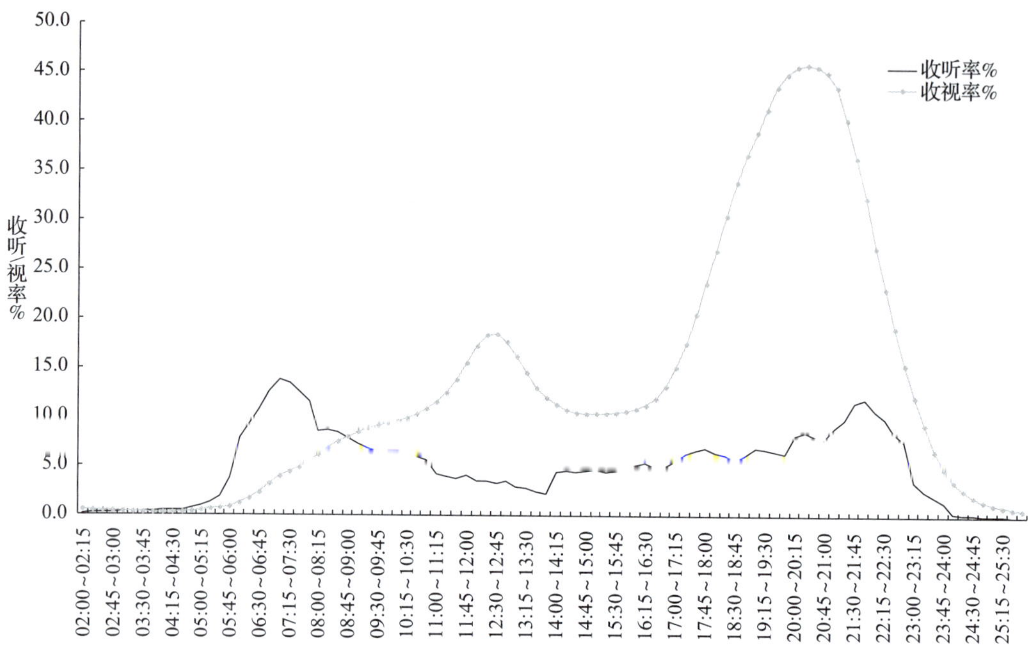

图 3.14.7　2016 年济南受众全天收听率、收视率走势比较(目标受众为 10 岁及以上)

表 3.14.3　2016 年济南市场听众构成(%)

目标听众		听众构成(%)
10 岁及以上所有人		100.0
性别	男	49.1
	女	50.9
年龄	10～14 岁	0.4
	15～24 岁	6.9
	25～34 岁	15.6
	35～44 岁	19.8
	45～54 岁	18.5
	55～64 岁	23.5
	65 岁及以上	15.3
文化程度	未受过正规教育	1.3
	小学	10.1
	初中	36.8
	高中	33.9
	大学及以上	17.9
职业	干部/管理人员	2.2
	初级公务员/雇员	16.5
	个体/私营企业人员	14.3
	工人	24.5
	学生	3.4
	无业(包括退休人员)	32.4
	其他	6.7
个人月收入	没有收入	8.5
	1～2000 元	25.0
	2001～3000 元	33.7
	3001～4000 元	19.1
	4001～5000 元	6.9
	5001～6000 元	5.1
	6001 元及以上	1.7

表 3.14.4　2014～2016 年济南市场各广播电台的市场份额(%)

广播电台	2014 年	2015 年	2016 年
中央人民广播电台	3.3	2.7	3.5
中国国际广播电台	0.0	0.0	0.0
山东广播电视台	19.2	18.0	15.8
济南广播电视台	77.3	78.7	80.2
其他广播电台	0.2	0.6	0.5

表 3.14.5　2016 年济南市场各广播电台在不同目标听众中的市场份额(%)

目标听众		中央人民广播电台	中国国际广播电台	山东广播电视台	济南广播电视台	其他广播电台
10 岁及以上所有人		3.5	0.0	15.8	80.2	0.5
性别	男	3.8	0.0	14.8	80.9	0.5
	女	3.1	0.0	16.8	79.6	0.5
年龄	10~14 岁	1.3	0.0	14.6	82.1	2.0
	15~24 岁	3.8	0.0	18.9	76.9	0.4
	25~34 岁	3.1	0.0	15.7	80.3	0.9
	35~44 岁	4.2	0.0	14.8	80.7	0.3
	45~54 岁	2.5	0.0	16.8	80.0	0.7
	55~64 岁	4.6	0.0	15.7	79.6	0.1
	65 岁及以上	2.1	0.0	15.0	82.3	0.6
文化程度	未受过正规教育	1.2	0.0	13.3	85.4	0.1
	小学	1.7	0.0	15.8	81.7	0.8
	初中	4.4	0.0	15.4	79.6	0.6
	高中	3.3	0.0	17.3	79.2	0.2
	大学及以上	2.8	0.0	14.1	82.5	0.6
职业类别	干部/管理人员	0.3	0.0	18.8	80.8	0.1
	初级公务员/雇员	2.1	0.0	17.0	80.4	0.5
	个体/私营企业人员	6.5	0.0	13.2	80.1	0.2
	工人	4.1	0.0	13.4	81.9	0.6
	学生	3.9	0.0	18.7	77.1	0.3
	无业(包括退休人员)	2.5	0.0	16.0	81.2	0.3
	其他	3.4	0.0	24.5	70.9	1.2
个人月收入	没有收入	2.2	0.0	15.5	81.7	0.6
	1~2000 元	3.8	0.0	16.7	78.9	0.6
	2001~3000 元	3.5	0.0	17.1	79.0	0.4
	3001~4000 元	3.4	0.0	14.3	82.1	0.2
	4001~5000 元	4.6	0.0	15.3	79.1	1.0
	5001~6000 元	2.4	0.0	11.7	85.7	0.2
	6001 元及以上	3.2	0.0	11.6	85.2	0.0

表 3.14.6　2016 年济南市场份额排名前 5 位的频率

排　名	频率名称	市场份额(%)
1	济南新闻广播(FM106.6)	27.1
2	济南经济广播(FM90.9)	14.4
3	济南交通广播(FM103.1)	12.3
4	济南音乐广播(FM88.7)	10.4
5	济南故事广播(FM104.3)	7.7

表 3.14.7 2016 年济南市场收听率排名前 30 位的节目

排名	节目名称	播出频率	收听率（%）	市场份额（%）
1	金山夜话(第一时段)	济南新闻广播(FM106.6)	5.9	59.1
2	新闻六十分之济南新闻	济南新闻广播(FM106.6)	4.4	31.9
3	转播中央人民广播电台《新闻和报纸摘要》	济南新闻广播(FM106.6)	4.3	36.7
4	新闻六十分之方圆论坛	济南新闻广播(FM106.6)	4.2	31.5
4	新闻六十分之泉城多媒体	济南新闻广播(FM106.6)	4.2	31.5
6	新闻六十分之新闻大视野	济南新闻广播(FM106.6)	4.0	33.3
7	早安泉城	济南新闻广播(FM106.6)	3.2	37.6
8	以案说法	济南经济广播(FM90.9)	3.0	41.4
9	交通雷达网	济南交通广播(FM103.1)	2.0	18.7
10	新闻周刊万物生长	济南新闻广播(FM106.6)	1.9	21.3
11	政务监督热线	济南新闻广播(FM106.6)	1.8	21.2
12	小说连播	济南新闻广播(FM106.6)	1.7	21.7
13	健康早班车	济南经济广播(FM90.9)	1.6	18.3
14	经广新闻网·846 传真	济南经济广播(FM90.9)	1.6	12.4
15	健康园地	济南新闻广播(FM106.6)	1.4	26.2
16	方言客栈	济南经济广播(FM90.9)	1.4	23.4
17	经典书场(上午版)	济南故事广播(FM104.3)	1.3	21.7
18	在清华听演讲	济南交通广播(FM103.1)	1.3	11.8
19	小罗罗崩没根	济南交通广播(FM103.1)	1.2	20.8
20	都市顺风车	济南交通广播(FM103.1)	1.2	19.6
21	城市爱生活(周间汽车)	济南新闻广播(FM106.6)	1.2	19.1
22	城市爱生活(家政)	济南新闻广播(FM106.6)	1.2	16.4
23	城市爱生活(旅游)	济南新闻广播(FM106.6)	1.2	16.3
24	八点聊天室	济南新闻广播(FM106.6)	1.2	14.0
25	夜色阑珊	济南经济广播(FM90.9)	1.2	11.2
26	经典书场(下午版)	济南故事广播(FM104.3)	1.1	21.7
27	天天说事儿	济南新闻广播(FM106.6)	1.1	17.0
28	1031 怀旧音乐时间(8:00 ~ 10:00)	济南交通广播(FM103.1)	1.1	14.6
29	城市 MORNINGCALL	济南音乐广播(FM88.7)	1.1	10.0
30	博闻天下	济南新闻广播(FM106.6)	1.0	27.2

十五、昆明收听数据

表 3.15.1　2015~2016 年昆明各目标听众人均收听时间(分钟)

目标听众		2015 年	2016 年
10 岁及以上所有人		56	57
性别	男	58	60
	女	54	55
年龄	10~14 岁	20	28
	15~24 岁	22	24
	25~34 岁	43	44
	35~44 岁	57	60
	45~54 岁	65	60
	55~64 岁	99	99
	65 岁及以上	119	118
文化程度	未受过正规教育	61	54
	小学	54	56
	初中	65	61
	高中	59	58
	大学及以上	47	54
职业	干部/管理人员	50	60
	初级公务员/雇员	49	54
	个体/私营企业人员	50	49
	工人	53	39
	学生	23	27
	无业(包括退休人员)	95	97
	其他	*	*
个人月收入	没有收入	25	30
	1~2000 元	68	66
	2001~3000 元	75	68
	3001~4000 元	65	60
	4001~5000 元	57	59
	5001~6000 元	34	55
	6001 元及以上	54	66

注:昆明为全年连续调查城市,2015 年 7 月 1 日起开始调查,2015 年数据为 7 月 1 日~12 月 31 日数据。
"*"表示该目标听众样本量不足,无法进行统计推断。

表 3.15.2　2015~2016 年昆明听众在不同地点的人均收听时间(分钟)

地　点	2015 年	2016 年
在家	32	33
车上	17	17
工作/学习场所	3	3
其他场所	4	4

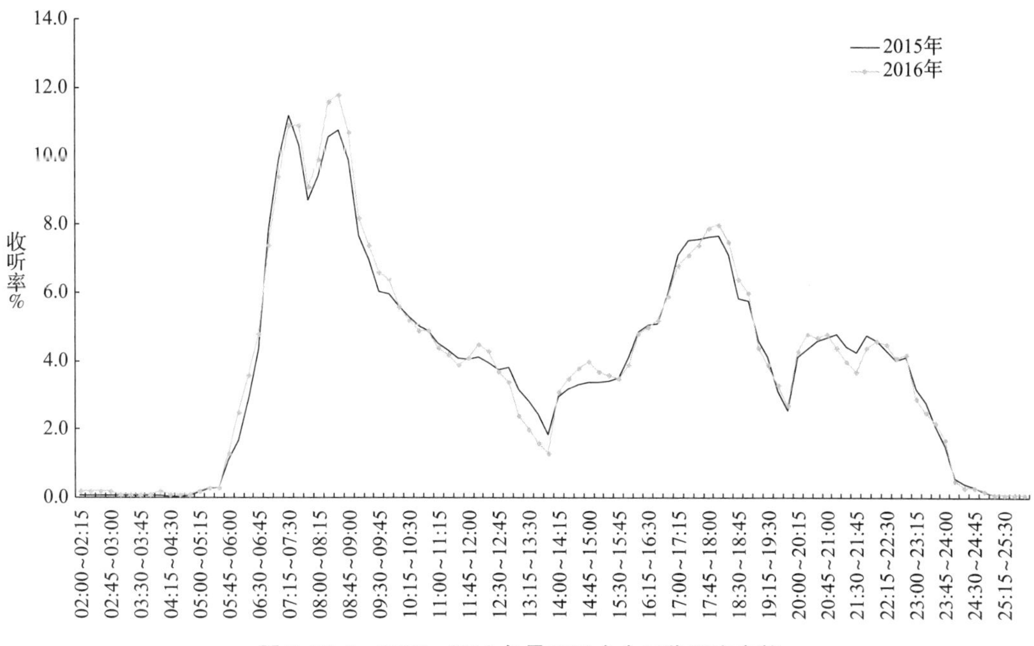

图 3.15.1 2015～2016 年昆明听众全天收听率走势

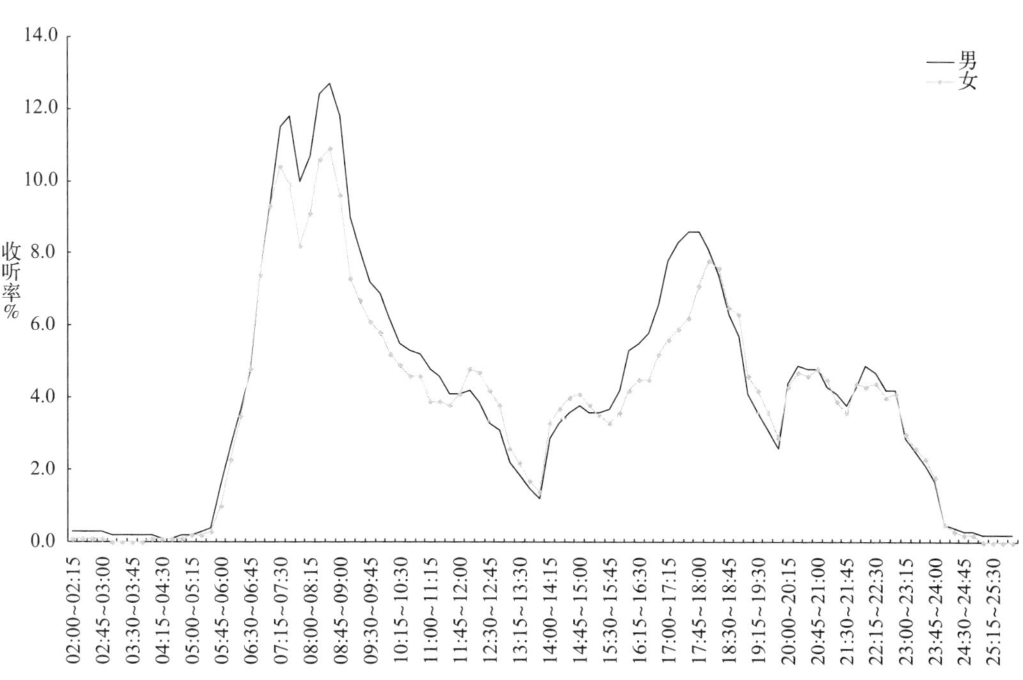

图 3.15.2 2016 年昆明不同性别听众全天收听率走势

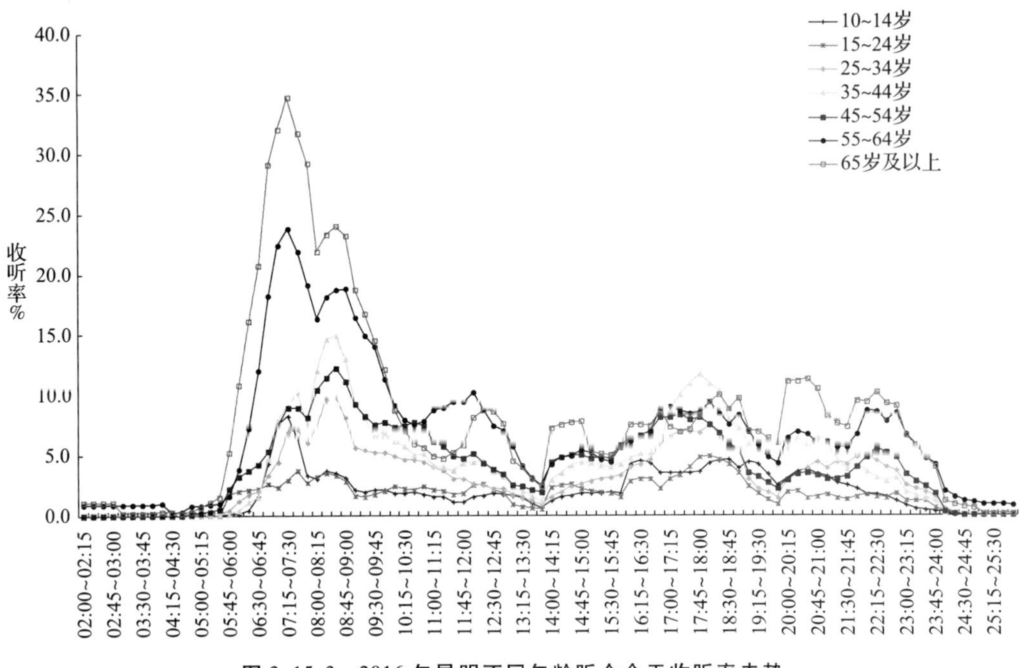

图 3.15.3　2016 年昆明不同年龄听众全天收听率走势

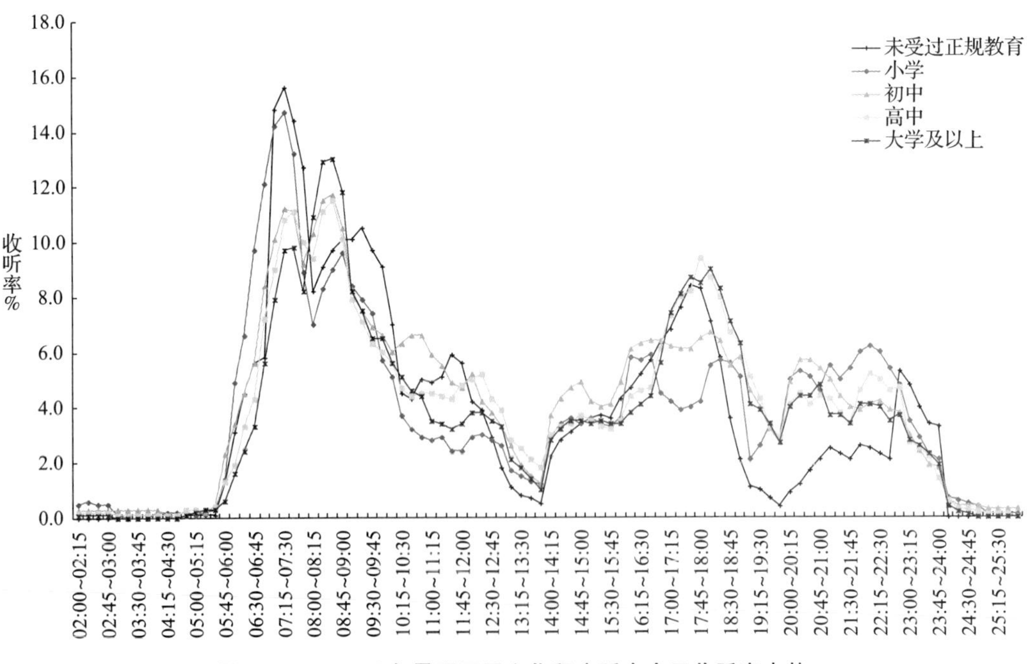

图 3.15.4　2016 年昆明不同文化程度听众全天收听率走势

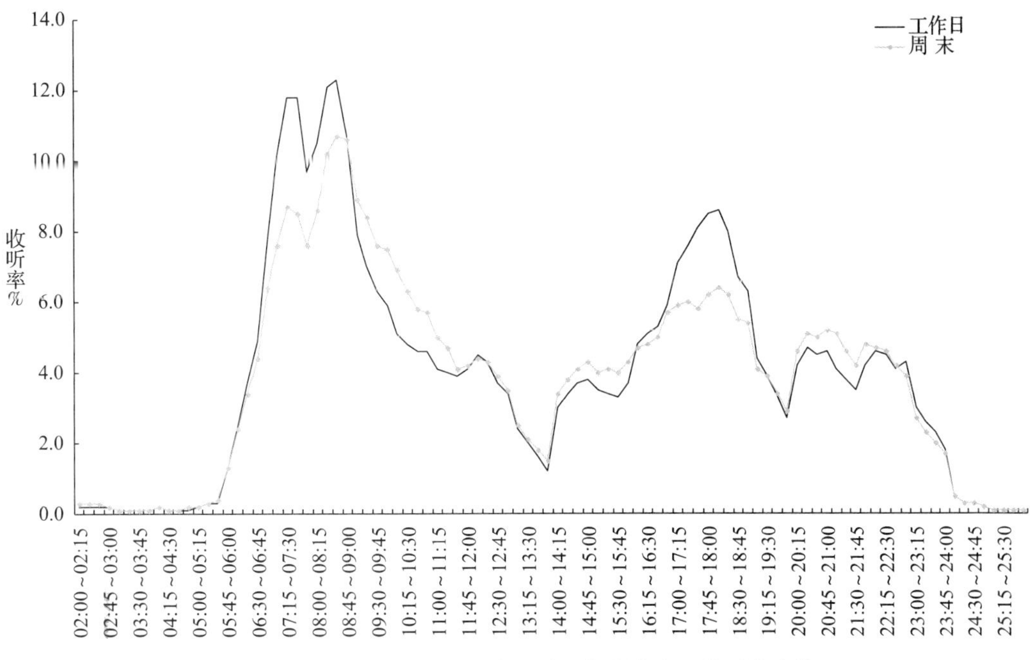

图 3.15.5 2016 年昆明听众工作日与周末全天收听率走势

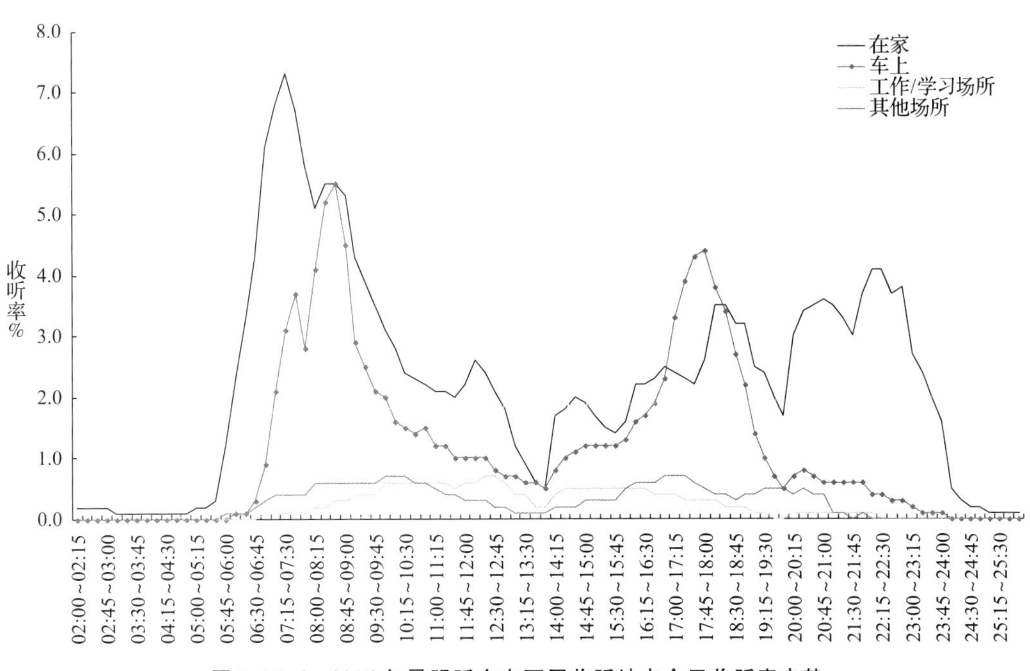

图 3.15.6 2016 年昆明听众在不同收听地点全天收听率走势

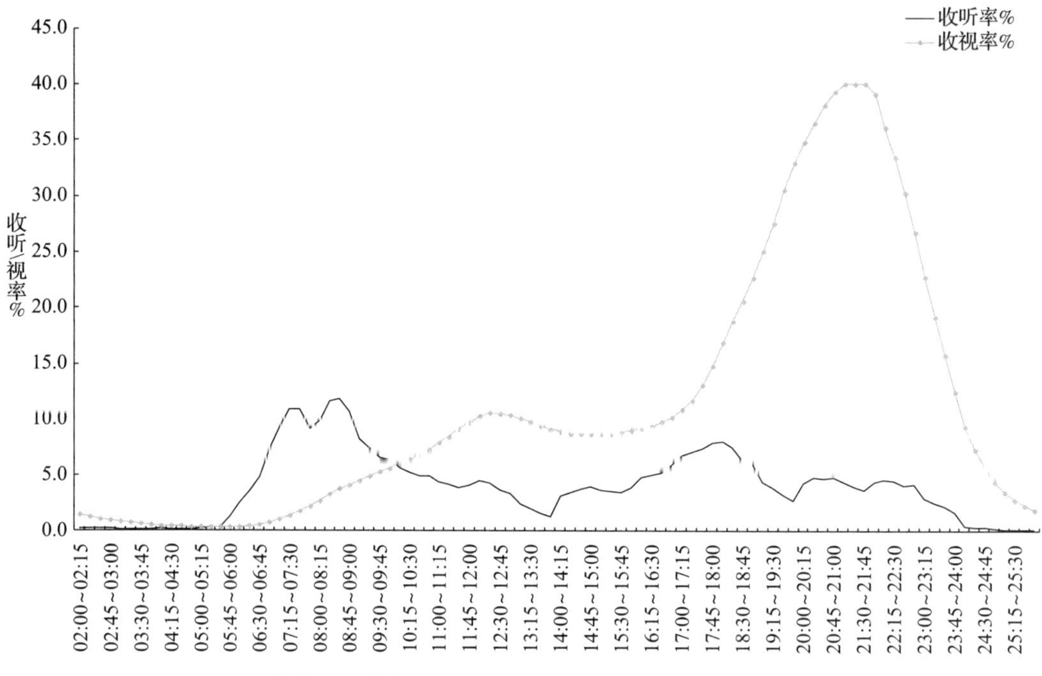

图 3.15.7　2016 年昆明受众全天收听率、收视率走势比较(目标受众为 10 岁及以上)

表 3.15.3　2016 年昆明市场听众构成(%)

目标听众		听众构成(%)
10 岁及以上所有人		100.0
性别	男	53.3
	女	46.7
年龄	10～14 岁	1.9
	15～24 岁	8.2
	25～34 岁	17.1
	35～44 岁	23.9
	45～54 岁	14.7
	55～64 岁	17.1
	65 岁及以上	17.2
文化程度	未受过正规教育	0.9
	小学	8.2
	初中	28.8
	高中	30.8
	大学及以上	31.3
职业	干部/管理人员	9.6
	初级公务员/雇员	16.5
	个体/私营企业人员	20.8
	工人	8.0
	学生	6.8
	无业(包括退休人员)	38.2
	其他	*
个人月收入	没有收入	9.7
	1～2000 元	18.3
	2001～3000 元	24.5
	3001～4000 元	19.5
	4001～5000 元	14.4
	5001～6000 元	5.0
	6001 元及以上	8.6

“*”表示该目标听众样本量不足,无法进行统计推断。

表 3.15.4　2015～2016 年昆明市场各广播电台的市场份额(%)

广播电台	2015 年	2016 年
中央人民广播电台	20.8	27.6
中国国际广播电台	0.4	0.5
云南广播电视台	52.6	47.6
昆明广播电视台	24.7	23.6
其他广播电台	1.5	0.7

表 3.15.5　2016 年昆明市场各广播电台在不同目标听众中的市场份额(%)

目标听众		中央人民广播电台	中国国际广播电台	云南广播电视台	昆明广播电视台	其他广播电台
10 岁及以上所有人		27.6	0.5	23.6	47.6	0.7
性别	男	26.3	0.5	23.4	49.0	0.8
	女	29.0	0.6	23.7	46.0	0.7
年龄	10~14 岁	19.5	1.1	22.2	55.4	1.8
	15~24 岁	33.1	1.0	11.2	53.1	1.6
	25~34 岁	28.5	0.8	22.8	47.5	0.4
	35~44 岁	16.3	0.5	26.4	56.0	0.8
	45~54 岁	20.2	0.8	26.6	51.8	0.6
	55~64 岁	34.6	0.3	22.3	41.7	1.1
	65 岁及以上	39.6	0.1	25.2	34.9	0.2
文化程度	未受过正规教育	26.4	1.3	13.1	59.2	0.0
	小学	34.2	0.3	21.8	43.2	0.5
	初中	25.4	0.4	25.5	48.3	0.4
	高中	27.6	0.5	25.1	45.6	1.2
	大学及以上	27.8	0.7	21.2	49.7	0.6
职业	干部/管理人员	26.4	0.7	27.2	43.3	2.4
	初级公务员/雇员	23.9	0.4	21.6	52.9	1.2
	个体/私营企业人员	18.3	0.8	26.3	54.3	0.3
	工人	24.6	0.7	19.9	52.6	2.2
	学生	29.8	1.2	11.9	56.5	0.6
	无业(包括退休人员)	35.0	0.2	24.8	39.8	0.2
	其他	*	*	*	*	*
个人月收入	没有收入	28.5	1.1	18.2	51.7	0.5
	1~2000 元	26.6	0.3	28.8	44.1	0.2
	2001~3000 元	28.6	0.4	25.6	44.0	1.4
	3001~4000 元	29.8	0.5	24.0	44.6	1.1
	4001~5000 元	24.6	0.7	20.4	53.6	0.7
	5001~6000 元	33.9	0.2	9.0	56.8	0.1
	6001 元及以上	23.7	0.7	26.4	49.0	0.2

“*”表示该目标听众样本量不足,无法进行统计推断。

表 3.15.6　2016 年昆明市场份额排名前 5 位的频率

排　名	频率名称	市场份额(%)
1	云南广播电视台交通之声(FM91.8)	17.8
2	中央人民广播电台第一套节目中国之声	15.4
3	昆明广播电视台(FM95.4)汽车广播	9.5
4	云南广播电视台音乐之声(FM97)	8.5
4	云南广播电视台新闻广播(AM576/FM105.8)	7.3

表 3.15.7 2016 年昆明市场收听率排名前 30 位的节目

排名	节目名称	播出频率	收听率（%）	市场份额（%）
1	新闻和报纸摘要	中央人民广播电台第一套节目中国之声	2.6	43.4
2	91.8 早高峰	云南广播电视台交通之声（FM91.8）	2.4	21.7
3	91.8 大玩家	云南广播电视台交通之声（FM91.8）	2.2	28.3
4	新闻纵横	中央人民广播电台第一套节目中国之声	2.1	20.1
5	品牌之旅	中央人民广播电台第一套节目中国之声	1.8	53.5
6	91.8 全省交通纵贯线	云南广播电视台交通之声（FM91.8）	1.7	22.6
7	国防时空	中央人民广播电台第一套节目中国之声	1.6	51.4
8	91.8 出行早知道	云南广播电视台交通之声（FM91.8）	1.5	16.6
9	91.8 车来车往	云南广播电视台交通之声（FM91.8）	1.4	24.6
10	954 好听榜	昆明广播电视台（FM95.4）汽车广播	1.4	18.0
11	91.8 轻松假期	云南广播电视台交通之声（FM91.8）	1.3	17.5
12	云广新闻（早间版 A）	云南广播电视台新闻广播（AM576/FM105.8）	1.3	12.6
13	残疾人之友	中央人民广播电台第一套节目中国之声	1.2	49.1
14	91.8 听游四方	云南广播电视台交通之声（FM91.8）	1.2	22.0
15	91.8 爱运动	云南广播电视台交通之声（FM91.8）	1.2	20.5
16	街头巷尾转播时间	昆明广播电视台（FM95.4）汽车广播	1.2	17.4
17	云广新闻（早间版 B）	云南广播电视台新闻广播（AM576/FM105.8）	1.2	11.6
18	91.8 晚高峰	云南广播电视台交通之声（FM91.8）	1.1	17.7
19	全国新闻联播	中央人民广播电台第一套节目中国之声	1.0	15.3
20	954 兜风心情	昆明广播电视台（FM95.4）汽车广播	0.9	15.4
21	吴晓波频道	昆明广播电视台（FM100.8）新闻资讯广播	0.9	8.6
22	954 音乐早班车	昆明广播电视台（FM95.4）汽车广播	0.9	8.5
23	91.8 王辉说故事	云南广播电视台交通之声（FM91.8）	0.8	30.0
24	91.8 美男子说	云南广播电视台交通之声（FM91.8）	0.8	22.5
25	91.8 欢乐颂	云南广播电视台交通之声（FM91.8）	0.8	17.3
26	音乐阳光派（周末版）	云南广播电视台音乐之声（FM97）	0.8	11.4
27	昆明早新闻	昆明广播电视台（FM100.8）新闻资讯广播	0.8	8.0
28	新闻早高峰	昆明广播电视台（FM100.8）新闻资讯广播	0.8	7.9
29	音乐早出发	云南广播电视台音乐之声（FM97）	0.8	7.5
30	精彩文萃	昆明广播电视台（FM100.8）新闻资讯广播	0.8	7.4

十六、南昌收听数据

表 3.16.1　2014～2016 年南昌各目标听众人均收听时间(分钟)

目标听众		2014 年	2015 年	2016 年
10 岁及以上所有人		28	29	31
性别	男	31	33	36
	女	25	24	25
年龄	10～14 岁	7	11	6
	15～24 岁	13	14	16
	25～34 岁	27	27	23
	35～44 岁	34	36	39
	45～54 岁	36	35	35
	55～64 岁	34	41	[illegible]
	65 岁及以上	54	43	59
文化程度	未受过正规教育	10	13	7
	小学	20	21	23
	初中	27	29	33
	高中	32	32	34
	大学及以上	30	30	28
职业	干部/管理人员	37	28	39
	初级公务员/雇员	28	32	30
	个体/私营企业人员	35	36	37
	工人	26	22	29
	学生	8	9	10
	无业(包括退休人员)	37	36	43
	其他	13	30	19
个人月收入	没有收入	11	14	14
	1～2000 元	34	27	30
	2001～3000 元	28	28	37
	3001～4000 元	34	36	33
	4001～5000 元	42	46	47
	5001～6000 元	44	49	47
	6001 元及以上	59	58	49

注:南昌为全年连续调查城市。

表 3.16.2　2014～2016 年南昌听众在不同地点的人均收听时间(分钟)

地　点	2014 年	2015 年	2016 年
家中	15	15	16
车上	11	12	11
工作/学习场所	1	1	3
其他场所	1	1	1

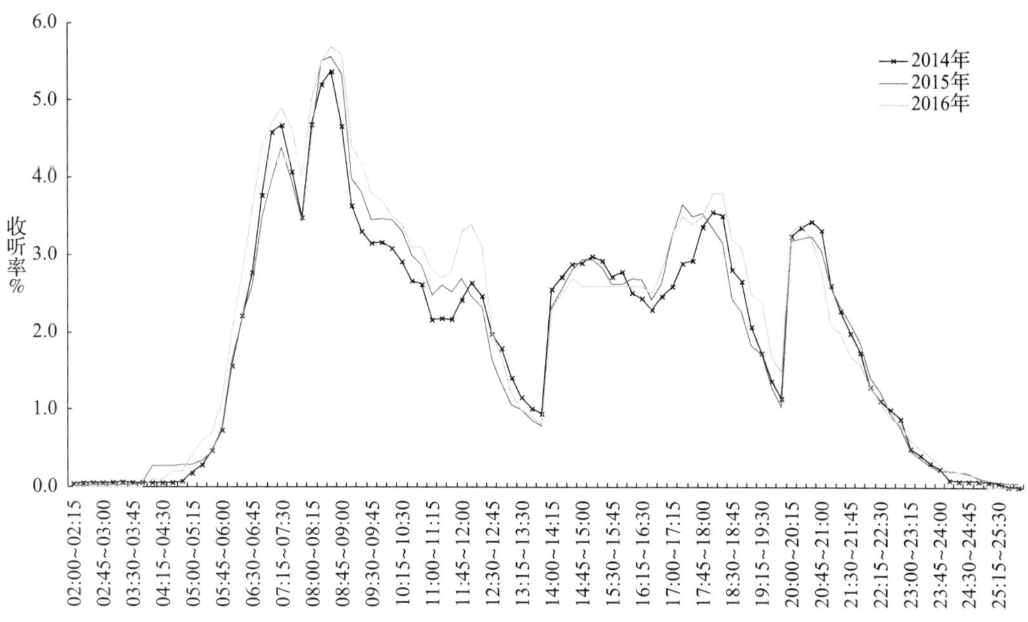

图 3.16.1 2014～2016 年南昌听众全天收听率走势

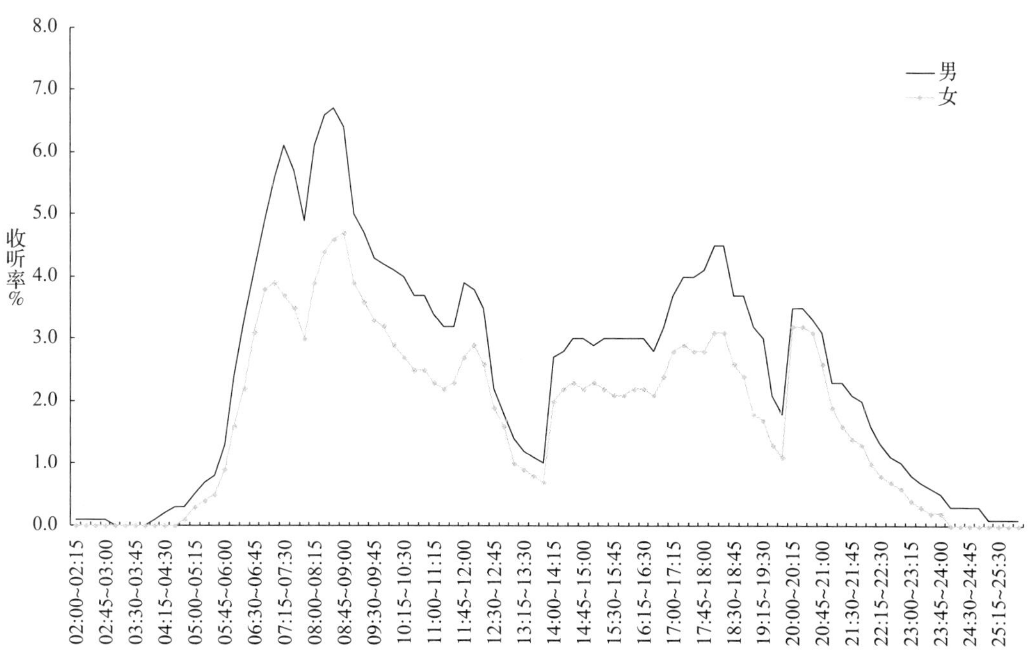

图 3.16.2 2016 年南昌不同性别听众全天收听率走势

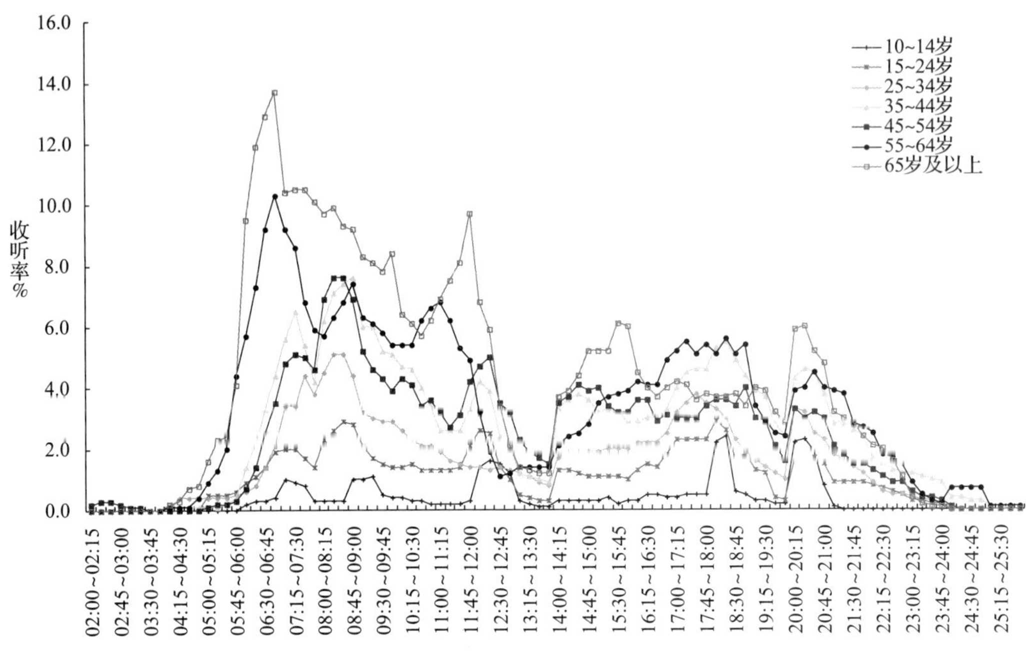

图 3.16.3　2016 年南昌不同年龄听众全天收听率走势

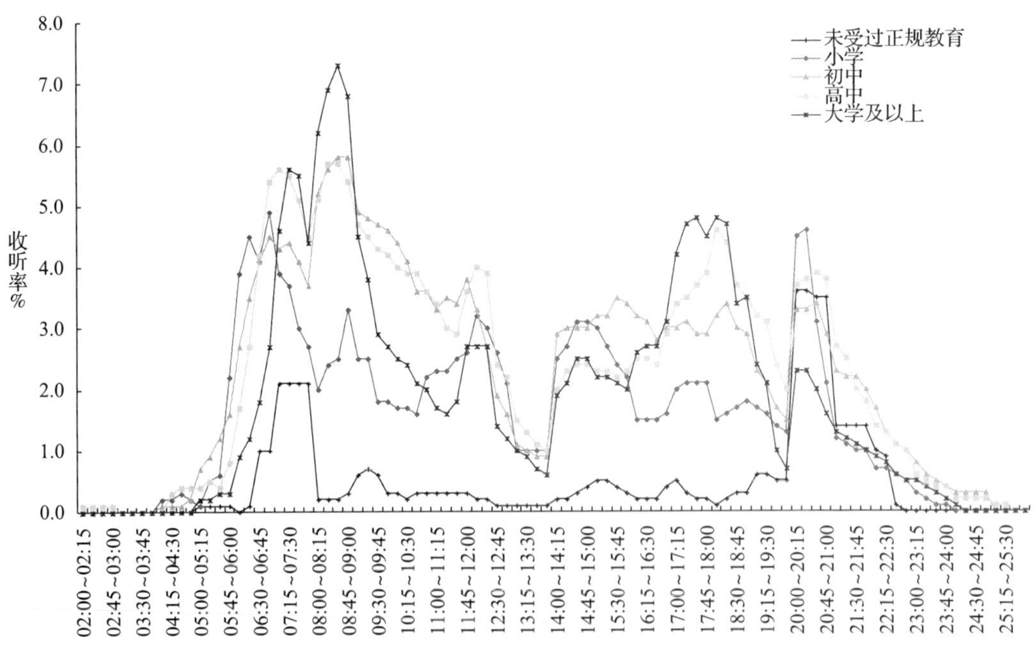

图 3.16.4　2016 年南昌不同文化程度听众全天收听率走势

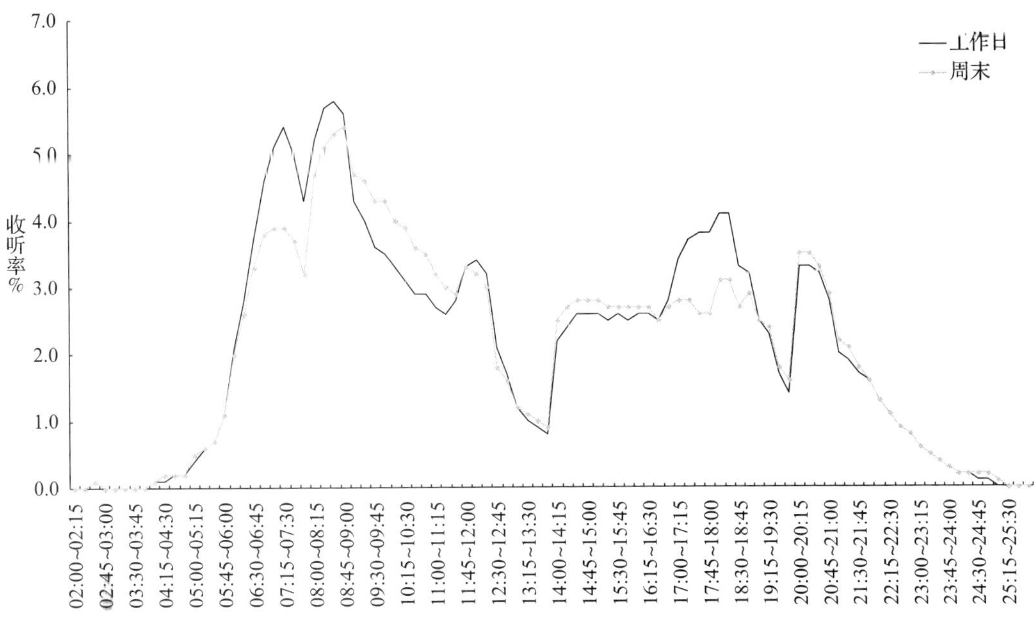

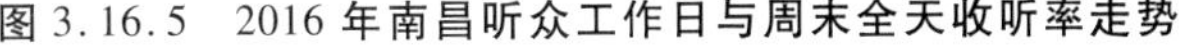
图 3.16.5 2016 年南昌听众工作日与周末全天收听率走势

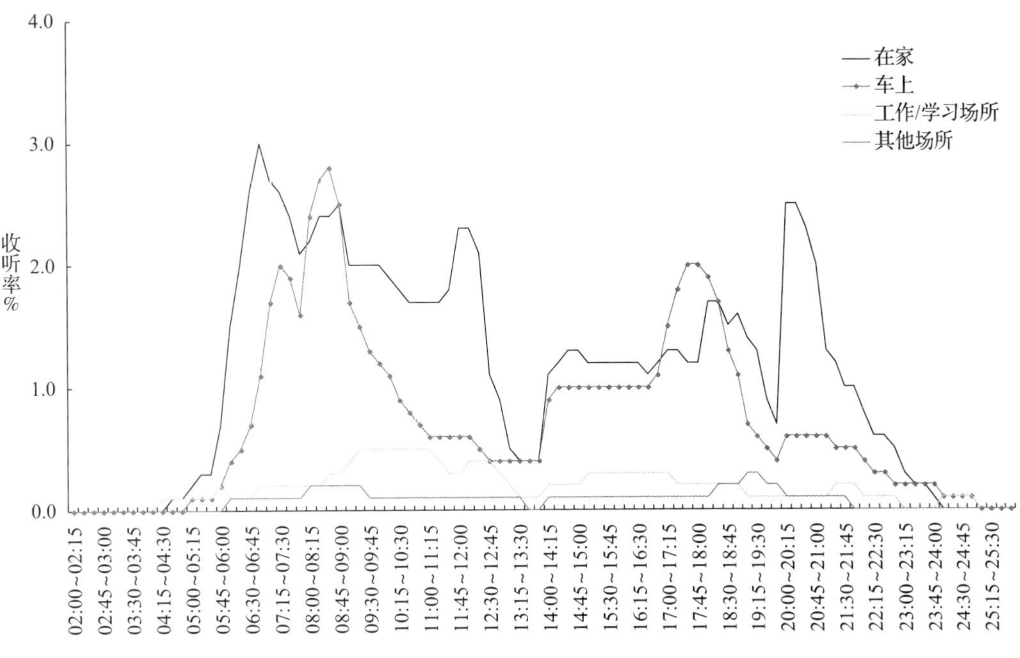

图 3.16.6 2016 年南昌听众在不同收听地点全天收听率走势

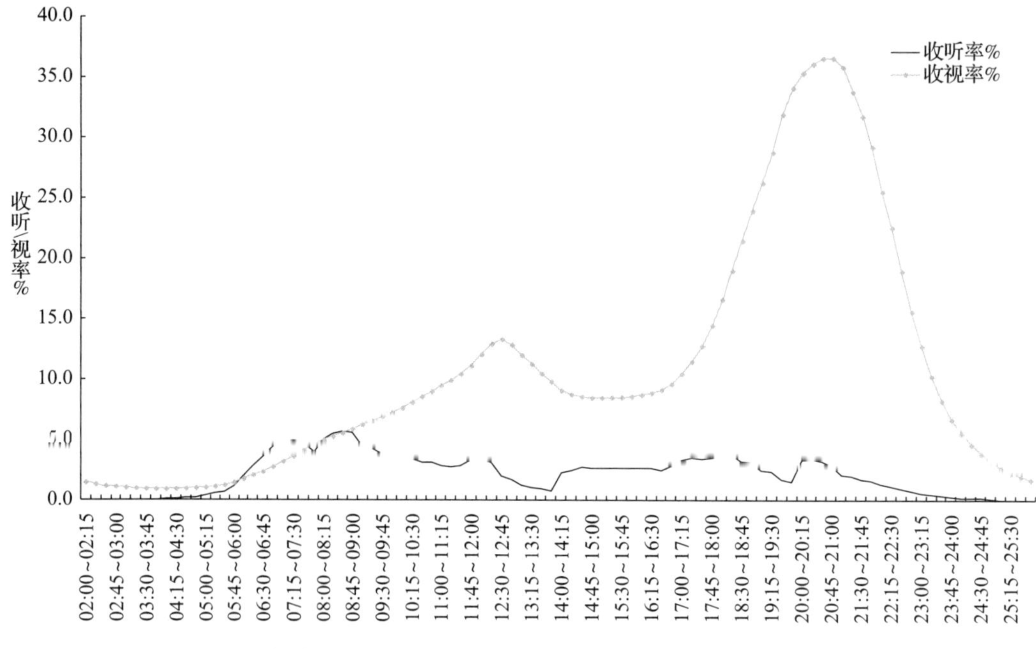

图 3.16.7　2016 年南昌受众全天收听率、收视率走势比较(目标受众为 10 岁及以上)

表 3.16.3　2016 年南昌市场听众构成(%)

目标听众		听众构成(%)
10 岁及以上所有人		100.0
性别	男	60.4
	女	39.6
年龄	10 ~ 14 岁	1.0
	15 ~ 24 岁	11.6
	25 ~ 34 岁	13.9
	35 ~ 44 岁	27.3
	45 ~ 54 岁	15.8
	55 ~ 64 岁	14.5
	65 岁及以上	16.0
文化程度	未受过正规教育	0.3
	小学	7.8
	初中	35.7
	高中	36.1
	大学及以上	20.0
职业	干部/管理人员	5.7
	初级公务员/雇员	26.4
	个体/私营企业人员	19.7
	工人	11.4
	学生	5.4
	无业(包括退休人员)	30.9
	其他	0.6
个人月收入	没有收入	10.9
	1 ~ 2000 元	13.3
	2001 ~ 3000 元	36.0
	3001 ~ 4000 元	21.9
	4001 ~ 5000 元	10.8
	5001 ~ 6000 元	3.8
	6001 元及以上	3.3

表 3.16.4　2014 ~ 2016 年南昌市场各广播电台的市场份额(%)

广播电台	2014 年	2015 年	2016 年
中央人民广播电台	21.3	21.2	19.7
中国国际广播电台	0.0	0.0	0.0
江西人民广播电台	48.5	50.5	56.6
南昌人民广播电台	28.5	24.0	20.2
其他广播电台	1.7	4.3	3.5

表 3.16.5 2016 年南昌市场各广播电台在不同目标听众中的市场份额(%)

目标听众		中央人民广播电台	中国国际广播电台	江西人民广播电台	南昌人民广播电台	其他广播电台
10 岁及以上所有人		19.7	0.0	56.6	20.2	3.5
性别	男	20.4	0.0	56.7	19.8	3.1
	女	18.5	0.0	56.6	21.0	3.9
年龄	10~14 岁	22.5	0.0	42.4	21.7	13.4
	15~24 岁	16.4	0.0	55.9	21.4	6.3
	25~34 岁	7.9	0.0	59.7	26.9	5.5
	35~44 岁	14.0	0.0	64.0	19.6	2.4
	45~54 岁	16.0	0.0	61.6	17.8	4.6
	55~64 岁	33.3	0.0	43.5	20.4	2.8
	65 岁及以上	33.1	0.0	49.7	16.9	0.3
文化程度	未受过正规教育	18.8	0.0	57.2	22.6	1.4
	小学	19.8	0.0	57.0	20.7	2.5
	初中	16.7	0.0	56.9	23.4	3.0
	高中	24.1	0.0	53.8	17.6	4.5
	大学及以上	17.0	0.0	61.3	18.7	3.0
职业	干部/管理人员	24.4	0.0	52.3	21.2	2.1
	初级公务员/雇员	15.4	0.0	61.9	19.1	3.6
	个体/私营企业人员	11.9	0.0	59.9	22.2	6.0
	工人	11.0	0.0	70.1	18.3	0.6
	学生	19.2	0.0	57.4	17.9	5.5
	无业(包括退休人员)	31.0	0.0	45.1	21.3	2.6
	其他	0.2	0.0	98.4	1.4	0.0
个人月收入	没有收入	16.1	0.0	60.6	18.3	5.0
	1~2000 元	20.9	0.0	55.3	21.6	2.2
	2001~3000 元	24.3	0.0	55.6	16.9	3.2
	3001~4000 元	22.8	0.0	52.0	20.8	4.4
	4001~5000 元	10.2	0.0	57.4	27.8	4.6
	5001~6000 元	6.2	0.0	67.0	26.4	0.4
	6001 元及以上	1.9	0.0	75.2	22.1	0.8

表 3.16.6 2016 年南昌市场份额排名前 5 位的频率

排名	频率名称	市场份额(%)
1	江西交通广播(FM105.4)	15.2
2	中央人民广播电台第一套节目中国之声	12.9
3	江西音乐广播(FM103.4)	11.5
4	南昌交通音乐广播(FM95.1)	9.7
5	江西旅游广播(FM97.4)	6.4

表 3.16.7 2016 年南昌市场收听率排名前 30 位的节目

排名	节目名称	播出频率	收听率（%）	市场份额（%）
1	新闻和报纸摘要	中央人民广播电台第一套节目中国之声	1.2	29.6
2	新闻纵横	中央人民广播电台第一套节目中国之声	1.0	19.3
3	交通在线	江西交通广播（FM105.4）	0.9	16.4
4	一路畅通	江西交通广播（FM105.4）	0.8	20.1
5	品牌之旅	中央人民广播电台第一套节目中国之声	0.6	23.6
6	自在美乐地	江西音乐广播（FM103.4）	0.6	18.0
7	财富直通车	江西交通广播（FM105.4）	0.6	14.1
8	交广双声道	江西交通广播（FM105.4）	0.5	21.2
9	第一房产	江西交通广播（FM105.4）	0.5	20.0
10	国防时空	中央人民广播电台第一套节目中国之声	0.5	19.6
11	车舞飞扬	江西交通广播（FM105.4）	0.5	19.2
12	小喇叭	中央人民广播电台第一套节目中国之声	0.5	16.1
13	缤纷车世界	江西交通广播（FM105.4）	0.5	15.6
14	1054 早航班	江西交通广播（FM105.4）	0.5	10.7
14	951 早班车	南昌交通音乐广播（FM95.1）	0.5	10.7
16	乐动早高峰	江西音乐广播（FM103.4）	0.5	10.5
17	财富故事会	南昌交通音乐广播（FM95.1）	0.5	9.5
18	大娱乐家	江西交通广播（FM105.4）	0.4	16.6
19	全球华语广播网	中央人民广播电台第一套节目中国之声	0.4	15.6
20	12 点民生书场	江西民生广播（FM101.9）	0.4	15.4
21	全国新闻联播	中央人民广播电台第一套节目中国之声	0.4	13.8
22	体彩天下	南昌交通音乐广播（FM95.1）	0.4	13.6
23	一路顺风	南昌交通音乐广播（FM95.1）	0.4	12.7
24	非听不可	江西音乐广播（FM103.4）	0.4	11.4
25	畅听晚高峰	江西音乐广播（FM103.4）	0.4	11.1
26	音乐同驰骋	南昌交通音乐广播（FM95.1）	0.4	10.2
27	新闻	江西新闻广播（FM104.4/AM729）	0.4	7.2
28	新闻大视野	江西新闻广播（FM104.4/AM729）	0.4	6.0
29	音乐正午	江西音乐广播（FM103.4）	0.3	18.4
30	残疾人之友	中央人民广播电台第一套节目中国之声	0.3	16.7

十七、南京收听数据

表 3.17.1　2014～2016 年南京各目标听众人均收听时间(分钟)

目标听众		2014 年	2015 年	2016 年
10 岁及以上所有人		75	69	74
性别	男	78	68	75
	女	71	70	73
年龄	10～14 岁	15	18	18
	15～24 岁	28	29	31
	25～34 岁	53	43	57
	35～44 岁	65	62	72
	45～54 岁	104	85	107
	55～64 岁	145	127	120
	65 岁及以上	139	157	142
文化程度	未受过正规教育	87	57	59
	小学	87	86	64
	初中	82	85	87
	高中	83	69	86
	大学及以上	57	53	55
职业	干部/管理人员	93	76	68
	初级公务员/雇员	63	59	73
	个体/私营企业人员	100	71	77
	工人	62	57	75
	学生	17	23	23
	无业(包括退休人员)	123	119	114
	其他	*	90	91
个人月收入	没有收入	28	32	31
	1～2000 元	88	79	98
	2001～3000 元	93	94	93
	3001～4000 元	86	71	83
	4001～5000 元	69	74	77
	5001～6000 元	102	57	68
	6001 元及以上	71	77	74

注:南京为全年连续调查城市。“*”表示该目标听众样本量不足,无法进行统计推断。

表 3.17.2　2014～2016 年南京听众在不同地点的人均收听时间(分钟)

地　点	2014 年	2015 年	2016 年
在家	52	50	50
车上	14	11	16
工作/学习场所	6	5	5
其他场所	3	2	2

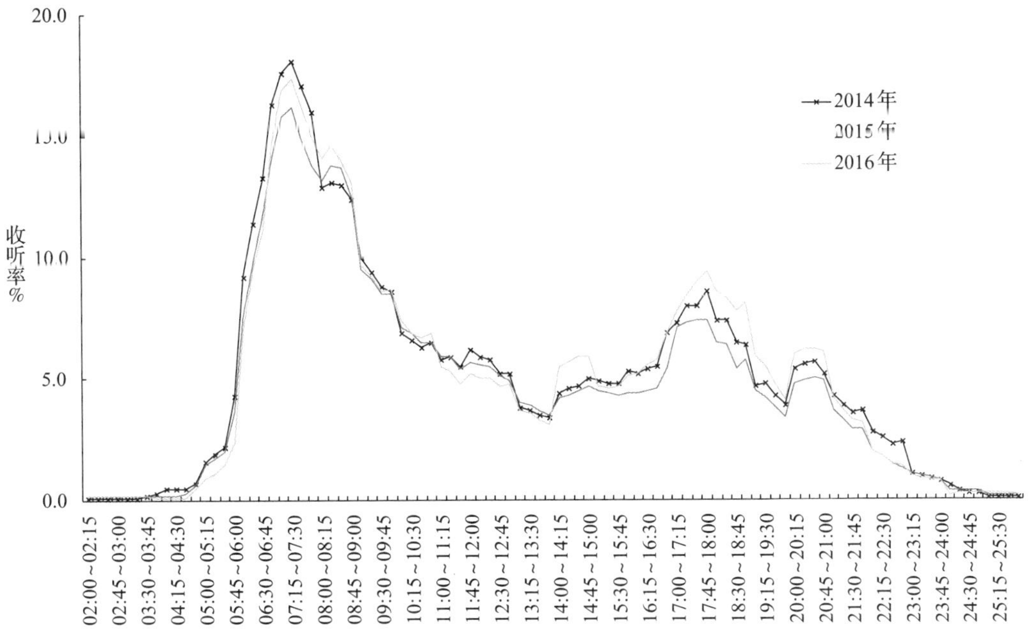

图 3.17.1　2014～2016 年南京听众全天收听率走势

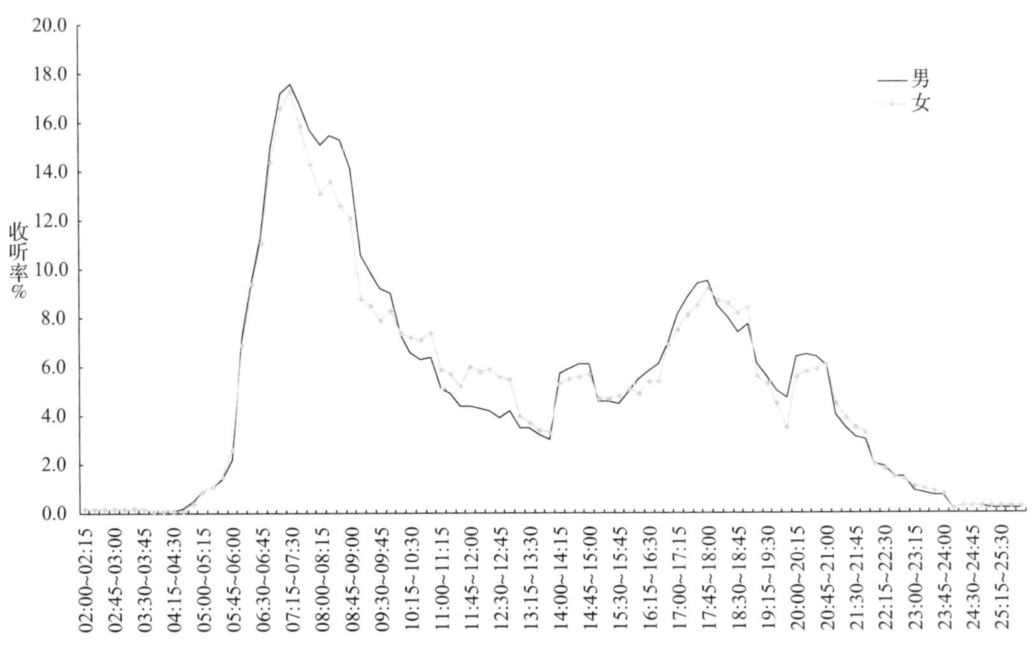

图 3.17.2　2016 年南京不同性别听众全天收听率走势

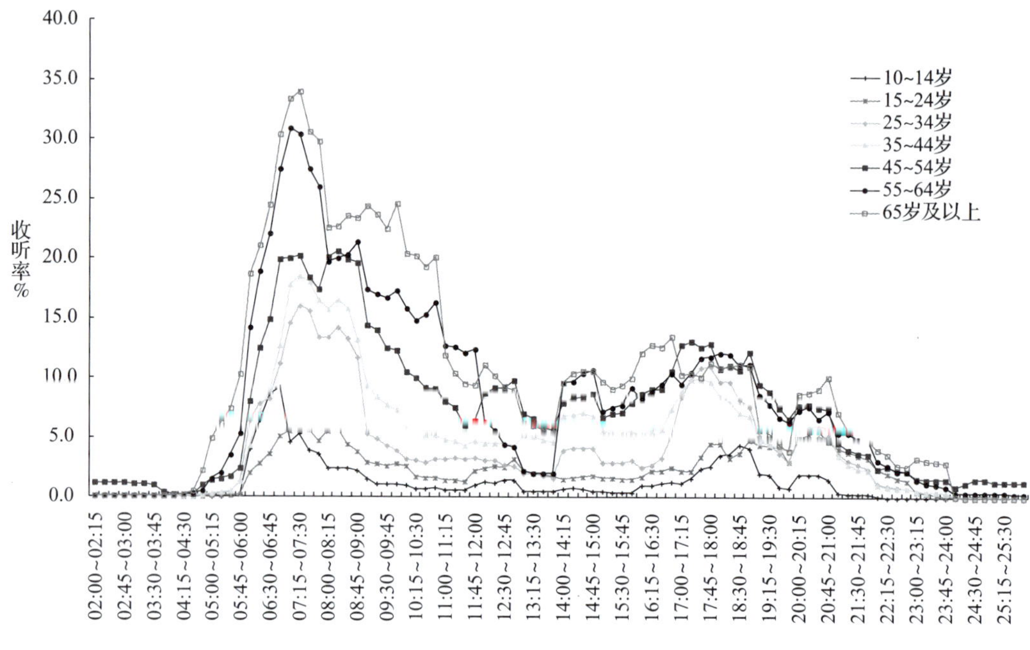

图 3.17.3　2016 年南京不同年龄听众全天收听率走势

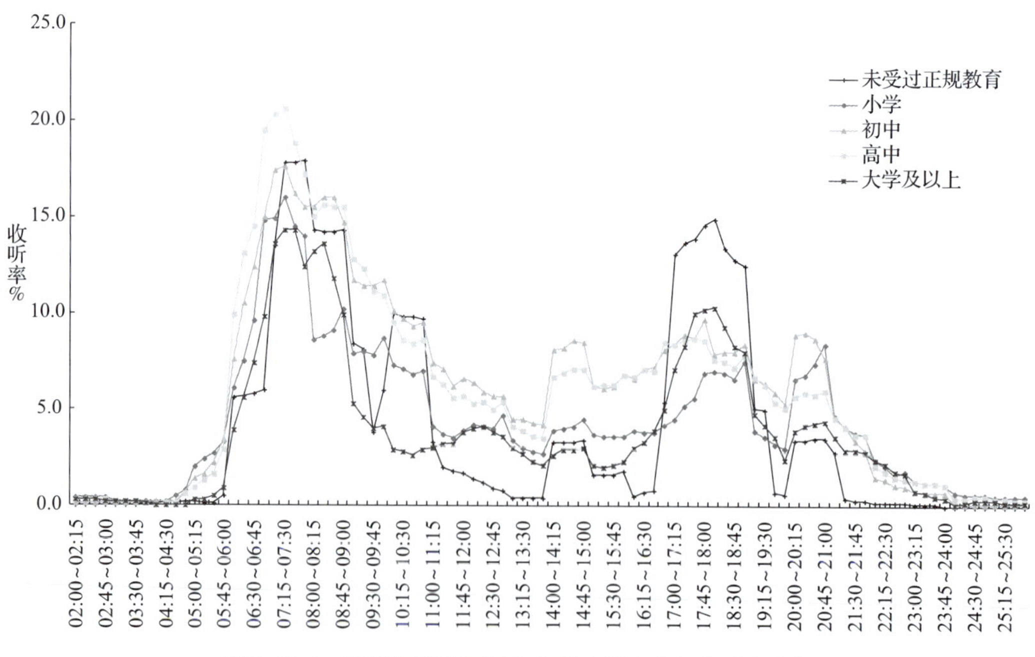

图 3.17.4　2016 年南京不同文化程度听众全天收听率走势

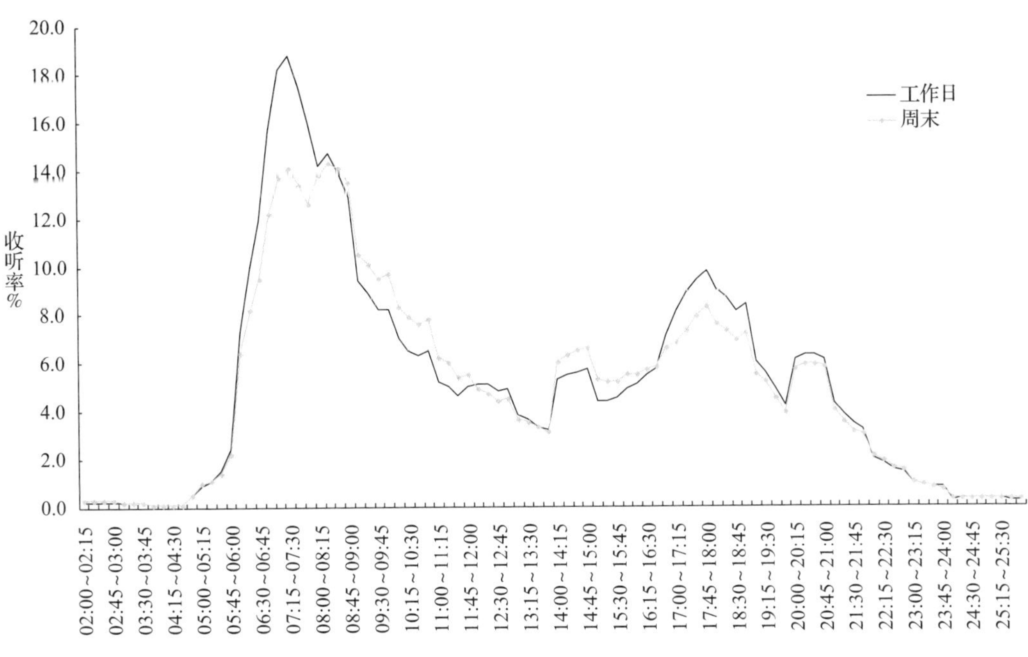

图 3.17.5　2016 年南京听众工作日与周末全天收听率走势

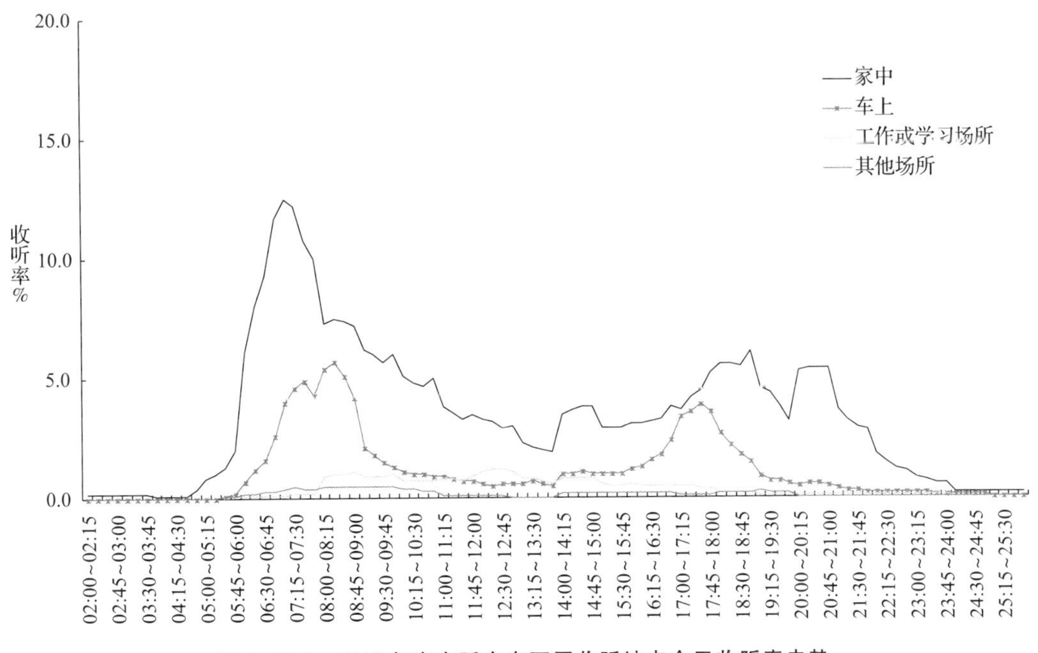

图 3.17.6　2016 年南京听众在不同收听地点全天收听率走势

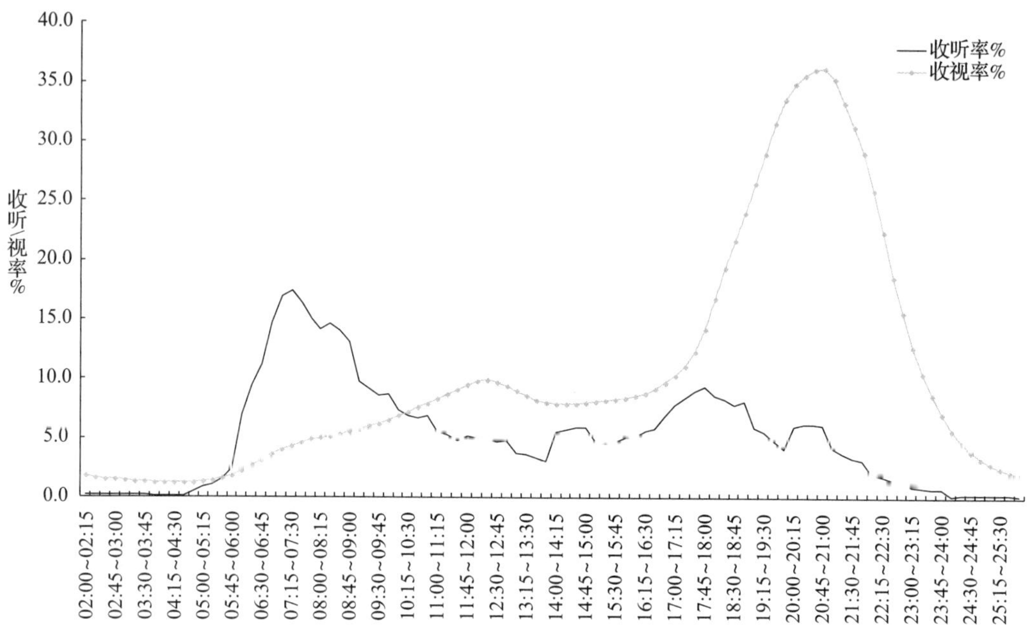

图 3.17.7　2016 年南京受众全天收听率、收视率走势比较(目标受众为 10 岁及以上)

表 3.17.3　2016 年南京市场听众构成(%)

目标听众		听众构成(%)
10 岁及以上所有人		100.0
性别	男	52.0
	女	48.0
年龄	10～14 岁	0.9
	15～24 岁	9.6
	25～34 岁	15.5
	35～44 岁	18.3
	45～54 岁	22.3
	55～64 岁	17.1
	65 岁及以上	16.3
文化程度	未受过正规教育	1.0
	小学	5.9
	初中	30.0
	高中	39.0
	大学及以上	24.1
职业	干部/管理人员	6.7
	初级公务员/雇员	25.8
	个体/私营企业人员	7.2
	工人	20.8
	学生	5.2
	无业(包括退休人员)	33.7
	其他	0.6
个人月收入	没有收入	8.6
	1～2000 元	11.8
	2001～3000 元	34.5
	3001～4000 元	23.5
	4001～5000 元	11.9
	5001～6000 元	5.5
	6001 元及以上	4.2

表 3.17.4　2014～2016 年南京市场各广播电台的市场份额(%)

广播电台	2014 年	2015 年	2016 年
中央人民广播电台	2.4	3.0	2.8
中国国际广播电台	0.0	0.0	0.0
江苏广播电视总台	61.7	61.2	59.1
南京广播电视集团	35.2	34.9	37.2
其他广播电台	0.7	0.9	0.9

表 3.17.5　2016 年南京市场各广播电台在不同目标听众中的市场份额(%)

目标听众		中央人民广播电台	中国国际广播电台	江苏广播电视总台	南京广播电视集团	其他广播电台
10 岁及以上所有人		2.8	0.0	59.1	37.2	0.9
性别	男	2.2	0.0	60.9	35.6	1.3
	女	3.4	0.0	57.2	38.9	0.5
年龄	10～14 岁	5.2	0.0	51.1	43.1	0.6
	15～24 岁	6.3	0.0	62.0	26.5	5.2
	25～34 岁	0.9	0.0	56.1	42.4	0.6
	35～44 岁	2.4	0.0	64.3	32.6	0.7
	45～54 岁	1.6	0.0	62.9	35.4	0.1
	55～64 岁	5.0	0.0	56.1	38.7	0.2
	65 岁及以上	2.1	0.0	52.9	44.5	0.5
文化程度	未受过正规教育	0.7	0.0	[illegible]	50.0	2.6
	小学	4.0	0.0	56.1	39.3	0.6
	初中	2.4	0.0	65.8	29.8	2.0
	高中	2.8	0.0	57.5	39.4	0.3
	大学及以上	3.3	0.0	54.7	41.8	0.2
职业	干部/管理人员	2.7	0.0	69.2	27.3	0.8
	初级公务员/雇员	2.8	0.0	58.1	39.1	0.0
	个体/私营企业人员	2.6	0.0	67.1	29.6	0.7
	工人	1.6	0.0	61.0	36.9	0.5
	学生	3.9	0.0	56.7	29.6	9.8
	无业(包括退休人员)	3.5	0.0	55.5	40.6	0.4
	其他	0.0	0.0	42.8	57.2	0.0
个人月收入	没有收入	3.8	0.0	59.2	30.7	6.3
	1～2000 元	3.4	0.0	65.6	31.0	0.0
	2001～3000 元	3.0	0.0	59.2	37.6	0.2
	3001～4000 元	2.3	0.0	59.1	38.2	0.4
	4001～5000 元	1.7	0.0	57.3	40.6	0.4
	5001～6000 元	1.1	0.0	48.7	48.5	1.7
	6001 元及以上	5.7	0.0	59.5	34.7	0.1

表 3.17.6　2016 年南京市场份额排名前 5 位的频率

排　名	频率名称	市场份额(%)
1	江苏新闻广播(FM93.7)	14.0
2	江苏经典流行音乐广播(FM97.5)	13.8
3	江苏交通广播网(FM101.1)	10.3
4	南京音乐台(FM105.8)	9.4
5	南京新闻台(AM1008)	8.1

表 3.17.7　2016 年南京市场收听率排名前 30 位的节目

排名	节目名称	播出频率	收听率（%）	市场份额（%）
1	早安南京	南京新闻台（AM1008）	2.9	17.6
2	江苏新闻联播	江苏新闻广播（FM93.7）	2.8	16.4
3	新闻早高峰	江苏新闻广播（FM93.7）	2.5	17.4
4	转《新闻和报摘》	江苏新闻广播（FM93.7）	2.4	18.4
5	交广早班车	江苏交通广播网（FM101.1）	2.0	12.2
6	开心方向盘	江苏交通广播网（FM101.1）	1.9	21.5
7	政风热线	江苏新闻广播（FM93.7）	1.7	19.1
8	嘀嘀叭叭早上好	江苏交通广播网（FM101.1）	1.6	14.2
9	阳光倾城	江苏经典流行音乐广播（FM97.5）	1.6	11.0
10	天天早知道	江苏新闻广播（FM93.7）	1.5	18.3
11	蓝色音乐田	江苏经典流行音乐广播（FM97.5）	1.3	23.5
12	即时资讯（10 点档）	江苏新闻广播（FM93.7）	1.3	17.0
13	钻石音乐时间	江苏经典流行音乐广播（FM97.5）	1.3	15.1
14	新闻晚高峰	江苏新闻广播（FM93.7）	1.3	14.7
15	城市乐动听	南京音乐台（FM105.8）	1.3	8.8
16	和刘伟听歌	江苏经典流行音乐广播（FM97.5）	1.2	16.5
17	和邓煌听歌	江苏经典流行音乐广播（FM97.5）	1.2	15.8
18	环球音乐地图	江苏经典流行音乐广播（FM97.5）	1.2	13.3
19	假日经典（周末版）（6:00～9:00）	江苏经典流行音乐广播（FM97.5）	1.2	9.7
20	早安 897	江苏音乐广播（FM89.7）	1.2	7.8
21	转《零距离》	江苏新闻广播（FM93.7）	1.1	17.3
22	英伦音乐前沿	南京音乐台（FM105.8）	1.1	15.9
23	周末放轻松（周末版）	江苏经典流行音乐广播（FM97.5）	1.1	13.6
24	开心好运来	江苏交通广播网（FM101.1）	1.1	12.8
25	新闻经纬度	江苏新闻广播（FM93.7）	1.0	15.4
26	晓东有话说	江苏新闻广播（FM93.7）	1.0	15.1
27	音乐不周末（周末版）	江苏音乐广播（FM89.7）	1.0	11.8
28	音乐早点到	江苏音乐广播（FM89.7）	1.0	7.1
29	新闻 60 分	南京经济台（AM900/FM98.1）	1.0	6.3
30	晓东评论（录）	江苏新闻广播（FM93.7）	0.9	24.6

十八、南宁收听数据

表 3.18.1　2014～2016 年南宁各目标听众人均收听时间(分钟)

目标听众		2014 年	2015 年	2016 年
10 岁及以上所有人		49	52	49
性别	男	54	58	55
	女	43	47	42
年龄	10～14 岁	15	18	22
	15～24 岁	25	31	25
	25～34 岁	52	56	51
	35～44 岁	66	62	56
	45～54 岁	54	65	54
	55～64 岁	66	70	67
	65 岁及以上	57	62	76
文化程度	未受过正规教育	31	*	25
	小学	53	35	43
	初中	49	50	47
	高中	55	60	53
	大学及以上	41	49	47
职业	干部/管理人员	42	54	59
	初级公务员/雇员	58	63	43
	个体/私营企业人员	45	52	57
	工人	62	60	62
	学生	20	22	19
	无业(包括退休人员)	62	62	61
	其他	63	52	28
个人月收入	没有收入	30	26	22
	1～2000 元	62	57	47
	2001～3000 元	46	61	62
	3001～4000 元	45	63	52
	4001～5000 元	52	56	50
	5001～6000 元	51	68	91
	6001 元及以上	48	47	60

注:南宁为全年连续调查城市。"*"表示目标听众样本量不足,无法进行统计推断。

表 3.18.2　2014～2016 年南宁听众在不同地点的人均收听时间(分钟)

地　点	2014 年	2015 年	2016 年
家中	26	29	24
车上	15	14	16
工作/学习场所	4	5	5
其他场所	4	4	4

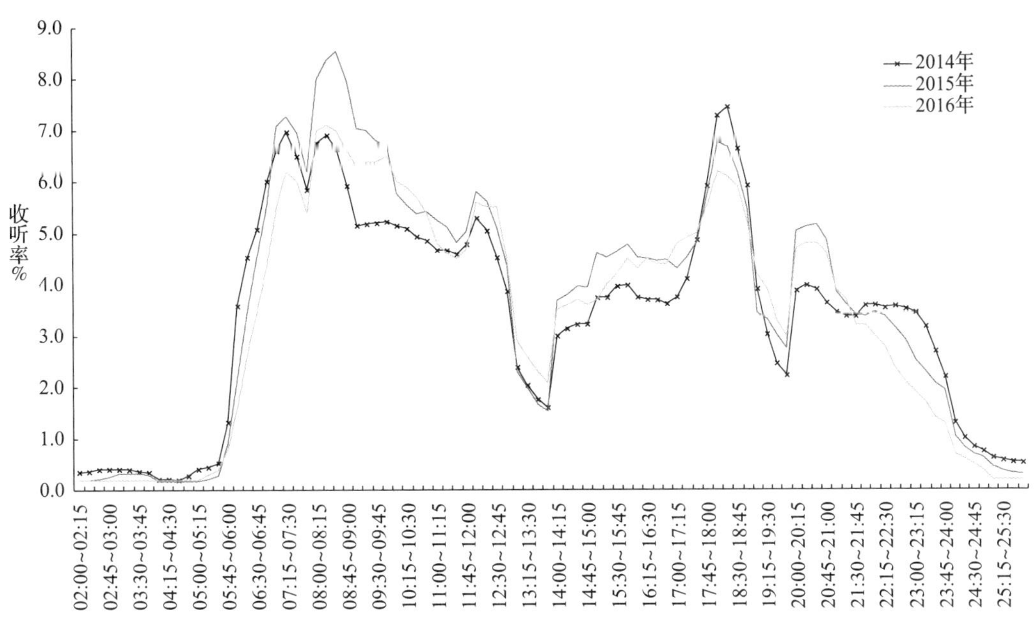

图 3.18.1　2014 ~ 2016 年南宁听众全天收听率走势

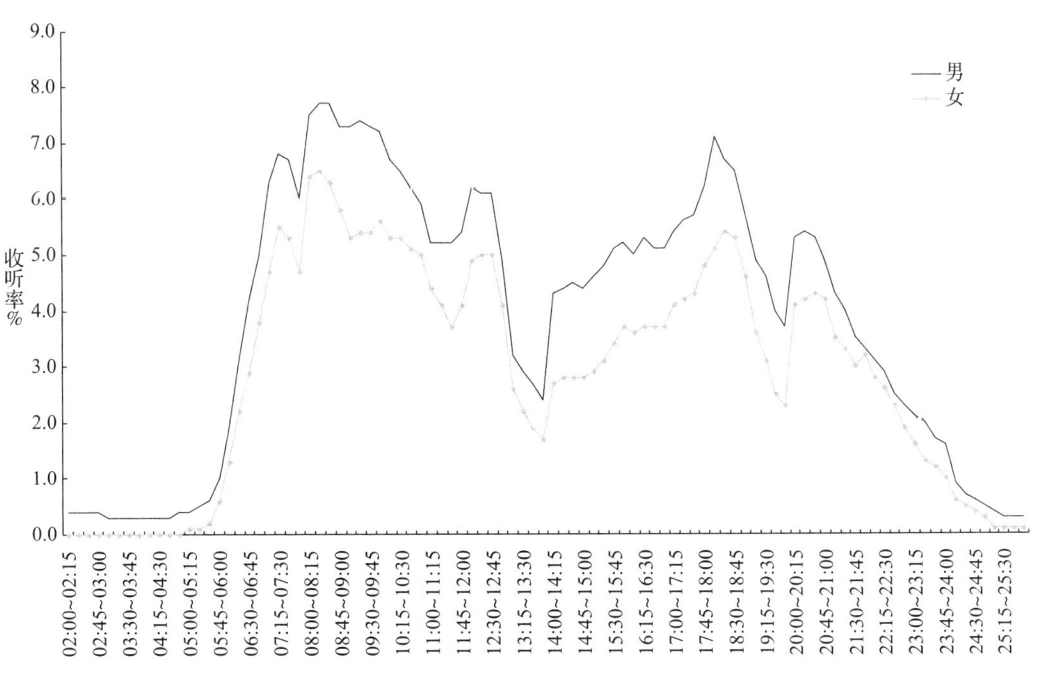

图 3.18.2　2016 年南宁不同性别听众全天收听率走势

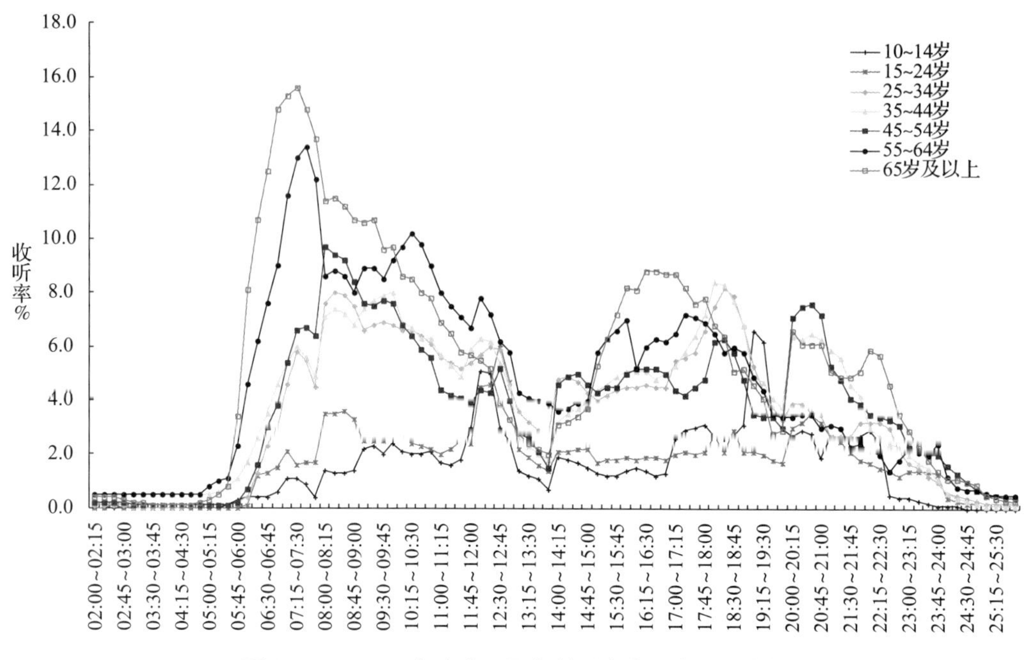

图 3.18.3 2016 年南宁不同年龄听众全天收听率走势

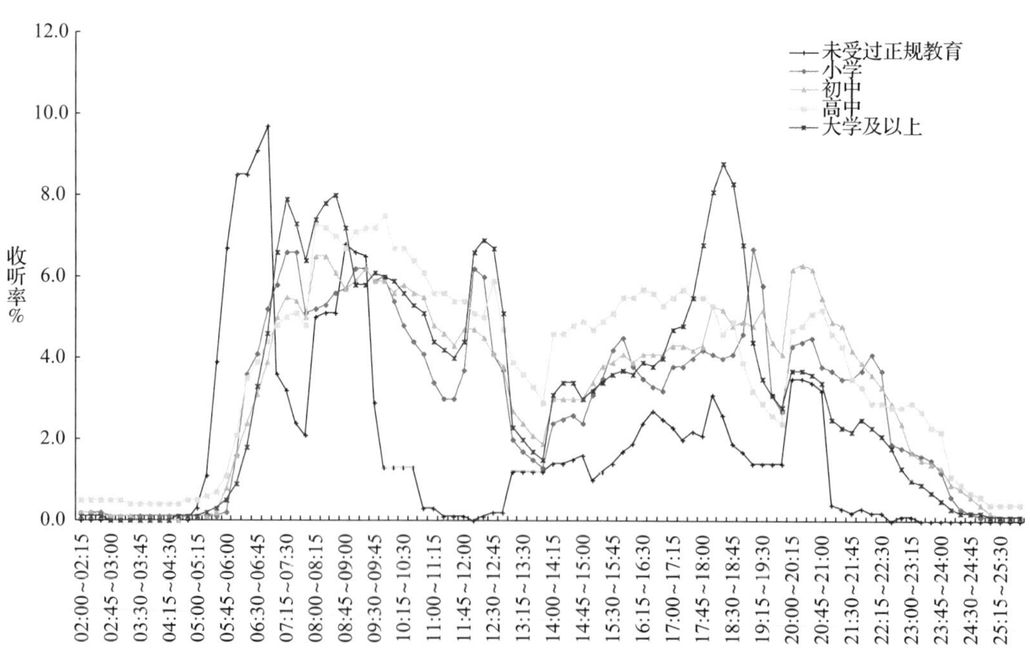

图 3.18.4 2016 年南宁不同文化程度听众全天收听率走势

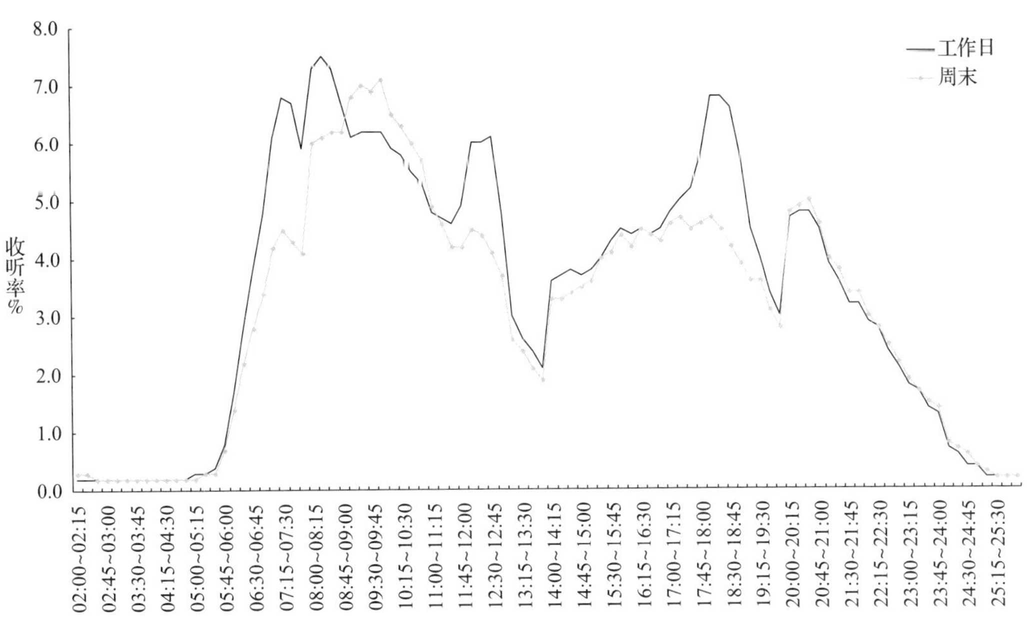

图 3.18.5 2016 年南宁听众工作日与周末全天收听率走势

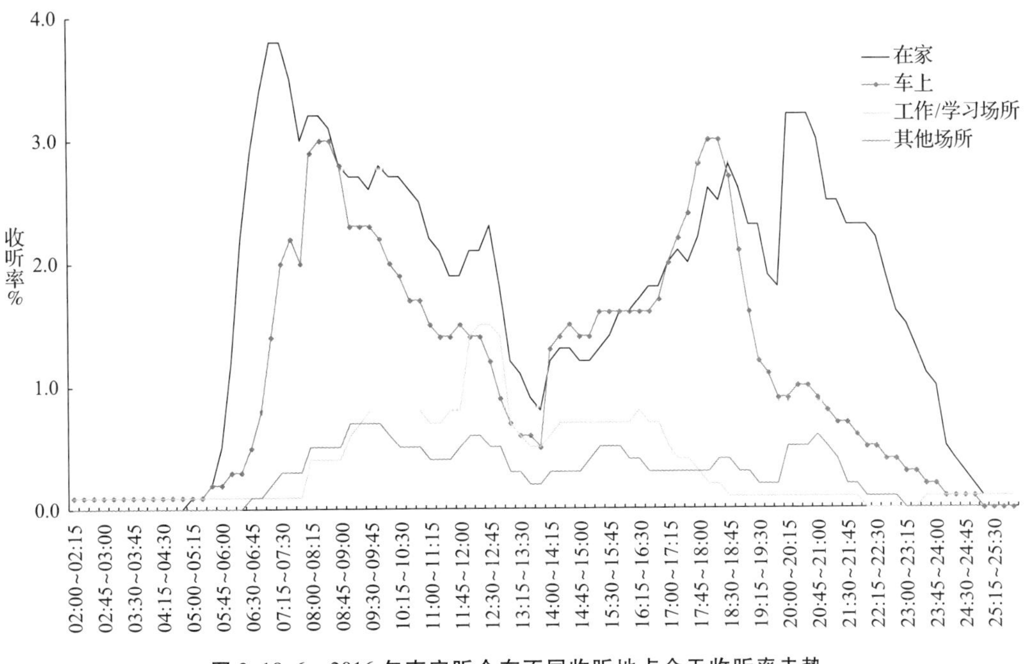

图 3.18.6 2016 年南宁听众在不同收听地点全天收听率走势

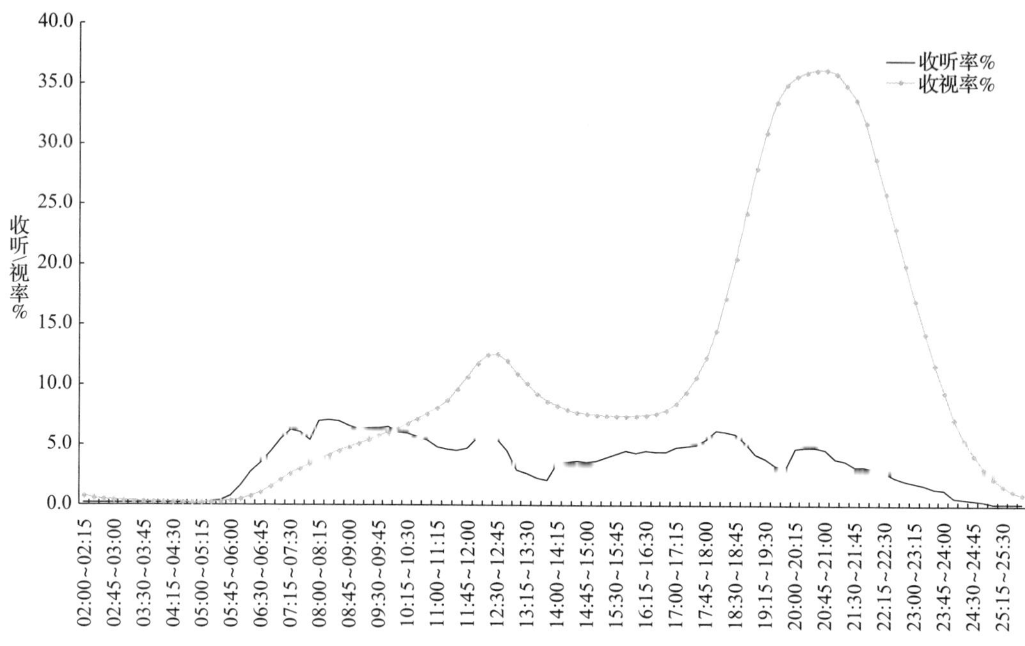

图 3.18.7　2016 年南宁受众全天收听率、收视率走势比较(目标受众为 10 岁及以上)

表 3.18.3 2016 年南宁市场听众构成（%）

目标听众		听众构成（%）
10 岁及以上所有人		100.0
性别	男	58.1
	女	41.9
年龄	10～14 岁	1.7
	15～24 岁	11.4
	25～34 岁	25.6
	35～44 岁	24.8
	45～54 岁	13.3
	55～64 岁	11.6
	65 岁及以上	11.6
文化程度	未受过正规教育	0.3
	小学	5.8
	初中	25.2
	高中	36.2
	大学及以上	32.5
职业	干部/管理人员	8.2
	初级公务员/雇员	18.1
	个体/私营企业人员	30.2
	工人	12.0
	学生	5.6
	无业（包括退休人员）	22.7
	其他	3.2
个人月收入	没有收入	8.7
	1～2000 元	21.7
	2001～3000 元	34.3
	3001～4000 元	20.4
	4001～5000 元	9.0
	5001～6000 元	4.2
	6001 元及以上	1.7

表 3.18.4 2014～2016 年南宁市场各广播电台的市场份额（%）

广播电台	2014 年	2015 年	2016 年
中央人民广播电台	15.4	16.6	17.7
中国国际广播电台	0.0	0.1	0.0
广西人民广播电台	60.1	58.7	56.9
南宁人民广播电台	23.9	24.3	25.0
其他广播电台	0.5	0.4	0.4

表 3.18.5　2016 年南宁市场各广播电台在不同目标听众中的市场份额(%)

目标听众		中央人民广播电台	中国国际广播电台	广西人民广播电台	南宁人民广播电台	其他广播电台
10 岁及以上所有人		17.7	0.0	56.9	25.0	0.3
性别	男	17.8	0.0	57.2	24.6	0.4
	女	17.6	0.0	56.6	25.7	0.2
年龄	10 ~ 14 岁	23.7	0.1	51.3	25.0	0.0
	15 ~ 24 岁	7.0	0.0	63.2	28.4	1.4
	25 ~ 34 岁	12.9	0.0	67.1	20.0	0.0
	35 ~ 44 岁	12.0	0.0	61.5	26.3	0.2
	45 ~ 54 岁	14.9	0.0	53.1	31.6	0.4
	55 ~ 64 岁	25.8	0.0	46.6	27.5	0.1
	65 岁及以上	45.2	0.0	34.2	20.5	0.1
文化程度	未受过正规教育	0.9	0.0	33.1	45.0	0.3
	小学	29.7	0.0	40.5	29.6	0.2
	初中	16.8	0.0	51.9	30.6	0.7
	高中	16.6	0.0	61.6	21.6	0.3
	大学及以上	17.7	0.0	58.7	23.5	0.0
职业	干部/管理人员	19.1	0.0	52.3	28.6	0.0
	初级公务员/雇员	11.1	0.1	55.4	32.5	1.0
	个体/私营企业人员	10.6	0.0	63.8	25.4	0.2
	工人	14.1	0.0	71.3	14.2	0.4
	学生	16.3	0.0	56.6	27.1	0.0
	无业(包括退休人员)	32.4	0.0	43.7	23.8	0.1
	其他	29.2	0.0	55.2	15.5	0.0
个人月收入	没有收入	13.4	0.0	58.5	28.1	0.0
	1 ~ 2000 元	27.3	0.0	41.4	30.3	1.0
	2001 ~ 3000 元	18.3	0.0	58.9	22.6	0.1
	3001 ~ 4000 元	10.9	0.1	66.6	22.4	0.1
	4001 ~ 5000 元	13.6	0.0	56.4	29.9	0.0
	5001 ~ 6000 元	15.5	0.0	70.1	14.4	0.0
	6001 元及以上	15.5	0.0	62.5	22.0	0.0

表 3.18.6　2016 年南宁市场份额排名前 5 位的频率

排　名	频率名称	市场份额(%)
1	广西电台文艺广播(950 音乐广播)(FM95.0)	14.3
2	广西电台教育广播(私家车 930)(FM93.0)	13.9
3	中央人民广播电台第一套节目中国之声	13.6
3	广西电台交通广播(交通 1003)(FM100.3)	11.2
5	广西电台经济广播(970 女主播)(FM97.0)	10.1

表 3.18.7　2016 年南宁市场收听率排名前 30 位的节目

排名	节目名称	播出频率	收听率（%）	市场份额（%）
1	汽车生活馆	广西电台教育广播（私家车 930）（FM93.0）	1.3	29.6
2	一周事件扫描（周日版）	广西电台教育广播（私家车 930）（FM93.0）	1.3	17.9
3	新闻和报纸摘要	中央人民广播电台第一套节目中国之声	1.2	30.3
4	萌萌答	广西电台教育广播（私家车 930）（FM93.0）	1.2	23.2
5	新闻纵横	中央人民广播电台第一套节目中国之声	1.2	19.5
6	八颗牙齿晒太阳	广西电台教育广播（私家车 930）（FM93.0）	1.2	17.1
7	大海现场秀	广西电台文艺广播（950 音乐广播）（FM95.0）	1.1	18.1
7	的士一家人	广西电台教育广播（私家车 930）（FM93.0）	1.1	18.1
9	930 人物故事（周六版）	广西电台教育广播（私家车 930）（FM93.0）	1.1	16.0
10	930 汽车生活馆	广西电台教育广播（私家车 930）（FM93.0）	1.0	22.8
11	音乐加点糖	广西电台文艺广播（950 音乐广播）（FM95.0）	1.0	17.5
12	民生 12 点	南宁人民广播电台综合广播 1014 新闻台（FM101.4）	1.0	17.0
13	知道分子	广西电台教育广播（私家车 930）（FM93.0）	1.0	16.4
14	网网雷到你（周末重播）	广西电台教育广播（私家车 930）（FM93.0）	1.0	15.0
15	私家车上班路上	广西电台教育广播（私家车 930）（FM93.0）	1.0	14.0
16	汽车爱音乐	广西电台文艺广播（950 音乐广播）（FM95.0）	1.0	13.8
17	原味音乐	广西电台文艺广播（950 音乐广播）（FM95.0）	0.9	21.4
18	我的汽车有话说	广西电台教育广播（私家车 930）（FM93.0）	0.9	18.7
19	麦霸来了	广西电台教育广播（私家车 930）（FM93.0）	0.9	16.4
20	真爱如歌	广西电台文艺广播（950 音乐广播）（FM95.0）	0.8	17.1
21	真爱如歌（周日版）	广西电台文艺广播（950 音乐广播）（FM95.0）	0.8	16.3
22	好听不将就	广西电台教育广播（私家车 930）（FM93.0）	0.8	16.2
23	私家车下班路上	广西电台教育广播（私家车 930）（FM93.0）	0.8	15.4
24	1014 今早报	南宁人民广播电台综合广播 1014 新闻台（FM101.4）	0.8	14.1
25	快乐晚高峰.前峰	广西电台交通广播（交通 1003）（FM100.3）	0.8	13.8
26	只听好歌不听话（周六版）	广西电台文艺广播（950 音乐广播）（FM95.0）	0.8	13.7
27	全国新闻联播	中央人民广播电台第一套节目中国之声	0.8	13.6
28	只听好歌不听话（周日版）	广西电台文艺广播（950 音乐广播）（FM95.0）	0.8	13.3
29	动感早高峰.后峰	广西电台交通广播（交通 1003）（FM100.3）	0.8	12.0
30	动感早高峰.前峰	广西电台交通广播（交通 1003）（FM100.3）	0.8	11.5

十九、宁波收听数据

表 3.19.1　2014～2016 年宁波各目标听众人均收听时间(分钟)

目标听众		2014 年	2015 年	2016 年
10 岁及以上所有人		46	49	43
性别	男	49	53	48
	女	43	44	39
年龄	10～14 岁	19	21	19
	15～24 岁	31	35	27
	25～34 岁	43	39	38
	35～44 岁	53	57	56
	45～54 岁	51	51	42
	55～64 岁	51	55	47
	65 岁及以上	72	97	83
文化程度	未受过正规教育	20	15	11
	小学	40	45	38
	初中	45	56	48
	高中	48	48	40
	大学及以上	48	43	44
职业	干部/管理人员	59	57	50
	初级公务员/雇员	48	47	41
	个体/私营企业人员	38	47	55
	工人	56	53	41
	学生	27	31	25
	无业(包括退休人员)	56	68	57
	其他	42	20	26
个人月收入	没有收入	27	29	26
	1～2000 元	48	43	15
	2001～3000 元	54	54	30
	3001～4000 元	48	44	44
	4001～5000 元	47	55	53
	5001～6000 元	67	66	56
	6001 元及以上	49	50	48

注:宁波为全年连续调查城市。

表 3.19.2　2014～2016 年宁波听众在不同地点的人均收听时间(分钟)

地　点	2014 年	2015 年	2016 年
在家	24	21	18
车上	17	21	23
工作/学习场所	5	5	3
其他场所	1	1	1

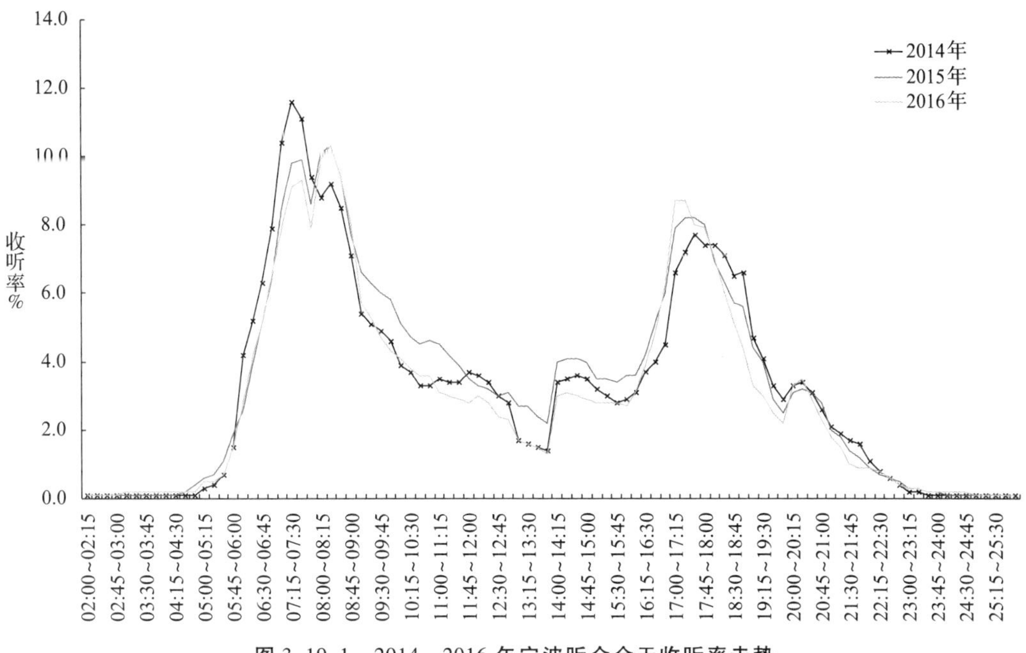

图 3.19.1　2014～2016 年宁波听众全天收听率走势

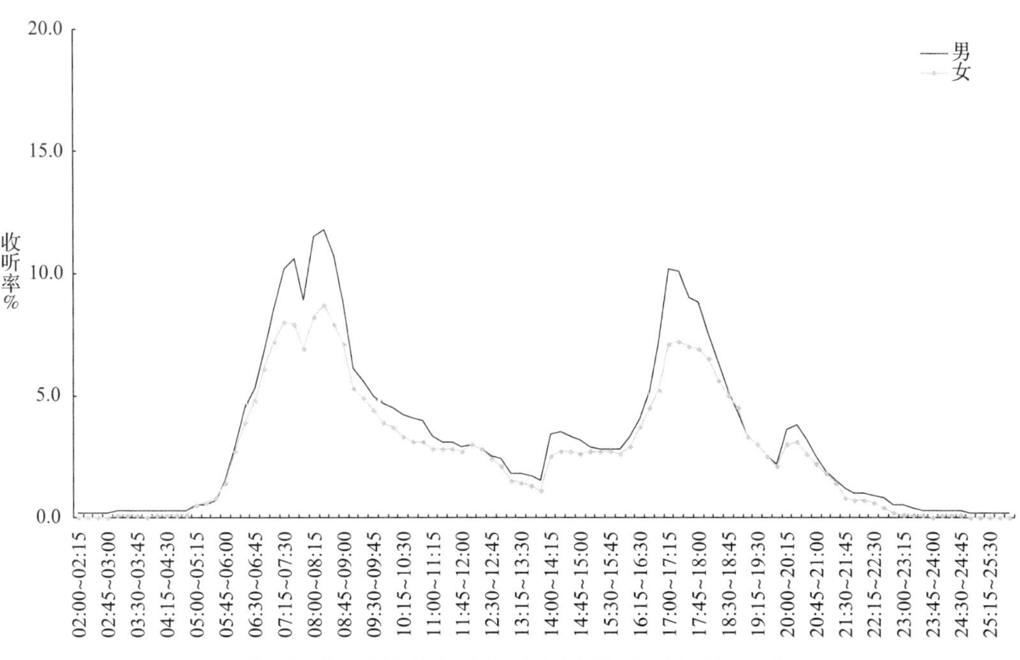

图 3.19.2　2016 年宁波不同性别听众全天收听率走势

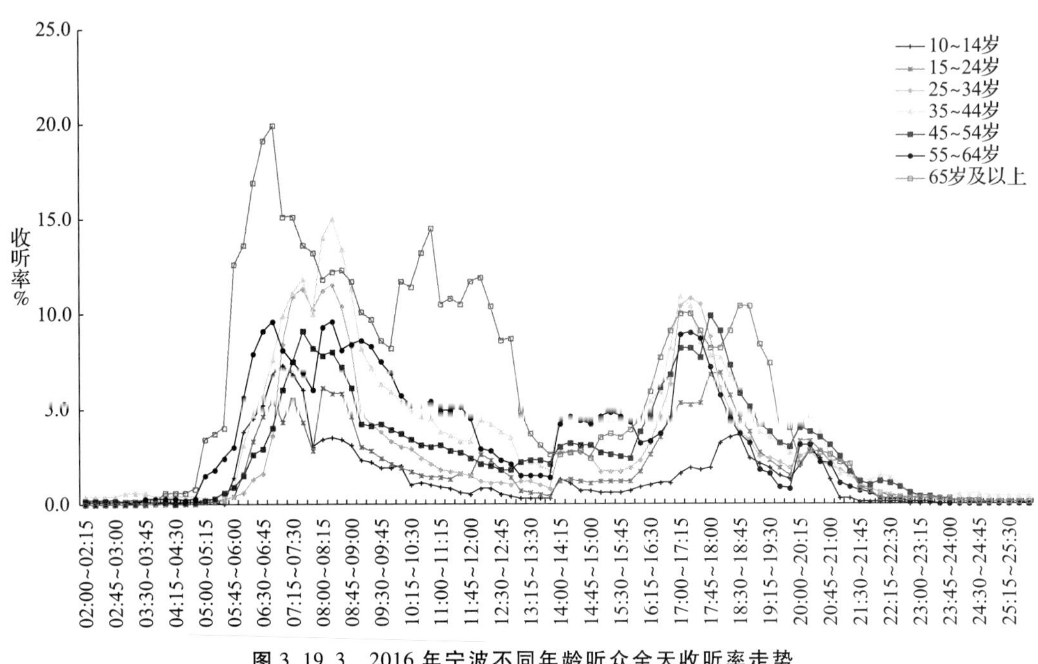

图 3.19.3　2016 年宁波不同年龄听众全天收听率走势

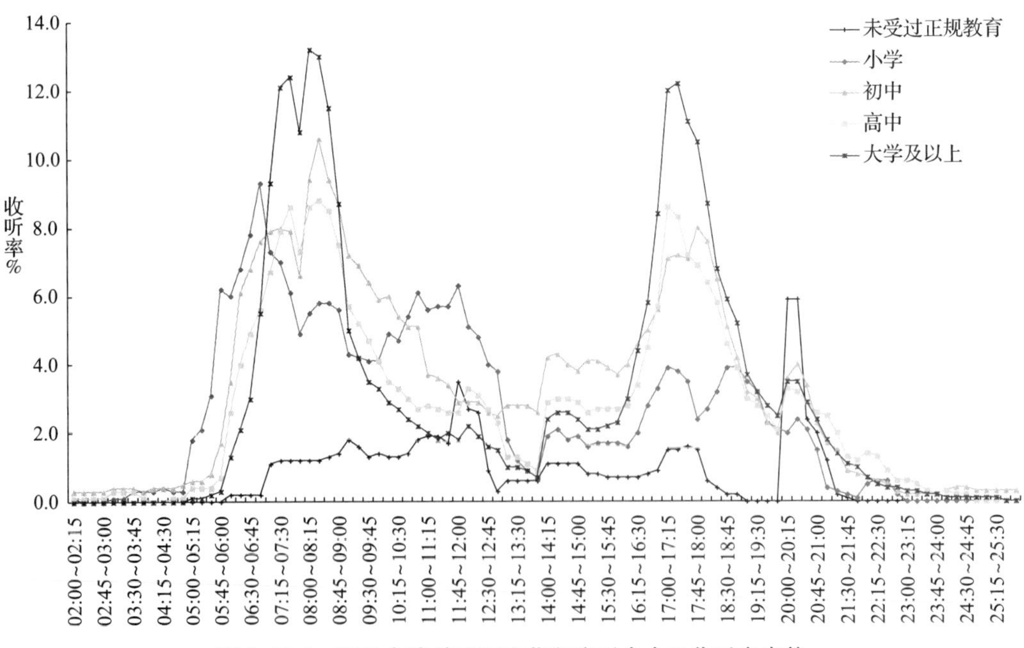

图 3.19.4　2016 年宁波不同文化程度听众全天收听率走势

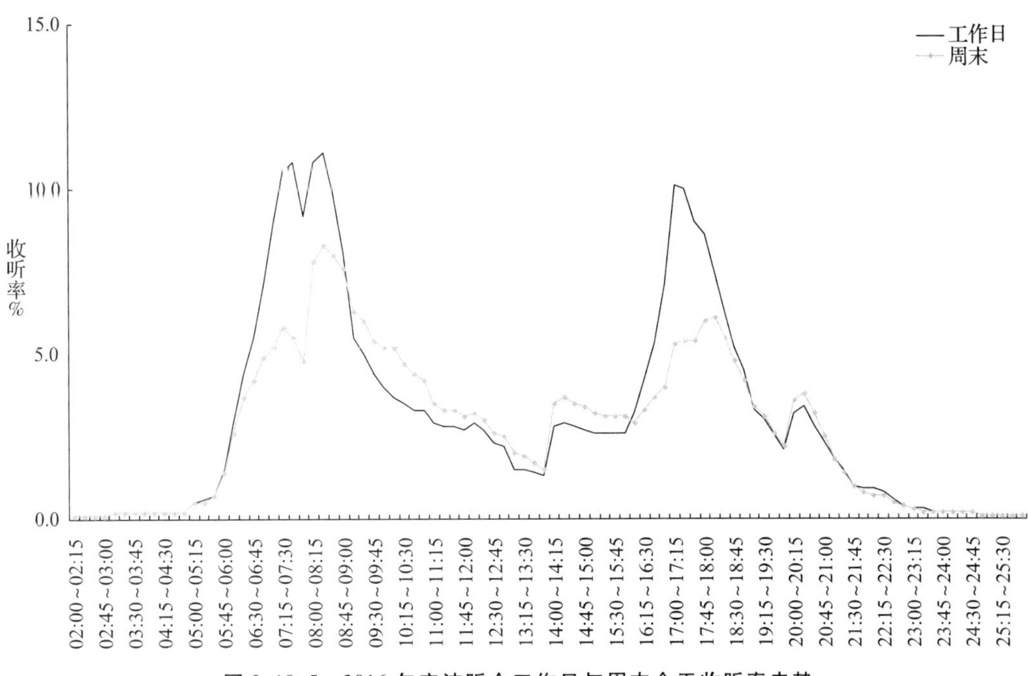

图 3.19.5　2016 年宁波听众工作日与周末全天收听率走势

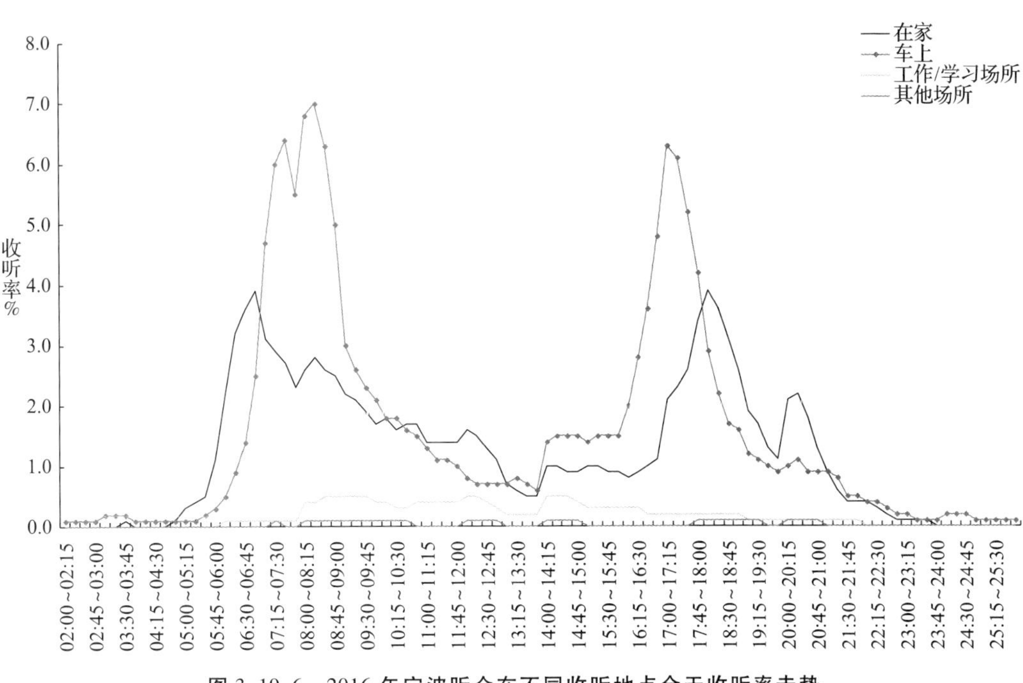

图 3.19.6　2016 年宁波听众在不同收听地点全天收听率走势

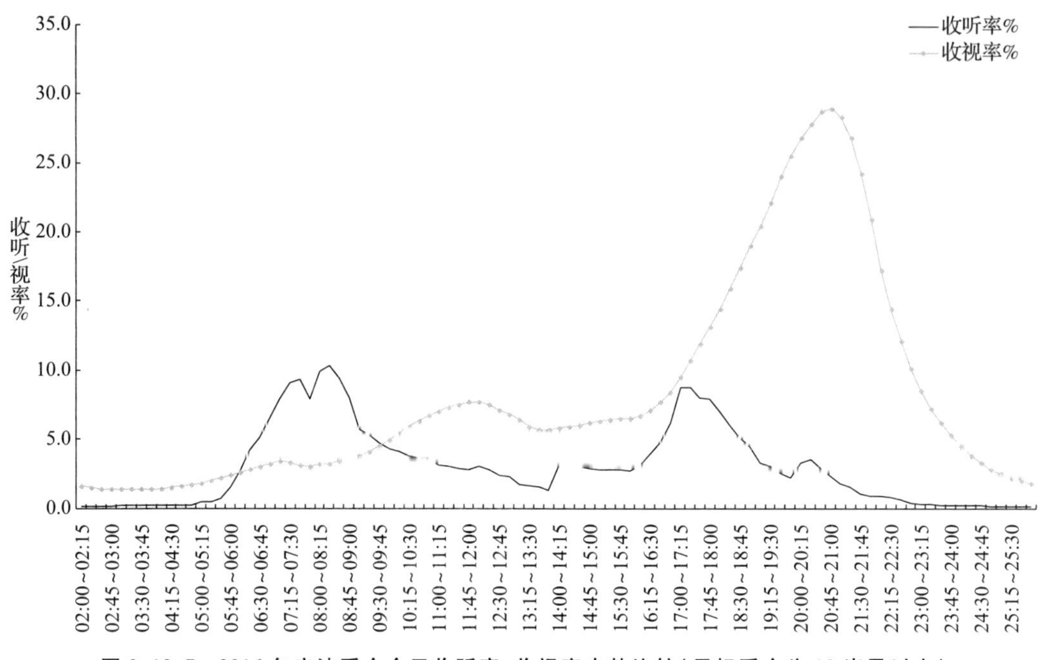

图 3.19.7　2016 年宁波受众全天收听率、收视率走势比较(目标受众为 10 岁及以上)

表 3.19.3　2016 年宁波市场听众构成(%)

目标听众		听众构成(%)
10 岁及以上所有人		100.0
性别	男	56.9
	女	43.1
年龄	10~14 岁	2.0
	15~24 岁	11.0
	25~34 岁	19.9
	35~44 岁	31.9
	45~54 岁	15.4
	55~64 岁	10.9
	65 岁及以上	8.9
文化程度	未受过正规教育	0.2
	小学	9.1
	初中	32.2
	高中	25.6
	大学及以上	32.9
职业	干部/管理人员	10.4
	初级公务员/雇员	39.7
	个体/私营企业人员	15.2
	工人	6.6
	学生	7.8
	无业(包括退休人员)	19.4
	其他	0.9
个人月收入	没有收入	10.8
	1~2000 元	0.7
	2001~3000 元	3.2
	3001~4000 元	17.6
	4001~5000 元	20.2
	5001~6000 元	12.2
	6001 元及以上	35.3

表 3.19.4　2014~2016 年宁波市场各广播电台的市场份额(%)

广播电台	2014 年	2015 年	2016 年
中央人民广播电台	11.8	10.5	10.5
中国国际广播电台	0.1	0.0	0.0
浙江广播电视集团	16.9	17.1	15.7
宁波广播电视集团	44.9	48.8	49.8
上海广播电视台	2.6	1.3	0.5
其他广播电台	23.7	22.3	23.5

表 3.19.5　2016 年宁波市场各广播电台在不同目标听众中的市场份额(%)

目标听众		中央人民广播电台	中国国际广播电台	浙江广播电视集团	宁波广播电视集团	上海广播电视台	其他广播电台
10 岁及以上所有人		10.5	0.0	15.7	49.8	0.5	23.5
性别	男	10.7	0.0	16.2	47.7	0.4	25.0
	女	10.3	0.0	15.0	52.5	0.7	21.5
年龄	10～14 岁	15.1	0.0	14.3	46.3	0.4	23.9
	15～24 岁	11.5	0.0	13.9	46.0	0.5	28.1
	25～34 岁	4.5	0.0	13.2	42.7	0.8	38.8
	35～44 岁	8.6	0.0	19.6	43.6	0.2	28.0
	45～54 岁	11.9	0.0	17.2	53.7	0.7	16.5
	55～64 岁	8.7	0.0	15.6	69.6	1.0	5.1
	65 岁及以上	28.3	0.0	7.3	61.9	0.3	2.2
文化程度	未受过正规教育	0.0	0.0	0.2	62.5	0.0	[illegible]
	小学	16.7	0.0	19.2	50.0	0.6	13.5
	初中	12.4	0.0	13.6	55.7	0.7	17.6
	高中	9.0	0.0	18.4	49.4	0.4	22.8
	大学及以上	8.1	0.0	14.7	44.2	0.5	32.5
职业	干部/管理人员	7.3	0.0	13.6	48.8	0.1	30.2
	初级公务员/雇员	8.8	0.0	16.7	45.1	0.6	28.8
	个体/私营企业人员	4.7	0.0	24.6	48.7	0.2	21.8
	工人	7.1	0.0	10.8	43.2	0.2	38.7
	学生	18.3	0.0	12.5	47.7	0.4	21.1
	无业(包括退休人员)	16.2	0.0	11.4	64.9	1.1	6.4
	其他	65.0	0.0	8.2	18.8	0.1	7.9
个人月收入	没有收入	15.9	0.0	14.8	49.0	1.1	19.2
	1～2000 元	6.4	0.0	10.1	34.3	0.6	48.6
	2001～3000 元	6.5	0.0	12.6	62.3	0.7	17.9
	3001～4000 元	3.7	0.0	11.4	62.8	0.6	21.5
	4001～5000 元	5.6	0.0	19.8	48.3	0.9	25.4
	5001～6000 元	13.2	0.0	21.8	42.0	0.3	22.7
	6001 元及以上	15.4	0.0	13.3	46.5	0.3	24.5

表 3.19.6　2016 年宁波市场份额排名前 5 位的频率

排　名	频率名称	市场份额(%)
1	宁波电台交通广播(FM93.9 AM603)	15.3
2	宁波电台音乐广播私家车 986(FM98.6)	11.9
3	宁波电台新闻综合广播宁波之声(FM92.0/AM1323)	9.6
4	宁波电台经济广播(FM102.9/AM747)	8.0
5	中央人民广播电台第一套节目中国之声	7.8

表 3.19.7 2016 年宁波市场收听率排名前 30 位的节目

排名	节目名称	播出频率	收听率（%）	市场份额（%）
1	动听宁波	宁波电台交通广播（FM93.9/AM603）	1.9	20.5
2	转播中央台《新闻和报纸摘要》	宁波电台新闻综合广播宁波之声（FM92.0/AM1323）	1.4	24.8
3	新闻和报纸摘要	中央人民广播电台第一套节目中国之声	1.3	21.8
4	HAPPY 路呀	宁波电台交通广播（FM93.9/AM603）	1.3	15.5
5	宁广早新闻	宁波电台新闻综合广播宁波之声（FM92.0/AM1323）	1.3	14.8
6	娱乐双声道－假日篇	宁波电台经济广播（FM102.9/AM747）	1.2	19.9
7	情歌年代（08:00～09:00）	宁波电台音乐广播私家车 986（FM98.6）	1.2	14.7
8	上班晚一点	宁波电台音乐广播私家车 986（FM98.6）	1.2	12.5
9	开心 TAXI	宁波电台交通广播（FM93.9/AM603）	1.1	23.1
10	阿拉讲大道（首播）	宁波电台经济广播（FM102.9/AM747）	1.1	16.9
11	品牌之旅	中央人民广播电台第一套节目中国之声	1.0	27.8
12	交通直播网	宁波电台交通广播（FM93.9/AM603）	1.0	12.4
13	最美汽车 CD（08:00～09:00）	宁波电台音乐广播私家车 986（FM98.6）	1.0	12.0
14	天天说事	宁波电台新闻综合广播宁波之声（FM92.0/AM1323）	1.0	10.3
15	晨间早报	宁波电台新闻综合广播宁波之声（FM92.0/AM1323）	0.9	27.2
16	国防时空	中央人民广播电台第一套节目中国之声	0.9	24.2
17	喜乐会	宁波电台交通广播（FM93.9/AM603）	0.9	18.0
18	下班早一点	宁波电台音乐广播私家车 986（FM98.6）	0.9	14.0
19	越听乐动听/关注残疾人	宁波电台新闻综合广播宁波之声（FM92.0/AM1323）	0.9	13.4
20	社区天地	宁波电台经济广播（FM102.9/AM747）	0.8	18.5
21	谈天说地	宁波电台经济广播（FM102.9/AM747）	0.8	17.7
22	声游天下	宁波电台音乐广播私家车 986（FM98.6）	0.8	14.1
23	一路上有你	宁波电台交通广播（FM93.9/AM603）	0.8	12.7
24	最美汽车 CD（20:00～21:00）	宁波电台音乐广播私家车 986（FM98.6）	0.7	21.9
25	我为车狂	宁波电台交通广播（FM93.9/AM603）	0.7	19.4
26	慢生活（电影文化）	宁波电台音乐广播私家车 986（FM98.6）	0.7	16.9
27	新家缘	宁波电台交通广播（FM93.9/AM603）	0.7	15.5
28	超级派	宁波电台交通广播（FM93.9/AM603）	0.7	12.9
29	残疾人之友	中央人民广播电台第一套节目中国之声	0.6	24.4
30	情歌年代（20:00～21:00）	宁波电台音乐广播私家车 986（FM98.6）	0.6	18.3

二十、青岛收听数据

表 3.20.1　2014～2016 年青岛各目标听众人均收听时间(分钟)

目标听众		2014 年	2015 年	2016 年			
				第一波	第二波	第三波	第四波
10 岁及以上所有人		83	76	75	73	74	74
性别	男	88	79	83	82	83	81
	女	79	72	68	64	66	67
年龄	10～14 岁	26	24	32	20	16	9
	15～24 岁	46	33	32	33	37	29
	25～34 岁	66	55	51	51	55	61
	35～44 岁	75	58	57	50	55	55
	45～54 岁	83	78	77	84	80	74
	55～64 岁	154	139	153	145	137	147
	65 岁及以上	139	142	143	132	140	136
文化程度	未受过正规教育	*	68	45	9	11	12
	小学	50	63	53	56	57	45
	初中	93	84	84	84	90	89
	高中	95	80	86	84	81	80
	大学及以上	72	67	64	58	61	63
职业	干部/管理人员	83	62	57	56	48	51
	初级公务员/雇员	65	55	51	51	52	55
	个体/私营企业人员	81	77	88	84	78	71
	工人	84	68	62	75	90	89
	学生	31	28	28	25	27	22
	无业(包括退休人员)	128	125	128	115	117	117
	其他	*	*	*	*	*	*
个人月收入	没有收入	36	31	30	29	28	26
	1～2000 元	99	101	89	92	93	83
	2001～3000 元	101	88	93	94	97	106
	3001～4000 元	74	65	72	68	70	68
	4001～5000 元	87	86	83	70	77	79
	5001～6000 元	101	99	79	75	76	64
	6001 元及以上	101	102	103	104	99	104

注:青岛为四波调查城市。2016 年四波调查日期分别为:第一波 2 月 28 日～3 月 19 日,第二波 5 月 22 日～6 月 11 日,第三波 8 月 21 日～9 月 10 日,第四波 11 月 6 日～11 月 26 日。
“*”表示该目标听众样本量不足,无法进行统计推断。

表 3.20.2　2014～2016 年青岛听众在不同地点的人均收听时间(分钟)

地　点	2014 年	2015 年	2016 年
在家	52	48	46
车上	24	24	24
工作/学习场所	5	3	3
其他场所	3	1	1

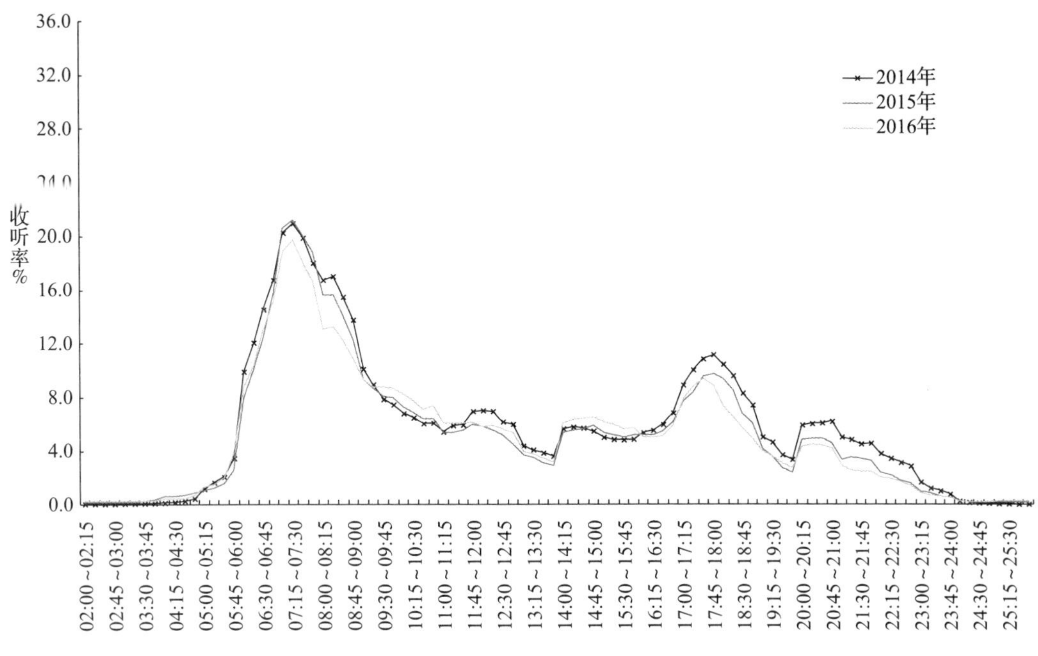

图 3.20.1　2014～2016 年青岛听众全天收听率走势

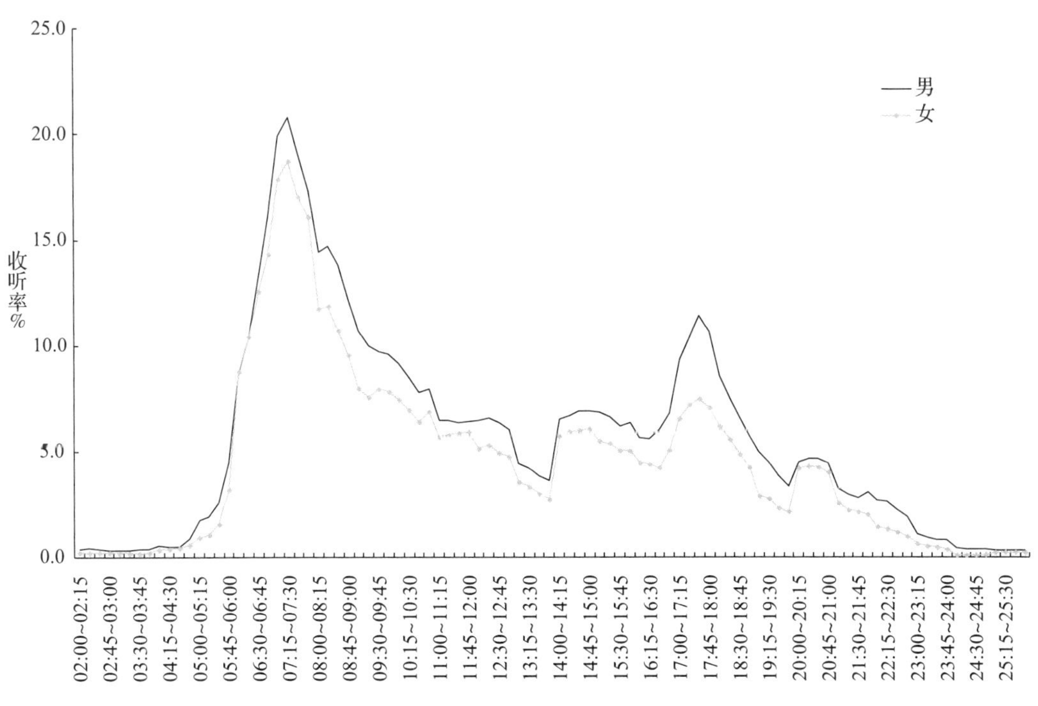

图 3.20.2　2016 年青岛不同性别听众全天收听率走势

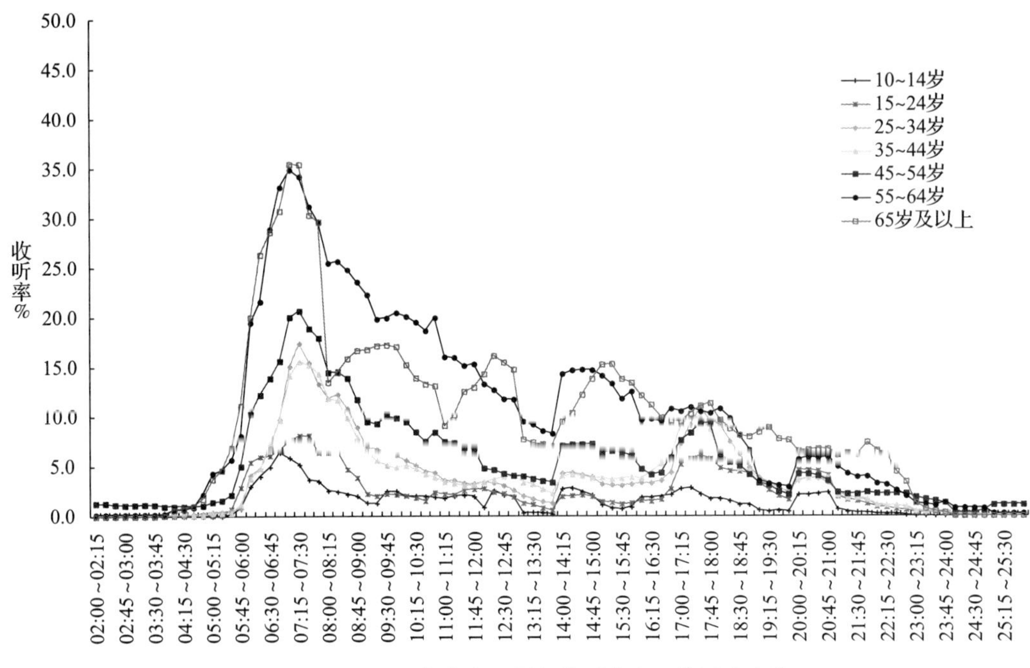

图 3.20.3　2016 年青岛不同年龄听众全天收听率走势

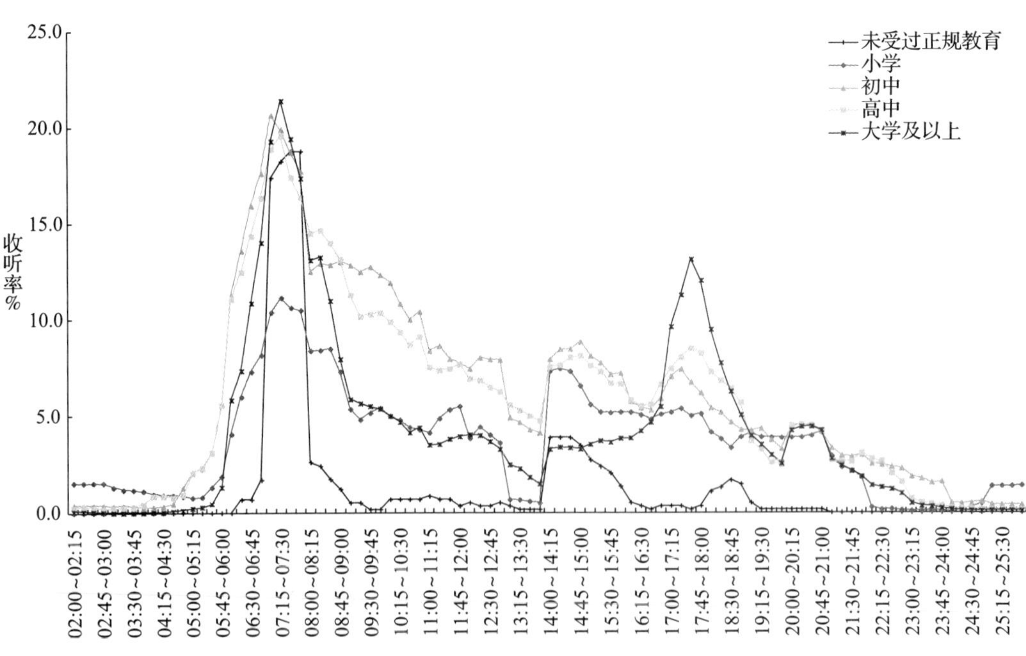

图 3.20.4　2016 年青岛不同文化程度听众全天收听率走势

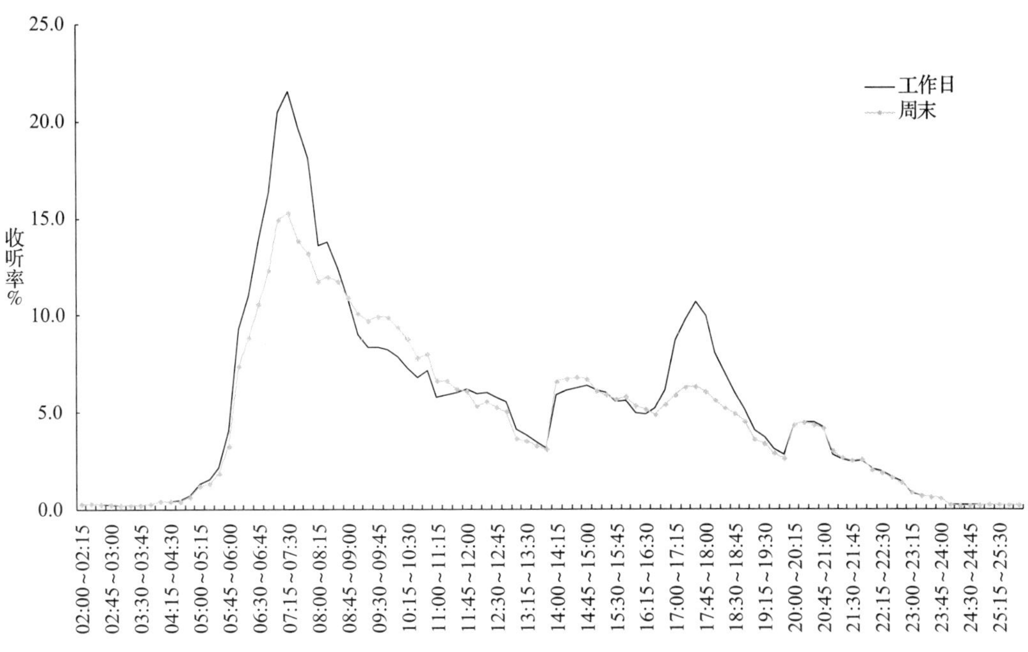

图 3.20.5 2016 年青岛听众工作日与周末全天收听率走势

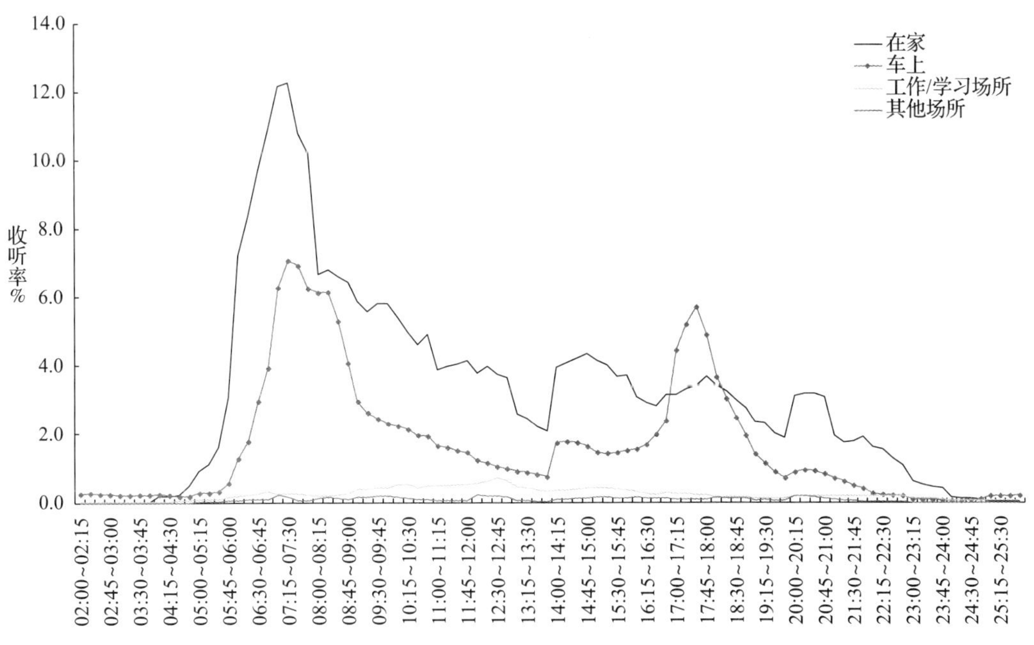

图 3.20.6 2016 年青岛听众在不同收听地点全天收听率走势

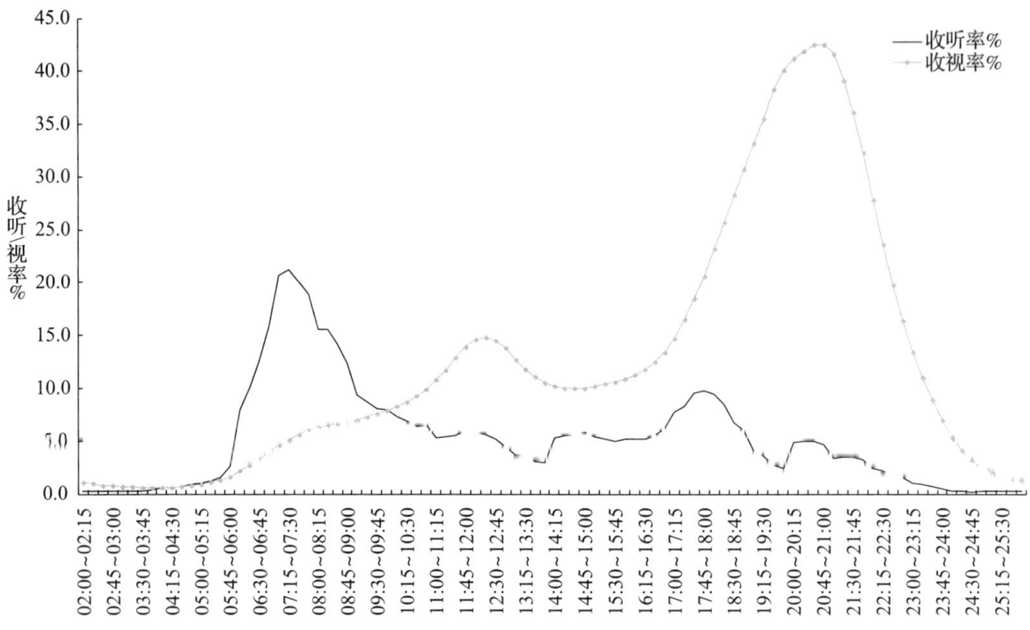

图 3.20.7 2016 年青岛受众全天收听率、收视率走势比较(目标受众为 10 岁及以上)

表 3.20.3　2016 年青岛市场听众构成(%)

目标听众		听众构成(%)
10 岁及以上所有人		100.0
性别	男	55.2
	女	44.8
年龄	10~14 岁	1.0
	15~24 岁	6.1
	25~34 岁	16.0
	35~44 岁	15.5
	45~54 岁	18.0
	55~64 岁	24.8
	65 岁及以上	18.6
文化程度	未受过正规教育	0.2
	小学	4.6
	初中	28.6
	高中	37.3
	大学及以上	29.3
职业	干部/管理人员	3.8
	初级公务员/雇员	21.8
	个体/私营企业人员	14.1
	工人	11.9
	学生	4.2
	无业(包括退休人员)	44.2
	其他	*
个人月收入	没有收入	6.7
	1~2000 元	9.6
	2001~3000 元	33.2
	3001~4000 元	23.6
	4001~5000 元	12.7
	5001~6000 元	6.1
	6001 元及以上	8.0

注:“*”表示该目标听众样本量不足,无法进行统计推断。

表 3.20.4　2014~2016 年青岛市场各广播电台的市场份额(%)

广播电台	2014 年	2015 年	2016 年			
			第一波	第二波	第三波	第四波
中央人民广播电台	12.6	11.0	9.6	10.4	9.5	10.2
中国国际广播电台	0.0	0.0	0.0	0.0	0.0	0.0
山东人民广播电台	8.9	9.2	8.1	8.1	6.6	6.8
青岛人民广播电台	75.2	76.8	76.6	75.3	78.6	77.0
其他广播电台	3.3	3.0	5.7	6.2	5.3	6.0

表 3.20.5　2016 年青岛市场各广播电台在不同目标听众中的市场份额(%)

目标听众		中央人民广播电台	中国国际广播电台	山东人民广播电台	青岛人民广播电台	其他广播电台
10 岁及以上所有人		9.9	0.0	7.4	76.9	5.8
性别	男	10.3	0.0	7.0	76.2	6.5
	女	9.4	0.0	7.9	77.8	4.9
年龄	10～14 岁	1.7	0.0	7.2	75.4	15.7
	15～24 岁	5.0	0.0	5.9	77.1	12.0
	25～34 岁	5.5	0.0	7.9	77.8	8.8
	35～44 岁	7.3	0.0	6.4	78.4	7.9
	45～54 岁	3.3	0.0	10.8	79.0	6.9
	55～64 岁	16.2	0.0	5.4	76.4	2.0
	65 岁及以上	15.9	0.0	7.7	73.6	2.8
文化程度	未受过正规教育	0.0	0.0	21.2	78.8	0.0
	小学	2.6	0.0	7.8	76.6	13.0
	初中	8.6	0.0	10.6	78.4	2.4
	高中	12.0	0.0	5.5	77.1	5.4
	大学及以上	9.8	0.0	6.6	75.2	8.4
职业	干部/管理人员	12.3	0.0	3.6	73.4	10.7
	初级公务员/雇员	4.3	0.0	6.5	80.5	8.7
	个体/私营企业人员	3.9	0.0	8.6	80.2	7.3
	工人	8.5	0.0	7.2	77.4	6.9
	学生	6.2	0.0	5.8	76.3	11.7
	无业(包括退休人员)	15.2	0.0	7.9	74.3	2.6
	其他	*	*	*	*	*
个人月收入	没有收入	11.4	0.0	7.9	71.9	8.8
	1～2000 元	10.5	0.0	11.6	70.4	7.5
	2001～3000 元	9.3	0.0	6.2	80.6	3.9
	3001～4000 元	9.9	0.0	6.8	74.9	8.4
	4001～5000 元	11.1	0.0	10.5	73.7	4.7
	5001～6000 元	10.9	0.0	10.1	73.3	5.7
	6001 元及以上	7.8	0.0	1.9	88.1	2.2

注:“*”表示该目标听众样本量不足,无法进行统计推断。

表 3.20.6　2016 年青岛市场份额排名前 5 位的频率

排　名	频率名称	市场份额(%)
1	青岛交通广播(FM89.7/AM900)	34.3
2	青岛广播新闻频率(FM107.6/FM103.6/AM1377)	15.8
3	中央人民广播电台第一套节目中国之声	6.9
4	青岛经济广播(FM102.9/AM1251)	5.0
5	青岛音乐体育广播(FM91.5)	4.9

表 3.20.7　2016 年青岛市场收听率排名前 30 位的节目

排名	节目名称	播出频率	收听率（%）	市场份额（%）
1	动感青岛《上午版》	青岛交通广播（FM89.7/AM900）	7.3	43.7
2	新闻直通车	青岛交通广播（FM89.7/AM900）	5.2	36.9
3	交通热线	青岛交通广播（FM89.7/AM900）	5.1	43.7
4	飞扬音乐时间	青岛交通广播（FM89.7/AM900）	3.[illegible]	43.6
5	1377 早新闻	青岛广播新闻频率（FM107.6/FM103.6/AM1377）	3.6	19.9
6	乐乐第七日	青岛交通广播（FM89.7/AM900）	3.5	40.0
7	HAPPY 新动力	青岛交通广播（FM89.7/AM900）	3.4	39.6
8	转中央台《新闻和报纸摘要》	青岛广播新闻频率（FM107.6/FM103.6/AM1377）	3.4	23.9
9	1377 清晨新闻	青岛广播新闻频率（FM107.6/FM103.6/AM1377）	2.9	30.2
10	活力引擎 1+1	青岛交通广播（FM89.7/AM900）	2.8	39.7
11	动感青岛《下午版》	青岛交通广播（FM89.7/AM900）	2.8	39.3
12	897 音乐逍遥游	青岛交通广播（FM89.7/AM900）	2.7	39.1
13	乐乐专卖店	青岛交通广播（FM89.7/AM900）	2.7	35.3
14	周末相声大会	青岛交通广播（FM89.7/AM900）	2.4	33.1
15	保险全接触	青岛交通广播（FM89.7/AM900）	2.0	34.5
16	房产俱乐部	青岛交通广播（FM89.7/AM900）	2.0	32.9
17	897 给力自驾游	青岛交通广播（FM89.7/AM900）	2.0	32.2
18	聚焦在线	青岛广播新闻频率（FM107.6/FM103.6/AM1377）	1.9	14.7
19	百味人生	青岛广播新闻频率（FM107.6/FM103.6/AM1377）	1.8	12.8
20	一路平安	青岛交通广播（FM89.7/AM900）	1.7	31.7
21	广播购物	青岛交通广播（FM89.7/AM900）	1.7	28.2
22	全市重点项目巡礼	青岛广播新闻频率（FM107.6/FM103.6/AM1377）	1.7	14.6
23	行风在线	青岛广播新闻频率（FM107.6/FM103.6/AM1377）	1.7	13.5
24	气象万千随我行+携手同行	青岛广播新闻频率（FM107.6/FM103.6/AM1377）	1.6	13.7
25	汽车总动员	青岛交通广播（FM89.7/AM900）	1.5	27.3
26	张召忠开讲	青岛广播新闻频率（FM107.6/FM103.6/AM1377）	1.4	22.7
27	新闻纵横	中央人民广播电台第一套节目中国之声	1.4	9.0
28	经广早新闻	青岛经济广播（FM102.9/AM1251）	1.4	7.9
29	897 给力自助游	青岛交通广播（FM89.7/AM900）	1.3	22.8
30	直播世（周三福彩在行动）	青岛广播新闻频率（FM107.6/FM103.6/AM1377）	1.3	15.8

二十一、清远收听数据

表 3.21.1 2014～2016 年清远各目标听众人均收听时间(分钟)

目标听众		2014 年	2015 年	2016 年			
				第一波	第二波	第三波	第四波
10 岁及以上所有人		51	44	40	45	46	39
性别	男	52	45	39	45	46	40
	女	50	43	41	45	46	37
年龄	10～14 岁	31	28	24	26	28	18
	15～24 岁	35	34	30	36	33	23
	25～34 岁	48	37	35	38	42	39
	35～44 岁	50	44	38	51	45	40
	45～54 岁	60	51	42	45	54	46
	55～64 岁	71	50	49	59	55	50
	65 岁及以上	72	68	68	61	72	56
文化程度	未受过正规教育	49	39	25	23	15	17
	小学	53	49	46	50	56	48
	初中	52	43	40	46	49	38
	高中	47	40	36	44	36	37
	大学及以上	47	48	43	32	38	32
职业	干部/管理人员	33	54	44	76	46	42
	初级公务员/雇员	48	45	31	30	36	34
	个体/私营企业人员	63	59	48	51	46	41
	工人	45	36	32	43	43	37
	学生	34	35	30	32	33	20
	无业(包括退休人员)	74	52	46	48	45	44
	其他	47	42	51	53	72	53
个人月收入	没有收入	44	38	35	40	37	29
	1～2000 元	57	55	53	62	69	56
	2001～3000 元	53	43	42	47	48	44
	3001～4000 元	44	42	37	41	49	42
	4001～5000 元	53	31	21	30	27	24
	5001～6000 元	50	44	45	48	27	34
	6001 元及以上	46	30	17	25	27	22

注:清远为四波调查城市。2016 年四波调查时间分别为:第一波 2 月 28 日～3 月 19 日;第二波 5 月 22 日～6 月 11 日;第三波 9 月 1 日～9 月 10 日;第四波 11 月 6 日～11 月 26 日。

表 3.21.2 2014～2016 年清远听众在不同地点的人均收听时间(分钟)

地　　点	2014 年	2015 年	2016 年
在家	39	34	33
车上	5	5	5
工作/学习场所	4	2	2
其他场所	3	3	2

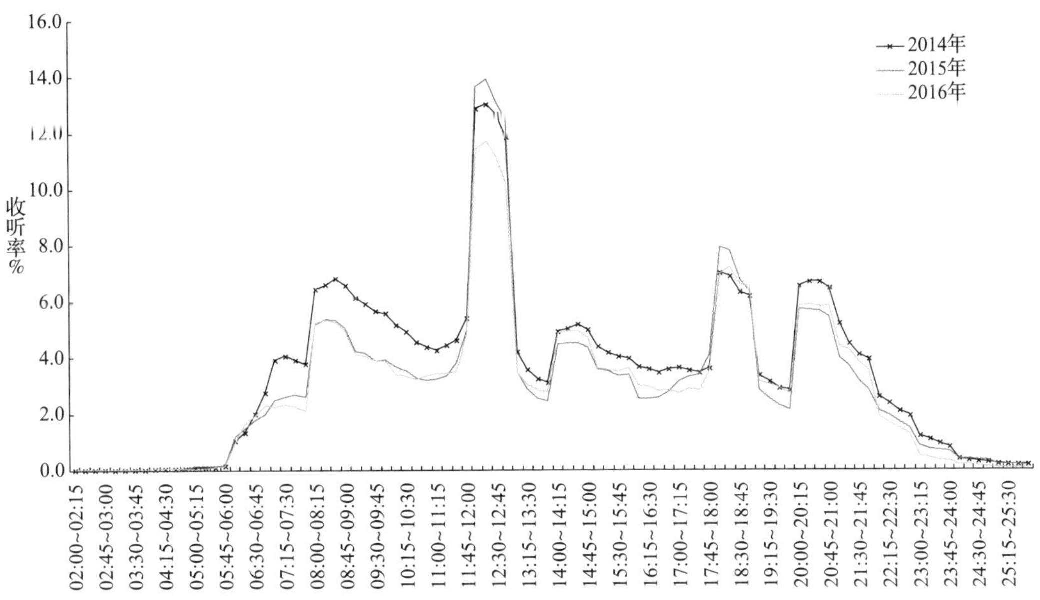

图 3.21.1 2014～2016 年清远听众全天收听率走势

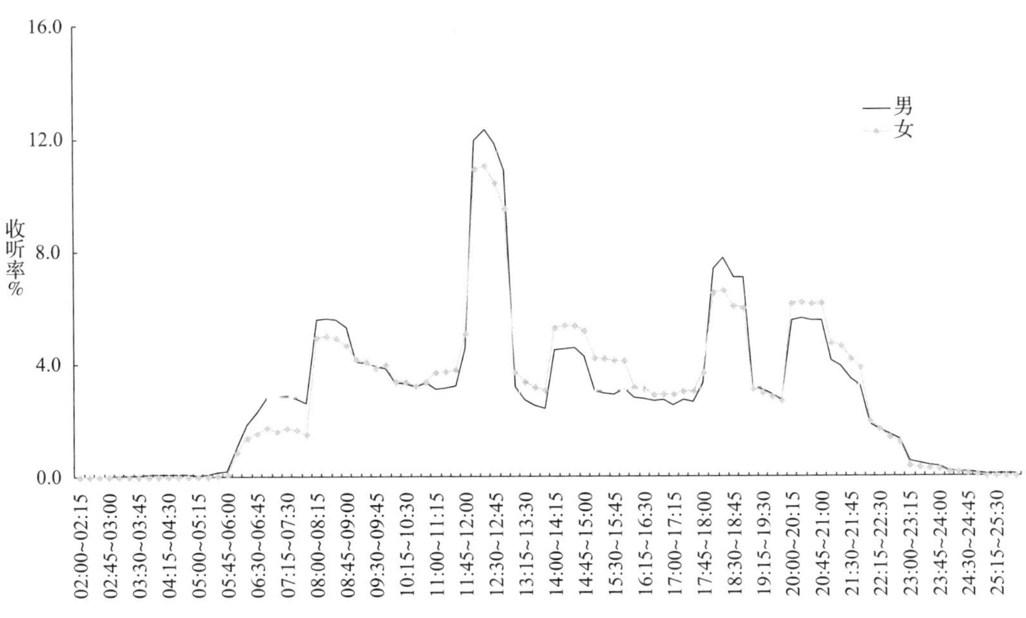

图 3.21.2 2016 年清远不同性别听众全天收听率走势

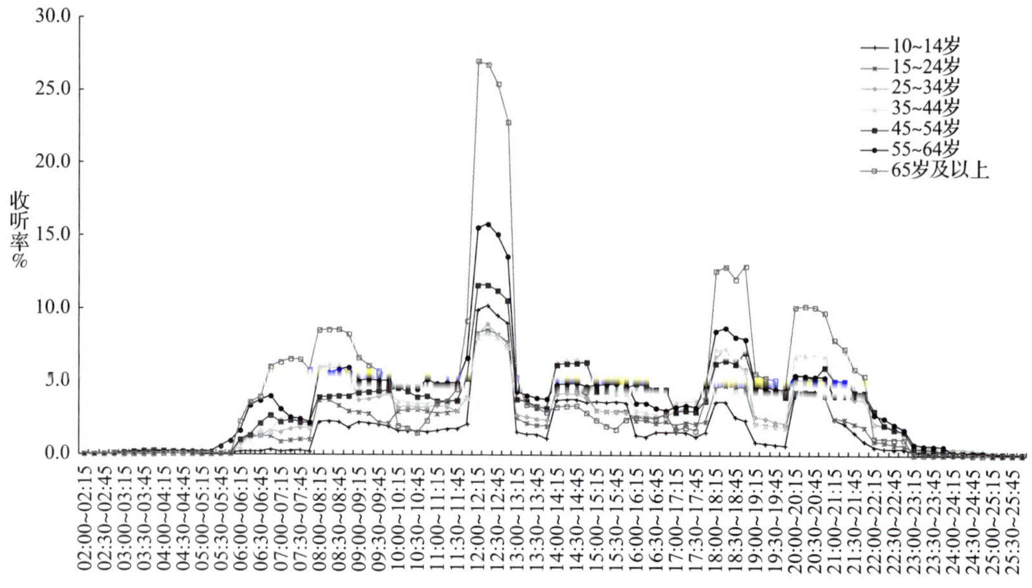

图 3.21.3　2016 年清远不同年龄听众全天收听率走势

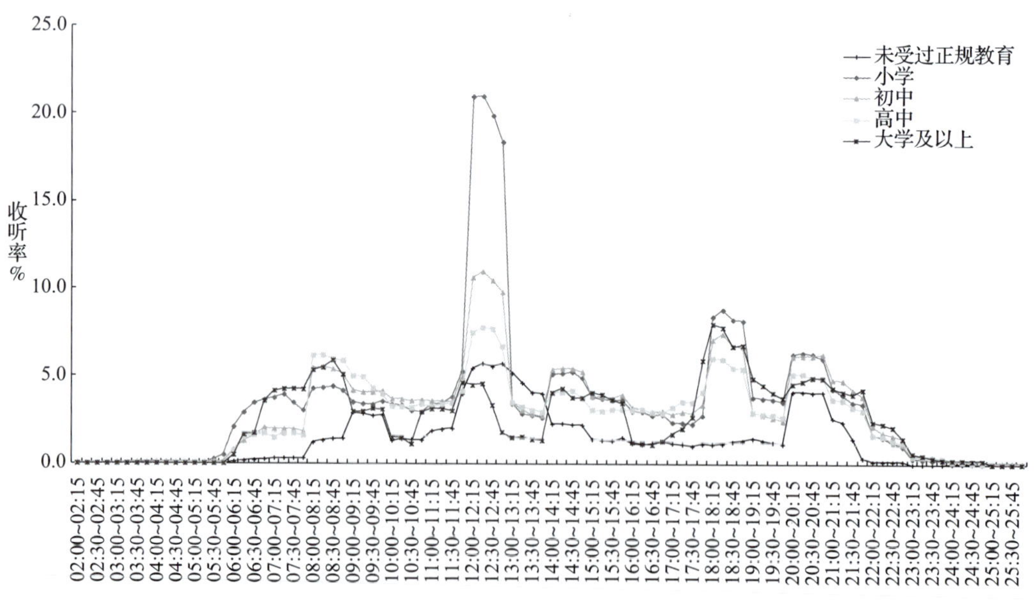

图 3.21.4　2016 年清远不同文化程度听众全天收听率走势

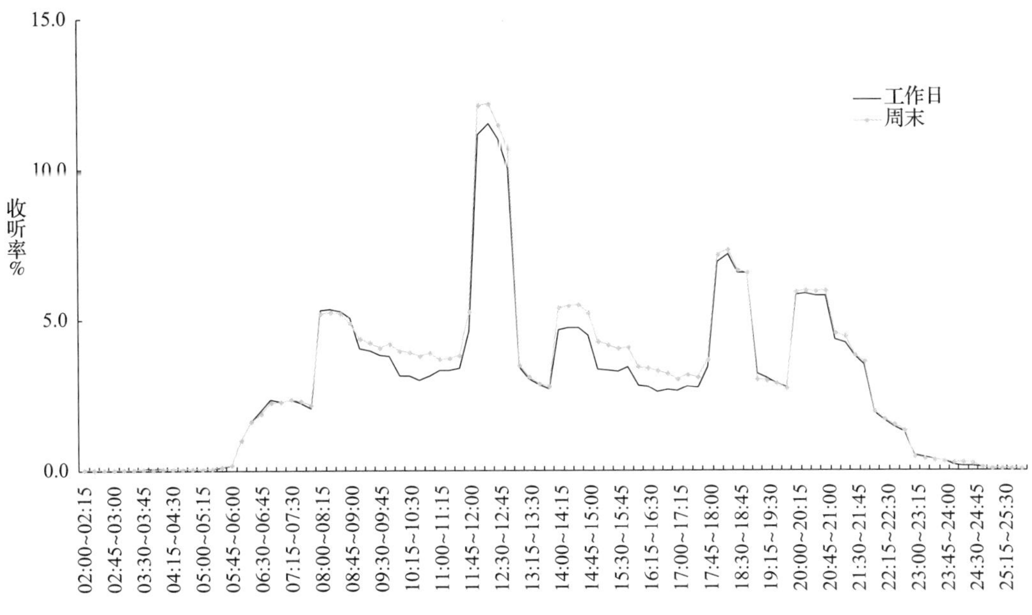

图 3.21.5　2016 年清远听众工作日与周末全天收听走势

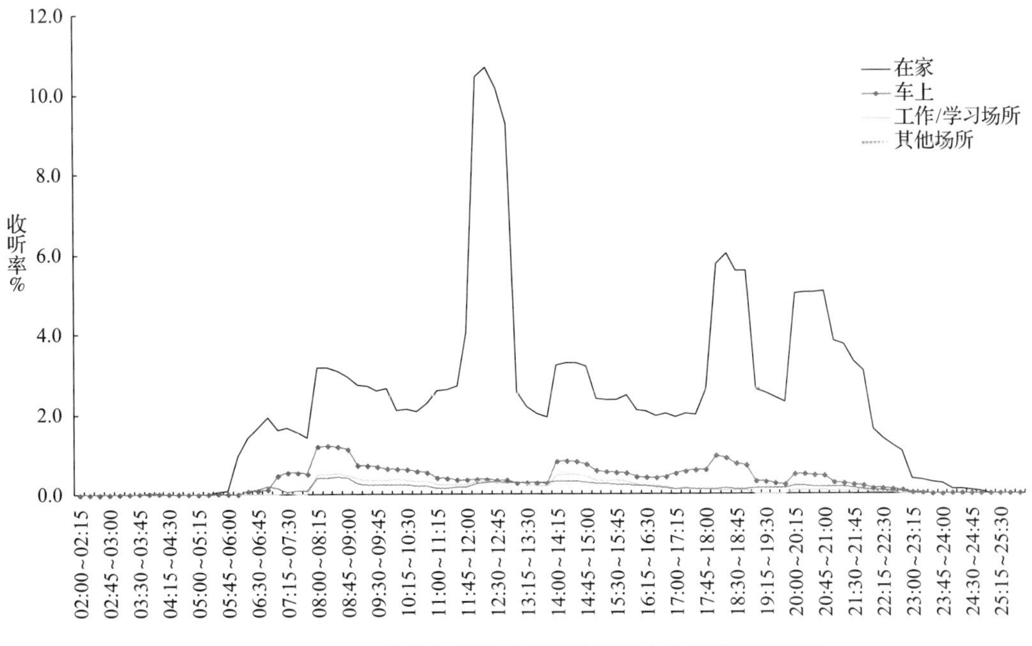

图 3.21.6　2016 年清远听众在不同收听地点全天收听率走势

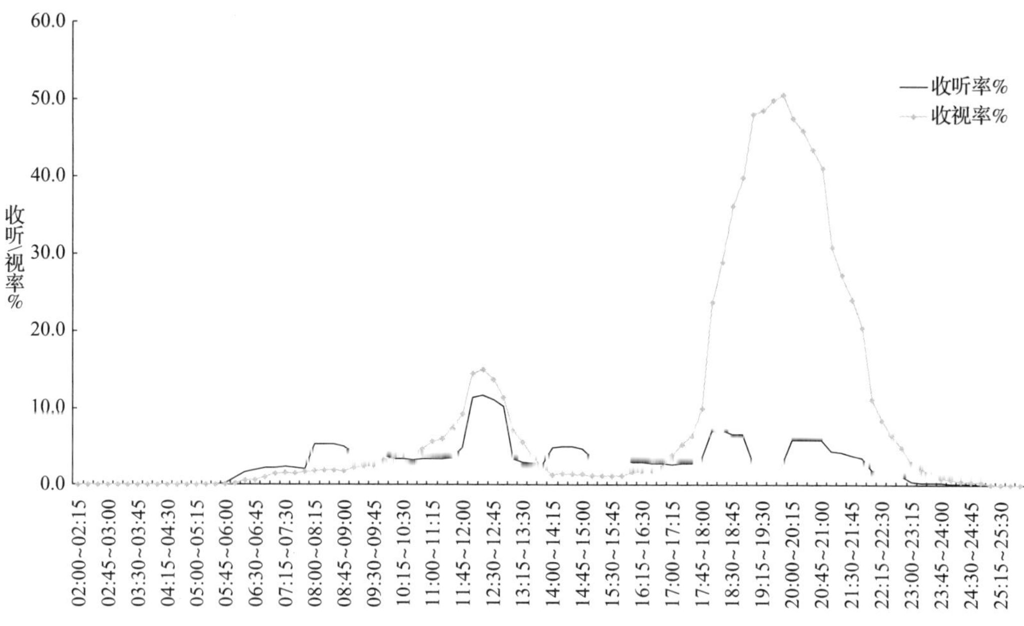

图 3.21.7　2016 年清远受众全天收听率、收视率走势比较(目标受众为 10 岁及以上)

表 3.21.3　2016 年清远市场听众构成(%)

目标听众		听众构成(%)
10 岁及以上所有人		100.0
性别	男	51.9
	女	48.1
年龄	10～14 岁	2.3
	15～24 岁	13.3
	25～34 岁	18.3
	35～44 岁	20.3
	45～54 岁	15.1
	55～64 岁	13.2
	65 岁及以上	15.5
文化程度	未受过正规教育	1.4
	小学	21.9
	初中	53.2
	高中	19.5
	大学及以上	4.0
职业	干部/管理人员	1.2
	初级公务员/雇员	3.4
	个体/私营企业人员	17.1
	工人	31.3
	学生	8.0
	无业(包括退休人员)	20.2
	其他	18.8
个人月收入	没有收入	22.3
	1～2000 元	22.4
	2001～3000 元	30.4
	3001～4000 元	17.3
	4001～5000 元	4.0
	5001～6000 元	2.9
	6001 元及以上	0.7

表 3.21.4　2014～2016 年清远市场各广播电台的市场份额(%)

广播电台	2014 年	2015 年	2016 年			
			第一波	第二波	第三波	第四波
中央人民广播电台	2.3	2.8	2.4	1.8	2.8	6.1
中国国际广播电台	0.1	0.0	0.0	0.1	0.0	0.0
广东广播电视台	24.8	24.3	27.5	21.6	20.1	20.2
广州广播电视台	5.8	4.9	4.3	3.4	3.6	3.3
清远人民广播电台	56.9	56.9	52.5	58.2	53.9	57.6
佛山人民广播电台	9.5	10.9	12.6	14.0	18.8	12.0
其他广播电台	0.8	0.2	0.7	0.9	0.8	0.8

表 3.21.5 2016 年清远市场各广播电台在不同目标听众中的市场份额(%)

目标听众		中央人民广播电台	中国国际广播电台	广东人民广播电台	广州广播电视台	清远人民广播电台	佛山人民广播电台	其他广播电台
10 岁及以上所有人		3.2	0.0	22.3	3.7	55.5	14.5	0.8
性别	男	3.0	0.0	23.1	4.3	55.0	13.7	0.9
	女	3.3	0.0	21.4	3.0	56.1	15.4	0.8
年龄	10~14 岁	2.8	0.1	25.4	1.6	41.0	29.1	0.0
	15~24 岁	1.3	0.1	25.1	4.6	54.6	14.0	0.3
	25~34 岁	4.8	0.0	23.7	3.1	52.2	16.1	0.1
	35~44 岁	1.4	0.0	21.6	3.1	53.9	19.0	1.0
	45~54 岁	6.1	0.0	17.5	2.0	59.5	14.5	0.4
	55~64 岁	3.7	0.0	23.5	2.0	55.7	13.3	1.8
	65 岁及以上	2.4	0.0	21.9	7.4	60.5	6.2	1.6
文化程度	未受过正规教育	3.3	0.0	24.4	1.8	55.1	15.4	0.0
	小学	2.5	0.0	28.2	3.8	49.7	15.6	0.2
	初中	2.9	0.0	21.2	3.5	55.3	16.6	0.5
	高中	3.6	0.0	18.6	3.9	65.7	6.7	1.5
	大学及以上	9.1	0.1	20.4	4.2	41.3	19.4	5.5
职业	干部/管理人员	0.6	0.0	9.8	0.7	88.8	0.0	0.1
	初级公务员/雇员	0.7	0.0	18.1	5.0	59.9	16.2	0.1
	个体/私营企业人员	3.9	0.1	17.1	3.2	69.6	4.7	1.4
	工人	3.3	0.0	21.1	3.7	55.8	15.4	0.7
	学生	1.5	0.0	23.7	4.7	52.3	17.7	0.1
	无业(包括退休人员)	1.7	0.0	15.6	1.5	70.8	8.8	1.6
	其他	5.8	0.0	35.7	5.7	24.6	28.2	0.0
个人月收入	没有收入	0.8	0.0	21.8	2.8	59.7	14.4	0.5
	1~2000 元	4.1	0.0	25.7	6.9	48.8	14.3	0.2
	2001~3000 元	3.9	0.1	23.2	2.2	54.7	15.1	0.8
	3001~4000 元	5.5	0.0	18.8	3.1	55.4	15.9	1.3
	4001~5000 元	0.4	0.0	16.2	2.6	63.9	13.1	3.8
	5001~6000 元	0.0	0.0	12.3	2.6	75.9	9.2	0.0
	6001 元及以上	0.7	0.0	38.6	7.4	45.6	7.6	0.1

表 3.21.6 2016 年清远市场份额排名前 5 位的频率

排名	频率名称	市场份额(%)
1	清远综合广播(FM88.7)	28.7
2	清远电台农村广播(FM97.8)	26.8
3	广东广播电视台珠江经济广播电台(E FM 财富 974)	12.4
4	佛山人民广播电台(FM98.5)	5.5
5	佛山人民广播电台(FM90.6)	4.4

二十二、泉州收听数据

表 3.22.1 2014~2016 年泉州各目标听众人均收听时间(分钟)

目标听众		2014 年	2015 年	2016 年			
				第一波	第二波	第三波	第四波
10 岁及以上所有人		57	51	48	49	48	52
性别	男	62	56	54	53	52	57
	女	50	46	42	44	43	47
年龄	10~14 岁	26	11	10	11	11	11
	15~24 岁	27	22	17	19	21	23
	25~34 岁	45	51	55	53	53	57
	35~44 岁	74	65	61	60	62	65
	45~54 岁	80	56	48	52	51	60
	55~64 岁	78	74	77	71	61	70
	65 岁及以上	123	99	78	91	84	83
文化程度	未受过正规教育	45	38	36	28	20	20
	小学	77	57	46	47	43	52
	初中	57	56	48	53	55	56
	高中	56	47	45	47	48	52
	大学及以上	47	44	57	45	39	48
职业	干部/管理人员	58	56	47	50	36	71
	初级公务员/雇员	44	40	38	33	31	40
	个体/私营企业人员	64	56	63	62	63	63
	工人	79	68	65	68	76	77
	学生	21	16	9	10	14	19
	无业(包括退休人员)	87	73	63	73	58	58
	其他	*	*	*	*	*	*
个人月收入	没有收入	40	33	26	28	26	31
	1~2000 元	69	69	71	70	77	83
	2001~3000 元	65	49	45	43	42	46
	3001~4000 元	64	54	52	60	61	56
	4001~5000 元	60	62	65	53	55	65
	5001~6000 元	61	76	81	76	78	82
	6001 元及以上	55	58	60	66	55	66

注：泉州为四波调查城市。2016 年四波调查时间分别为：第一波 2 月 28 日~3 月 19 日；第二波 5 月 22 日~6 月 11 日；第三波 8 月 21 日~9 月 10 日；第四波 11 月 6 日~11 月 26 日。

"*"表示该目标听众样本量不足，无法进行统计推断。

表 3.22.2 2014~2016 年泉州听众在不同地点的人均收听时间(分钟)

地 点	2014 年	2015 年	2016 年
在家	29	23	20
车上	17	17	18
工作/学习场所	10	10	10
其他场所	1	1	1

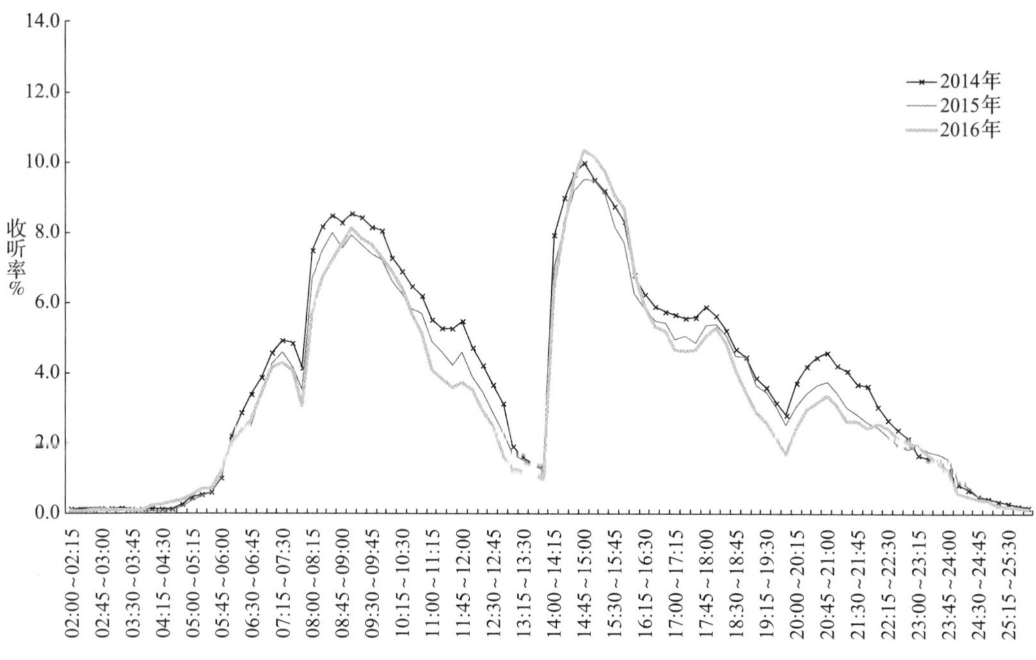

图 3.22.1　2014～2016 年泉州听众全天收听率走势

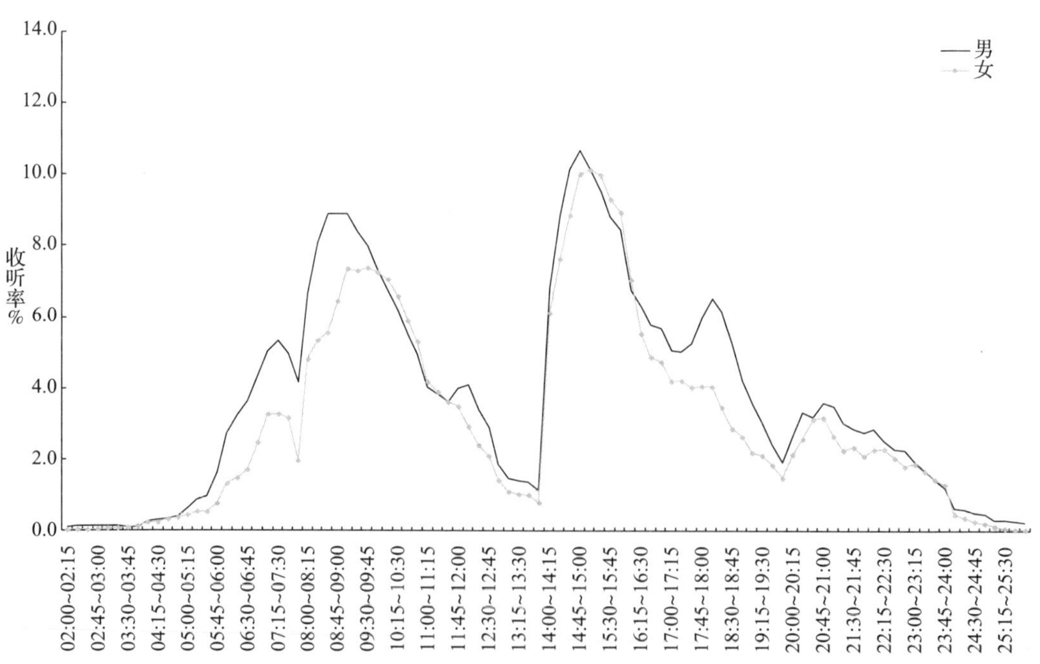

图 3.22.2　2016 年泉州不同性别听众全天收听率走势

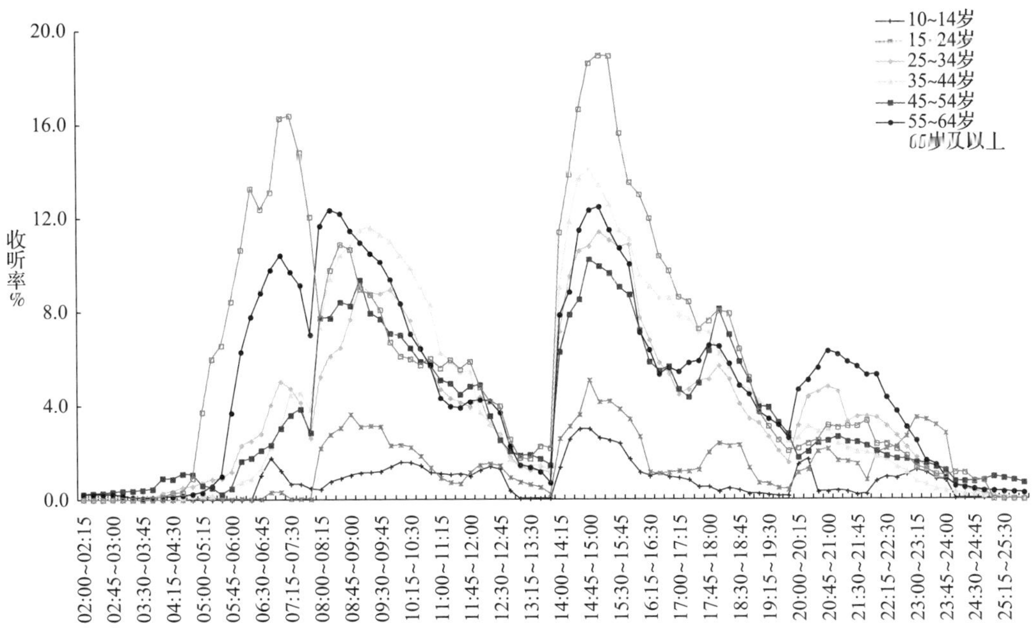

图 3.22.3　2016 年泉州不同年龄听众全天收听率走势

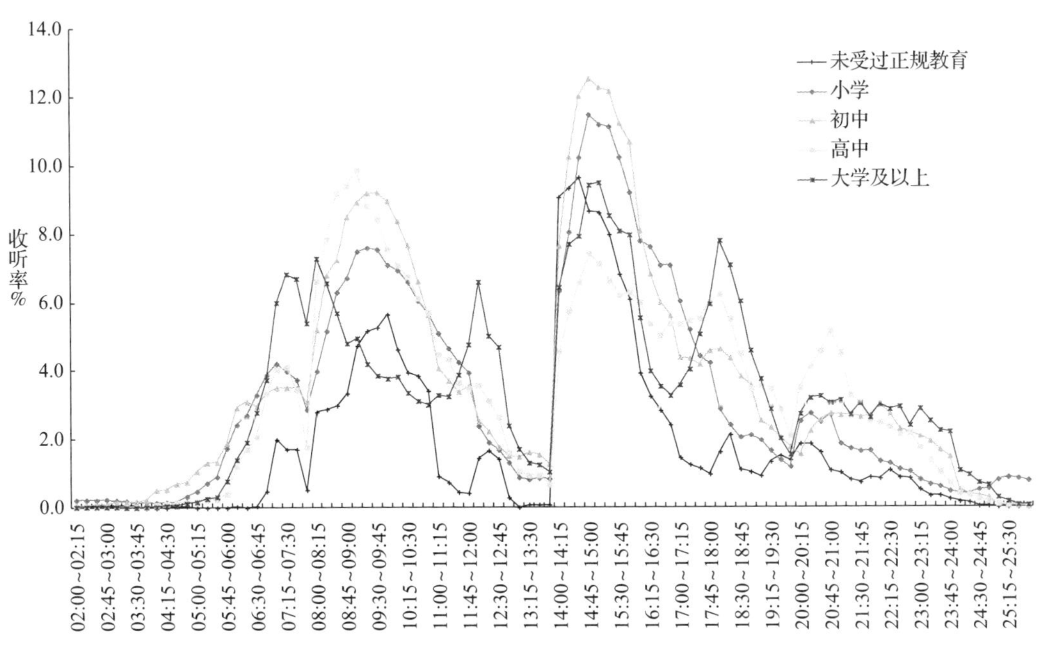

图 3.22.4　2016 年泉州不同文化程度听众全天收听率走势

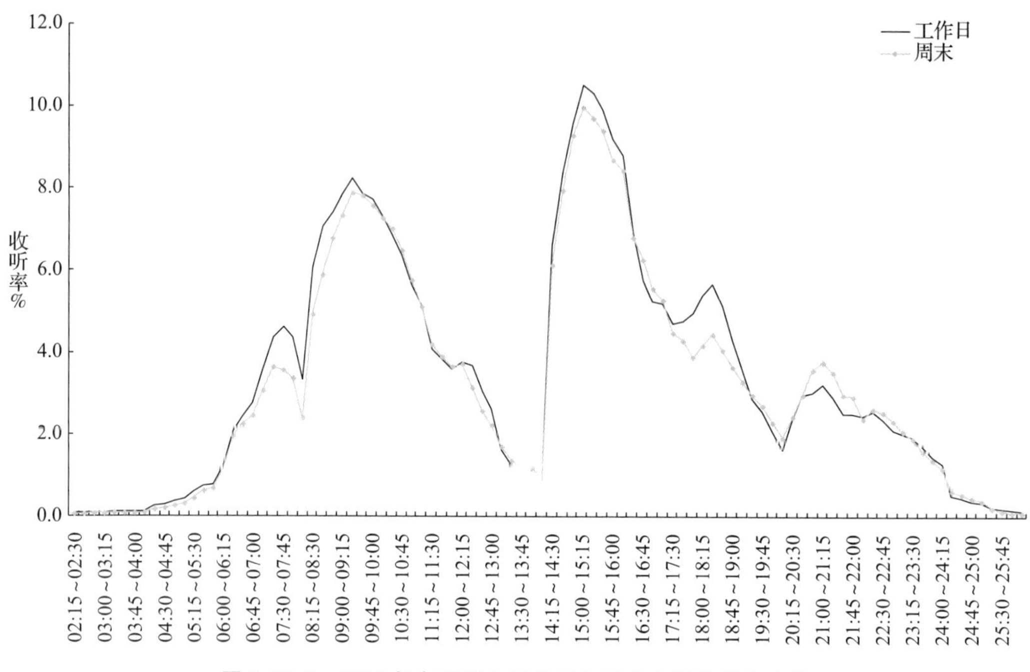

图 3.22.5　2016 年泉州听众工作日与周末全天收听率走势

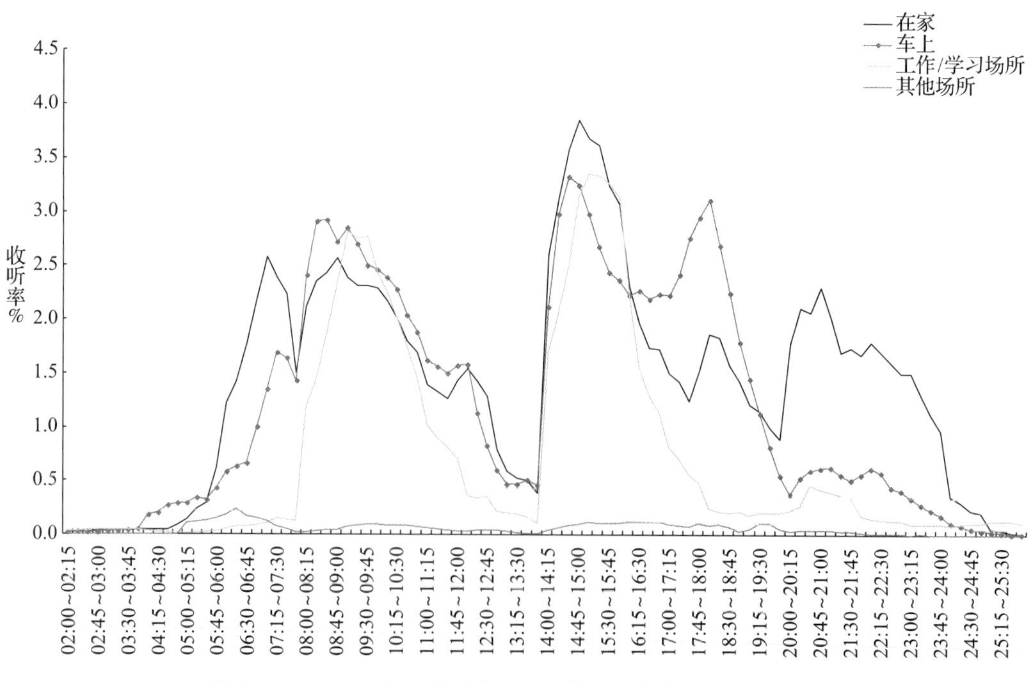

图 3.22.6　2016 年泉州听众在不同收听地点全天收听率走势

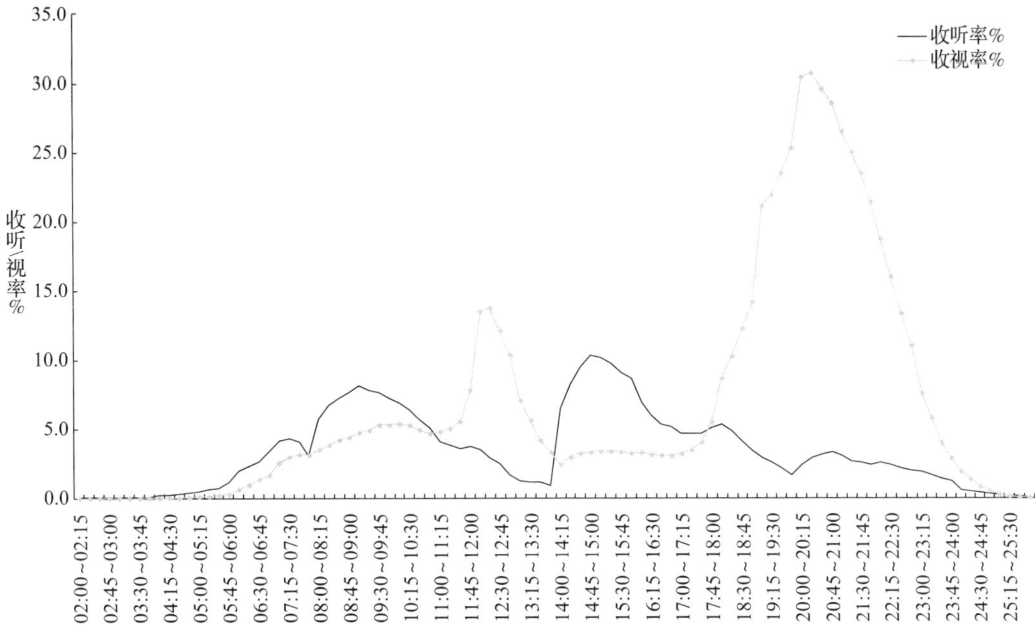

图 3.22.7 2016 年泉州受众全天收听率、收视率走势比较(目标受众为 10 岁及以上)

表 3.22.3　2016 年泉州市场听众构成(%)

目标听众		听众构成(%)
10 岁及以上所有人		100.0
性别	男	55.8
	女	44.2
年龄	10~14 岁	0.9
	15~24 岁	9.1
	25~34 岁	29.7
	35~44 岁	27.4
	45~54 岁	12.9
	55~64 岁	11.2
	65 岁及以上	8.8
文化程度	不受过正规教育	1.1
	小学	13.0
	初中	41.6
	高中	26.0
	大学及以上	18.3
职业	干部/管理人员	2.6
	初级公务员/雇员	12.7
	个体/私营企业人员	34.5
	工人	25.0
	学生	5.4
	无业(包括退休人员)	19.7
	其他	*
个人月收入	没有收入	17.4
	1~2000 元	9.7
	2001~3000 元	16.6
	3001~4000 元	20.1
	4001~5000 元	14.7
	5001~6000 元	11.0
	6001 元及以上	10.5

“*”表示目标听众样本量不足,无法进行统计推断

表 3.22.4　2014~2016 年泉州市场各广播电台的市场份额(%)

广播电台	2014 年	2015 年	2016 年			
			第一波	第二波	第三波	第四波
中央人民广播电台	16.9	13.8	11.3	10.9	9.6	10.0
中国国际广播电台	0.0	0.0	0.0	0.0	0.0	0.0
福建广播影视集团	12.8	13.5	10.7	11.3	10.2	13.0
泉州人民广播电台	68.0	70.4	76.3	76.2	78.4	75.1
其他广播电台	2.3	2.3	1.7	1.6	1.8	1.9

表 3.22.5 2016 年泉州市场各广播电台在不同目标听众中的市场份额(%)

目标听众		中央人民广播电台	中国国际广播电台	福建广播影视集团	泉州人民广播电台	其他广播电台
10 岁及以上所有人		10.5	0.0	11.3	76.5	1.7
性别	男	10.7	0.0	12.9	74.5	1.9
	女	10.1	0.0	9.4	79.0	1.5
年龄	10~14 岁	15.0	0.0	5.1	79.9	0.0
	15~24 岁	14.2	0.0	14.3	67.9	3.6
	25~34 岁	7.0	0.0	11.4	80.2	1.4
	35~44 岁	4.7	0.0	10.6	84.0	0.7
	45~54 岁	11.0	0.0	8.7	78.8	1.5
	55~64 岁	18.7	0.0	14.8	66.0	0.5
	65 岁及以上	24.8	0.0	10.2	58.9	6.1
文化程度	未受过正规教育	1.0	0.0	0.8	96.0	2.2
	小学	12.3	0.0	6.6	80.7	0.4
	初中	8.7	0.0	12.5	76.5	2.3
	高中	7.8	0.0	13.8	77.4	1.0
	大学及以上	17.9	0.0	9.1	70.7	2.3
职业	干部/管理人员	8.6	0.0	7.6	83.6	0.2
	初级公务员/雇员	8.4	0.0	7.9	82.3	1.4
	个体/私营企业人员	5.7	0.0	15.5	77.1	1.7
	工人	6.1	0.0	6.8	86.9	0.2
	学生	26.3	0.0	16.7	52.8	4.2
	无业(包括退休人员)	21.5	0.0	10.9	64.1	3.5
	其他	*	*	*	*	*
个人月收入	没有收入	20.0	0.0	11.5	65.0	3.5
	1~2000 元	21.9	0.0	3.2	74.4	0.5
	2001~3000 元	9.2	0.0	7.7	79.7	3.4
	3001~4000 元	2.8	0.0	14.0	81.0	2.2
	4001~5000 元	7.9	0.0	16.1	75.8	0.2
	5001~6000 元	8.4	0.0	15.2	76.3	0.1
	6001 元及以上	6.3	0.0	8.6	84.9	0.2

“*”表示目标听众样本量不足,无法进行统计推断

表 3.22.6 2016 年泉州市场份额排名前 5 位的频率

排 名	频率名称	市场份额(%)
1	泉州广播电视台 904 交通广播(FM90.4)	35.5
2	泉州广播电视台 105.9 刺桐之声广播(FM105.9)	15.6
3	泉州广播电视台 923 经济生活广播(FM92.3)	12.8
4	泉州广播电视台 889 新闻综合广播(FM88.9)	12.6
5	中央人民广播电台第一套节目中国之声	5.3

表 3.22.7　2016 年泉州市场收听率排名前 30 位的节目

排名	节目名称	播出频率	收听率（%）	市场份额（%）
1	欢喜就好(闽南语)	泉州广播电视台 904 交通广播(FM90.4)	4.5	50.2
2	新闻二人转(09:00)	泉州广播电视台 904 交通广播(FM90.4)	2.7	33.7
3	上班了没	泉州广播电视台 904 交通广播(FM90.4)	2.2	37.6
4	酱子剧场	泉州广播电视台 904 交通广播(FM90.4)	2.1	28.4
5	DJ 私房歌(直播)(09:00)	泉州广播电视台 904 交通广播(FM90.4)	1.9	33.4
6	下班了吗	泉州广播电视台 904 交通广播(FM90.4)	1.8	38.6
7	音乐第七天(录播)(07:30)	泉州广播电视台 904 交通广播(FM90.4)	1.8	34.3
8	住在泉州	泉州广播电视台 904 交通广播(FM90.4)	1.6	25.8
9	百姓热线	泉州广播电视台 889 新闻综合广播(FM88.9)	1.6	22.6
10	歌曲欣赏(09:00 10:00)	泉州广播电视台 889 新闻综合广播(FM88.9)	1.4	18.0
11	流行音乐网	泉州广播电视台 904 交通广播(FM90.4)	1.2	27.7
12	政风行风热线	泉州广播电视台 889 新闻综合广播(FM88.9)	1.1	17.7
13	冬吴相对论	泉州广播电视台 889 新闻综合广播(FM88.9)	1.1	15.5
14	汽车生活	泉州广播电视台 904 交通广播(FM90.4)	1.0	25.6
15	人大在线	泉州广播电视台 889 新闻综合广播(FM88.9)	1.0	16.5
16	美丽女人	泉州广播电视台 923 经济生活广播(FM92.3)	1.0	12.4
17	快乐在路上·万方帮帮团	泉州广播电视台 923 经济生活广播(FM92.3)	1.0	10.7
18	大话天下	泉州广播电视台 904 交通广播(FM90.4)	0.9	35.5
19	歌曲填单	泉州广播电视台 904 交通广播(FM90.4)	0.9	31.6
20	快乐下班	泉州广播电视台 923 经济生活广播(FM92.3)	0.9	19.3
21	私家音乐榜·上午版	泉州广播电视台 923 经济生活广播(FM92.3)	0.9	15.4
22	新闻点点金	泉州广播电视台 889 新闻综合广播(FM88.9)	0.9	15.3
23	周日直播 DJ(15:00)	泉州广播电视台 923 经济生活广播(FM92.3)	0.9	13.6
24	大牌驾到	泉州广播电视台 923 经济生活广播(FM92.3)	0.8	20.3
25	泉州新闻联播(重播)	泉州广播电视台 889 新闻综合广播(FM88.9)	0.8	18.4
26	爱哟宝贝	泉州广播电视台 923 经济生活广播(FM92.3)	0.8	13.7
27	快乐上班	泉州广播电视台 923 经济生活广播(FM92.3)	0.8	11.1
28	一听就 GO	泉州广播电视台 904 交通广播(FM90.4)	0.7	27.9
29	开车就爱听音乐	泉州广播电视台 923 经济生活广播(FM92.3)	0.7	14.0
30	今晨读报	泉州广播电视台 889 新闻综合广播(FM88.9)	0.7	12.8

二十三、汕头收听数据

表 3.23.1 2014～2016 年汕头各目标听众人均收听时间(分钟)

目标听众		2014 年	2015 年	2016 年			
				第一波	第二波	第三波	第四波
10 岁及以上所有人		102	76	73	76	74	81
性别	男	105	74	72	71	68	75
	女	98	79	73	81	78	87
年龄	10～14 岁	56	21	30	34	30	34
	15～24 岁	58	39	36	35	36	45
	25～34 岁	97	77	67	59	57	62
	35～44 岁	117	86	78	89	85	85
	45～54 岁	145	102	87	87	86	114
	55～64 岁	136	142	144	164	141	138
	65 岁及以上	141	116	99	106	121	135
文化程度	未受过正规教育	97	94	98	105	113	122
	小学	123	97	89	103	94	95
	初中	104	75	78	84	83	98
	高中	91	61	51	47	52	54
	大学及以上	65	51	49	37	30	37
职业	干部/管理人员	79	42	39	48	42	35
	初级公务员/雇员	85	60	55	49	40	51
	个体/私营企业人员	129	98	79	80	81	92
	工人	141	98	96	110	108	108
	学生	46	30	31	32	30	37
	无业(包括退休人员)	116	101	87	88	83	90
	其他	52	103	107	154	138	181
个人月收入	没有收入	66	48	45	48	46	48
	1～2000 元	130	116	109	116	106	120
	2001～3000 元	114	91	105	98	99	109
	3001～4000 元	117	59	50	62	69	77
	4001～5000 元	127	98	61	66	60	58
	5001～6000 元	*	55	31	43	28	63
	6001 元及以上	107	102	41	44	55	64

注:汕头为四波调查城市。2016 年四波调查时间分别为:第一波 2 月 28 日～3 月 19 日;第二波 5 月 22 日～6 月 11 日;第三波 9 月 1 日～9 月 10 日;第四波 11 月 6 日～11 月 26 日。
"*"表示目标听众样本量不足,无法进行统计推断

表 3.23.2 2014～2016 年汕头听众在不同地点的人均收听时间(分钟)

地　　点	2014 年	2015 年	2016 年
在家	65	49	50
车上	5	4	3
工作/学习场所	28	21	21
其他场所	3	2	2

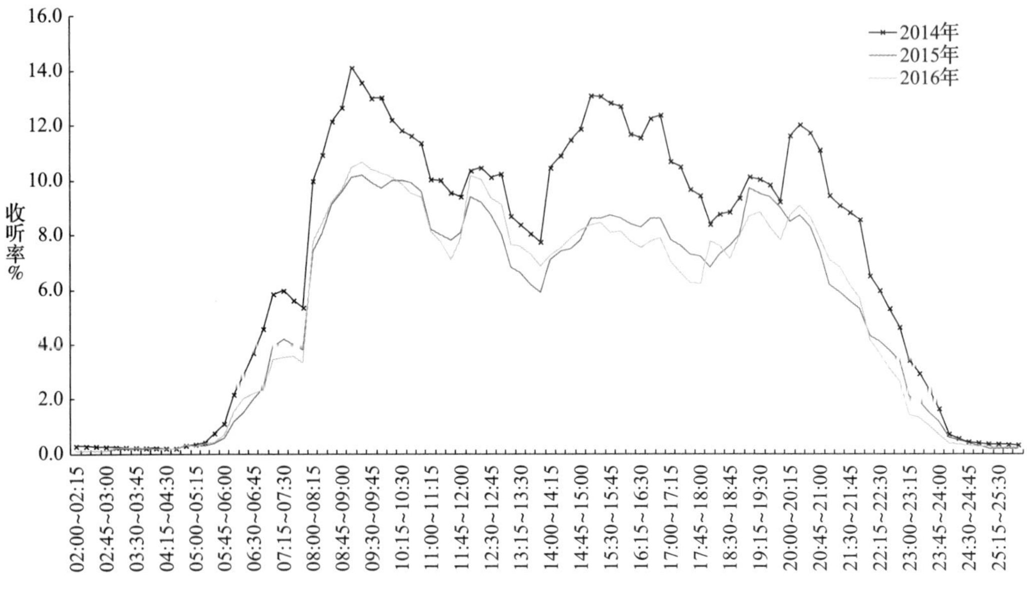

图 3.23.1 2014～2016 年汕头听众全天收听率走势

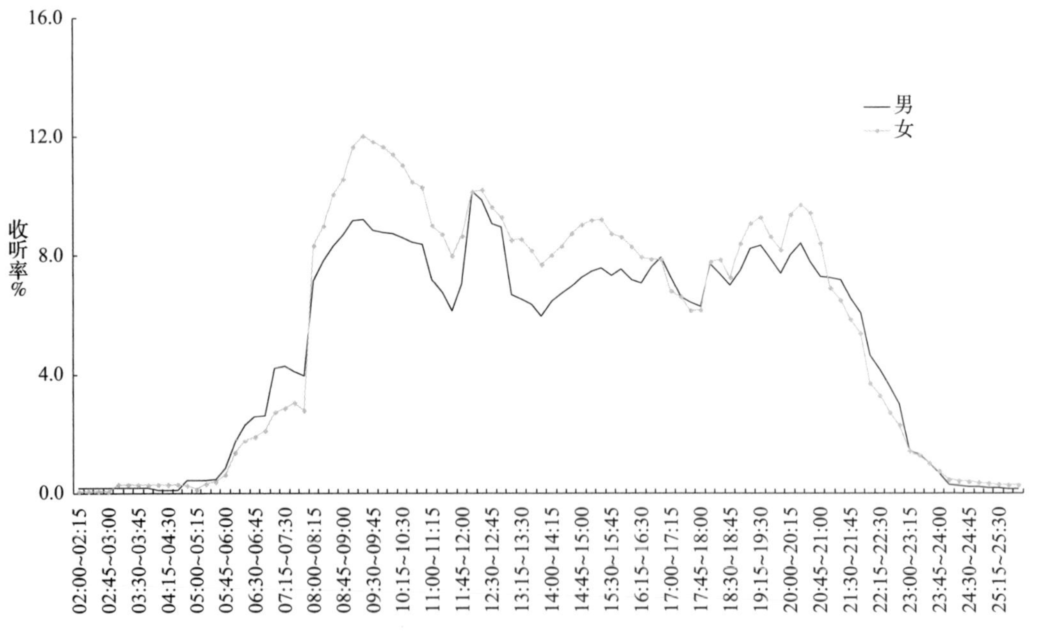

图 3.23.2 2016 年汕头不同性别听众全天收听率走势

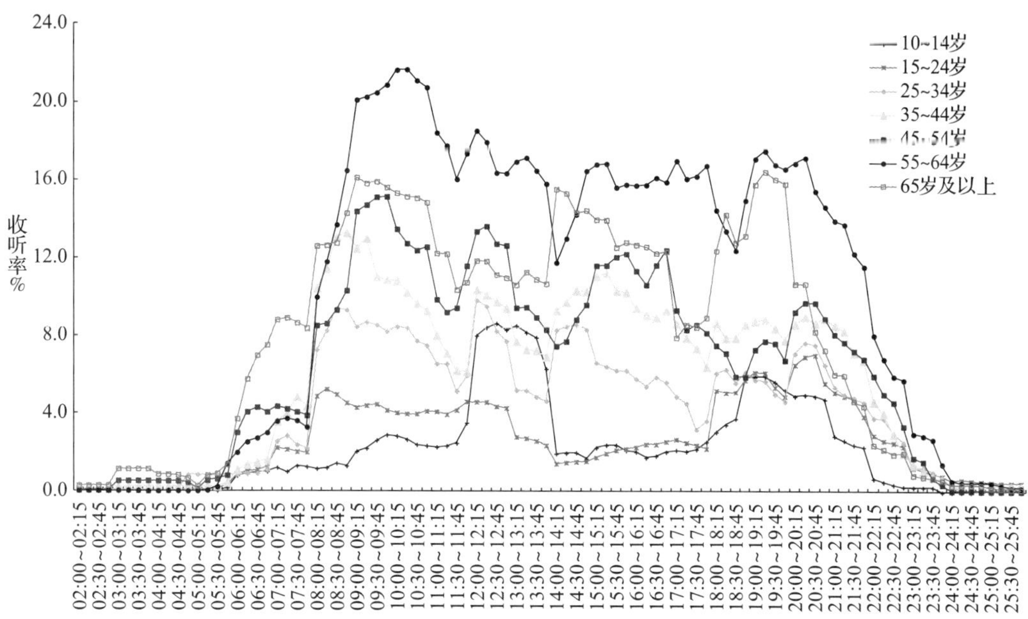

图 3.23.3 2016 年汕头不同年龄听众全天收听率走势

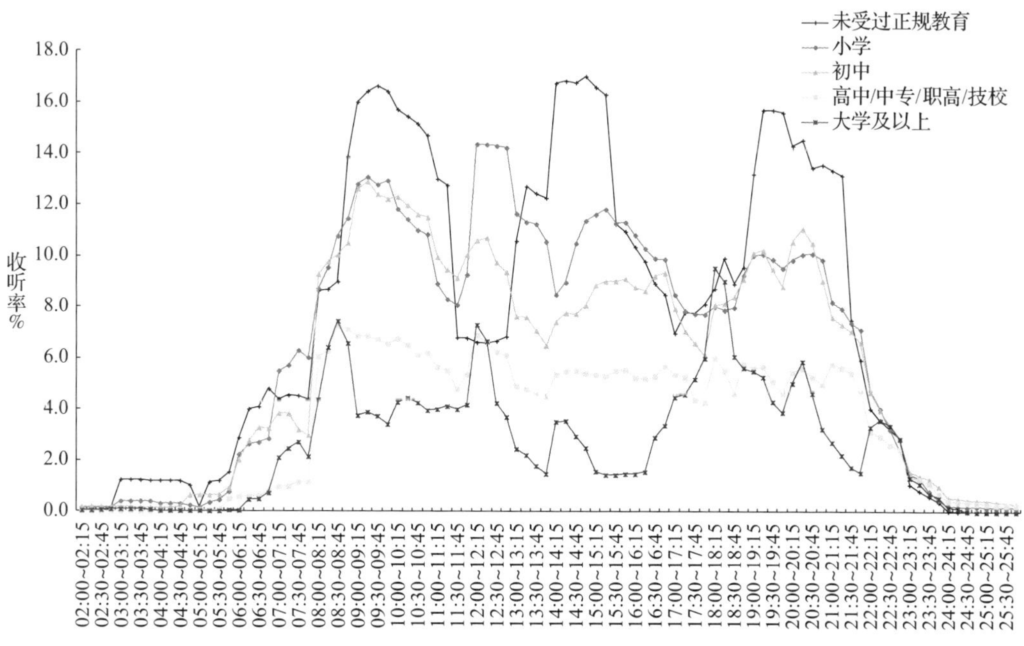

图 3.23.4 2016 年汕头不同文化程度听众全天收听率走势

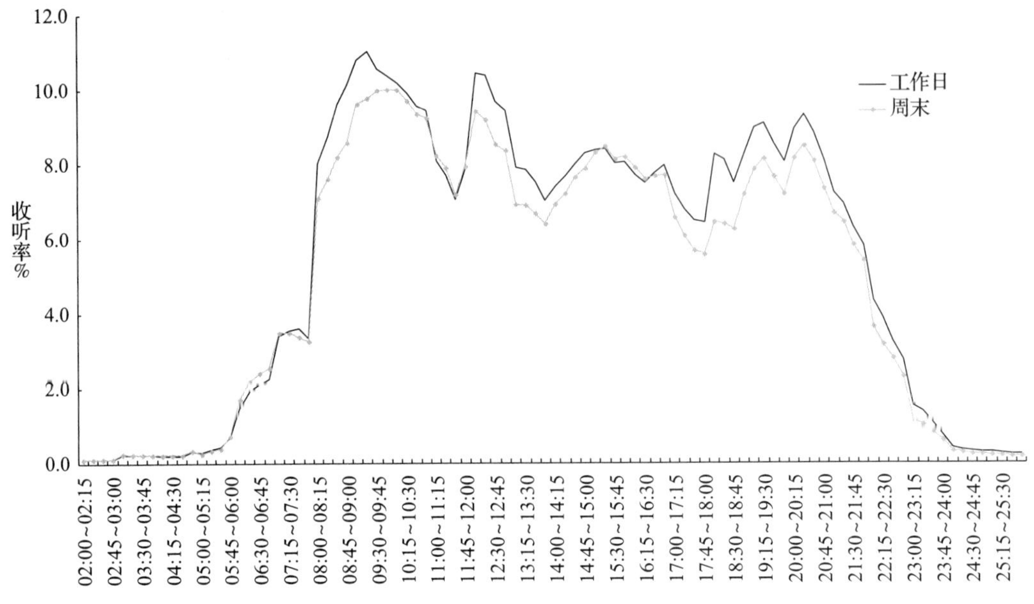

图 3.23.5　2016 年汕头听众工作日与周末全天收听走势

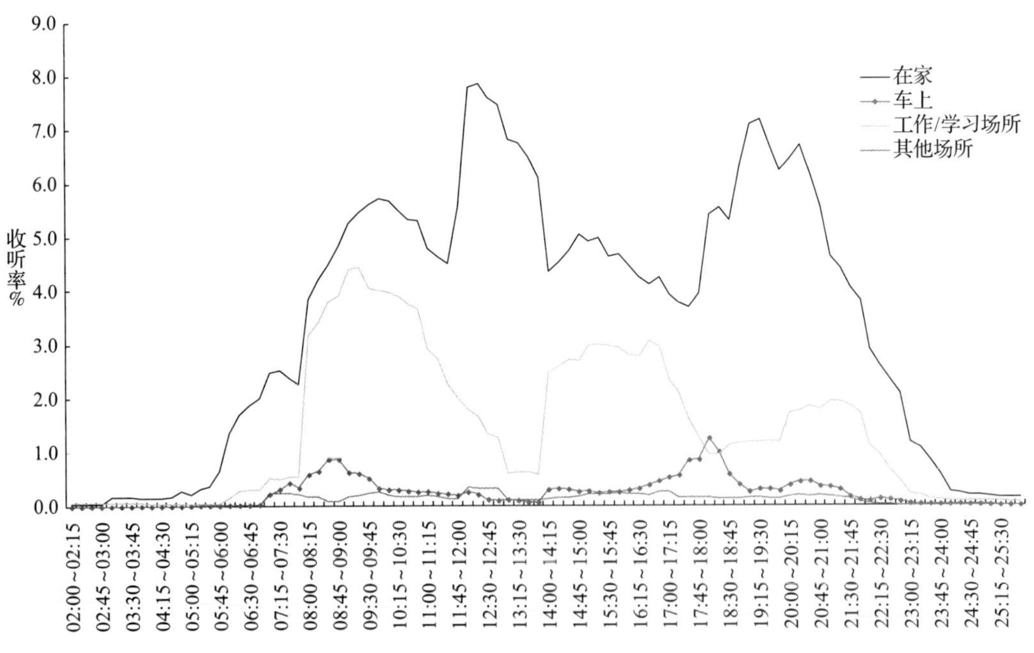

图 3.23.6　2016 年汕头听众在不同收听地点全天收听率走势

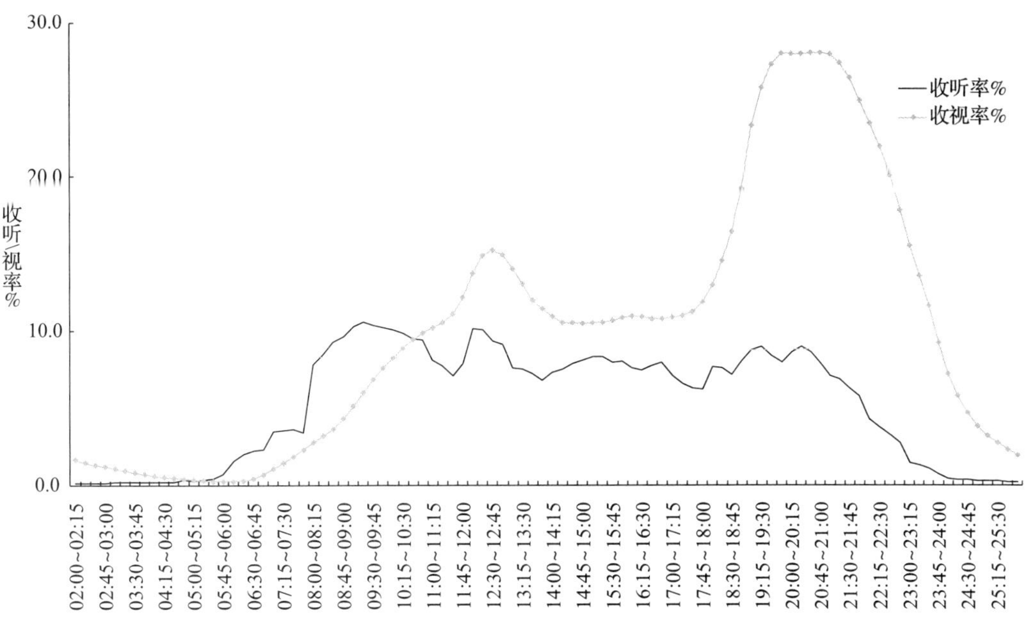

图 3.23.7 2016 年汕头受众全天收听率、收视率走势比较(目标受众为 10 岁及以上)

表 3.23.3　2016 年汕头市场听众构成(%)

目标听众		听众构成(%)
10 岁及以上所有人		100.0
性别	男	45.2
	女	54.8
年龄	10~14 岁	3.0
	15~24 岁	11.6
	25~34 岁	14.7
	35~44 岁	21.1
	45~54 岁	16.4
	55~64 岁	21.1
	65 岁及以上	12.1
文化程度	未受过正规教育	7.6
	小学	34.0
	初中	36.8
	高中	16.0
	大学及以上	5.6
职业	干部/管理人员	1.2
	初级公务员/雇员	7.2
	个体/私营企业人员	20.5
	工人	33.6
	学生	8.3
	无业(包括退休人员)	26.0
	其他	3.2
个人月收入	没有收入	20.6
	1~2000 元	33.1
	2001~3000 元	27.3
	3001~4000 元	11.0
	4001~5000 元	5.0
	5001~6000 元	1.4
	6001 元及以上	1.6

表 3.23.4　2014~2016 年汕头市场各广播电台的市场份额(%)

广播电台	2014 年	2015 年	2016 年			
			第一波	第二波	第三波	第四波
中央人民广播电台	11.5	8.7	6.2	6.5	6.2	6.5
中国国际广播电台	0.0	0.0	0.0	0.0	0.0	0.0
广东广播电视台	4.9	3.3	3.4	3.3	3.0	3.1
汕头人民广播电台	78.5	81.8	84.5	84.5	85.0	83.0
其他广播电台	5.1	6.2	5.9	5.7	5.8	7.4

表 3.23.5 2016 年汕头市场各广播电台在不同目标听众中的市场份额(%)

目标听众		中央人民广播电台	中国国际广播电台	广东人民广播电台	汕头人民广播电台	其他广播电台
10 岁及以上所有人		6.3	0.0	3.2	84.2	6.3
性别	男	7.9	0.0	4.2	82.6	5.3
	女	5.1	0.0	2.4	85.6	6.9
年龄	10 ~ 14 岁	3.3	0.0	1.2	93.6	1.7
	15 ~ 24 岁	8.9	0.0	2.5	85.6	3.0
	25 ~ 34 岁	10.0	0.0	4.6	82.8	2.6
	35 ~ 44 岁	10.1	0.0	7.7	75.4	6.8
	45 ~ 54 岁	5.2	0.0	1.7	84.3	8.8
	55 ~ 64 岁	1.9	0.0	1.1	91.4	5.6
	65 岁及以上	3.0	0.0	0.6	85.1	11.3
文化程度	未受过正规教育	2.8	0.0	0.2	91.0	6.0
	小学	5.6	0.0	2.9	85.7	5.8
	初中	9.0	0.0	3.5	81.5	6.0
	高中	3.0	0.0	2.9	85.1	9.0
	大学及以上	8.1	0.0	8.3	81.1	2.5
职业	干部/管理人员	4.9	0.0	7.5	78.5	9.1
	初级公务员/雇员	6.1	0.0	5.5	83.6	4.8
	个体/私营企业人员	5.7	0.0	2.4	81.4	10.5
	工人	7.7	0.0	5.0	84.5	2.8
	学生	9.5	0.0	2.2	85.4	2.9
	无业(包括退休人员)	4.6	0.0	1.3	85.5	8.6
	其他	2.2	0.0	0.0	91.6	6.2
个人月收入	没有收入	7.3	0.0	1.9	80.1	10.7
	1 ~ 2000 元	4.5	0.0	1.6	86.7	7.2
	2001 ~ 3000 元	5.2	0.0	0.9	90.7	3.2
	3001 ~ 4000 元	10.8	0.0	13.9	70.8	4.5
	4001 ~ 5000 元	7.5	0.0	8.3	81.0	3.2
	5001 ~ 6000 元	3.2	0.0	5.9	79.1	11.8
	6001 元及以上	20.6	0.0	0.0	79.4	0.0

表 3.23.6 2016 年汕头市场份额排名前 5 位的频率

排名	频率名称	市场份额(%)
1	汕头人民广播电台经济广播(新闻 993)	47.9
2	汕头人民广播电台音乐广播(1025 音乐广播)	29.2
3	汕头人民广播电台综合广播(1072 交通之声)	7.1
4	中央人民广播电台第一套节目中国之声	3.8
5	广东广播电视台新闻广播(FM91.4/AM648)	1.6

表 3.23.7　2016 年汕头市场收听率排名前 30 位的节目

排名	节目名称	播出频率	收听率(%)	市场份额(%)
1	转播《今日视线》	汕头人民广播电台经济广播(新闻 993)	5.5	64.6
2	快乐 123(12:00)	汕头人民广播电台经济广播(新闻 993)	5.5	64.2
3	黄斌听戏(12:00)	汕头人民广播电台经济广播(新闻 993)	4.8	61.3
4	无敌老顽童	汕头人民广播电台经济广播(新闻 993)	4.7	44.7
5	今日评说	汕头人民广播电台经济广播(新闻 993)	4.6	52.2
6	乐韵悠扬(18:30)	汕头人民广播电台经济广播(新闻 993)	4.2	56.1
7	经典 993	汕头人民广播电台经济广播(新闻 993)	4.2	46.1
8	城市家园	汕头人民广播电台经济广播(新闻 993)	4.1	49.8
9	射虎英雄榜(18:30)	汕头人民广播电台经济广播(新闻 993)	3.9	51.4
10	好食好耍　起行	汕头人民广播电台经济广播(新闻 993)	3.9	46.9
11	百姓声音	汕头人民广播电台经济广播(新闻 993)	3.8	30.0
12	993 讲古台	汕头人民广播电台经济广播(新闻 993)	3.7	48.7
13	财经快评(20:30)	汕头人民广播电台经济广播(新闻 993)	3.7	43.1
14	潮艺大舞台	汕头人民广播电台经济广播(新闻 993)	3.6	43.4
15	潮剧连播(14:00)	汕头人民广播电台经济广播(新闻 993)	3.4	43.9
16	潮剧大戏台	汕头人民广播电台经济广播(新闻 993)	3.3	44.4
17	七色花	汕头人民广播电台经济广播(新闻 993)	3.1	46.2
18	下午茶·音乐吧	汕头人民广播电台音乐广播(1025 音乐广播)	3.0	35.7
19	这事怎么看(16:00)	汕头人民广播电台经济广播(新闻 993)	2.9	39.0
20	音乐早上好	汕头人民广播电台音乐广播(1025 音乐广播)	2.9	33.8
21	个人专辑推荐	汕头人民广播电台音乐广播(1025 音乐广播)	2.8	36.3
22	活力新课堂	汕头人民广播电台音乐广播(1025 音乐广播)	2.8	33.8
23	HIFI 天地	汕头人民广播电台音乐广播(1025 音乐广播)	2.8	32.6
24	快乐漂移	汕头人民广播电台音乐广播(1025 音乐广播)	2.8	31.7
25	专辑推荐	汕头人民广播电台音乐广播(1025 音乐广播)	2.7	33.3
26	1025 民族风	汕头人民广播电台音乐广播(1025 音乐广播)	2.7	30.9
27	音乐零距离	汕头人民广播电台音乐广播(1025 音乐广播)	2.6	33.1
28	民声热线(07:40)	汕头人民广播电台经济广播(新闻 993)	2.5	40.9
29	大笑江湖	汕头人民广播电台音乐广播(1025 音乐广播)	2.5	34.3
30	外国歌曲	汕头人民广播电台音乐广播(1025 音乐广播)	2.5	31.9

二十四、上海收听数据

表 3.24.1 2014～2016 年上海各目标听众人均收听时间(分钟)

目标听众		2014 年	2015 年	2016 年
10 岁及以上所有人		68	70	71
性别	男	71	71	71
	女	65	69	70
年龄	10～14 岁	30	19	26
	15～24 岁	40	47	53
	25～34 岁	57	55	55
	35～44 岁	65	66	64
	45～54 岁	67	73	71
	55～64 岁	87	80	87
	65 岁及以上	104	128	114
文化程度	未受过正规教育	67	69	*
	小学	46	59	53
	初中	84	69	73
	高中	69	80	79
	大学及以上	61	64	63
职业	干部/管理人员	67	58	64
	初级公务员/雇员	50	57	59
	个体/私营企业人员	63	58	56
	工人	91	83	69
	学生	33	31	41
	无业(包括退休人员)	93	102	101
	其他	*	*	*
个人月收入	没有收入	39	39	43
	1～2000 元	89	66	80
	2001～3000 元	82	75	75
	3001～4000 元	66	81	86
	4001～5000 元	65	73	75
	5001～6000 元	53	68	73
	6001 元及以上	70	64	56

注:上海为全年连续调查城市。“*”表示该目标听众样本量不足,无法进行统计推断。

表 3.24.2 2014～2016 年上海听众在不同地点的人均收听时间(分钟)

地点	2014 年	2015 年	2016 年
在家	46	48	52
车上	16	18	14
工作/学习场所	5	5	4
其他场所	1	1	1

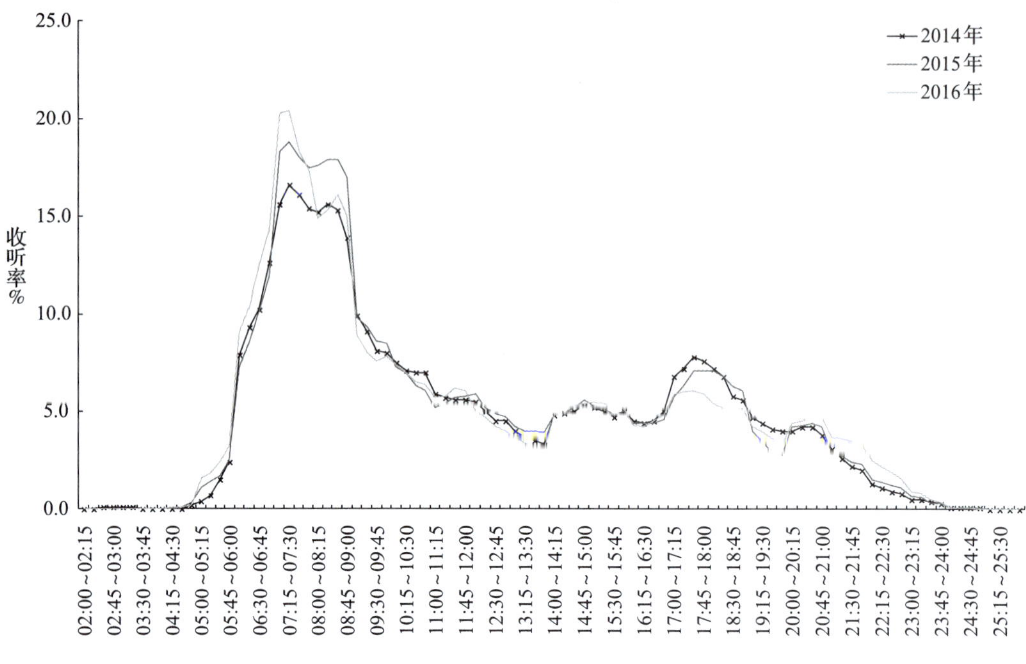

图 3.24.1 2014～2016 年上海听众全天收听率走势

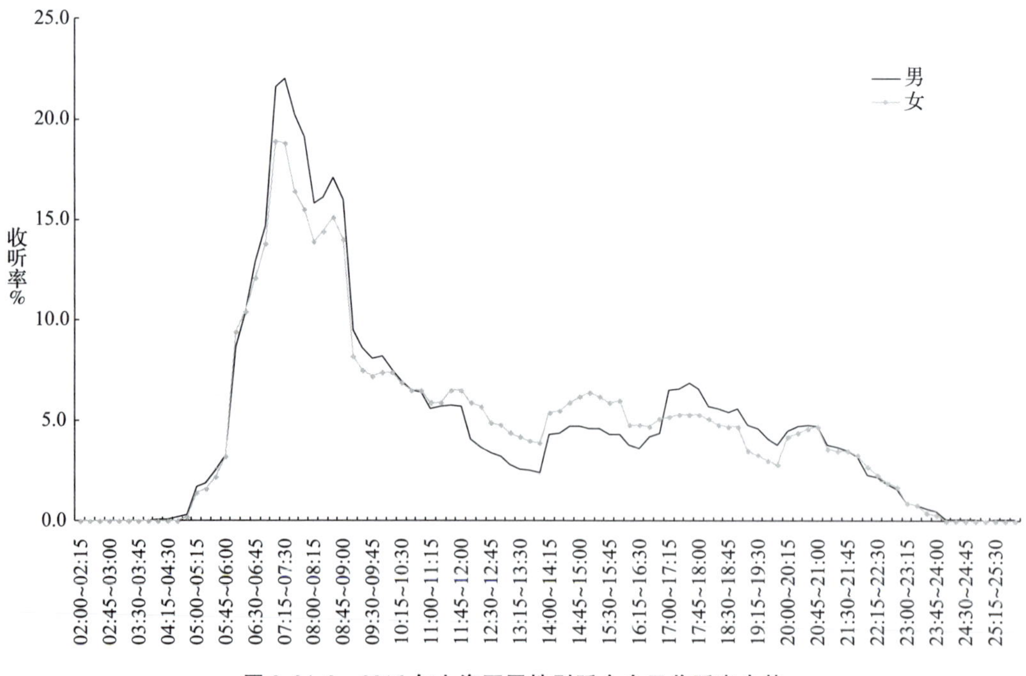

图 3.24.2 2016 年上海不同性别听众全天收听率走势

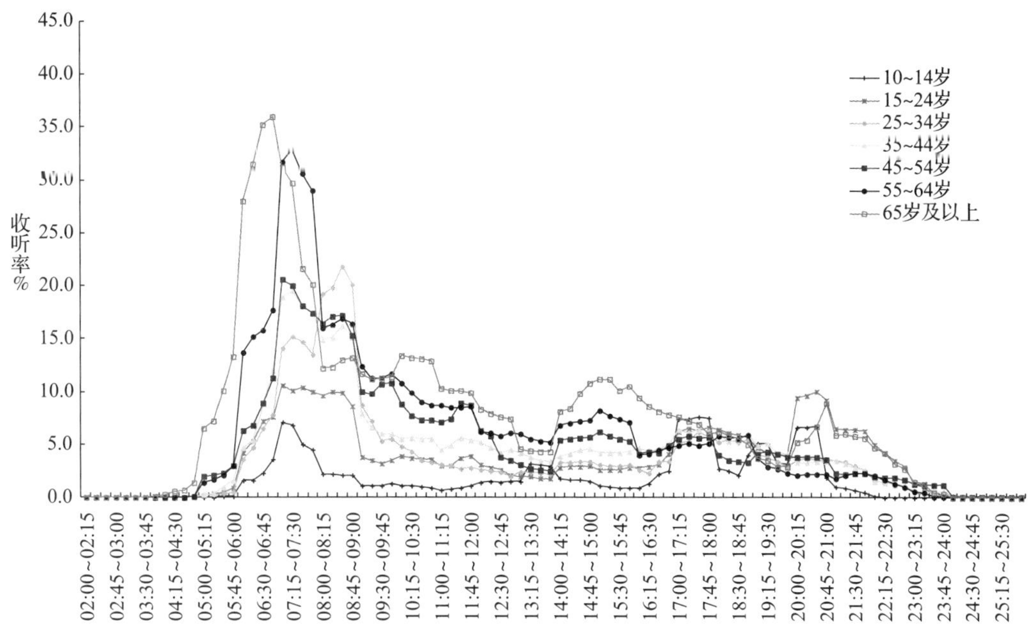

图 3.24.3　2016 年上海不同年龄听众全天收听率走势

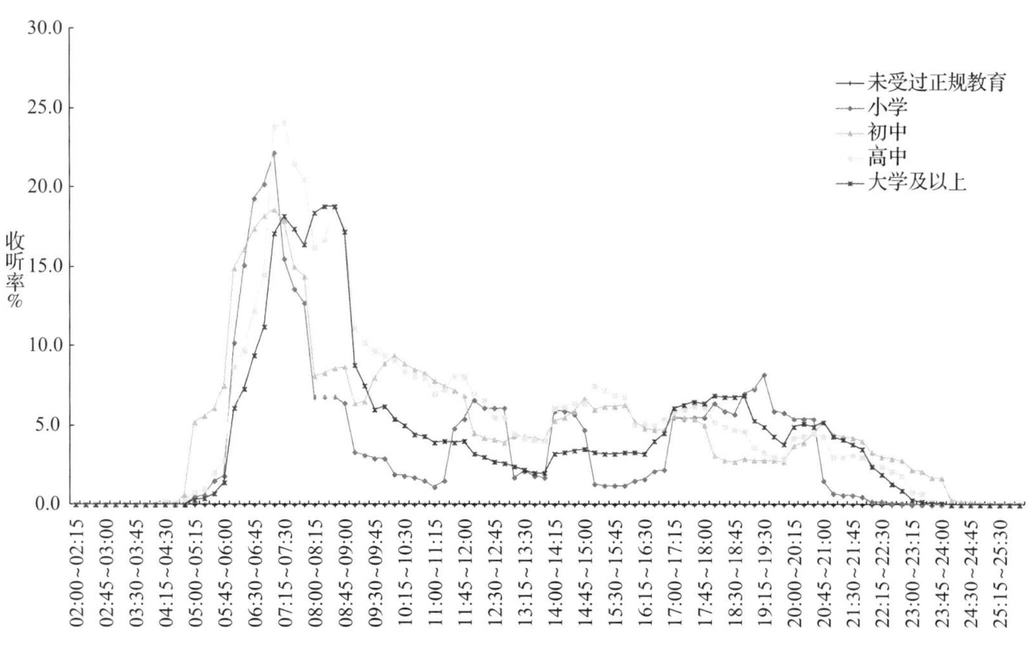

图 3.24.4　2016 年上海不同文化程度听众全天收听率走势

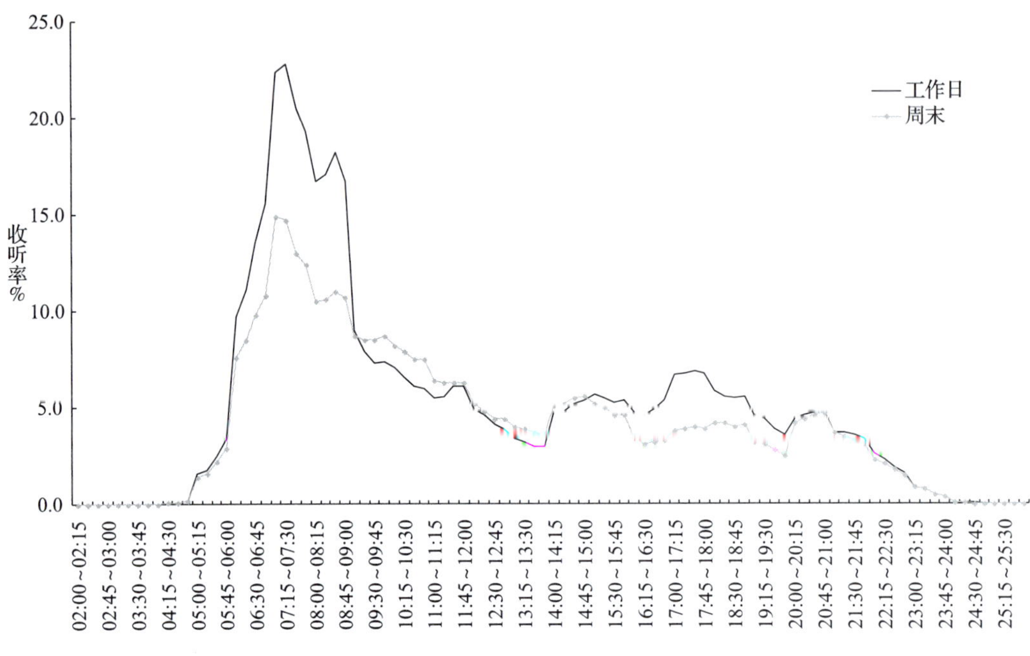

图 3.24.5　2016 年上海听众工作日与周末全天收听率走势

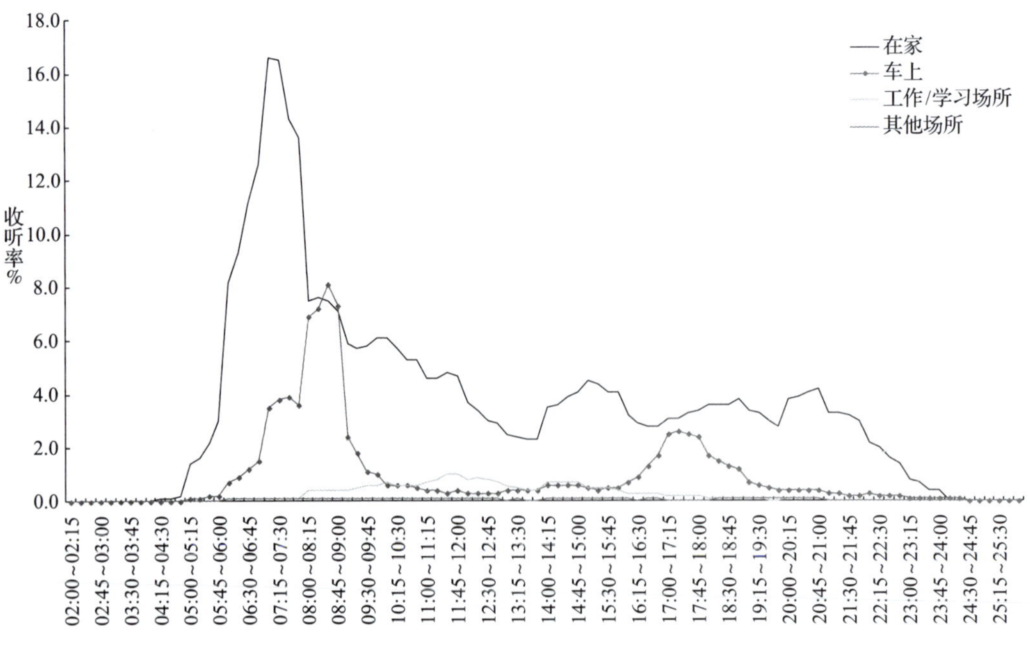

图 3.24.6　2016 年上海听众在不同收听地点全天收听率走势

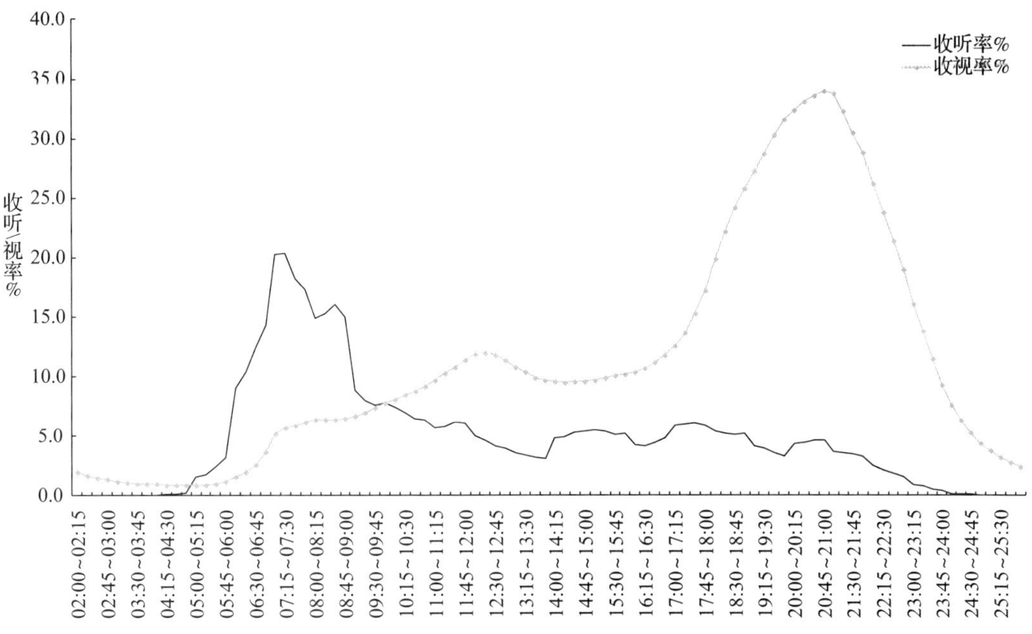

图 3.24.7 2016 年上海受众全天收听率、收视率走势比较(目标受众为 10 岁及以上)

表 3.24.3　2016 年上海市场听众构成(%)

目标听众		听众构成(%)
10 岁及以上所有人		100.0
性别	男	51.6
	女	48.4
年龄	10~14 岁	1.0
	15~24 岁	9.6
	25~34 岁	17.4
	35~44 岁	15.1
	45~54 岁	16.5
	55~64 岁	18.6
	65 岁及以上	21.8
文化程度	未受过正规教育	*
	小学	2.6
	初中	22.6
	高中	40.7
	大学及以上	33.7
职业	干部/管理人员	4.2
	初级公务员/雇员	29.7
	个体/私营企业人员	4.0
	工人	16.2
	学生	5.8
	无业(包括退休人员)	39.7
	其他	*
个人月收入	没有收入	6.9
	1~2000 元	1.3
	2001~3000 元	11.3
	3001~4000 元	33.5
	4001~5000 元	20.1
	5001~6000 元	11.5
	6001 元及以上	15.4

注:“*”表示该目标听众样本量不足,无法进行统计推断。

表 3.24.4　2014~2016 年上海市场各广播电台的市场份额(%)

广播电台	2014 年	2015 年	2016 年
中央人民广播电台	4.3	3.3	3.7
中国国际广播电台	0.4	0.4	0.1
上海广播电视台	94.6	95.9	96.1
其他广播电台	0.7	0.4	0.1

表 3.24.5 2016 年上海市场各广播电台在不同目标听众中的市场份额(%)

目标听众		中央人民广播电台	中国国际广播电台	上海广播电视台	其他广播电台
10 岁及以上所有人		3.7	0.1	96.1	0.1
性别	男	4.6	0.1	95.2	0.1
	女	2.7	0.1	97.2	0.0
年龄	10~14 岁	10.3	0.1	89.0	0.6
	15~24 岁	1.0	0.1	98.9	0.0
	25~34 岁	1.7	0.4	97.9	0.0
	35~44 岁	3.7	0.2	96.1	0.0
	45~54 岁	2.8	0.1	97.0	0.1
	55~64 岁	4.6	0.1	95.3	0.0
	65 岁及以上	6.0	0.0	93.9	0.1
文化程度	未受过正规教育	*	*	*	*
	小学	4.0	0.0	96.0	0.0
	初中	4.3	0.1	95.6	0.0
	高中	4.5	0.1	95.3	0.1
	大学及以上	2.0	0.2	97.8	0.0
职业	干部/管理人员	1.1	0.0	98.7	0.2
	初级公务员/雇员	2.3	0.1	97.5	0.1
	个体/私营企业人员	2.6	0.3	97.1	0.0
	工人	2.8	0.3	96.9	0.0
	学生	2.8	0.1	97.0	0.1
	无业(包括退休人员)	5.5	0.1	94.4	0.0
	其他	*	*	*	*
个人月收入	没有收入	3.6	0.3	96.0	0.1
	1~2000 元	1.9	0.0	98.1	0.0
	2001~3000 元	1.9	0.0	98.1	0.0
	3001~4000 元	4.0	0.1	95.9	0.0
	4001~5000 元	6.0	0.1	93.8	0.1
	5001~6000 元	0.9	0.2	98.8	0.1
	6001 元及以上	3.4	0.3	96.3	0.0

注:“*”表示该目标听众样本量不足,无法进行统计推断。

表 3.24.6 2016 年上海市场份额排名前 5 位的频率

排名	频率名称	市场份额(%)
1	上海人民广播电台上海新闻广播(FM93.4/AM990)	31.6
2	上海流行音乐广播 动感 101(FM101.7)	18.7
3	上海经典金曲广播 LoveRadio 最爱调频(FM103.7)	9.7
4	第一财经广播(FM97.7)	9.0
5	上海东方都市广播 899 驾车调频(FM89.9/AM792)	6.0

表 3.24.7 2016 年上海市场收听率排名前 30 位的节目

排名	节目名称	播出频率	收听率(%)	市场份额(%)
1	990 早新闻(07:00~08:00)	上海人民广播电台上海新闻广播(FM93.4/AM990)	9.5	49.6
2	转播中央台新闻与报纸摘要	上海人民广播电台上海新闻广播(FM93.4/AM990)	8.4	63.1
3	清晨新闻	上海人民广播电台上海新闻广播(FM93.4/AM990)	6.6	68.4
4	990 早新闻(08:00~09:00)	上海人民广播电台上海新闻广播(FM93.4/AM990)	3.5	33.0
5	八点新闻	上海人民广播电台上海新闻广播(FM93.4/AM990)	3.4	19.7
6	音乐早餐(平日版)	上海流行音乐广播 动感 101(FM101.7)	3.0	19.6
7	音乐厨男秀	上海流行音乐广播 动感 101(FM101.7)	2.4	49.1
8	市民政务通-直通 990(09:00~10:00)	上海人民广播电台上海新闻广播(FM93.4/AM990)	1.9	23.7
9	欢乐早高峰(平日版)	上海交通广播(AM648/FM105.7)	1.9	9.8
10	活到 100 岁(15:00~16:00)	上海人民广播电台上海新闻广播(FM93.4/AM990)	1.7	32.5
11	空中体坛	上海人民广播电台上海新闻广播(FM93.4/AM990)	1.6	28.1
12	海波热线	上海人民广播电台上海新闻广播(FM93.4/AM990)	1.6	25.1
13	麦游天下(周日版)	上海流行音乐广播 动感 101(FM101.7)	1.6	22.4
14	政风行风热线	上海人民广播电台上海新闻广播(FM93.4/AM990)	1.6	20.8
15	全球华语歌曲排行榜	上海流行音乐广播 动感 101(FM101.7)	1.5	40.5
16	音乐万花筒	上海流行音乐广播 动感 101(FM101.7)	1.5	31.4
17	新闻午间道	上海人民广播电台上海新闻广播(FM93.4/AM990)	1.5	25.0
18	记录 2016 之百姓故事(11:30~12:00)	上海人民广播电台上海新闻广播(FM93.4/AM990)	1.5	23.5
19	麦游天下(周六版)	上海流行音乐广播 动感 101(FM101.7)	1.5	23.0
20	音乐早餐(周末版)	上海流行音乐广播 动感 101(FM101.7)	1.5	12.9
21	财经早八点(平日版)	第一财经广播(FM97.7)	1.5	8.7
22	晓君有话头	上海流行音乐广播 动感 101(FM101.7)	1.4	23.0
23	早安新发现(平日版)	上海经典金曲广播 LoveRadio 最爱调频(FM103.7)	1.4	7.3
24	101 西洋镜	上海流行音乐广播 动感 101(FM101.7)	1.3	36.0
25	股市大家谈(16:00~17:00)	第一财经广播(FM97.7)	1.3	25.9
26	绕着地球跑	上海流行音乐广播 动感 101(FM101.7)	1.3	22.4
27	小畅翻牌	上海流行音乐广播 动感 101(FM101.7)	1.3	21.8
28	朗朗动听(11:30~12:00)	上海人民广播电台上海新闻广播(FM93.4/AM990)	1.3	21.1
29	重回 90 年代,最佳流行榜(10:00~11:00)	上海经典金曲广播 LoveRadio 最爱调频(FM103.7)	1.3	15.5
30	康定小情歌	上海经典金曲广播 LoveRadio 最爱调频(FM103.7)	1.3	15.1

二十五、沈阳收听数据

表 3.25.1 2014～2016 年沈阳各目标听众人均收听时间(分钟)

目标听众		2014 年	2015 年	2016 年
10 岁及以上所有人		97	97	98
性别	男	95	96	102
	女	98	98	93
年龄	10～14 岁	34	29	34
	15～24 岁	58	55	57
	25～34 岁	81	76	78
	35～44 岁	90	93	87
	45～54 岁	109	106	106
	55～64 岁	135	133	125
	65 岁及以上	136	159	160
文化程度	未受过正规教育	61	118	88
	小学	90	96	85
	初中	103	102	103
	高中	104	104	102
	大学及以上	82	80	85
职业	干部/管理人员	87	94	116
	初级公务员/雇员	72	78	76
	个体/私营企业人员	95	102	97
	工人	94	89	89
	学生	45	42	45
	无业(包括退休人员)	132	135	133
	其他	*	*	*
个人月收入	没有收入	82	58	63
	1～2000 元	103	109	102
	2001～3000 元	95	99	109
	3001～4000 元	96	94	92
	4001～5000 元	87	133	117
	5001～6000 元	123	99	67
	6001 元及以上	105	110	156

注:沈阳为全年连续调查城市,“*”表示该目标听众样本量不足,无法进行统计推断。

表 3.25.2 2014～2016 年沈阳听众在不同地点的人均收听时间(分钟)

地　点	2014 年	2015 年	2016 年
在家	74	71	72
车上	14	17	19
工作/学习场所	6	5	5
其他场所	3	3	2

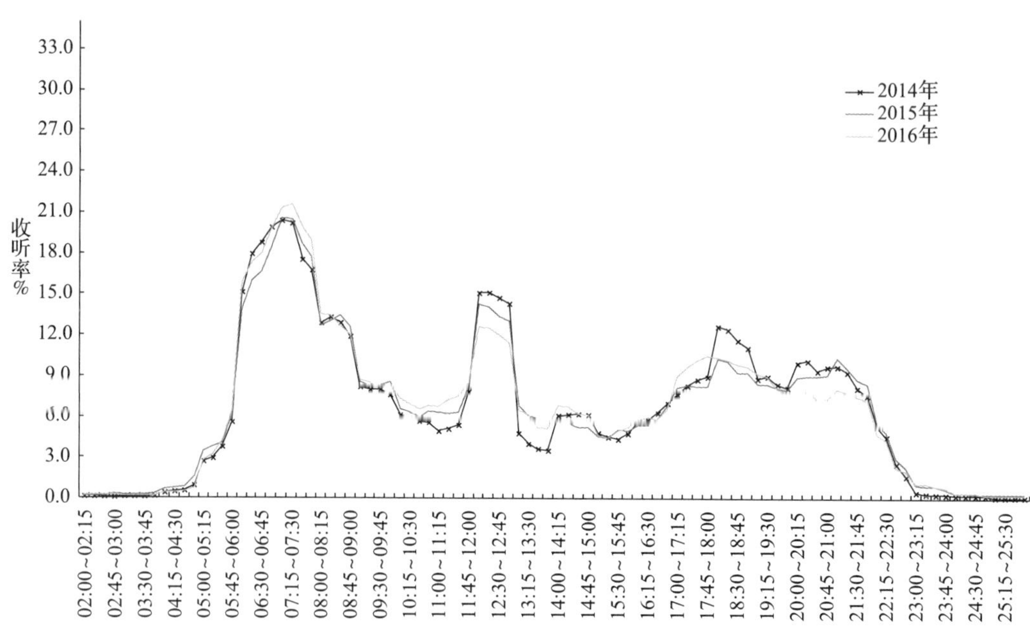

图 3.25.1　2014～2016 年沈阳听众全天收听率走势

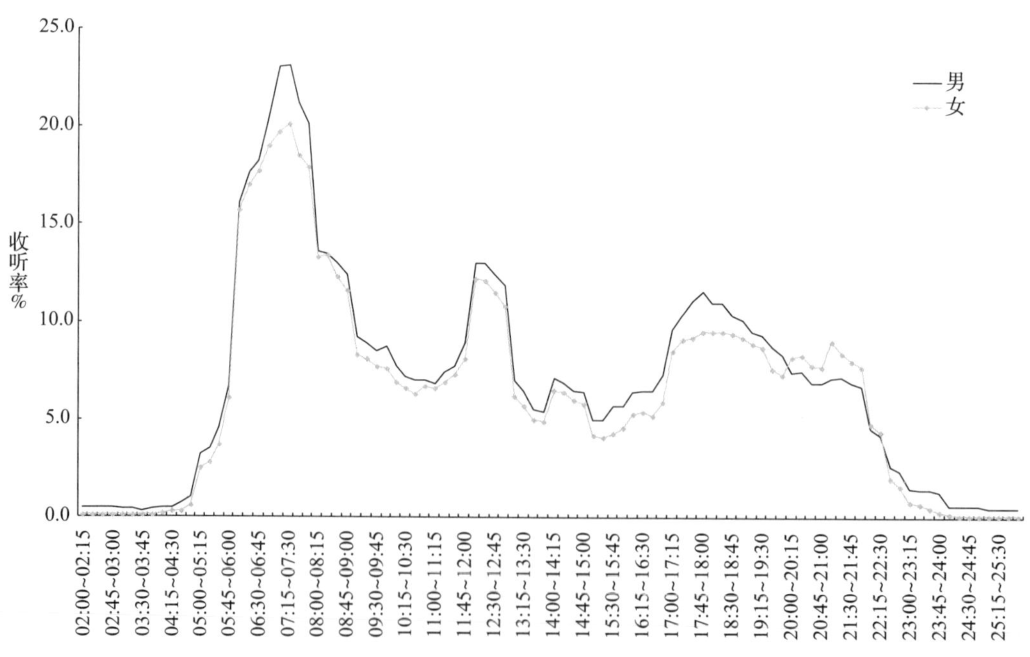

图 3.25.2　2016 年沈阳不同性别听众全天收听率走势

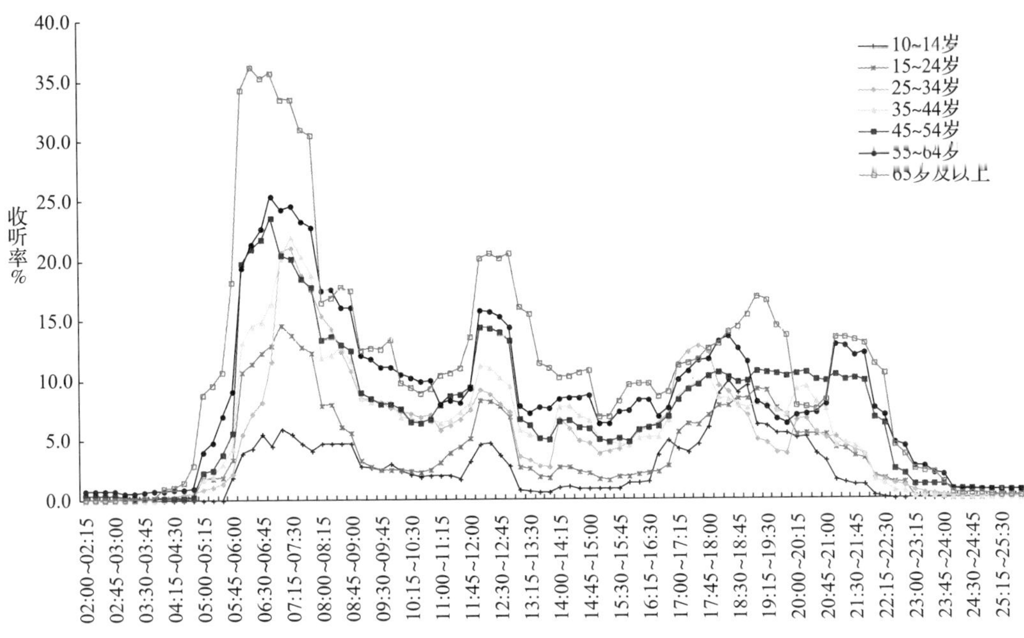

图 3.25.3　2016 年沈阳不同年龄听众全天收听率走势

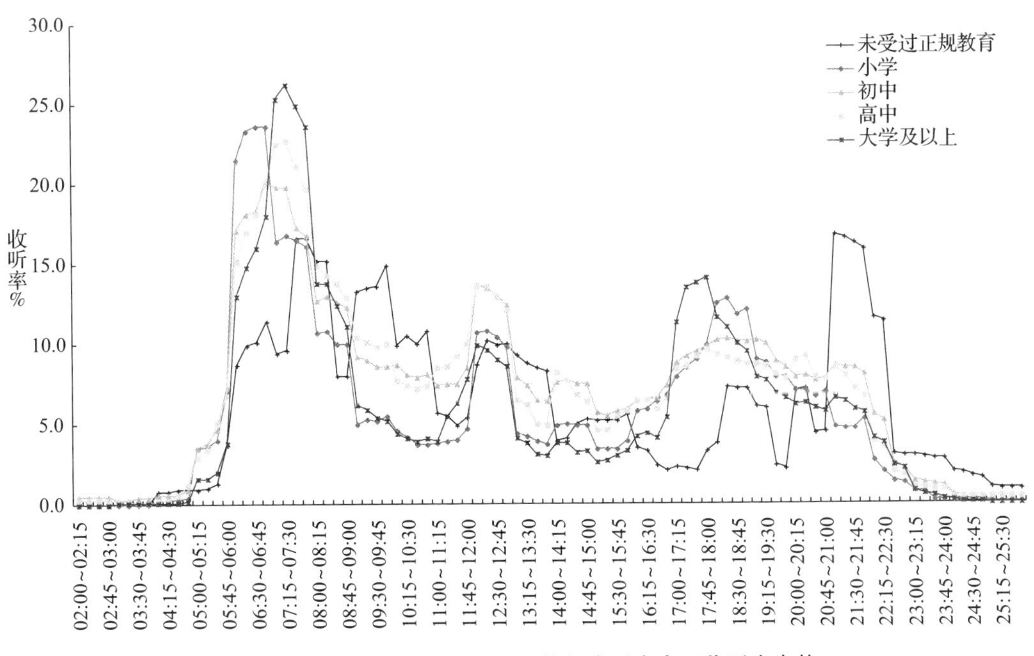

图 3.25.4　2016 年沈阳不同文化程度听众全天收听率走势

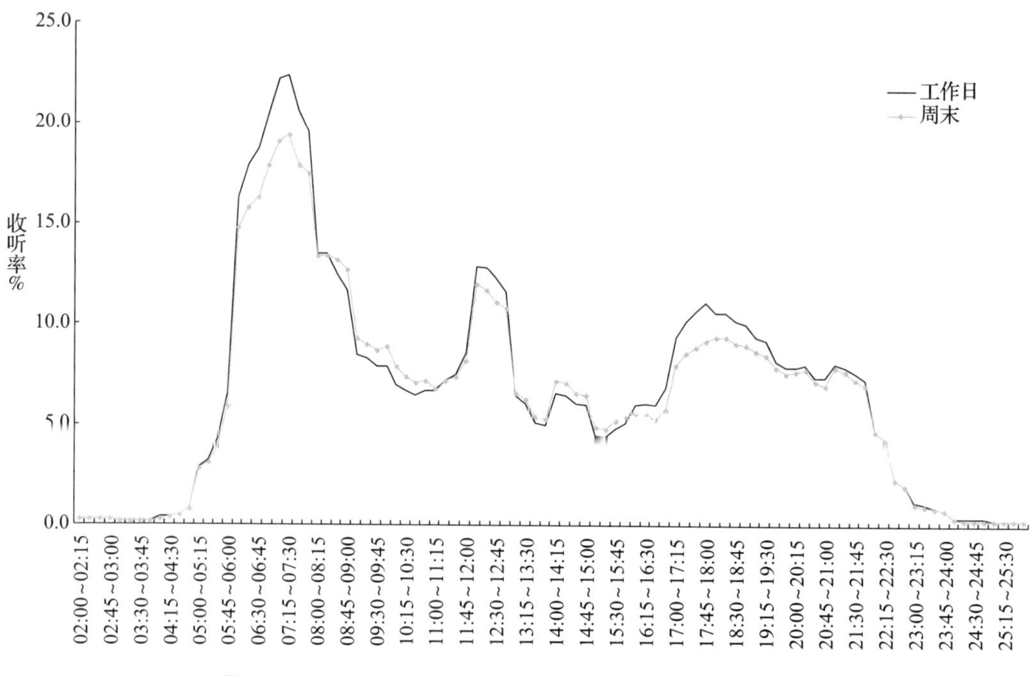

图 3.25.5　2016 年沈阳听众工作日与周末全天收听率走势

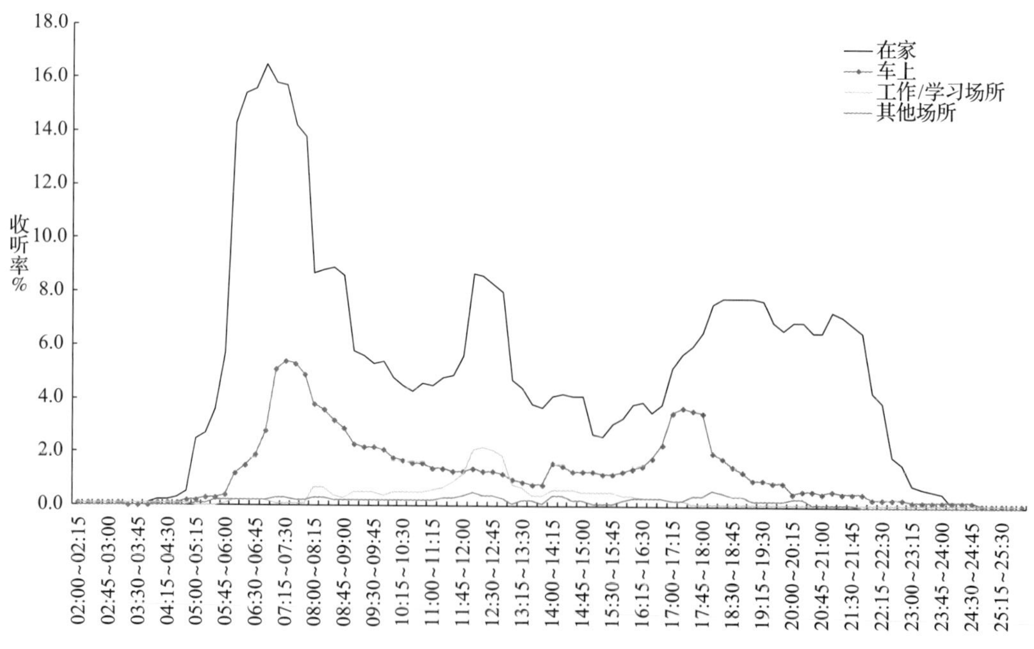

图 3.25.6　2016 年沈阳听众在不同收听地点全天收听率走势

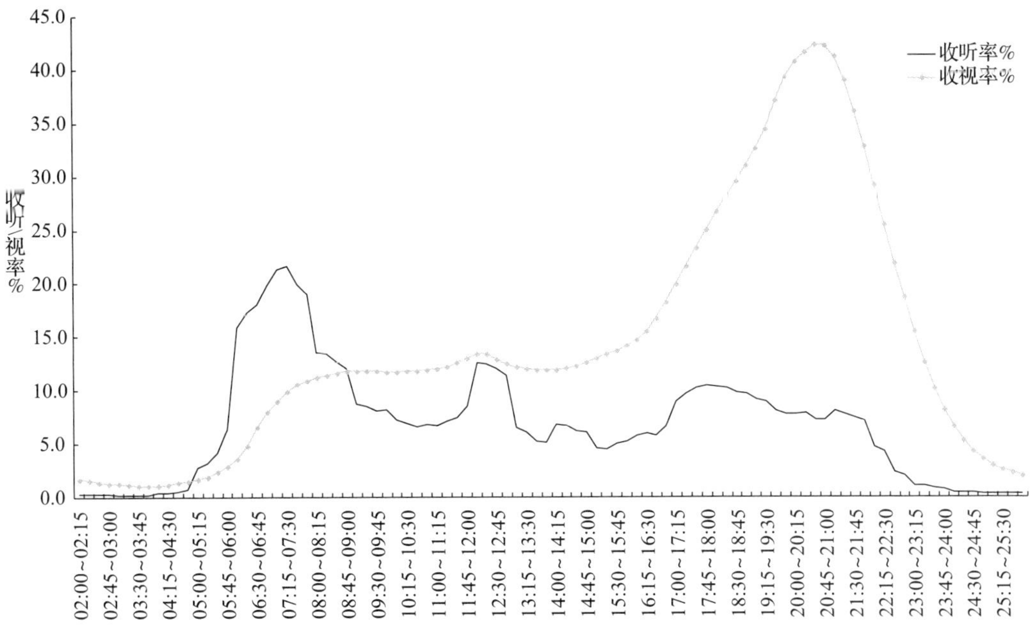

图 3.25.7 2016 年沈阳受众全天收听率、收视率走势比较(目标受众为 10 岁及以上)

表 3.25.3 2016 年沈阳市场听众构成(%)

目标听众		听众构成(%)
10 岁及以上所有人		100.0
性别	男	51.8
	女	48.2
年龄	10~14 岁	1.1
	15~24 岁	7.9
	25~34 岁	15.0
	35~44 岁	15.5
	45~54 岁	22.1
	55~64 岁	18.9
	65 岁及以上	19.6
文化程度	未受过正规教育	1.4
	小学	5.4
	初中	45.0
	高中	30.1
	大学及以上	18.0
职业	干部/管理人员	4.0
	初级公务员/雇员	10.7
	个体/私营企业人员	18.0
	工人	21.4
	学生	4.8
	无业(包括退休人员)	41.0
	其他	*
个人月收入	没有收入	10.1
	1~2000 元	30.8
	2001~3000 元	39.8
	3001~4000 元	12.0
	4001~5000 元	4.5
	5001~6000 元	0.9
	6001 元及以上	1.9

“*”表示该目标听众样本量不足,无法进行统计推断。

表 3.25.4 2014~2016 年沈阳市场各广播电台的市场份额(%)

广播电台	2014 年	2015 年	2016 年
中央人民广播电台	9.0	10.7	13.7
中国国际广播电台	0.0	0.0	0.0
辽宁人民广播电台	76.8	80.1	48.6
沈阳人民广播电台	13.2	8.9	37.2
其他广播电台	1.0	0.2	0.5

表 3.25.5　2016 年沈阳市场各广播电台在不同目标听众中的市场份额(%)

目标听众		中央人民广播电台	中国国际广播电台	辽宁人民广播电台	沈阳人民广播电台	其他广播电台
10 岁及以上所有人		13.7	0.0	48.6	37.2	0.5
性别	男	13.5	0.0	46.8	39.1	0.6
	女	13.8	0.0	50.5	35.2	0.5
年龄	10～14 岁	5.1	0.0	54.9	35.0	4.1
	15～24 岁	14.2	0.0	48.6	36.3	0.9
	25～34 岁	13.5	0.0	43.0	43.3	0.2
	35～44 岁	12.8	0.0	46.4	40.6	0.2
	45～54 岁	12.3	0.0	54.2	32.6	0.9
	55～64 岁	12.9	0.0	47.2	39.6	0.3
	65 岁及以上	17.0	0.0	49.5	33.1	0.4
文化程度	未受过正规教育	17.0	0.0	58.4	24.5	0.1
	小学	12.2	0.0	55.0	31.6	1.2
	初中	12.9	0.0	49.8	36.7	0.6
	高中	15.8	0.0	45.7	38.0	0.5
	大学及以上	11.8	0.0	48.0	40.0	0.2
职业	干部/管理人员	20.6	0.0	32.4	46.4	0.6
	初级公务员/雇员	12.6	0.0	46.7	40.5	0.2
	个体/私营企业人员	10.8	0.0	55.4	33.4	0.4
	工人	14.7	0.0	42.9	42.0	0.4
	学生	11.2	0.0	48.4	38.2	2.2
	无业(包括退休人员)	14.2	0.0	51.1	34.1	0.6
	其他	*	*	*	*	*
个人月收入	没有收入	10.8	0.0	54.3	33.1	1.8
	1～2000 元	17.1	0.0	46.0	36.6	0.3
	2001～3000 元	11.5	0.0	49.6	38.4	0.5
	3001～4000 元	15.1	0.0	45.1	39.3	0.5
	4001～5000 元	11.8	0.0	48.2	39.6	0.4
	5001～6000 元	20.5	0.0	61.6	17.8	0.1
	6001 元及以上	8.5	0.0	56.8	34.6	0.1

“*”表示该目标听众样本量不足,无法进行统计推断。

表 3.25.6　2016 年沈阳市场份额排名前 5 位的频率

排　名	频率名称	市场份额(%)
1	辽宁广播电视台交通广播(FM97.5)	17.5
1	辽宁广播电视台音乐广播(沈阳台)(FM98.6)	17.5
3	辽宁广播电视台都市广播(沈阳台)(FM92.1/AM1341)	15.3
4	中央人民广播电台第一套节目中国之声	9.6
5	沈阳广播电视台新闻广播(FM104.5/AM792)	9.2

表 3.25.7　2016 年沈阳市场收听率排名前 30 位的节目

排名	节目名称	播出频率	收听率(%)	市场份额(%)
1	新闻麻辣烫	辽宁广播电视台交通广播(FM97.5)	4.5	23.3
2	评书大放送(上、中)	辽宁广播电视台音乐广播(沈阳台)(FM98.6)	3.9	32.4
3	麻辣第七天	辽宁广播电视台交通广播(FM97.5)	3.6	20.6
4	921 名书场(上)	辽宁广播电视台都市广播(沈阳台)(FM92.1/AM1341)	3.2	16.8
5	921 名书场(下)	辽宁广播电视台都市广播(沈阳台)(FM92.1/AM1341)	3.2	14.9
6	阿宝龙哥路路通	辽宁广播电视台交通广播(FM97.5)	2.9	21.6
7	健康三十六计	辽宁广播电视台都市广播(沈阳台)(FM92.1/AM1341)	2.8	16.4
8	星光夜话	沈阳广播电视台新闻广播(FM104.5/AM792)	2.7	40.4
9	921 评书开讲	辽宁广播电视台都市广播(沈阳台)(FM92.1/AM1341)	2.7	16.8
10	新闻早班车	辽宁广播电视台音乐广播(沈阳台)(FM98.6)	2.7	13.6
11	评书大放送(下)	辽宁广播电视台音乐广播(沈阳台)(FM98.6)	2.5	38.7
12	娱乐二人转~精品	辽宁广播电视台都市广播(沈阳台)(FM92.1/AM1341)	2.2	21.3
13	921 新书场(上)	辽宁广播电视台都市广播(沈阳台)(FM92.1/AM1341)	2.1	23.1
14	市民您早	沈阳广播电视台新闻广播(FM104.5/AM792)	2.1	12.8
15	梁辉说法/986 快乐朋友圈/986 气象周报	辽宁广播电视台音乐广播(沈阳台)(FM98.6)	2.1	12.6
16	娱乐二人转	辽宁广播电视台都市广播(沈阳台)(FM92.1/AM1341)	2.0	16.5
17	921 讲古堂(上)	辽宁广播电视台都市广播(沈阳台)(FM92.1/AM1341)	2.0	16.0
18	921 新书场(下)	辽宁广播电视台都市广播(沈阳台)(FM92.1/AM1341)	1.9	23.5
19	向快乐出发	辽宁广播电视台交通广播(FM97.5)	1.9	19.3
20	畅通晚高峰	辽宁广播电视台交通广播(FM97.5)	1.9	18.9
21	沈阳早高峰	辽宁广播电视台音乐广播(沈阳台)(FM98.6)	1.9	14.6
22	老林说旧闻	辽宁广播电视台都市广播(沈阳台)(FM92.1/AM1341)	1.9	11.7
22	小妹说新闻	辽宁广播电视台都市广播(沈阳台)(FM92.1/AM1341)	1.9	11.7
24	音乐加油站	辽宁广播电视台音乐广播(沈阳台)(FM98.6)	1.8	35.1
25	买房听我说	辽宁广播电视台都市广播(沈阳台)(FM92.1/AM1341)	1.8	18.3
26	品牌之旅	中央人民广播电台第一套节目中国之声	1.8	11.2
27	转中央台新闻和报纸摘要	沈阳广播电视台新闻广播(FM104.5/AM792)	1.8	9.5
28	连心桥(早间版)	沈阳广播电视台新闻广播(FM104.5/AM792)	1.8	9.2
29	房产面对面	辽宁广播电视台都市广播(沈阳台)(FM92.1/AM1341)	1.7	18.9
30	986 收藏艺术馆	辽宁广播电视台音乐广播(沈阳台)(FM98.6)	1.7	17.8

二十六、深圳收听数据

表 3.26.1 2014～2016 年深圳各目标听众人均收听时间(分钟)

目标听众		2014 年	2015 年	2016 年
10 岁及以上所有人		48	41	40
性别	男	52	43	41
	女	43	39	38
年龄	10～14 岁	12	13	6
	15～24 岁	38	26	29
	25～34 岁	48	44	41
	35～44 岁	53	47	43
	45～54 岁	60	55	50
	55～64 岁	52	53	62
	65 岁及以上	81	69	83
文化程度	未受过正规教育	*	*	*
	小学	25	31	35
	初中	46	37	36
	高中	46	46	43
	大学及以上	57	41	39
职业	干部/管理人员	64	51	46
	初级公务员/雇员	45	40	40
	个体/私营企业人员	60	48	48
	工人	42	38	39
	学生	27	22	16
	无业(包括退休人员)	56	47	49
	其他	*	57	27
个人月收入	没有收入	36	27	25
	1～2000 元	54	53	53
	2001～3000 元	39	40	65
	3001～4000 元	45	39	40
	4001～5000 元	50	38	38
	5001～6000 元	58	45	32
	6001 元及以上	60	52	48

注:深圳为全年连续调查城市。“*”表示该目标听众样本量不足,无法进行统计推断。

表 3.26.2 2014～2016 年深圳听众在不同收听地点的人均收听时间(分钟)

地　点	2014 年	2015 年	2016 年
在家	21	18	19
车上	20	17	15
工作/学习场所	4	3	4
其他场所	3	3	2

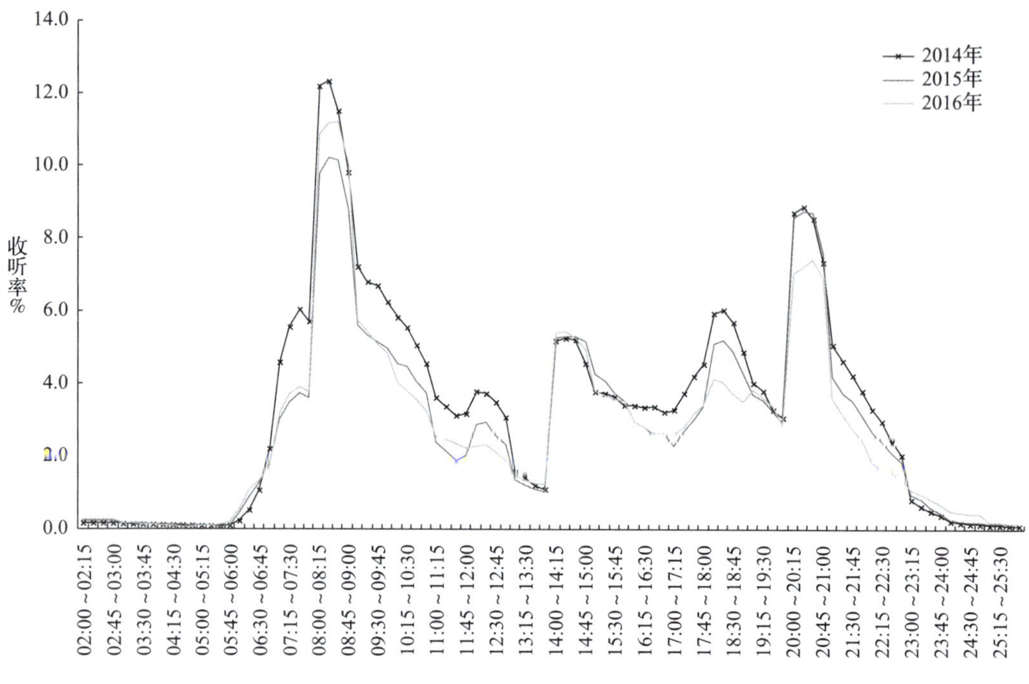

图 3.26.1　2014 ~ 2016 年深圳听众全天收听率走势

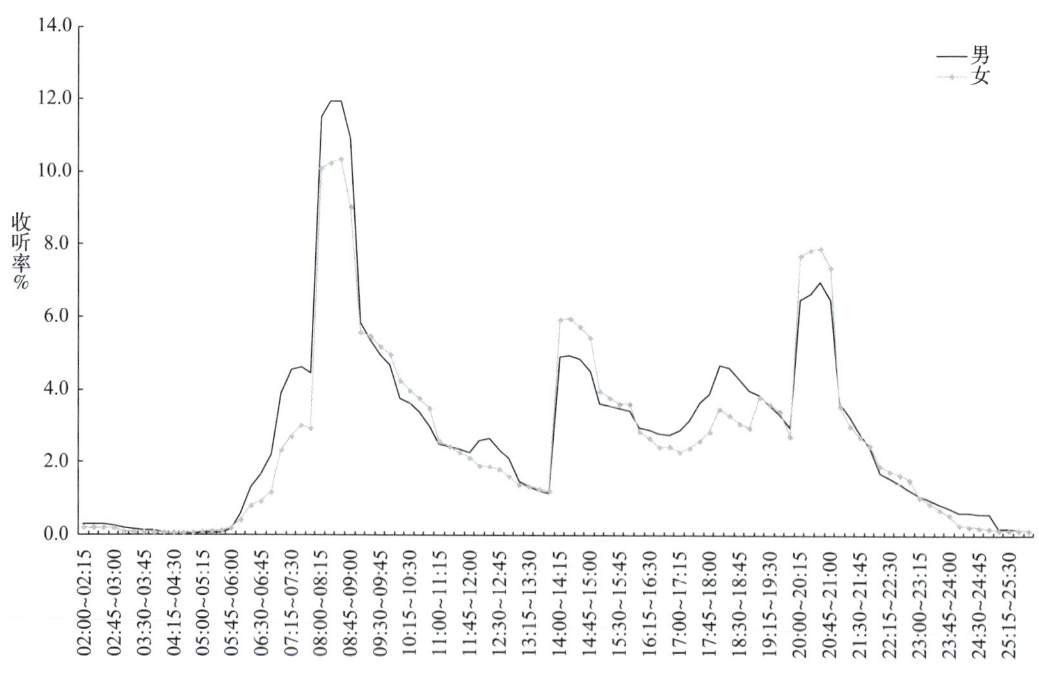

图 3.26.2　2016 年深圳不同性别听众全天收听率走势

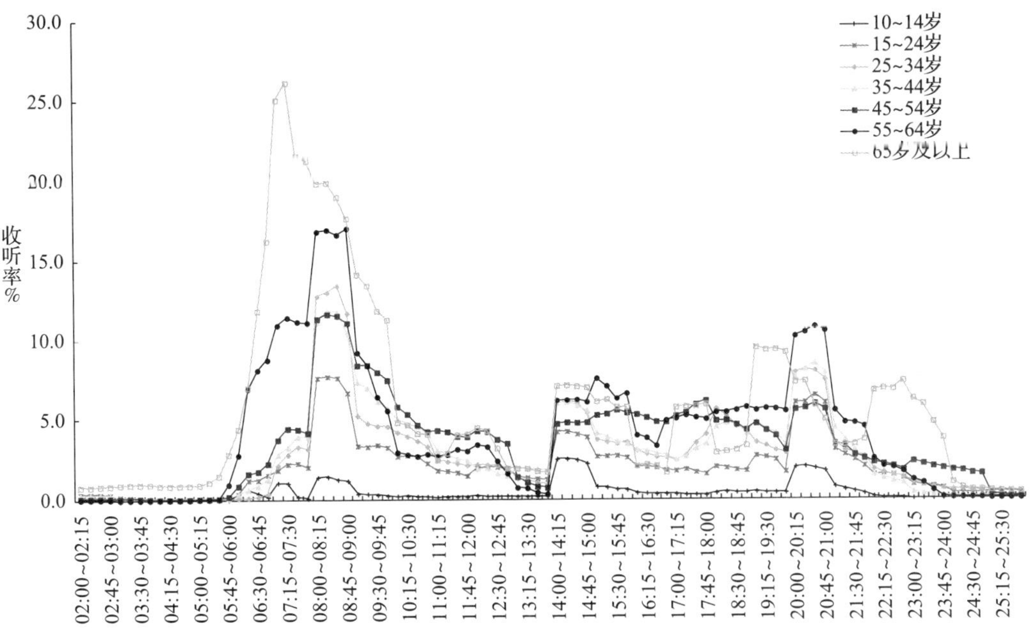

图 3.26.3 2016 年深圳不同年龄听众全天收听率走势

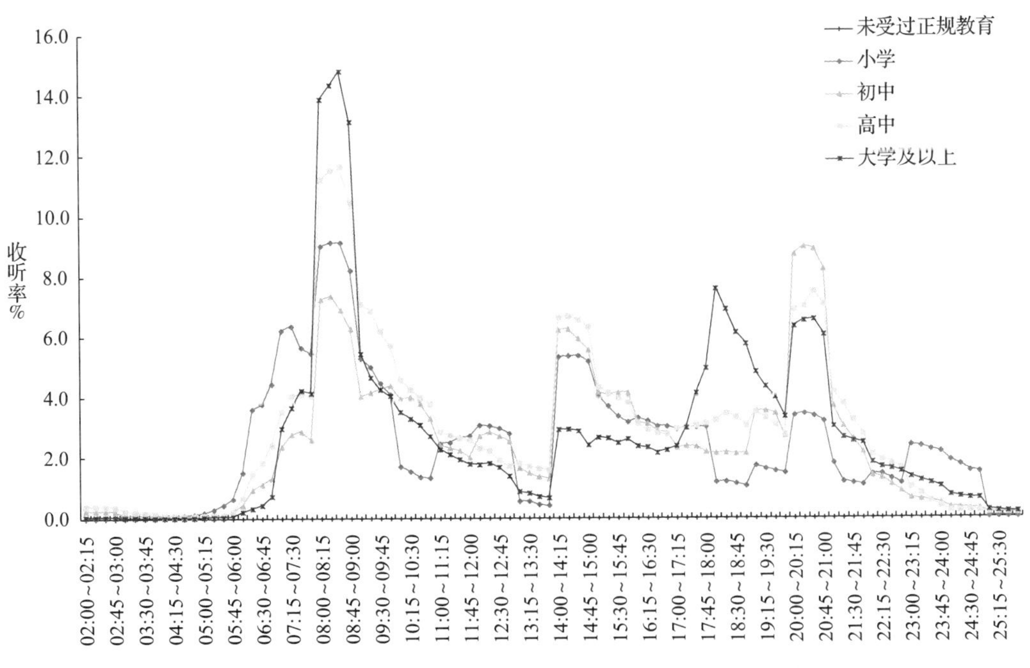

图 3.26.4 2016 年深圳不同文化程度听众全天收听率走势

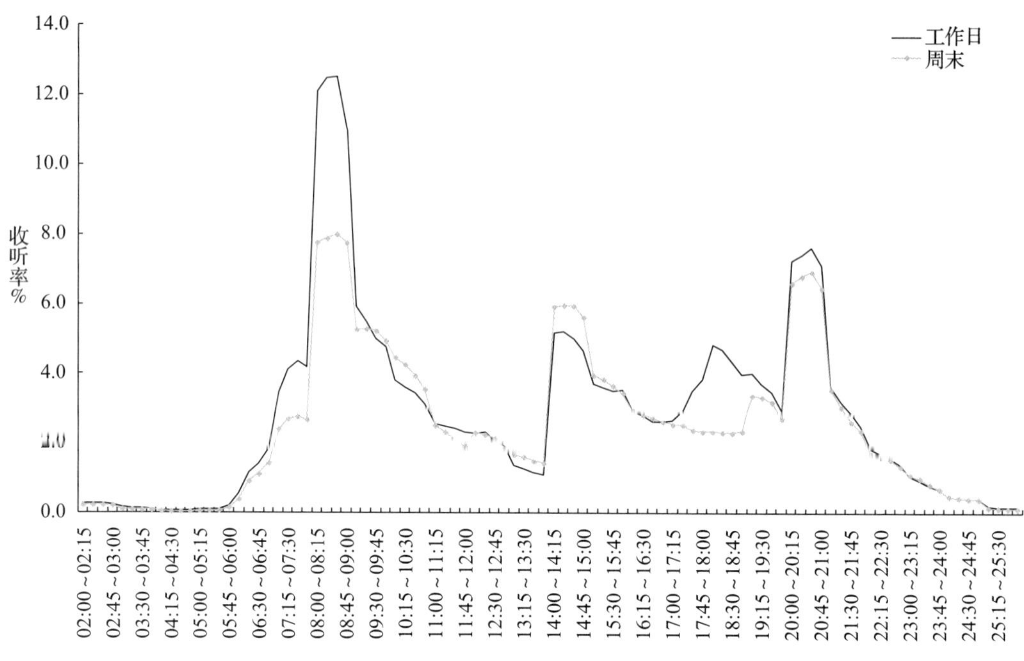

图 3.26.5　2016 年深圳听众工作日与周末全天收听率走势

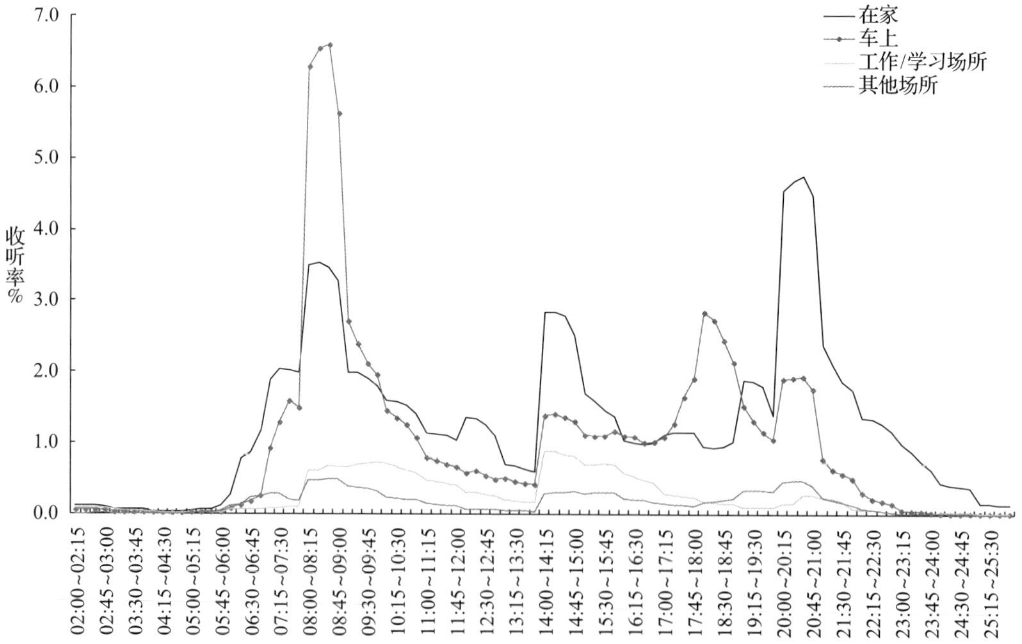

在家
车上
工作/学习场所
其他场所
收听率%
7.0
6.0
5.0
4.0
3.0
2.0
1.0
0.0
02:00~02:15
02:45~03:00
03:30~03:45
04:15~04:30
05:00~05:15
05:45~06:00
06:30~06:45
07:15~07:30
08:00~08:15
08:45~09:00
09:30~09:45
10:15~10:30
11:00~11:15
11:45~12:00
12:30~12:45
13:15~13:30
14:00~14:15
14:45~15:00
15:30~15:45
16:15~16:30
17:00~17:15
17:45~18:00
18:30~18:45
19:15~19:30
20:00~20:15
20:45~21:00
21:30~21:45
22:15~22:30
23:00~23:15
23:45~24:00
24:30~24:45
25:15~25:30

图 3.26.6　2016 年深圳听众在不同收听地点全天收听率走势

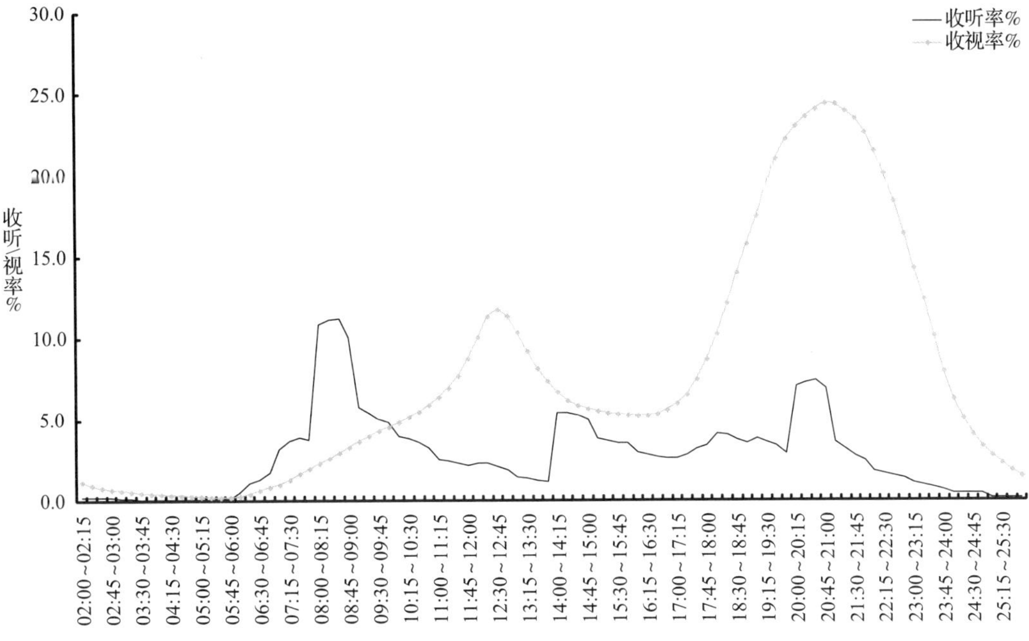

图 3.26.7　2016 年深圳受众全天收听率、收视率走势比较(目标受众为 10 岁及以上)

表 3.26.3　2016 年深圳市场听众构成(%)

目标听众		听众构成(%)
10 岁及以上所有人		100.0
性别	男	55.3
	女	44.7
年龄	10～14 岁	0.4
	15～24 岁	19.7
	25～34 岁	33.2
	35～44 岁	24.9
	45～54 岁	11.4
	55～64 岁	5.6
	65 岁及以上	4.8
文化程度	未受过正规教育	*
	小学	3.8
	初中	24.1
	高中	43.5
	大学及以上	28.6
职业	干部/管理人员	9.3
	初级公务员/雇员	29.6
	个体/私营企业人员	21.9
	工人	18.8
	学生	4.8
	无业(包括退休人员)	14.9
	其他	0.7
个人月收入	没有收入	13.3
	1～2000 元	0.9
	2001～3000 元	8.3
	3001～4000 元	17.2
	4001～5000 元	16.1
	5001～6000 元	6.7
	6001 元及以上	37.5

“*”表示该目标听众样本量不足,无法进行统计推断。

表 3.26.4　2014～2016 年深圳市场各广播电台的市场份额(%)

广播电台	2014 年	2015 年	2016 年
中央人民广播电台	12.9	11.7	10.5
中国国际广播电台	3.4	2.8	1.8
广东广播电视台	20.4	20.5	21.0
深圳广播电影电视集团	58.7	60.7	60.2
其他广播电台	4.6	4.3	6.5

表 3.26.5 2016 年深圳市场各广播电台在不同目标听众中的市场份额(%)

目标听众		中央人民广播电台	中国国际广播电台	广东广播电视台	深圳广播电影电视集团	其他广播电台
10 岁及以上所有人		10.5	1.8	21.0	60.2	6.5
性别	男	10.4	2.1	20.4	59.0	8.1
	女	10.7	1.5	21.8	61.7	4.3
年龄	10 ~ 14 岁	15.7	2.1	40.6	40.1	1.5
	15 ~ 24 岁	10.3	1.2	37.2	45.4	5.9
	25 ~ 34 岁	10.4	1.0	16.7	66.1	5.8
	35 ~ 44 岁	7.8	3.0	19.1	64.8	5.3
	45 ~ 54 岁	8.6	2.0	10.0	67.3	12.1
	55 ~ 64 岁	13.9	2.3	19.4	58.6	5.8
	65 岁及以上	25.7	3.8	20.6	43.9	6.0
文化程度	未受过正规教育	*	*	*	*	*
	小学	13.7	0.3	32.5	39.8	13.7
	初中	11.7	1.3	25.0	56.2	5.8
	高中	9.4	2.1	23.3	60.1	5.1
	大学及以上	10.8	2.2	12.7	66.5	7.8
职业	干部/管理人员	10.9	3.6	13.5	68.2	3.8
	初级公务员/雇员	11.0	1.9	15.9	64.1	7.1
	个体/私营企业人员	5.3	1.5	18.4	64.6	10.2
	工人	12.6	1.3	39.8	43.4	2.9
	学生	12.5	2.1	27.9	51.2	6.3
	无业(包括退休人员)	13.5	1.8	14.1	65.0	5.6
	其他	11.6	2.0	14.0	70.6	1.8
个人月收入	没有收入	9.7	1.5	19.1	64.3	5.4
	1 ~ 2000 元	3.4	3.3	20.5	50.1	22.7
	2001 ~ 3000 元	16.5	1.1	20.5	46.8	15.1
	3001 ~ 4000 元	14.1	2.4	28.1	51.9	3.5
	4001 ~ 5000 元	13.1	1.8	25.7	55.4	4.0
	5001 ~ 6000 元	10.1	1.1	16.4	63.1	9.3
	6001 元及以上	7.1	2.0	17.0	67.6	6.3

“*”表示该目标听众样本量不足,无法进行统计推断。

表 3.26.6 2016 年深圳市场份额排名前 5 位的频率

排名	频率名称	市场份额(%)
1	深圳广播电台交通频率(FM106.2)	23.1
2	深圳人民广播电台音乐广播(FM97.1)	19.0
3	深圳广播电台新闻频率(FM89.8)	15.5
4	广东广播电视台音乐之声(FM99.3)	8.1
5	广东广播电视台新闻广播(FM91.4/AM648)	5.7

表 3.26.7　2016 年深圳市场收听率排名前 30 位的节目

排名	节目名称	播出频率	收听率(%)	市场份额(%)
1	深圳早班车	深圳广播电台交通频率(FM106.2)	2.8	33.0
2	丫丫时代秀	深圳人民广播电台音乐广播(FM97.1)	1.8	24.0
3	伴你同行	深圳广播电台交通频率(FM106.2)	1.6	39.3
4	王薇周末慢生活	深圳广播电台交通频率(FM106.2)	1.5	26.4
5	音乐下午茶	深圳人民广播电台音乐广播(FM97.1)	1.4	29.6
6	安静看车	深圳广播电台交通频率(FM106.2)	1.4	24.0
7	行走的耳朵	深圳人民广播电台音乐广播(FM97.1)	1.3	27.5
8	创意生活家	深圳人民广播电台音乐广播(FM97.1)	1.3	26.9
9	赢家联盟	深圳人民广播电台音乐广播(FM97.1)	1.3	20.9
10	神游世界	深圳人民广播电台音乐广播(FM97.1)	1.3	16.8
11	一路飞扬	深圳人民广播电台音乐广播(FM97.1)	1.3	16.5
12	丫丫魔法屋	深圳人民广播电台音乐广播(FM97.1)	1.2	17.9
13	898 早新闻(重播)	深圳广播电台新闻频率(FM89.8)	1.2	15.6
14	缤纷车世界	深圳广播电台交通频率(FM106.2)	1.1	24.7
15	从深圳出发	深圳广播电台交通频率(FM106.2)	1.1	20.9
16	民歌味道	深圳人民广播电台音乐广播(FM97.1)	1.1	20.8
17	我爱收藏	深圳人民广播电台音乐广播(FM97.1)	1.1	16.0
18	杨莹的电影时光	深圳人民广播电台音乐广播(FM97.1)	1.0	21.3
19	粤听越动听	深圳广播电台新闻频率(FM89.8)	1.0	20.9
20	傻瓜古典	深圳人民广播电台音乐广播(FM97.1)	1.0	17.7
21	闪闪的红星	深圳人民广播电台音乐广播(FM97.1)	0.9	20.4
22	乔飞出国攻略	深圳广播电台交通频率(FM106.2)	0.9	17.9
23	杜峰激情赛场	深圳广播电台交通频率(FM106.2)	0.9	17.0
24	非一般情歌	深圳广播电台新闻频率(FM89.8)	0.9	12.5
25	田丁倾谈会	深圳广播电台交通频率(FM106.2)	0.8	29.1
26	E 路大玩家	深圳广播电台交通频率(FM106.2)	0.8	29.0
27	男人帮	深圳人民广播电台音乐广播(FM97.1)	0.8	24.5
28	音乐私享家	深圳人民广播电台音乐广播(FM97.1)	0.8	23.3
29	读家新闻	深圳广播电台新闻频率(FM89.8)	0.8	23.1
30	爱车有道	深圳广播电台交通频率(FM106.2)	0.8	19.1

二十七、石家庄收听数据

表 3.27.1　2014～2016 年石家庄各目标听众人均收听时间(分钟)

目标听众		2014 年	2015 年	2016 年
10 岁及以上所有人		76	77	81
性别	男	82	85	90
	女	70	69	71
年龄	10～14 岁	27	27	35
	15～24 岁	50	39	42
	25～34 岁	69	74	73
	35～44 岁	81	91	91
	45～54 岁	96	94	92
	55～64 岁	102	120	129
	65 岁及以上	123	114	127
文化程度	未受过正规教育	66	*	*
	小学	64	60	68
	初中	84	87	96
	高中	75	81	82
	大学及以上	73	68	66
职业	干部/管理人员	76	100	73
	初级公务员/雇员	76	74	76
	个体/私营企业人员	81	82	91
	工人	87	90	83
	学生	35	28	36
	无业(包括退休人员)	104	110	109
	其他	*	*	*
个人月收入	没有收入	42	38	42
	1～2000 元	89	97	99
	2001～3000 元	82	79	88
	3001～4000 元	88	99	97
	4001～5000 元	90	85	81
	5001～6000 元	83	100	105
	6001 元及以上	44	47	89

注:石家庄为全年连续调查城市。“*”表示该目标听众样本量不足,无法进行统计推断。

表 3.27.2　2014～2016 年石家庄听众在不同地点的人均收听时间(分钟)

地　　点	2014 年	2015 年	2016 年
在家	50	47	47
车上	18	22	25
工作/学习场所	4	5	5
其他场所	4	3	4

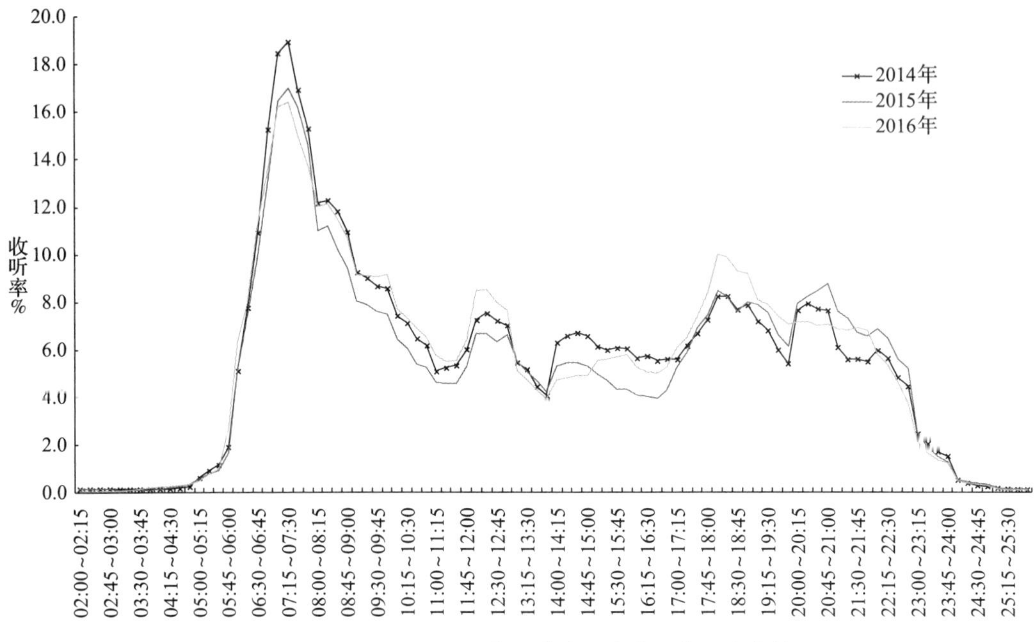

图 3.27.1　2014～2016 年石家庄听众全天收听率走势

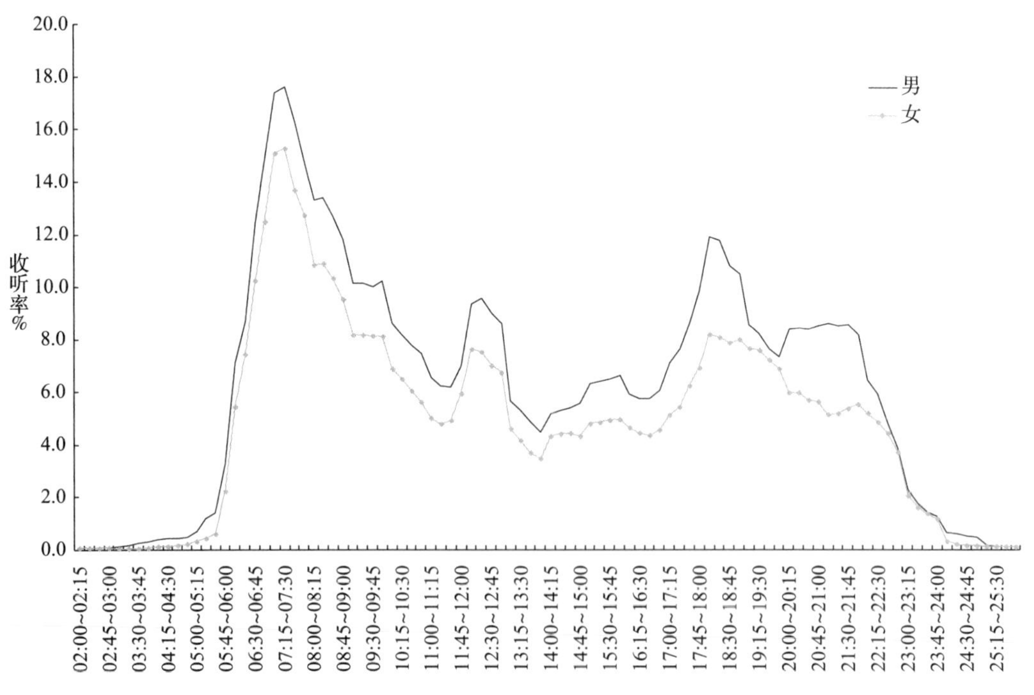

图 3.27.2　2016 年石家庄不同性别听众全天收听率走势

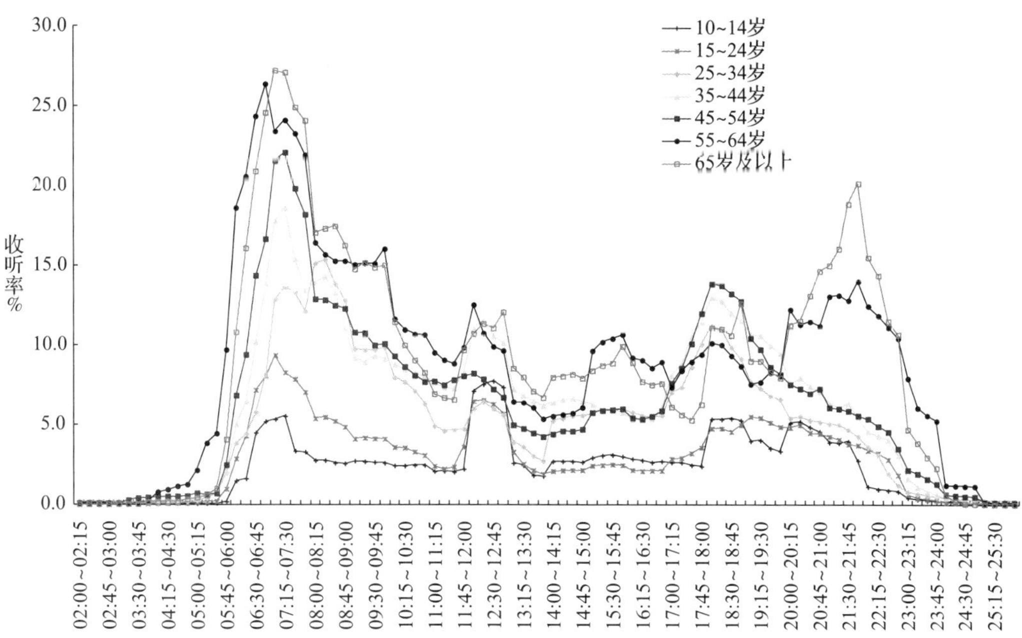

图 3.27.3　2016 年石家庄不同年龄听众全天收听率走势

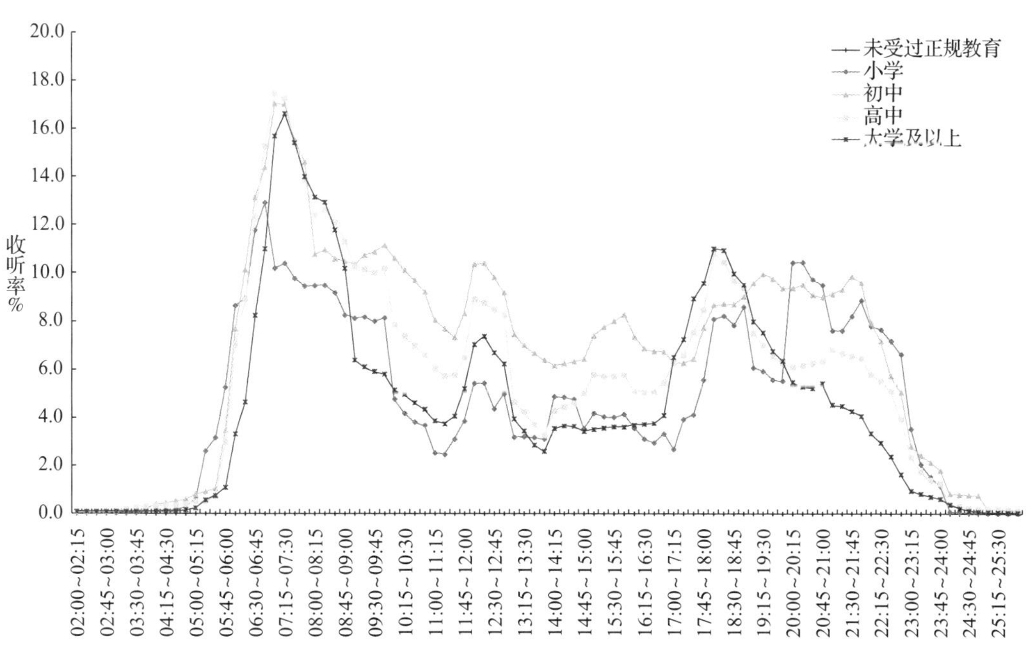

图 3.27.4　2016 年石家庄不同文化程度听众全天收听率走势

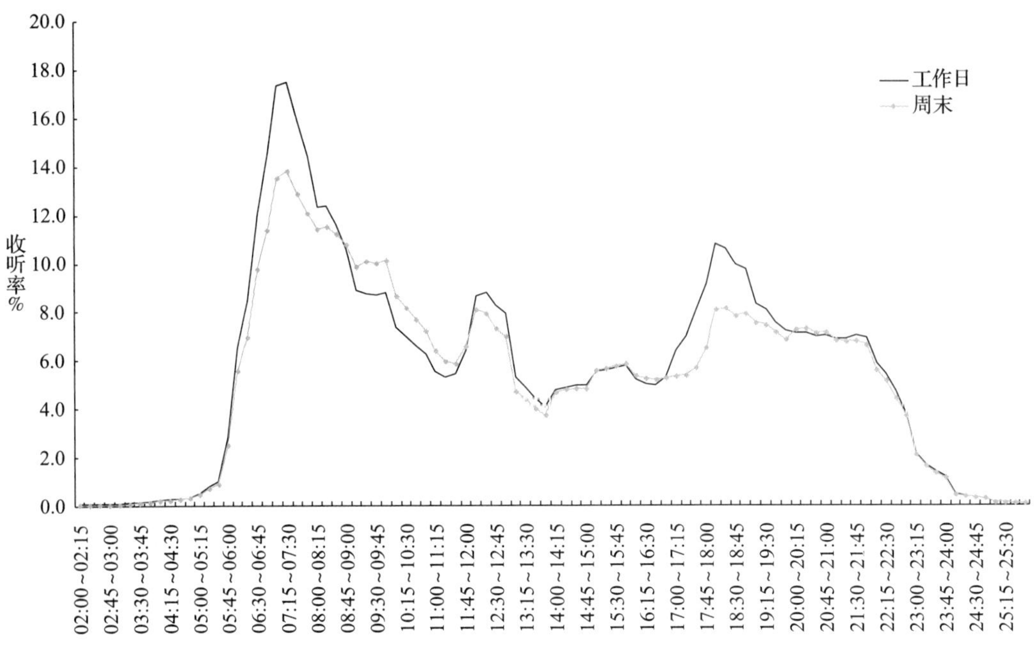

图 3.27.5 2016 年石家庄听众工作日与周末全天收听率走势

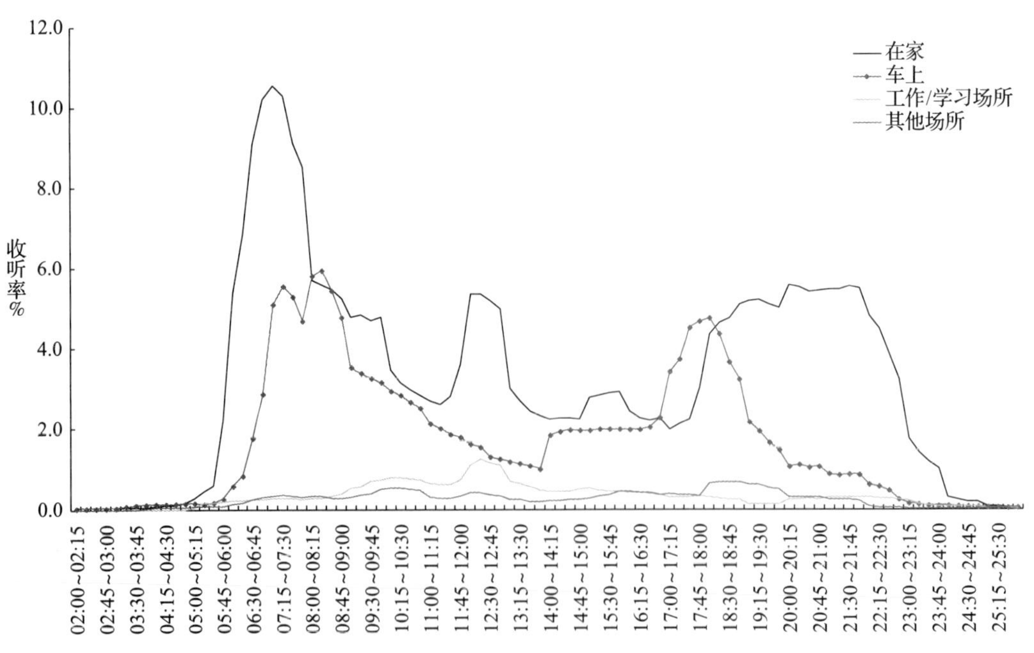

图 3.27.6 2016 年石家庄听众在不同收听地点全天收听率走势

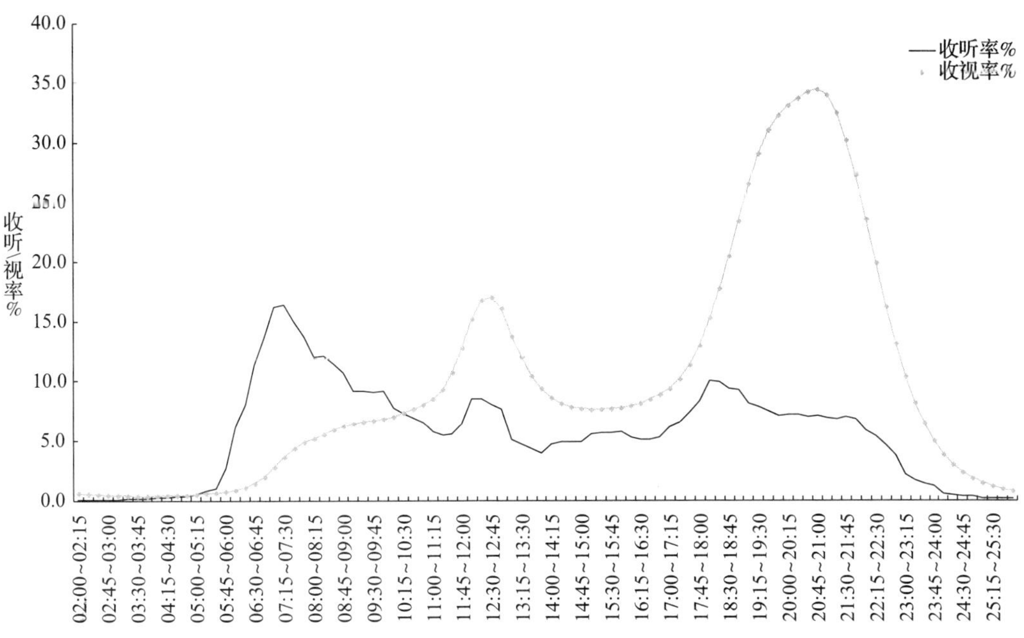

图 3.27.7　2016 年石家庄受众全天收听率、收视率走势比较(目标受众为 10 岁及以上)

表 3.27.3　2016 年石家庄市场听众构成(%)

目标听众		听众构成(%)
10 岁及以上所有人		100.0
性别	男	55.7
	女	44.3
年龄	10~14 岁	1.6
	15~24 岁	12.7
	25~34 岁	18.3
	35~44 岁	20.9
	45~54 岁	16.9
	55~64 岁	16.2
	65 岁及以上	13.4
文化程度	未受过正规教育	*
	小学	6.6
	初中	33.4
	高中	35.7
	大学及以上	23.4
职业	干部/管理人员	3.8
	初级公务员/雇员	21.8
	个体/私营企业人员	27.1
	工人	8.6
	学生	8.0
	无业(包括退休人员)	28.7
	其他	*
个人月收入	没有收入	12.8
	1~2000 元	24.0
	2001~3000 元	32.9
	3001~4000 元	19.7
	4001~5000 元	4.6
	5001~6000 元	4.2
	6001 元及以上	1.8

“*”表示该目标听众样本量不足,无法进行统计推断。

表 3.27.4　2014~2016 年石家庄市场各广播电台的市场份额(%)

广播电台	2014 年	2015 年	2016 年
中央人民广播电台	14.1	6.7	8.9
中国国际广播电台	0.0	0.0	0.0
河北人民广播电台	44.1	50.3	44.8
石家庄广播电视台	41.3	42.4	45.5
其他广播电台	0.5	0.5	0.8

表 3.27.5 2016 年石家庄市场各广播电台在不同目标听众中的市场份额(%)

目标听众		中央人民广播电台	中国国际广播电台	河北人民广播电台	石家庄广播电视台	其他广播电台
10 岁及以上所有人		8.9	0.0	44.8	45.5	0.8
性别	男	9.1	0.0	47.2	42.8	0.9
	女	8.8	0.0	41.9	48.9	0.4
年龄	10~14 岁	3.5	0.0	67.4	29.0	0.1
	15~24 岁	10.8	0.0	38.7	49.9	0.6
	25~34 岁	8.1	0.0	45.8	45.7	0.4
	35~44 岁	6.6	0.0	52.3	40.7	0.4
	45~54 岁	8.6	0.0	48.6	41.8	1.0
	55~64 岁	13.4	0.0	38.8	47.1	0.7
	65 岁及以上	7.8	0.0	37.6	53.2	1.4
文化程度	未受过正规教育	*	*	*	*	*
	小学	8.2	0.0	32.9	58.7	0.2
	初中	9.4	0.0	44.7	45.0	0.9
	高中	8.4	0.0	46.5	44.1	1.0
	大学及以上	9.6	0.0	44.2	45.8	0.4
职业	干部/管理人员	11.7	0.0	54.0	33.4	0.9
	初级公务员/雇员	9.1	0.0	46.3	44.3	0.3
	个体/私营企业人员	7.9	0.0	47.0	43.8	1.3
	工人	7.1	0.0	53.3	39.1	0.5
	学生	9.9	0.0	41.3	48.1	0.7
	无业(包括退休人员)	8.2	0.0	38.8	52.5	0.5
	其他	*	*	*	*	*
个人月收入	没有收入	13.8	0.0	42.2	43.5	0.5
	1~2000 元	11.9	0.0	39.4	48.7	0.0
	2001~3000 元	8.6	0.0	44.0	46.9	0.5
	3001~4000 元	4.9	0.0	51.2	43.4	0.5
	4001~5000 元	4.1	0.0	48.8	46.5	0.6
	5001~6000 元	4.2	0.0	59.2	34.8	1.8
	6001 元及以上	16.3	0.0	40.9	42.5	0.3

“*”表示该目标听众样本量不足,无法进行统计推断。

表 3.27.6 2016 年石家庄市场份额排名前 5 位的频率

排名	频率名称	市场份额(%)
1	河北广播电视台交通广播(FM99.2)	17.6
2	石家庄广播电视台新闻广播(AM882/FM88.2)	14.5
3	石家庄广播电视台交通广播(FM94.6)	12.6
4	石家庄广播电视台音乐广播(FM106.7)	10.0
5	河北音乐广播(FM102.4)	6.2

表 3.27.7　2016 年石家庄市场收听率排名前 30 位的节目

排名	节目名称	播出频率	收听率(%)	市场份额(%)
1	转播:新闻和报纸摘要	石家庄广播电视台新闻广播(AM882/FM88.2)	3.4	27.3
2	新闻 882	石家庄广播电视台新闻广播(AM882/FM88.2)	2.8	21.1
3	992 早高峰	河北广播电视台交通广播(FM99.2)	2.3	17.2
4	946 领先早高峰	石家庄广播电视台交通广播(FM94.6)	2.3	17.1
5	新闻和报纸摘要	中央人民广播电台第一套节目中国之声	2.1	16.8
6	992 晚高峰	河北广播电视台交通广播(FM99.2)	1.9	22.9
7	品牌之旅	中央人民广播电台第一套节目中国之声	1.8	25.3
8	992 大家帮	河北广播电视台交通广播(FM99.2)	1.8	22.5
9	国防时空	中央人民广播电台第一套节目中国之声	1.7	23.1
10	新石门客栈	河北广播电视台交通广播(FM99.2)	1.4	17.1
11	残疾人之友	中央人民广播电台第一套节目中国之声	1.3	23.1
11	老郑说车	河北广播电视台交通广播(FM99.2)	1.3	22.6
13	小强来了	河北广播电视台交通广播(FM99.2)	1.3	17.4
14	946 动感晚高峰	石家庄广播电视台交通广播(FM94.6)	1.3	15.5
15	汽车有话说	河北广播电视台交通广播(FM99.2)	1.2	23.3
16	992 车世界	河北广播电视台交通广播(FM99.2)	1.2	20.7
17	畅听 946	石家庄广播电视台交通广播(FM94.6)	1.2	13.6
18	992 的士时间	河北广播电视台交通广播(FM99.2)	1.1	22.4
19	你让我心动	石家庄广播电视台新闻广播(AM882/FM88.2)	1.1	15.5
20	百变 SPACETIME	石家庄广播电视台音乐广播(FM106.7)	1.1	15.3
21	交通热线	石家庄广播电视台交通广播(FM94.6)	1.1	13.0
22	新闻纵横	中央人民广播电台第一套节目中国之声	1.1	8.1
23	992 书场	河北广播电视台交通广播(FM99.2)	1.0	21.5
24	红牛能量音乐	石家庄广播电视台音乐广播(FM106.7)	1.0	13.7
25	第一房产	石家庄广播电视台新闻广播(AM882/FM88.2)	1.0	13.4
26	音乐控 INCAR	石家庄广播电视台音乐广播(FM106.7)	1.0	12.4
27	好时光,在路上	石家庄广播电视台音乐广播(FM106.7)	1.0	7.4
28	992 环球乐游	河北广播电视台交通广播(FM99.2)	0.9	18.2
29	汽车魔方假日版	河北广播电视台交通广播(FM99.2)	0.9	16.4
30	992 新东方教育时间	河北广播电视台交通广播(FM99.2)	0.9	12.8

二十八、苏州收听数据

表 3.28.1 2014～2016 年苏州各目标听众人均收听时间(分钟)

目标听众		2014 年	2015 年	2016 年
10 岁及以上所有人		57	59	64
性别	男	60	61	66
	女	54	56	61
年龄	10～14 岁	13	13	29
	15～24 岁	32	34	37
	25～34 岁	52	53	53
	35～44 岁	63	64	68
	45～54 岁	58	69	61
	55～64 岁	76	76	105
	65 岁及以上	110	109	134
文化程度	未受过正规教育	62	70	42
	小学	48	65	72
	初中	67	70	75
	高中	59	56	65
	大学及以上	49	51	55
职业	干部/管理人员	51	47	61
	初级公务员/雇员	50	50	58
	个体/私营企业人员	63	77	65
	工人	57	56	60
	学生	26	31	33
	无业(包括退休人员)	89	96	109
	其他	49	59	*
个人月收入	没有收入	28	34	34
	1～2000 元	63	80	76
	2001～3000 元	70	73	79
	3001～4000 元	54	54	67
	4001～5000 元	56	61	65
	5001～6000 元	81	77	78
	6001 元及以上	66	66	66

注:苏州为全年连续调查城市。“*”表示该目标听众样本量不足,无法进行统计推断。

表 3.28.2 2014～2016 年苏州听众在不同地点的人均收听时间(分钟)

地 点	2014 年	2015 年	2016 年
在家	35	37	41
车上	16	15	18
工作/学习场所	5	5	4
其他场所	1	1	1

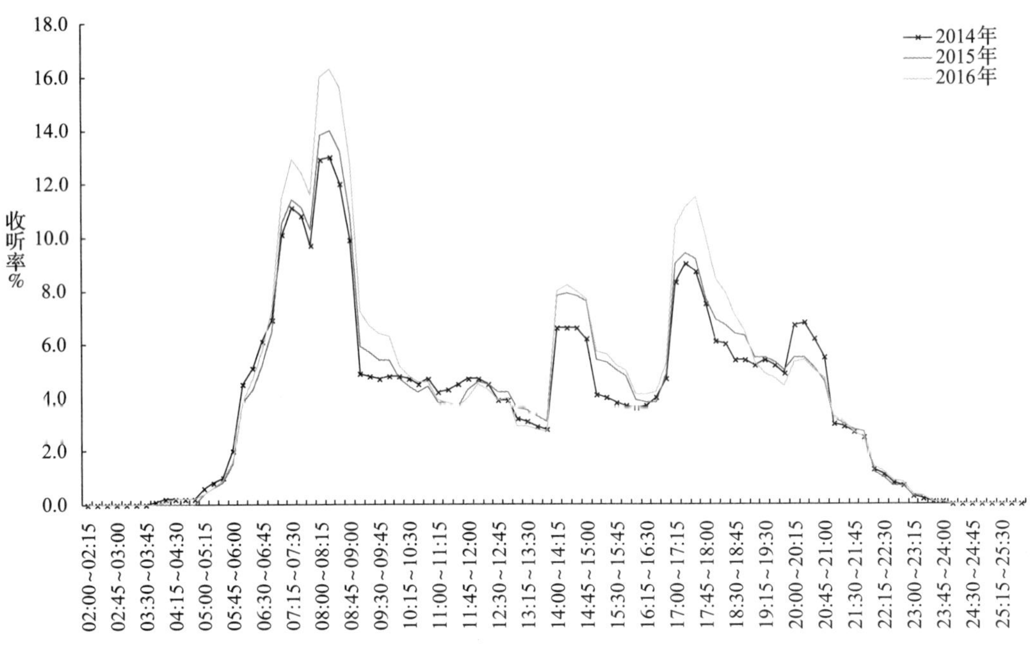

图 3.28.1　2014～2016 年苏州听众全天收听率走势

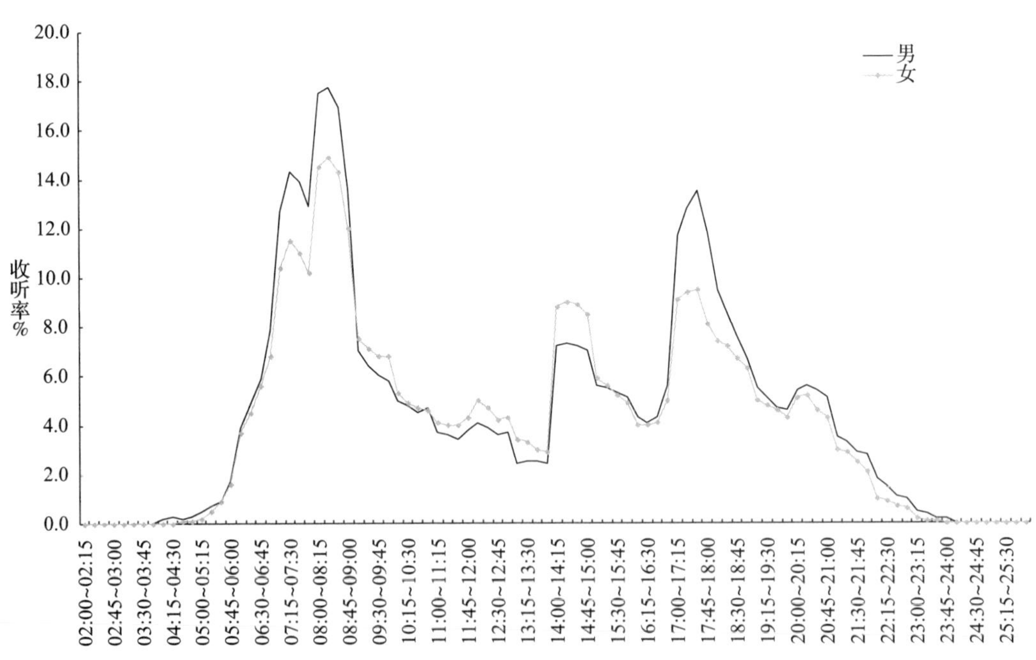

图 3.28.2　2016 年苏州不同性别听众全天收听率走势

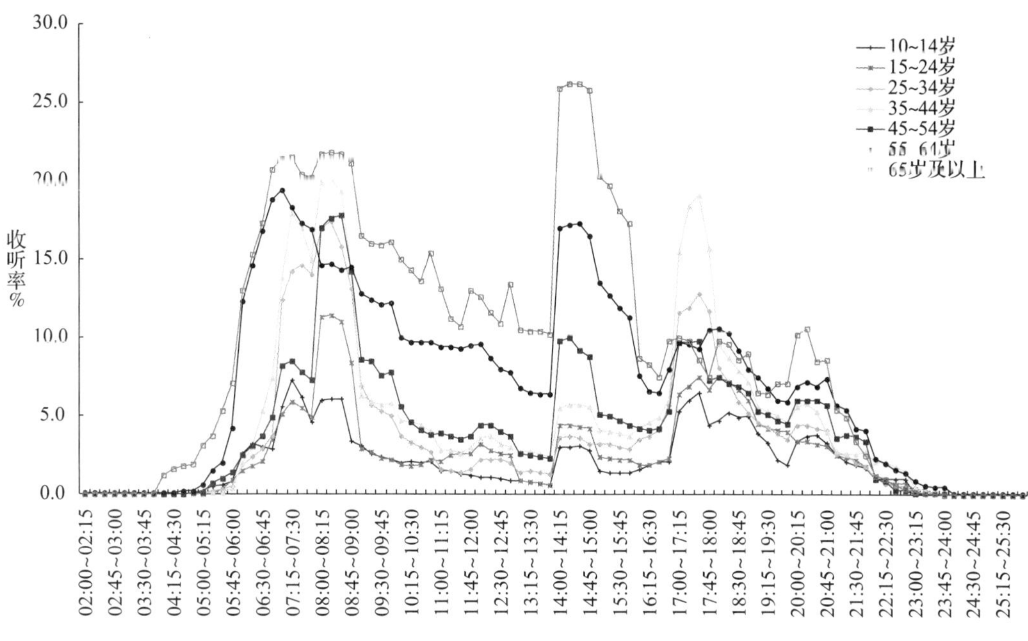

图 3.28.3　2016 年苏州不同年龄听众全天收听率走势

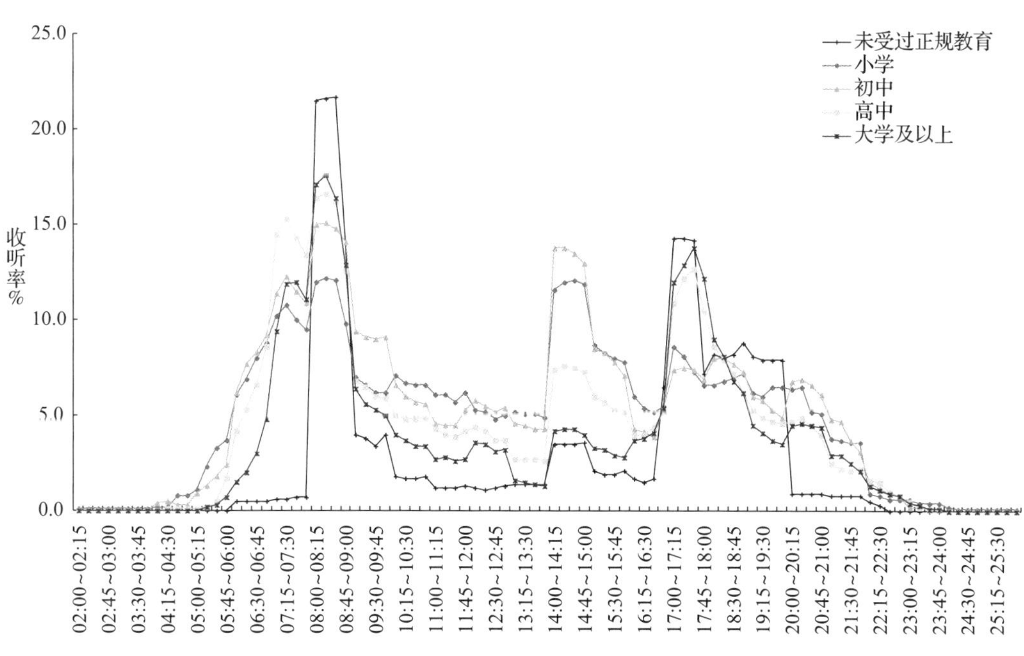

图 3.28.4　2016 年苏州不同文化程度听众全天收听率走势

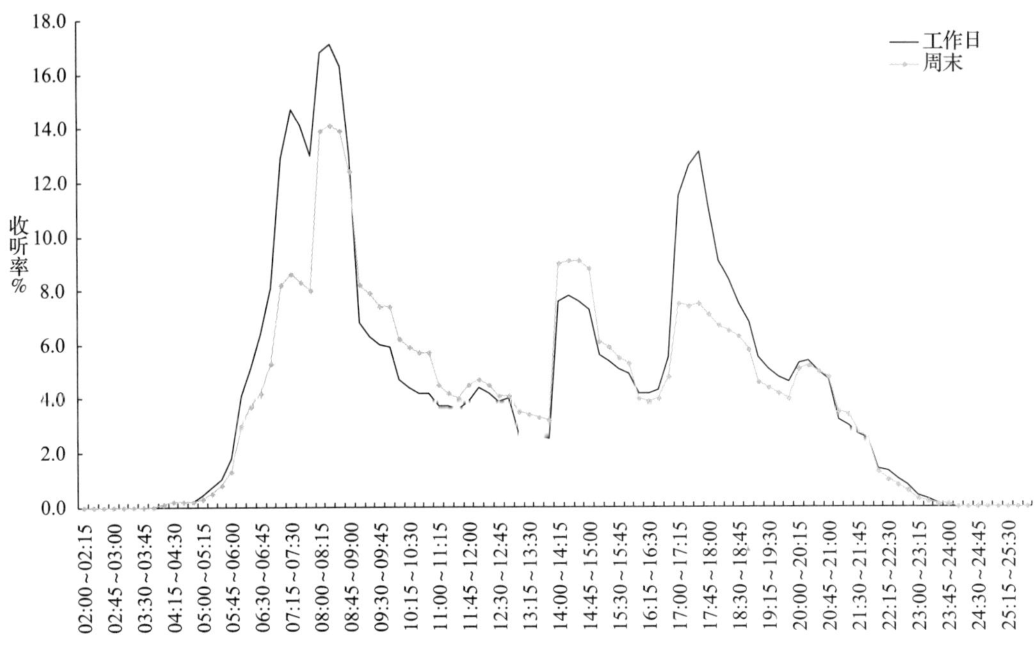

图 3.28.5　2016 年苏州听众工作日与周末全天收听率走势

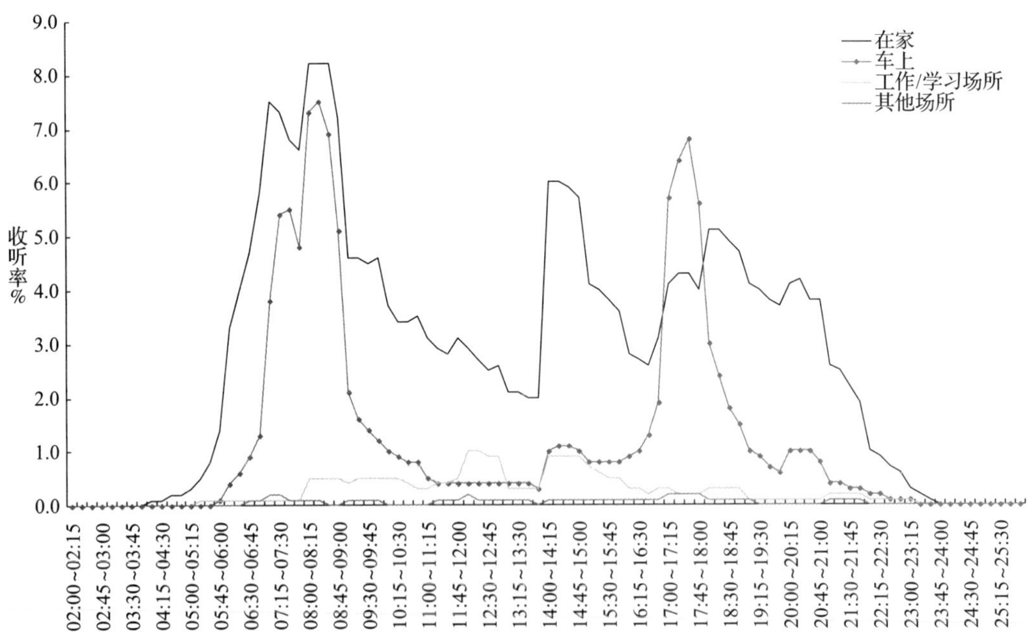

图 3.28.6　2016 年苏州听众在不同地点全天收听率走势

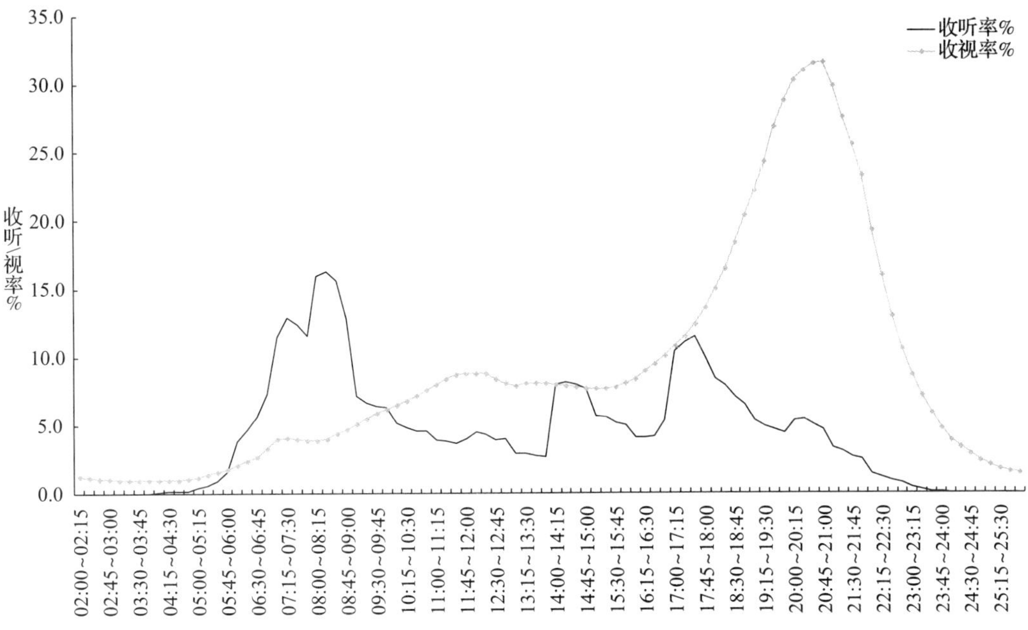

图 3.28.7　2016 年苏州受众全天收听率、收视率走势比较(目标受众为 10 岁及以上)

表 3.28.3 2016 年苏州市场听众构成(%)

目标听众		听众构成(%)
10 岁及以上所有人		100.0
性别	男	52.0
	女	48.0
年龄	10~14 岁	1.4
	15~24 岁	14.1
	25~34 岁	18.7
	35~44 岁	20.5
	45~54 岁	12.7
	55~64 岁	15.3
	65 岁及以上	17.3
文化程度	未受过正规教育	0.4
	小学	9.6
	初中	26.1
	高中	32.5
	大学及以上	31.4
职业类别	干部/管理人员	5.9
	初级公务员/雇员	25.1
	个体/私营企业人员	10.0
	工人	20.3
	学生	8.8
	无业(包括退休人员)	29.9
	其他	*
个人月收入	没有收入	10.1
	1~2000 元	6.4
	2001~3000 元	26.7
	3001~4000 元	31.2
	4001~5000 元	13.5
	5001~6000 元	5.8
	6001 元及以上	6.3

注:”*“表示该目标听众样本量不足,无法进行统计推断。

表 3.28.4 2014~2016 年苏州市场各广播电台的市场份额(%)

广播电台	2014 年	2015 年	2016 年
中央人民广播电台	6.0	4.1	4.9
中国国际广播电台	0.1	0.1	0.1
江苏广播电视总台	9.8	10.7	9.8
苏州广播电视总台	80.7	81.5	82.4
上海广播电视台	2.4	2.9	2.5
无锡广播电视台	0.4	0.3	0.2
其他广播电台	0.6	0.4	0.1

表 3.28.5 2016 年苏州市场各广播电台在不同目标听众中的市场份额(%)

目标听众		中央人民广播电台	中国国际广播电台	江苏广播电视总台	苏州广播电视总台	上海广播电视台	无锡广播电视台	其他广播电台
10 岁及以上所有人		4.9	0.1	9.8	82.4	2.5	0.2	0.1
性别	男	4.9	0.2	11.4	81.0	2.1	0.2	0.2
	女	4.9	0.0	7.9	83.9	3.0	0.2	0.1
年龄	10~14 岁	0.9	0.0	19.6	78.3	1.0	0.1	0.1
	15~24 岁	4.2	0.0	12.8	80.4	2.3	0.1	0.2
	25~34 岁	2.0	0.1	14.0	82.1	1.5	0.2	0.1
	35~44 岁	4.9	0.5	8.9	83.0	2.6	0.1	0.0
	45~54 岁	3.4	0.0	9.6	83.7	2.6	0.5	0.2
	55~64 岁	5.0	0.0	8.7	82.6	3.0	0.1	0.6
	65 岁及以上	9.7	0.0	3.9	82.8	3.4	0.2	0.0
文化程度	未受过正规教育	1.1	0.9	9.7	72.3	13.0	2.8	0.2
	小学	2.6	0.1	4.2	87.8	4.9	0.4	0.0
	初中	6.6	0.0	8.6	81.5	2.8	0.2	0.3
	高中	5.2	0.0	11.2	81.4	2.1	0.1	0.0
	大学及以上	3.9	0.4	11.0	82.5	1.9	0.2	0.1
职业	干部/管理人员	4.6	1.7	11.1	80.8	1.1	0.1	0.6
	初级公务员/雇员	1.4	0.1	12.8	83.2	2.1	0.3	0.1
	个体/私营企业人员	2.1	0.0	11.9	82.8	3.0	0.1	0.1
	工人	6.1	0.0	8.7	82.5	2.6	0.1	0.0
	学生	5.7	0.0	12.8	79.8	1.1	0.3	0.3
	无业(包括退休人员)	7.5	0.0	6.1	82.6	3.4	0.1	0.3
	其他	*	*	*	*	*	*	*
个人月收入	没有收入	5.3	0.0	12.6	80.0	1.6	0.2	0.3
	1~2000 元	3.0	0.1	8.0	83.7	4.5	0.6	0.1
	2001~3000 元	5.9	0.0	7.1	83.9	2.9	0.1	0.1
	3001~4000 元	5.0	0.4	9.4	82.1	2.8	0.2	0.1
	4001~5000 元	2.7	0.0	10.4	85.0	1.6	0.1	0.2
	5001~6000 元	10.4	0.0	12.4	75.2	1.9	0.1	0.0
	6001 元及以上	0.6	0.0	16.3	81.3	1.6	0.1	0.1

注:“*”表示该目标听众样本量不足,无法进行统计推断。

表 3.28.6 2016 年苏州市场份额排名前 5 位的频率

排 名	频率名称	市场份额(%)
1	苏州广播电视总台交通经济广播(FM104.8)	35.1
2	苏州广播电视总台都市音乐广播(FM102.8)	17.8
3	苏州广播电视总台综合广播(FM91.1)	9.3
4	苏州广播电视总台综合广播(AM1080)	7.3
5	苏州广播电视总台生活广播(FM96.5)	5.7

表 3.28.7　2016 年苏州市场收听率排名前 30 位的节目

名次	节目名称	频率名称	收听率（%）	市场份额（%）
1	即时关注	苏州广播电视总台交通经济广播(FM104.8)	7.0	46.3
2	直播苏州	苏州广播电视总台交通经济广播(FM104.8)	4.7	38.4
3	阿万茶楼	苏州广播电视总台交通经济广播(FM104.8)	3.5	43.6
4	高峰五六点	苏州广播电视总台交通经济广播(FM104.8)	3.3	35.7
5	黄金十五点	苏州广播电视总台交通经济广播(FM104.8)	2.8	51.2
6	摆渡人的歌	苏州广播电视总台都市音乐广播(FM102.8)	2.4	24.5
7	音乐快车道	苏州广播电视总台都市音乐广播(FM102.8)	2.3	17.1
8	与你同行(16:00 ~ 17:00)	苏州广播电视总台交通经济广播(FM104.8)	1.8	40.2
9	动听音乐榜	苏州广播电视总台都市音乐广播(FM102.8)	1.7	29.1
10	新闻和报纸摘要	苏州广播电视总台交通经济广播(FM104.8)	1.7	26.1
11	我爱红娘	苏州广播电视总台都市音乐广播(FM102.8)	1.7	18.5
12	与你同行(09:00 ~ 11:00)	苏州广播电视总台交通经济广播(FM104.8)	1.6	27.6
13	苏广早新闻	苏州广播电视总台综合广播(FM91.1)	1.4	11.4
14	早知道	苏州广播电视总台交通经济广播(FM104.8)	1.3	29.7
15	我爱体育	苏州广播电视总台交通经济广播(FM104.8)	1.3	26.3
16	家在苏州	苏州广播电视总台交通经济广播(FM104.8)	1.2	24.4
17	家有好女人	苏州广播电视总台都市音乐广播(FM102.8)	1.2	18.6
18	动听午后	苏州广播电视总台都市音乐广播(FM102.8)	1.2	15.5
19	开心方向盘(17:00 ~ 18:00)	江苏交通广播网(FM101.1)	1.2	9.7
20	有车生活	苏州广播电视总台交通经济广播(FM104.8)	1.1	27.4
21	汽车音乐时间	苏州广播电视总台交通经济广播(FM104.8)	1.1	27.0
22	天天美食	苏州广播电视总台都市音乐广播(FM102.8)	1.1	22.7
23	光裕书会	苏州广播电视总台交通经济广播(FM104.8)	1.0	29.9
24	摩登时代	苏州广播电视总台都市音乐广播(FM102.8)	1.0	23.4
25	欢乐都市夜	苏州广播电视总台交通经济广播(FM104.8)	1.0	23.0
26	点歌台	苏州广播电视总台都市音乐广播(FM102.8)	0.9	20.5
27	音乐风暴周刊	苏州广播电视总台都市音乐广播(FM102.8)	0.9	17.7
28	精彩一刻	苏州广播电视总台都市音乐广播(FM102.8)	0.9	17.4
29	养颐和健康时间	苏州广播电视总台都市音乐广播(FM102.8)	0.9	15.7
30	嘀嘀叭叭早上好 A	江苏交通广播网(FM101.1)	0.9	5.9

二十九、太原收听数据

表 3.29.1　2014～2016 年太原各目标听众人均收听时间（分钟）

目标听众		2014 年	2015 年	2016 年
10 岁及以上所有人		73	69	84
性别	男	77	74	88
	女	68	64	79
年龄	10～14 岁	33	32	49
	15～24 岁	40	42	53
	25～34 岁	61	57	69
	35～44 岁	71	72	92
	45～54 岁	94	83	98
	55～64 岁	117	111	128
	65 岁及以上	134	127	129
文化程度	未受过正规教育	*	*	*
	小学	100	66	65
	初中	85	74	98
	高中	64	67	79
	大学及以上	65	68	77
职业	干部/管理人员	69	65	91
	初级公务员/雇员	70	62	73
	个体/私营企业人员	79	69	84
	工人	78	78	97
	学生	29	32	50
	无业（包括退休人员）	110	111	110
	其他	87	82	161
个人月收入	没有收入	41	44	58
	1～2000 元	91	78	94
	2001～3000 元	82	81	97
	3001～4000 元	63	73	83
	4001～5000 元	102	86	96
	5001～6000 元	119	65	107
	6001 元及以上	92	81	100

注：太原为全年连续调查城市，“*”表示该目标听众样本量不足，无法进行统计推断。

表 3.29.2　2014～2016 年太原听众在不同地点的人均收听时间（分钟）

地　　点	2014 年	2015 年	2016 年
在家	46	45	55
车上	21	19	23
工作/学习场所	4	3	4
其他场所	2	2	2

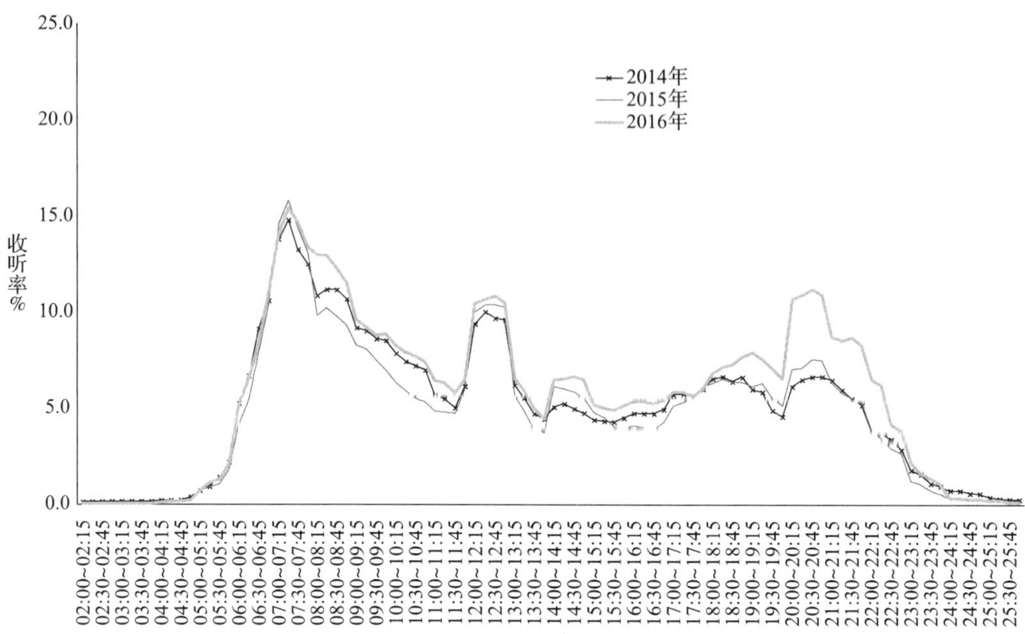

图 3.29.1　2014～2016 年太原听众全天收听率走势

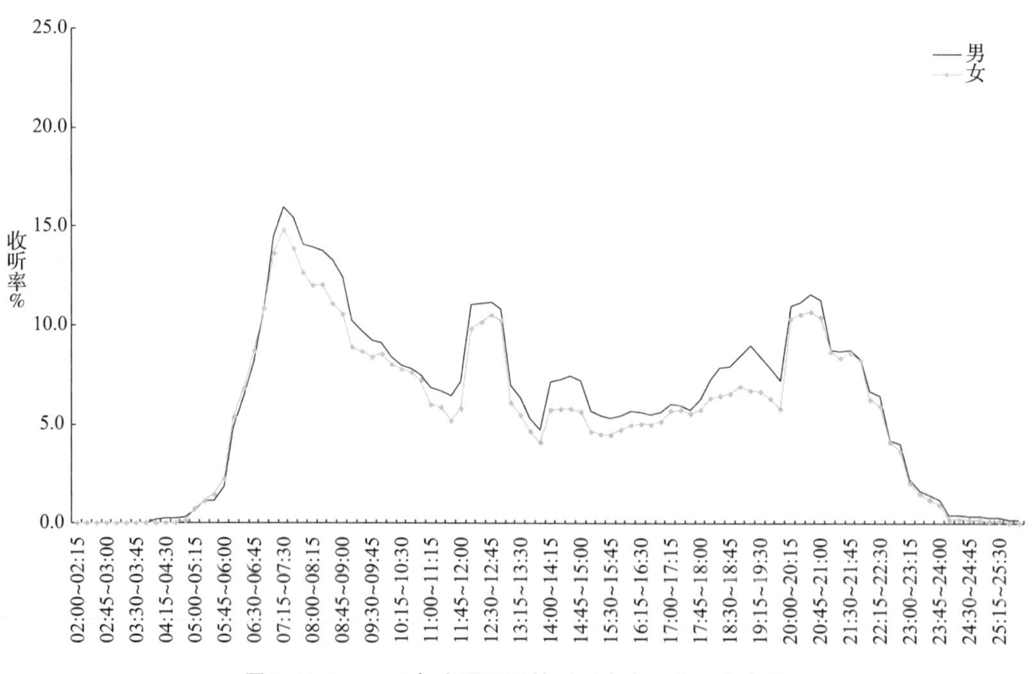

图 3.29.2　2016 年太原不同性别听众全天收听率走势

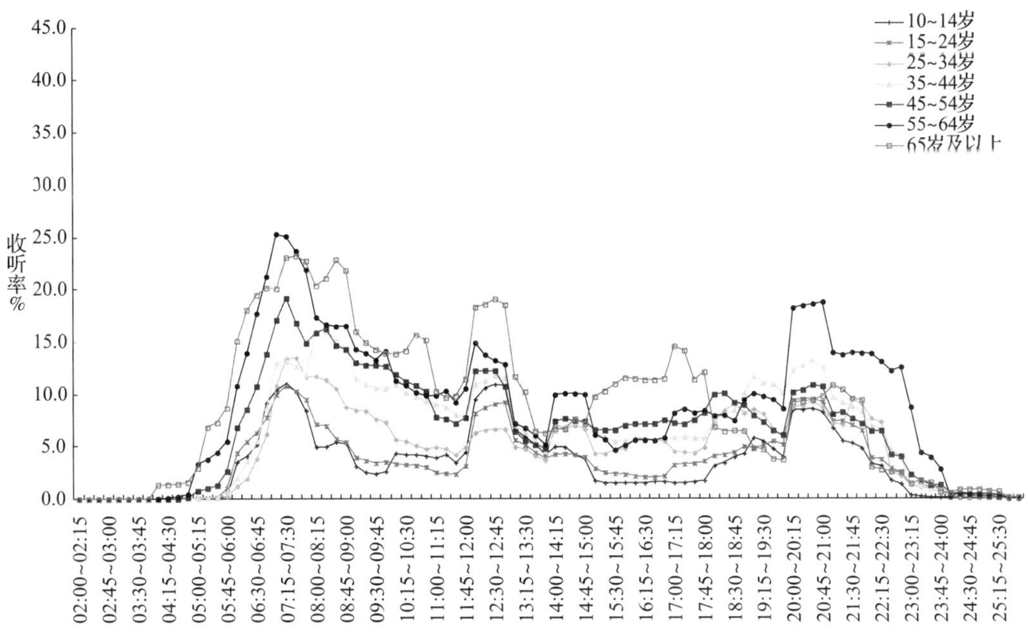

图 3.29.3　2016 年太原不同年龄听众全天收听率走势

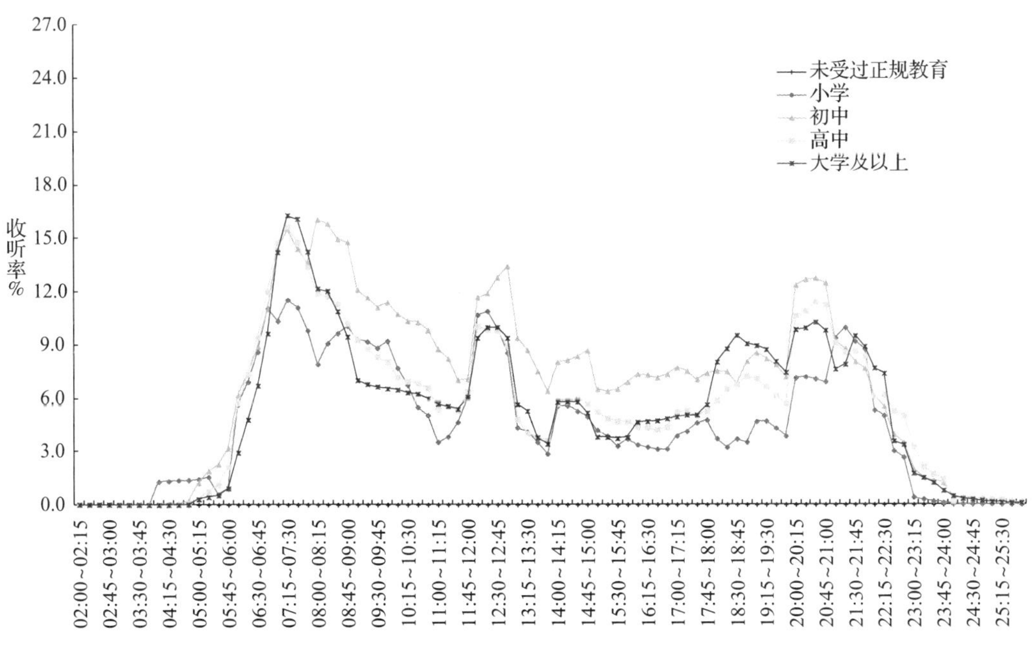

图 3.29.4　2016 年太原不同文化程度听众全天收听率走势

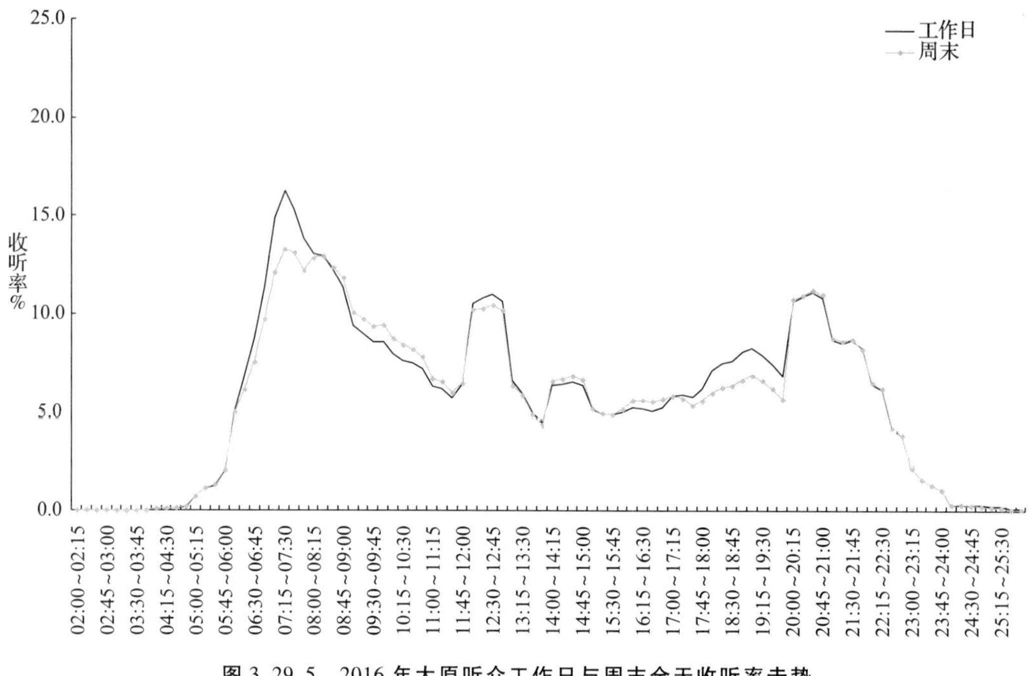

图 3.29.5　2016 年太原听众工作日与周末全天收听率走势

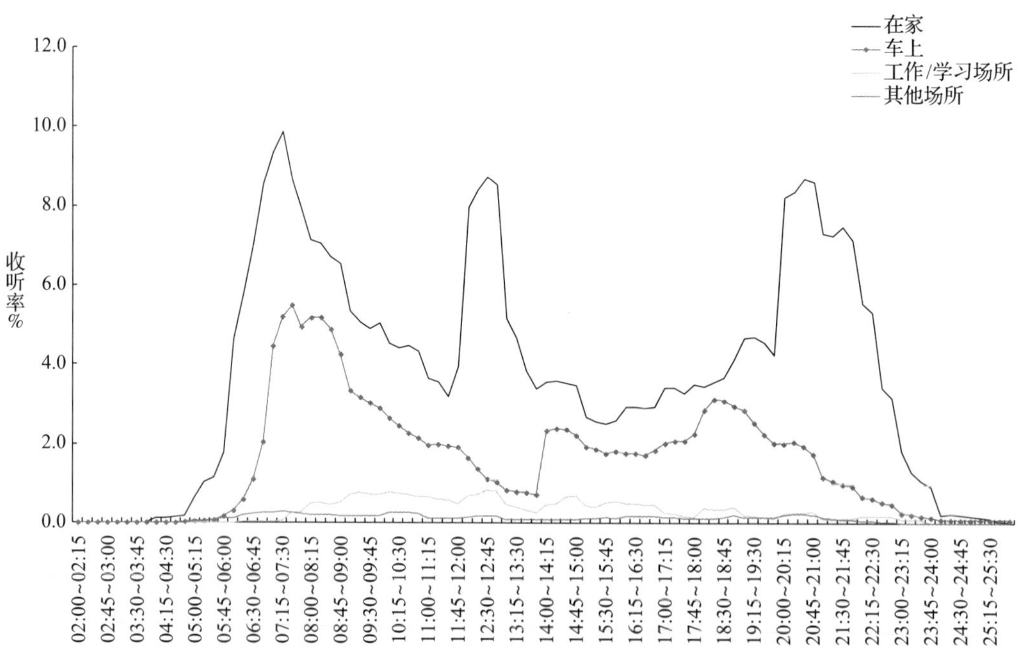

图 3.29.6　2016 年太原听众在不同收听地点全天收听率走势

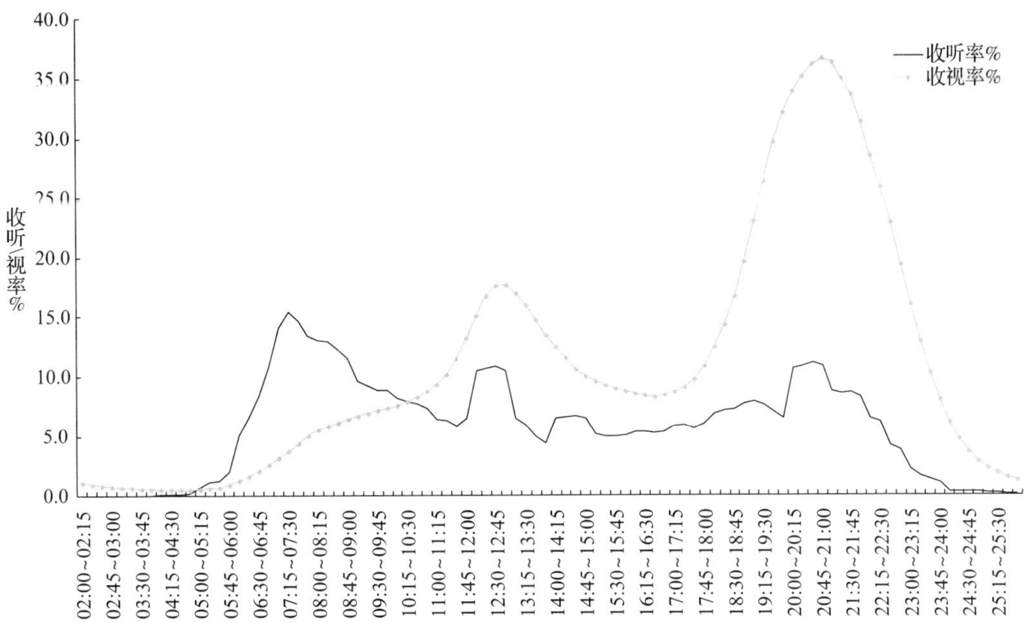

图 3.29.7 2016 年太原受众全天收听率、收视率走势比较(目标受众为 10 岁及以上)

表 3.29.3　2016 年太原市场听众构成(%)

目标听众		听众构成(%)
10 岁及以上所有人		100.0
性别	男	53.4
	女	46.6
年龄	10~14 岁	2.7
	15~24 岁	14.9
	25~34 岁	16.3
	35~44 岁	20.6
	45~54 岁	19.4
	55~64 岁	14.3
	65 岁及以上	11.8
文化程度	未受过正规教育	*
	小学	6.2
	初中	39.5
	高中	29.1
	大学及以上	25.2
职业	干部/管理人员	4.0
	初级公务员/雇员	21.2
	个体/私营企业人员	21.8
	工人	8.2
	学生	11.6
	无业(包括退休人员)	27.1
	其他	6.1
个人月收入	没有收入	18.4
	1~2000 元	16.0
	2001~3000 元	35.6
	3001~4000 元	20.0
	4001~5000 元	6.0
	5001~6000 元	2.4
	6001 元及以上	1.6

“*”表示该目标听众样本量不足,无法进行统计推断。

表 3.29.4　2014~2016 年太原市场各广播电台的市场份额(%)

广播电台	2014 年	2015 年	2016 年
中央人民广播电台	10.9	10.2	7.8
中国国际广播电台	0.0	0.0	0.0
山西广播电视台	51.3	54.6	56.7
太原人民广播电台	37.2	34.1	34.7
其他广播电台	0.6	1.1	0.8

表 3.29.5 2016 年太原市场各广播电台在不同目标听众中的市场份额(%)

目标听众		中央人民广播电台	中国国际广播电台	山西广播电视台	太原人民广播电台	其他广播电台
10 岁及以上所有人		7.8	0.0	56.7	34.7	0.8
性别	男	7.8	0.0	52.1	39.3	0.8
	女	7.9	0.0	61.9	29.4	0.8
年龄	10~14 岁	11.3	0.0	61.4	26.3	1.0
	15~24 岁	8.8	0.0	60.0	29.5	1.7
	25~34 岁	6.7	0.0	52.6	40.4	0.3
	35~44 岁	3.4	0.0	48.6	47.4	0.6
	45~54 岁	8.4	0.0	51.1	39.4	1.1
	55~64 岁	14.2	0.0	63.0	22.2	0.6
	65 岁及以上	6.5	0.0	72.4	20.7	0.4
文化程度	未受过正规教育	*	*	*	*	*
	小学	7.5	0.0	60.7	30.9	0.9
	初中	7.1	0.0	61.5	30.3	1.1
	高中	6.8	0.0	55.2	37.1	0.9
	大学及以上	10.2	0.0	49.7	39.7	0.4
职业	干部/管理人员	6.6	0.0	63.0	29.6	0.8
	初级公务员/雇员	8.7	0.0	40.3	50.4	0.6
	个体/私营企业人员	5.1	0.0	48.3	45.5	1.1
	工人	5.0	0.0	57.8	36.6	0.6
	学生	7.9	0.0	66.4	23.6	2.1
	无业(包括退休人员)	10.6	0.0	64.9	24.1	0.4
	其他	6.7	0.0	80.6	12.4	0.3
个人月收入	没有收入	8.0	0.0	65.9	24.6	1.5
	1~2000 元	4.8	0.0	65.3	28.7	1.2
	2001~3000 元	8.9	0.0	54.2	36.4	0.5
	3001~4000 元	7.4	0.0	51.6	40.2	0.8
	4001~5000 元	8.2	0.0	47.3	44.4	0.1
	5001~6000 元	2.8	0.0	44.7	51.8	0.7
	6001 元及以上	21.1	0.0	33.8	45.0	0.1

“*”表示该目标听众样本量不足,无法进行统计推断。

表 3.29.6 2016 年太原市场份额排名前 5 位的频率

排名	频率名称	市场份额(%)
1	太原人民广播电台交通频率(FM107)	20.5
2	山西广播电视台交通广播(FM88)	12.3
3	山西广播电视台健康之声广播(FM105.9)	10.8
4	山西广播电视台音乐广播(FM94.0)	7.4
4	山西广播电视台经济广播(FM95.8)	7.3

表 3.29.7　2016 年太原市场收听率排名前 30 位的节目

排名	节目名称	播出频率	收听率(%)	市场份额(%)
1	107 帮助热线	太原人民广播电台交通频率(FM107)	3.2	35.9
2	107 早班车	太原人民广播电台交通频率(FM107)	3.0	25.8
3	假日早班车	山西广播电视台交通广播(FM88)	2.7	21.3
4	880 早高峰	山西广播电视台交通广播(FM88)	2.5	17.8
5	经典书场	山西广播电视台健康之声广播(FM105.9)	2.3	22.1
6	新闻和报纸摘要	中央人民广播电台第一套节目中国之声	1.9	19.7
7	107 早班车(周末版)	太原人民广播电台交通频率(FM107)	1.9	18.8
8	律师热线	山西广播电视台交通广播(FM88)	1.8	14.1
9	107 高峰进行时	太原人民广播电台交通频率(FM107)	1.7	25.1
10	107 伴我行	太原人民广播电台交通频率(FM107)	1.7	20.5
11	汽车音乐 CD	太原人民广播电台交通频率(FM107)	1.7	16.8
12	转播中央台《新闻和报纸摘要》	山西广播电视台交通广播(FM88)	1.5	15.5
13	时尚 107	太原人民广播电台交通频率(FM107)	1.4	23.6
14	107 交通热线	太原人民广播电台交通频率(FM107)	1.3	26.4
15	快乐 107	太原人民广播电台交通频率(FM107)	1.3	22.8
16	880 帮帮您	山西广播电视台交通广播(FM88)	1.3	15.5
17	107 榜中榜	太原人民广播电台交通频率(FM107)	1.3	13.3
18	107 在路上	太原人民广播电台交通频率(FM107)	1.2	20.2
19	107 畅游天下	太原人民广播电台交通频率(FM107)	1.2	13.7
20	寻医问药	山西广播电视台健康之声广播(FM105.9)	1.2	9.9
21	看车有道	太原人民广播电台交通频率(FM107)	1.1	20.3
22	中医百草园	山西广播电视台健康之声广播(FM105.9)	1.1	19.4
23	国防时空	中央人民广播电台第一套节目中国之声	1.0	16.5
24	品牌之旅	中央人民广播电台第一套节目中国之声	1.0	15.9
25	畅通 107	太原人民广播电台交通频率(FM107)	1.0	13.8
26	养生时间(7:30)	山西广播电视台健康之声广播(FM105.9)	1.0	7.7
27	悄悄话	山西广播电视台健康之声广播(FM105.9)	0.9	17.6
28	我笨我开心	山西广播电视台交通广播(FM88)	0.9	12.1
29	转角遇到爱	山西广播电视台健康之声广播(FM105.9)	0.9	10.7
30	倾诉	山西文艺广播(FM101.5)	0.9	10.6

三十、天津收听数据

表 3.30.1 2014～2016 年天津各目标听众人均收听时间(分钟)

目标听众		2014 年	2015 年	2016 年			
				第一波	第二波	第三波	第四波
10 岁及以上所有人		120	108	100	98	94	98
性别	男	123	111	98	96	90	95
	女	115	104	102	100	99	102
年龄	10～14 岁	58	33	14	21	22	20
	15～24 岁	64	61	52	49	49	47
	25～34 岁	103	84	73	74	71	79
	35～44 岁	95	94	98	97	95	86
	45～54 岁	135	117	101	106	92	101
	55～64 岁	200	191	187	175	163	180
	65 岁及以上	194	158	142	140	153	149
文化程度	未受过正规教育	55	*	*	*	*	*
	小学	96	94	80	66	78	94
	初中	142	125	119	117	113	115
	高中	129	119	107	106	99	102
	大学及以上	101	87	80	79	75	79
职业	干部/管理人员	132	118	111	123	107	114
	初级公务员/雇员	105	86	79	72	62	68
	个体/私营企业人员	116	105	94	94	82	101
	工人	110	106	99	100	106	105
	学生	58	51	41	37	40	37
	无业(包括退休人员)	174	162	155	150	147	146
	其他	*	*	*	177	121	*
个人月收入	没有收入	70	60	51	48	51	47
	1～2000 元	130	123	99	110	113	121
	2001～3000 元	154	140	133	126	124	127
	3001～4000 元	120	108	97	96	83	91
	4001～5000 元	108	81	84	92	97	103
	5001～6000 元	89	109	104	81	78	86
	6001 元及以上	139	112	114	124	90	97

注:天津为四波调查城市。2016 年四波调查日期分别为:第一波 2 月 28 日～3 月 19 日,第二波 5 月 22 日～6 月 11 日,第三波 8 月 21 日～9 月 10 日,第四波 11 月 6 日～11 月 26 日。

表 3.30.2 2014～2016 年天津听众在不同地点的人均收听时间(分钟)

地点	2014 年	2015 年	2016 年
在家	84	74	67
车上	23	21	20
工作/学习场所	9	9	8
其他场所	4	4	2

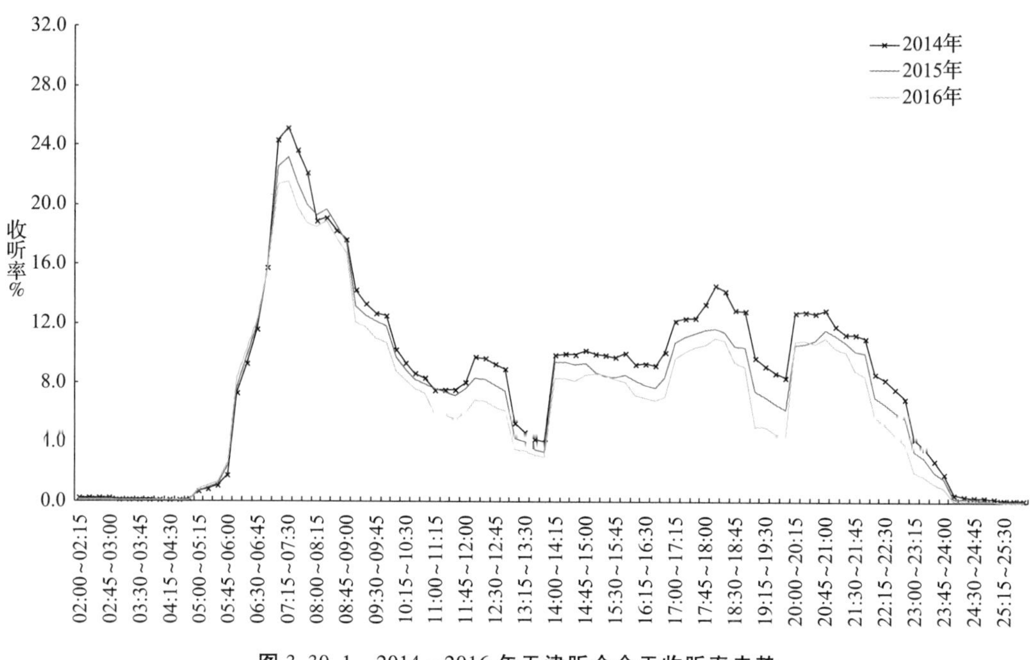

图 3.30.1　2014～2016 年天津听众全天收听率走势

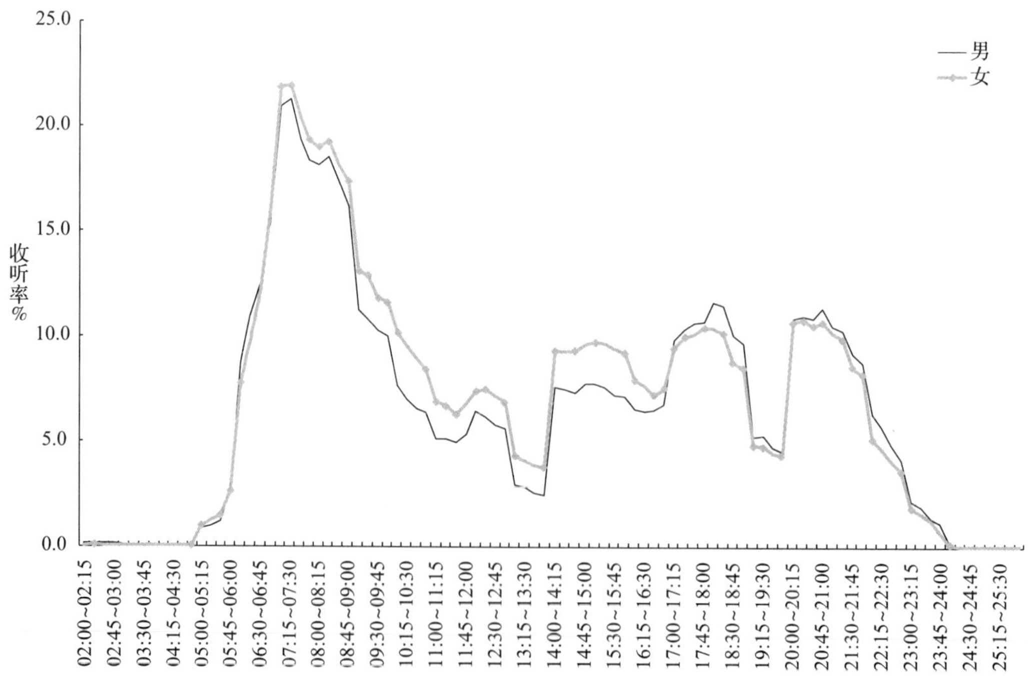

图 3.30.2　2016 年天津不同性别听众全天收听率走势

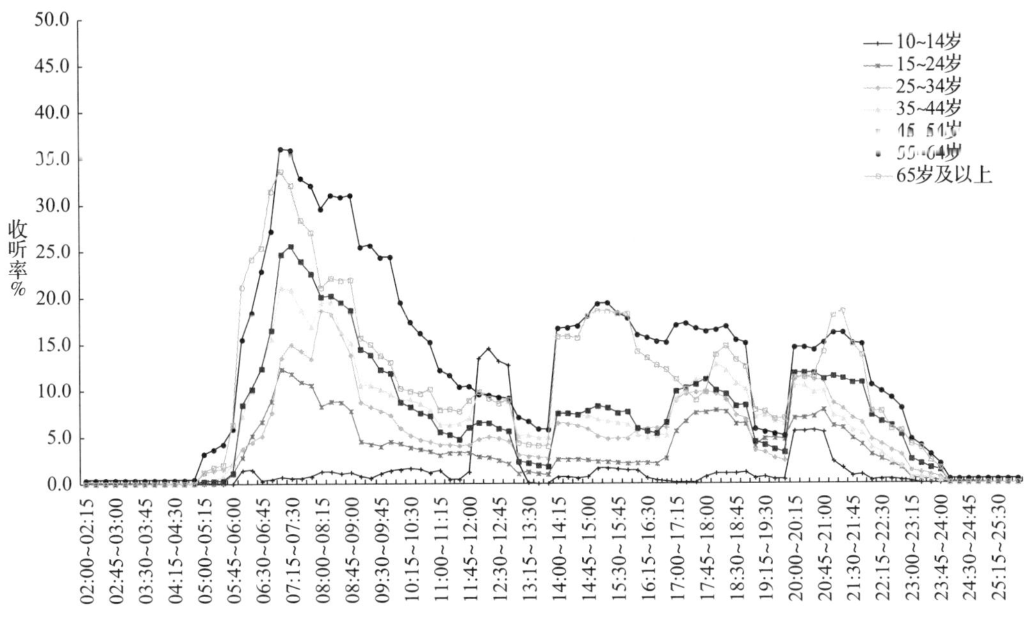

图 3.30.3　2016 年天津不同年龄听众全天收听率走势

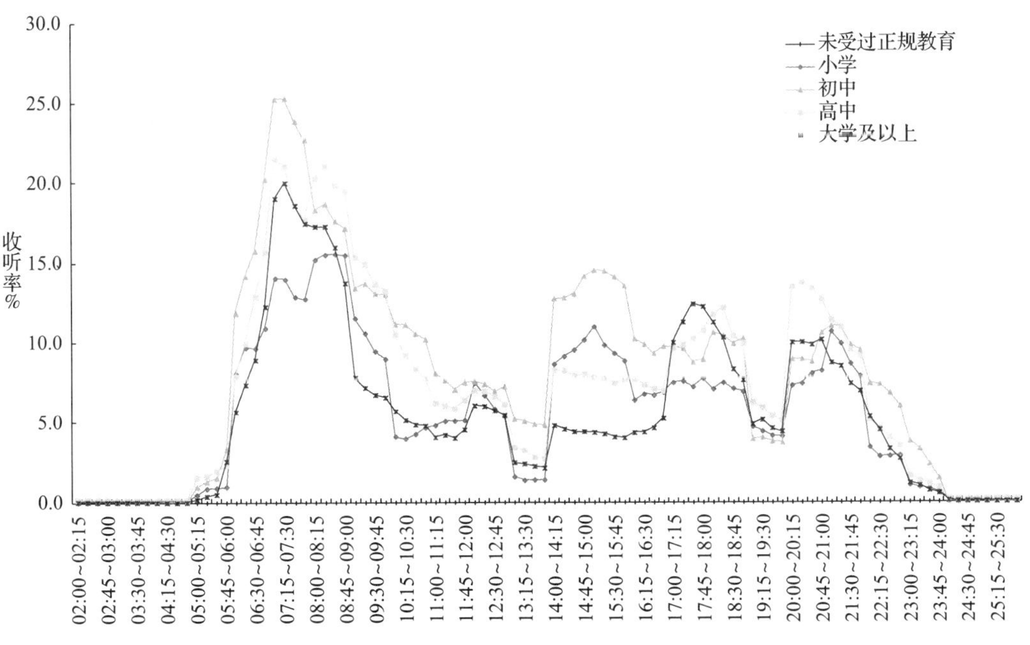

图 3.30.4　2016 年天津不同文化程度听众全天收听率走势

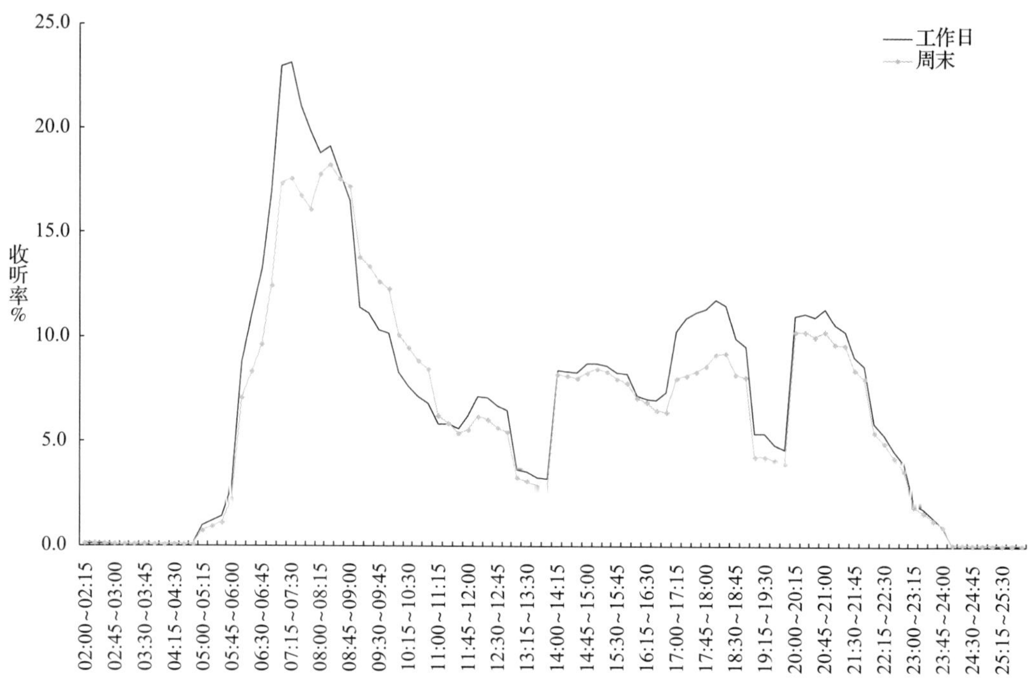

图 3.30.5　2016 年天津听众工作日与周末全天收听率走势

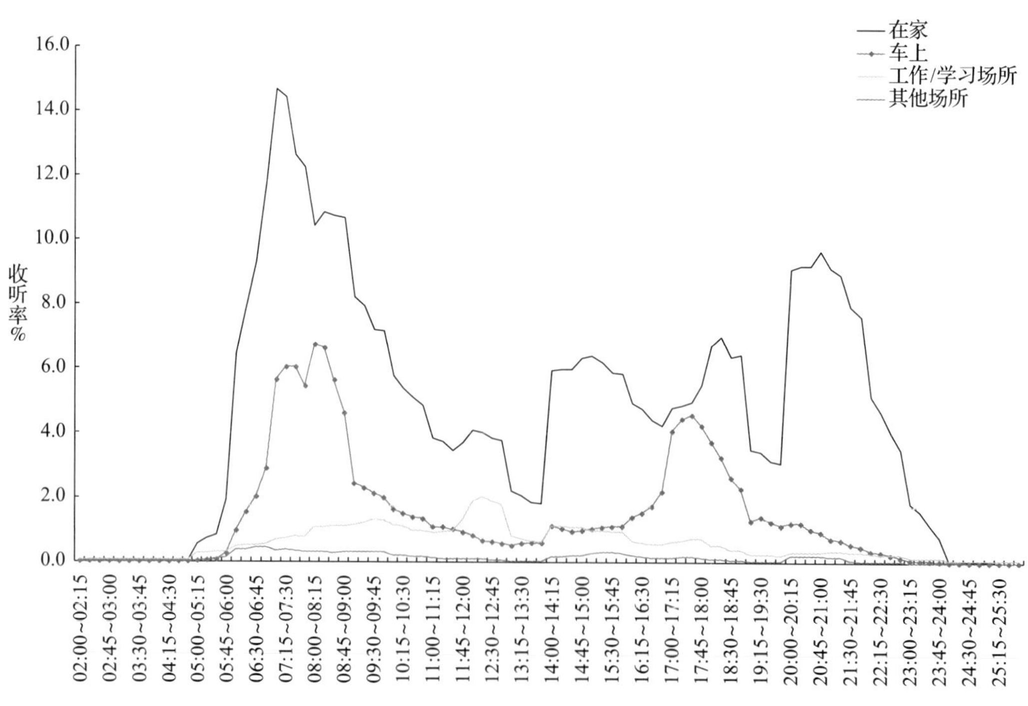

图 3.30.6　2016 年天津听众在不同收听地点全天收听率走势

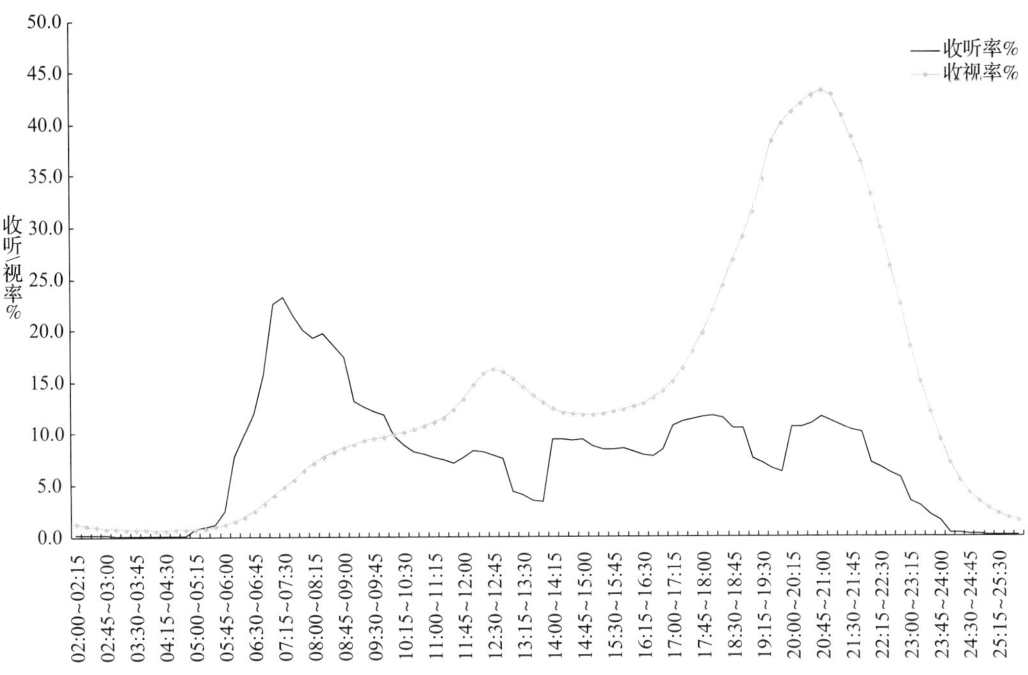

图 3.30.7 2016 年天津受众全天收听率、收视率走势比较(目标受众为 10 岁及以上)

表 3.30.3　2016 年天津市场听众构成(%)

目标听众		听众构成(%)
10 岁及以上所有人		100.0
性别	男	52.4
	女	47.6
年龄	10~14 岁	0.4
	15~24 岁	9.1
	25~34 岁	16.8
	35~44 岁	15.6
	45~54 岁	18.8
	55~64 岁	24.2
	65 岁及以上	15.1
文化程度	未受过正规教育	*
	小学	3.2
	初中	33.1
	高中	36.2
	大学及以上	27.3
职业	干部/管理人员	5.9
	初级公务员/雇员	16.4
	个体/私营企业人员	12.8
	工人	18.2
	学生	5.9
	无业(包括退休人员)	40.0
	其他	*
个人月收入	没有收入	9.3
	1~2000 元	9.9
	2001~3000 元	41.7
	3001~4000 元	19.3
	4001~5000 元	12.0
	5001~6000 元	4.0
	6001 元及以上	3.8

“*”表示该目标听众样本量不足,无法进行统计推断。

表 3.30.4　2014~2016 年天津市场各广播电台的市场份额(%)

广播电台	2014 年	2015 年	2016 年			
			第一波	第二波	第三波	第四波
中央人民广播电台	9.2	10.1	10.2	8.6	8.3	7.0
中国国际广播电台	0.2	0.2	0.1	0.1	0.0	0.0
天津人民广播电台	88.8	87.7	88.0	89.9	90.7	92.0
其他广播电台	1.8	2.0	1.7	1.4	1.0	1.0

表 3.30.5 2016 年天津市场各广播电台在不同目标听众中的市场份额(%)

目标听众		中央人民广播电台	中国国际广播电台	天津人民广播电台	其他广播电台
10 岁及以上所有人		8.5	0.0	90.1	1.4
性别	男	7.8	0.1	90.7	1.4
	女	9.3	0.0	89.5	1.2
年龄	10~14 岁	1.0	0.0	99.0	0.0
	15~24 岁	5.2	0.0	94.2	0.6
	25~34 岁	13.0	0.1	84.1	2.8
	35~44 岁	7.7	0.1	91.2	1.0
	45~54 岁	7.7	0.0	90.3	2.0
	55~64 岁	9.2	0.0	90.4	0.4
	65 岁及以上	6.6	0.0	92.3	1.1
文化程度	未受过正规教育	*	*	*	*
	小学	3.0	0.0	94.4	2.6
	初中	6.9	0.0	91.9	1.2
	高中	10.4	0.0	88.5	1.1
	大学及以上	8.7	0.1	89.4	1.8
职业	干部/管理人员	7.6	0.0	90.8	1.6
	初级公务员/雇员	9.3	0.2	88.8	1.7
	个体/私营企业人员	9.6	0.0	88.3	2.1
	工人	7.5	0.0	91.2	1.3
	学生	6.1	0.0	93.1	0.8
	无业(包括退休人员)	9.0	0.0	90.1	0.9
	其他	*	*	*	*
个人月收入	没有收入	6.9	0.0	92.0	1.1
	1~2000 元	13.1	0.0	85.3	1.6
	2001~3000 元	7.6	0.0	91.6	0.8
	3001~4000 元	9.3	0.1	88.7	1.9
	4001~5000 元	6.4	0.1	91.9	1.6
	5001~6000 元	14.9	0.0	83.2	1.9
	6001 元及以上	7.2	0.0	91.2	1.6

"*"表示该目标听众样本量不足,无法进行统计推断。

表 3.30.6 2016 年天津市场份额排名前 5 位的频率

排　名	频率名称	市场份额(%)
1	天津人民广播电台交通广播(FM106.8)	24.4
2	天津人民广播电台新闻广播(FM97.2/AM909)	14.4
3	天津人民广播电台相声广播(AM567/FM92.1)	11.2
4	天津人民广播电台音乐广播(FM99)	11.0
5	天津人民广播电台文艺广播(AM1098/FM104.6)	8.2

三十一、乌鲁木齐收听数据

表 3.31.1　2014～2016 年乌鲁木齐各目标听众人均收听时间(分钟)

目标听众		2014 年	2015 年	2016 年
10 岁及以上所有人		99	120	116
性别	男	96	126	126
	女	102	114	105
年龄	10～14 岁	44	43	50
	15～24 岁	65	77	81
	25～34 岁	89	128	122
	35～44 岁	99	112	110
	45～54 岁	128	139	125
	55～64 岁	163	180	161
	65 岁及以上	129	193	183
文化程度	未受过正规教育	88	182	198
	小学	119	156	150
	初中	119	143	147
	高中	103	116	97
	大学及以上	75	95	87
职业	干部/管理人员	78	87	72
	初级公务员/雇员	86	101	86
	个体/私营企业人员	115	148	154
	工人	111	101	142
	学生	59	59	43
	无业(包括退休人员)	130	174	163
	其他	*	*	*
个人月收入	没有收入	69	78	71
	1～2000 元	139	169	189
	2001～3000 元	115	138	133
	3001～4000 元	94	127	117
	4001～5000 元	78	97	92
	5001～6000 元	85	118	110
	6001 元及以上	53	92	102

注:乌鲁木齐为全年连续调查城市。“*”表示该目标听众样本量不足,无法进行统计推断。

表 3.31.2　2014～2016 年乌鲁木齐听众在不同地点的人均收听时间(分钟)

地　　点	2014 年	2015 年	2016 年
在家	65	80	75
车上	25	29	30
工作/学习场所	7	9	9
其他场所	2	3	2

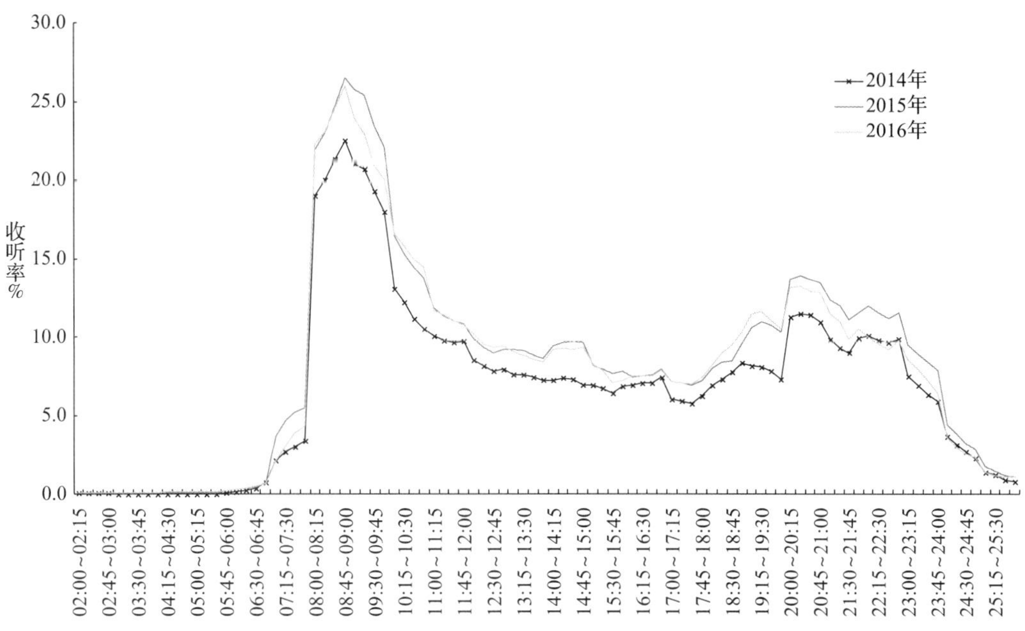

图 3.31.1　2014～2016 年乌鲁木齐听众全天收听率走势

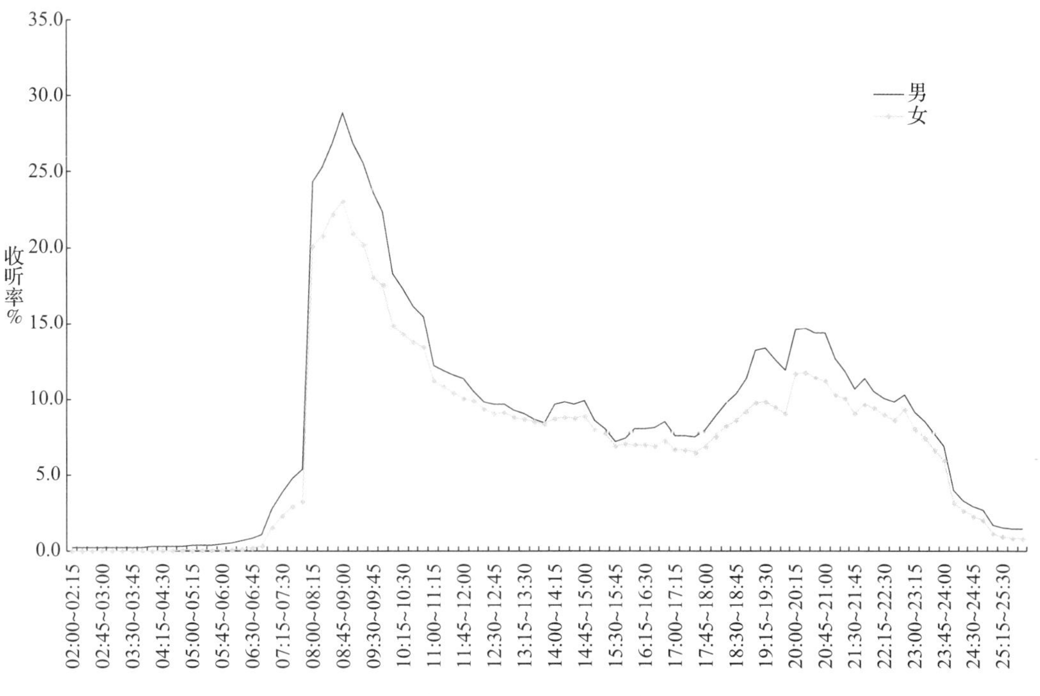

图 3.31.2　2016 年乌鲁木齐不同性别听众全天收听率走势

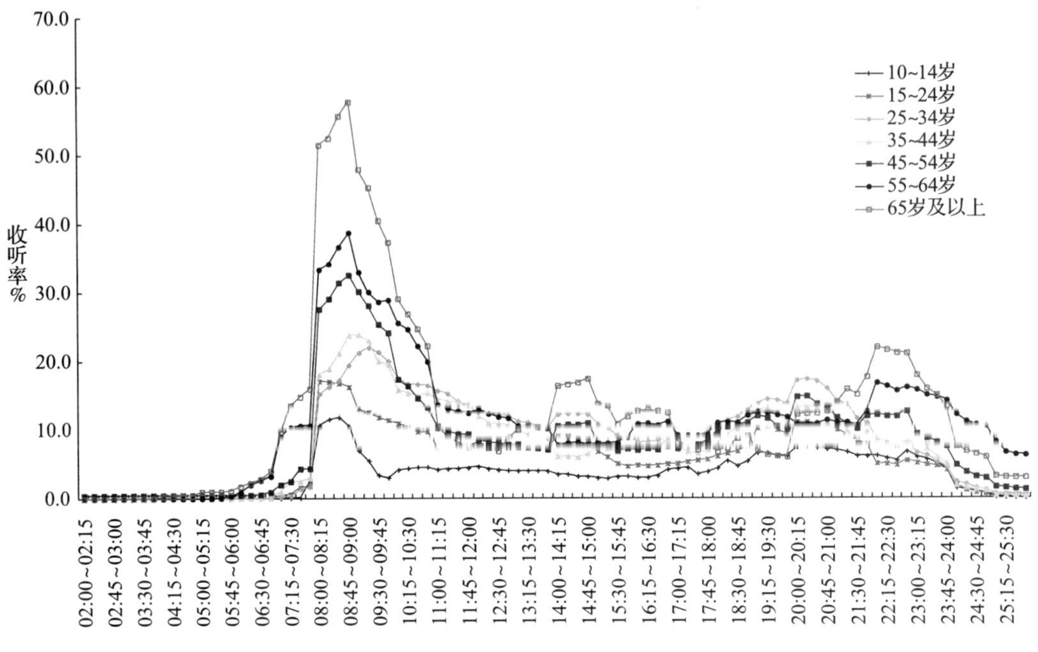

图 3.31.3 2016 年乌鲁木齐不同年龄听众全天收听率走势

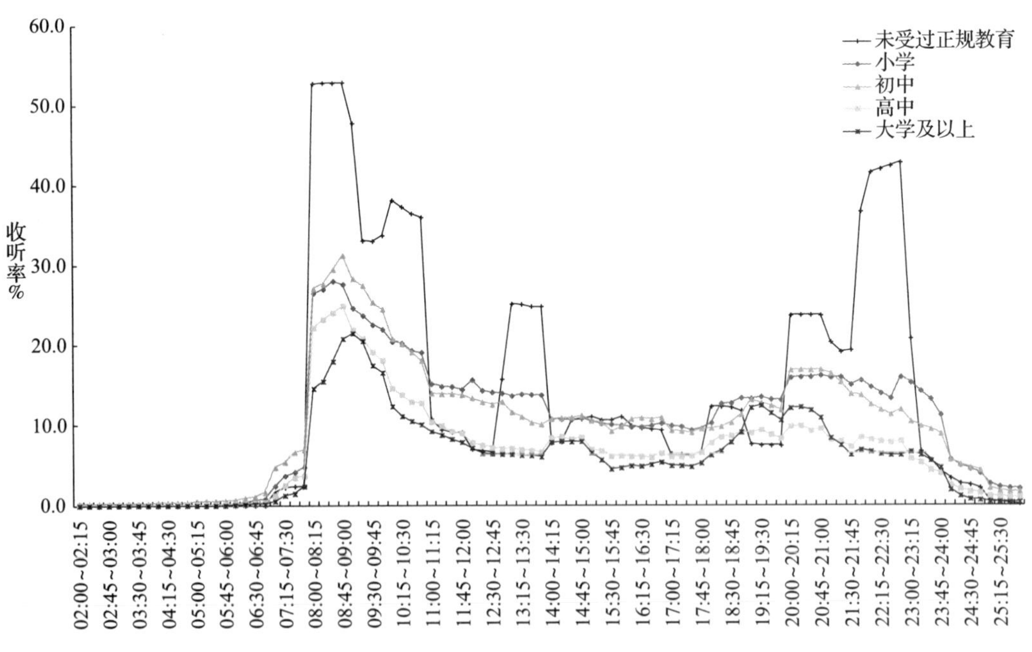

图 3.31.4 2016 年乌鲁木齐不同文化程度听众全天收听率走势

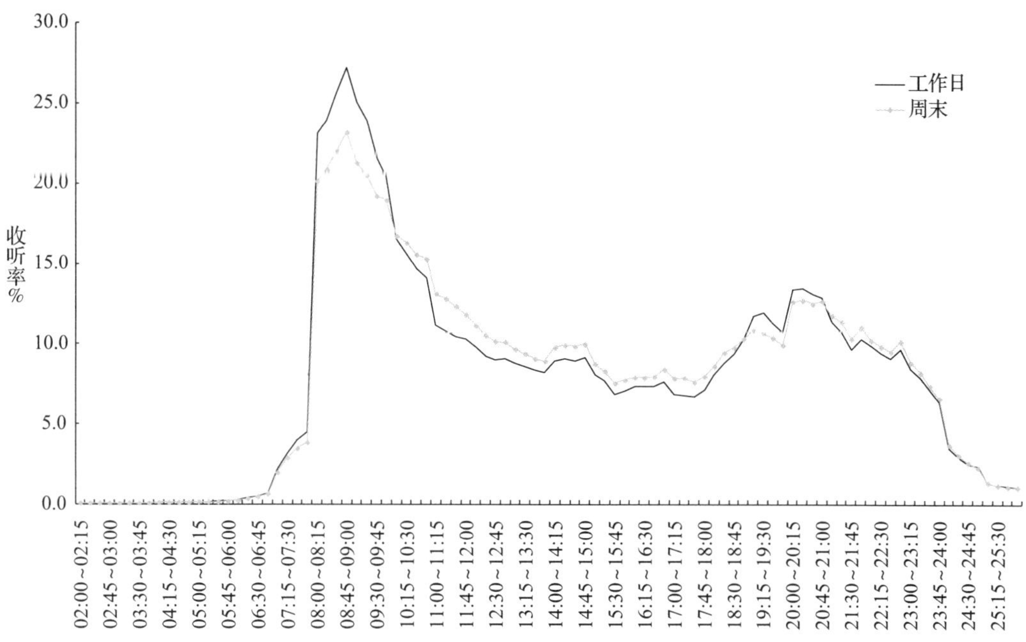

图 3.31.5　2016 年乌鲁木齐听众工作日与周末全天收听率走势

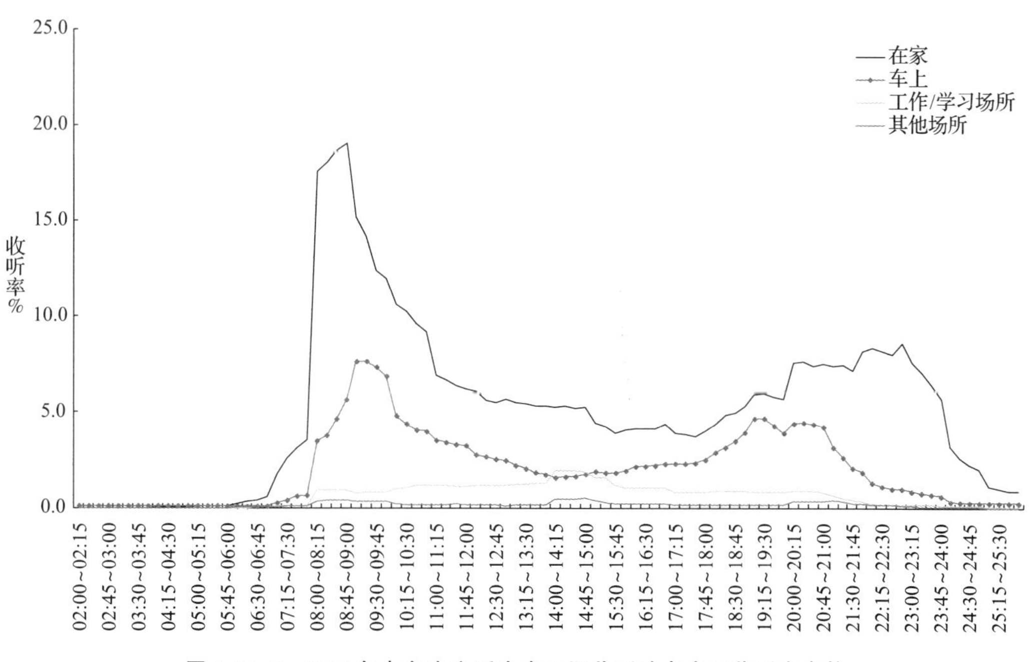

图 3.31.6　2016 年乌鲁木齐听众在不同收听地点全天收听率走势

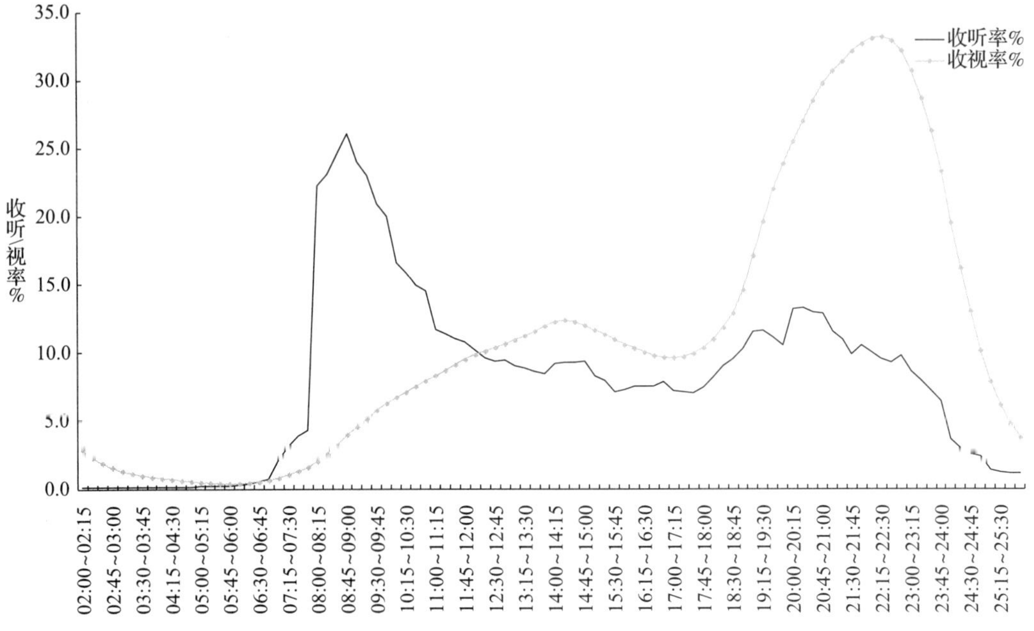

图 3.31.7　2016 年乌鲁木齐受众全天收听率、收视率走势比较(目标受众为 10 岁及以上)

表 3.31.3 2016 年乌鲁木齐市场听众构成(%)

目标听众		听众构成(%)
10 岁及以上所有人		100.0
性别	男	55.7
	女	44.3
年龄	10~14 岁	2.1
	15~24 岁	14.0
	25~34 岁	18.9
	35~44 岁	25.7
	45~54 岁	15.8
	55~64 岁	10.5
	65 岁及以上	13.0
文化程度	未受过正规教育	0.7
	小学	17.9
	初中	33.9
	高中	28.5
	大学及以上	19.1
职业	干部/管理人员	0.8
	初级公务员/雇员	21.1
	个体/私营企业人员	30.3
	工人	7.7
	学生	6.6
	无业(包括退休人员)	33.5
	其他	*
个人月收入	没有收入	15.4
	1~2000 元	20.6
	2001~3000 元	29.4
	3001~4000 元	19.7
	4001~5000 元	8.1
	5001~6000 元	4.5
	6001 元及以上	2.3

注:“*”表示该目标听众样本量不足,无法进行统计推断。

表 3.31.4 2014~2016 年乌鲁木齐市场各广播电台的市场份额(%)

广播电台	2014 年	2015 年	2016 年
中央人民广播电台	13.2	9.0	5.4
中国国际广播电台	0.0	0.0	0.0
新疆人民广播电台	67.5	74.4	74.7
乌鲁木齐人民广播电台	15.9	12.7	13.7
其他广播电台	3.4	3.9	6.2

表 3.31.5　2016 年乌鲁木齐市场各广播电台在不同目标听众中的市场份额(%)

目标听众		中央人民广播电台	中国国际广播电台	新疆人民广播电台	乌鲁木齐人民广播电台	其他广播电台
10 岁及以上所有人		5.4	0.0	74.7	13.7	6.2
性别	男	5.4	0.0	74.4	13.4	6.8
	女	5.4	0.0	75.1	14.2	5.3
年龄	10~14 岁	5.5	0.0	66.2	9.9	18.4
	15~24 岁	1.8	0.0	69.9	17.0	11.3
	25~34 岁	1.1	0.0	77.9	16.3	4.7
	35~44 岁	3.9	0.0	77.7	12.7	5.7
	45~54 岁	7.1	0.0	72.8	13.2	6.9
	55~64 岁	6.9	0.0	80.0	10.0	3.1
	65 岁及以上	15.1	0.0	68.9	12.8	2.9
文化程度	未受过正规教育	5.0	0.0	78.4	14.1	2.5
	小学	4.0	0.0	66.1	18.0	11.9
	初中	6.2	0.0	74.0	14.4	5.4
	高中	5.6	0.0	77.5	12.4	4.5
	大学及以上	5.0	0.0	80.2	10.5	4.3
职业	干部/管理人员	3.6	0.0	95.3	0.4	0.7
	初级公务员/雇员	7.1	0.0	80.5	9.8	2.6
	个体/私营企业人员	1.6	0.0	76.8	13.5	8.1
	工人	4.6	0.0	70.6	18.3	6.5
	学生	3.8	0.0	66.1	16.6	13.5
	无业(包括退休人员)	8.4	0.0	71.4	15.1	5.1
	其他	*	*	*	*	*
个人月收入	没有收入	2.0	0.0	69.8	16.1	12.1
	1~2000 元	2.6	0.0	68.9	19.7	8.8
	2001~3000 元	6.9	0.0	77.0	12.5	3.6
	3001~4000 元	9.9	0.0	76.1	10.8	3.2
	4001~5000 元	3.1	0.0	81.7	9.5	5.7
	5001~6000 元	3.0	0.0	80.1	9.5	7.4
	6001 元及以上	9.9	0.0	79.0	8.7	2.4

表 3.31.6　2016 年乌鲁木齐市场份额排名前 5 位的频率

排　名	频率名称	市场份额(%)
1	新疆人民广播电台 949 交通广播(FM94.9)	33.5
2	新疆人民广播电台(FM107.4)维吾尔语交通文艺广播	15.0
3	新疆人民广播电台城市广播私家车调频(FM92.9)	7.1
4	乌鲁木齐人民广播电台交通文艺广播维语(FM104.6)	5.8
5	中央人民广播电台第一套节目中国之声	5.1

表 3.31.7　2016 年乌鲁木齐市场收听率排名前 30 位的节目

排名	节目名称	播出频率	收听率（%）	市场份额（%）
1	新闻快车道	新疆人民广播电台 949 交通广播(FM94.9)	10.4	41.1
2	开心路路通(09:00~10:00)	新疆人民广播电台 949 交通广播(FM94.9)	10.0	44.1
3	中央台早报摘	新疆人民广播电台 949 交通广播(FM94.9)	8.9	39.1
4	安涛在线	新疆人民广播电台 949 交通广播(FM94.9)	4.7	30.9
5	叶文有话要说(22:00~23:00)	新疆人民广播电台 949 交通广播(FM94.9)	4.2	42.0
6	精彩车生活	新疆人民广播电台 949 交通广播(FM94.9)	3.5	33.0
7	说法	新疆人民广播电台 949 交通广播(FM94.9)	3.2	30.4
8	生活微观察(周末版)	新疆人民广播电台 949 交通广播(FM94.9)	3.0	30.4
9	车市淘宝	新疆人民广播电台 949 交通广播(FM94.9)	2.9	31.0
10	今日世界	新疆人民广播电台(FM107.4)维吾尔语交通文艺广播	2.8	21.1
11	花儿朵朵	新疆人民广播电台(FM107.4)维吾尔语交通文艺广播	2.7	21.1
11	107.4 音乐听吧	新疆人民广播电台(FM107.4)维吾尔语交通文艺广播	2.6	24.5
13	929 新闻早报	新疆人民广播电台城市广播私家车调频(FM92.9)	2.6	10.3
14	私家车	新疆人民广播电台 949 交通广播(FM94.9)	2.4	24.8
15	劲爆体育(周末版)	新疆人民广播电台 949 交通广播(FM94.9)	2.3	28.6
16	乐韵悠扬	新疆人民广播电台(FM107.4)维吾尔语交通文艺广播	2.3	12.1
17	一五一十	新疆人民广播电台 949 交通广播(FM94.9)	2.2	28.9
18	青湖听书馆(录播)	新疆人民广播电台 102.8 故事广播(FM102.8)	2.2	13.9
19	我要说声谢谢你	新疆人民广播电台 949 交通广播(FM94.9)	2.1	29.6
20	文学园地	新疆人民广播电台(FM107.4)维吾尔语交通文艺广播	2.1	29.4
21	心情音乐吧	新疆人民广播电台(FM107.4)维吾尔语交通文艺广播	2.1	23.0
22	1074 交通早班车	新疆人民广播电台(FM107.4)维吾尔语交通文艺广播	2.1	10.1
23	新闻 60 分	新疆人民广播电台(FM107.4)维吾尔语交通文艺广播	2.1	8.6
24	谁的午夜场	新疆人民广播电台 949 交通广播(FM94.9)	2.0	26.6
25	开心时刻	新疆人民广播电台(FM107.4)维吾尔语交通文艺广播	2.0	18.8
26	都市之声	新疆人民广播电台(FM107.4)维吾尔语交通文艺广播	2.0	12.9
27	周末访谈	新疆人民广播电台(FM107.4)维吾尔语交通文艺广播	2.0	12.6
28	929 百姓热线	新疆人民广播电台城市广播私家车调频(FM92.9)	2.0	10.0
29	美食美客	新疆人民广播电台 949 交通广播(FM94.9)	1.9	21.7
30	玫瑰音乐厅	新疆人民广播电台(FM107.4)维吾尔语交通文艺广播	1.8	18.3

三十二、武汉收听数据

表 3.32.1　2014～2016 年武汉各目标听众人均收听时间(分钟)

目标听众		2014 年	2015 年	2016 年
10 岁及以上所有人		51	47	41
性别	男	52	49	44
	女	49	45	39
年龄	10～14 岁	16	22	19
	15～24 岁	31	33	30
	25～34 岁	47	39	37
	35～44 岁	60	52	49
	45～54 岁	59	51	42
	55～64 岁	62	64	58
	65 岁及以上	75	74	52
文化程度	未受过正规教育	51	*	*
	小学	48	44	41
	初中	66	57	44
	高中	49	48	44
	大学及以上	37	37	36
职业	干部/管理人员	31	46	38
	初级公务员/雇员	46	40	38
	个体/私营企业人员	48	43	40
	工人	57	58	54
	学生	25	30	22
	无业(包括退休人员)	64	58	46
	其他	*	*	*
个人月收入	没有收入	34	31	23
	1～2000 元	55	55	51
	2001～3000 元	57	55	48
	3001～4000 元	52	45	47
	4001～5000 元	53	45	38
	5001～6000 元	24	33	31
	6001 元及以上	61	46	46

注:武汉 2015 年 3 月 1 日起改为连续调查,表中 2015 年数据为 2015 年 3 月 1 日～12 月 31 日数据。
“*”表示该目标听众样本量不足,无法进行统计推断。

表 3.32.2　2014～2016 年武汉听众在不同地点的人均收听时间(分钟)

地　　点	2014 年	2015 年	2016 年
在家	35	34	26
车上	12	9	11
工作/学习场所	2	3	3
其他场所	2	2	2

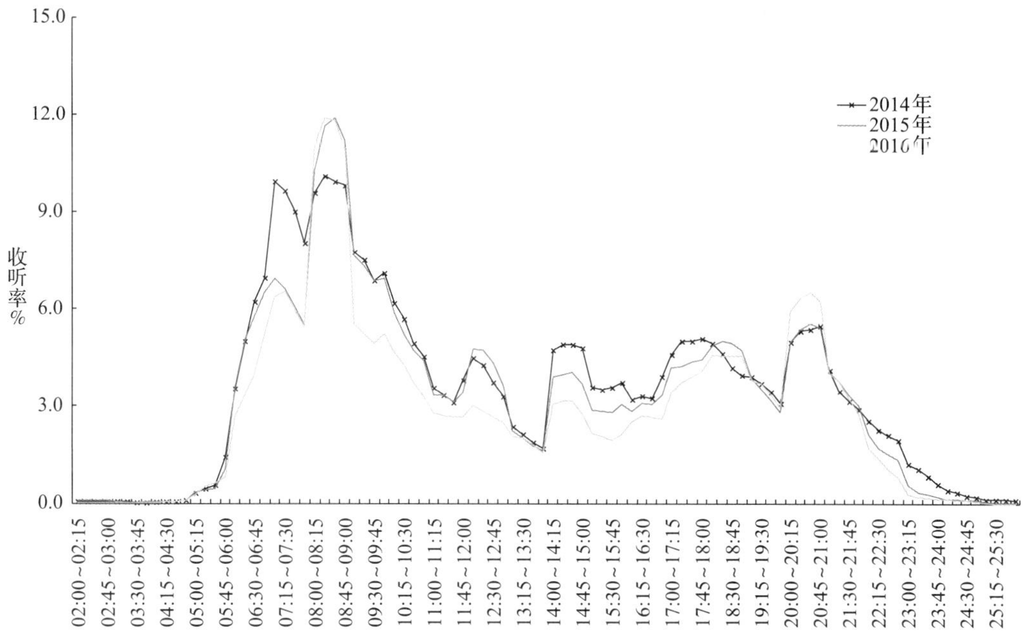

图 3.32.1 2014～2016 年武汉听众全天收听率走势

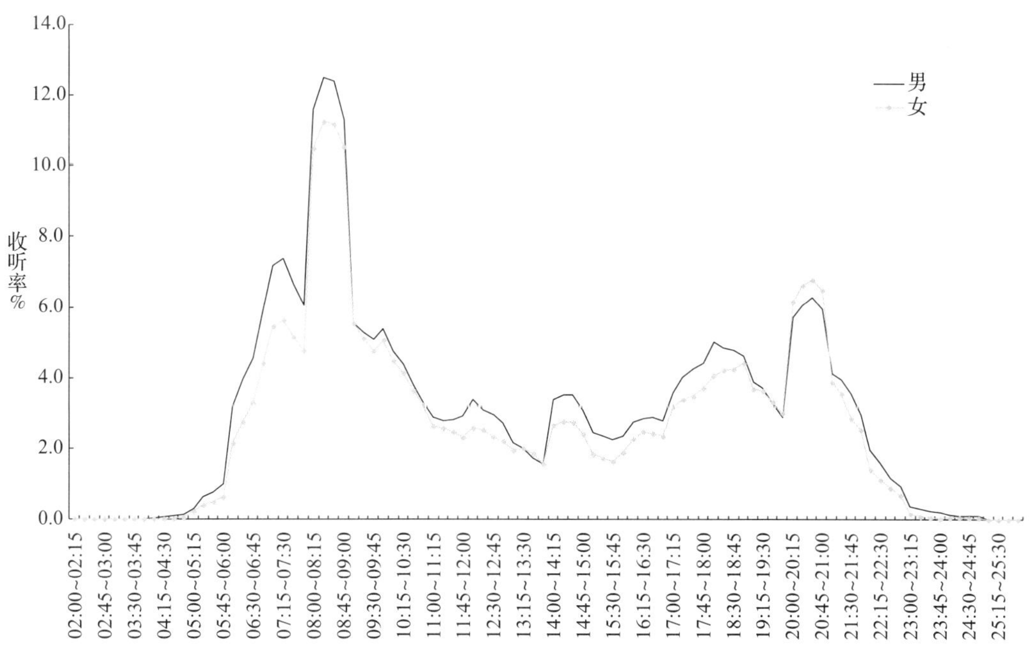

图 3.32.2 2016 年武汉不同性别听众全天收听率走势

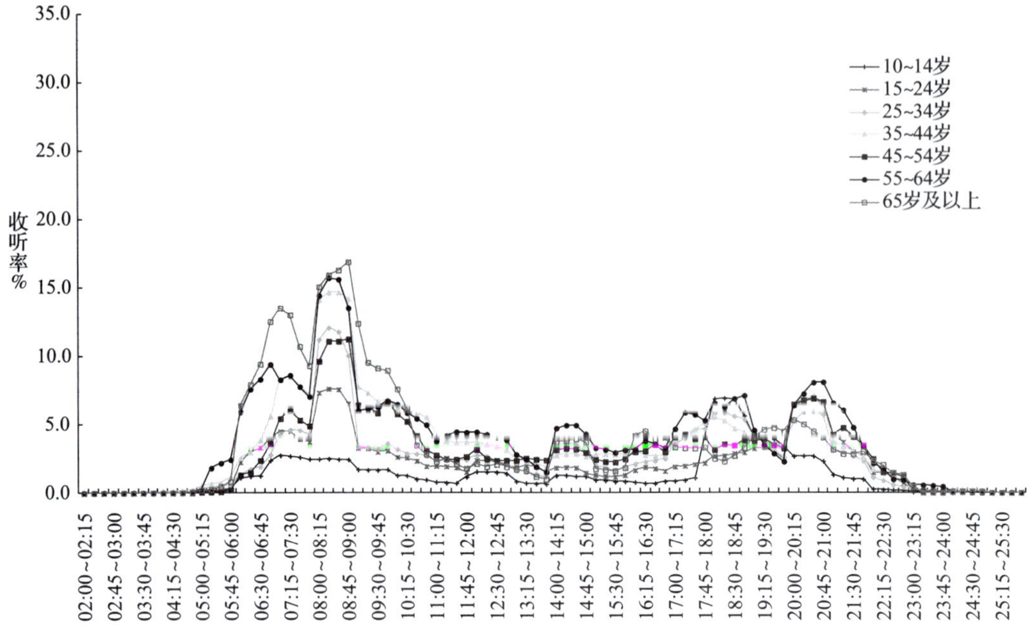

图 3.32.3　2016 年武汉不同年龄听众全天收听率走势

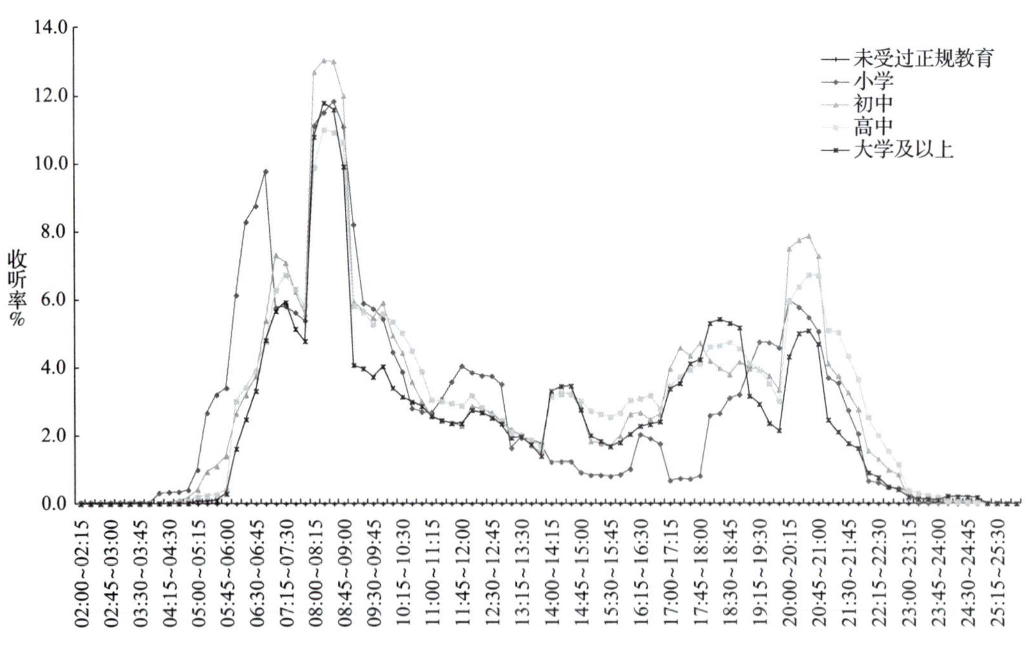

图 3.32.4　2016 年武汉不同文化程度听众全天收听率走势

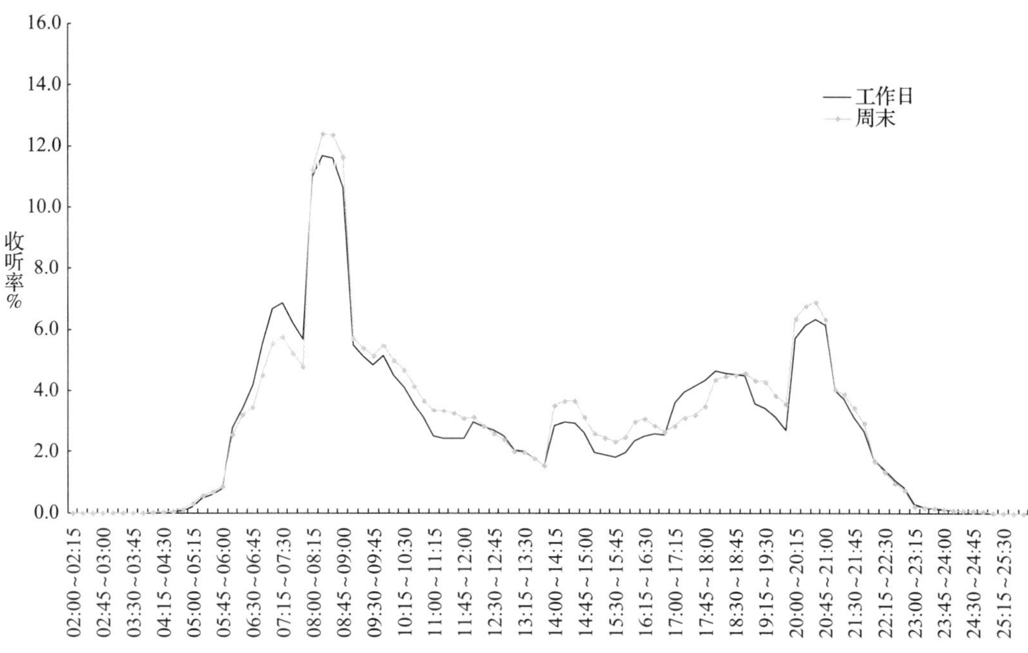

图 3.32.5　2016 年武汉听众工作日与周末全天收听率走势

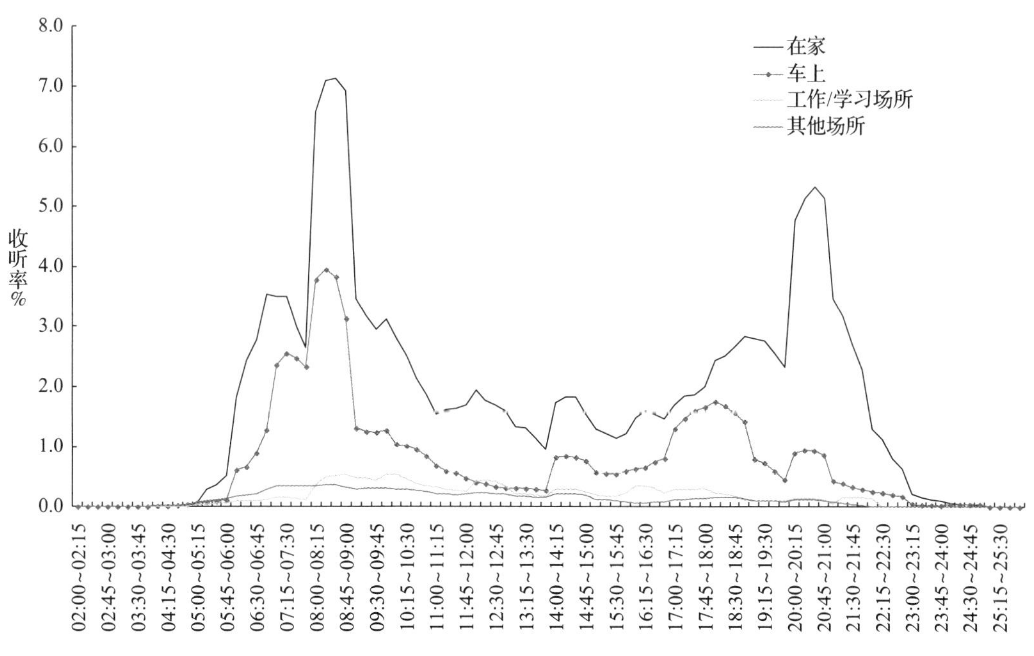

图 3.32.6　2016 年武汉听众在不同收听地点全天收听率走势

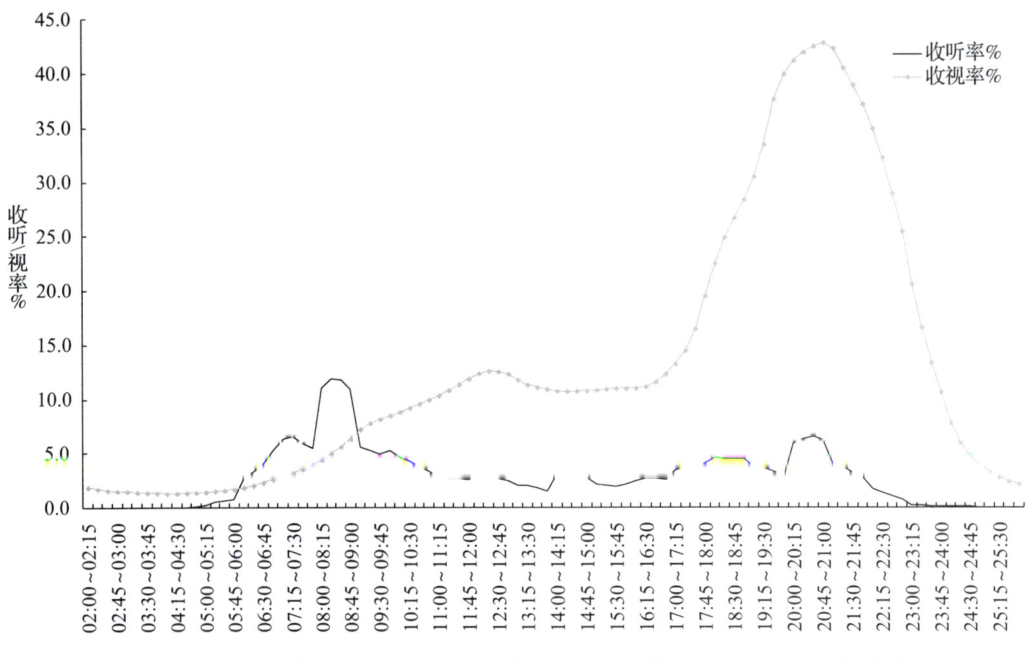

图 3.32.7　2016 年武汉受众全天收听率、收视率走势比较(目标受众为 10 岁及以上)

表 3.32.3 2016 年武汉市场听众构成(%)

目标听众		听众构成(%)
10 岁及以上所有人		100.0
性别	男	55.6
	女	44.4
年龄	10~14 岁	1.5
	15~24 岁	14.9
	25~34 岁	20.8
	35~44 岁	19.8
	45~54 岁	15.6
	55~64 岁	17.4
	65 岁及以上	10.0
文化程度	未受过正规教育	*
	小学	6.0
	初中	29.5
	高中	40.8
	大学及以上	23.7
职业	干部/管理人员	4.0
	初级公务员/雇员	13.5
	个体/私营企业人员	23.0
	工人	25.3
	学生	7.5
	无业(包括退休人员)	26.7
	其他	*
个人月收入	没有收入	10.0
	1~2000 元	11.0
	2001~3000 元	39.0
	3001~4000 元	23.3
	4001~5000 元	8.8
	5001~6000 元	3.5
	6001 元及以上	4.4

“*”表示该目标听众样本量不足,无法进行统计推断。

表 3.32.4 2014~2016 年武汉市场各广播电台的市场份额(%)

广播电台	2014 年	2015 年	2016 年
中央人民广播电台	20.4	20.4	23.6
中国国际广播电台	0.0	0.0	0.0
湖北省广播电视总台	48.9	49.1	48.5
武汉广播电视总台	30.6	30.4	27.9
其他广播电台	0.1	0.1	0.0

表 3.32.5　2016 年武汉市场各广播电台在不同目标听众中的市场份额(%)

目标听众		中央人民广播电台	中国国际广播电台	湖北省广播电视总台	武汉广播电视总台	其他广播电台
10 岁及以上所有人		23.6	0.0	48.5	27.9	0.0
性别	男	24.3	0.0	49.4	26.2	0.1
	女	22.7	0.0	47.3	30.0	0.0
年龄	10~14 岁	35.6	0.0	32.7	31.7	0.0
	15~24 岁	18.7	0.0	46.8	34.5	0.0
	25~34 岁	19.4	0.0	52.5	28.0	0.1
	35~44 岁	16.4	0.0	57.2	26.4	0.0
	45~54 岁	19.5	0.0	53.0	27.2	0.3
	55~64 岁	31.7	0.0	42.4	25.9	0.0
	65 岁及以上	44.2	0.0	30.6	25.1	0.1
文化程度	未受过正规教育	*	*	*	*	*
	小学	41.3	0.0	36.5	22.2	0.0
	初中	22.5	0.0	48.0	29.5	0.0
	高中	23.5	0.0	48.5	27.9	0.1
	大学及以上	21.0	0.0	52.3	26.7	0.0
职业	干部/管理人员	14.9	0.0	61.8	23.3	0.0
	初级公务员/雇员	28.2	0.0	47.7	24.0	0.1
	个体/私营企业人员	14.3	0.0	59.6	26.1	0.0
	工人	21.6	0.0	48.7	29.7	0.0
	学生	21.4	0.0	39.0	39.6	0.0
	无业(包括退休人员)	32.9	0.0	39.6	27.3	0.2
	其他	*	*	*	*	*
个人月收入	没有收入	18.2	0.0	41.0	40.8	0.0
	1~2000 元	16.6	0.0	57.3	26.1	0.0
	2001~3000 元	27.9	0.0	45.6	26.5	0.0
	3001~4000 元	22.0	0.0	49.1	28.9	0.0
	4001~5000 元	21.8	0.0	52.5	25.0	0.7
	5001~6000 元	17.9	0.0	53.3	28.8	0.0
	6001 元及以上	33.8	0.0	50.2	16.0	0.0

“*”表示该目标听众样本量不足,无法进行统计推断。

表 3.32.6　2016 年武汉市场份额排名前 5 位的频率

排　名	频率名称	市场份额(%)
1	楚天交通广播(FM92.7)	16.1
2	湖北省广播电视总台经典音乐广播频道(FM103.8)	13.5
3	中央人民广播电台第一套节目中国之声	12.7
4	中央人民广播电台第二套节目经济之声	9.7
5	武汉广播电视台新闻综合广播(AM873/FM88.4)	9.4

表 3.32.7 2016 年武汉市场收听率排名前 30 位的节目

排名	节目名称	播出频率	收听率（%）	市场份额（%）
1	城市新干线	楚天交通广播（FM92.7）	2.6	21.3
2	行风连线（重播）	武汉广播电视台新闻综合广播（AM873/FM88.4）	1.7	13.0
3	岁月恋歌（8:00）	武汉广播电视台音乐广播（FM101.8）	1.5	12.4
4	新闻和报纸摘要	中央人民广播电台第一套节目中国之声	1.4	30.2
5	军事风云录	武汉广播电视台新闻综合广播（AM873/FM88.4）	1.3	12.0
6	转央视国际频道《今日关注》	武汉广播电视台音乐广播（FM101.8）	1.3	11.0
7	全国交通广播春节节目联播 I	楚天交通广播（FM92.7）	1.2	19.2
8	全省交警连线	楚天交通广播（FM92.7）	1.2	18.8
9	新闻纵横	中央人民广播电台第一套节目中国之声	1.2	14.3
10	金曲 LIVE 秀（录播 08:00）	湖北省广播电视总台经典音乐广播频道（FM103.8）	1.2	13.6
11	天下财经	中央人民广播电台第二套节目经济之声	1.2	13.2
12	行风连线	武汉广播电视台新闻综合广播（AM873/FM88.4）	1.2	10.5
13	品牌之旅	中央人民广播电台第一套节目中国之声	1.1	35.1
14	六点天使盲童新春音乐会（录播）	湖北省广播电视总台经典音乐广播频道（FM103.8）	1.1	28.7
15	103.8 音乐早上好	湖北省广播电视总台经典音乐广播频道（FM103.8）	1.1	20.4
16	的哥乐园	楚天交通广播（FM92.7）	1.1	20.0
17	103.8 音乐自由行	湖北省广播电视总台经典音乐广播频道（FM103.8）	1.1	12.4
18	乐动全城	武汉广播电视台音乐广播（FM101.8）	1.0	16.6
19	世纪回音	武汉广播电视台音乐广播（FM101.8）	1.0	9.0
20	国防时空	中央人民广播电台第一套节目中国之声	0.9	27.9
21	一周音乐榜	湖北省广播电视总台生活广播 auto radio（FM96.6）	0.9	16.0
22	早安武汉	武汉广播电视台交通广播（FM89.6/AM603）	0.9	14.0
23	好吃佬	楚天交通广播（FM92.7）	0.8	19.2
24	《金猴闹新春》十套广播联播春节特别节目（录播，20:00）	湖北省广播电视总台经典音乐广播频道（FM103.8）	0.8	17.6
25	直播中国	中央人民广播电台第一套节目中国之声	0.8	12.1
26	残疾人之友	中央人民广播电台第一套节目中国之声	0.7	25.7
27	逛街，LETSGO！	楚天交通广播（FM92.7）	0.7	17.2
28	小喇叭	中央人民广播电台第一套节目中国之声	0.7	12.5
29	创业武汉（冷霜录播）	武汉广播电视台新闻综合广播（AM873/FM88.4）	0.7	11.7
30	事事关心	楚天交通广播（FM92.7）	0.7	11.1

三十三、无锡收听数据

表 3.33.1　2014～2016 年无锡各目标听众人均收听时间(分钟)

目标听众		2014 年	2015 年	2016 年
10 岁及以上所有人		57	60	61
性别	男	58	61	64
	女	56	59	59
年龄	10～14 岁	17	25	28
	15～24 岁	27	31	29
	25～34 岁	46	49	45
	35～44 岁	59	57	67
	45～54 岁	64	67	77
	55～64 岁	85	80	82
	65 岁及以上	99	109	107
文化程度	未受过正规教育	111	92	27
	小学	65	61	49
	初中	62	66	70
	高中	58	60	65
	大学及以上	46	53	52
职业	干部/管理人员	48	40	42
	初级公务员/雇员	50	54	60
	个体/私营企业人员	71	66	73
	工人	54	55	55
	学生	21	29	27
	无业(包括退休人员)	87	97	89
	其他	29	35	46
个人月收入	没有收入	24	37	31
	1～2000 元	67	55	59
	2001～3000 元	67	74	80
	3001～4000 元	60	61	57
	4001～5000 元	56	61	63
	5001～6000 元	48	53	59
	6001 元及以上	81	72	83

注:无锡为全年连续调查城市。

表 3.33.2　2014～2016 年无锡听众在不同地点的人均收听时间(分钟)

地　　点	2014 年	2015 年	2016 年
在家	35	38	36
车上	16	18	20
工作/学习场所	5	4	5
其他场所	1	0	1

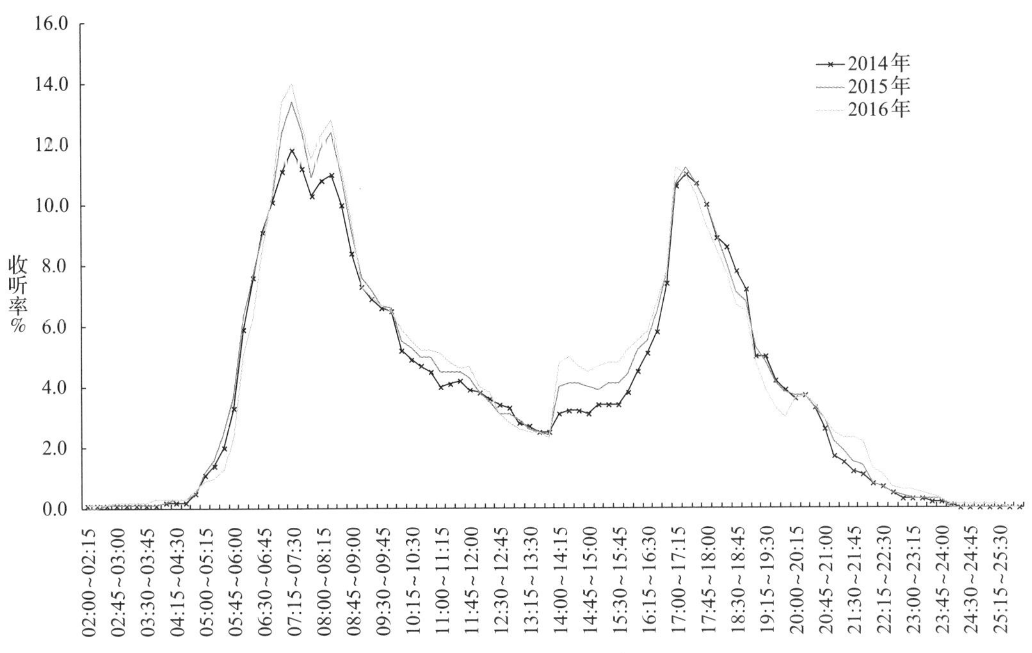

图 3.33.1 2014 ~2016 年无锡听众全天收听率走势

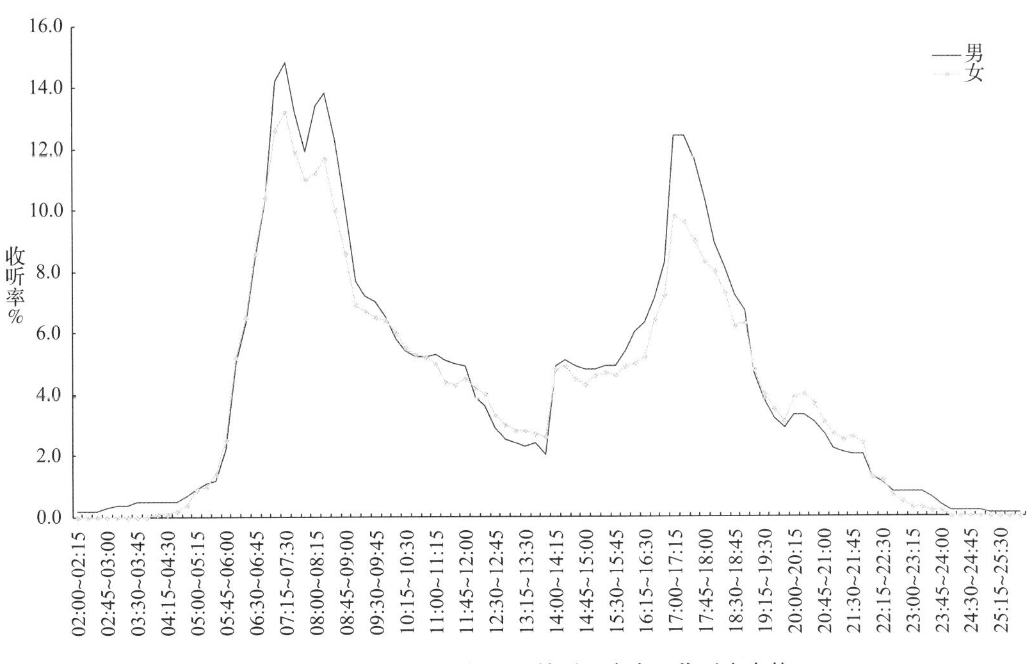

图 3.33.2 2016 年无锡不同性别听众全天收听率走势

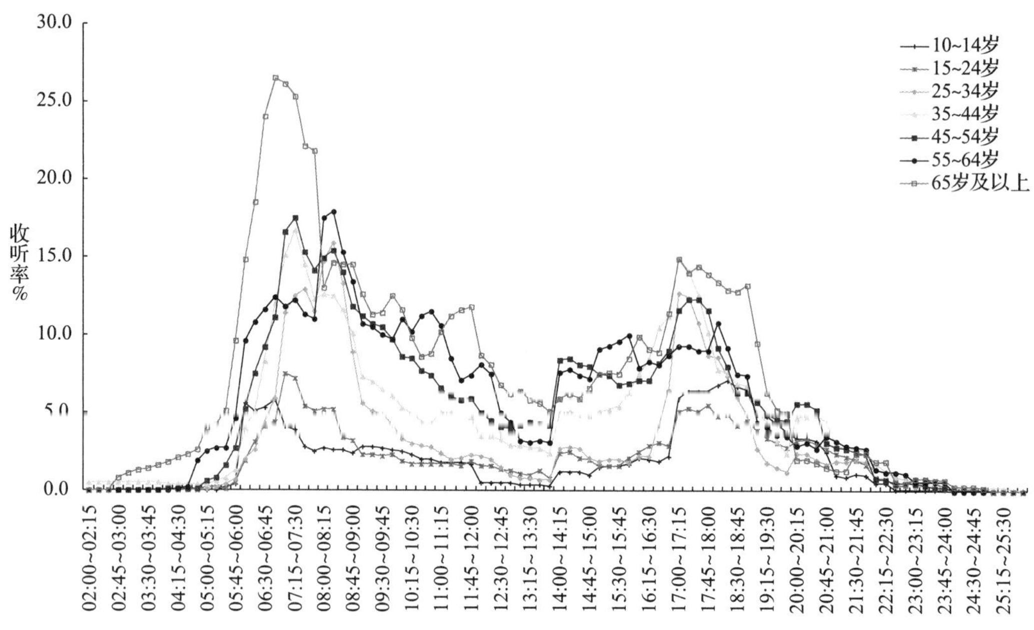

图 3.33.3　2016 年无锡不同年龄听众全天收听率走势

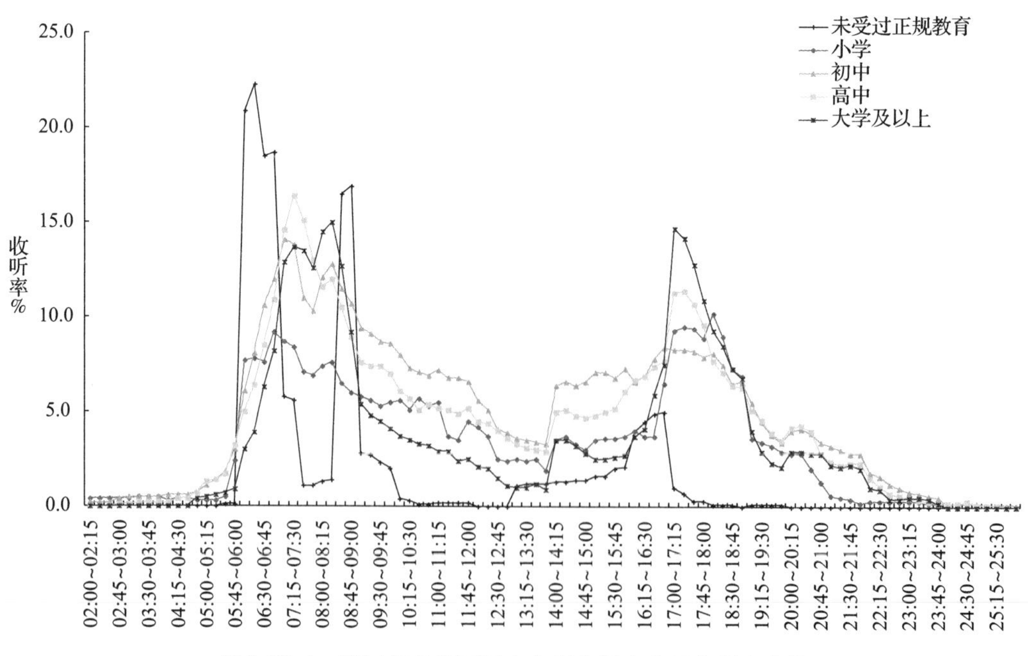

图 3.33.4　2016 年无锡不同文化程度听众全天收听率走势

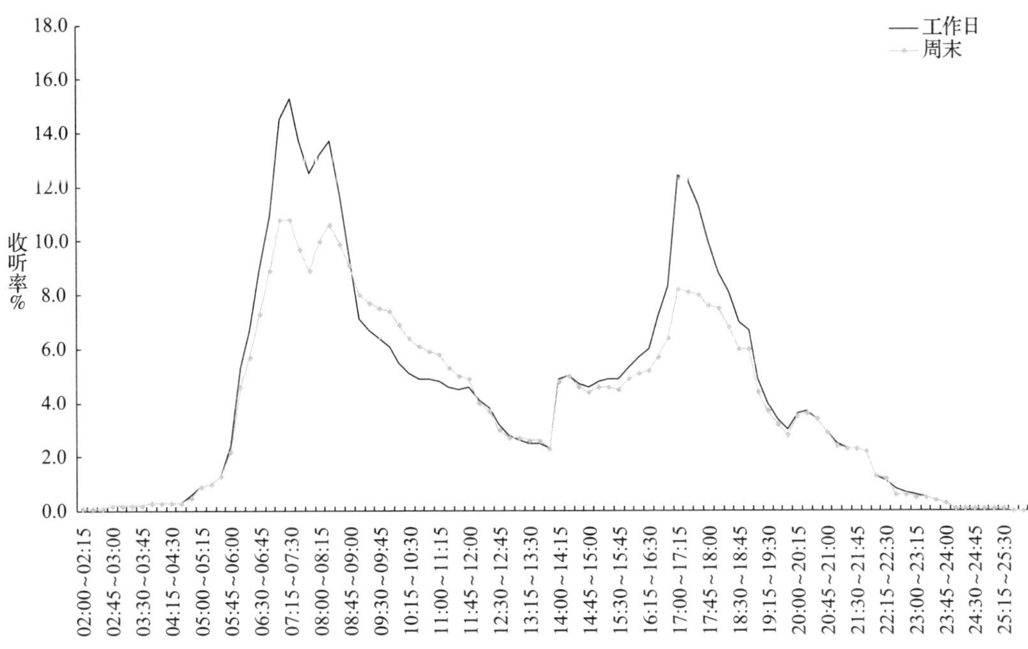

图 3.33.5　2016 年无锡听众工作日与周末全天收听率走势

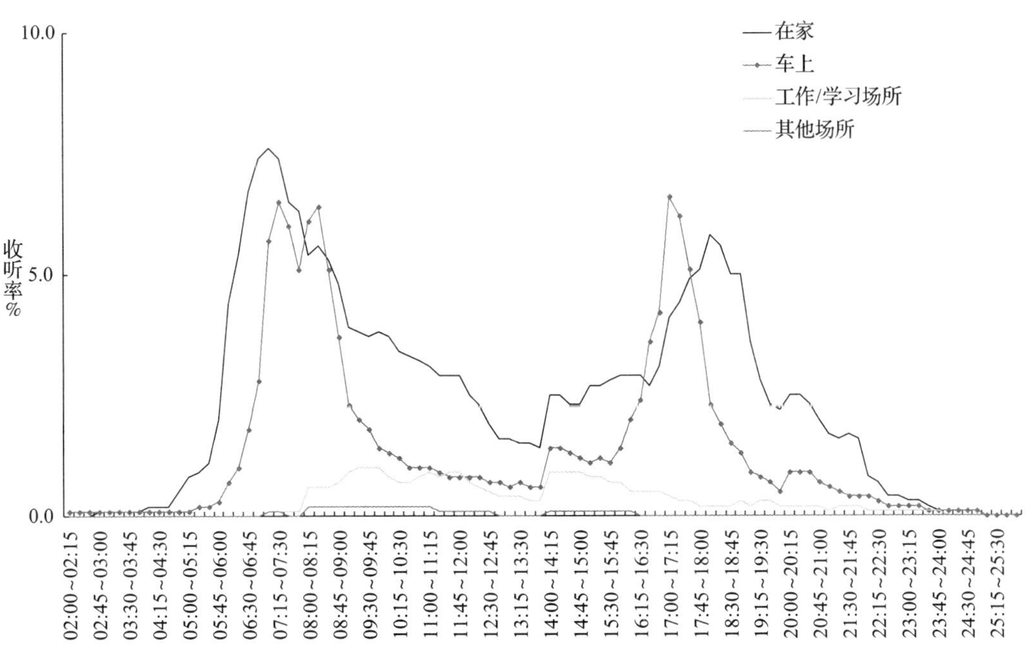

图 3.33.6　2016 年无锡听众在不同收听地点全天收听率走势

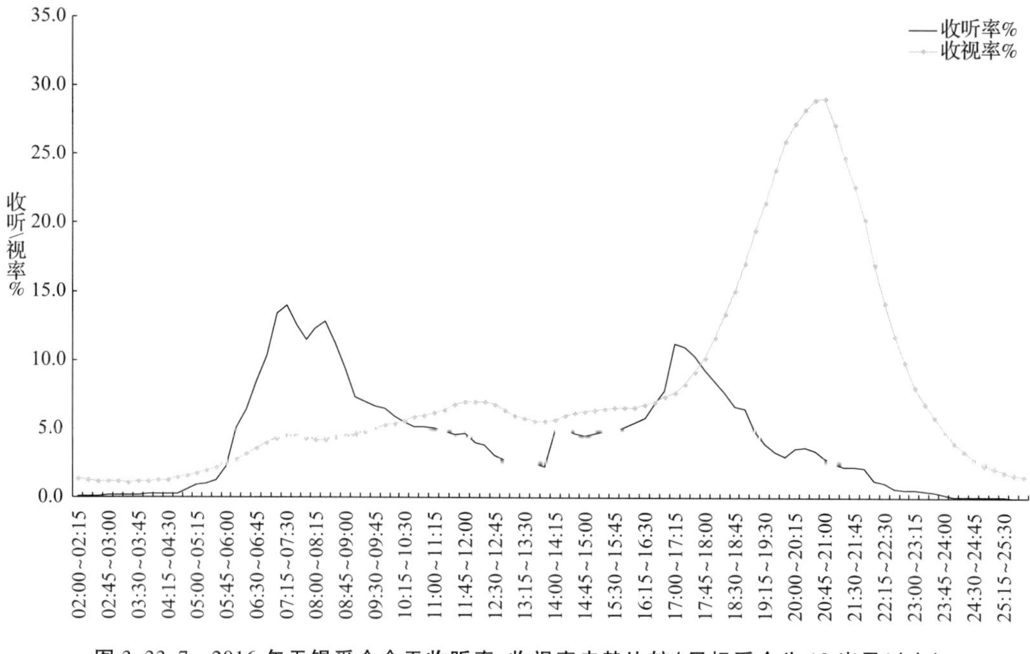

图 3.33.7　2016 年无锡受众全天收听率、收视率走势比较(目标受众为 10 岁及以上)

表 3.33.3 2016 年无锡市场听众构成(%)

目标听众		听众构成(%)
10 岁及以上所有人		100.0
性别	男	54.0
	女	46.0
年龄	10~14 岁	1.5
	15~24 岁	8.9
	25~34 岁	15.3
	35~44 岁	23.1
	45~54 岁	20.0
	55~64 岁	15.4
	65 岁及以上	15.8
文化程度	未受过正规教育	0.3
	小学	6.2
	初中	37.5
	高中	29.5
	大学及以上	26.5
职业	干部/管理人员	2.5
	初级公务员/雇员	19.4
	个体/私营企业人员	16.2
	工人	23.0
	学生	6.1
	无业(包括退休人员)	31.7
	其他	1.1
个人月收入	没有收入	9.4
	1~2000 元	7.8
	2001~3000 元	35.1
	3001~4000 元	17.2
	4001~5000 元	14.0
	5001~6000 元	7.2
	6001 元及以上	9.3

表 3.33.4 2014~2016 年无锡市场各广播电台的市场份额(%)

广播电台	2014 年	2015 年	2016 年
中央人民广播电台	3.3	2.6	2.7
中国国际广播电台	0.0	0.0	0.0
江苏广播电视总台	9.2	9.5	9.2
上海广播电视台	0.3	0.3	0.3
无锡广播电视台	85.4	85.8	85.5
苏州广播电视总台	0.8	1.2	1.0
其他广播电台	1.0	0.6	1.3

表 3.33.5　2016 年无锡市场各广播电台在不同目标听众中的市场份额(%)

目标听众		中央人民广播电台	中国国际广播电台	江苏广播电视总台	上海广播电视台	无锡广播电视台	苏州广播电视总台	其他广播电台
10 岁及以上所有人		2.7	0.0	9.2	0.3	85.5	1.0	1.3
性别	男	3.1	0.0	9.0	0.3	85.1	0.9	1.6
	女	2.1	0.0	9.3	0.4	85.9	1.1	1.2
年龄	10～14 岁	0.6	0.0	7.6	0.6	86.1	3.3	1.8
	15～24 岁	1.0	0.0	7.1	0.0	89.4	2.0	0.5
	25～34 岁	1.1	0.0	12.8	0.2	83.1	0.9	1.9
	35～44 岁	0.8	0.0	11.8	0.1	85.1	0.7	1.5
	45～54 岁	0.5	0.0	8.1	0.1	88.3	1.0	2.0
	55～64 岁	4.7	0.0	9.4	0.8	82.3	1.2	1.6
	65 岁及以上	8.8	0.0	4.2	0.9	85.5	0.4	0.2
文化程度	未受过正规教育	0.0	0.0	0.0	0.0	99.2	0.7	0.1
	小学	2.3	0.0	6.6	0.8	86.7	2.9	0.7
	初中	4.1	0.0	6.5	0.6	85.6	1.0	2.2
	高中	1.1	0.0	13.4	0.1	83.7	0.5	1.2
	大学及以上	2.6	0.0	8.9	0.1	86.9	1.1	0.4
职业	干部/管理人员	0.0	0.0	7.4	0.1	92.3	0.1	0.1
	初级公务员/雇员	1.2	0.0	11.4	0.1	85.2	1.1	1.0
	个体/私营企业人员	0.5	0.0	9.7	0.1	87.7	1.0	1.0
	工人	0.7	0.0	10.3	0.1	86.2	1.0	1.7
	学生	1.0	0.0	7.1	0.2	89.2	1.6	0.9
	无业(包括退休人员)	6.7	0.0	7.3	0.7	82.9	0.9	1.5
	其他	1.5	0.0	6.6	5.8	84.1	1.4	0.6
个人月收入	没有收入	1.3	0.0	7.6	0.2	89.0	1.2	0.7
	1～2000 元	1.6	0.0	6.6	1.8	86.2	1.6	2.2
	2001～3000 元	4.6	0.0	8.4	0.4	83.4	0.9	2.3
	3001～4000 元	1.3	0.0	11.7	0.1	85.8	0.5	0.6
	4001～5000 元	0.9	0.0	10.9	0.0	86.0	1.7	0.5
	5001～6000 元	0.6	0.0	12.4	0.1	83.4	1.5	2.0
	6001 元及以上	4.7	0.0	5.5	0.0	89.3	0.2	0.3

表 3.33.6　2016 年无锡市场份额排名前 5 位的频率

排　名	频率名称	市场份额(%)
1	无锡广播电视台交通广播(FM106.9)	28.1
2	无锡广播电视台新闻广播(FM93.7)	12.4
3	无锡广播电视台汽车音乐广播(FM91.4/AM900)	10.8
4	无锡广播电视台梁溪之声广播(FM92.6)	10.7
5	无锡广播电视台新闻综合广播(AM1161)	8.5

表 3.33.7 2016 年无锡市场收听率排名前 30 位的节目

排名	节目名称	播出频率	收听率（%）	市场份额（%）
1	直播无锡	无锡广播电视台交通广播(FM106.9)	4.1	33.7
2	欢乐直通车	无锡广播电视台交通广播(FM106.9)	3.1	35.4
3	新闻与报纸摘要(转播)	无锡广播电视台交通广播(FM106.9)	2.2	23.6
4	欢乐直通车之思生活	无锡广播电视台交通广播(FM106.9)	1.9	28.7
5	吃吃白相相	无锡广播电视台交通广播(FM106.9)	1.9	25.1
6	无锡早高峰	无锡广播电视台新闻广播(FM93.7)	1.8	14.2
7	非常好听	无锡广播电视台交通广播(FM106.9)	1.7	25.7
8	大李小李有道理	无锡广播电视台交通广播(FM106.9)	1.6	24.1
9	一路唱行	无锡广播电视台汽车音乐广播(FM91.4/AM900)	1.5	14.5
10	早新闻	无锡广播电视台新闻综合广播(AM1161)	1.5	11.7
11	健康专题(蓝莓)	无锡广播电视台新闻广播(FM93.7)	1.4	24.5
12	早安无锡	无锡广播电视台汽车音乐广播(FM91.4/AM900)	1.4	11.1
13	完美音乐世界	无锡广播电视台交通广播(FM106.9)	1.3	27.8
14	清新女生 MORNING-CALL	无锡广播电视台交通广播(FM106.9)	1.3	22.7
15	大浪淘宝	无锡广播电视台交通广播(FM106.9)	1.3	20.2
16	家在无锡	无锡广播电视台交通广播(FM106.9)	1.2	25.0
17	新闻早报	无锡广播电视台新闻广播(FM93.7)	1.2	23.9
18	汪涛读报	无锡广播电视台新闻广播(FM93.7)	1.2	17.5
19	无锡晚高峰	无锡广播电视台新闻广播(FM93.7)	1.2	12.1
20	快乐任我行(17:00～18:00)	无锡广播电视台梁溪之声广播(FM92.6)	1.2	11.1
21	音乐盒	无锡广播电视台交通广播(FM106.9)	1.1	27.7
22	音乐在路上	无锡广播电视台交通广播(FM106.9)	1.1	21.1
23	健康山海经	无锡广播电视台新闻广播(FM93.7)	1.1	17.7
24	赖床听音乐	无锡广播电视台汽车音乐广播(FM91.4/AM900)	1.1	11.2
25	萧萧新闻	无锡广播电视台新闻广播(FM93.7)	1.1	8.9
26	早新闻	无锡广播电视台经济广播(FM104/AM1251)	1.1	8.8
27	郑韩读报	无锡广播电视台经济广播(FM104/AM1251)	1.1	8.4
28	完全汽车时间	无锡广播电视台交通广播(FM106.9)	1.0	22.0
29	周末生活(18:30～19:00)	无锡广播电视台新闻广播(FM93.7)	1.0	16.5
30	七彩金曲怀旧风	无锡广播电视台汽车音乐广播(FM91.4/AM900)	1.0	15.2

三十四、西安收听数据

表 3.34.1　2014 ~ 2016 年西安各目标听众人均收听时间(分钟)

目标听众		2014 年	2015 年	2016 年			
				第一波	第二波	第三波	第四波
10 岁及以上所有人		91	92	94	95	94	90
性别	男	93	93	96	94	92	88
	女	89	90	93	95	96	92
年龄	10 ~ 14 岁	32	28	46	39	51	34
	15 ~ 24 岁	49	47	53	49	52	48
	25 ~ 34 岁	82	83	90	92	96	91
	35 ~ 44 岁	96	95	86	91	83	81
	45 ~ 54 岁	95	107	109	96	103	111
	55 ~ 64 岁	141	142	146	147	147	140
	65 岁及以上	174	178	172	193	170	154
文化程度	未受过正规教育	*	*	*	*	*	*
	小学	114	120	107	128	105	82
	初中	100	107	118	115	116	110
	高中	93	92	90	87	86	84
	大学及以上	78	77	79	80	80	79
职业	干部/管理人员	72	88	57	60	59	65
	初级公务员/雇员	74	85	85	84	83	76
	个体/私营企业人员	103	98	97	94	99	98
	工人	99	94	104	107	98	106
	学生	52	42	47	44	49	42
	无业(包括退休人员)	135	136	140	151	142	133
	其他	44	*	*	*	*	*
个人月收入	没有收入	60	52	59	62	69	62
	1 ~ 2000 元	106	108	116	107	100	103
	2001 ~ 3000 元	104	107	106	102	97	94
	3001 ~ 4000 元	98	108	126	116	119	107
	4001 ~ 5000 元	79	75	63	105	103	102
	5001 ~ 6000 元	81	98	79	101	88	89
	6001 元及以上	58	75	60	85	95	90

注:西安为四波调查城市。2016 年四波调查时间分别为:第一波 2 月 28 日 ~ 3 月 19 日;第二波 5 月 22 日 ~ 6 月 11 日;第三波 8 月 21 日 ~ 9 月 10 日;第四波 11 月 6 日 ~ 11 月 26 日。"*"表示该目标听众样本量不足,无法进行统计推断。

表 3.34.2　2014 ~ 2016 年西安听众在不同地点的人均收听时间(分钟)

地　　点	2014 年	2015 年	2016 年
在家	59	61	65
车上	17	17	16
工作/学习场所	10	9	7
其他场所	5	5	5

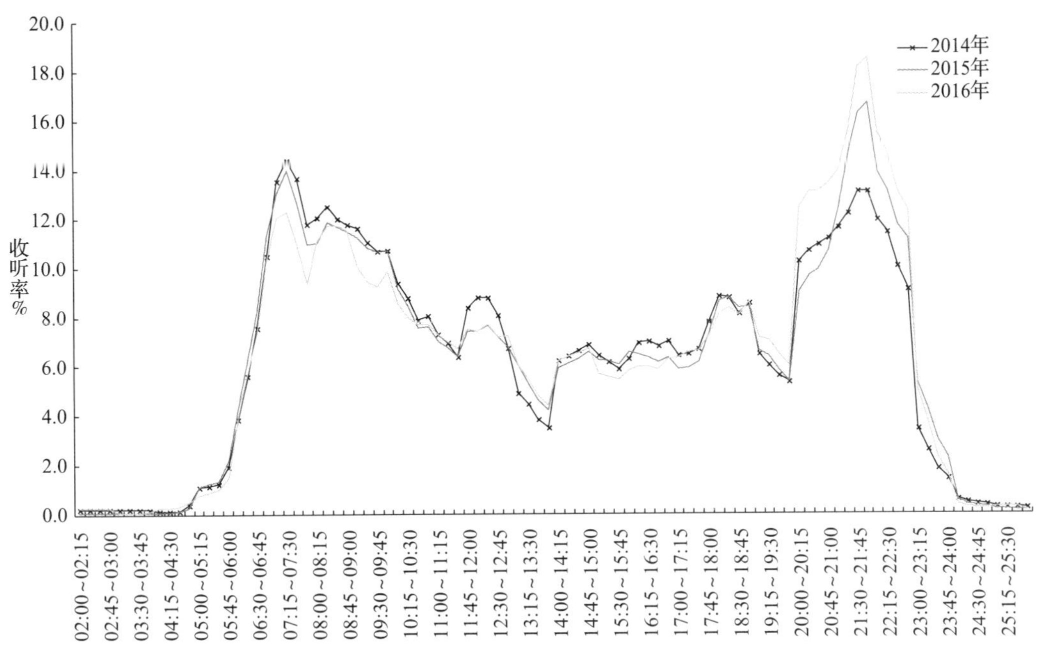

图 3.34.1 2014~2016 年西安听众全天收听率走势

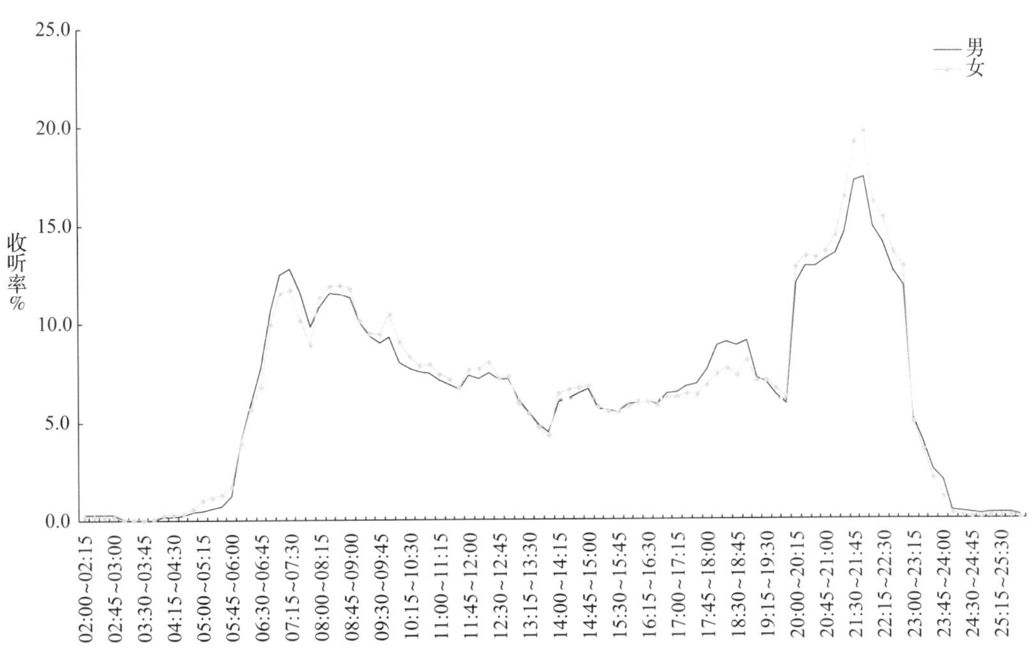

图 3.34.2 2016 年西安不同性别听众全天收听率走势

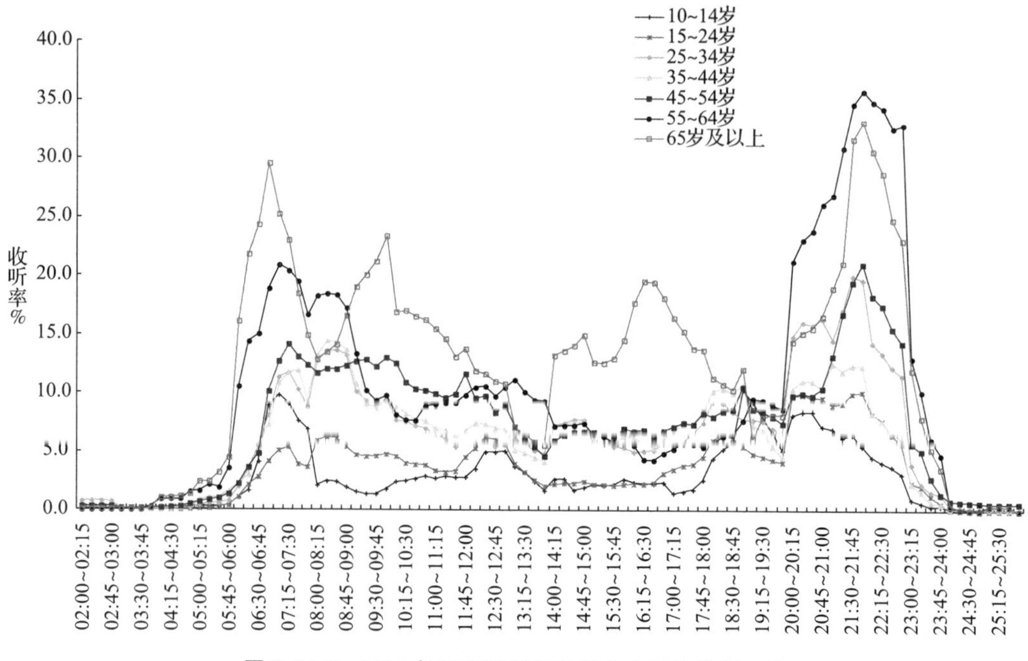

图 3.34.3　2016 年西安不同年龄听众全天收听率走势

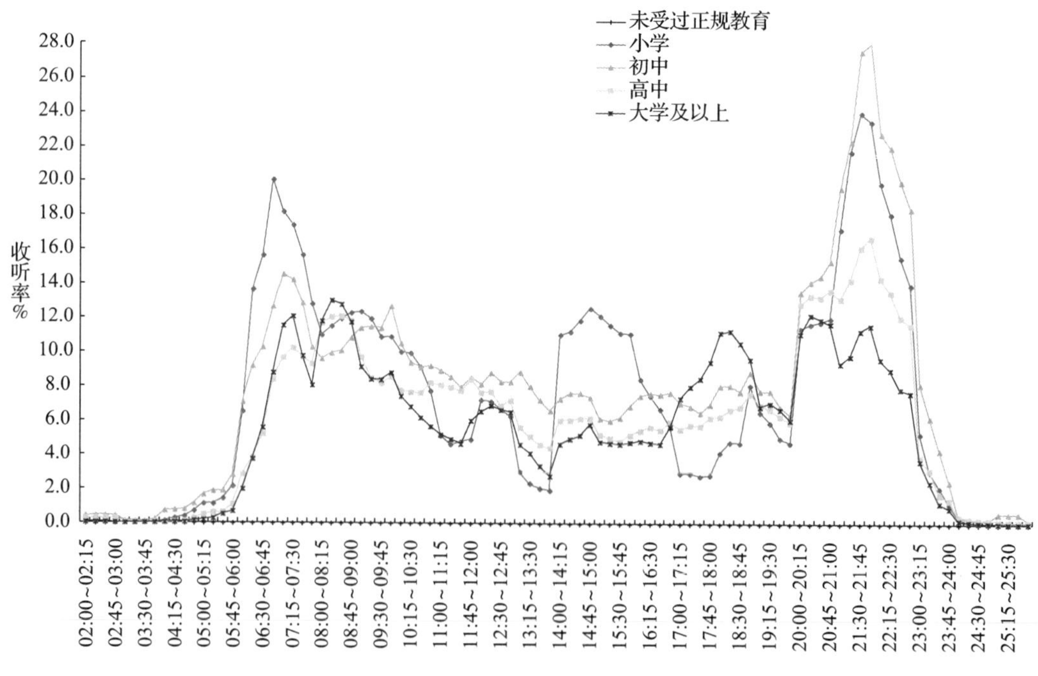

图 3.34.4　2016 年西安不同文化程度听众全天收听率走势

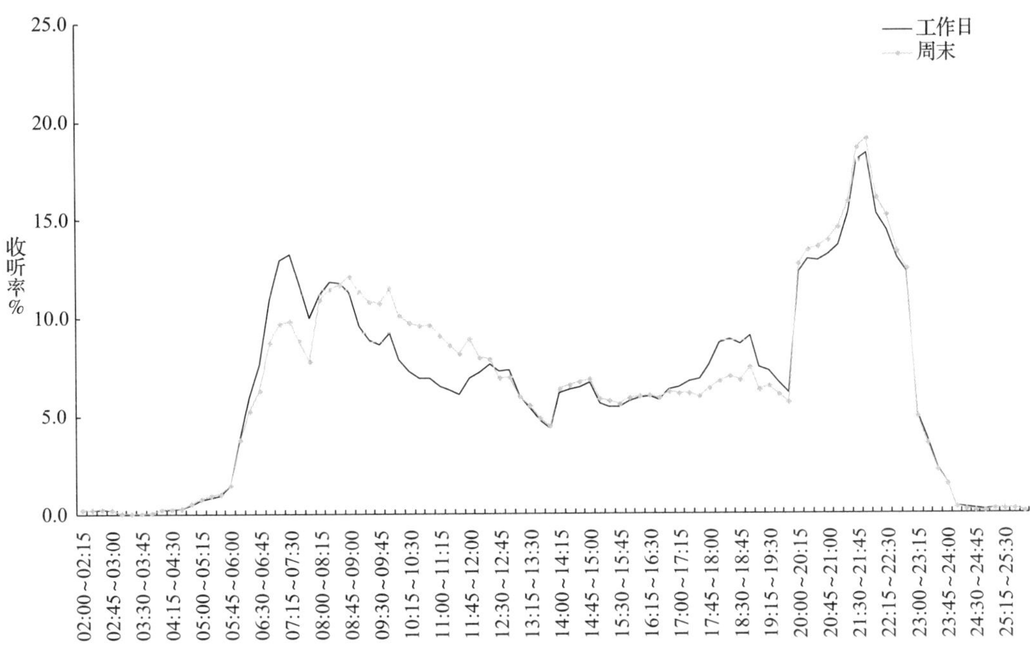

图 3.34.5 2016 年西安听众工作日与周末全天收听率走势

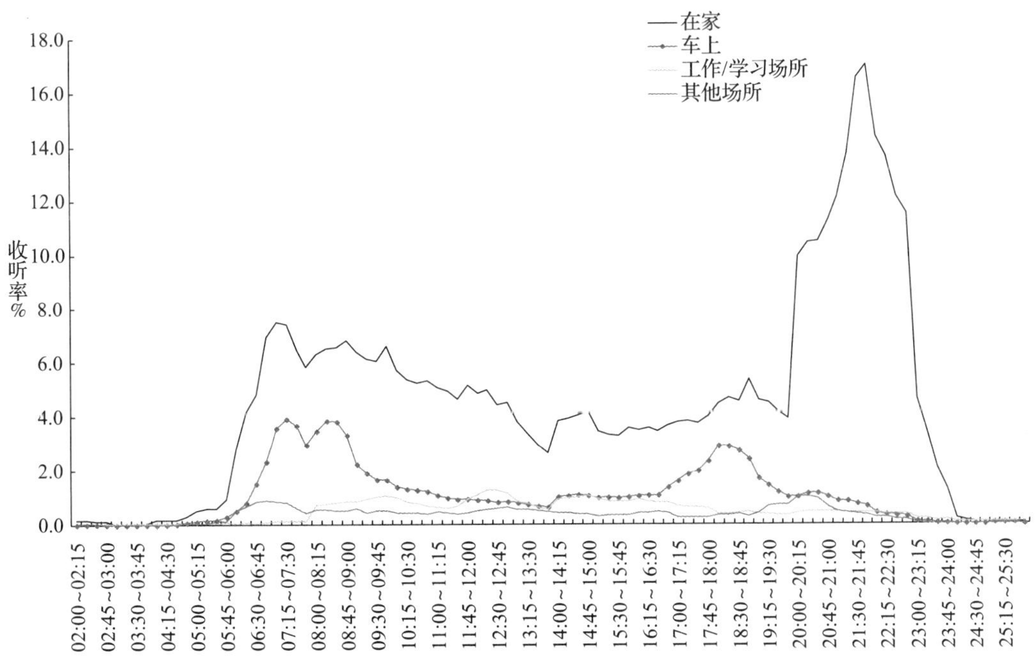

图 3.34.6 2016 年西安听众在不同收听地点全天收听率走势

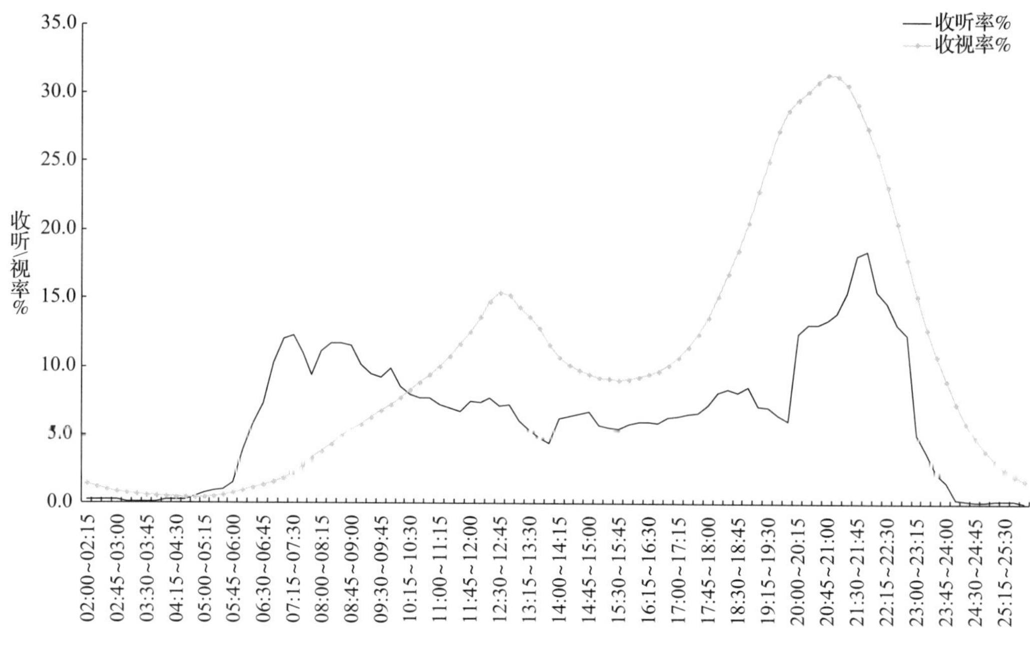

图 3.34.7　2016 年西安受众全天收听率、收视率走势比较(目标受众为 10 岁及以上)

表 3.34.3 2016 年西安市场听众构成(%)

目标听众		听众构成(%)
10 岁及以上所有人		100.0
性别	男	50.8
	女	49.2
年龄	10~14 岁	1.6
	15~24 岁	13.5
	25~34 岁	20.9
	35~44 岁	15.8
	45~54 岁	16.2
	55~64 岁	14.3
	65 岁及以上	17.7
文化程度	未受过正规教育	*
	小学	6.1
	初中	33.5
	高中	34.0
	大学及以上	26.4
职业	干部/管理人员	1.9
	初级公务员/雇员	15.3
	个体/私营企业人员	25.5
	工人	15.3
	学生	9.9
	无业(包括退休人员)	32.1
	其他	*
个人月收入	没有收入	17.4
	1~2000 元	24.1
	2001~3000 元	32.1
	3001~4000 元	17.6
	4001~5000 元	4.3
	5001~6000 元	2.5
	6001 元及以上	2.0

“*”表示该目标听众样本量不足,无法进行统计推断。

表 3.34.4 2014—2016 年西安市场各广播电台的市场份额(%)

广播电台	2014 年	2015 年	2016 年			
			第一波	第二波	第三波	第四波
中央人民广播电台	5.9	5.3	6.2	4.7	6.0	5.2
中国国际广播电台	0.0	0.0	0.0	0.0	0.1	0.1
陕西广播电视台	65.1	68.3	69.9	70.3	68.2	68.9
西安人民广播电台	28.8	26.2	23.4	25.0	25.3	25.8
其他广播电台	0.2	0.2	0.5	0.0	0.4	0.0

表 3.34.5 2016 年西安市场各广播电台在不同目标听众中的市场份额(%)

目标听众		中央人民广播电台	中国国际广播电台	陕西广播电视台	西安人民广播电台	其他广播电台
10 岁及以上所有人		5.5	0.0	69.3	24.8	0.4
性别	男	5.5	0.0	70.6	23.6	0.3
	女	5.5	0.0	68.1	26.1	0.3
年龄	10~14 岁	5.1	0.0	61.0	32.7	1.2
	15~24 岁	4.4	0.1	64.8	29.8	0.9
	25~34 岁	6.5	0.1	70.5	22.8	0.1
	35~44 岁	3.1	0.0	70.1	26.7	0.1
	45~54 岁	3.5	0.0	72.7	23.6	0.2
	55~64 岁	4.4	0.0	77.2	18.0	0.4
	65 岁及以上	10.2	0.0	62.0	27.8	0.0
文化程度	未受过正规教育	*	*	*	*	*
	小学	7.5	0.0	74.2	18.3	0.0
	初中	5.9	0.0	71.8	21.9	0.4
	高中	3.6	0.1	70.3	25.8	0.2
	大学及以上	7.2	0.0	63.9	28.5	0.4
职业	干部/管理人员	9.2	0.0	68.3	21.8	0.7
	初级公务员/雇员	6.4	0.0	67.0	26.1	0.5
	个体/私营企业人员	4.1	0.1	69.5	26.3	0.0
	工人	3.5	0.0	73.2	22.8	0.5
	学生	4.7	0.0	65.3	28.9	1.1
	无业(包括退休人员)	7.2	0.0	69.8	23.0	0.0
	其他	*	*	*	*	*
个人月收入	没有收入	3.1	0.0	71.9	24.3	0.7
	1~2000 元	6.2	0.0	70.0	23.8	0.0
	2001~3000 元	6.7	0.0	68.3	25.0	0.0
	3001~4000 元	5.5	0.1	68.5	25.2	0.7
	4001~5000 元	4.1	0.0	66.9	28.9	0.1
	5001~6000 元	4.9	0.0	63.2	31.5	0.4
	6001 元及以上	3.5	0.0	77.7	18.8	0.0

“*”表示该目标听众样本量不足,无法进行统计推断。

表 3.34.6 2016 年西安市场份额排名前 5 位的频率

排名	频率名称	市场份额(%)
1	陕西广播电视台都市广播(FM101.8/AM1008)	14.4
2	西安广播电视台音乐广播(FM93.1)	8.1
3	陕西广播电视台音乐广播(FM98.8)	7.9
4	西安广播电视台综艺广播(FM102.4)	7.2
5	陕西广播电视台交通广播(AM1323/FM91.6)	6.9

表 3.34.7 2016 年西安市场收听率排名前 30 位的节目

排名	节目名称	播出频率	收听率（%）	市场份额（%）
1	秦岭夜话	陕西广播电视台都市广播（FM101.8/AM1008）	7.2	47.1
2	养生有道（21:00）	陕西广播电视台都市广播（FM101.8/AM1008）	4.4	29.9
3	岔心慌	陕西广播电视台故事广播（AM603/FM87.8）	1.9	11.1
4	一马当先早高峰	陕西广播电视台交通广播（AM1323/FM91.6）	1.7	14.1
5	晚间新闻浏览	陕西广播电视台都市广播（FM101.8/AM1008）	1.7	12.7
6	谝闲传	陕西广播电视台故事广播（AM603/FM87.8）	1.5	27.9
7	民俗老碗荟	陕西广播电视台故事广播（AM603/FM87.8）	1.5	17.7
8	转播央广《新闻和报纸摘要》	陕西广播电视台新闻广播（FM106.6/AM693）	1.4	16.2
9	陕西新闻	陕西广播电视台都市广播（FM101.8/AM1008）	1.4	11.6
10	乱弹书场（20:00）	陕西广播电视台秦腔广播 FM101.1 西安乱弹	1.4	11.0
11	古今传奇听评书（16:00）	西安广播电视台综艺广播（FM102.4）	1.3	21.9
12	开心时刻（相声小品等曲艺类）	西安广播电视台综艺广播（FM102.4）	1.3	18.6
13	896 长安夜话	陕西广播电视台 896 汽车调频（FM89.6）	1.3	8.7
14	阿宝辣嘴秀（8:30）	陕西广播电视台交通广播（AM1323/FM91.6）	1.2	10.2
15	星动早高峰	陕西广播电视台音乐广播（FM98.8）	1.2	9.7
16	More fun 音乐	西安广播电视台音乐广播（FM93.1）	1.2	9.6
17	西安的司机驾着长安的梦	陕西广播电视台音乐广播（FM98.8）	1.2	9.5
18	Super 星势力	陕西广播电视台音乐广播（FM98.8）	1.2	8.9
19	诵读长安	陕西广播电视台戏曲广播（AM747/FM107.8）	1.2	8.8
20	说法三人行	陕西广播电视台秦腔广播 FM101.1 西安乱弹	1.2	6.8
21	周日大放送—多集连播	西安广播电视台综艺广播（FM102.4）	1.1	12.6
22	秦人秦事	陕西广播电视台故事广播（AM603/FM87.8）	1.1	10.6
23	音乐听你的	陕西广播电视台秦腔广播 FM101.1 西安乱弹	1.1	10.2
24	流行阅读	陕西广播电视台故事广播（AM603/FM87.8）	1.1	9.4
25	西广早新闻（重播）	西安广播电视台新闻广播（AM810/FM95.0）	1.1	9.1
26	越听越爱	陕西广播电视台都市广播（FM101.8/AM1008）	1.1	8.7
27	帮哥谝车	陕西广播电视台戏曲广播（AM747/FM107.8）	1.1	8.5
28	越听越爱（假日版）	陕西广播电视台都市广播（FM101.8/AM1008）	1.1	8.3
29	星空夜话	陕西广播电视台新闻广播（FM106.6/AM693）	1.1	8.0
30	环球 988 Select 988	陕西广播电视台音乐广播（FM98.8）	1.1	7.9

三十五、厦门收听数据

表 3.35.1　2014～2016 年厦门各目标听众人均收听时间(分钟)

目标听众		2014 年	2015 年	2016 年			
				第一波	第二波	第三波	第四波
10 岁及以上所有人		47	43	39	37	36	34
性别	男	52	46	41	38	37	37
	女	42	39	36	36	34	30
年龄	10～14 岁	20	17	10	9	14	13
	15～24 岁	29	29	22	23	24	23
	25～34 岁	44	42	39	39	39	37
	35～44 岁	52	40	37	35	32	27
	45～54 岁	62	60	60	62	51	55
	55～64 岁	76	56	52	47	46	40
	65 岁及以上	105	106	106	77	69	64
文化程度	未受过正规教育	19	9	2	16	17	16
	小学	46	39	31	31	28	27
	初中	50	42	38	35	38	35
	高中	44	42	37	40	35	33
	大学及以上	49	45	44	39	37	36
职业	干部/管理人员	58	46	49	39	46	42
	初级公务员/雇员	52	48	41	41	39	39
	个体/私营企业人员	50	43	41	37	30	32
	工人	46	46	46	43	33	25
	学生	23	23	18	19	23	21
	无业(包括退休人员)	64	52	50	47	47	41
	其他	*	*	*	*	*	*
个人月收入	没有收入	28	25	22	23	27	24
	1～2000 元	51	53	64	64	53	65
	2001～3000 元	64	52	45	41	40	37
	3001～4000 元	46	47	46	43	39	36
	4001～5000 元	54	44	38	40	34	36
	5001～6000 元	60	51	45	39	36	38
	6001 元及以上	52	49	48	43	40	36

注:厦门为四波调查城市。2016 年四波调查时间分别为:第一波 2 月 28 日～3 月 19 日;第二波 5 月 22 日～6 月 11 日;第三波 8 月 21 日～9 月 10 日;第四波 11 月 6 日～11 月 26 日。

“*”表示目标听众样本量不足,无法进行统计推断。

表 3.35.2　2014～2016 年厦门听众在不同地点的人均收听时间(分钟)

地　　点	2014 年	2015 年	2016 年
在家	23	20	17
车上	19	18	17
工作/学习场所	4	3	2
其他场所	1	1	1

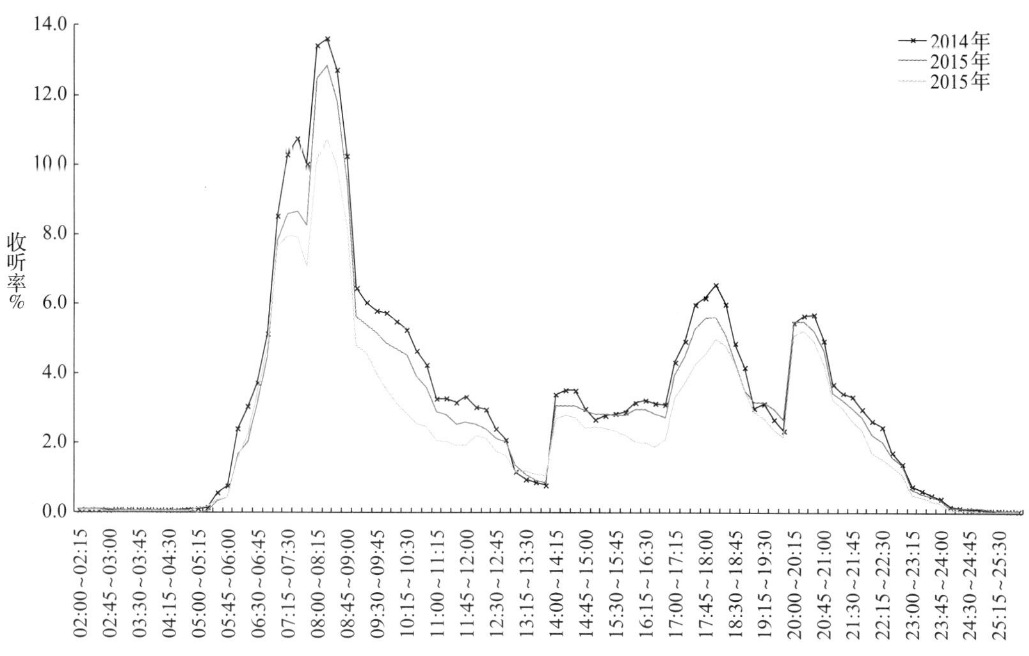

图 3.35.1　2014 ~ 2016 年厦门听众全天收听率走势

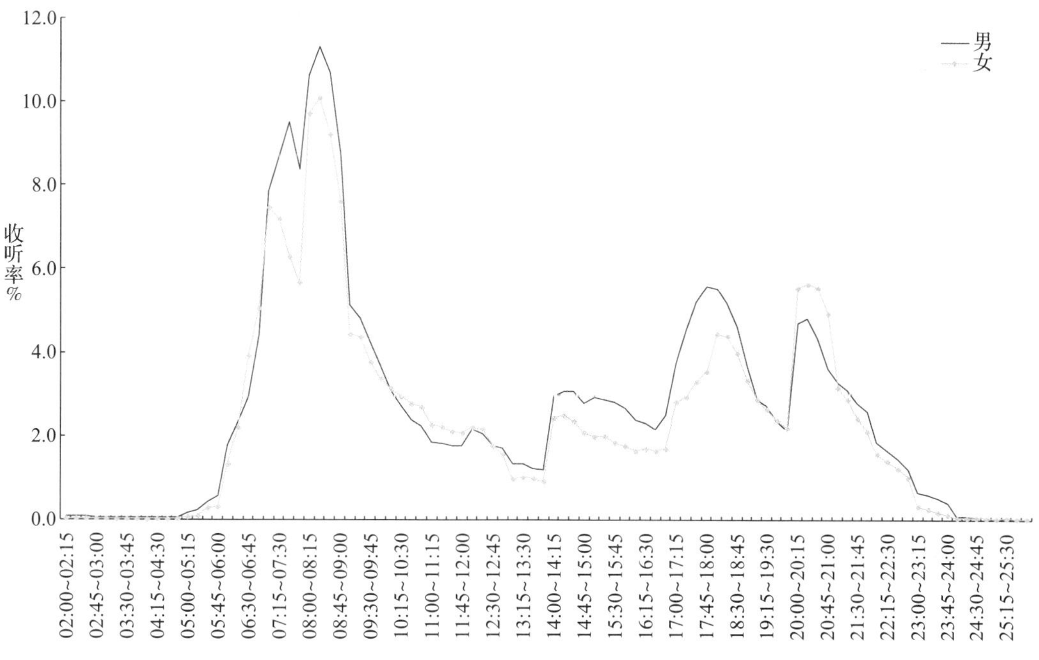

图 3.35.2　2016 年厦门不同性别听众全天收听率走势

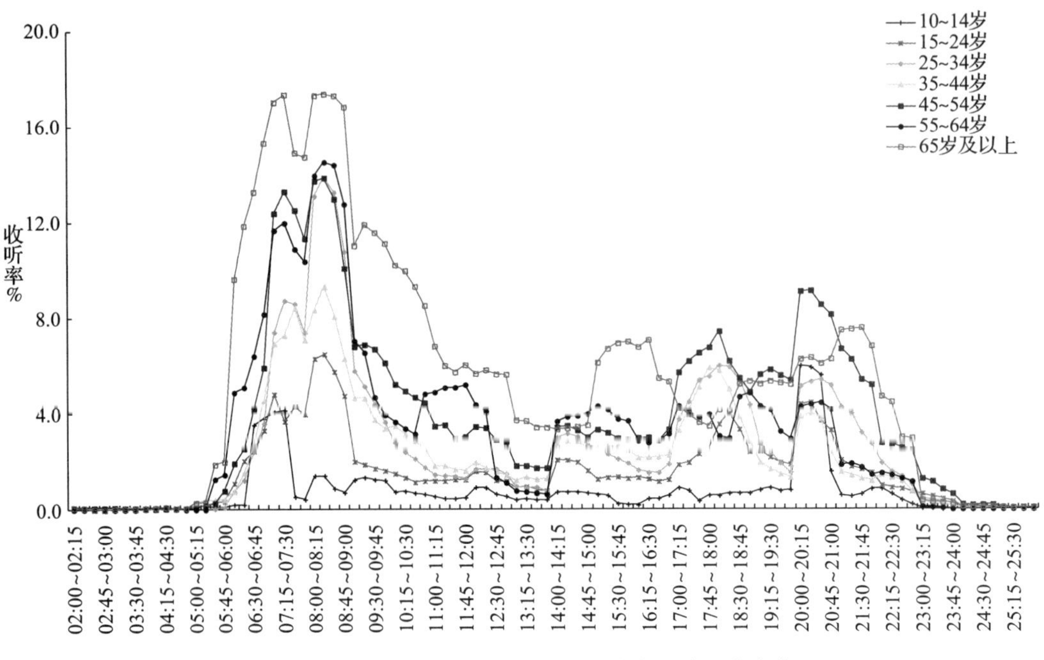

图 3.35.3　2016 年厦门不同年龄听众全天收听率走势

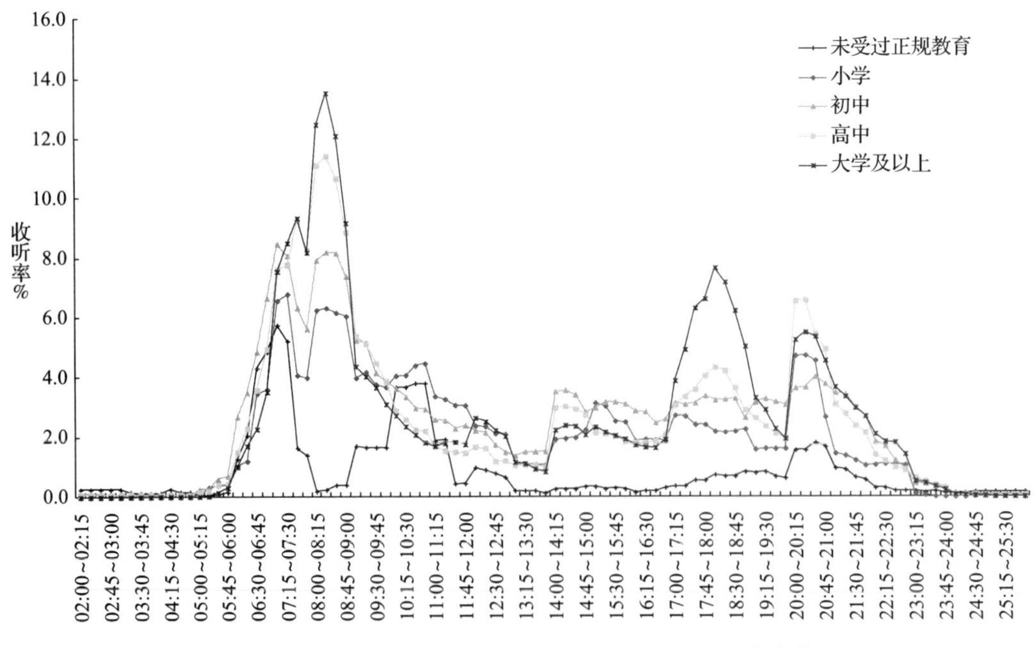

图 3.35.4　2016 年厦门不同文化程度听众全天收听率走势

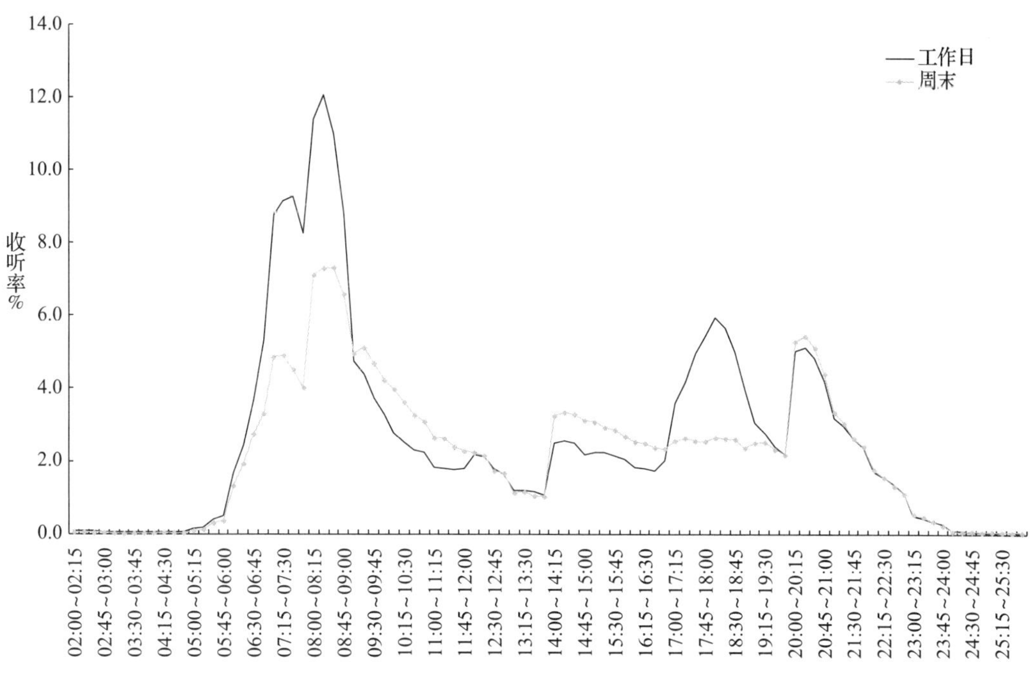

图 3.35.5　2016 年厦门听众工作日与周末全天收听率走势

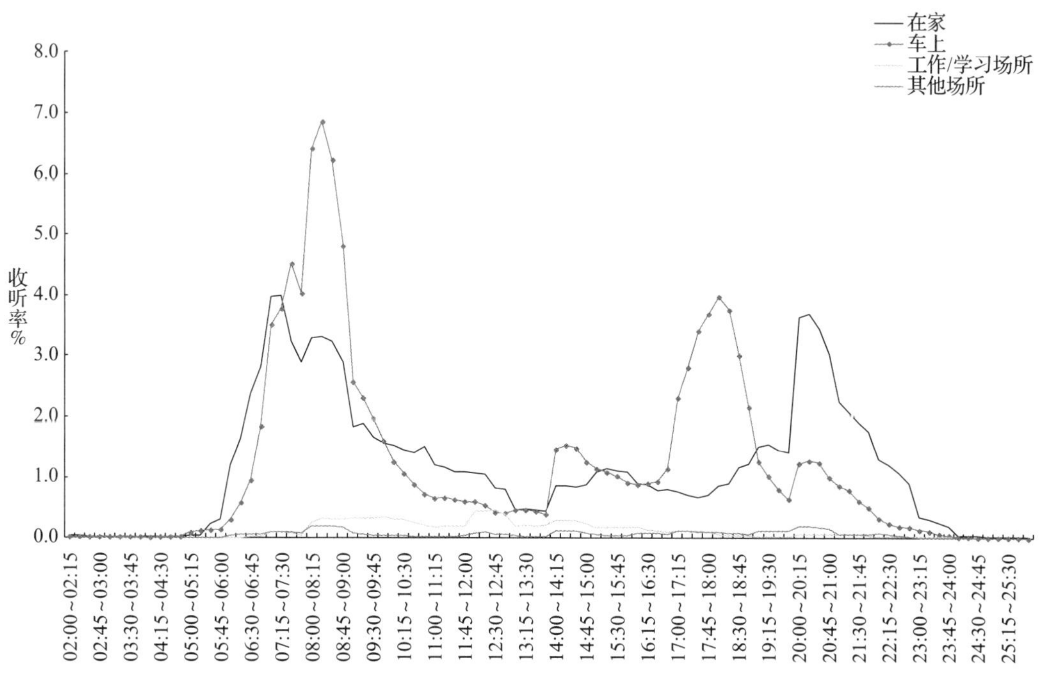

图 3.35.6　2016 年厦门听众在不同收听地点全天收听率走势

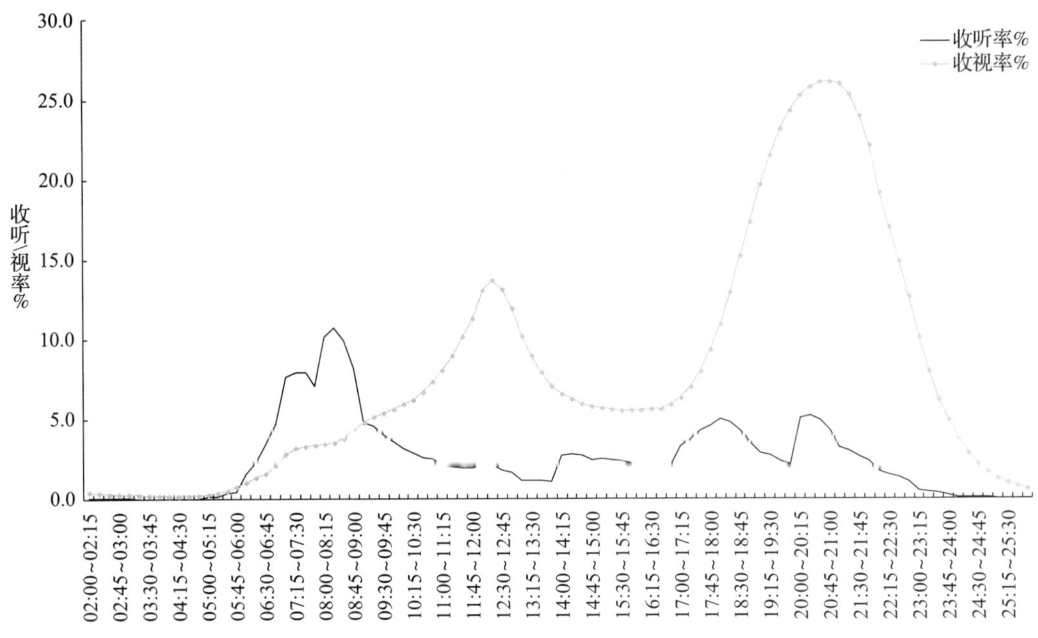

图 3.35.7　2016 年厦门受众全天收听率、收视率走势比较(目标受众为 10 岁及以上)

表 3.35.3 2016 年厦门市场听众构成(%)

目标听众		听众构成(%)
10 岁及以上所有人		100.0
性别	男	53.9
	女	46.1
年龄	10 ~ 14 岁	1.3
	15 ~ 24 岁	16.2
	25 ~ 34 岁	30.7
	35 ~ 44 岁	19.0
	45 ~ 54 岁	15.4
	55 ~ 64 岁	8.1
	65 岁及以上	9.4
文化程度	未受过正规教育	0.5
	小学	7.4
	初中	25.2
	高中	28.3
	大学及以上	38.5
职业	干部/管理人员	8.2
	初级公务员/雇员	33.1
	个体/私营企业人员	15.8
	工人	11.6
	学生	10.5
	无业(包括退休人员)	20.7
	其他	*
个人月收入	没有收入	18.6
	1 ~ 2000 元	6.2
	2001 ~ 3000 元	14.8
	3001 ~ 4000 元	22.8
	4001 ~ 5000 元	12.6
	5001 ~ 6000 元	8.8
	6001 元及以上	16.2

“*”表示该目标听众样本量不足,无法进行统计推断。

表 3.35.4 2014 ~ 2016 年厦门市场各广播电台的市场份额(%)

广播电台	2014 年	2015 年	2016 年			
			第一波	第二波	第三波	第四波
中央人民广播电台	10.3	9.3	8.6	8.8	8.9	7.0
中国国际广播电台	3.0	3.3	3.0	3.0	3.1	3.4
福建广播影视集团	9.5	8.9	8.8	7.7	8.8	8.2
海峡之声广播电台	3.0	2.7	1.6	2.4	1.9	2.0
厦门广播电视集团	61.0	64.0	66.9	67.8	65.6	66.7
其他广播电台	13.1	11.8	11.1	10.3	11.7	12.7

表 3.35.5　2016 年厦门市场各广播电台在不同目标听众中的市场份额(%)

目标听众		中央人民广播电台	中国国际广播电台	福建广播影视集团	海峡之声电台	厦门广播电视集团	其他广播电台
10 岁及以上所有人		8.4	3.1	8.4	2.0	66.8	11.3
性别	男	7.8	3.3	10.7	2.0	66.7	9.5
	女	9.1	2.9	5.7	1.9	66.8	13.6
年龄	10~14 岁	29.7	3.6	5.3	0.0	53.8	7.6
	15~24 岁	5.6	3.4	7.5	0.6	71.0	11.9
	25~34 岁	5.3	3.8	7.8	1.8	73.3	8.0
	35~44 岁	7.9	2.1	12.7	1.0	69.7	6.6
	45~54 岁	8.2	4.7	8.4	3.9	62.5	12.3
	55~64 岁	9.5	0.1	5.1	3.7	57.7	23.9
	65 岁及以上	20.6	2.2	6.2	2.6	48.4	20.0
文化程度	未受过正规教育	9.6	6.7	2.4	4.6	32.0	44.7
	小学	19.4	0.3	4.0	6.2	40.0	30.1
	初中	9.8	2.5	11.1	1.9	62.7	12.0
	高中	7.3	2.2	7.1	1.8	72.9	8.7
	大学及以上	6.1	4.7	8.4	1.3	70.5	9.0
职业	干部/管理人员	5.7	5.0	3.7	1.1	80.0	4.5
	初级公务员/雇员	8.2	4.5	7.6	1.2	70.1	8.4
	个体/私营企业人员	3.6	1.5	8.9	3.5	73.1	9.4
	工人	7.3	0.9	15.1	2.4	61.8	12.5
	学生	9.1	5.1	7.8	0.2	70.9	6.9
	无业(包括退休人员)	13.5	1.5	7.4	3.1	52.5	22.0
	其他	*	*	*	*	*	*
个人月收入	没有收入	9.8	3.5	7.9	1.1	64.5	13.2
	1~2000 元	8.4	2.4	2.6	2.8	44.3	39.5
	2001~3000 元	11.1	0.4	6.9	3.9	63.4	14.3
	3001~4000 元	4.9	3.5	10.9	1.9	68.8	10.0
	4001~5000 元	6.6	2.7	6.5	2.9	75.3	6.0
	5001~6000 元	6.0	1.5	4.6	1.4	81.4	5.1
	6001 元及以上	11.9	6.1	12.8	0.7	62.8	5.7

“*”表示该目标听众样本量不足,无法进行统计推断。

表 3.35.6　2016 年厦门市场份额排名前 5 位的频率

排　名	频率名称	市场份额(%)
1	厦门音乐广播(FM90.9)	33.8
2	厦门经济交通广播(FM107/AM1278)	17.8
3	厦门人民广播电台综合广播(FM99.6/AM1107)	13.3
4	中央人民广播电台第一套节目中国之声	6.0
5	福建人民广播电台交通广播(FM100.7)	5.6

表 3.35.7 2016 年厦门市场收听排名前 30 位的节目

排名	节目名称	播出频率	收听率（%）	市场份额（%）
1	音乐老朋友	厦门音乐广播（FM90.9）	3.9	39.3
2	古典也疯狂	厦门音乐广播（FM90.9）	3.0	42.0
3	中国歌曲排行榜	厦门音乐广播（FM90.9）	1.8	37.5
4	听众专电	厦门经济交通广播（FM107/AM1278）	1.8	22.3
5	早班直通车	厦门经济交通广播（FM107/AM1278）	1.8	21.1
6	经典回响	厦门音乐广播（FM90.9）	1.6	36.6
7	风铃叮当	厦门音乐广播（FM90.9）	1.4	31.7
8	交通现场	厦门经济交通广播（FM107/AM1278）	1.3	28.8
9	下班快乐	厦门音乐广播（FM90.9）	1.2	31.5
10	今晨快报	厦门人民广播电台综合广播（FM99.6/AM1107）	1.2	27.3
11	银发俱乐部	厦门人民广播电台综合广播（FM99.6/AM1107）	1.2	16.5
12	新闻招手停	厦门人民广播电台综合广播（FM99.6/AM1107）	1.2	12.4
13	一路欢畅	厦门音乐广播（FM90.9）	1.1	33.1
14	美食转转转	厦门音乐广播（FM90.9）	1.1	28.7
15	早安厦门	厦门人民广播电台综合广播（FM99.6/AM1107）	1.0	50.9
16	CATCHFM	厦门音乐广播（FM90.9）	1.0	35.0
17	走遍八闽	厦门音乐广播（FM90.9）	1.0	29.4
18	绝对影响	厦门音乐广播（FM90.9）	0.9	33.4
19	饮食男女	厦门经济交通广播（FM107/AM1278）	0.9	30.2
20	思明人口	厦门经济交通广播（FM107/AM1278）	0.9	30.1
21	超级星期天	厦门音乐广播（FM90.9）	0.9	27.6
22	厦广早新闻	厦门人民广播电台综合广播（FM99.6/AM1107）	0.9	22.4
23	陪你听	厦门人民广播电台综合广播（FM99.6/AM1107）	0.9	16.9
24	天下父母	厦门经济交通广播（FM107/AM1278）	0.9	12.1
25	文化厦门	厦门音乐广播（FM90.9）	0.8	32.7
26	明星大牌档（18:00～19:00）	厦门音乐广播（FM90.9）	0.8	28.3
27	天天运动会	厦门音乐广播（FM90.9）	0.8	27.3
28	我爱我车	厦门经济交通广播（FM107/AM1278）	0.8	26.5
29	阳光新厦门	厦门音乐广播（FM90.9）	0.8	25.3
30	似水年华	厦门经济交通广播（FM107/AM1278）	0.7	18.2

三十六、郑州收听数据

表 3.36.1　2014～2016 年郑州各目标听众人均收听时间(分钟)

目标听众		2014 年	2015 年	2016 年
10 岁及以上所有人		57	50	50
性别	男	55	49	52
	女	58	51	48
年龄	10～14 岁	16	9	10
	15～24 岁	19	17	17
	25～34 岁	51	42	59
	35～44 岁	80	62	52
	45～54 岁	73	71	69
	55～64 岁	102	97	84
	65 岁及以上	106	103	106
文化程度	未受过正规教育	57	59	50
	小学	48	42	38
	初中	56	49	51
	高中	64	58	55
	大学及以上	48	41	46
职业	干部/管理人员	41	49	68
	初级公务员/雇员	51	48	52
	个体/私营企业人员	81	65	57
	工人	64	45	57
	学生	13	12	11
	无业(包括退休人员)	83	78	71
	其他	82	52	*
个人月收入	没有收入	30	26	23
	1～2000 元	67	67	75
	2001～3000 元	68	62	62
	3001～4000 元	65	57	64
	4001～5000 元	74	41	50
	5001～6000 元	75	56	60
	6001 元及以上	93	86	59

注:郑州为全年连续调查城市。"*"表示目标听众样本量不足,无法进行统计推断。

表 3.36.2　2014～2016 年郑州听众在不同地点的人均收听时间(分钟)

地　点	2014 年	2015 年	2016 年
在家	37	32	29
车上	11	10	14
工作/学习场所	7	4	4
其他场所	2	3	2

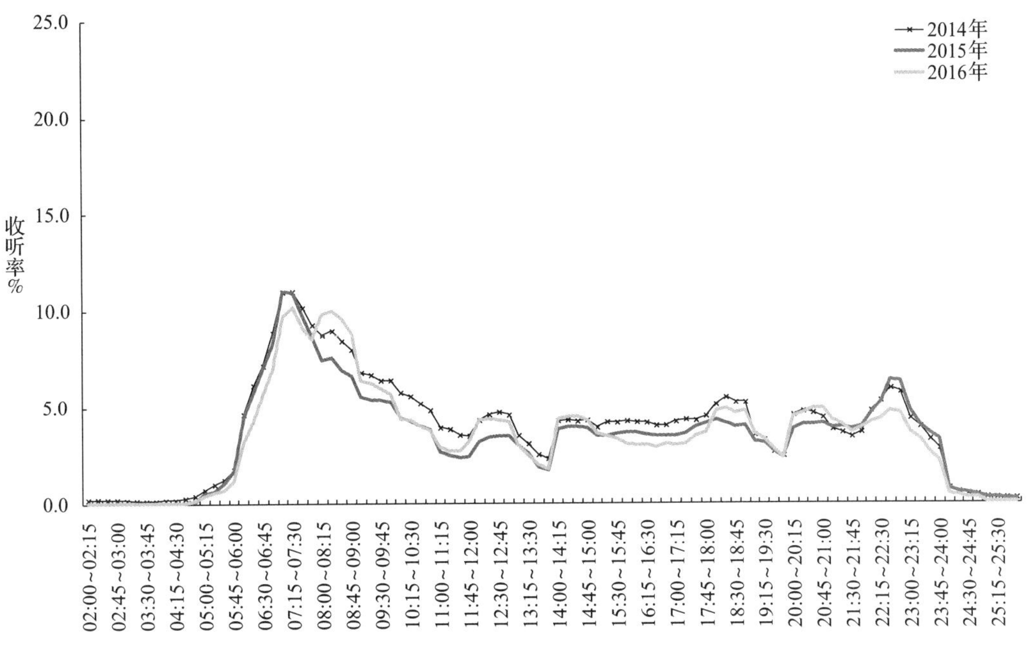

图 3.36.1　2014 ~ 2016 年郑州听众全天收听率走势

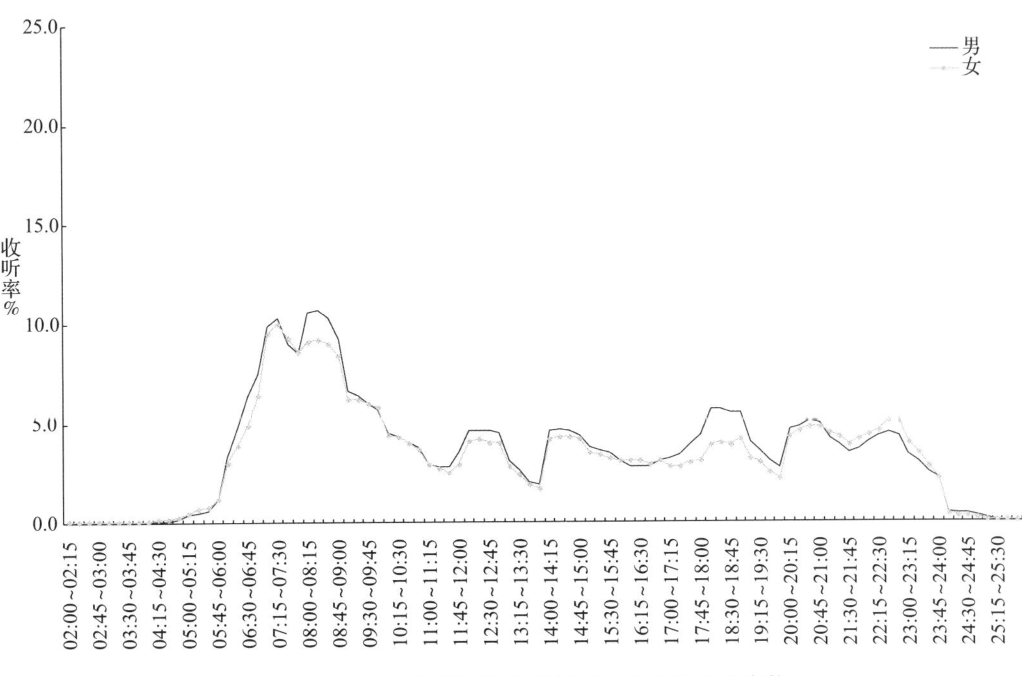

图 3.36.2　2016 年郑州不同性别听众全天收听率走势

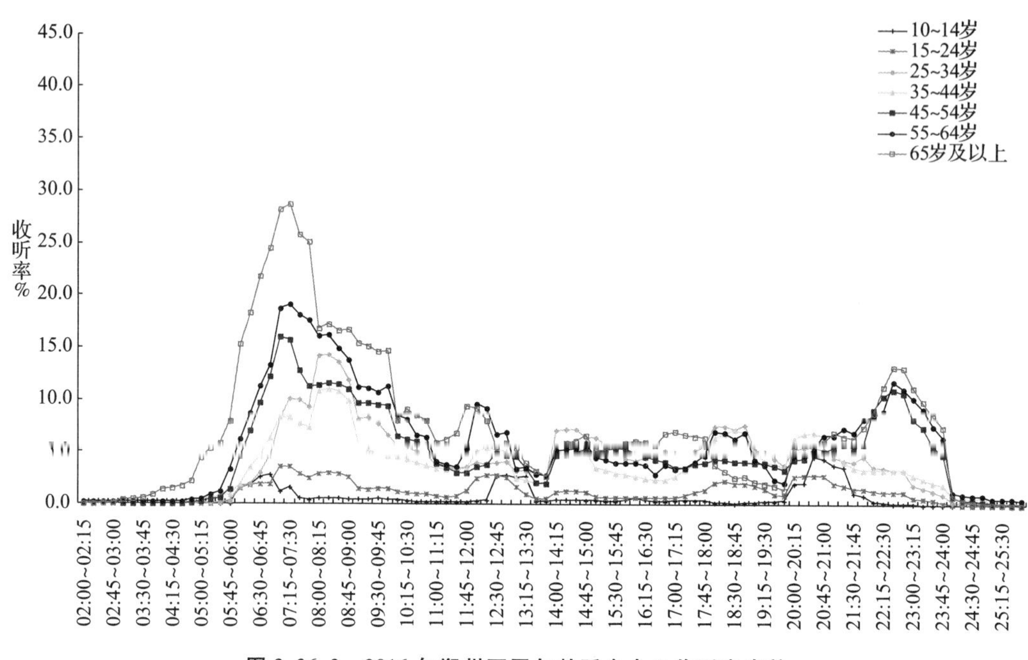

图 3.36.3　2016 年郑州不同年龄听众全天收听率走势

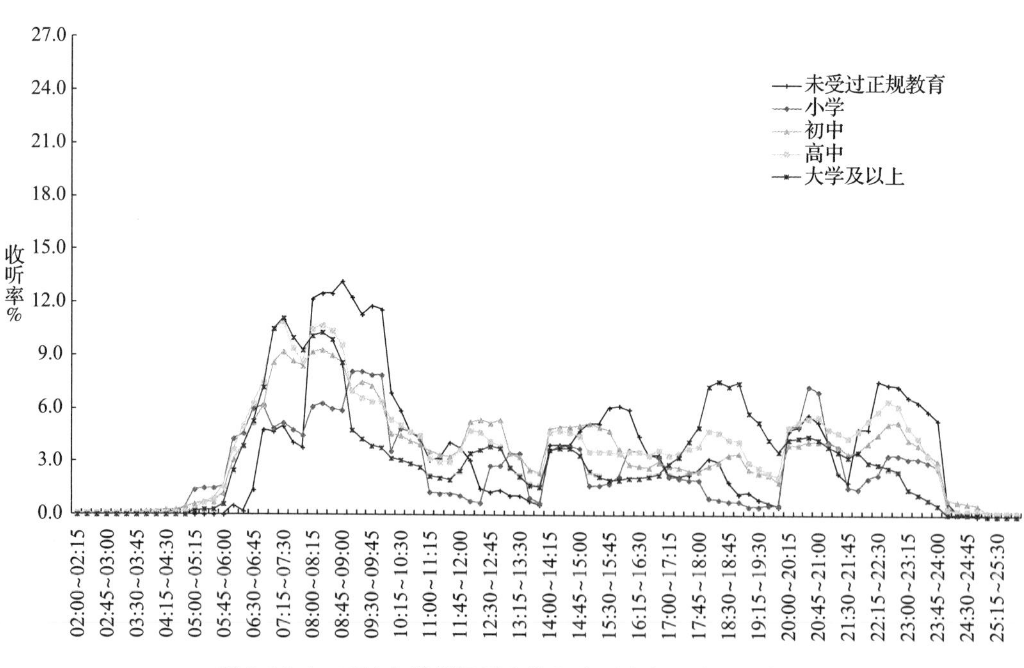

图 3.36.4　2016 年郑州不同文化程度听众全天收听率走势

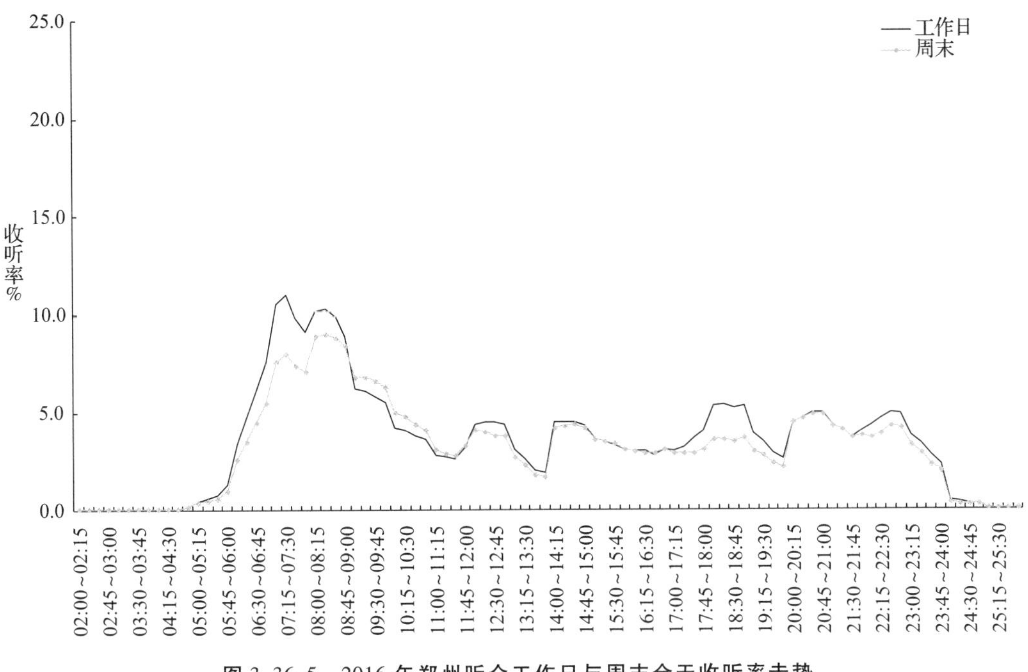

图 3.36.5　2016 年郑州听众工作日与周末全天收听率走势

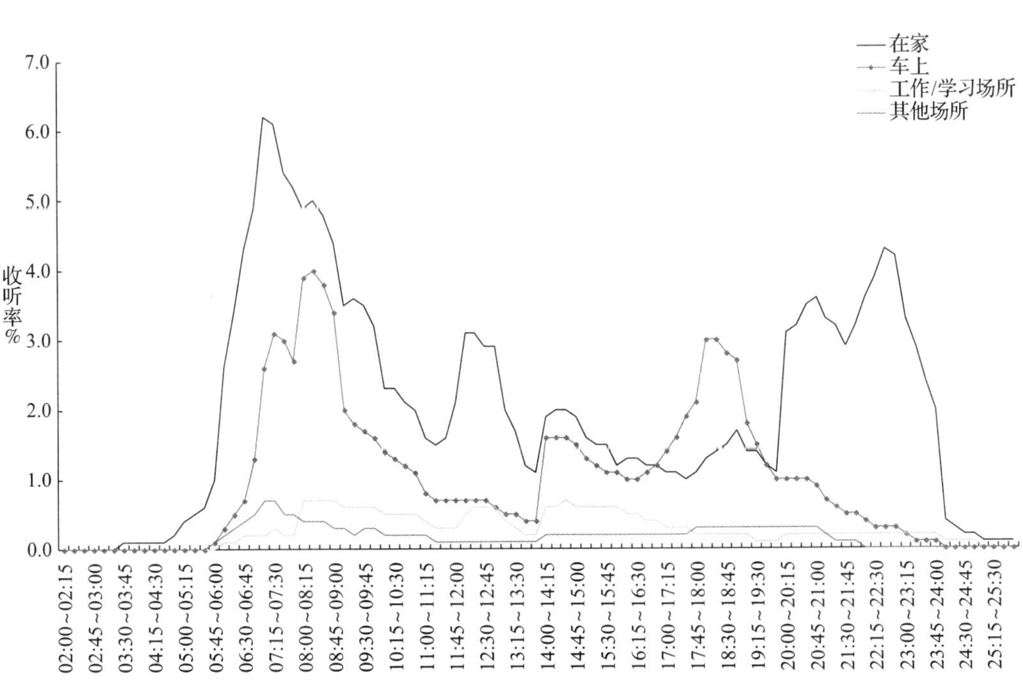

图 3.36.6　2016 年郑州听众在不同收听地点全天收听率走势

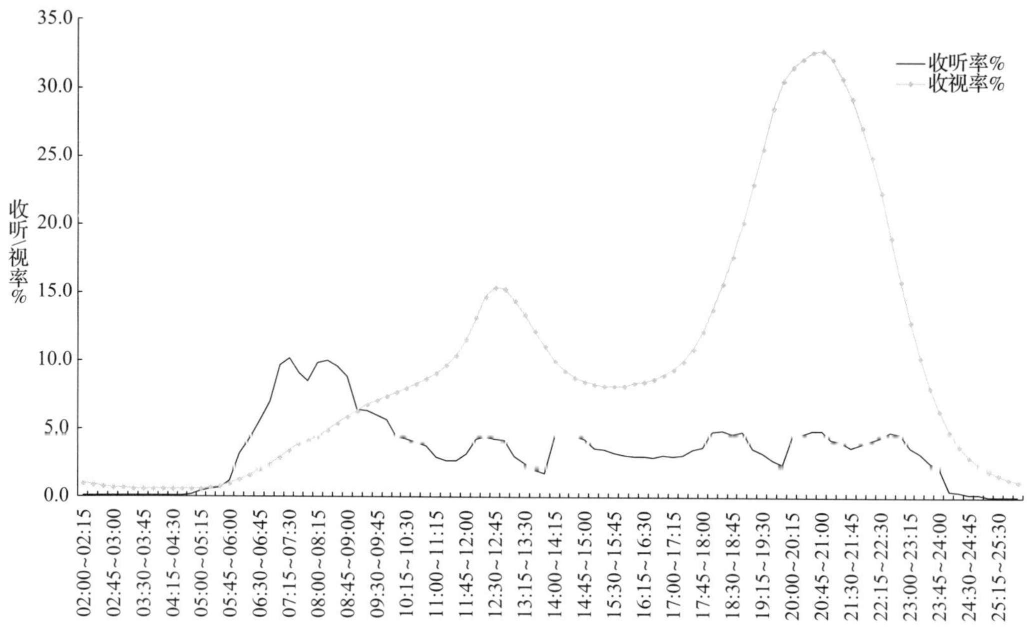

图 3.36.7　2016 年郑州受众全天收听率、收视率走势比较(目标受众为 10 岁及以上)

表 3.36.3 2016 年郑州市场听众构成(%)

目标听众		听众构成(%)
10 岁及以上所有人		100.0
性别	男	52.3
	女	47.7
年龄	10~14 岁	0.9
	15~24 岁	9.2
	25~34 岁	26.5
	35~44 岁	20.3
	45~54 岁	17.1
	55~64 岁	12.9
	65 岁及以上	13.1
文化程度	未受过正规教育	0.5
	小学	4.0
	初中	27.8
	高中	40.1
	大学及以上	27.6
职业	干部/管理人员	7.2
	初级公务员/雇员	24.8
	个体/私营企业人员	18.2
	工人	12.3
	学生	4.6
	无业(包括退休人员)	32.9
	其他	*
个人月收入	没有收入	14.7
	1~2000 元	15.0
	2001~3000 元	33.8
	3001~4000 元	20.9
	4001~5000 元	7.0
	5001~6000 元	5.1
	6001 元及以上	3.5

注:"*"表示目标听众样本量不足,无法统计推断。

表 3.36.4 2014~2016 年郑州市场各广播电台的市场份额(%)

广播电台	2014 年	2015 年	2016 年
中央人民广播电台	6.1	4.9	5.3
中国国际广播电台	0.0	0.0	0.0
河南人民广播电台	46.8	44.9	44.7
郑州人民广播电台	46.2	49.8	49.5
其他广播电台	0.9	0.4	0.5

表 3.36.5　2016 年郑州市场各广播电台在不同目标听众中的市场份额(%)

目标听众		中央人民广播电台	中国国际广播电台	河南人民广播电台	郑州人民广播电台	其他广播电台
10 岁及以上所有人		5.3	0.0	44.7	49.5	0.5
性别	男	5.5	0.0	45.9	48.2	0.4
	女	5.1	0.0	43.4	51.0	0.4
年龄	10～14 岁	6.3	0.0	64.8	28.8	0.1
	15～24 岁	6.6	0.0	50.0	42.6	0.8
	25～34 岁	3.7	0.0	49.5	46.0	0.8
	35～44 岁	5.3	0.0	48.4	45.9	0.4
	45～54 岁	5.7	0.0	36.9	57.2	0.2
	55～64 岁	4.9	0.0	38.1	56.7	0.3
	65 岁及以上	7.2	0.0	40.9	51.4	0.5
文化程度	未受过正规教育	1.0	0.0	35.1	62.0	0.1
	小学	7.8	0.0	47.4	44.7	0.1
	初中	5.0	0.0	44.6	50.1	0.3
	高中	4.4	0.0	42.3	52.7	0.6
	大学及以上	6.5	0.0	47.9	44.9	0.7
职业	干部/管理人员	10.3	0.0	44.9	44.4	0.4
	初级公务员/雇员	5.9	0.0	45.4	47.9	0.8
	个体/私营企业人员	3.8	0.0	45.8	50.0	0.4
	工人	4.2	0.0	48.0	47.6	0.2
	学生	7.2	0.0	53.1	39.4	0.3
	无业(包括退休人员)	4.5	0.0	40.6	54.3	0.6
	其他	*	*	*	*	*
个人月收入	没有收入	3.9	0.0	50.9	44.5	0.7
	1～2000 元	9.8	0.0	33.6	56.4	0.2
	2001～3000 元	5.3	0.0	43.4	50.8	0.5
	3001～4000 元	3.3	0.0	46.1	49.9	0.7
	4001～5000 元	7.2	0.0	42.7	49.3	0.8
	5001～6000 元	1.2	0.0	59.9	38.4	0.5
	6001 元及以上	5.1	0.0	47.6	47.1	0.2

表 3.36.6　2016 年郑州市场份额排名前 5 位的频率

排　名	频率名称	市场份额(%)
1	郑州人民广播电台新闻广播(AM549/FM98.6)	21.2
2	河南人民广播电台音乐广播(FM88.1)	12.1
3	郑州交通广播(FM91.2)	11.3
4	河南人民广播电台交通广播(FM104.1/FM92.4)	9.8
5	郑州经济广播(AM711/FM93.1)	7.0

三十七、安徽收听数据

表 3.37.1 2014～2016 年安徽各目标听众人均收听时间(分钟)

目标听众		2014 年	2015 年	2016 年			
				第一波	第二波	第三波	第四波
10 岁及以上所有人		41	31	28	29	27	28
城乡	城市	47	41	38	39	38	40
	农村	36	24	21	22	20	21
性别	男	47	35	33	32	32	33
	女	33	25	23	25	23	24
年龄	10～14 岁	12	13	6	6	6	5
	15～24 岁	18	11	12	12	11	12
	25～34 岁	35	25	25	25	21	24
	35～44 岁	38	30	29	32	32	35
	45～54 岁	50	36	30	30	34	34
	55～64 岁	78	52	44	49	40	40
	65 岁及以上	85	73	57	50	55	48
文化程度	未受过正规教育	48	31	29	31	26	17
	小学	46	30	28	28	27	28
	初中	39	33	29	30	29	31
	高中	37	27	23	24	24	23
	大学及以上	44	31	32	33	32	35
职业	干部/管理人员	52	38	30	45	35	43
	初级公务员/雇员	40	28	27	27	26	30
	个体/私营企业人员	48	36	31	31	29	35
	工人	43	36	34	35	35	38
	农民/渔民/牧民	36	20	18	17	15	13
	学生	13	11	8	8	9	8
	无业(包括退休人员)	62	48	45	48	46	45
	其他	94	101	79	57	73	43
个人月收入	没有收入	21	15	14	16	15	15
	1～1000 元	47	29	25	25	22	14
	1001～2000 元	50	37	35	37	35	39
	2001～3000 元	52	40	35	36	36	40
	3001～4000 元	44	34	32	31	30	31
	4001～5000 元	36	37	37	36	36	43
	5001 元及以上	48	26	23	28	21	29

注:安徽为四波调查省网。2016 年四波调查时间分别为:第一波 2 月 28 日～3 月 19 日,第二波 5 月 22 日～6 月 11 日,第三波 8 月 21 日～9 月 10 日,第四波 11 月 6 日～11 月 26 日。

表 3.37.2 2014～2016 年安徽听众在不同地点的人均收听时间(分钟)

地　点	2014 年	2015 年	2016 年
在家	27	21	19
车上	8	6	6
工作/学习场所	4	2	2
其他场所	2	1	2

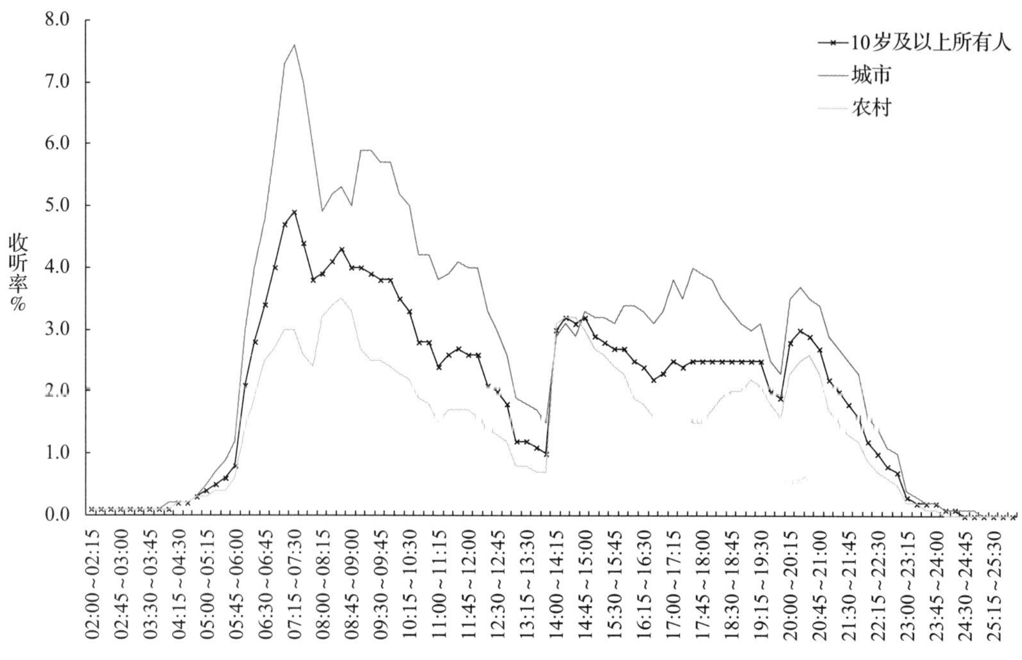

图 3.37.1　2016 年安徽听众全体及分城乡全天收听率走势

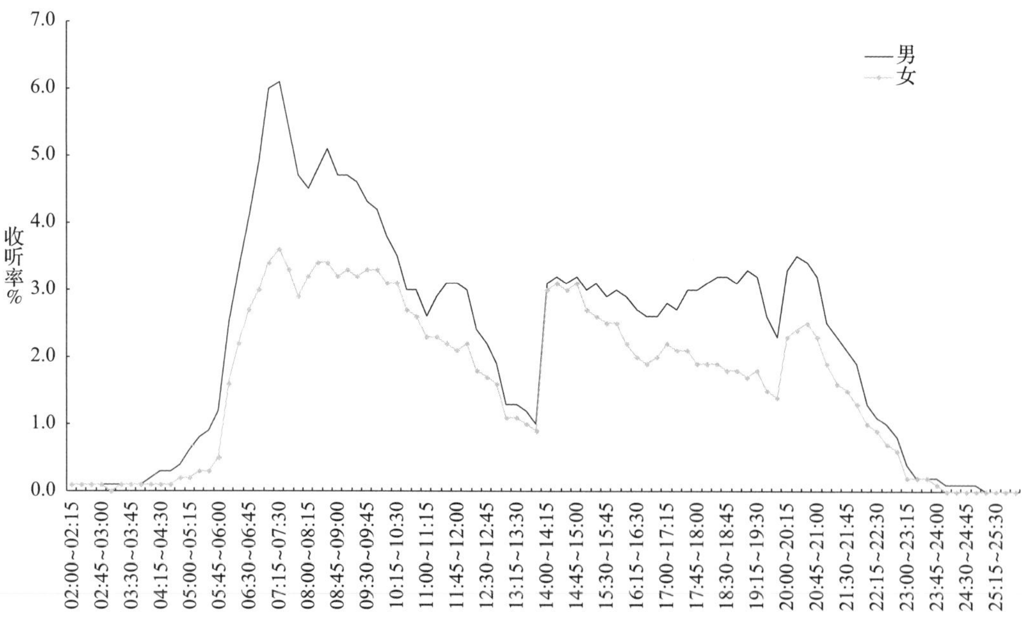

图 3.37.2　2016 年安徽不同性别听众全天收听率走势

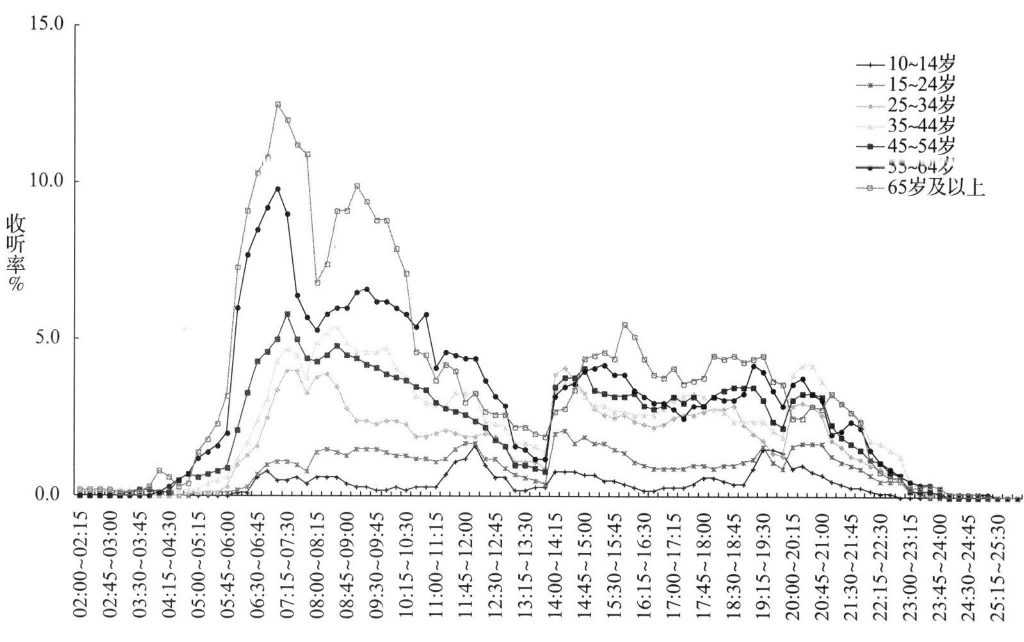

图 3.37.3 2016 年安徽不同年龄听众全天收听率走势

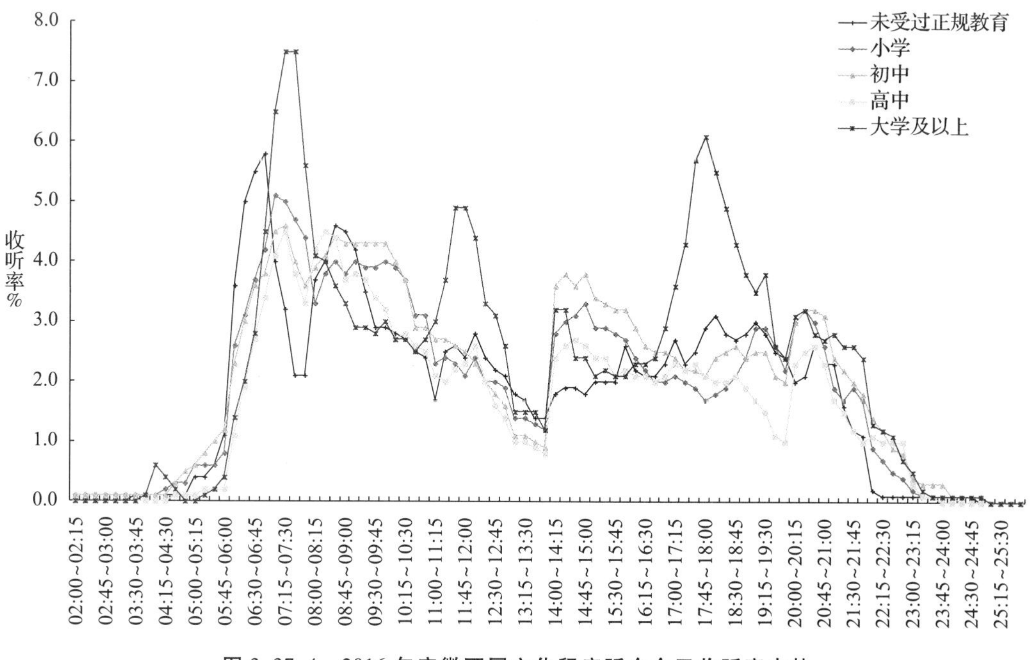

图 3.37.4 2016 年安徽不同文化程度听众全天收听率走势

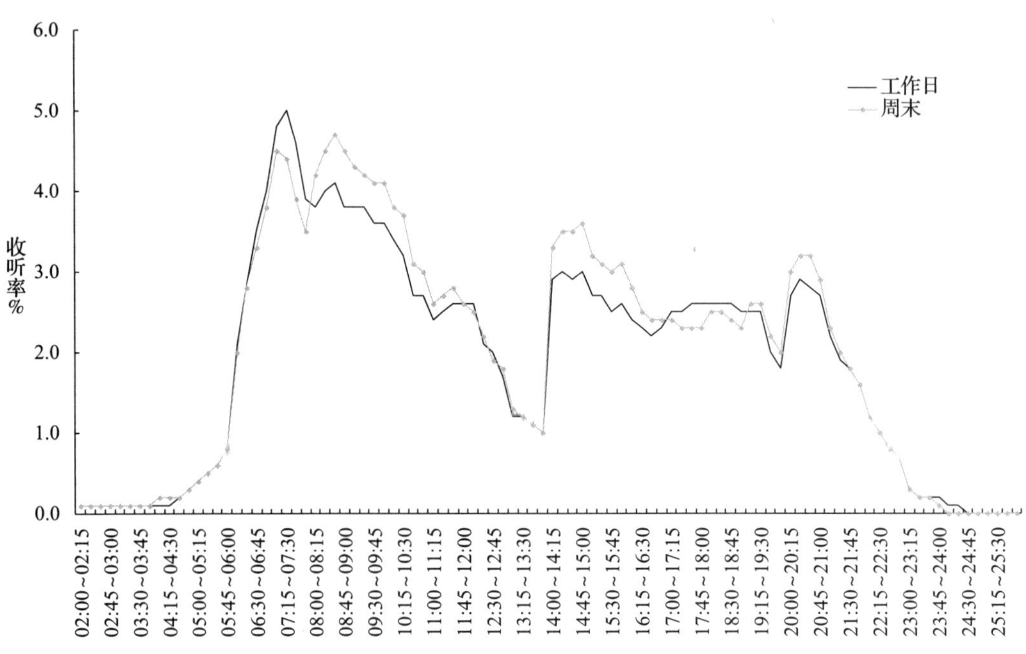

图 3.37.5　2016 年安徽听众工作日与周末全天收听率走势

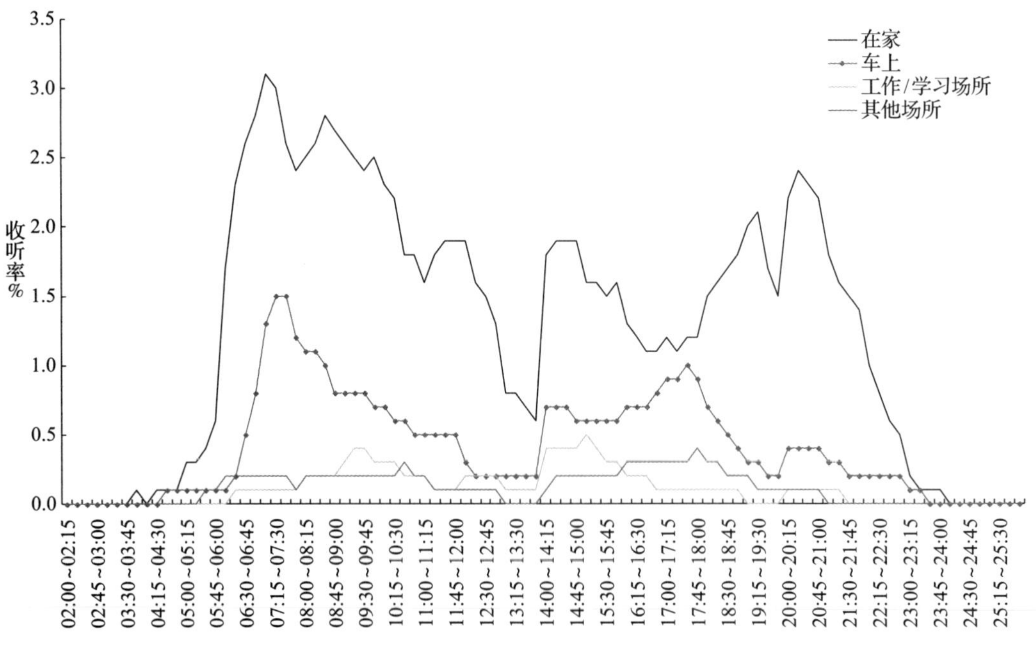

图 3.37.6　2016 年安徽听众在不同地点全天收听率走势

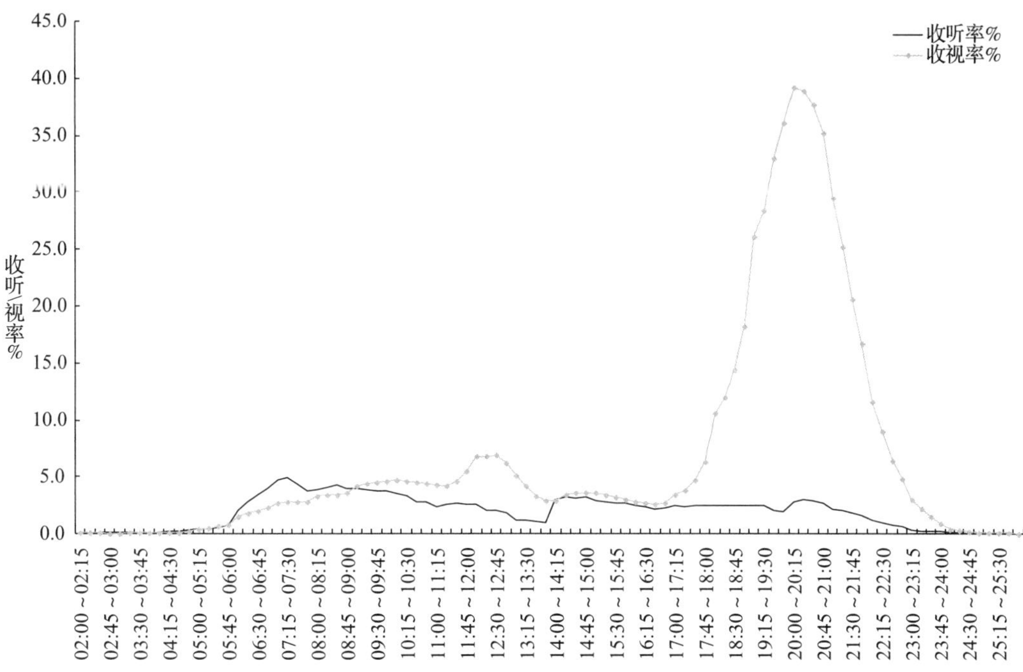

图 3.37.7 2016 年安徽受众全天收听率、收视率走势比较(目标受众为 10 岁及以上)

表 3.37.3　2016 年安徽市场听众构成(%)

目标听众		听众构成(%)
10 岁及以上所有人		100.0
城乡	城市	55.3
	农村	44.7
性别	男	58.7
	女	41.3
年龄	10~14 岁	1.1
	15~24 岁	8.6
	25~34 岁	15.3
	35~44 岁	25.0
	45~54 岁	17.2
	55~64 岁	17.2
	65 岁及以上	15.6
文化程度	未受过正规教育	5.4
	小学	20.1
	初中	43.2
	高中	19.5
	大学及以上	11.8
职业	干部/管理人员	2.0
	个体/私营企业人员	10.1
	初级公务员/雇员	21.1
	工人	22.4
	农民/渔民/牧民	9.6
	学生	5.1
	无业(包括退休人员)	27.2
	其他	2.5
个人月收入	没有收入	14.2
	1~1000 元	9.0
	1001~2000 元	22.5
	2001~3000 元	29.1
	3001~4000 元	15.3
	4001~5000 元	7.1
	5001 元及以上	2.8

表 3.37.4　2014~2016 年安徽市场各广播电台的市场份额(%)

广播电台	2014 年	2015 年	2016 年			
			第一波	第二波	第三波	第四波
中央人民广播电台	18.5	16.4	15.1	12.8	16.8	14.5
中国国际广播电台	0.3	0.1	0.1	0.2	0.3	0.2
安徽广播电视总台	54.5	60.3	60.8	63.2	58.9	62.1
其他广播电台	26.8	23.2	24.0	23.8	24.0	23.2

表 3.37.5 2016 年安徽市场各广播电台在不同目标听众中的市场份额(%)

目标听众		中央人民广播电台	中国国际广播电台	安徽广播电视总台	其他广播电台
10 岁及以上所有人		14.8	0.2	61.3	23.7
城乡	城市	16.2	0.3	55.6	27.9
	农村	13.0	0.0	68.3	18.7
性别	男	16.7	0.2	60.2	22.9
	女	12.0	0.2	62.8	25.0
年龄	10~14 岁	5.0	0.0	63.0	32.0
	15~24 岁	11.7	0.0	64.7	23.6
	25~34 岁	9.9	0.7	68.8	20.6
	35~44 岁	11.2	0.0	63.3	25.5
	45~54 岁	19.5	0.4	57.7	22.4
	55~64 岁	13.8	0.0	57.7	28.5
	65 岁及以上	23.5	0.0	56.6	19.9
文化程度	未受过正规教育	19.1	0.0	59.5	21.4
	小学	13.3	0.0	59.8	26.9
	初中	13.9	0.2	59.6	26.3
	高中	15.8	0.2	67.1	16.9
	大学及以上	16.9	0.6	61.2	21.3
职业	干部/管理人员	5.3	0.0	73.9	20.8
	个体/私营企业人员	19.6	0.7	57.2	22.5
	初级公务员/雇员	12.0	0.4	68.9	18.7
	工人	12.9	0.0	65.3	21.8
	农民/渔民/牧民	11.4	0.0	58.1	30.5
	学生	15.2	0.0	58.8	26.0
	无业(包括退休人员)	15.2	0.0	58.5	26.3
	其他	17.0	0.0	65.7	17.3
个人月收入	没有收入	13.8	0.0	63.3	22.9
	1~1000 元	11.3	0.0	60.7	28.0
	1001~2000 元	17.4	0.3	55.8	26.5
	2001~3000 元	17.1	0.1	60.8	22.0
	3001~4000 元	14.1	0.3	60.8	24.8
	4001~5000 元	6.8	0.5	76.3	16.4
	5001 元及以上	7.7	0.1	67.9	24.3

表 3.37.6 2016 年安徽市场份额排名前 5 位的频率

排名	频率名称	市场份额(%)
1	安徽交通广播	15.5
2	安徽音乐广播	14.3
3	中央人民广播电台第一套节目中国之声	10.8
4	安徽小说评书广播	6.8
5	安徽新闻综合广播	6.4

表 3.37.7 2016 年安徽市场收听率排名前 30 位的节目

排名	节目名称	播出频率	收听率（%）	市场份额（%）
1	新闻和报纸摘要	中央人民广播电台第一套节目中国之声	1.0	26.8
2	品牌之旅	中央人民广播电台第一套节目中国之声	0.8	28.8
3	那时花开	安徽交通广播	0.8	19.0
4	新闻直通车	安徽交通广播	0.8	17.9
5	新闻周末特刊	安徽交通广播	0.7	15.0
6	国防时空	中央人民广播电台第一套节目中国之声	0.6	26.0
7	新闻纵横	中央人民广播电台第一套节目中国之声	0.6	14.9
8	残疾人之友	中央人民广播电台第一套节目中国之声	0.5	26.3
9	音乐随心聊	安徽音乐广播	0.5	20.3
10	畅通 2016	安徽交通广播	0.5	19.4
11	908 楼市风向标	安徽交通广播	0.5	18.2
12	创意空间	安徽交通广播	0.5	17.9
13	幸福 1 +1	安徽交通广播	0.5	17.6
14	中国歌曲排行榜	安徽音乐广播	0.5	16.7
15	环球任我行、乐活周末、生活百事通	安徽交通广播	0.5	15.0
16	快乐出发	安徽交通广播	0.5	13.9
17	音乐晨飞扬	安徽音乐广播	0.5	12.0
18	全省新闻联播	安徽新闻综合广播	0.5	11.0
19	乐听乐轻松	安徽交通广播	0.4	19.1
20	易车 O2O	安徽交通广播	0.4	19.0
21	金曲大本营	安徽音乐广播	0.4	18.9
22	星星梦工厂	安徽音乐广播	0.4	17.8
23	嘻哈二人行	安徽音乐广播	0.4	17.0
24	电影新空气	安徽交通广播	0.4	16.8
25	爱车地带	安徽交通广播	0.4	16.6
26	交警面对面	安徽交通广播	0.4	15.7
27	音乐爱假日	安徽音乐广播	0.4	15.1
28	咱们去哪儿	安徽交通广播	0.4	14.3
29	一路微微笑	安徽音乐广播	0.4	12.4
29	随车听音乐	安徽交通广播	0.4	12.4

三十八、福建收听数据

表 3.38.1 2014～2016 年福建各目标听众人均收听时间(分钟)

目标听众		2014 年	2015 年	2016 年			
				第一波	第二波	第三波	第四波
10 岁及以上所有人		41	41	41	41	42	41
城乡	城市	50	47	46	46	47	44
	农村	39	36	37	38	38	38
性别	男	46	43	44	44	44	45
	女	42	39	38	38	41	37
年龄	10～14 岁	15	16	13	12	12	12
	15～24 岁	21	20	17	17	22	19
	25～34 岁	33	34	35	36	36	36
	35～44 岁	46	41	41	42	45	43
	45～54 岁	59	47	43	43	45	42
	55～64 岁	61	62	73	72	71	70
	65 岁及以上	102	99	94	91	82	80
文化程度	未受过正规教育	74	61	61	61	55	49
	小学	48	46	48	45	45	45
	初中	39	35	34	35	38	36
	高中	41	42	45	44	45	41
	大学及以上	44	40	39	41	44	46
职业	干部/管理人员	58	46	42	32	43	47
	初级公务员/雇员	40	39	35	37	42	42
	个体/私营企业人员	49	45	46	43	44	43
	工人	34	38	41	41	41	39
	农民/渔民/牧民	53	49	52	46	46	39
	学生	18	17	13	13	15	13
	无业(包括退休人员)	61	58	61	66	61	59
	其他	*	*	*	*	*	*
个人月收入	没有收入	27	27	27	29	29	28
	1～1000 元	66	65	66	63	58	57
	1001～2000 元	49	50	53	51	56	58
	2001～3000 元	44	37	39	41	41	40
	3001～4000 元	54	45	44	41	45	44
	4001～5000 元	37	39	40	39	45	43
	5001 元及以上	51	55	53	49	49	43

注:福建为四波调查省网。2016 年四波调查时间分别为:第一波 2 月 28 日～3 月 19 日;第二波 5 月 22 日～6 月 11 日;第三波 8 月 21 日～9 月 10 日;第四波 11 月 6 日～11 月 26 日。

"*"表示目标听众样本量不足,无法进行统计推断。

表 3.38.2 2014～2016 年福建听众在不同地点的人均收听时间(分钟)

地　　点	2014 年	2015 年	2016 年
在家	28	26	26
车上	11	10	11
工作/学习场所	3	3	3
其他场所	2	1	1

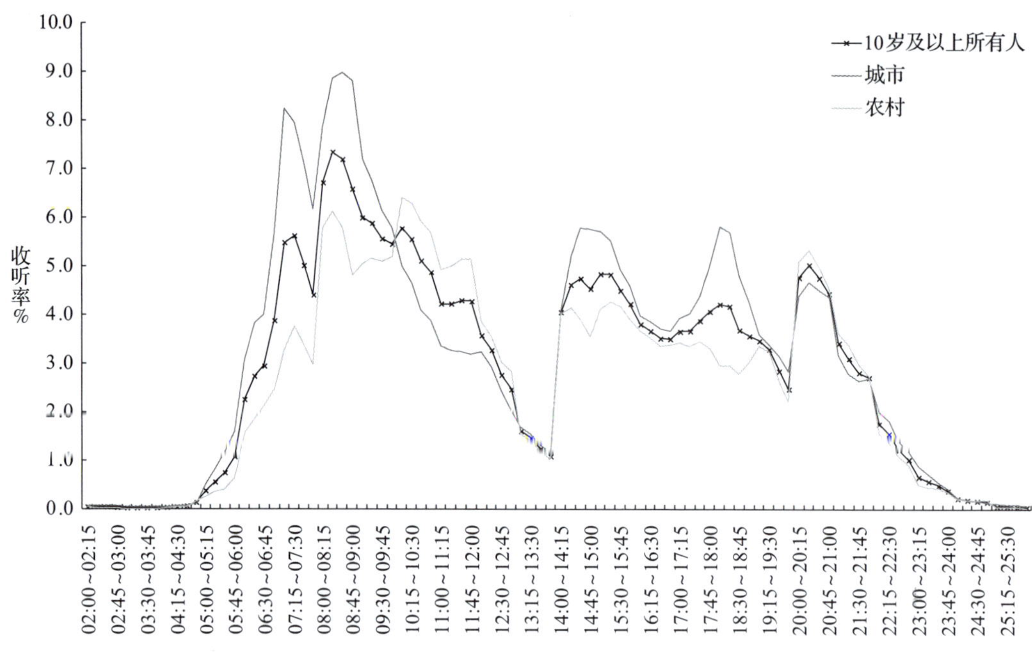

图 3.38.1 2016 年福建听众全体及分城乡全天收听率走势

图 3.38.2 2016 年福建不同性别听众全天收听率走势

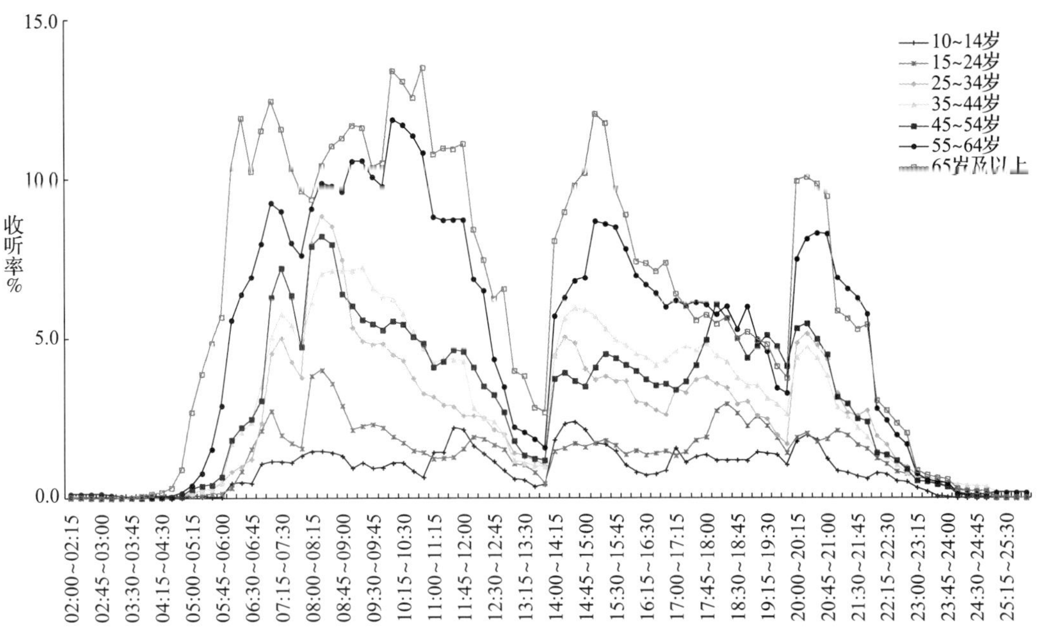

图 3.38.3 2016 年福建不同年龄听众全天收听率走势

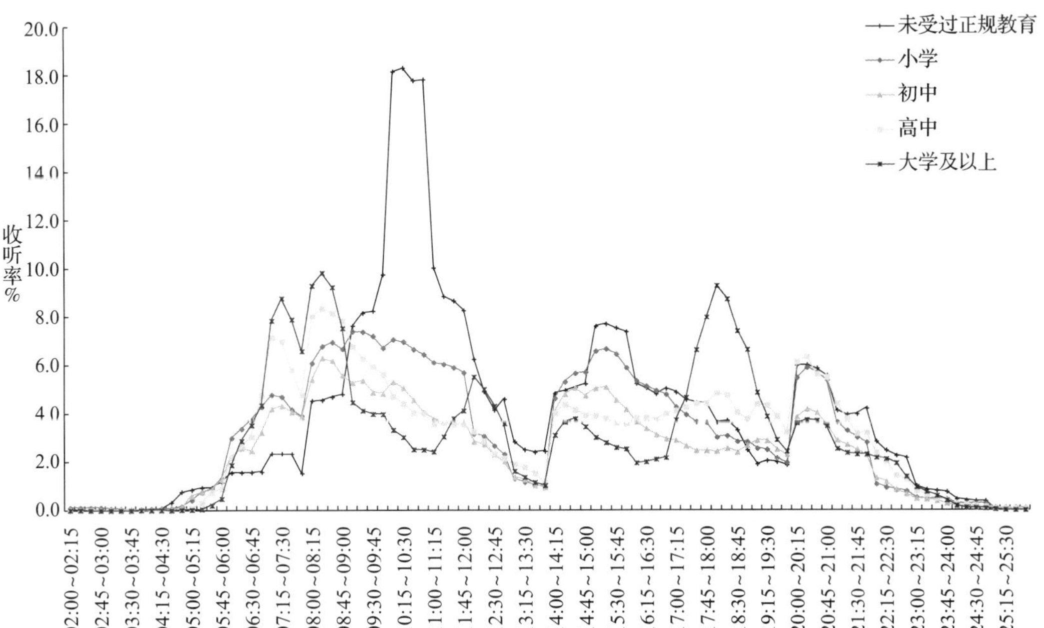

图 3.38.4 2016 年福建不同文化程度听众全天收听率走势

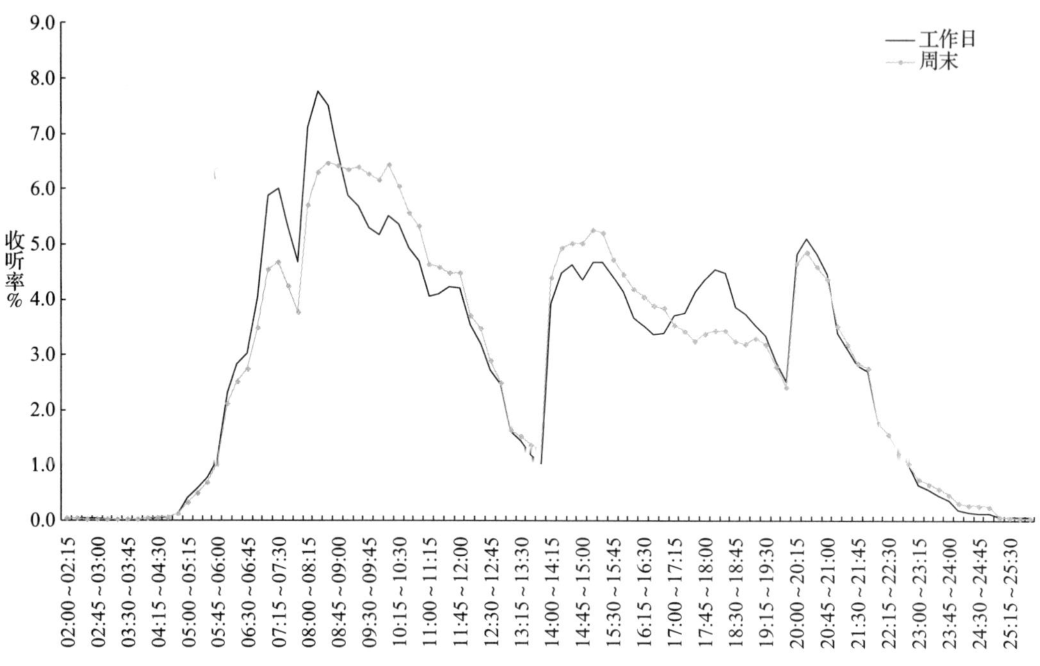

图 3.38.5　2016 年福建听众工作日与周末全天收听率走势

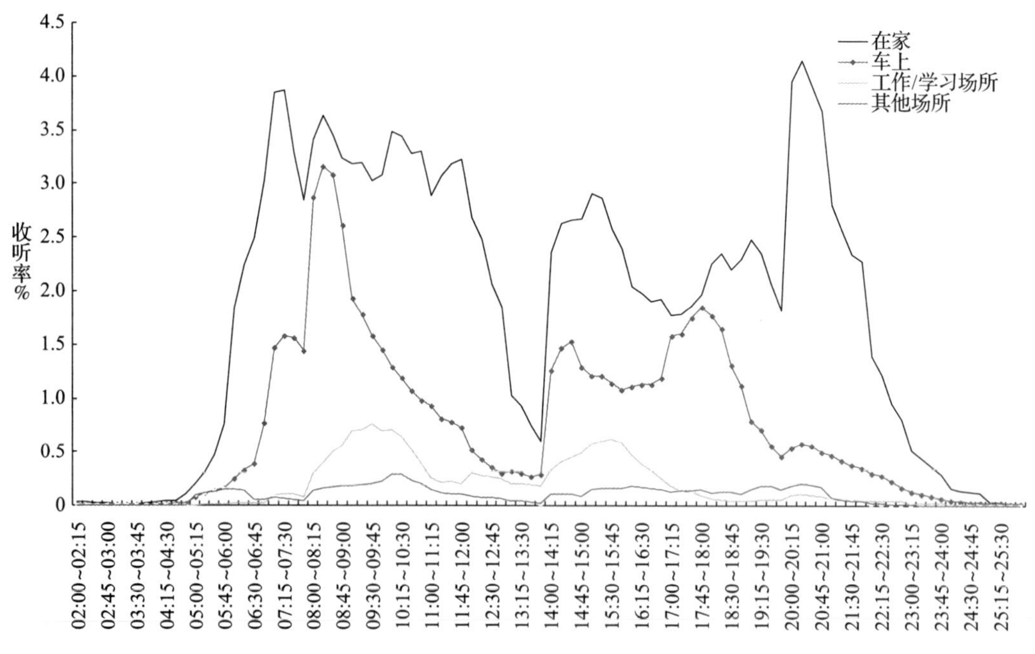

图 3.38.6　2016 年福建听众在不同地点全天收听率走势

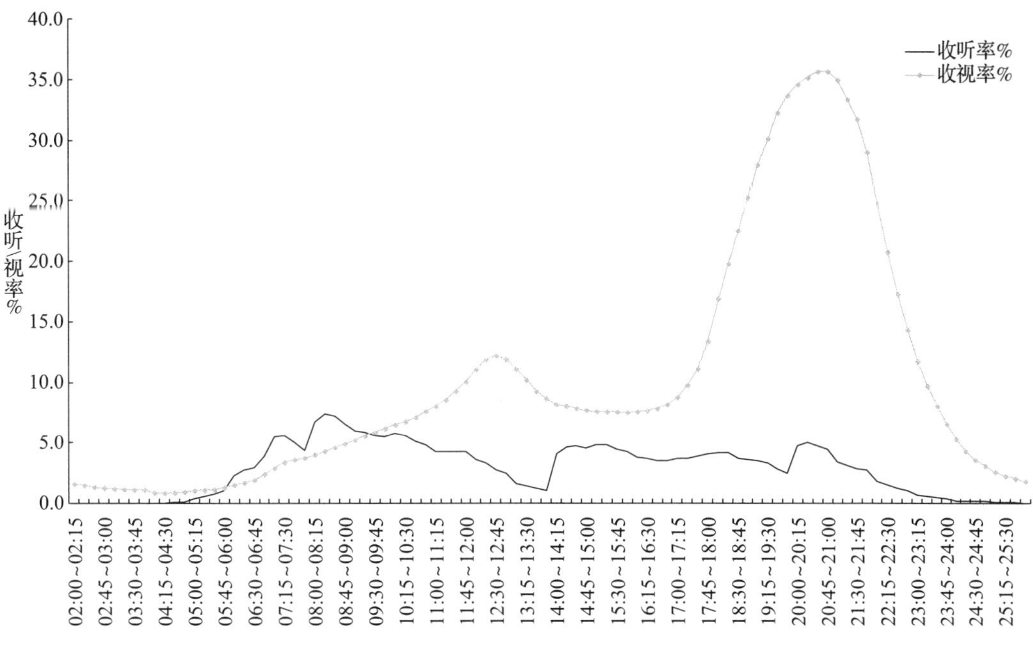

图 3.38.7　2016 年福建受众全天收听率、收视率走势比较(目标受众为 10 岁及以上)

表 3.38.3 2016 年福建市场听众构成(%)

目标听众		听众构成(%)
10 岁及以上所有人		100.0
城乡	城市	49.3
	农村	50.7
性别	男	54.1
	女	45.9
年龄	10~14 岁	1.1
	15~24 岁	9.3
	25~34 岁	20.0
	35~44 岁	20.6
	45~54 岁	15.1
	55~64 岁	17.6
	65 岁及以上	16.2
文化程度	未受过正规教育	6.6
	小学	18.0
	初中	33.6
	高中	26.6
	大学及以上	15.2
职业	干部/管理人员	2.4
	初级公务员/雇员	18.1
	个体/私营企业人员	19.5
	工人	12.9
	农民/渔民/牧民	14.2
	学生	4.9
	无业(包括退休人员)	27.8
	其他	*
个人月收入	没有收入	18.0
	1~1000 元	9.8
	1001~2000 元	16.4
	2001~3000 元	22.7
	3001~4000 元	15.2
	4001~5000 元	7.4
	5001 元及以上	10.3

注:"*"表示目标听众样本量不足,无法进行统计推断。

表 3.38.4 2014~2016 年福建市场各广播电台的市场份额(%)

广播电台	2014 年	2015 年	2016 年			
			第一波	第二波	第三波	第四波
中央人民广播电台	24.0	23.4	26.0	22.9	21.7	23.3
中国国际广播电台	0.7	0.4	0.4	0.3	0.4	0.6
福建广播影视集团	24.1	23.8	24.5	25.9	29.2	24.1
海峡之声广播电台	6.8	6.4	6.1	6.5	6.8	6.6
其他广播电台	44.4	46.0	43.0	44.4	41.9	45.4

表 3.38.5 2016 年福建市场各广播电台在不同目标听众中的市场份额(%)

目标听众		中央人民广播电台	中国国际广播电台	福建广播影视集团	海峡之声广播电台	其他广播电台
10 岁及以上所有人		23.5	0.4	25.9	6.5	43.7
城乡	城市	15.8	0.8	18.6	2.7	62.1
	农村	31.0	0.0	32.9	10.1	26.0
性别	男	24.0	0.2	20.7	6.6	40.5
	女	22.8	0.6	22.5	6.3	47.8
年龄	10～14 岁	38.1	1.6	22.9	2.7	34.7
	15～24 岁	22.7	1.2	25.8	4.7	45.6
	25～34 岁	18.6	0.5	32.6	3.8	44.5
	35～44 岁	18.1	0.1	31.1	5.0	45.7
	45～54 岁	24.5	0.8	27.6	6.8	40.3
	55～64 岁	31.1	0.0	18.3	8.6	42.0
	65 岁及以上	26.6	0.1	17.7	10.2	45.4
文化程度	未受过正规教育	7.9	0.0	13.3	17.7	61.1
	小学	26.8	0.0	19.7	11.9	41.6
	初中	28.0	0.4	26.3	6.0	39.3
	高中	21.9	0.5	29.5	2.8	45.3
	大学及以上	19.2	0.8	30.9	2.7	46.4
职业	干部/管理人员	20.9	0.4	24.6	0.6	53.5
	初级公务员/雇员	19.5	1.3	31.6	4.4	43.2
	个体/私营企业人员	21.3	0.0	31.5	3.0	44.2
	工人	16.4	0.0	27.2	4.4	52.0
	农民/渔民/牧民	24.1	0.0	14.9	20.3	40.7
	学生	18.3	2.6	20.6	6.2	52.3
	无业(包括退休人员)	32.0	0.0	24.2	4.4	39.4
	其他	*	*	*	*	*
个人月收入	没有收入	27.9	0.7	25.8	4.9	40.7
	1～1000 元	14.6	0.0	16.1	20.7	48.6
	1001～2000 元	34.6	0.5	26.3	6.6	32.0
	2001～3000 元	25.5	0.0	27.4	6.0	41.1
	3001～4000 元	19.8	0.6	28.3	2.3	49.0
	4001～5000 元	11.9	0.9	30.3	4.8	52.1
	5001 元及以上	15.7	0.1	24.1	3.7	56.4

“*”表示目标听众样本量不足,无法进行统计推断。

表 3.38.6 2016 年福建市场份额排名前 5 位的频率

排 名	频率名称	市场份额(%)
1	中央人民广播电台第一套节目中国之声	15.1
2	福建人民广播电台交通广播(FM100.7)	11.3
3	福建人民广播电台新闻综合广播(FM103.6/AM882)	7.3
4	海峡之声广播电台闽南话频道(AM783)	5.3
5	中央人民广播电台第三套节目音乐之声	4.1

表 3.38.7　2016 年福建市场收听排名前 30 位的节目

排名	节目名称	播出频率	收听率（%）	市场份额（%）
1	新闻和报纸摘要	中央人民广播电台第一套节目中国之声	1.2	34.6
2	新闻纵横	中央人民广播电台第一套节目中国之声	1.1	18.5
3	品牌之旅	中央人民广播电台第一套节目中国之声	0.8	33.6
4	国防时空	中央人民广播电台第一套节目中国之声	0.8	31.9
5	交广早班车	福建人民广播电台交通广播(FM100.7)	0.8	13.6
6	残疾人之友	中央人民广播电台第一套节目中国之声	0.7	34.0
7	戏曲大世界	海峡之声广播电台闽南话频道(AM783)	0.7	15.4
8	小喇叭	中央人民广播电台第一套节目中国之声	0.7	15.1
9	直播中国	中央人民广播电台第一套节目中国之声	0.7	14.5
10	汽车俱乐部	福建人民广播电台交通广播(FM100.7)	0.7	13.9
11	福建新闻(重播)	福建人民广播电台新闻综合广播(FM103.6/AM882)	0.7	10.0
12	全球华语广播网	中央人民广播电台第一套节目中国之声	0.6	18.9
13	全国新闻联播	中央人民广播电台第一套节目中国之声	0.6	15.9
14	中国大舞台	中央人民广播电台第一套节目中国之声	0.6	15.5
15	央广新闻晚高峰	中央人民广播电台第一套节目中国之声	0.5	13.5
16	汽车小喇叭	福建人民广播电台交通广播(FM100.7)	0.5	13.1
16	一路畅通	福建人民广播电台交通广播(FM100.7)	0.5	13.1
18	新闻在线	福建人民广播电台新闻综合广播(FM103.6/AM882)	0.5	12.3
19	央广新闻	中央人民广播电台第一套节目中国之声	0.5	11.9
20	方言故事	海峡之声广播电台闽南话频道(AM783)	0.5	10.7
21	智慧 008	福建人民广播电台新闻综合广播(FM103.6/AM882)	0.5	10.5
22	快乐加油站	福建人民广播电台交通广播(FM100.7)	0.5	9.9
23	司机之友	福建人民广播电台交通广播(FM100.7)	0.5	9.7
24	783 新闻快报	海峡之声广播电台闽南话频道(AM783)	0.5	9.4
25	好歌作伙听	海峡之声广播电台闽南话频道(AM783)	0.5	8.4
26	转播《新闻联播》	福建人民广播电台交通广播(FM100.7)	0.4	13.1
27	Life 生活秀	福建人民广播电台交通广播(FM100.7)	0.4	11.5
28	音乐节目	福建人民广播电台交通广播(FM100.7)	0.4	10.9
29	爱车有道	福建人民广播电台交通广播(FM100.7)	0.4	10.3
30	民情关注	福建人民广播电台新闻综合广播(FM103.6/AM882)	0.4	7.4

三十九、辽宁收听数据

表 3.39.1 2014～2016 年辽宁各目标听众人均收听时间(分钟)

目标听众		2014 年	2015 年	2016 年
10 岁及以上所有人		57	56	57
城乡	城市	74	78	78
	农村	26	27	27
性别	男	58	58	57
	女	57	55	57
年龄	10～14 岁	24	15	14
	15～24 岁	26	28	24
	25～34 岁	48	44	40
	35～44 岁	53	51	51
	45～54 岁	73	71	70
	55～64 岁	80	83	86
	65 岁及以上	76	88	98
文化程度	未受过正规教育	30	30	65
	小学	52	50	43
	初中	54	50	56
	高中	70	78	67
	大学及以上	59	56	57
职业	干部/管理人员	68	79	93
	初级公务员/雇员	60	52	55
	个体/私营企业人员	64	61	47
	工人	50	58	55
	农民/渔民/牧民	53	52	50
	学生	23	22	19
	无业(包括退休人员)	74	71	83
	其他	53	*	*
个人月收入	没有收入	34	30	32
	1～1000 元	63	54	47
	1001～2000 元	67	67	68
	2001～3000 元	56	64	66
	3001～4000 元	73	61	61
	4001～5000 元	64	64	64
	5001 元及以上	43	82	57

注:辽宁省网为全年连续调查省网。“*”表示目标听众样本量不足,无法进行统计推断。

表 3.39.2 2014～2016 年辽宁听众在不同地点的人均收听时间(分钟)

地　点	2014 年	2015 年	2016 年
在家	42	41	44
车上	9	9	8
工作/学习场所	4	5	4
其他场所	1	1	1

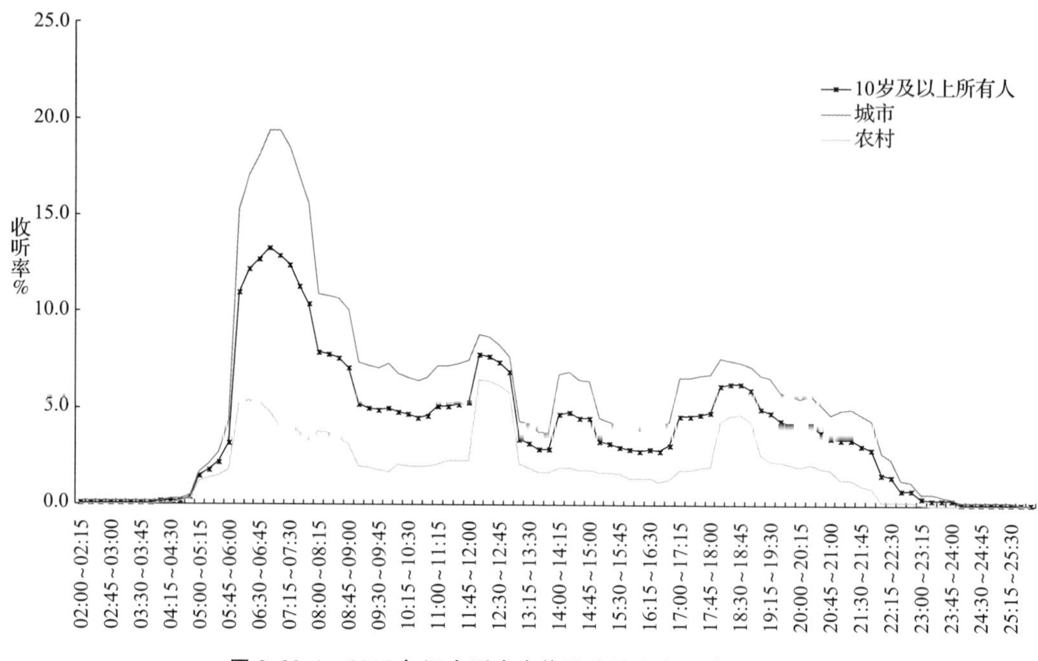

图 3.39.1　2016 年辽宁听众全体及分城乡全天收听率走势

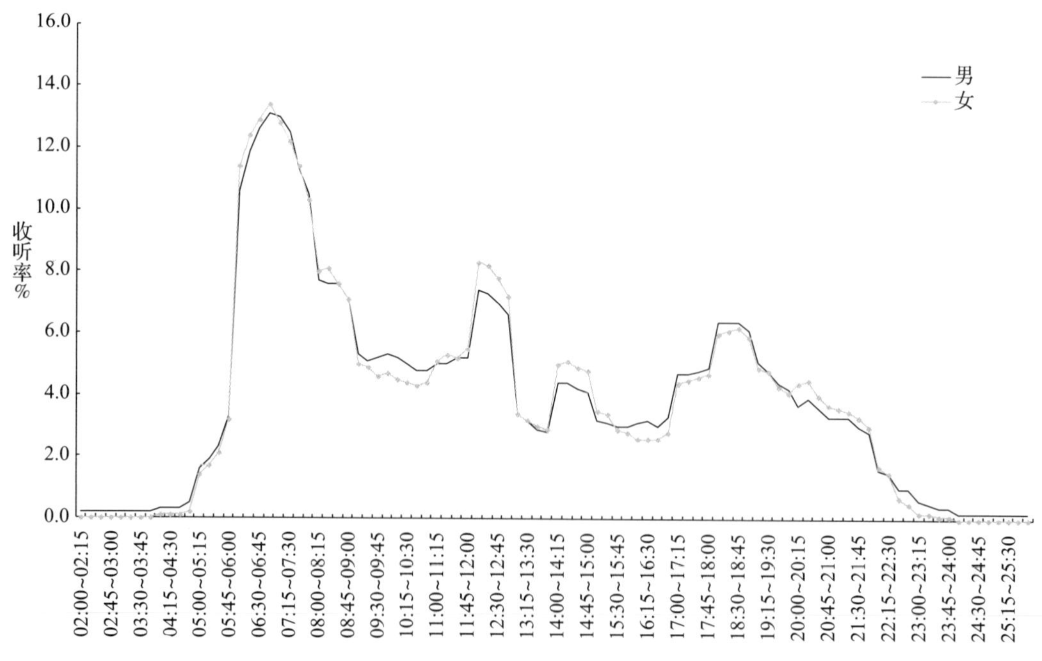

图 3.39.2　2016 年辽宁不同性别听众全天收听率走势

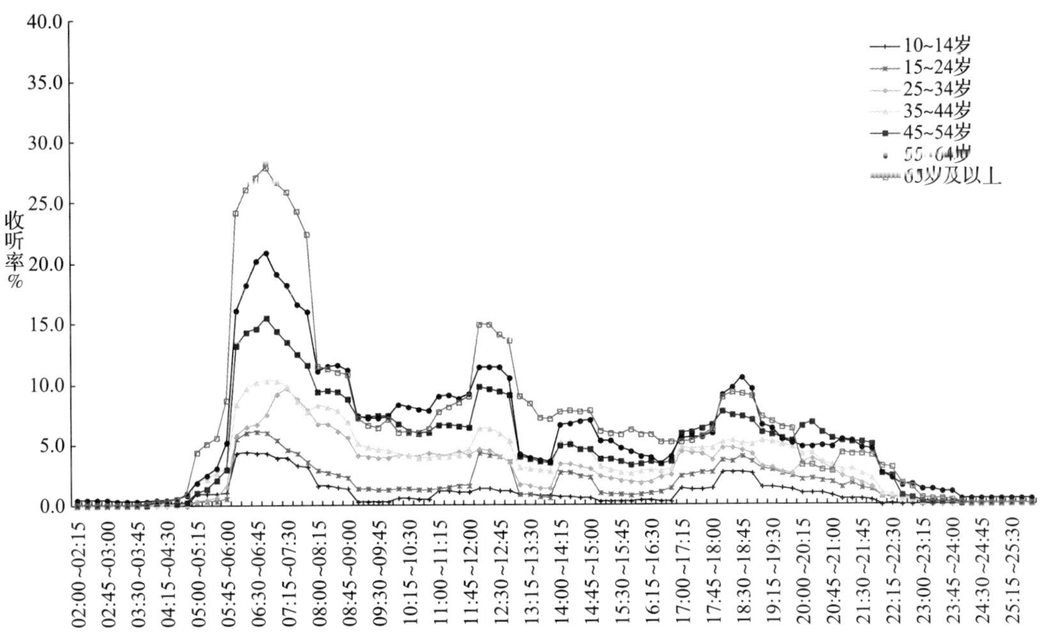

图 3.39.3　2016 年辽宁不同年龄听众全天收听率走势

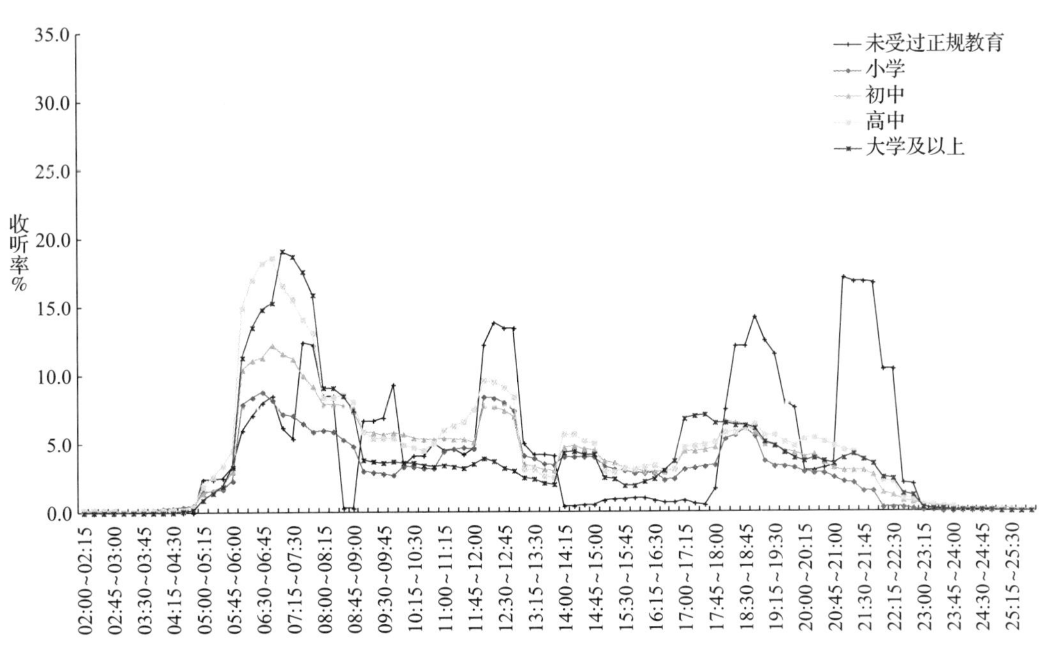

图 3.39.4　2016 年辽宁不同文化程度听众全天收听率走势

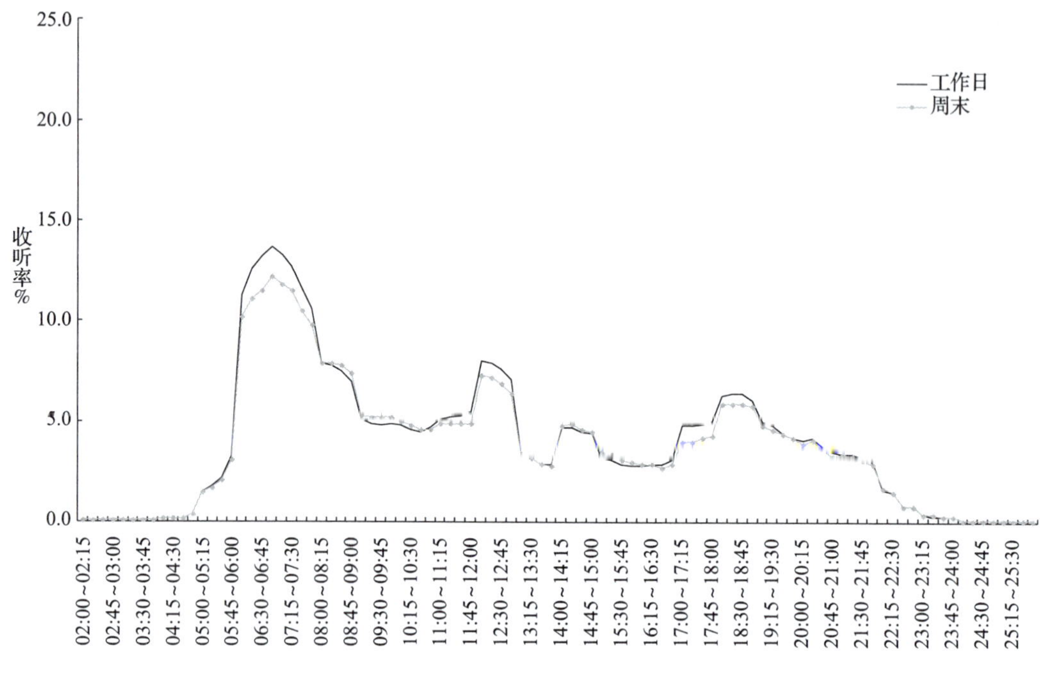

图 3.39.5　2016 年辽宁听众工作日与周末全天收听率走势

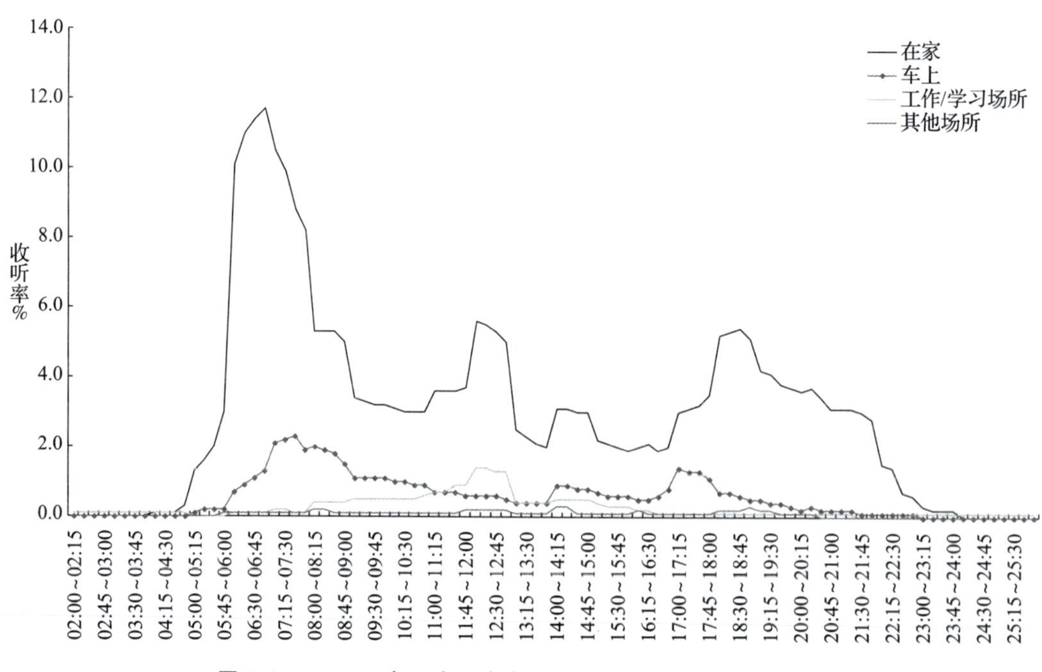

图 3.39.6　2016 年辽宁听众在不同收听地点全天收听率走势

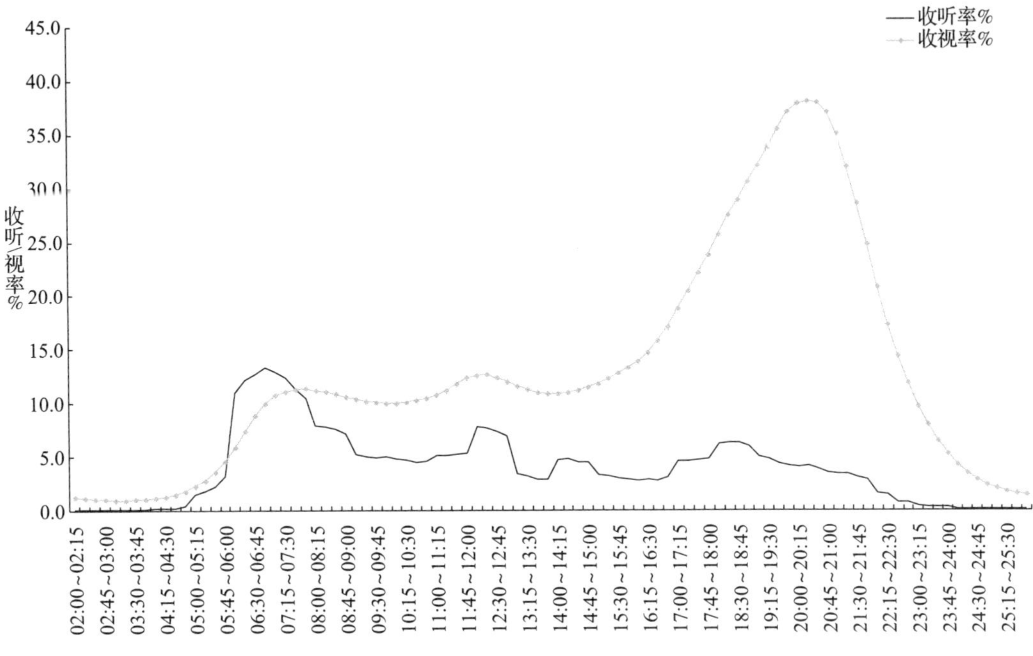

图 3.39.7　2016 年辽宁受众全天收听率、收视率走势比较(目标受众为 10 岁及以上)

表 3.39.3　2016 年辽宁市场听众构成(%)

目标听众		听众构成(%)
10 岁及以上所有人		100.0
城乡	城市	79.8
	农村	20.2
性别	男	50.4
	女	49.6
年龄	10~14 岁	1.0
	15~24 岁	6.4
	25~34 岁	12.4
	35~44 岁	17.6
	45~54 岁	23.8
	55~64 岁	19.7
	65 岁及以上	19.1
文化程度	未受过正规教育	1.1
	小学	13.0
	初中	48.8
	高中	24.0
	大学及以上	13.2
职业	干部/管理人员	3.0
	初级公务员/雇员	9.5
	个体/私营企业人员	12.6
	工人	21.7
	农民/渔民/牧民	12.4
	学生	3.6
	无业(包括退休人员)	37.1
	其他	*
个人月收入	没有收入	11.8
	1~1000 元	7.0
	1001~2000 元	27.9
	2001~3000 元	33.0
	3001~4000 元	13.6
	4001~5000 元	4.4
	5001 元及以上	2.2

“*”表示目标听众样本量不足，无法进行统计推断。

表 3.39.4　2014~2016 年辽宁市场各广播电台的市场份额(%)

广播电台	2014 年	2015 年	2016 年
中央人民广播电台	15.8	16.4	17.4
中国国际广播电台	0.0	0.0	0.0
辽宁广播电视台	42.2	40.4	27.4
其他广播电台	42.0	43.2	55.2

表 3.39.5　2016 年辽宁市场各广播电台在不同目标听众中的市场份额(%)

目标听众		中央人民广播电台	中国国际广播电台	辽宁广播电视台	其他广播电台
10 岁及以上所有人		17.4	0.0	27.4	55.2
城乡	城市	16.6	0.0	26.3	57.1
	农村	20.5	0.0	32.1	47.4
性别	男	17.0	0.0	28.3	54.7
	女	17.9	0.0	26.6	55.5
年龄	10~14 岁	16.7	0.0	48.0	35.3
	15~24 岁	18.2	0.0	29.6	52.2
	25~34 岁	19.8	0.0	27.8	52.4
	35~44 岁	16.6	0.0	30.3	53.1
	45~54 岁	19.6	0.0	23.0	57.4
	55~64 岁	14.0	0.0	27.1	58.9
	65 岁及以上	17.1	0.0	28.7	54.2
文化程度	未受过正规教育	0.7	0.0	28.5	70.8
	小学	17.7	0.0	27.8	54.5
	初中	17.0	0.0	27.7	55.3
	高中	17.2	0.0	25.5	57.3
	大学及以上	20.5	0.0	29.7	49.8
职业	干部/管理人员	22.7	0.0	32.7	44.6
	初级公务员/雇员	18.3	0.0	30.1	51.6
	个体/私营企业人员	20.0	0.0	19.6	60.4
	工人	16.5	0.0	28.9	54.6
	农民/渔民/牧民	18.6	0.0	35.5	45.9
	学生	17.4	0.0	32.1	50.5
	无业(包括退休人员)	15.9	0.0	25.1	59.0
	其他	*	*	*	*
个人月收入	没有收入	17.5	0.0	28.9	53.6
	1~1000 元	20.0	0.0	27.6	52.4
	1001~2000 元	20.5	0.0	25.3	54.2
	2001~3000 元	14.6	0.0	30.3	55.1
	3001~4000 元	16.7	0.0	25.6	57.7
	4001~5000 元	11.8	0.0	24.2	64.0
	5001 元及以上	28.3	0.0	21.6	50.1

“*”表示目标听众样本量不足,无法进行统计推断。

表 3.39.6　2016 年辽宁市场份额排名前 5 位的频率

排　名	频率名称	市场份额(%)
1	中央人民广播电台第一套节目中国之声	14.6
2	辽宁广播电视台交通广播(FM97.5)	10.0
3	辽宁广播电视台综合广播(AM1089/FM102.9)	5.9
4	辽宁广播电视台经济广播(FM88.8/AM999)	4.8
5	辽宁广播电视台文艺广播(FM95.9/FM101.8/AM1053)	4.4

表 3.39.7　2016 年辽宁省场收听率排名前 30 位的节目

排名	节目名称	播出频率	收听率（%）	市场份额（%）
1	新闻和报纸摘要	中央人民广播电台第一套节目中国之声	3.2	24.4
2	品牌之旅	中央人民广播电台第一套节目中国之声	3.0	26.5
3	国防时空	中央人民广播电台第一套节目中国之声	2.8	23.4
4	残疾人之友	中央人民广播电台第一套节目中国之声	2.4	24.0
5	新闻纵横	中央人民广播电台第一套节目中国之声	1.5	15.7
6	新闻麻辣烫	辽宁广播电视台交通广播(FM97.5)	1.0	8.0
7	民生热线	辽宁广播电视台综合广播(AM1089/FM102.9)	0.9	13.9
8	阿宝龙哥路路通	辽宁广播电视台交通广播(FM97.5)	0.9	11.4
9	小喇叭	中央人民广播电台第一套节目中国之声	0.8	19.9
10	全国新闻联播	中央人民广播电台第一套节目中国之声	0.8	12.8
11	新闻相对论	辽宁广播电视台综合广播(AM1089/FM102.9)	0.8	12.4
12	麻辣第七天	辽宁广播电视台交通广播(FM97.5)	0.8	7.4
13	直播中国	中央人民广播电台第一套节目中国之声	0.7	18.5
14	畅通晚高峰	辽宁广播电视台交通广播(FM97.5)	0.7	13.0
15	一堂公开课	辽宁广播电视台综合广播(AM1089/FM102.9)	0.7	11.7
16	全球华语广播网	中央人民广播电台第一套节目中国之声	0.7	9.7
17	新闻大视野	辽宁广播电视台综合广播(AM1089/FM102.9)	0.7	6.1
18	气象与信息	辽宁广播电视台综合广播(AM1089/FM102.9)	0.7	5.7
19	中国大舞台	中央人民广播电台第一套节目中国之声	0.6	16.2
20	哎呀！女司机	辽宁广播电视台交通广播(FM97.5)	0.6	13.4
21	央广新闻晚高峰	中央人民广播电台第一套节目中国之声	0.6	13.2
22	畅通晚高峰(周六日职场版)	辽宁广播电视台交通广播(FM97.5)	0.6	12.7
23	新闻事中家乡人	辽宁广播电视台综合广播(AM1089/FM102.9)	0.6	10.9
24	向快乐出发	辽宁广播电视台交通广播(FM97.5)	0.6	9.4
25	心有千千结	辽宁广播电视台经济广播(FM88.8/AM999)	0.6	8.2
26	养生论坛(8:00)	辽宁广播电视台综合广播(AM1089/FM102.9)	0.6	7.6
27	全省新闻联播	辽宁广播电视台综合广播(AM1089/FM102.9)	0.6	5.2
28	健康早班车	辽宁广播电视台文艺广播(FM95.9/FM101.8/AM1053)	0.6	4.7
29	959 纪实书场(录播)	辽宁广播电视台文艺广播(FM95.9/FM101.8/AM1053)	0.6	4.5
30	娱乐香饽饽(13:00 ~ 15:00)	辽宁广播电视台交通广播(FM97.5)	0.5	12.4

第四部分
Part Four

附 录 Appendix

附　录

CSM 各收听率调查网概况

表 4.1　2016 年各城市收听率调查网样本规模及推及人口

城　市	固定样组规模(户)	推及户数(千户)	推及人口(千人)
北京	300	2878	7086
长春	300	992	2600
长沙	300	790	2164
成都	300	647	1688
重庆	300	490	1445
大连	300	954	2328
佛山	300	999	2882
福州	300	402	1151
广州	300	1609	4060
邯郸	300	248	747
杭州	300	2021	5185
哈尔滨	300	1280	3269
合肥	300	754	1922
济南	300	1146	3130
昆明	300	774	1973
南昌	300	423	1303
南京	300	1654	4870
南宁	300	609	1553
宁波	300	383	1006
青岛	300	517	1307
清远	300	112	341
泉州	300	185	513
上海	300	2780	7385
汕头	300	387	1528
沈阳	300	1220	3035
深圳	300	2244	5289
石家庄	300	682	1888
苏州	300	589	1649
太原	300	849	2254
天津	300	2090	5388
乌鲁木齐	300	878	2084
武汉	300	998	2808
无锡	300	535	1521
厦门	300	638	1552
西安	300	801	2021
郑州	300	1193	3115

表 4.2　2016 年各城市收听率调查网家庭规模结构(%)

城　市	1 人户	2 人户	3 人户	4 人及以上户
北京	9.6	41.5	30.5	18.4
长春	8.8	35.0	38.2	18.0
长沙	4.8	38.4	37.1	19.7
成都	12.8	34.6	32.2	20.4
重庆	6.7	30.7	36.1	26.5
大连	6.0	41.1	41.0	11.9
佛山	7.4	38.0	22.9	31.7
福州	11.9	25.5	35.0	27.6
广州	6.9	41.9	30.3	20.9
邯郸	3.0	25.8	40.1	31.1
杭州	5.0	46.1	27.0	21.9
哈尔滨	8.9	37.0	38.5	15.6
合肥	11.8	33.7	37.0	17.5
济南	6.2	34.8	36.4	22.6
昆明	10.0	39.3	32.1	18.6
南昌	2.0	27.1	36.5	34.4
南京	5.7	29.7	40.3	24.3
南宁	14.8	34.6	28.0	22.6
宁波	7.6	37.3	42.1	13.0
青岛	6.8	32.6	44.7	15.9
清远	7.4	23.6	29.8	39.2
泉州	5.9	39.7	28.2	26.2
上海	7.2	38.3	36.7	17.8
汕头	2.7	16.3	16.7	64.3
沈阳	9.3	37.2	36.5	17.0
深圳	10.3	44.3	25.5	19.9
石家庄	5.1	31.5	36.6	26.8
苏州	6.6	36.6	32.5	24.3
太原	5.0	34.5	39.9	20.6
天津	5.5	38.4	41.2	14.9
乌鲁木齐	9.2	43.9	32.3	14.6
武汉	7.6	35.8	35.8	20.8
无锡	6.2	33.7	35.3	24.8
厦门	12.6	42.0	29.9	15.5
西安	6.6	43.4	30.7	19.3
郑州	11.1	34.5	30.9	23.5

表4.3　2016年各城市收听率调查网性别与年龄结构(%)

城市	性别		年　龄						
	男性	女性	10~14岁	15~24岁	25~34岁	35~44岁	45~54岁	55~64岁	65岁及以上
北京	51.0	49.0	2.4	16.4	25.1	20.2	15.1	10.9	9.9
长春	50.5	49.5	3.7	21.3	19.0	19.8	16.0	11.6	8.6
长沙	50.7	49.3	2.9	24.3	21.4	22.2	13.6	9.2	6.4
成都	53.3	46.7	4.4	14.7	23.2	25.3	13.4	10.6	8.4
重庆	50.6	49.4	4.2	20.3	22.0	24.4	13.2	8.6	7.3
大连	51.3	48.7	4.2	14.6	19.9	21.1	16.2	13.9	10.1
佛山	53.5	46.5	3.6	21.3	26.1	24.3	11.1	7.9	5.7
福州	50.6	49.4	4.5	18.8	23.7	21.1	13.2	10.2	8.5
广州	52.7	47.3	3.2	23.4	22.8	17.9	14.8	9.5	8.4
邯郸	51.4	48.6	4.3	17.3	18.5	21.5	17.4	11.2	9.8
杭州	51.5	48.5	3.2	21.5	21.6	20.0	15.4	10.6	7.7
哈尔滨	50.7	49.3	3.5	18.0	18.1	20.0	18.2	12.3	9.9
合肥	52.9	47.1	4.3	20.2	26.3	21.3	12.0	8.9	7.0
济南	51.2	48.8	4.3	20.0	20.7	18.8	15.2	11.9	9.1
昆明	51.8	48.2	3.9	18.9	23.3	23.2	13.4	9.8	7.5
南昌	53.0	47.0	4.5	23.5	20.1	20.2	14.9	9.3	7.5
南京	51.6	48.4	3.3	23.5	20.5	19.5	14.6	10.4	8.2
南宁	49.5	50.5	3.4	23.0	25.4	20.5	12.4	8.4	6.9
宁波	50.8	49.2	4.6	17.9	22.1	24.9	15.6	8.5	6.4
青岛	50.3	49.7	4.3	12.8	21.0	21.6	16.2	13.0	11.1
清远	51.3	48.7	3.9	18.2	25.3	23.1	12.6	10.2	6.7
泉州	51.6	48.4	4.0	22.1	27.4	22.6	11.3	7.3	5.3
上海	50.9	49.1	2.7	14.4	22.1	18.9	16.7	13.2	12.0
汕头	49.9	50.1	5.3	22.6	19.6	18.0	14.9	9.9	9.7
沈阳	49.5	50.5	2.8	14.1	18.9	18.2	18.8	15.3	11.9
深圳	54.0	46.0	2.7	26.4	30.5	26.3	8.4	3.5	2.2
石家庄	49.7	50.3	3.8	22.4	20.1	20.2	14.5	10.4	8.6
苏州	50.6	49.4	3.3	21.3	26.1	18.3	13.1	10.1	7.8
太原	51.3	48.7	4.5	24.1	18.7	20.4	16.1	8.8	7.4
天津	53.4	46.6	2.9	18.0	20.8	16.1	18.5	13.0	10.7
乌鲁木齐	52.2	47.8	5.0	19.7	18.4	27.9	14.7	7.3	7.0
武汉	53.3	46.7	3.3	22.8	19.6	21.0	14.6	10.1	8.6
无锡	51.9	48.1	3.4	17.6	20.5	21.6	14.5	12.7	9.7
厦门	51.9	48.1	4.2	22.5	29.6	23.6	9.8	6.3	4.0
西安	49.8	50.2	3.7	22.8	21.3	19.2	13.9	8.8	10.3
郑州	51.4	48.6	4.6	25.6	22.9	21.1	11.7	7.7	6.4

表 4.4　2016 年各城市收听率调查网人均月收入结构(%)

城市	没有收入	1～2000 元	2001～3000 元	3001～4000 元	4001～5000 元	5001～6000 元	6001 元及以上
北京	20.4	1.3	4.7	19.7	10.5	19.0	24.4
长春	27.1	7.2	20.3	25.9	12.5	4.8	2.2
长沙	34.1	8.8	15.5	13.5	11.9	8.6	7.6
成都	24.6	5.7	15.5	22.0	17.7	7.6	6.9
重庆	27.6	7.2	16.8	16.2	10.7	14.8	6.7
大连	29.8	5.0	21.2	17.8	12.2	8.6	5.4
佛山	21.3	10.9	15.7	24.9	9.9	7.0	10.3
福州	29.4	3.5	15.1	20.2	12.9	9.4	9.5
广州	23.8	5.2	17.6	23.1	13.7	8.0	8.6
邯郸	31.5	19.9	29.9	12.3	3.9	1.6	0.9
杭州	26.1	6.6	11.6	14.0	17.2	11.0	13.5
哈尔滨	23.2	8.9	30.8	21.4	8.6	4.3	2.8
合肥	32.9	9.1	16.0	17.8	11.4	7.0	5.8
济南	28.9	15.4	17.1	17.6	10.2	6.8	4.0
昆明	29.0	7.7	19.2	20.6	13.4	6.8	3.3
南昌	30.7	5.2	23.4	18.7	15.7	4.6	1.7
南京	29.5	7.2	15.5	19.9	14.1	6.8	7.0
南宁	26.7	16.8	19.9	17.6	10.1	5.2	3.7
宁波	24.8	4.1	8.6	20.9	17.2	13.2	11.2
青岛	25.1	2.8	17.8	23.0	14.3	8.5	8.5
清远	31.5	10.9	15.1	18.8	11.1	5.7	6.9
泉州	37.4	1.7	9.8	15.8	16.2	10.9	8.2
上海	20.4	3.6	5.6	19.5	16.8	11.6	22.5
汕头	48.4	7.8	15.9	14.3	7.0	3.4	3.2
沈阳	21.5	12.2	31.3	23.4	6.1	3.2	2.3
深圳	35.7	0.1	1.9	5.0	8.1	12.3	36.9
石家庄	29.7	9.2	28.8	19.9	7.6	2.7	2.1
苏州	23.5	5.6	11.7	22.1	13.6	9.5	14.0
太原	32.8	9.4	25.2	19.3	7.7	3.3	2.3
天津	22.2	3.2	29.1	24.1	11.3	6.1	4.0
乌鲁木齐	32.3	6.3	9.8	11.8	14.9	17.1	7.8
武汉	30.4	2.3	20.6	21.9	10.6	7.2	7.0
无锡	25.7	8.5	12.8	20.1	13.2	10.9	8.8
厦门	34.5	2.0	8.3	13.5	13.5	12.6	15.6
西安	29.3	6.6	27.7	20.3	8.1	5.4	2.6
郑州	39.4	3.2	17.1	16.3	9.4	8.8	5.8

表 4.5 2016 年各省级收听率调查网样本规模及推及人口

省　份	固定样组规模(户)	推及户数(千户)	推及人口(千人)
安徽省	300	6125	18188
福建省	300	3587	11633
辽宁省	300	6765	17906

表 4.6 2016 年各省级收听率调查网家庭规模结构(%)

省　份	1 人户	2 人户	3 人户	4 人及以上户
安徽省	3.6	32.3	33.8	30.3
福建省	6.7	26.8	28.4	38.1
辽宁省	5.8	38.2	35.0	21.0

表 4.7 2016 年各省级收听率调查网性别与年龄结构(%)

省份	性别		年龄						
	男性	女性	10 ~ 14 岁	15 ~ 24 岁	25 ~ 34 岁	35 ~ 44 岁	45 ~ 54 岁	55 ~ 64 岁	65 岁及以上
安徽省	51.0	49.0	5.7	19.0	17.7	24.2	13.7	10.4	9.3
福建省	52.4	47.6	3.3	19.0	23.8	22.6	14.9	8.9	7.5
辽宁省	50.6	49.4	3.4	15.6	18.8	18.2	21.0	14.2	8.8

表 4.8 2016 年各省级收听率调查网人均月收入结构(%)

省份	没有收入	1 ~ 1000 元	1001 ~ 2000 元	2001 ~ 3000 元	3001 ~ 4000 元	4001 ~ 5000 元	5001 元及以上
安徽省	38.5	12.5	10.0	15.7	8.6	7.1	7.6
福建省	38.1	3.6	4.8	12.5	17.7	10.9	12.4
辽宁省	26.9	8.5	14.3	25.0	14.4	5.2	5.7

图书在版编目（CIP）数据

中国广播收听年鉴. 2017／徐立军主编. —北京：
中国传媒大学出版社，2017. 11

ISBN 978－7－5657－2165－6

Ⅰ. ①中…　Ⅱ. ①徐…　Ⅲ. ①广播工作－抽样调查统
计－中国－2017－年鉴　Ⅳ. ①G229. 2－54

中国版本图书馆 CIP 数据核字（2017）第 258778 号

中国广播收听年鉴 2017
Zhongguo Guangbo Shouting Nianjian

主　　编　徐立军
策划编辑　欣　雯
责任编辑　李　明　蒋　倩
责任印制　曹　辉
封面制作　大鹏设计

出版发行　中国传媒大学出版社
地　　址　北京市朝阳区定福庄东街 1 号　邮编 100024
电话：86－10－65450532　65450528　传真：65779405
网　　址　http://www.cucp.com.cn
经　　销　全国新华书店

印　　刷　北京艺堂印刷有限公司
开　　本　787mm×1092mm　1/16
印　　张　33
字　　数　720 千字
版　　次　2017 年 11 月第 1 版　2017 年 11 月第 1 次印刷

书　　号　ISBN 978－7－5657－2165－6/G・2165　**定　价**　138. 00 元